# 1995年度全国地震趋势会商会

大会主席台　　（刘宏伟　摄）

国家地震局领导向全国地震预测预报工作先进单位颁奖　　（刘宏伟　摄）

# 1995年国家地震局计划财务工作会议

大会主席台　　（刘宏伟　摄）

陈章立副局长在会上部署本年度地震系统工作任务及深化改革工作要求　　（蒋克训　摄）

大会会场　　（刘宏伟　摄）

# 国家地震局领导参加各省防震减灾工作会议

安徽省：张润霞副省长（左二）、陈章立副局长（右二）等领导出席 （陈刚正 摄）

四川省：省委副书记秦玉琴（左四）、省人大副主任罗通达（左三）、副省长欧阳高（右三）、陈章立副局长（右四）等领导出席 （包宗泽 摄）

广东省：欧广源副省长（右三）、陈颙副局长（左三）等领导出席 （肖沛维 摄）

甘肃省：郭琨副省长（右二）、何永年副局长（左二）等领导出席 （雷存善 摄）

山东省：吴爱英副省长（右三）、葛治洲副局长（右二）等领导出席

（姜金卫 摄）

黑龙江省：马淑洁副省长（右一）、葛治洲副局长（右二）等领导出席

（李登恒 摄）

# 国家地震局领导参加有关活动

原国务院副秘书长吴庆彤（右二）与局领导商讨编写《周恩来与防震减灾》一书事宜

方樟顺局长（右三）在新疆自治区米吉提副主席（左三）陪同下视察乌鲁木齐市天山区震害预测示范区工作

方樟顺局长到唐山地壳形变观测站看望长期坚守在野外现场的第一地形变监测中心的同志们

方樟顺局长在新疆自治区苏天虎副秘书长（前排左二）陪同下视察 1985 年乌恰 7.4 级地震县城恢复重建情况

陈章立副局长陪同河北省杨迁副省长（右一）参观局分析预报中心 768 台网

（蒋克训提供）

# 防震减灾立法研讨会在昌黎召开

由国务院法制局和国家地震局联合召开的防震减灾立法研讨会1995年7月在河北昌黎召开，国务院副秘书长、法制局局长徐玉麟（右二）、国家地震局副局长陈章立出席会议

（蒋克训　摄）

会议代表参观1976年唐山7.8级大地震遗址——河北矿业学院

（蒋克训　摄）

# 《中国地震年鉴》第五次工作会议在杭州召开

蒋克训副主编在会上讲话　（陈贺永　摄）

会议代表合影　（陈贺永　摄）

会场一角　（陈贺永　摄）

# 国家地震局重要会议及活动

1995年12月陈章立局长会见秘鲁科技合作代表团

（刘宏伟　摄）

全国地震重点监视防御区强化宣传试点现场工作会议在甘肃张掖召开，中宣部宣传局孔繁壮副局长（右三）、甘肃省委宣传部罗祖孝部长（左二）等出席

（谭先锋　摄）

国家地震局和中央电视台联合摄制电视系列片《地震专家访谈录》，图为主持人红力采访分析预报中心主任罗灼礼

（刘宏伟　摄）

广东省地震局局长何熙平接受香港电台记者采访

（肖沛维　摄）

1995年6月广东省防震减灾宣传周宣传场面一角

（肖沛维　摄）

# 1995 年 7 月 12 日云南孟连 7.3 级地震

戴光禄副省长（左二）祝贺前方指挥 7.3 级地震预报成功

前方指挥部科技人员与国家地震局工作组研究震情趋势

孟连县的西地—哈布几科山地面裂缝、单条宽 10cm、带宽 1.5m

孟连县职业高中食堂砖木结构房屋破坏

孟连县南抗南 3km 处地裂

# 1995年10月24日云南武定6.5级地震考察

武定发窝民族医院墙开裂情况

插甸中学教学楼遭受严重破坏

康照西山上地震裂缝长2km，宽60cm

武定县小石桥水库大坝震毁

地震后滚石阻塞公路

武定发窝供销社倒塌

（武定地震前方考察组提供）

# 1995.11.17 陕西府谷县黄土崩塌

崩塌区全貌　　（宋立胜　摄）

崩塌区上部地貌景观

（宋立胜　摄）

1695 年临汾 8 级大震破坏

遗迹——万圣寺墓塔

（苏宗正　摄）

# 目　录

## 专　载

## 地震与地震灾害

## 防 震 减 灾

**地震监测预报**



**震灾预防**

**学术活动**

**为国民经济服务**

## 附　　录

# CONTENTS

Special Column

## Earthquake Situation and Disaster

## Earthquake Preparedness and Disaster Reduction

**Earthquake Monitoring and Prediction**



**Earthquake Disaster Prevention**

## Progress in Science & Technology and Serving National Economy

**Achievements of Science and Technology**



**Developments of Science and technology**

**Academic Activities**

# 专　载

这一部分主要收载国务院、国家地震局及省级政府领导有关地震工作的讲话；国务院、国务院办公厅和国家地震局及省级政府印发的有关防震减灾工作的重要文件。

# 中华人民共和国国务院令

# 第 172 号

现发布《破坏性地震应急条例》，自 1995 年 4 月 1 日起施行。

总理 李 鹏

一九九五年二月十一日

# 破坏性地震应急条例

## 第一章 总 则

**第一条** 为了加强对破坏性地震应急活动的管理，减轻地震灾害损失，保障国家财产和公民人身、财产安全，维护社会秩序，制定本条例。

**第二条** 在中华人民共和国境内从事破坏性地震应急活动，必须遵守本条例。

**第三条** 地震应急工作实行政府领导、统一管理和分级、分部门负责的原则。

**第四条** 各级人民政府应当加强地震应急的宣传、教育工作，提高社会防震减灾意识。

**第五条** 任何组织和个人都有参加地震应急活动的义务。

中国人民解放军和中国人民武装警察部队是地震应急工作的重要力量。

## 第二章 应急机构

**第六条** 国务院防震减灾工作主管部门指导和监督全国地震应急工作。国务院有关部门按照各自的职责，具体负责本部门的地震应急工作。

**第七条** 造成特大损失的严重破坏性地震发生后，国务院设立抗震救灾指挥部，国务院防震减灾工作主管部门为其办事机构；国务院有关部门设立本部门的地震应急机构。

**第八条** 县级以上地方人民政府防震减灾工作主管部门指导和监督本行政区域内的地震应急工作。

破坏性地震发生后，有关县级以上地方人民政府应当设立抗震救灾指挥部，对本行政区域内的地震应急工作实行集中领导，其办事机构设在本级人民政府防震减灾工作主管部门或者本级人民政府指定的其他部门；国务院另有规定的，从其规定。

## 第三章 应急预案

**第九条** 国家的破坏性地震应急预案，由国务院防震减灾工作主管部门会同国务院有关部门制定，报国务院批准。

**第十条** 国务院有关部门应当根据国家的破坏性地震应急预案，制定本部门的破坏性地震应急预案，并报国务院防震减灾工作主管部门备案。

**第十一条** 根据地震灾害预测，可能发生破坏性地震地区的县级以上地方人民政府防震减灾工作主管部门应当会同同级有关部门以及有关单位，参照国家的破坏性地震应急预案，制定本行政区域内的破坏性地震应急预案，报本级人民政府批准；省、自治区和人口在100万以上的城市的破坏性地震应急预案，还应当报国务院防震减灾工作主管部门备案。

**第十二条** 部门和地方制定破坏性地震应急预案，应当从本部门或者本地区的实际情况出发，做到切实可行。

**第十三条** 破坏性地震应急预案应当包括下列主要内容：

（一）应急机构的组成和职责；

（二）应急通信保障；

（三）抢险救援的人员、资金、物资准备；

（四）灾害评估准备；

（五）应急行动方案。

**第十四条** 制定破坏性地震应急预案的部门和地方，应当根据震情的变化以及实施中发现的问题，及时对其制定的破坏性地震应急预案进行修订、补充；涉及重大事项调整的，应当报经原批准机关同意。

## 第四章 临 震 应 急

**第十五条** 地震临震预报，由省、自治区、直辖市人民政府依照国务院有关发布地震预报的规定统一发布，其他任何组织或者个人不得发布地震预报。

任何组织或者个人都不得传播有关地震的谣言。发生地震谣传时，防震减灾工作主管部门应当协助人民政府迅速予以平息和澄清。

**第十六条** 破坏性地震临震预报发布后，有关省、自治区、直辖市人民政府可以宣布预报区进入临震应急期，并指明临震应急期的起止时间。

临震应急期一般为10日；必要时，可以延长10日。

**第十七条** 在临震应急期，有关地方人民政府应当根据震情，统一部署破坏性地震应急预案的实施工作，并对临震应急活动中发生的争议采取紧急处理措施。

**第十八条** 在临震应急期，各级防震减灾工作主管部门应当协助本级人民政府对实施破坏性地震应急预案工作进行检查。

**第十九条** 在临震应急期，有关地方人民政府应当根据实际情况，向预报区的居民以及其他人员提出避震撤离的劝告；情况紧急时，应当有组织地进行避震疏散。

**第二十条** 在临震应急期，有关地方人民政府有权在本行政区域内紧急调用物资、设备、人员和占用场地，任何组织或者个人都不得阻拦；调用物资、设备或者占用场地的，事后应当及时归还或者给予补偿。

**第二十一条** 在临震应急期，有关部门应当对生命线工程和次生灾害源采取紧急防护措施。

## 第五章　震后应急

**第二十二条**　破坏性地震发生后，有关的省、自治区、直辖市人民政府应当宣布灾区进入震后应急期，并指明震后应急期的起止时间。

震后应急期一般为10日；必要时，可以延长20日。

**第二十三条**　破坏性地震发生后，抗震救灾指挥部应当及时组织实施破坏性地震应急预案，及时将震情、灾情及其发展趋势等信息报告上一级人民政府。

**第二十四条**　防震减灾工作主管部门应当加强现场地震监测预报工作，并及时会同有关部门评估地震灾害损失；灾情调查结果，应当及时报告本级人民政府抗震救灾指挥部和上一级防震减灾工作主管部门。

**第二十五条**　交通、铁路、民航等部门应当尽快恢复被损毁的道路、铁路、水港、空港和有关设施，并优先保证抢险救援人员、物资的运输和灾民的疏散。其他部门有交通运输工具的，应当无条件地服从抗震救灾指挥部的征用或者调用。

**第二十六条**　通信部门应当尽快恢复被破坏的通信设施，保证抗震救灾通信畅通。其他部门有通信设施的，应当优先为破坏性地震应急工作服务。

**第二十七条**　供水、供电部门应当尽快恢复被破坏的供水、供电设施，保证灾区用水、用电。

**第二十八条**　卫生部门应当立即组织急救队伍，利用各种医疗设施或者建立临时治疗点，抢救伤员，及时检查、监测灾区的饮用水源、食品等，采取有效措施防止和控制传染病的暴发流行，并向受灾人员提供精神、心理卫生方面的帮助。医药部门应当及时提供救灾所需药品。其他部门应当配合卫生、医药部门，做好卫生防疫以及伤亡人员的抢救、处理工作。

**第二十九条**　民政部门应当迅速设置避难场所和救济物资供应点，提供救济物品等，保障灾民的基本生活，做好灾民的转移和安置工作。其他部门应当支持、配合民政部门妥善安置灾民。

**第三十条**　公安部门应当加强灾区的治安管理和安全保卫工作，预防和制止各种破坏活动，维护社会治安，保证抢险救灾工作顺利进行，尽快恢复社会秩序。

**第三十一条**　石油、化工、水利、电力、建设等部门和单位以及危险品生产、储运等单位，应当按照各自的职责，对可能发生或者已经发生次生灾害的地点和设施采取紧急处置措施，并加强监视、控制，防止灾害扩展。

公安消防机构应当严密监视灾区火灾的发生；出现火灾时，应当组织力量抢救人员和物资，并采取有效防范措施，防止火势扩大、蔓延。

**第三十二条**　广播电台、电视台等新闻单位应当根据抗震救灾指挥部提供的情况，按照规定及时向公众发布震情、灾情等有关信息，并做好宣传、报道工作。

**第三十三条**　抗震救灾指挥部可以请求非灾区的人民政府接受并妥善安置灾民和提供其他救援。

**第三十四条**　破坏性地震发生后，国内非灾区提供的紧急救援，由抗震救灾指挥部负责接受和安排；国际社会提供的紧急救援，由国务院民政部门负责接受和安排；国外红十字会和国际社会通过中国红十字会提供的紧急救援，由中国红十字会负责接受和安排。

**第三十五条** 因严重破坏性地震应急的需要，可以在灾区实行特别管制措施。省、自治区、直辖市行政区域内的特别管制措施，由省、自治区、直辖市人民政府决定；跨省、自治区、直辖市的特别管制措施，由有关省、自治区、直辖市人民政府共同决定或者由国务院决定；中断干线交通或者封锁国境的特别管制措施，由国务院决定。

特别管制措施的解除，由原决定机关宣布。

## 第六章 奖励和处罚

**第三十六条** 在破坏性地震应急活动中有下列事迹之一的，由其所在单位、上级机关或者防震减灾工作主管部门给予表彰或者奖励：

(一) 出色完成破坏性地震应急任务的；

(二) 保护国家、集体和公民的财产或者抢救人员有功的；

(三) 及时排除险情，防止灾害扩大，成绩显著的；

(四) 对地震应急工作提出重大建议，实施效果显著的；

(五) 因震情、灾情测报准确和信息传递及时而减轻灾害损失的；

(六) 及时供应用于应急救灾的物资和工具或者节约经费开支，成绩显著的；

(七) 有其他特殊贡献的。

**第三十七条** 有下列行为之一的，对负有直接责任的主管人员和其他直接责任人员依法给予行政处分；属于违反治安管理行为的，依照治安管理处罚条例的规定给予处罚；构成犯罪的，依法追究刑事责任：

(一) 不按照本条例规定制定破坏性地震应急预案的；

(二) 不按照破坏性地震应急预案的规定和抗震救灾指挥部的要求实施破坏性地震应急预案的；

(三) 违抗抗震救灾指挥部命令，拒不承担地震应急任务的；

(四) 阻挠抗震救灾指挥部紧急调用物资、人员或者占用场地的；

(五) 贪污、挪用、盗窃地震应急工作经费或者物资的；

(六) 有特定责任的国家工作人员在临震应急期或者震后应急期不坚守岗位，不及时掌握震情、灾情，临阵脱逃或者玩忽职守的；

(七) 在临震应急期或者震后应急期哄抢国家、集体或者公民的财产的；

(八) 阻碍抗震救灾人员执行职务或者进行破坏活动的；

(九) 不按照规定和实际情况报告灾情的；

(十) 散布谣言，扰乱社会秩序，影响破坏性地震应急工作的；

(十一) 有对破坏性地震应急工作造成危害的其他行为的。

## 第七章 附 则

**第三十八条** 本条例下列用语的含义：

(一)"地震应急"，是指为了减轻地震灾害而采取的不同于正常工作程序的紧急防灾和抢险行动；

(二)"破坏性地震"，是指造成一定数量的人员伤亡和经济损失的地震事件；

(三)"严重破坏性地震"，是指造成严重的人员伤亡和经济损失，使灾区丧失或者部分丧失自我恢复能力，需要国家采取对抗行动的地震事件；

（四）“生命线工程”，是指对社会生活、生产有重大影响的交通、通信、供水、排水、供电、供气、输油等工程系统；

（五）“次生灾害源”，是指因地震而可能引发水灾、火灾、爆炸等灾害的易燃易爆物品、有毒物质贮存设施、水坝、堤岸等。

**第三十九条** 本条例自1995年4月1日起施行。

# 方樟顺局长在1995年度全国地震趋势会商会上的讲话

一年一度的地震趋势会商会已经坚持20多年了，随着形势的发展，这几年，会商会每年都有所改进。我认为这次会议开得很好。在国外，如日本气象厅几位专家、教授，也是定期或不定期地聚一聚，但是像我们这样正规，连续20多年坚持下来，世界上是绝无仅有的。

刚才治洲同志进行了总结，也提出了一些观点，我完全赞成。地震预报的确是一个世界性的科学难题，这已被中央和各省的一些领导同志所理解。从中国地震预报史来看，我们有过非常辉煌的日子，像海城地震的成功预报。当然，也有唐山地震没有预报出来的挫折。海城地震的预报成功，使当时世界为之一振，都觉得地震预报很快就要过关了。但是，通过多年的实践，人们逐渐认识到，地震预报不是短时间内就能攻克的。1992年我们在北京组织的一个国际讨论会上，一个日本学者说：看来地震预报不是十年、二十年，或者一代人、两代人就能解决的，要以百年来计。所以预报不是轻而易举或者说短期内从根本、从理论上就能搞清楚的。但是，如果说地震预报完全没规律，是胡来，我也不赞成。像海城地震，以及云南、四川、青海几次地震预报基本是成功的。近几年我们也有几次，如苏南地区的常熟－太仓地震，当年的会商会后我就去了江苏、上海一趟，当时常熟市委书记说，我们这个地方世世代代都是风调雨顺，没什么问题。我说，不管怎样，思想上要有个准备。到上海时，上海市政府听取了我们打招呼的意见。结果，正月十五那天就来了5.1级地震。震后我又去了，无论上海市政府还是江苏省政府都非常重视。特别是上海市政府专门组织了一个会议，把上海市有关委、局的负责同志都召集起来，听我们讲一讲。在这之前多少年并没有对江苏这一带提出可能会出现什么震情，但是在那次会商会上，大家提出这方面的意见，打了招呼，所以政府对我们的工作是相当满意的。再一次是1990年9月22日亚运会开幕。我记得9月18日下午，在门头沟开会，当时有十几位同志发言，他们讲得都非常朴实，比如这个手段目前出现了什么异常现象，与这个地区历史上一些中强地震的对应关系，据此提出了近期的判断意见。所以回来以后我们报告了国务院，而且对地震可能产生的影响都讲得比较客观。若发生4～5级，不会造成什么伤亡、破坏等，要求亚运会保持冷静，否则人踩人就可能带来伤亡，这样，组委会基本上做到了心中有数。结果，开幕式当天上午11时02分就发生了一个4级左右地震，恰好又离亚运村那么近。因此说，只要我们精心地、尽心尽责地投入进去，是能发现一些问题的。像上一个地震活跃期那样一种精神状态，我们就有过辉煌的历史。1994年几项预报奖都让青海给拿走了，我觉得青海这些同志还是非常尽心的。

就地震预报来说，正如有的领导同志讲的：全世界都没过关，中国经验性预报水平也就是当今世界的水平。我觉得这话是一点也不过分的。不管国际上对地震预报怎么说，我们始终是要坚持下去的。也就是说，预防为主，走综合防御的道路，是要以地震监测预报为基础的。刚才葛治洲同志讲得好：综合防御，960万平方公里总是有重点的。重点从何而来？大量的地震地质工作，活动断裂研究，还有我们从事地球物理方面的大量研究和实践等。无论做为超长期还是长期，没有这些基础工作，后面的工作是无从谈起的。所以说，地震监测预报是我们工作的基础，这一点我们是绝对不会动摇的。

前两天看了日本的一份资料，日本今后的发展战略，要考虑到四个基础问题，也就是其国情：①日本是岛国，37万平方公里，1.2亿的单一大和民族，三面都是庞大的大陆国家，北面是俄罗斯、西面是中国、东面是美国。制定战略时，必须要考虑这个因素；②能源100%、粮食70%靠进口，这是一个无论怎样发展也无法改变的现状；③人口老龄化问题，将来老龄将占到总人口的25%；④日本是多地震国家。后面讲地震测报和灾害的对策，认为日本从全面范围来说，不是做得很充分的，前几年国际上对地震预报争论得非常厉害。日本政府也是把地震预报摆在一个重要的位置上。为什么呢？因为这是社会大众的要求。作为政府来说，无疑要根据社会公众的要求来安排和布置工作的。我们长期处在监测预报战线上工作的同志，不要三心二意，也不要因某些挫折而灰心丧气。从国家来说，从国家地震局来讲，我们是会按照这个方向去做的。有人把地震预报比作攻克癌病和艾滋病是很形象的。在攻克过程中，有些方法效果比较好，有些不太好，还没有一种灵丹妙药能彻底解决问题。但是，不能说还没攻克就不去攻了。这样只能延误时间，我们要继续往前推进，这一点是不可动摇的。

我想就我们这支队伍目前存在的问题讲点意见。关于要实现观测手段现代化的问题，目前已提到国家局、国家的日程上来了。如果争取得好，也可能1995年就开始启动，往前推进。前几天党组专门开会研究了这些问题，包括我们的人材培养问题、内部结构调整问题要提到日程上来。随着科学技术的现代化，随着技术手段的现代化，我们用人会越来越少，但是对人的要求越来越高。这一点提请专门从事这方面工作的同志注意。以后这些观测手段逐步要搞成数字化，我们这支队伍目前还不适应。局里打算1995年开始把技能方面的培训放到防灾学校去；作为软科学方面的研讨放到培训中心去。要有计划、有目的地给予适当的投入，进行这方面的培训。当然，内部结构也要进行调整。另外，台站的布设是否那么合理，这些问题都要解决。

国务院从1990年开始到1994年，前后为我们发了7个文件，除了一个是关于对国外破坏性地震如何做出反应以外，其他6个文件都是为国内防震减灾工作而发的。把这6个文件归结到一起，就形成了我们国家以预防为主，走综合防御道路的基本框架。通过我们二三十年来的实践经验的总结，也借鉴了国外这方面的一些好的作法，已逐步形成了我国最大限度地减轻地震灾害损失的一套工作思路，也就是四个环节、八项措施。谢礼立同志是联合国国际减灾十年委员会科技委的成员之一，我曾经让他把我们这些东西拿到会议上去征求联合国的二十几位专家的看法，这些意见都有了反馈。1992年的国际会议上，我们又把这个议题提交给参加会议的国际上知名专家，他们的结论是：如果中国能真正按照目前这个思路去做，达到最大限度减轻地震灾害损失的目标是完全可能的，但前提是政府必须切切实实地去做。保护人民生命财产是政府的责任，不是哪一部分人或哪一个集团的责任。国家既然设立了国家地震局，组建了我们这支队伍，我们就有责任和义务当好参谋，做好助手，做好服务。因为无论国务院还是各省政府的领导同志，公务是十分繁忙的，要有人来为他出主意、想办法，这个责任就是我们的。我们为他们出主意，当好参谋，也要帮助他们实施。如果这些工作做好了，我们这个机构的宗旨——最大限度地减轻地震灾害损失的目标是可以实现的。

我们这支队伍无论政治素质还是业务素质，都是非常不错的。我们的科学家的一些思路是很好的，但是科学家必须把这些好的想法、好的思路变成政府的想法和政府的意志。不把这些思路和想法变成政府的意志，推到社会中去，就没有意义，这一点，大家能想得通。如果能把我们科学家的聪明才智通过一个途径服务于社会，使之产生很好的效益，使我们国家抗御地震灾害的能力不断提高，我们科学家应该感到很欣慰。否则的话，只是在我们内部循环，搞出一个成果找另一部分人来鉴定一下，然后得个什么奖，评个职称，这是远远不够的。

关于十年目标的问题。我想任何一项事业或工作任务，如果没有一个奋斗目标，尽管整天忙忙碌碌，工作效果也无法检验。刚才葛治洲的阐述，很多我是有同感的。常熟地震，不该发生的事情发生了，苏南老百姓住得那么漂亮的城镇，一个5级地震都应付不过去。而大同地震后，世界银行给予贷款，要求国家地震局做出经济损失评估，也要求我们给它选择不容易受地震灾害袭击的地方，然后按照规矩来盖房，就经受住了1991年同样强度的、基本上在原地发生的地震。当时“人大”正好在开会，得到这个消息，我就非常关心，后来反馈的消息说：没有破坏，有的出现一些小裂缝，当时我非常欣慰。按照这样一种标准，就能抗御6级地震，对城市来说应该是起码的要求。因此，无论是多震地区还是少震地区，都应该做到这一点。后来我们也作了一些了解，特别是我看了农业部门的一份资料，改革开放以来，全国农户绝大部分住房翻新了一代，有相当一部分是翻新了第二代，有少部分，如东南沿海一带第三代住房都已翻新。新建住房如果增加5%的投资，就能像大同一样，抗御6级地震。我认为从经济上是可以承受的。但关键是如何管理，再就是有关技术部门从技术规范方面怎样抓上去的问题。这就是我们提出十年目标的背景。

通过这几年来的不断总结和完善，国务院36号文把这个目标提出来，全国都应该贯彻实施。全国上下都很关注。这个目标是有号召力的，关键是工作怎么推进。我觉得今年、明年是关键，广州会议也就是在这么一个背景下召开的，本来准备实践一年，在1995年末开一个主管省长的会议，后来考虑不能拖了，因为省长管的事情很多，不如开一个秘书长会议，后来就开了这个会议。这次会议对于今后全国的防震减灾工作是一个很重要的促进，在我们整个防震减灾工作的历史上是一个重大的事情。日本是目前世界上抗御地震能力最高的一个国家，而日本推进这项工作也只用了十几年的时间。所以通过十几年的努力，使我们的大中城市、人口稠密、经济比较发达的地区，能够抗御6级左右地震，最大限度地减轻地震灾害的损失，应该时时刻刻放在我们的脑子里。不管我们做哪项工作，我们的宗旨、目的就是这个，这一点丝毫不能动摇。特别是国务院已经在我们“三定”方案中确定的工作任务和职责，我们应该毫不含糊地往前推进。我们省局的“三定”方案已经批准，大家应该理直气壮地去开展工作，但要注意方式方法。政府里该宣传的要多宣传，要与法制部门和有关部门多商量，争取他们的理解和支持。虽然我们“减轻地震灾害法”目前正在起草过程中，但不能认为有了法，工作就可以放松，我们还要积极努力地去推进、去奋斗、去攻坚，要有这么一个精神、一种态度才行。我们不为别的，只为我们这个国家在我们这一代人的努力下，使过去一个中等地震就会造成很大人员伤亡和破坏，而通过我们的工作及在各级政府领导下，经过十几年的努力，能够抗御6级左右地震。当然，一些大的工程，特别是容易引发次生灾害的大的工程应该有更高的要求。大家一定要积极努力，往前推进，不要有畏难情绪。

春节很快就要到了，刚才葛治洲同志也代表我们向大家表示慰问、表示感谢。我们这些人过去都在台站呆过，我也在野外地质队呆了十来年，感受都是很深刻的。所以台站同志有些什么困难，我们要千方百计，想方设法，能够解决的问题都应尽力帮助解决。希望各省局领导回去以后，代表国家局向各台站同志表示敬意、感谢，大家愉愉快快地过好春节。

# 陈章立副局长在1995年防震减灾计划财务工作会议上的讲话（摘要）

## 一、1994年工作的主要进展和计划、预算执行情况

**1. 认真贯彻国办发［1994］36号文件精神，防震减灾工作呈现新局面**

为了贯彻落实江泽民主席关于“坚持经济建设同减灾一起抓”的重要指示，进一步加强防震减灾工作，去年初国务院办公厅在36号文件中，正式提出了我国防震减灾的十年目标，这是我国防震减灾工作发展历史上的一个新的里程碑。1994年我们围绕贯彻落实国办36号文的精神，采取多种方式，着重就提出防震减灾十年目标的重要意义，实现十年目标的途径和主要措施进行了广泛的宣传。年中召开了有20多个部委有关职能部门的负责同志参加的通报会。11月下旬召开了有各省、自治区、直辖市，计划单列市政府和中央、国务院有关部委的负责同志参加的首次全国防震减灾工作会议，研究如何贯彻落实江泽民主席的重要指示和国办36号文的精神，商讨实现十年目标的措施。方樟顺局长作了题为《在各级政府领导下，动员全社会的力量为实现我国防震减灾十年目标而奋斗》的工作报告。国务院对这次会议非常重视，国务委员宋健、国务院副秘书长徐志坚出席了会议，并作了重要指示，对各级政府和地震部门分别提出了明确的要求，号召大家为实现十年目标奋发进取。

国办36号文和首次全国防震减灾工作会议的召开，在各地、各部门引起了强烈的反响。普遍认为，这个目标的提出，对推动我国的防震减灾工作具有十分重要的意义和作用。目标的内涵是基于我国国情的现实选择，是有可能实现的。一些地方和部门已采取了一些积极响应的措施。如核电、石油等产业部门更加积极地与地震部门配合，共同抓好重大工程的地震安全性评价工作。河南省政府制定并颁布了地震安全性评价的管理办法。辽宁、江苏、安徽、广东、山西、河南等省政府已经或准备将防震减灾工作纳入当地经济和社会发展的长期规划和“九五”计划。出席首次全国防震减灾工作会议的各地、各部委的领导也纷纷表示，要以这次会议的召开为契机，进一步贯彻国办36号文的精神，把防震减灾工作推向一个新的阶段。我国防震减灾工作的一个崭新的局面已经开始出现。

**2. 防震减灾各个环节的工作继续扎实向前推进，取得较明显的社会经济效益**

1994年按照“突出重点台站，保证重点地区，优先仪器设备更新，兼顾环境条件改善”的原则，继续推进了地震监测台网的调整优化，使12个省区重点监视防御区监测设备和环境得到进一步的更新改造，观测资料的质量继续稳步提高。27个省区具备了与北京开通短波通信的条件，并基本实现24个对外资料交换台数据的快速传递，初步完成了全国地震监测和短波通信系统基础数据库的建设，数据、信息快速传递和处理能力得到进一步加强。短临预报的探索与实践，在过去一年中也取得了可喜的成绩，特别是对青海共和9月24日5.5级和10月10日5.3级地震在震前作出了较好的短临预报，对当地政府采取应急对策、减轻

地震灾害起了积极作用。过去的一年，我国地震活动的频度、强度均明显高于1993年，仅大陆和近海就发生5级以上地震29次，最大为9月16日台湾海峡7.3级地震。频繁的地震活动使地震部门处于更加紧张、繁忙的状态，全年开展地震现场工作就达20多次。通过大家的努力，基本做到速报快速准确，应急反应及时得当，震后趋势判断比较准确，震灾评估更加科学、合理。对减少地震的社会影响、稳定社会、安定人心和灾区的恢复、重建起了重要的作用，受到当地政府和社会公众的好评。

防震减灾其他环节的工作，在过去一年中也都得到了进一步的加强。以国家标准形式发布了《工程场地地震安全性评价工作规范》，并加强了对从事这一工作的许可证发放和上岗证制度的管理，从制度上保证地震安全性评价工作的质量。去年审定的一批国家重大工程、特殊工程地震安全性评价工作结果，很多已对合理地确定工程的抗震设防标准起了重要作用；应急预案的制定和实施也取得了新的进展，通过召开有关会议和积极提供必要的资料及服务，目前已有20个部委提交了部委的地震应急反应预案，从而使国办印发的《国内破坏性地震应急反应预案》得到进一步完善；宣传和法规建设也有一定程度的加强，制定并颁发了防震减灾宣传工作的规定和宣传提纲，20多个省区、10多个地（市）制定并颁布了防震减灾工作的有关法规。继《地震监测设施和地震环境保护条例》之后，《破坏性地震应急管理条例》亦已经国务院法制局批准，即将发布实施。

**3．“八五”计划和年度计划顺利实施，各项预算执行情况基本正常**

科技攻关重点项目，大部分三级课题已经完成或接近完成，有些已通过验收鉴定，并开始应用。特别是国家下达的“地震和地震前兆数字化观测试验系统研制”这一科技攻关课题，已取得丰硕成果。其中甚宽带地震计已通过鉴定，达到国际先进水平，与之配套的24位数据采集器已完成了样机研制。区域数字地震遥测系统的数据采取器、数据处理系统、通信设备以及区域数字化地震前兆试验系统的数据采集器、电源控制器、前兆接口、前兆遥测遥控系统等都已通过验收。整个系统多数部件达到或接近当前国际先进水平，有些已开始小批量生产，并在国外地震台网建设招标竞争中中标。我国数字地震观测系统从过去长期依靠引进，到国产化并开始进入国际市场，这一重大变化，是“八五”科技攻关所取得的一个重大成果，它将为我国实现地震观测技术的现代化奠定不可缺少的基础。地震短临预报研究、地壳深部探测和细结构研究、活断层研究、中长期地震预测研究、震害预测和地震工程研究、空间大地测量研究、地震核查研究以及有关的基础和应用基础研究、重点实验室的技术改造等在过去一年中也取得一批有重要科学意义和实用价值的成果。在资料信息处理方面，改造了北京计算机数据处理联网系统，并开通国际链路，与全球网络互联，为国际资料信息交换提供了条件。地震科技国际交流与合作对促进我国地震科技进步和防震减灾工作的开展，继续发挥了重要的作用，也进一步扩大了我国防震减灾工作在国际上的影响。特别是去年12月初应哈萨克斯坦政府的邀请，我局派出了专家组赴哈，针对其首都阿拉木图传言将发生强烈地震，与哈方专家共同研究、会商。我专家组出色的工作，对哈政府领导掌握震情实况并及时采取缓和社会紧张气氛措施，起了很好的作用，得到哈方的高度评价，哈政府领导为此致电我国领导人表示感谢。这也再次表明对外地震科技交流合作是国家整体外交的一个小小的，但不可缺少的组成部分。

地震科技进步不仅直接服务于防震减灾工作，而且在更广阔的领域里为国民经济建设服务。在过去的一年中，科技开发服务继续稳步发展，从地震安全性评价扩展到科研生产领域。例如，振动采油技术已在几个油田推广应用，据初步调查，增产原油5000吨，石油乳化剂试验也取得良好的效果，被石油系统列为百项推广应用成果之一。科技开发服务不仅为国民经济建设作出了应有的贡献，同时对促进人员分流、缓解地震系统突出的供需矛盾起了积极的作用。

在过去的一年中，我们还贯彻落实了国务院批准的“三定”方案，完成了局机关的“三定”。贯彻落实中央十四届四中全会和中纪委第三次、第四次会议精神，联系局系统的实际加强了各级党政领导班子和党风廉政建设。加强了基层党组织的建设和思想政治工作，加强对干部职工的业务培训。地震队伍的政治、业务素质有了进一步的提高。这是完成防震减灾各项工作任务、取得以上进展的重要保证。

这里还要特别指出的是，在供需矛盾十分突出的情况下，取得以上这些重要进展，确实是不容易的。这主要是由于有关部委和各级政府的大力支持和全局上下同心协力的结果。同时也说明1994年局计划财务工作会议确定的坚持“积极开源，增收节支、从紧安排预算，量入为出，量力而行，加强和改善宏观调控，调整投资和支出结构”和“保持地震队伍的稳定，保证防震减灾工作的各项重点任务、重点项目的开展”的计划和预算安排的指导思想是正确的。按照这一指导思想，我们保证了全局工资套改到位，保证了地震监测预报预防、重点科技工作及其他工作最基本的需要。在此前提下，对“八五”重点项目适度增加了投入。虽然从总体上来看，1994年计划和预算执行情况基本上是正常的，但不可否认这是近几年来执行最为困难的一年。人员经费增长过快，养人和维持发展事业的矛盾更加突出，各项费用支出结构矛盾继续扩大，供需矛盾进一步加剧，预算执行和预算管理约束不力。这些矛盾和问题，必须通过深化改革、加大改革的力度和进一步加强计划、财务管理逐步解决。

## 二、积极稳妥地深化地震系统的改革，加大改革的力度

改革开放十多年来，地震系统的改革也在不断向前推进。1992年局召开有各单位主要负责人参加的深化改革的研讨会，明确了深化改革的目的、目标和主要措施，形成了《关于地震系统深化改革的若干意见》。近几年来各单位都结合本单位的实际，制定了具体贯彻落实的措施，并取得了不同程度的进展，对于推进防震减灾工作和稳定队伍起了积极作用。但随着国民经济社会的发展和防震减灾工作的深入开展，地震系统的一些深层次的矛盾进一步暴露出来，有些还在不断加剧。主要表现在下列几方面：从宏观方面看，一是仅考虑物价增长因素一项，近几年来，地震事业经费实际上呈负增长。二是支出结构不尽合理。人员经费和公用经费增长过快，业务经费越来越少。三是在业务经费支出中，用于发展事业的项目经费支出不仅占总经费支出的比例下降，而且绝对数也大幅度减少。从具体表现来看，人员经费、公用经费等经常性经费，监测预报预防、科学研究、技术装备更新等专项经费严重短缺，事业维持难，发展更难。各单位虽然采取了许多措施节支，艰难地维持着，但节支的渠道已经很有限，今后维持的难度将更大。在监测预报预防专项经费方面，虽然国家局作出了很大努力，每年增加了一些投入，但也仅有5%左右，远远低于物价指数的增长，维持系统运转，特别是监测台网的运转越来越艰难。在科研经费投入方面，人多钱少，结果不仅造成相当数量的科技人员无项目课题可作，而且课题分散，投资强度低，小成果多，重大的或高水平成果少。在技术装备更新专项经费方面，近年来用于观测、通信、数据处理以及实验仪

器设备的更新购置和台站环境改造经费投入严重不足，使大量严重老化的台网仪器设备更新的进程十分缓慢，更新的速度还赶不上老化的速度，很多仪器设备带病运转，甚至有的停止运行；交通工具更新也是如此，很多野外工作用车超期服役；重点实验室技术改造更是乏力，进展十分缓慢。

以上这种种表现所隐含的深层次的问题，除社会环境变化的因素外，就我们地震系统自身而言，在于人员结构、投资结构不尽合理，资源配置与社会环境的变化不协调。在人员方面，数量可观的“富余”力量的存在本身表明，目前人才资源的配置不合理，应该有更多的人员从防震减灾和地震科研工作行列中分流出来，投入到经济建设的更广阔的领域中去，以减少人才资源的浪费。此外，现有人员的专业结构、知识结构与防震减灾任务及现代科技进步所提出的要求之间也不完全相适应，各级管理人员的比例也偏大。在这种情况下，如若国家财政难以大幅度增加对防震减灾工作的投入，事业将难以维持，甚至可能出现滑坡萎缩。因此，我们一方面必须进一步发挥中央和地方两个积极性，并争取社会对防震减灾工作的支持，努力建立全社会、多元化、多层次的防震减灾工作投入体系。另一方面必须在深化地震系统的改革上狠下功夫。要按照中央确定的“稳住一头，放开一片”的方针，继续深化地震系统的改革，加大改革的力度。为此，首先在思想上一定要有紧迫感，并进一步提高对“稳”与“放”的认识。“稳住一头”是为了加强防震减灾工作，保持一支精干、不断更新的防震减灾的基本队伍，从事防震减灾事业发展的监测预报预防工作以及应用研究、应用基础性和高技术性研究、重大科技攻关活动。“稳住一头”应该有重点，分层次，应在改革中进行。而且，如果不“放开一片”，“稳住一头”是难以实现的。因此，“放开一片”是今后深化改革的重点，必须在“放开一片”上下大功夫。放开放活从事与经济建设和社会发展密切相关的技术开发、技术服务、后勤服务以及经营型机构或队伍，按市场需求，以市场机制为主，走自我发展的道路。根据地震系统的实际和近几年来改革的经验，为了实现“稳”与“放”，必须下大力气调整队伍结构，进而使投资结构渐趋合理。为此，要采取必要措施，以争取到本世纪末形成一支结构优化、布局合理、精干高效的防震减灾工作队伍。这些措施主要是：

**1. 精简各单位行政管理机构和管理人员**

按照中央编委印发的《省、自治区、直辖市地震机构改革方案》，实行政事分开，理顺关系，精兵简政，提高效率。省级地震局内设二级机构，精简19%，省级地震局的下属事业单位要逐步与机关分离，形成独立的事业单位。局直属事业单位内设二级机构，精简22%。并相应减少行政管理人员。各单位的内设机构数和管理人员数，由国家局根据各单位的任务和队伍规模核定。

**2. 调整优化队伍结构**

这次会议之后，各单位即着手研究，提出为适应防震减灾工作任务所需要的各类人员数，报国家局核定审批。研究时，既要考虑任务的需要，又应充分考虑可能的财力支撑条件和到本世纪末全局系统队伍规模的控制。一要继续减编；二要严格控制人员的进出比例；三是尽可能将其他岗位上多余的人员通过在职培训，补充到缺编岗位上去；四要创造更好的条件，给足政策，继续引导、鼓励、组织富余人员从事包括科技开发、技术咨询服务和多种经营在内的第三产业，促进人员分流。

**3. 改革行政后勤服务体制**

按照行政管理职能和服务职能分开，以及“小机关、大服务、多实体”的思路对行政后勤服务机构进行改革。后勤服务机构的工作既要优先保障机关工作的正常运转，实行有偿服务，又应积极开展对外服务，努力开拓财源。后勤部门要逐步实行独立经济核算，以适应社会主义市场经济体制的要求。在改革初期，要从各方面予以积极扶持，使其不断增强自我发展能力，走向社会，以逐渐减少国家财政负担。

**4. 深化科技体制改革**

1995年，中央和国务院将召开全国科技大会，部署加强科技工作，进一步深化科技体制改革。我们要根据中央关于深化科技体制改革的精神，特别是“稳住一头，放开一片”的方针，进一步深化地震科技体制改革，加大改革力度，力争到本世纪末初步建成队伍结构优化，布局合理，精干高效和适应社会主义市场经济发展及防震减灾科技自身发展的科技体制。为此，必须着重在以下几方面下大功夫，努力推进。

要根据防震减灾工作的需要，针对我局公益性科研机构目前存在的问题，择优重点支持各科研机构的优势部分，保持一支结构优化的精干力量。其余科研力量要面向市场，进入以科技进步相关的第三产业，为社会提供有偿服务，逐步转成信息、咨询或技术服务企业，走自我发展的道路。

要逐步建立科技工作的新型运行机制。凡与经济建设直接相关的科技活动都要以市场机制运行，同时要在局重点科研任务的管理中引入竞争机制，择优选择承担单位，科研人员的招聘、职务晋升也要进一步体现公平竞争的精神。以逐渐真正形成人尽其才、富有活力的科技工作运行机制。

要逐步建立现代科研院所制度。关键是使科研院所成为享有充分自主权、科学管理的独立社会法人。重点内容是：建立政事分离、责权明确的组织管理制度；优化组织结构和专业结构；建立“开放、流动、竞争、协作”的新型科研机制；建立固定与流动岗位相结合的人事制度和岗位工资与课题工资相结合的分配制度。由于长期的计划经济体制的影响，在推进过程中，必然遇到种种困难，但我们一定要按照中央的精神，抓住机遇，扎实工作，努力推进。

要改革科技项目的管理。坚持“有所为，有所不为”和“有限目标，重点突破”的原则，克服小课题林立、重复分散的状态，选择重点，增加投资强度。为此，要显著提高重点科技项目经费在科研项目经费中的比例。同时，为使优秀青年科技人才脱颖而出，要明确规定并逐步提高对优秀青年科技人员经费支持的比例。

各科研事业单位要按照上述改革的方针、目标和原则，提出本单位结构调整、人才分流的方案和实施步骤，报局审批。

**5. 改革单位内部工资分配制度**

要按照“按劳分配为主，效率优先，兼顾公平”的原则，充分利用这次工资改革的政策，除在事业单位工作人员工资构成中加大与岗位、任务、效益相联系的部分外，在国家宏观调控的前提下，对不同类型的基层事业单位实行分类管理。对单位所属的全额拨款的基层单位，执行国家统一的工资制度和工资标准。对单位所属差额拨款基层单位，按照国家制定的工资制度和工资标准执行。对单位所属的自收自支的基层单位，有条件的可实行企业化管理或企业工资制度，做到自主经营，自负盈亏。

**6. 改革拨款和预算管理制度**

根据财政部关于文教科学事业财务制度改革的总体思路和国家地震局、财政部共同制定并印发的《地震事业单位财务管理暂行办法》的有关规定，1995 年在贯彻落实省级地震部门“三定方案”和推进局属事业单位体制改革的过程中，要积极稳妥地进行单位所属基层单位财务预算制度的改革。各省级地震部门和局属各事业单位根据所属独立核算的基层单位的方向和任务，以及收支实际情况，按照“暂行办法”的有关规定，分别实行全额预算管理、差额预算管理和自收自支管理。各单位所属基层单位的预算管理形式，由各单位自行确定，并报国家地震局审查备案。与此同时，在各单位预算管理形式不变的前提下，从 1995 年起，国家地震局将改革拨款制度，改革资金供应方式和分配办法，按一定比例逐年减拨各单位的在编人员经费和公用经费。需要特别指出的是，减拨各单位事业经费并不意味着要减少各单位事业费支出，而是用减拨的资金更多地用于防震减灾事业支出，增强各单位自身的活力，使防震减灾事业获得更快的发展。

需要指出的是，1994 年的深化改革是在前几年改革的基础上进行的，改革工作的重点是完善、深化 1992 年《关于地震系统深化改革的若干意见》中确定的主要改革措施，着重解决诸如管理体制、结构调整、预算体制、分配制度等重大和深层次问题，改革的任务是十分艰巨的。希望各单位的领导一定要继续发扬扎实、细致的工作作风，认真搞好调查研究，制定切实可行的改革实施方案，并为各项政策措施的落实作好宣传解释工作。

## 三、1995 年的工作重点和主要任务

**1. 全面贯彻落实全国防震减灾工作会议的精神**

正如前面所指出，这次全国防震减灾工作会议的主要议题是学习、领会、贯彻、落实江泽民主席的重要指示和国办 36 号文的精神，商讨实现防震减灾十年目标的主要措施。方局长在报告中提出要实现十年目标就必须扎扎实实抓好防震减灾的四个环节，落实八项措施。宋健同志和徐志坚同志对此作了充分的肯定，与会代表也对此达成了共识。因此，全面贯彻落实全国防震减灾工作会议的精神，首先必须进一步认真学习、深刻领会江泽民主席关于坚持经济建设与减灾一起抓的重要指示和国办 36 号文，以及宋健、徐志坚、方樟顺同志报告的精神，在四个环节、八项措施上下功夫。1995 年应重点抓好以下几项工作：第一要继续推进把防震减灾工作纳入全国和各地国民经济和社会发展的“九五”计划和 2010 年长期规划。1994 年是“八五”计划的最后一年，全国都在制定“九五”计划和 2010 年长期规划，从国家局到各省、自治区、直辖市、计划单列市地震部门都应抓住这个机遇，积极努力，多做工作，争取将防震减灾工作纳入计划、规划。这是实现十年目标的重要条件保证。第二是高度重视、切实加强法规建设，以逐步建立健全防震减灾法规体系。1994 年国家局要组织好《减轻地震灾害法》的起草和《地震安全性评价管理条例》及《地震重点监视防御区管理条例》的论证，争取将两个条例报国务院法制局审批。各省局和各有关单位一方面继续做好已发布的《地震监测设施和观测环境保护条例》以及即将发布的《破坏性地震应急管理条例》的宣传、实施工作。另一方面，在《减轻地震灾害法》和有关配套条例出台前，各地要积极努力，多做工作，加强地震安全性评价管理办法等地方防震减灾法规建设，争取地方政府制定、发布有关的条例或法规性文件，使防震减灾工作逐渐纳入法制轨道。第三，要在年初全国地震趋势会商会研究结果的基础上，抓紧完成全国长期重点监视防御区的确定和发

布，各省、自治区、直辖市也要根据实际情况抓紧省级重点监视防御区的确定。与此同时，要继续抓好乌鲁木齐示范区的工作，推进北京示范区工作的开展，带动其他示范区的工作。第四要继续加强地震监测预报工作，增强快速应急反应能力。根据年初全国地震趋势会商会结果，从1995年开始，震情形势可能更加严峻，全局上下必须进一步增强震情观念，扎扎实实抓好台网建设和短临预报追踪。国家局将选定2～3个发震概率相对较高、并有一定社会影响的重点危险区，建立中期—中短期—短临的跟踪预报体系，力争对某些破坏性地震作出有成效的短临预报，并继续促进各有关部委、地方制定或修改完善地震应急反应预案。同时要下大力气加强震后趋势的早期判断这一薄弱环节，为震后应急对策的确定提供更加可靠的科学依据。第五要进一步扎扎实实地加强防震减灾的宣传。宣传江泽民主席关于坚持经济建设与减灾一起抓的指导思想；宣传实现防震减灾目标的重要意义和途径、措施；宣传防震减灾的基本知识。要与宣传、新闻部门共同研究，密切配合，在深入持久和有实效上下功夫。第六要加强在职科技人员和管理人员的专业培训，特别是地震安全性评价、结构抗震和数字地震观测技术及资料开发利用的专业培训，提高科技人员、管理人员的业务素质，以跟上高新技术发展的步伐，适应实现十年防震减灾目标的需要。

**2．全面完成“八五”计划、组织编制“九五”计划**

“八五”计划，前四年执行总体上来说较顺利。但由于科学难度大，加之物价上涨、经费紧张等因素，一些重点项目的完成还存在不少困难。希望项目的组织单位、主持单位、课题承担单位和科技人员共同克服困难，保证全面优质地完成“八五”计划。特别是国家科技攻关计划的85－907项目和我局承担或参加的其他国家级项目，各有关单位和人员一定要针对存在的问题，遇到的困难，采取切实的措施，确保项目任务的完成。在抓紧完成“八五”计划的同时，今年还要组织完成“九五”计划和2010年长期规划的编制。在编制规划、计划时，要以推进十年防震减灾目标的实现为主线，全面推进防震减灾发展领域的科技进步，高度重视基础性研究和高技术研究，充分体现科技进步与应用是其重要依托，以及深化改革的精神。在组织编制总体规划、计划时，要继续高度重视，抓紧国家级重大科技项目、重大基础研究和高技术研究项目的申请，争取立项，并做好局“九五”重点科技项目的选题论证工作。在完成“八五”计划、编制“九五”计划和2010年长期规划时，还应充分借鉴国外防震减灾的经验和先进科技成果。为此，必须进一步加强对外的地震科技交流合作，并做好30届世界地质大会和IASPEI区域会议的准备工作。各单位，特别是对外科技合作交流活动较多的单位，要进一步加强对外事工作的领导，根据推进地震科技进步和防震减灾工作的需要及平等互利，洋为中用，外事促内事的原则，精心选择交流合作对象和项目，高度重视交流合作成果的推广应用。同时要堂堂正正，实事求是地介绍、宣传我国地震科学技术和防震减灾工作所取得的进展，注意开拓技术引进与输出并举的新局面，努力提高对外地震科技交流合作的效益，进一步扩大我国地震科学技术和防震减灾工作的国际影响，为国家的整体外交和改革开放服好务。

**3．加强防震减灾工作队伍的建设**

《省、自治区、直辖市地震机构改革方案》已经中央编委批准印发。各省、自治区、直辖市地震局都要按照这个方案，抓紧认真搞好“三定”。局各直属事业单位也要按局的要求，做好相应的“三定”工作。“三定”要和深化改革、调整优化队伍结构相结合，真正做到转变职能、理顺关系、精兵简政、提高效率。在做好“三定”的同时，要继续认真组织广大干部职工学习邓小平同志建设有中国特色的社会主义理论，认真学习领会贯彻党的十四届四中全会和中纪委第五次全体会议的精神。认真做好地震系统跨世纪学术带头人和骨干人才的培养选拔工作。局党组将转发机关党委关于认真贯彻十四届四中全会精神，加强党的建设的意见。2月下旬国家局还将召开纪检监察和审计工作会议，对今年的纪检监察和审计工作进行部署。各单位都要联系本单位的实际，就进一步贯彻落实十四届四中全会和中纪委第五次全体会议精神，加强民主集中制，加强基层党组织建设，加强领导班子建设，培养中青年优秀领导干部，加强党风廉政建设，深入反腐败等问题再次进行认真的研究，制定具体的贯彻落实措施。要坚持两手抓，两手都要硬。党组、党委领导和党务工作者要关心业务工作，支持、配合行政领导抓好改革和防震减灾工作，特别是随着改革的深入，力度的加大，一定要大力加强思想政治工作，处理好改革、发展、稳定的关系。行政领导也要多做思想政治工作。同时，要关心党务工作者的学习、工作、生活，为党务部门的工作创造更加良好的条件。

## 四、1995年计划和预算安排的指导思想和主要指标

根据全国经济、计划、财政工作会议的精神和我局的实际，1995年防震减灾工作计划和预算安排的指导思想是：要有利于全国防震减灾工作会议精神的贯彻落实，推进防震减灾十年目标的逐步实现；有利于深化地震系统的改革，队伍结构、投资结构的调整优化；要积极开源，增收节支，适度从紧安排计划和预算，坚持量入为出，量力而行，保持综合平衡；要突出重点、压缩一般，改革计划、预算和拨款管理，严格预算约束，进一步调整投资和支出结构，提高资金使用效益；努力保持基本队伍的稳定，保证防震减灾工作各项重点任务、“八五”重点项目的实施，扎扎实实地推进我国防震减灾目标的实现。

根据上述指导思想，1995年的计划和预算安排依然要坚持总量平衡控制，不搞赤字预算。计划安排要和全国防震减灾工作会议的部署相衔接，在保地震监测预报工作的同时，加强综合防御其他环节的工作。同时，今年是“八五”计划的最后一年，要保证“八五”重点项目的实施和按时优质地完成。

应该看到，在中央财政困难继续加大、供需矛盾十分突出的情况下，1995年我们防震减灾工作的计划和预算能否顺利地执行，形势是不乐观的，甚至是严峻的。但不论从推进防震减灾十年目标的实现，还是从增强的地震活动形势来看，今年我们面临的任务又十分繁重，更加艰巨。因此，为了完成今年的各项任务提供必要的条件保证，各级领导和计划财务部门务必切实进一步加强计划财务管理，这里特别强调以下几点：

要进一步树立过紧日子的思想。各单位在计划、预算安排中实行适度从紧的财政政策，能不办的事情坚决不办，能缓办的事情要缓办。要严格预算约束，首先是严格经常性经费预算约束，不论何种原因，都不得搞赤字预算。要坚持“有所为，有所不为”的原则，突出重点，压缩一般，优先保证防震减灾工作的正常运转、重点项目和重点任务的完成。要贯彻执行《地震事业单位财务管理暂行办法》及其“实施细则”，继续深化财务管理制度的改革，加强和改善财务管理，努力挖掘增收潜力。要抓住当前有利机遇，加强宣传，多做工作，并切实提高服务水平，以争取各级政府和社会对防震减灾工作的进一步理解和支持，多渠道筹集资金。要努力改善外部和内部环境条件，配合深化改革和结构调整，抓紧抓好科技开发工

作，继续鼓励和支持有条件的事业单位在国家政策法规允许的范围内积极组织创收。要帮助现有的经济实体解决具体困难，使其逐步达到真正的独立核算，自负盈亏，以减少国家的财政负担。要进一步调整支出结构，各单位必须在节约开支、减少浪费上下功夫，特别要继续抑制消费需求，切实加强工资管理，严格控制消费基金的增长。

要严格控制基本建设投资规模，进一步优化投资结构，加强和改善对投资总量和结构的宏观调控。继续严格控制新开工程项目，1995年上半年原则上不安排新建项目，集中资金优先保证续建项目的建设。要加强对固定资产投资资金的管理和监督，严格按计划控制固定资产投资规模，不得用拖欠、非法集资、违章拆借等方式来扩大投资规模。各单位计划财务部门要对建设项目的资金来源，特别是自筹资金的来源进行严格审查，凡资金来源不正当或不落实的项目，不能列入计划和批准开工。要加强和改善房地产开发的管理，进一步完善房地产开发的法规建设和审批制度。

要把加强和改善计划宏观调控与深化改革、加大改革力度紧密结合起来。加强和改善宏观调控既是深化改革的必要条件，也是深化改革的组成部分。反过来，如果不深化改革，就难以加强和改善宏观调控。因此，各单位计划财务部门要与其他部门密切配合、协调行动，及时对深化改革和事业发展中出现的新情况、新问题进行认真研究，提出措施和政策建议，经单位领导同意后组织实施，以进一步提高计划管理的统一性、及时性、科学性和有效性。要进一步做好统计工作，为科学管理和决策提供及时的统计服务。

要认真学习、宣传贯彻执行《预算法》。1995年是实施《预算法》的第一年。《预算法》的实施对于加强预算管理、增加预算的严肃性、规范预算分配秩序、调整预算的分配关系都将起重要作用。今年各单位领导和计划财务部门都要把学习、宣传贯彻执行《预算法》作为一件大事来抓。要继续坚持全部收入和支出的综合收支计划管理，坚决全面执行“收支两条线”的规定，各单位的收入要纳入单位的预算，实行统一的预算管理和收支统管。

要切实加强国有资产的管理工作。一方面要按财政部的统一部署，将清产核资作为1995年一项重要工作来抓。各单位领导和财务部门、国有资产管理部门要认真研究，采取有力措施，完成好清查资产，资产价值重估、产权界定，清理债权债务、核实企业资本金等项工作，确保国有资产的保值增值。要进一步做好企业产权登记工作，今后，凡是非经营性的国有资产转变为经营性国有资产，必须严格报批制度。另一方面要努力提高国有资产的利用率和使用效益，进一步加强技术装备的管理，重点抓好各项有关管理办法、规定的落实，采取有力措施，杜绝重复购置、积压浪费、部门所有、课题所有的现象，并继续抓好大型设备专管共用和有偿使用，最大限度地提高设备的利用率，以缓解供需矛盾。

要继续加强对财务人员的培训，提高财务人员的业务素质和政策水平及管理能力。财务人员要继续勤奋学习，练好内功，增强本领。要严格按有关政策制度办事，敢管善管。在目前供需矛盾十分突出的情况下，加强计划财务管理工作尤为重要。这使得计划财务部门更是处于矛盾的焦点上，各单位的领导要加强对计划财务工作的领导，帮助计划财务部门提高管理水平，支持计划财务部门严格按有关政策规定办事。

# 陈章立副局长在国家地震局培养跨世纪科技人才工作会议上的讲话（摘要）

## 一、加速培养一批跨世纪学术和技术带头人是一项关系到我国防震减灾事业未来发展的战略性任务

小平同志多次讲，人才培养工作“要从大局着眼，要从我们事业的前途着眼”。“科学和未来在于青年，青年一代的成长，正是我们事业必定要兴旺发达的希望所在”。“事情成败的关键就是能不能发现人才，能不能用人才”。最近，江泽民同志又进一步提出：“加速培养优秀科技人才是一项十分紧迫的战略任务”，“要重视跨世纪青年学术和技术带头人的培养，努力创造青年优秀人才，特别是拔尖人才脱颖而出的环境和条件”。在今年召开的全国科技大会上提出了“科教兴国”的战略决策，实施科教兴国的战略，关键也是人才。

1994 年年初国务院办公厅［1994］36 号文件正式提出了我国未来十年的防震减灾目标，这是我国防震减灾工作发展历史上的一个新的里程碑。同时，也赋予我们一项跨世纪的战略任务。要实现十年减灾目标，完成这个战略任务，必须要有各方面人才作为切实的保证。

近几年来，我局在培养和选拔优秀青年科技人才方面做了不少的工作，采取了若干有利于青年优秀人才脱颖而出的措施，并取得了一定的成效。1990 年始在地震科学联合基金中增设了青年基金，至今共资助 35 岁以下的青年开展了 74 项课题的研究；1991 年印发了《关于加速培养地震队伍科技和管理骨干的若干意见》，还开展了全国青年地震工作者优秀科技论文评选工作，至今已评选出 122 篇优秀论文；1992 年始设立了“地震科技新星”的评选，至今已有 28 名 40 岁以下的优秀青年科技骨干获得“地震科技新星”的称号；1993 年成立了中国地震学会青年科技委员会。在职称评聘中，对优秀青年科技人员采取了一定的倾斜政策，近几年对 31 名 35 岁以下取得副高级专业技术任职资格和 3 名 45 岁以下取得正高级专业技术任职资格的优秀青年科技人员的聘任指标进行了特批；有 8 名 45 岁以下的优秀青年科技人员享受了政府特殊津贴。在局“八五”重点项目中，有目的地安排了一些优秀青年承担二级和三级课题负责人。一些省局、研究所也在培养优秀青年人才方面采取了相应的措施，并取得一定成效。可以说，通过大家的共同努力，一批有潜力的新一代学术和技术带头人已经崭露头角，并陆续挑起了科研重担。但从总体上讲，这些优秀青年科技人员的数量和水平还远远跟不上防震减灾事业未来发展的需要。由于历史原因和某些现实因素影响，我们还有不少的青年科技人才未得到真正的重用，其聪明才智没有充分得到发挥，人才流失现象仍很严重，我局科技队伍的老化问题也十分突出。据统计，截止到 1994 年底全局在聘的正高级专业技术职务人数为 281 人，平均年龄达 57 岁，在聘副高级专业技术职务人数为 1590 人，平均年龄为 53 岁。高级专业人员中 45 岁以下在聘人数仅占6.6%。到本世纪末，现聘任的正高级专业人员将先后有 77%、副高有 56% 到达离退休年龄。许多重要学科、技术领域的带头人，均未形成合理的年龄梯度，在短期内难以实现新老学科带头人的正常衔接。此

外，由于我局经费紧张，造成相当数量的科技人员、特别是年轻的科技人员无项目课题可做，而且项目、课题分散，投资强度低，难以出大的成果和培养出高水平的科技人才。随着防震减灾工作领域的扩展，现有人才专业结构也难以满足综合防震减灾工作的需要。这些问题，已成为制约我局科技向高水平发展的重要因素。因此，加速造就一支跨世纪的学术和技术带头人队伍，是当前专业技术队伍建设的重点工作，是事关我国防震减灾事业未来发展的刻不容缓的战略任务。我们一定要从战略的高度，增强紧迫感，努力培养、造就一批地震科技跨世纪的学术和技术带头人。

## 二、培养地震科技跨世纪学术和技术带头人的目标

我们提出“加速建设一支高水平的地震科技队伍，努力造就一批跨世纪学术技术带头人”，强调跨世纪的优秀人才培养，并将其作为一项战略性的任务来抓，是针对当前地震系统学术和技术带头人尚未形成合理梯队，以及21世纪国际竞争对人才的需要而提出的人才发展战略。培养地震科技跨世纪学术和技术带头人队伍要按照“稳住一头，放开一片”的方针，贯彻落实人事部等四部委《关于培养跨世纪学术和技术带头人的意见》的精神，紧密结合21世纪我国防震减灾事业发展的需要，通过采取超常规加大培养力度的做法，努力培养、造就一支具有良好政治素质、结构合理、高效精干的跨世纪学术和技术带头人队伍。

具体目标是：到本世纪末，培养出50名45岁左右的科技“帅才”，使他们成为具有系统、坚实的理论基础和创造性的学术成就，能组织和带领科技人员在国内、国际地震科技前沿拼搏，并能出色地完成重大地震科研或工程任务，代表着国内先进水平的新一代学术和技术带头人，其中一部分人将达到世界科技先进水平；培养出数百名30～45岁之间的科技“将才”，使他们能够在各个单位不同的学术和技术领域里起着骨干和核心作用。

这个目标是根据我国防震减灾事业未来发展对人才的需求提出来的。这个目标的实现，将顺利完成学术和技术带头人的新老交替，形成合理的年龄梯队结构，并以此进一步推动我国防震减灾事业不断向前发展。

## 三、采取切实有效措施，做好培养跨世纪学术和技术带头人工作

造就跨世纪的学术和技术带头人不同于一般的人才培养，各项措施起点要高，力度要强，必须有计划、有步骤地采取一些超常规的做法，实施专项计划，重点培养，跟踪服务。主要是要抓好以下几件工作。

**1. 加强领导，制订规划，建立多层次的跨世纪人才培养工作体系**

要做好跨世纪人才的培养工作，关键在于各级领导进一步提高认识。只有提高了认识，才能增强紧迫感和责任感，自觉地把这项工作真正列入日程，并摆在重要的位置上。要把培养跨世纪学术、技术带头人工作纳入各级领导任期目标，作为政绩考核的一项重要内容。就是要求各级领导特别是第一把手要高度重视，并亲自去抓这项工作。领导的重视起着关键作用。一些具有远见卓识的单位领导，早就意识到了抓跨世纪学术、技术带头人和骨干的重要，及时地采取措施吸引人才、培养人才，取得了明显的成效。

为了更好地推动我局培养跨世纪学术和技术带头人工作，国家地震局将成立跨世纪人才

培养工作领导小组，负责有关政策的制定、组织实施和协调工作。这次会议给大家提供了两个文件，一是《关于加强培养地震科技跨世纪学术和技术带头人工作的意见》(讨论稿)，另一个是《关于培养地震科技跨世纪学术和技术带头人的实施方案》(讨论稿)。希望大家能对这两个文件进行认真讨论，以便修改后尽快颁发和实施。

各单位党政领导也要结合本单位的人才需求，制订培养目标、规划和措施，认真抓好不同层次的各类业务骨干的培养工作，从整体上提高科技队伍的素质。通过多种渠道，采取多种形式，做好人才资源的开发。对具有发展潜力，可望成为跨世纪人才的，要及时列入培养和开发计划，并积极向国家地震局推荐。

**2. 严格选才标准，培养德才兼备的跨世纪学术和技术带头人**

培养跨世纪学术和技术带头人，要严格选才标准。要把那些具有高的素质、高的学术水平和高的学历（或具有高级职称）的优秀青年作为重点培养对象。在培养过程中，要注重政治素质和业务素质的全面提高。要教育科技人员坚持党的基本路线，大力弘扬爱国主义精神、求实创新精神、拼搏奉献精神、团结协作精神。正如江泽民同志所说："这四种精神，是我国数代科技工作者崇高精神的结晶，也是科技事业繁荣的重要保证，要作为科技界精神文明的重要内容，发扬光大。"因此，我们所造就的跨世纪的学术和技术带头人也必须具有这样的精神风貌。

我们的防震减灾事业是一个比较清贫而又很艰苦的行业，仅仅靠一些优惠的政策和条件，是远远竞争不过其他行业的。只有那些热爱防震减灾事业，具有敬业精神，并愿意为之奉献一生的优秀青年人才，我们才能引得进、留得住。

**3. 加大投人，创造有利于跨世纪人才脱颖而出的良好工作条件和环境**

跨世纪学术和技术带头人要在科技前沿拼搏中成长，就必须有一个良好的工作条件和环境。要给予必要的经费支持；要有必要的科学实验设备和条件；要有一个团结合作的集体相配合；还要有一个良好的学术环境和参加国内外各种学术交流活动的机会。拔尖人才往往是在上述条件较好的环境中产生的。

为此，我们将设立培养跨世纪人才专项基金，划出一部分资金，重点支持跨世纪学术和技术带头人开展具有创造性和系统性的科研工作。并优先为他们解决课题选择、工作调整、配备助手和科研仪器设备等问题。要有计划、有目的地安排他们出国进修、讲学、合作研究或参加国际学术交流，为他们在国际舞台上施展才能创造条件。

要改革现有的科技项目管理办法。坚持"有所为，有所不为"和"有限目标，重点突破"的原则，克服小课题林立、重复分散的状态，选择重点，增加投资强度。为此，要显著提高重点科技项目经费在总科研经费中的比例。同时要进一步增大对优秀青年科技人员课题项目的经费投入。要加大青年基金在地震科学联合基金中的比例（至少三分之一）。

**4. 大胆使用，在实践中培养跨世纪学术和技术带头人**

造就跨世纪学术和技术带头人要遵循人才成长的规律，坚持用实践的观点指导各项具体工作。学术和技术带头人的产生，不能"钦定"和"拔苗助长"。要在实践中物色人才，考验人才和磨练人才。对优秀人才要尽量给他们压担子，放到关键技术岗位经受锻炼、提高水平、创立业绩、作出贡献。让他们在实践中健康成长，确立他们的学术地位。大浪淘沙，只有在实践与竞争中涌现出来的人才，社会才能承认，才能担负起"带头人"的责任。

大胆使用人才是一种最好的培养。要大胆使用人才就不能论资排辈，要让大量青年人担负重担。我们要大胆地把年轻优秀人才推上重要学术和技术岗位，承担国家、部门、省市重大科研、生产项目、攻关项目和基金项目。在安排局“九五”重点项目时，至少要有三分之一项目的主要负责人由优秀的青年人来承担。重大课题要通过招标的方式，给他们创造平等竞争的机会。要积极吸收一些杰出青年人才进入局科技委员会，让他们有机会参与局重大学术和技术活动。

**5. 加强研究生的培养工作，建立健全博士后制度**

加强研究生的培养工作，建立健全博士后制度是培养青年高级专门人才和进入世界科技前沿的跨世纪学术和技术带头人的一条重要途径。

我局自改革开放以来共建立了两个博士后工作站，三个博士培养点和七个硕士培养点。共有10名博士后出站，培养了56名博士和560名硕士。目前仍有10名博士后进站工作，有59名博士生和68名硕士生在学。今后，我们要进一步扩大博士后研究人员和研究生的招生规模。到本世纪末，除现有的固体地球物理学、地震工程与防护工程两个博士后工作站外，争取再申报建成大地构造物理学、地震学、地震地质学、岩土力学等四个博士后工作站，以吸引国内外更多的（50名左右）青年高级专门人才进站工作。同时，保证每年培养博士生15～20名，硕士生25～30名。并要采取多种形式为优秀青年科技人员提供继续深造的机会，增加在职研究生的招生比例。要充分利用研究所的优势，通过定向培养、委托培养和联合培养的方式，为省局培养更多急需的高层次人才。

要建立对出站博士后和毕业研究生的跟踪、联络体系，从中发现更为优秀的人才，积极为他们创造条件和提供服务，使之成为能进入世界科技前沿的跨世纪的学术和技术带头人。

**6. 采取不同形式，吸引海外优秀人才和留学人员为国服务**

做好吸引海外优秀人才和留学人员为国服务的工作，是加速培养跨世纪学术和技术带头人队伍的重要措施。据统计，自改革开放以来我局共有300人左右到国外留学，其中仅有三分之一的人员学成回国，而大部分留学人员、特别是在国外获得博士或硕士学位的留学人员仍在国外。这些人中有不少是我们急需的非常优秀的人才，他们中的许多人都有强烈的事业心，有报效祖国的良好愿望。他们是跨世纪学术和技术带头人的重要组成部分。

我们要加强与国外留学人员的联系，向他们介绍国内经济发展形势和改革开放的政策，并采取一些优惠政策，积极吸引和鼓励他们回国工作、短期合作研究或讲学，以多种方式为国服务。同时，要充分调动各部门、各用人单位吸引海外优秀人才为国服务的积极性，特别是要发挥国内研究生导师的作用，利用出国访问、考察、学术交流的机会，多与留学人员接触。有条件的话，可组织有关部门人员到留学人员比较集中的国家、地区开展宣传和引进工作。有目的地吸引那些已有显著成就、学有专长的优秀人才或有潜力、有真才实学的青年尖子人才回国工作。

我们要关心和爱护留学回国人员，努力为他们提供良好的工作环境和生活条件，积极帮助他们申请课题项目，使他们回国后能尽快开展科研工作，充分施展他们的才华，为我国防震减灾事业服务。

**7. 搞好继续教育工作，不断提高专业技术队伍整体素质**

继续教育工作是提高专业技术队伍整体素质，培养、造就跨世纪学术和技术带头人的一个重要手段。继续教育是不断使专业技术人员知识更新的重要途径，是科技和教育、科技转化为生产力的重要结合点，是使在职科技人员能够脱颖而出的良好手段，应当广泛推动和加强继续教育工作。

我们目前的科技队伍除了表现在高层次人才年龄老化外，还表现在知识的老化，特别是我们从单一的地震预报职能向综合防御职能转变以后，更需要加强整个科技队伍的知识更新。今后的继续教育工作的重点是要加强新理论、新技术和新方法的培训，特别是要重视地震安全性评价、结构抗震和数字地震学等专门人才的培训，以跟上高新技术发展的步伐，适应实现十年防震减灾目标的需要。

我们要尽快制订“九五”继续教育规划，充分发挥我局现有的几个教育培训中心的优势，并逐步建立健全培训网络，把继续教育工作提高到一个新的水平。

**8．充分发挥中老年科学家在培养跨世纪学术和技术带头人中的传帮带作用**

小平同志讲过：“老科学家、中年科学家很重要，青年科学家也很重要。”因此，强调跨世纪人才的作用，决不能忽视中、老年专家的作用。新一代学术和技术带头人的成长，不能简单地理解成用年轻人取代现在岗位上的所有中、老年学术和技术带头人。

现在，我们地震系统已有了一批德高望重的老科学家和处于国际前沿水平的学术、技术带头人，他们将在跨世纪的过程中继续作出贡献，尤其在培养接班人的工作中发挥重要作用；我们也有一批中年科学家和学术、技术带头人，其中不少人的水平也处于国际前沿，他们是跨世纪人才的中坚力量，同样肩负着培养人才，发现人才的重担，肩负着承前启后的历史责任。

每一个成功者的背后，都有一个群体支持配合。中、老年专家为优秀年轻人才成长呕心沥血，引导他们攀登一个又一个科学高峰，带领他们走出一条成功的道路。所以，在抓培养跨世纪的学术和技术带头人工作中，要充分发挥中、老年科学家的传帮带作用，以使年轻人脱颖而出，促进科技事业的兴旺发达。

我们的中、老年科学家也要有长远的战略眼光，要充分重视对优秀青年人才的培养，以培养跨世纪学术和技术带头人为已任。对于在培养优秀青年人才工作中作出突出贡献的中、老年科学家，以及单位和领导，我们将制定相应的表彰和奖励措施。

**9．进一步改善和提高科技人员的生活条件和待遇**

解决好科技人员特别是高级专家的生活待遇问题，是邓小平同志人才思想的一个重要内容，也是培养跨世纪学术和技术带头人队伍的重要保障。在这方面，政府已经采取了一些措施，并取得了一定的成效。截止到去年年底，我局共有 39 名专家获得有突出贡献的中青年科学、技术、管理专家称号，并晋升了一到二级职务工资；有 360 名科研人员享受了每月 100 元的政府特殊津贴；有 28 名地震科技新星晋升了一级职务工资。在科技人员中产生了良好的效果和反响，在提高优秀科技人员的生活待遇，调动他们的工作积极性和创造性等方面，发挥了积极的作用。

在培养、造就跨世纪学术和技术带头人队伍的过程中，我们要进一步制定倾斜政策，继续关心和提高他们的生活待遇。在享受政府特殊津贴和有突出贡献的中青年专家的选拔工作中，要注意选拔在实践中涌现出来的做出突出贡献的年轻优秀人才。要进一步提高重点课题中科研津贴的比例，优先解决他们的住房、医疗和两地分居等方面的问题，解除他们的后顾之忧。对起关键作用的急用人才、重点争取对象可重金聘请，并可采用特批的办法为他们提供较为优越的工作和生活条件。

**10．深化科技体制改革，建立科学的人才评价和管理机制**

培养跨世纪学术和技术带头人，需要深化科技体制改革，大力加强整个科技队伍的建设。一方面要重点培养跨世纪学术和技术带头人，一方面还要注意培养具有现代科技知识和经营管理才干的专门人才，形成完善的人才结构体制，提高地震科技队伍的整体素质。只有这样，才能使造就跨世纪学术和技术带头人的工作具有广泛的坚实的基础。要通过深化科技体制改革，逐步形成一套用人公平竞争，人才合理流动，收入与经济效益、工作实绩相挂钩的“开放、流动、竞争、协作”的新型科技人才管理制度。

目前，我局各单位的人才结构很不平衡，京区各单位人才相对集中，但由于任务不饱满，在一定程度上已造成人才积压和浪费，优秀拔尖人才也难以脱颖而出。各省局、特别是边远省局人才相当短缺，难以满足事业发展的需要。为此，今后要加强研究所与省局、省局与省局之间的人才交流，可采取联合承担任务、课题或国内访问学者的方式，充分发挥大家的积极性，真正做到人尽其才。

要进一步完善专业技术职务聘任制度，尽量硬化评审专业技术资格的条件和标准。对确有真才实学的优秀年轻人才，要大胆破格评聘，切实提高优秀年轻科技人员在聘任高级专业技术职务中的比例，优化科技队伍的年龄梯度结构。力争到本世纪末初步建成队伍结构优化，布局合理，精干高效和适应社会主义市场经济发展及防震减灾科技自身发展的科技体制。

要加强对跨世纪学术和技术带头人培养对象的跟踪服务、定期考核。实行动态管理和不断完善人才评价机制，并根据实际情况及时筛选、调整，择优汰劣，确保跨世纪人才及后备人选的质量。

# 陈颙副局长在地震系统
# 办公室主任会议上的讲话

自国办发［1994］47号和中编发［1995］1号文明确了国家地震局、各省级地震机构的“三定”方案后，系统上下都希望对各单位办公室的工作提出明确的业务要求，并给予规范、指导。1994年12月，中共中央批准召开了全国党委秘书长、办公厅主任会议，进一步提出了加强和改进办公厅工作的一些新要求。此后，中共中央办公厅又多次发文要求加强办公厅（室）的值班、信息、督促检查等工作。为此，经认真研究、准备，我们决定召开这次会议。会议的中心议题是：在明确国家局及省局两级机构的职责任务的基础上，进一步认识和明确办公室工作的地位、作用，以及如何进一步改进和加强办公室工作，还要对有关工作进行部署。

## 一、提高对办公室工作的认识

任何一级政府、任何一个单位中，无论设有多少二级机构或精简多少机构，办公室总是必不可少的。从办公室的作用看，江泽民总书记讲过办公厅（室）要发挥好“参谋助手、督促检查和协调综合”三个作用。

众所周知，中共中央、国务院办公厅的文件实际上就是党中央和国务院的决定和要求。按机关行文的规定和要求，一个单位对外的文件除以单位名义外，还只有以单位办公室（厅）的名义行文。办公室是单位领导的左右手，责任重大。办公室要协助领导处理单位的日常事务；要采集各种信息，提供给领导和上级部门作为决策的依据；要督促检查领导决策和上级指示贯彻落实情况。办公室对内要协调各部门的政务工作，对外也是单位的主要窗口。

在一个单位内，办公室是掌握全面情况的综合部门。要从整体推进一个单位的工作，必须要总揽全局，了解本单位领导的意图、目标和思路，并将各部门的力量拧到一起。这时办公室在为单位领导起到参谋助手、综合协调的作用方面才能显示其重要。

“三定”方案下达后，国家地震局作为防震减灾主管部门，职能已有明显转变。明确各级防震减灾主管部门统一管理本级政府的防震减灾工作，宏观管理、指导、协调防震减灾“四个环节”的工作，这就大大增强了防震减灾主管部门对社会的管理作用，加强了政府职能。这些作用和职能的发挥，既给办公室提出了希望和要求，又给办公室提供了发挥“三个作用”的机会和可能。尤其是在推进实施防震减灾十年目标的过程中，无论是“实施纲要”的编制，还是政策、法规的研究、提出，以及对上级、对兄弟单位的工作关系协调，都需要办公室充分发挥作用。

从即将下达的各省级防震减灾主管部门“三定”方案的职责中，我们也看到对各单位办公室的职责给予了相当的份量。越来越多的省局和单位领导由衷地感到，本单位工作的好坏，和办公室的参谋、协调、督促作用密切相关。一个能全面履行职责的办公室，可以使单位领导有更多精力和时间考虑单位的战略发展、长远规划、方向和任务、政策法规、重大事项方面的问题。例如，国家地震局办公室去年在局党组直接指挥下，完成了首次全国防震减灾工作会议的组织活动。不少省局领导感慨地表示，办公室就应该担负起这样全局性活动的筹划与组织。我相信我们许多省局办公室工作也都是这样做的。

总之，办公室工作非常重要，它是单位领导在单位日常工作中的代表，是单位领导与单位各部门之间联系的枢纽，是单位对外联络的窗口，是省局发挥防震减灾行政管理职能的重要前沿阵地。办公室在一个单位中占据不可缺少的位置。各单位领导要深刻认识办公室工作的重要地位，充分发挥办公室的作用。

## 二、办公室工作的主要内容

国家地震局“三定”方案中，对办公室的职责规定为：“协助局领导处理日常工作，协调机关各部门政务工作，组织局务会、局长办公会并会同有关部门组织全国性重要会议，负责重要文件起草；研究拟定防震减灾事业发展方针、政策和发展战略，组织起草防震减灾法律及配套行政法规；负责秘书、文电、档案、信息、信访、保密、保卫和后勤行政管理工作。”经过一年多实践，可以看到，这样规定是合理的、必要的，也是可行的，对推进国家地震局的工作起到了积极的作用。为更突出“参谋助手、督促检查、协调综合”的作用，我们把“三定”方案规定的职责归纳整理，提出如下主要内容。

**1. 站岗放哨，加强值班工作**

值班是各级行政机关、各单位的一项重要的日常工作。

值班工作岗位承担着防震减灾系统与党中央、国务院、各级人民政府保持信息联系，系统内横、纵向通讯联系，并形成网络的职责；承担着根据上级机关要求和本单位领导指示，处理紧急、重要事项和突发事件的工作；承担着协助本单位领导完成政府抗震救灾指挥部及其办事机构交办的有关震情、应急反应、跟踪震情趋势动态、追踪收集灾情损失等工作。

值班工作岗位应遵循如下原则开展工作。这就是，请示、报告；保密、服务、准确及时；有条不紊、处理得当；加强联系、渠道畅通。

值班工作应有单位的一名领导负责。各单位都应设置或明确值班机构，其形式可根据本单位实际情况来定。要选派称职的人员担任值班工作。要明确值班工作的任务、目标，建立和完善值班工作规章、制度；还要逐步完善值班机构的基本建设，改善值班工作的软、硬件环境，保证办公、通讯设备的良好状态。

**2. 加强信息工作，开展督促检查**

信息是决策的基础和依据；开展督促检查工作，是一个重要的领导环节和领导方法。办公室担负着为领导制定和实施决策服务的任务，提供信息和开展督促检查工作，是进行服务的重要内容和方式。

信息和督查工作要紧密围绕防震减灾工作中心。根据防震减灾工作的重大决策和重要部署，有针对性、有重点地开展信息工作，及时提供领导需要了解和需要领导了解的信息。要及时反映改革开放新形势下防震减灾工作中出现的新情况、新问题、新经验，反映群众的意见和呼声，反映有倾向性、苗头性和动向性的信息和突发事件。要抓重大决策和重要部署的贯彻落实的督促检查，同时抓好中央、国务院和各级领导同志批示、交办事项的查办落实。还要确保决策和部署的贯彻落实。要坚持实事求是的原则，全面准确地反映决策的贯彻落实情况，并及时反映贯彻落实中遇到的困难和问题，对贯彻落实过程中出现的新情况要及时向领导报告并提出建议。

各级领导要充分认识到信息和督促检查工作的重要性，加强对信息和督促检查工作的领导，支持办公室做好工作，还要让办公室及时了解领导的意图、工作思路和工作部署，给他们提要求、交任务、出题目。充分发挥办公室报送信息的主渠道作用，把办公室作为实施督促检查工作的一支重要力量。

**3. 加强政策研究，健全法律法规**

“研究拟定防震减灾事业发展方针、政策和发展战略，组织起草防震减灾法律及配套行政法规”是“三定”方案中要求办公室履行的重要职责。前者属于政策研究工作范畴，后者属于法制工作范畴。这两项职责既是防震减灾行政主管部门强化防震减灾社会事务管理政府职能的重要方面，也是办公室作为领导的参谋助手发挥作用的具体体现。

软科学和政策研究是为领导决策服务的。办公室作为综合协调部门，应当急领导之所急，围绕领导急需解决的重大问题开展调查研究，提出有科学依据的解决方案供领导决策参考。还应当想在领导之前组织重大问题的超前研究，比如防震减灾事业长远发展目标，发展战略的研究，适应市场经济条件下的防震减灾工作体制及运行机制等研究。

加强防震减灾法制工作是办公室又一项重要任务。从国家地震局方面来说，要建立以《减轻地震灾害法》为核心的比较健全的防震减灾法律体系；健全行政执法监督检查机制，完善行政复议、应诉工作制度；推进地方防震减灾配套法规、规章建设，健全执法程序；加强防震减灾法制宣传教育；建立起一支与所承担任务相适应的具有一定规模和业务素质的法制工作队伍。对于各省、自治区、直辖市的防震减灾主管部门来说，要积极宣传、执行国家已出台的防震减灾法律法规，对国家尚未出台的法规，通过地方人大和政府积极推动地方性法律法规的起草、制定工作。在办公室内，要对法规管理工作做好安排。

**4. 规范公文处理，重视档案工作**

国家机关的各类公文是传达贯彻党和国家的方针政策，发布政府法令和规章、请示和批复问题、指导和商洽工作、报告情况、沟通信息、交流经验的重要工具和手段。做好公文处理工作，对我们克服官僚主义、文牍主义和形式主义，树立服务意识，提高公文质量和办事效率，推进公文处理工作的规范化和制度化具有实际意义。

提高防震减灾系统公文处理工作的质量和效率，不仅是实际工作向我们提出的要求，也是深化改革、转变职能、加强自身业务建设的需要。一个单位的公文质量如何，反映了这个单位和单位领导的工作作风、政策水平和管理水平，直接影响着单位的形象。必须继续贯彻落实《国家行政机关公文处理办法》，并结合实际，制订出适合本单位具体情况的、切实可行的规章制度，用规章制度来规范公文处理工作。希望各级领导能以身作则，严格按制度办事，使公文处理工作真正走上规范化、制度化的轨道。

档案工作是机关工作的组成部分，认真搞好档案管理，充分发挥档案的作用，为机关各项工作服务也是办公室管理的一项内容。

根据1995年地震档案工作的部署，各单位要认真贯彻落实《档案法》及《档案法实施办法》，建立健全档案工作规章制度，切实加强对档案工作的综合管理，以推进档案工作逐步制度化、法制化，积极开发档案信息资源，开展档案的编研工作，为机关工作和防震减灾工作服务。各单位要抓紧做好1996年在地震系统全面开展档案工作达标升级活动的准备工作，逐步实现综合目标管理和进一步提高档案工作水平。各级领导应给予足够的重视和支持，切实解决一些实际困难，如机构、经费、人员问题，这是今年档案工作的重点。

**5．提高保密意识，加强保密工作**

党中央、国务院十分重视保密工作，近年来随着形势、任务的发展和变化，连续发出了几个加强保密工作的文件，一再强调保密工作只能加强，不能削弱，越是改革开放越要加强保密工作。

保密工作直接关系到党和国家的根本利益，也直接关系到我们防震减灾事业的发展。今年防震减灾保密工作的重点是继续贯彻中共中央［1993］14号文件，调整防震减灾系统的划密范围，深入进行保密宣传和教育。通过保密宣传教育工作，人人能够知法、懂法、依法办事。我们的保密工作部门和每个从事保密工作的同志要尽职尽责，扎扎实实地开展保密工作。

根据《保密法》的规定，保密工作是条块结合的管理方式，各省局和部分直属单位在接受国家局管理的同时，应主动接受地方保密工作部门的领导，同他们保持经常的联系，这有利于保密工作的开展。

**6．积极稳妥、因地制宜地推进后勤工作管理体制和运行机制的改革**

根据《国务院各部门后勤机构改革实施意见》（中编办［1993］33号文件）精神，机关后勤改革要以转变职能、理顺关系、精兵简政、提高效率为指导思想，以坚持政事职责分开和精简、统一、效能的原则，实行行政管理职能和服务职能分开，精简行政机构和编制；坚持为机关服务的宗旨，正确处理内外两面服务的关系，不断提高服务质量，保障机关职能活动的开展；适应社会主义市场经济发展的要求，转换后勤服务单位运行机制，增强后勤服务单位活力，减轻国家财政负担。

在当前，机关后勤改革主要任务有三项：

(1) 实行行政管理职能和服务职能分开。

(2) 改革机关后勤管理机构和后勤服务机构。

(3) 改革机关后勤经费预算管理。

总之，机关后勤管理及后勤服务分离的改革精神，要根据每一个单位的实际，积极稳妥、因地制宜的推进与实施。

办公室工作千头万绪，涉及方方面面，除上述主要内容，还有机关财务、保卫、综合治理等许多日常工作。所有工作合起来才组成了办公室工作整体。每一项工作，每一个环节，每一个岗位的正常运转，是办公室整体工作正常运转的基础。因此，我们要把办公室的每一项工作都做好，才能保证本单位的工作顺利进行。

## 三、对提高办公室工作水平的几点要求

办公室工作这么重要，内容这么繁多，怎样才能不断提高我们工作水平，以适应防震减灾事业发展的需要，现提出如下要求：

**1．用全局观念处理各种问题**

能否用全局观念处理办公室工作中的各种问题是反映办公室工作水平的重要标志。办公

室职责中几乎都是全局性的工作或为本单位服务的工作，即使保卫、后勤行政也都是全局事业发展的条件保障；办公室的工作与所有其他业务部门的工作有关，大的方针、政策形成，各种法规的起草，信息的采集，全局性活动的组织要与业务部门密切配合，各部门的公文处理，档案管理都是在办公室完成的。办公室在处理各种问题的时候，必须有全局观念。办公室工作的指导思想应为“坚持全局观念，将宏观管理和综合协调相结合，为领导服务，为机关工作服务，为全社会服务”。

**2. 以政策作指导，把工作做细做好**

办公室的“三个作用”，决定了办公室必须紧紧依靠政策作指导。全局性的工作需要政策，许多具体的工作也要政策。政策既是我们工作的导向，又是我们工作的依据，也对我们的工作进行规范。

发展防震减灾事业是国家的大政策，“三定”方案明确的职责任务要求是对地震局工作的基本政策体现。对于办公室来说，还有一些具体的政策。如：关于行政值班，国务院下发了国办函［1994］81号《国务院办公厅关于加强值班工作的通知》；对于信息工作和督促检查工作，中央办公厅有《关于进一步加强信息工作的意见》和《关于进一步加强督促检查工作的意见》等政策，对于公文处理、档案工作、保密工作、后勤工作……中央都有很具体的政策。据此，国家地震局办公室也起草了适合防震减灾工作部门实际需要的有关政策，希望各单位认真贯彻执行。

**3. 深入下去，实事求是提供情况**

办公室工作要突出一个“实”字。要经常深入基层，进行实际调查，了解实际情况，直接听取群众的意见和要求，客观、准确、全面地提供防震减灾工作重大决策、重要部署的制定依据或贯彻落实情况。信息、反馈情况要真实、全面，决不弄虚作假，主观臆造。要提倡既报喜也报忧，坚持“两点论”。调研工作切忌形式主义。做表面文章，非但不能为领导服务，反而可能形成误导，造成重大决策的失误。要做扎扎实实的调查研究工作，对获得的信息要进行认真核实、比较，避免失误。

**4. 强化政府职能意识，提高管理工作水平**

“三定”方案明确规定，国家地震局、省级防震减灾主管部门是主管全国及各省、自治区、直辖市防震减灾工作的职能机构。防震减灾十年目标的实现，需要各级政府和全社会的共同努力。防震减灾工作，涉及众多的部门和方面。各级办公室在发挥政府职能方面，已经起了重要的作用。但是，总的来说，在思想观念、工作方式上，都还有与我们的地位、任务和职责不相适应的地方。进一步强化政府职能意识，是提高办公室工作水平，完成办公室工作职责的迫切要求。

我们要站在政府的立场上来开展工作，省、自治区、直辖市地震局是政府的职能部门，所做的一切工作都是政府行为。我们的管理对象不仅是防震减灾主管部门自身，而是与防震减灾工作有关的一切部门和个人。有了这样的意识，我们的管理工作水平就会迅速提高。

**5. 建设一支适应职能需要的办公室工作队伍**

建设一支适应职能需要的办公室工作队伍，是新时期防震减灾工作的需要，也是办公室当前现状的需要。办公室工作要上一个新台阶，关键是要建设一支好的队伍。这些年来，办公室系统工作人员辛勤工作，无私奉献，较好地完成了各项任务，是值得各级领导信赖的有战斗力的队伍。但是，我们应该看到，改革开放和社会主义市场经济体制的建立，防震减灾事业的不断深入，客观上给办公室的队伍建设提出了新的更高的要求。必须切实加强办公室队伍的思想、政治、业务和作风建设，把办公室建设成为各级领导信得过、精干高效、团结战斗的坚强集体。

思想建设是第一位的。办公室的每一项工作都连着大事，政治性很强。这就要求我们必须不断加强思想建设，善于从政治上观察问题、处理问题。要学习马列主义、毛泽东思想，学习邓小平同志建设有中国特色的社会主义理论，在政治上、思想上、行动上与党中央保持高度的一致。通过学习，树立正确的世界观、人生观，增强事业心和责任感。

组织建设的重点是改善结构，提高素质，充实新生力量，培养后备队伍。这关系到办公室整体战斗力的提高和所担负职责任务的完成。要注意重视青年人才的培养和选拔工作，努力造就能够跨世纪担当重任的人才。

业务建设十分迫切。新形势下面临的新情况、新问题，很多东西需要我们去研究、去改善。办公室工作人员要结合自身工作岗位和工作任务，加强业务学习，加强岗位培训，并使之制度化、规范化，努力成为本职工作的行家里手。

作风建设非常重要。要培养和形成良好的工作作风。增强服务意识，提倡奉献精神，忠于职守，埋头苦干，清正廉洁，严守纪律。

加强办公室工作队伍“四项建设”是一项长期、艰巨的任务，需要做很多工作。我看侧重要抓好两方面工作：一是深入细致的政治思想工作。我们要理直气壮地向全体工作人员进行优良传统教育，增强在办公室工作的光荣感和责任感。在整个办公室系统营造追求高尚精神的环境氛围。二是实实在在地关心爱护干部。办公室领导要经常向单位领导汇报，取得支持；要关心人、理解人，在办公室内形成一种健康向上的工作氛围。

办公室工作能否上得去，更重要的还要看各单位领导的态度。希望各级领导要进一步提高对新形势下办公室工作重要性的认识，切实加强对办公室工作的领导。要给他们分项目、压担子，让他们及时掌握和了解领导的工作思路和重要工作部署，为他们创造必要的工作和生活条件。在政策允许的范围内，千方百计地为办公室工作人员解决工作、生活中的实际困难，让他们能以饱满的热情，担负起新时期赋予他们的重任。

我们国家的发展正处在一个重要的历史时期，我们防震减灾事业的发展也正处在如何实现十年目标的关键时刻。努力完成党和国家交给的光荣而艰巨的任务，努力实现社会和人民赋予的光荣使命，是我们防震减灾队伍义不容辞的责任。在这支队伍中，我们办公室工作的同志肩负着重要的责任。我们要站得高、看得远，以高度的责任心和使命感，进一步加强和改进办公室的工作，把办公室工作提高到一个新水平。

# 何永年副局长在全国地方地震工作处长会议上的讲话（摘要）

## 一、“八五”期间地方地震工作的主要进展

大家知道，过去的五年是我国改革开放平稳顺利，经济建设高速增长的时期，在党中央、国务院的正确领导下，国民生产总值提前实现了翻两番的战略目标，人民生活水平得到了较快改善，综合国力得到了极大的提高。同样，包括地方地震工作在内的全国防震减灾事业也得到了健康和长足的发展。初步建立了政府领导，统一管理，分级分部门负责，基本适合我国国情和震情的防震减灾工作体系，各级政府在减轻地震灾害中的领导作用得到了充分发挥，各级防震减灾主管部门和有关部门在减轻地震灾害中的职责得到了进一步明确。

**1. 地方地震工作的内涵实现了历史性的转变**

我国的地方地震工作是1966年邢台地震以后，伴随着地震活动高潮迭起，大规模的群众测报而发展壮大起来的。但是，长期以来，在社会上和人们的传统观念以及我们的实际工作中，往往把地方地震工作局限于群测群防的狭小天地中，使之进入进退维谷、举步维艰的困难境地。90年代，面对专家预测我国新的地震活动高潮期，以及改革开放的新形势，1990年10月，国务院批准国家地震局首次召开了有各省、自治区、直辖市、计划单列市和有关部委领导同志参加的全国地方地震工作会议，在系统地总结我国20多年来开展地方地震工作经验的基础上，宋健国务委员代表国务院向各级政府发出了“动员起来，充分发挥各级政府在防御和减轻灾害中的领导作用”的号召，明确了各级政府在防震减灾中的领导作用。并就地方地震工作的重要地位、作用及其为保障各地经济建设、社会发展服务的方向和任务、机构及队伍建设的原则，和与会政府领导取得了共识。在1994年我国正式提出了“在各级政府和全社会的共同努力下，争取用10年左右的时间将我国的大中城市和人口稠密、经济发达地区具备抗御6级左右地震的能力”的防震减灾十年目标。同年11月全国防震减灾工作会议上，又进一步明确了我国防震减灾的工作应以预防为主，走综合防御的道路，提出了以地震监测预报、震灾预防、地震应急、地震救灾与重建等四个环节为主要内容的防震减灾工作任务，相应地，地方地震工作也包括了综合防御中的全部内容，实现了地方地震工作内涵和外延的历史性转变，应该说，这两次会议是我国地方地震工作发展历史上的重要里程碑，为“八五”期间乃至今后更长一段时期地方地震工作的健康发展奠定了良好的坚实基础。

**2. 地方地震工作管理部门的建设得到加强**

搞好地方地震工作部门的机构建设，保持队伍稳定，是“八五”期间有效开展工作的前提。

(1) 全国地方地震工作会议以后的“八五”前期几年里，各省级地震局都曾设置归口管

理地方地震工作的专门机构，使得在组织上对地方地震工作的领导、指导和管理较好地落到实处，取得了防震减灾的实效。

(2) 由于各级政府的防震减灾意识逐步增强，“八五”期间一大批80年代被撤销的地方地震工作部门逐步得到恢复和重建。无论是机构、编制、人员、投入经费以及地方台、企业台、骨干测报点和一般点都较90年前有了较大幅度的发展，全国的地方地震工作出现了一派生机勃勃的局面。

(3) 1995年是完成八届人大部署的全国机构改革的关键一年，随着中编委［1995］1号文件关于省级地震工作机构三定方案的确立，国家地震局适时地向各省编委提出了推进地方地震工作机构建设的若干意见（震发人［1995］060号），各省级地震局也积极主动地向省政府和编委汇报，提出地市县地震工作机构设置和职能配置的意见，有的省局领导还分头带领人事、地方等管理部门的同志，跑遍了全省各地市，向分管的政府领导和编办作宣传、交换意见，较好地征得了理解和支持。从全国来看，目前地方机构改革的效果是好的，原来不少面临撤并的地市地震工作机构都得以保留，作为政府的行政机构或直属事业单位，赋予政府的行政管理职能，对于稳定队伍，发展各地的防震减灾事业起到了重要的组织保证。

**3. 地方地震工作开展各项工作任务取得显著进展**

(1) 地震监测能力、预报水平得到提高。搞好地震监测预报是做好防震减灾工作的基础，也是地方地震工作的重要任务。“八五”期间各地根据各自的特点，因地制宜地调整优化和新建了一大批地方台和企业台，使得地震监测台网整体布局更趋合理，与国家专业地震台网合成有机联系的统一监测系统，并不断地完善和建立各种规章制度，使地方地震观测项目资料的内在质量和利用率进一步提高，在全国和各省的各种评比中获得较好的名次。地方地震系统的监测台站和观测项目，已成为地震监测不可缺少的重要组成部分，在震情监测尤其是在短临前兆观测及预报中发挥着举足轻重的作用。重点监视防御地区的地方地震工作部门还不断地加强分析预报工作，提高预报水平，有的在一些地震前，还较好地提出了预报意见，为各地政府提供决策依据，收到了显著的社会效益。

(2) 地震数据处理和通信系统建设得到加强。“八五”期间，各重点监视防御地区的地市地震工作机构，都配备了较先进的计算机和电台等设备，在地震分析预报、数据处理、科学管理中得到广泛应用，并使得地震信息传递和异常的速报能力得到加强，有的还在一些现场工作中发挥了重要的作用。

(3) 地震科普宣传教育得到加强。“八五”期间地震科普宣传教育工作持续健康开展，各地都在积极主动地联系宣传、新闻部门，编制宣传计划、规划，逐步地配备完善宣传设备，在广大城乡建立宣传队伍和橱窗，使得宣传的深度和广度不断提高，较好地提高了全社会的防震减灾意识和能力。

(4) 加强震害预测和评估工作。“八五”期间，各地的震害预测工作有了不同程度的起步和开展，发生破坏性地震地区的地方地震工作部门，在参与震害考察和评估工作方面作出了极大努力，为各级政府实施救灾和重建起到了参谋助手作用。

(5) 积极开展工程地震工作，为当地经济建设服务。“八五”期间，随着经济建设的大规模展开，各地地方地震工作部门都充分发挥地震部门的职能作用，结合自身的科技优势，积极推动工程地震工作，为当地经济建设服务，并通过工作的开展，较好地锻炼了队伍、提高了技术素质。

(6) 地方地震科研工作取得进展。“八五”期间，从国家局到一些省局都先后设立了地方地震科学基金，各地方地震工作部门还紧密结合当地的地震监测预报、工程地震、震害预测、震害调查、仪器研制、科研管理的实际，积极开展地震科学研究，取得了一大批较好的科研成果，培养和锻炼了一大批科研人才。地方地震工作部门的科研总体水平有了显著提高。

(7) 推进和强化了区域联防。“八五”期间，各地都继续深入有效地推进和强化区域联防，使得这一传统做法，在震情信息通报、会商的单一形式上，不断地向综合防震减灾，政府职能作用发挥，加强机构队伍建设，科研学术研讨等方面发展，越来越显示出强大生命力。

(8) 加强专业培训，提高队伍素质。搞好业务培训，提高队伍整体素质，是更好地开展防震减灾工作的主要途径。“八五”期间，各级地震部门都采取多种渠道、形式，因地制宜地培养和培训地方地震科技人员，使得地方地震工作部门在震害预测、评估等工作领域较好地开拓了工作。

**4. 强化行政执法作用，法规建设得到加强**

“八五”期间，随着经济建设和防震减灾事业的发展，我国的防震减灾法制建设取得了可喜进展。国家继发布《关于地震预报的规定》之后，又相继出台了《地震监测设施和地震观测环境保护条例》、《破坏性地震应急条例》等行政法规，初步改变了防震减灾无法可依的状况。各级地方地震工作部门不断加强防震减灾行政执法工作，一些地方台多年来观测环境受到干扰破坏的状况得到改善。

各地在强化行政执法工作的同时，大力加强地方防震减灾立法工作，目前全国已有 7 个省，由政府颁布了地震安全性评价管理规定，部分经济发达地区的地市也出台了地震安全性评价管理规定，全国大多数地、县地震局（办）都协助政府制定了破坏性地震应急预案，较好地起到了强化社会管理职能的作用。

**5. 防震减灾工作纳入当地国民经济发展计划取得进展**

1994 年国务院提出我国防震减灾十年目标，并要求各级政府将防震减灾工作计划纳入到当地国民经济和社会发展规划计划中去，国家地震局在经国务院批准召开全国防震减灾工作会议上，提出了我国防震减灾应遵循的四个环节八项措施的意见，并向各省政府提出了防震减灾规划、计划的编写大纲，各级地方地震工作部门都在积极行动，采取措施，协助政府和有关部门拟定本地区的防震减灾规划、计划，有的已纳入到当地国民经济和社会发展的规划、计划中，目前工作的进展是积极、健康的。

## 二、当前地方地震工作所面临的主要问题

“八五”期间在各级政府的领导下和各省地震工作部门的宏观管理与指导下，地方地震工作取得了显著的进展和成绩，地方地震工作已经形成了一支规模宏大、训练基本有素、经费投入可观、监测预报能力较强和国家专业地震工作相得益彰的地方防震减灾群体，在政府减灾职能、地震科技进步、广大群众积极参与的三者紧密结合，在地震监测尤其是短临前兆监测、地震科普宣传教育、增强群众自防自救及社会综合防震减灾能力上，越来越显示出其重要作用。应该说，这一时期是我国地方地震工作发展史上的最好时期。但是，由于工作内

涵的发展职能的转变，给我们的工作带来了一些困难，我们还要清醒地看到制约其健康发展的一些问题，主要是：

(1) 地方地震工作机构体制问题尚未得到根本性解决。一部分地方地震工作机构未能直接归属政府管理，机构名称、规格不一致、不规范，有的则还没有被赋予行政管理职能，这就影响了地方政府防震减灾主管部门作用的充分发挥和工作任务的全面落实。

(2) 地方地震工作法规建设尚需健全。大多数地方地震工作尚未完全纳入各级地方政府经济和社会发展的规划中，一些工作开展尚靠人际关系维持，地方地震工作的一些职称、劳保政策尚未与国家专业地震工作队伍做到一视同仁，影响地方地震工作的持续健康发展。

(3) 地方地震工作队伍的年龄结构和专业结构不尽合理。大部分业务骨干，大都是70年代从各条战线抽调而来，年龄老化和人才断层现象日趋严重，随着防震减灾十年目标的提出，专业结构不合理现象更显露出来。

(4) 地方地震工作的物质技术基础不能适应新的震情形势需要。由于经费紧张，监测台网仪器装备陈旧老化现象较为严重，改造较为困难。

## 三、“九五”期间地方地震工作的主要目标任务及措施

“九五”期间是本世纪的最后五年，是我国实现第二步发展战略的关键时期，同时也是实施和推进国务院提出的我国防震减灾十年目标的重要时期。因此，实事求是地探讨和提出“九五”期间地方地震工作的目标任务及措施是至关重要和适时的。

**1.“九五”期间开展地方地震工作的指导思想**

(1) 地方地震工作要紧紧围绕推进我国防震减灾十年目标的实现，继续把握“提高全民族的防震意识，致力于地震科学技术的推广应用，最大限度地防御和减轻地震灾害，为当地的经济建设和社会发展服务”的方向。为当地经济建设和社会发展服务，既是开展地方地震工作的根本方向，同时，也是地方地震工作提高和发展的最基本动力。

(2) 地方地震工作要继续遵循“地方政府领导，上级地震部门宏观管理与指导”的原则。紧紧依靠地方政府领导，将是地方地震工作不偏离其方向的关键和完成任务的根本保证。

(3) 要进一步确定地方地震工作与国家专业地震工作长期共存的思想，地方地震工作，不是因震情紧张而存在和需要的权宜之计，应从保障经济建设、社会发展和减轻地震灾害的高度来认识。

(4) 地方地震工作要更紧密遵循国家专业地震工作与地方专业地震工作结合、专群结合、自然科学与社会科学的结合，地震部门与社会各界协作，跨区域联防协作的基本规律，这是地方地震工作保持特色、增强活力、开拓进取的有效途径。

**2.“九五”期间地方地震工作的主要目标任务**

提出“九五”期间地方地震工作的主要目标任务，既要实事求是，有前瞻性，又要留有余地，有高显示度。因此，我提出以下几点，供大家讨论：

(1) 继续完善以“地方政府领导为主，上级地震部门宏观管理与指导”的领导管理体制，地方地震工作部门作为同级政府防震减灾工作的主管部门，要进一步加强机构队伍建设，增强社会管理，行政管理职能。

(2) 各级地方地震工作部门要依据国务院的有关规定，协助政府和有关部门编制好当地的防震减灾规划，并纳入到国民经济社会发展计划中去，使防震减灾工作与经济建设同步发展。

(3) 各级地方地震工作部门要大力加强防震减灾行政执法工作，并结合实际，积极推进当地地方性防震减灾法规和政府规章的立法工作，使之与全国的防震减灾法规建设形成互补。

(4) 要在全国地震监测系统的整体规划，统一布局基础上，搞好地方地震监测网的调整优化和现代化建设，提高分析预报的水平和实效。

(5) 协助政府完善和制定破坏性地震应急预案，落实各项应急通信及现场工作的硬件设备配置，为各级政府在破坏性地震发生后采取的各种救灾措施切实、有效的提供依据。

(6) 要配合有关部门做好震害预测，这是制定防震减灾计划和规划的基础性工作，也是进行震害快速预评估、迅速开展应急工作的基本依据。

(7) 破坏性地震发生后，各级地方地震工作部门要按照国家地震局关于灾情速报和震害评估的规定，迅速进行地震灾情速报工作，同时也要积极配合省地震局的震害评估考察队开展地震灾害损失评估工作，做好地方政府和部门工作，使震害评估顺利进行。

(8) 工程的抗震设防及其建设场地的地震安全性评价，是提高工程抗震能力的最基础性工作，地方地震部门要增强这些方面的管理职能，使工程建设抗震设防工作进一步深化。

(9) 要进一步提高防震减灾科普宣传教育工作的科学化和规范化，使之真正成为提高全社会防震减灾意识和功能，减轻地震灾害的有效途径。去年台湾海峡和今年山东苍山地震等许多事例从正反面告诉我们必须要重视防震避震基本常识的宣传教育。

(10) 要大力加强在职培训，不断提高地方地震工作系统开展防震减灾各项工作的人才培养。

**3. 实现“九五”目标任务的主要措施**

(1) 进一步强化对地方地震工作的宏观指导和科学管理。我国目前实行的中央与地方、专业和群众相结合的防震减灾工作体制是由我国的地震活动情况和震害特点所决定的，它充分发挥了中央和地方两个积极性，也是我国防震减灾工作的特色所在，它在近30年的防震减灾实践中显示出强大的生命力。特别是在当前国务院提出我国防震减灾十年目标，国家地震局和省级地震局实施新的三定方案之后，各级政府都赋予了地震部门艰巨的防震减灾任务，因此，要完成这一科学性极强的社会系统工程，地方地震工作部门除了需要政府的强有力领导之外，也更需要国家专业地震工作部门对其实施有效的业务指导和管理，这种指导和管理的成效将对全国防震减灾产生重大的影响。在这方面，大多数省局都创造了许多好的经验和做法，很值得加以认真的总结和很好的坚持下去，并希望能在全国加以推广，但我们也忧虑地看到，在这方面还存在不少问题和薄弱环节。希望能够通过这次会议，大家相互介绍经验，取长补短，并根据各省的实际情况，采取有力措施，责无旁贷地做好这方面的工作，保证地方地震工作与国家专业地震工作的同步协调发展，完成好防震减灾的各项工作任务。

(2) 大力促进地方地震工作机构稳定。建设好地方地震工作机构，是完成“九五”防震减灾任务的组织保证。1995年的地震机构改革任务已基本完成，但尚未进行或效果不太好的地区，除了地方地震工作部门要积极向当地政府、编办汇报请示外，省级地震部门也还要依据有关法规、文件精神，继续向省编办和有关地市领导做工作，以保持地方地震工作队伍的稳定。同时要努力争取将地方地震工作真正纳入到各地经济发展规划中去，努力促使各级财政适度地增加对地方地震事业的经费投入。

(3) 加快防震减灾立法和执法工作。根据国务院的统一部署，《减轻地震灾害法》已经列入国务院的立法计划，当前还在抓紧《工程建设场地地震安全性评价工作条例》、《地震重点监视防御区工作条例》、《地震灾害损失评估条例》、《地震保险条例》和《地震灾害预防条例》等配套行政法规的调研论证和起草工作，争取尽快出台。在全国性的法律、法规没有出台前，各地都要结合当地的实际情况，主动抓紧地方性法规和行政规章的起草工作，并争取列入政府的立法计划。随着防震减灾法律体系的逐步完善，各级地方地震工作部门加强行政执法将是依法管理防震减灾事务的关键，确保防震减灾法律、法规的贯彻实施。

(4) 大力加强地方地震工作部门的自身建设。地方地震工作部门要在当地的经济建设与社会发展中占有重要的地位或一席之地，需要通过自身的努力和工作实绩来体现或展示。地方地震工作有其特殊重要性，因为绝大部分的地震是发生在省会以下的地区，如果当地的地震部门切实能胜任党和人民赋予的岗位和责任，首先处理好地震前后的各项工作，给地方政府当好参谋，将为当地减轻地震灾害，起到重要作用。地方地震工作部门的同志，要对地震事业本身有充分的认识，既要在业务上不断提高自己，又要加强自身的思想建设，牢固树立全心全意为人民服务的意识。要积极争取政府和社会各界的理解和支持，在推进防震减灾事业的同时发展自己，提高自己，更好地创造出自身价值，因此，“九五”期间地方地震工作部门大力提高自身建设也将是求生存求发展的根本措施之一。

各级地方地震工作部门要正确认识“九五”期间防震减灾工作的新形势，同时正确认识自己，包括自身的地位、作用、长处和不足，扬长避短，以长补短，发挥优势，在经济建设的大好形势下求得自身发展的一席之地，这方面许多地方地震工作部门，有经济发达地区的，也有经济欠发达地区，有多震区的，也有少震区的，他们都创造了许多好的经验和做法，使得当地政府认为在发展经济、促进社会稳定中离不开他们，反过来，就会千方百计地关心、支持他们，这样，就既发展了事业，又提高了生活水平，他们的做法和经验很值得各地参考借鉴。我认为“九五”期间的经济改革以及繁重的防震减灾任务都给我们既带来挑战，同时也带来了不可多得的发展机遇，各级地方地震工作部门要紧扣减轻地震灾害的主题，最大限度地创造出自身的价值来。古人曾说，用心人，天不负，卧薪尝胆，三千越甲可吞吴；有志者，事竟成，破釜沉舟，百二秦关终属楚。指的是我国历史上著名的以弱胜强，以少胜多的事例。只要我们发扬自强不息的精神，也就一定能创造出地方地震事业发展的新天地。

# 葛治洲副局长在1995年度全国地震趋势会商会闭幕式上的讲话（摘要）

## 一、关于监测预报工作

监测预报这几年来一直有所进展，有所提高，成绩很突出，但也有不容忽视的薄弱环节。

(1) 观测资料质量稳步提高，优秀率达90%以上；

(2) 数据传送速度加快，准确率大大提高，22个数传均已达优秀；

(3)“八五”攻关进展比较顺利，取得了预期的成果，有的已用于现实的地震预报中。“八五”攻关结果为地震事业进一步发展，特别是为监测预报进展打下了基础；

(4) 最重要的是短临预报比过去有了更好的成绩，特别是青海局处在艰难的高原环境，技术力量与兄弟省局比较是薄弱的，青海地区地办包括龙羊峡骨干群测点在短临预报中作出突出成绩表明短临预报也是有希望的，其意义很大。

近几年，国家局在力所能及的情况下，对监测预报、台网追加投资，也争取了财政部的专项，基础工作有所改善，设备老化条件差的状况有所改善。但是从过去一年的情况看，有的问题值得提出，今后要注意：一是经费短缺的情况下，监测预报经费在个别单位仍然还有挪用的情况，更为严重的是挪用国家局给台站的救灾款项，这是很不应该的。由于财政困难，监测预报经费严重不足，台站同志想尽办法节约开支，维持仪器正常运转和数据正常传输。在这种情况下，如不能把经费全部足额到位是很不应该的。也有许多单位想到了监测预报这一基础，想到了台站同志，不仅做到监测预报经费全部到位，还从其他渠道挤出经费支援台站，大家应向这些省局学习。省局再困难也不要盯住这一点。有的台站3～5人，扣去1000～2000元就不得了，机关咬住牙也就过去了，希望大家要体谅台站、基层野外队及监测预报同志的艰难，请在坐的各级领导回去后转达这个意见。截留救灾款项就更不允许，严重讲是违法的。这是向国家财政申请的救灾专项。二是1994年发生了令人触目惊心的伪造数据事件。在国家局系统成立的20多年，这虽不是绝无仅有的，但确实是最触目惊心的，造成的问题和涉及的面都很大。这一问题的出现应引起全系统的高度注意和警觉，绝不能再出现类似的情况。各级领导应及时严肃认真处理，绝对不能搞下不为例，纵容这类事情。今后需要进一步对职工进行职业道德的教育。从总体上讲，我们这支队伍的敬业精神得到全社会的认可，也得到中央及地方政府领导的认可。我们接触到的各省省长、秘书长、宋健同志及其他领导对我们地震系统兢兢业业、埋头苦干、无私奉献的精神赞不绝口，现出现了这一疵点，希望大家记住这一惨痛教训。我们是搞科研的，在科学上伪造数据，是一个严重的道德问题。三是要加强管理，上述事件暴露出管理上的问题。在昨天的座谈会上大家也谈到纵向课题申请难、立项难，但后期管理放松。对此问题，局里已有察觉。各单位包括局里的管理如何更严谨、更细致，从管理上要效益，值得重视，要不断总结，不断提高。四是现有分析预报队伍的结构、人员结构、知识结构均急需要调整、改善，这是新的一年里要做的一项工作。

## 二、加强监测预报，提高地震预报水平是党和国家对我们的殷切期望

宋健同志在1994年广州会议上作报告的过程中，专门就提高监测预报水平，提高科学技术水平讲了一大段话。

宋健同志讲："在推进10年目标过程中，还必须十分重视发挥科学技术的作用，防震减灾工作的科学性很强，希望广大地震科技工作者努力研究地震科学，研究现代防震减灾的新技术、新方法，跟上时代高技术发展的步伐，不断提高地震科技水平，特别是监测预报水平，为防震减灾工作提供及时的更加准确的信息。防震减灾工作事关社会的稳定和安全，事关人民的生命财产安全，关系到社会主义经济建设事业的进程，能够有幸从事防震减灾工作的同志们是很光荣的。国务院和各级政府、全国人民对我们的地震工作者寄于很大的期望，希望大家继续发扬光荣传统，发扬团结奋斗、无私奉献的精神。各级地震部门的领导干部，要坚持做到日夜戒备、严密监视、兢兢业业、一丝不苟，为人民为国家贡献自己的智慧和力量。各级领导干部要热情关怀地震工作者，努力帮助他们解决工作、生活和其他方面的困难。要爱护他们，支持他们，帮助他们，为他们的工作创造好的条件，这样才能使得地震科学研究不断进步，不断提高，才能为我们的防震减灾工作提供有科学依据的支持"。重温宋健同志的这段讲话，对我们应该是一个很大的鼓舞，也看到了监测预报仍然是政府社会的第一需要。为了提高监测预报能力，提高监测预报水平，1995年要做些什么工作，我想再讲几点：

第一，局里已经定了，从今年开始，我们的队伍结合省局的"三定"，要进行结构调整，实现"稳定一头，放开一片"的方针。监测预报，包括台站、通信、分析预报、速报、编目等等应该是我们监测预报的基本工作，是属于稳定加强的一头，我希望各级地震部门要在这方面把它安排好。但是，我要强调的是稳定加强一头，不是在我们现有规模的基础上的完全维持，也就是说，监测预报系统包括我们的台网，也需要进行调整。我们的队伍要精干，在精干的基础上实现稳定，在这方面要采取措施。经过调整以后，要实行严格的定编定岗定职，同时要实现责权利的结合。关于结构调整的问题，在今年计划会上要专门部署，对监测预报系统我先打个招呼，各省局、研究所在未来调整时，对监测预报这一块要进行精心的考虑。

第二，1994年开了广州会，会议开得很好，最好的是政府的职能意识大大加强，政府对防震减灾的重视大大加强，特别是宋健的讲话，强调了政府在防震减灾工作中的职能作用，使参加会的省长、秘书长们都有很深的感受，所以目前出现了加强防震减灾的大好形势。从我们的监测预报工作来讲，各单位要利用这样一个大好形势，争取地方政府的支持，加强我们的监测预报能力和水平的提高。大家知道，从80年代末以来，整个地震工作经费出现了日趋紧张的状况，在这种情况下，我们的供需矛盾、缺口不是在缩小，而是在加大。最近计划司向党组报告，提出1995年的一个盘子，从这个盘子来看，缺口是惊人的。各单

位报来的各项缺口都在30%以上。从局里来讲我们的财源都用上了，对监测预报投入的比例还是比较高的，但是与各单位要求相比，缺口也确实很大，怎么办呢？这就需要多方努力、多方筹集。一个是向上要，包括方局长在内我们几位局领导都在努力，从财政部、计委、科委争取项目，争取经费。一个是向地方争取，当然筹集也是很困难的。困难的根本原因是国家的财政收入占国民收入的比例严重失调、严重下降，中央财政占财政收入的比例也是严重下降，这两个严重下降造成目前的困难，这种状况估计还要几年以后才可能有根本的好转。在这种情况下，我们要充分发挥地方的积极性，挖掘地方的潜力，来共同增强监测预报的能力。

这里，我还要强调的是我们地震部门要为政府当好参谋，千万注意不要滥用这个大好形势。我们在选择项目，在给省政府出主意时要精心策划、精心研究，要做到有效益，不要让政府出了钱，我们没有得到实际的提高，效益不好，这样政府对我们也有意见。在这方面，各个省要统筹规划，对于你们那个地区根据震情、灾情该怎样规划来实际十年目标，然后哪些是国家局支持，哪些是需要请省里支持的，哪些是要让地方市县支持的，要统筹规划，不要想到一个或看到别人搞一个什么项目我们也去搞一个，这注定要失败的。另外就是要因地制宜，要根据当地的情况，确定为当地服务的防震减灾项目。

第三，在经费短缺、供需矛盾加大的情况下，更需要从管理要效益。上面已经提到，我们的管理上存在问题，从监测预报的角度，还要加强对基层台站和野外队的管理，要保证监测资料质量，保证资料的及时传送，保证震情的及时处理，这应作为我们监测预报最基本的任务把它做好。产出的资料一定要准确。一方面管理要加强，另外从事预报的同志要把这方面的知识反反复复地向台站人员交待，平时一个1～2级地震记录不显重要，但对于一个中强地震序列的完整性来讲，一个2级左右的地震记录就很关键，不能做为小事来对待。

第四，关于提高中期预报水平的问题。宋健同志要我们努力提高监测预报水平。要提高监测预报水平很重要的就是要充分发挥我们监测和预报研究人员的积极性，搞地震监测预报没有主动和敬业精神，要想突破预报的难点是很困难的，我们要把这种敬业精神在地震监测预报系统传下去。台湾海峡地震和两次北部湾地震对我国的整体形势到底意味着什么？对东南沿海又意味着什么？对整个东部地区又意味着什么？这些问题需要深入进行研究，不能等下一个地震来了再研究，那就来不及了。对于黄海地震认识基本一致，但也存在分歧。黄海地震靠近我国的经济发达地区，如果地震上陆地、或大一点，对于东部的影响将是严重的。对于黄海的问题，东南沿海的问题，我想是不是应该做为一个大问题来研究，研究的目标不是海里来5～6级，而是说有没有更大地震的问题，会不会上陆的问题。另外今天上午张国民也提到关于怎样改进我们地震活动性统计方法的问题。这个问题也是存在的，在济南会上我已说过了。总的来讲，我们的中期和短临预报的研究工作要加强，要有针对性，要提出比较合适的题目，然后组织力量针对这个现实尖锐的问题来进行深入的研究。不能让我们的预报工作完全停留在泛泛的一般的水平上。从青海局的经验说明我们在这方面是应该上去的。上次我到山西考察，山西地方地震工作的同志在这方面也有他们的很多特点，4级左右的正常地震他们也有预报意见，这都为我们提供了信息。预报的研究不能只停留在大楼里，而是要深入基层，深入到地市县地办，深入到骨干群测点，深入到专业台和地方台。在这里我还要强调，怎样更好地发挥地方地震工作的力量。从总体来看，包括上一个活跃期，大家回顾一下，我们的一些短临预报成功经验，地方地震工作的作用发挥是不能忽视的。所以在新的活跃期我们仍要重视这个问题。在监测能力上，我们专业队伍（监测台网）可能从规模上大概就如此了，重要的是更新装备，实现现代化，再拿大量的钱去建台网铺摊子是不可能的，国家财力承受不了。但大有作为的是地方台网，依靠地方，把目标集中到短临预报，上一些短临前兆手段，实际上好多省已经这么做了，这样一来，我们就可能在中短临预报方面有一个大的进展；另一方面我们要充分利用“七五”和“八五”攻关取得的各项成果并普及到地方，将会做出更有成效的预报。

## 三、关于监测预报和综合防震减灾工作在十年目标中的地位和作用

这次会上很多同志都提到十年目标这个问题，综合防震减灾是我们地震工作的目的，现在又提出一个十年战略目标，其监测预报又是一个什么样的地位？这个问题方局长在广州会议上的报告里已讲得很清楚。过去局里的多次会议和文件里都反复强调了这个问题，我就再讲一下，监测预报是防震减灾工作的基础，地位就是基础，基础就是作用。为什么要把防震减灾作为地震工作的宗旨，这个问题是怎么提出来的，我回想了一下，不外乎是这么几个方面，第一个方面就是80年代中叶在改革开放的形势下，国家提出科技体制改革，提出了科技要面向经济建设，经济建设要依靠科学技术，这是科技战线上的根本方针，也是体现科技事业要发展的根本途径。这不是我们国家首创，从世界上来看，科学技术的发展对经济对生产力产生重大影响，在资本主义国家它是自觉或不自觉的。作为我们社会主义国家应该自觉地提出这个问题，科学技术必须面向经济建设。从这个方针提出以后，作为局里如何贯彻这个方针，我们地震战线是科技战线的一部分，在讨论过程中反复酝酿过，就已经提出了地震工作怎么样更进一步为国民经济服务的问题，所以应该说提出综合防震减灾，以减灾作为我们地震工作的目标，就是体现科技体制政策方针，是实现地震工作同国民经济和社会发展相结合的结合点。我想这是第一个理由。第二个理由就是从地震工作本身看，地震工作不是目的，监测预报也不是目的，它的目的都是减灾，如果没有减灾的需求就没有这项工作。在减灾这个问题上，从世界上来看有两条路，一条路就是走工程抗震，发达的资本主义国家基本上都是走这条路，而另外一条路就是我们国家所走的综合防御的路，在监测预报的基础上进行综合防御，这条路符合我们国家的国情和社情，这两条路在我看来并不矛盾，如果我们都有钱，总而言之把所有房子建设得像毛主席纪念堂，那样就用不着像现在这样搞监测预报了，反过来如果只搞监测预报，房子建得破破烂烂，就是准确作了预报，像海城，人都撤出来了，房子照样倒。所以不要责怪搞工程抗震走的路是错误的，而是从我国来讲没有那么多钱把所有的房子都建得那么好。我想就我们来讲选取了适合我们中国国情特点的这条路是对的，从我们新中国的地震发展的道路来看，对我们地震系统的同志来讲是熟悉的，我们在一个台3个人的基础上发展起新中国的地震事业。首先就是因为“一五”建设100多个苏联援建项目需要地震资料，所以我们地震工作开始起步，最初的台网建设和最初的历史资料的整理和我们李老前辈的天书，就是为了满足100多个重点建设项目的需要，关于这一点，已离休的林老局长前几年发表过一篇专门讲述新中国地震工作发展的道路，其中就讲了这个问题。地震工作怎么与经济建设结合，为经济建设服务，从一开始我们的根就扎正了。常熟5.1级地震说明，在国家经济发展了，生产力发展了，人民生活都提高了的情况下，更需要

综合防震减灾提供保障。这个地震并不大，可是把农民辛辛苦苦多年积累的钱盖得漂漂亮亮的小洋楼一下子毁掉了。地震前，正好是方局长带队先打过招呼，应该说预报还是比较好的，可是房子还是受到了破坏，老百姓受苦。所以走综合防震减灾的道路是必须的，这一点大家要坚定。第二点，怎么看这个基础，应该说这也是一个常识，监测预报是防震减灾的基础，这应该是不言自明的。之所以大家有点怀疑，提出这么多问题，是不是受了国际上有些思潮的影响。因为前几年在地震预报的问题上国际上是有过一番争论，争论的结果加上美国的试验场预报的失败，所以西方一些地震学家确实产生了当前能不能进行预报，地震预报能不能解决的疑问，在这方面可能是产生了一些看法。加上联合国开展十年减灾活动，减灾成了相当热门的话题，所以很多科学家转向搞防灾去了。但我们国家局的领导没有这个思想，正像前面讲的，我们之所以提出综合防震减灾是从国情出发，为社会、为老百姓做实事，把地震工作真正落实到效益上而采取的政策。关于基础问题，很简单，就是要回答灾在哪里，什么时候来，有多大，回答减轻地震灾害预测的三个问题实际上就是我们地震预报要回答的三要素。有准确的地震预报或者震后有准确的趋势预报，都能取得减灾效果，所以减灾与地震预报前提都是一致的，地震预报本身，如果预报得好就起到减灾效果。第二方面来讲什么叫综合防御，方局长的报告中讲了四个环节八条措施，四个环节是监测预报、震灾预防、地震应急、救灾重建。四个环节第一个就是监测预报，八条措施从工作体系到法规建设到监测预报能力的提高，以及地震安全性评价的管理到宣传等，八条中最主要的一条是加强地震预报能力和快速响应能力。实际上从八条措施中大家可以看到，综合减灾的主要的科学依据，主要的环节应该是监测预报。一个是监测预报所提供的，一个是监测预报所延伸所发展的，地震安全性评价本来就是长期预报，长期预报及50年超长期预报都是预报的范畴，震害预测实际上是在震害调查的基础上，根据未来地震危险性预测进行的。第三个方面，大家实际上有点担心，怕削弱监测预报，从实践来看这种担心是不必要的。就是当前和今后，政府、社会公众所第一位关注的仍然是监测预报。但我不是说政府领导就不关注综合防震减灾的其他问题，相比较而言，更迫切、更需要的可能首先还是监测预报。最近北部湾地震，阮崇武省长就明确指示对海南省地震监测预报工作提出要求。真有震情，谁都关注，没有震情倒可能变成被遗忘的角落，所以为什么要开展综合防震减灾，从这个意义上讲，就是要从政府到整个社会家喻户晓了解我们国家防震减灾方针政策措施，得到支持，不要地震一过就忘了。从另一方面讲，监测预报不仅仅是各级政府和社会第一位关注的，从国家局的投入来讲，国家局仍把监测预报作为最主要的投入，这个我认为今后不会改变，只有加强，不会削弱。从目前局里正作的工作包括今年和“九五”期间的规划计划，其中也包括监测预报能力的提高，监测手段的现代化，在这方面大家不必有太多的担心，像去年的职称评定，高研中监测预报占评定的40％。关于基础问题的争论就不要再继续下去了，目前的问题不是国家局重视不重视监测预报，而是我们的监测预报工作，监测预报能力能不能满足社会公众的需要，如果能满足这样的需要，作出令人满意的成绩，我想我们整个地震工作的局面将会大为改善，如能再抓住一次像海城地震那样的大震，像海城那样预报成功，我们整个防震减灾工作都会有大的促进，同样对监测预报肯定有大的促进，关键问题是我们能不能抓住地震，这要靠大家努力，要动员同志们拿出我们最大的努力去回答现实中存在的问题，做出成绩。

提出监测预报的地位、作用这个问题，反映了大家确有困难，我认为困难主要有三点，一个难点是地震预报难度太大。另一个是投入不足。第三个是，个人待遇比较偏低。我听到不外乎是这三个问题，一些同志就产生了想法，是不是不重视监测预报，不向监测预报倾斜了等等。地震预报难度大是世界公认的，假如难度不大就不要我们去努力奋斗，反过来如果通过我们的努力成功了，我们在世界的影响，在科学史上的地位就能有很大的提高。尽管现在只有我们中国高举地震预报实用化的大旗，但如果我们举着这面大旗真正取得成绩，世界地震学家肯定会对我们刮目相看，所以我们只能锲而不舍，孜孜以求，放弃一切其他考虑去钻研，没有别的选择。投入不足要靠大家努力争取多方筹集，主要是管理部门的责任。关于收入偏低的问题，我们是搞社会公益事业，搞公益的都发财是不可能的，世界上也是没有先例的，我们的目标是努力争取达到社会平均水平，这是前两年局里改革目标提到的，要经过深化改革和扩大开放，争取几年的努力，使职工收入水平能够达到社会平均水平，这个要靠大家。在这方面有点矛盾，有的认为搞开发的拿得太多，有的单位处理得不当，机关比我们搞监测预报的工资更有保证，这些问题都存在，我想要正确看待。我们的供需矛盾这么大，这几年也过来了，没有关门，没有不发工资或发 70% 的工资的。大家应该看到，各单位的领导和主管部门是费了很大劲的，每年几千万的缺口，一个靠争取地方政府的支持，一个靠我们搞开发创收来补贴，没有这些，我们这几年怎么过来的，我想是不可能的。我们搞监测预报工作的同志要理解，理解单位领导，理解主管部门，大家之间也要相互理解，相互谅解。当然，我也希望地震战线的各级领导要爱护关心监测预报第一线工作的同志，关心他们的疾苦，千方百计帮助他们脱困、解忧，努力为他们创造必要的工作生活条件，使他们能安心工作，全身心地投入到艰难的监测预报工作中去。请各级领导在这方面给予关注。

# 江苏省副省长季允石在全省防震减灾工作会议上的讲话（摘要）

党的十四届五中全会通过了《中共中央关于制定国民经济和社会发展“九五”计划和2010年远景目标的建议》。这一跨世纪的宏伟纲领，展示了今后15年中华民族发展的光辉前景，对于指引全党和全国人民沿着建设有中国特色社会主义道路继续前进具有极其重要的意义。我省将根据党的十四届五中全会《建议》和省第九次党代会的总体要求，结合江苏实际，编制“九五”计划和2010年长远规划，继续保持国民经济持续、快速、健康发展的良好势头，促使我省综合经济实力再上一个新台阶。今后15年我们要以推进经济增长方式转变，提高经济效益为中心，加快农业、水利、能源、通信、交通等重大基础设施建设步伐，使之与国民经济和社会事业的发展相适应。在加快建设的同时，我们一定要把地震因素、把防震减灾这项工作考虑进去。

我省是一个自然灾害频发的省份。在众多的自然灾害中，地震是破坏性较大的一种。由于我省经济发达，人口稠密，大中城市集中，加上水网密布、地基松软，因此一次中等强度的破坏性地震，其直接经济损失相当于我国西部的一次强震损失。近几年我省的地震活动水平虽然不如西部地区高，震级一般也不太大，但据统计，近几十年的地震损失却居全国的第三、四位。根据地震专家分析预测，90年代初至下世纪初，我国大陆进入本世纪第五个地震活跃期，未来10年我省发生5至6级破坏性地震的可能性很大。在国家地震局最近圈定的全国地震重点监视防御区中，我省有2/3以上的面积被列入，处于全国第三位。尤其是随着人口的增长、城市的发展、高层建筑和生命线工程的密集化以及社会财富越来越相对集中于城市和发达地区，地震可能造成的危害也将日趋严重。因此，我们在抓经济建设的同时，必须抓好防震工作。

江总书记指出：“我国要实现本世纪90年代经济和社会发展的宏伟目标，不能不更加重视减灾工作。我们将继续坚持经济建设同减灾一起抓的指导思想，把减灾纳入国民经济和社会发展的总体规划中去……增加投入，加强防灾建设，提高抵御自然灾害的能力。”国务院办公厅［1994］36号文正式提出了我国未来十年的防震减灾目标，这就是：“在各级政府和全社会的共同努力下，争取用十年左右的时间，使我国大中城市和人口稠密、经济发达地区具备抗御6级左右地震的能力。”确定我国防震减灾十年目标，完全符合我国经济和社会发展的要求，也是战胜严重地震灾害威胁的客观需要。它对于各级政府加强防震减灾工作的组织领导，对于提高全民的防震减灾意识，动员社会各方面的力量投入防震减灾工作，增强抗御地震灾害的能力，把地震灾害减轻到最小程度，确保经济持续、快速、健康发展，具有十分重要的指导作用。我们一定要从我国、我省今后经济和社会迅速发展需要的战略高度来认识实现十年目标的重大意义和长远意义，动员和组织全社会的力量，有效地防御和减轻自然灾害。各级政府一定要把这项工作落到实处，扎扎实实，抓出成效。借此机会，我再强调几点意见：

## 一、坚持经济建设同减灾一起抓，把防震减灾纳入国民经济和社会发展总体规划

随着经济的发展和社会的进步，环境与发展已成为全人类共同关注的两大问题，政府组织减灾工作正是为经济持续、快速、健康发展提供良好的环境和保障。能否动员和组织社会力量，有效地防御和减轻自然灾害，是各级政府的重要职责，也是衡量一个社会文明程度和政府效率的重要标志。党的十四届五中全会的《建议》要求“加强灾害性天气、气候和地震监测预报，减少自然灾害损失”。我们要按照这个精神，认真做好防震减灾工作。地震灾害是突发性的自然灾害，它可以使一个地区、一个城市多年的经济建设成果毁于一旦。对地震这样一个大的自然灾害，人类在地震监测预报领域，还没有完全能够驾驭和掌握它，必须从各方面加紧工作，弥补震灾可能带来的损失。国内外很多实践表明，及时、恰当、有效地做好防震减灾工作可以大大减轻灾害损失。各级政府在制订当地经济和社会发展总体规划时，必须统筹考虑防灾减灾工作，改变只重视建设、发展和灾后的救援，而忽视防灾减灾的倾向，切实把防震减灾各个环节的工作和措施在当地的经济建设和社会发展规划、计划中体现出来，从人、财、物各方面予以保证。把防灾减灾工作做在前面，就能够减少救灾的投入和工作量。

省委、省政府对防震减灾工作历来十分重视。我省防震减灾工作经过20多年的努力，已经有了一个良好的基础，初步建成了专群结合、多手段的地震监测台网和地震信息传输系统，以及数据分析预报系统。地震部门的同志进行了大量的、富有成效的工作。目前，还存在一些实际困难，如经费紧张，仪器设备陈旧老化等。省政府已确定把防震减灾工作纳入“九五”计划和长期规划，尽可能逐步增加地震事业经费的投入。计划部门要积极支持地震主管部门抓紧编制全省和各市的防震减灾“九五”计划和2010年长远规划，要根据我省的情况，有目的、有重点地在项目、任务、资金、责任等方面确保落实。各市领导要充分认识防震减灾直接关系到国家财产和人民群众生命、财产安全，作为一件大事，抓紧抓实，努力做好。特别是重点监视区的市、县要积极改善防震减灾工作条件，增加必要的地震监测手段。把防震减灾工作纳入各地经济和社会发展总体规划，是搞好防震减灾工作的基本保证。要通过“九五”计划及2010年长远规划的实施，使我省地震监测、信息传递、（预警）指挥决策等系统能够达到国内先进水平，震灾预防和地震应急等综合防震减灾能力迈上新的台阶，全省大中城市、人口稠密和经济发达地区达到具备抗御中等强度地震的能力。

## 二、加快防震减灾立法进程，依法做好防震减灾工作

宋健同志和徐志坚副秘书长在全国防震减灾工作会议上都一再强调把防震减灾工作的管理纳入法制轨道。我们正在建立社会主义市场经济体制，市场经济就是法制经济。防震减灾工作是一项长期、复杂的系统工程，涉及到社会生活的方方面面和所有的社会成员，需要依法进行管理。近几年来，国务院和省政府相继颁布了有关地震预报、地震监测设施和地震观测环境保护、地震应急、震害评估及灾情上报等方面的法规，要认真贯彻执行。江苏省工程

建设场地地震安全性评价管理办法正在抓紧制定，要尽早出台。在抓紧防震减灾立法进程的同时，要加强执法工作。目前，在执行国务院和省政府已经颁布的防震减灾法规中也还存在一些问题，如地震台站观测环境受到干扰的现象时有发生，给观测和防震减灾工作带来很大损失；一些重要建设项目和生命线工程，没有按省政府要求和防震减灾主管部门的统一规定进行地震安全性评价工作，留下了严重的隐患。这些都需要引起我们的高度重视。要对一些重大工程强制进行地震安全性评价工作，消除隐患，提高防灾能力。今后，这项工作一定要严格按规定办事，不能盲目采取行政命令和非科学的态度，随意增减地震烈度。特别是重大工程和基础设施建设以及生命线工程，要认真执行工程建设场地地震安全性评价管理的有关法规，从工程建设基础方面把好关。除了在场地地震安全性评价基础上确定抗震设防标准外，建设等有关部门还要严格按抗震设防标准搞好抗震设计，把好施工质量关。对于违反法规的行为，防震减灾部门要依法履行管理职责，严肃处理。各地可从实际出发制定防震减灾的具体管理办法，也可以按照有关法规制定实施细则。

最近，国务院颁布了《破坏性地震应急条例》，这是保障防震减灾十年目标实现的一项重要法规。各级政府和有关部门要认真贯彻。省地震局要加强宣传，使各部门和基层单位都了解《条例》内容，自觉执行。还要会同有关部门，起草《江苏省破坏性地震应急反应预案》，市、县政府也要安排好这项工作。预案对应急工作和各部门的职责任务应有明确的分工。省各有关部门要抓紧制定本系统的地震应急实施方案，特别是卫生、交通、通信、消防、建设、保险、物资、电力等部门事先都要有应急措施和物质准备，一旦有震，能够迅速作出反应。各大型企业也要相应制定《破坏性地震应急反应预案》，没有制定的会后要抓紧落实。全省破坏性地震应急预案争取 1996 年完成。今后哪个部门没有制定预案或不认真执行应急条例，一旦发生突发性地震，延误了抗震救灾时机，造成不应有的伤亡和损失，就要追究那一级政府和单位领导的责任。一定要充分认识地震灾害的突发性、严重性，吸取日本阪神地震的惨痛教训，进一步加强防震减灾工作。

## 三、建立和健全防震减灾工作体系，积极推进防震减灾目标的实现

防震减灾工作涉及到各行各业、方方面面，不是地震局能单独完成的。需要有一个由政府领导挂帅、有关部门负责同志参加，有权威和指挥协调能力的组织。1990 年省政府成立了“江苏省防震抗震领导小组”，各市也相应成立了领导小组。应该努力把它建成一个统一的、有权威的指挥机构。各级防震抗震领导小组要根据成员单位领导同志的工作变动，及时作出必要的充实调整。

当然，建立了各级防震抗震领导小组，并不等于这项工作就完全落实了，还必须有一整套完善的工作制度，每年应该定期开会，切实研究解决防震减灾工作中的重大问题，推动防震减灾工作。

省地震局是国家地震局和省政府双重领导的机构。根据中编委［1995］1 号文件规定，省地震局在国家地震局领导下，完成全国性和省内的防震减灾工作任务；同时在省政府直接领导下，行使省政府赋予的防震减灾工作的行政职能，为保障全省经济发展和社会稳定服务。按照中央和省委、省政府对这次机构改革的要求，省地震局要贯彻“预防为主、综合防

御"的方针，对防震减灾工作实行统一管理，充分发挥中央和地方两个积极性。本着政事分开和精简、统一、效能原则，进一步转变职能、理顺关系、精简内设机构和人员、提高工作效率。同时要抓紧落实市、县地震机构设置和职能配置。地震部门要切实负起责任，当好各级党委和政府领导防震减灾工作的参谋和助手，履行好防震减灾工作主管部门和当地抗震救灾指挥部的办事职能，为人民群众站好岗、放好哨。

防震减灾是政府的工作职责，各有关部门要相互配合、密切协作。机构改革中，对于职能交叉和工作交叉问题，省政府确定了如下的解决原则：第一，与国家有关部门职能相对应，凡是中央已明确规定了主管部门的，按中央规定办。第二，中央没有明确规定的，按省里规定办。第三，国家有关部门意见不一致，省里又没有规定的，有关职能交叉部门要从实际出发，相互协商，取得一致意见后，在部门"三定"方案中明确；部门意见不一致的，由省编委办公室协调；重大问题，报请省委、省政府决定。要根据上述原则，处理好地震部门与其他部门的关系。根据我省实际，"江苏省防震抗震领导小组"下设两个办公室，一是"防震办公室"更名为"防震减灾办公室"，履行国家地震局批准省地震局"三定"方案中的有关职责；二是"抗震办公室"履行建设部规定的有关职责。总之，明确职责、理顺关系的目的都是为了加强对防震减灾的领导，统一步调，协同动作，调动各方面的积极性，共同做好工作，确保防震减灾目标的实现。

## 四、加强宣传教育，提高全民防震减灾意识

防震减灾是一项具有重大意义的工作，是一件功在当代、利在千秋、造福子孙后代的大好事。做好这项工作不仅要依靠各级政府的领导，还要加强对全社会防震减灾知识的宣传、教育。我们不希望发生地震，但宁可千日不震，不可一时不防。中共中央宣传部和国家地震局曾经印发过《关于防震减灾宣传工作的规定》，省委宣传部和省地震局去年联合召开省防震减灾宣传工作会议，制定了《江苏省防震减灾宣传提纲》、《江苏省防震减灾应急宣传要点》和《江苏省防震减灾新闻报道的规定》等三个文件。规定了我省防震减灾宣传的内容、方式和要求；明确防震减灾宣传应纳入党委宣传工作规划和计划，各级防震减灾主管部门负责宣传内容的审定。各地、各部门、各单位和新闻媒介要以这些文件的精神规范防震减灾宣传行为。宣传部门要把防震减灾宣传列入工作计划，为其提供必要的条件和方便。防震减灾部门要积极主动争取党委宣传部门的支持帮助，切实遵循"因地制宜，因时制宜、经常持久、科学求实"的基本原则，努力达到"积极、慎重、科学、有效"的基本要求，真正使地震知识家喻户晓，牢固树立公众的防震减灾意识。我省防震减灾宣传已经有了一个很好的基础，地震部门和各级党委宣传部门做了大量的工作，在普及防震减灾知识、平息地震谣传、稳定社会、增强民众的防震减灾意识和心理承受能力等方面发挥了很大的作用。江苏省地震局还被国家地震局评为防震减灾宣传先进单位。这次会议以后，在党委和政府的统一领导下，宣传部门和地震部门要密切配合，齐抓共管，将我省防震减灾宣传工作提高到一个新水平。

# 广东省副省长欧广源在全省防震减灾工作会议上的讲话（摘要）

## 一、为什么要召开这次防震减灾会议

第一，这是我省面临震情形势的迫切需要。自80年代后期开始，我国的地震活动进入了本世纪第五个活跃期，华南地区的地震活动也相应进入相对活跃时段。据地震专家预测，这个活跃期将持续到本世纪末或更长时间。根据地震部门的报告，自去年下半年以来，我省的周边地区及沿海已发生多次强震，出现了近70多年来从未有过的强震频发形势。去年9月16日台湾海峡7.3级地震、12月31日和1995年1月10日北部湾先后发生的6.1级地震和6.2级地震，均波及我省造成人员和财产的损失。据统计，1995年二、三两个月，在台湾海峡、琼州海峡、川岛以南海域又接连发生了4次5级左右地震。这说明地震的危险仍然存在，震情是严峻的，防震减灾已成为摆在各级政府面前的一项重要任务。

第二，这是贯彻落实省委、省政府有关地震工作决定的重要会议。3月25日省委常委专门召开了会议研究目前的震情，要求政府有关部门和各市特别是沿海地震可能性比较大的地区的各级政府要重视做好防震减灾工作，要有比较充分的预防和应急措施，防患于未然。同时要注意方法，以免引起群众恐慌。因此，各级政府对目前面临的震情要给予充分的重视，必须克服麻痹思想和侥幸心理，保持高度警惕。大家知道，我省是全国经济发展最快的地区之一，人口稠密，交通、通讯比较发达，又毗邻港澳，对外交往频繁。随着现代化建设的进程，我省城市化程度将越来越高，重大工程、生命线工程不断增多，人们对生命线工程的依赖程度越来越强，地震造成损失的潜在危险也就越来越大，加强防震减灾工作就越重要。小平同志南巡以后，省委、省政府提出了我省20年内基本实现现代化的宏伟目标，发展经济、维护社会的稳定已成为各级政府的首要任务。而防震减灾措施的落实，正是为我省现代化建设创造一个良好的减灾环境和提供可靠的保障。做好这项工作的意义重大，各级政府任重而道远。

第三，召开这个会议，是党和政府对人民生命财产高度负责的体现。为人民服务是我们党和政府的根本宗旨，我们决不能把人民生命财产可能引起的损失置之度外。广东是一个自然灾害多发省份，每年的风灾、水灾造成的经济损失达数以百亿元计。自然灾害已成为严重制约我省经济发展的重要因素。地震是自然灾害之首，突发性强，是一枚定时“炸弹”，如一旦发生，人民生命、财产的损失是无法估量的，如果我们未把防震避震准备工作提前做好，是十分危险的，也不是真正为人民着想的。去年国务院的36号文件，向全社会提出了我国防震减灾的十年目标，全国防震减灾工作会议又作了具体的部署。实现国务院提出的十年目标，落实全国会议提出的各项防震减灾措施，最大限度地减轻人民生命财产的损失，是各级政府义不容辞的责任。要抱着对党对人民高度负责的态度，扎扎实实地把防震减灾工作做好。

## 二、关于防震减灾工作的几点要求

第一，要居安思危，要做到有备无患，要有防震、避震意识，要有警惕性，又不要惊慌失措，引起社会震动。这是唯物论，也是辩证法。我们目前面临的形势：一是我省的经济正在快速发展，地震活动也相对活跃；二是从历史上看我省的破坏性地震多发生在沿海经济发达地区，破坏性地震可能产生的影响和形成的灾害较为严重；三是城市化程度高、人口集中、重大工程、生命线工程密集与某些城市基础设施抗震性能不够强，公民的防震避震意识薄弱同时存在。以上三点，我们必须正视，必须实事求是地加以分析，这就是“居安思危”的表现；但我们又不要被这种情况吓倒，我们的出路在于，有针对性地采取措施，在抓经济建设的同时，高度重视，切实抓好防震减灾工作。这项工作做好了，各项措施落实了，广东经济建设和社会发展就可以得到保障。

第二，职责要明确，领导要重视。能否动员组织社会的力量，有效地防御和减轻自然灾害，是各级政府的重要责任，也是衡量一个社会文明程度和政府效率的重要标志。我们不能把防震减灾仅仅看作是地震部门的事情，这项工作是直接为我们的经济和社会发展服务的，直接受益的是地方，是地方各级政府和当地的人民。防震减灾是一项复杂的社会系统工程，光靠一两个部门去管理是不行的，各级政府必须把它作为一项全局性的工作，作为自己直管的事业来抓。今天参加会议的都是主管这项工作的负责同志，希望大家要集中一部分精力关注这项工作。发展经济，抓经济抓项目当然重要，但作为百年大计，防震减灾不可少，防灾减灾的保障作用不能忽视。否则，经济建设的成果就会功亏一篑。各级政府要花力气，真正做到既抓经济建设又抓防灾减灾。

第三，要抓规划的落实。要根据江泽民主席关于经济建设与减灾一起抓，把减灾纳入国民经济和社会发展规划的指示，结合我省的实际，把防震减灾工作纳入各地的经济和社会发展规划、计划中去。制定规划和计划要与我省20年基本实现现代化的发展目标结合起来，与各阶段经济发展的水平相适应。要做到既有长远的规划，又有近期的目标。我国是发展中国家，对自然灾害的承受能力还比较低，防御工作难度大。从短期和表面看，防震减灾的投入，不可能马上产生具体直接的经济效益。但从长远看，从深层次看，这种投入又是一个积累过程，灾害损失减少了，建设的成果保住了，实质上就是增收，就是增加社会积累。因此，必须做到有规划、有目标、有具体项目。凡事预则立，不预则废，有备才能无患。防震减灾要持之以恒，工作要靠平时的积累，否则，地震来了，就会措手不及。救灾是减少损失的重要手段，只有防灾才是减轻灾害的根本途径。要有投入，才能有收获。大家都还会清楚记得，去年六、七月份，我省连续多次遭受洪水袭击，从整体来说损失很大，但从局部看水利设施修得好的、完善的，其损失程度就轻一些。工作好与差，效果就不一样。每年省政府都强调重视水利设施的建设，其实质就是一项减灾行动。再看一下，我们的邻国日本，它是世界上防震减灾做得比较好，政府投入较多的国家，国民的防震、避震意识较强。如果没有他们的长期的工作，那么这次日本关西大地震的后果将更加严重。防震减灾，各级政府必须抓投入。一方面抓规划、计划的管理和实施。另一方面要在改善我省防震减灾的监测系统，解决地震部门困难方面，给予必要的支持。我省经济发展走在全国的前列，防震减灾也应该，而且也有条件搞得好一些。目前，各级政府正着手编制“九五”计划，省政府已责成省计委、省地震局会同有关部门抓紧研究和推进这项工作。各市县也要结合当地的情况，切实给予安排。

第四，建立健全各项防震减灾法规和规章，是确保各项规划、计划目标能顺利实施的重要条件。没有规矩就不成方圆。在法制逐步健全的今天，从中央到省都十分注重法制的建设，用法律法规来规范人们的行为，各项工作正逐步走向法制化和规范化的管理轨道。最近国务院颁布了《破坏性地震应急条例》，这是一个调整和规范与地震应急工作有关的各种社会关系的行政法规。各级政府和有关部门要认真贯彻广泛宣传。要根据《条例》，尽快修订完善各级政府的地震应急预案和各实施方案。工程建设场地地震安全性评价工作是防震减灾的重点和关键环节。工程建设百年大计，要充分考虑防震减灾因素。当前我省经济建设发展较快，一大批重点工程正在加速规划和建设，加强工程防震和工程抗震工作的管理更是当务之急。省政府正在加紧审议《广东省工程建设场地地震安全性评价工作管理规定》，这一规定必将促进我省地震安全性评价工作走上法制管理的轨道。在《规定》尚未出台前，各级政府和有关部门也要高度重视，按现有规定，加强管理，对那些不按规定做地震安全性评价，不按抗震设防标准进行设计和施工的工程项目不能立项、设计和施工。要从立项、设计等方面把好关。这项工作做好了，我们的经济建设才有保障，抗御灾害能力就会增强。

第五，加强防震减灾组织体系的建设，从组织上保证各项规划、计划目标的顺利实施。从 1989 年至今，全省各市都建立了防震抗震救灾工作领导小组，这是一个“防抗救相结合”的高效指挥系统，要真正发挥其作用，还有很多工作要做。各级政府特别是分管这项工作的领导要抓好协调。经国务院批准，省级地震部门的“三定”方案已下发，明确了省地震局作为省级人民政府主管全省防震减灾工作的职能部门。希望省地震局切实负起责任，当好政府参谋和助手，搞好我省的防震减灾工作。防震减灾是一项关系到国家、整个省、整个市的事业，对某些职能交叉的部门，必须从大局出发，淡化部门意识，按照政府颁布的“三定方案”明确的职责分工，互相支持配合，共同推进我省防震减灾事业的发展。目前各市县的机构改革也正在进行，希望各地结合当地的实际，对防震减灾职能部门的设置作出具体的安排，对重点防御区要做到机构健全、编制到位，经费落实。

第六，要继续深入开展防震减灾宣传工作。要以提高全社会的防震减灾意识、增强公众的心理承受能力为目的，抓普及、抓成效。这是一项重要的基础性工作。从去年下半年几次地震的经验教训看，社会公众对震灾的心理承受力弱，缺乏应急避震常识，造成了不必要的人员伤亡。因此，今后一个时期的宣传工作，要以抓普及面，尤其要以抓中小学生的宣传教育，抓应急避震常识的宣传为重点。要根据防震减灾宣传工作的特殊性，把握好宣传的力度，注意方式方法，做到既使公众掌握必要的知识和常识，又不致造成错觉和恐慌；既积极又慎重，务求抓出实效。

同志们，防震减灾造福社会、利国利民。希望各级政府认真贯彻这次会议精神，落实各项措施，扎扎实实地工作，把我省的防震减灾事业推上一个新的台阶。

# 湖北省副省长李大强在省防震减灾工作会议上的讲话（摘要）

## 一、把防震减灾工作纳入各地经济和社会发展规划

各级政府必须深入学习和领会江泽民主席提出的坚持经济建设和减灾一起抓的指导思想，正确处理建设和防震减灾的辩证关系，切实转变只重视抓建设抓发展而轻视抓防震减灾，或只重视救灾而忽视防灾、减灾的错误观念和倾向。要按照江泽民主席的指示、宋健国务委员在全国首次防震减灾工作会议上的重要讲话和国务院办公厅［1994］36号文件要求，把防震减灾工作纳入当地的国民经济和社会发展规划中。抓住编制“九五”规划的有利时机，把推进实现防震减灾十年目标的规划和当地经济建设与社会发展规划结合起来统一安排，切实把防震减灾工作纳入当地的“九五”规划和今后经济建设和社会发展总体规划中。各级地震工作主管部门要积极主动地提出防震减灾规划建议，协助政府和计划部门制订和落实防震减灾规划。

## 二、把我省防震减灾工作的管理纳入法制轨道

改革开放以来，我省经济发展迅速，已经建成一大批国家级与省级重点工程，还有一批重大工程正在或即将兴建。在建设的热潮中，我省有一些重要的建设项目，包括一些重大的生命线工程和易引发次生灾害的工程，地震安全评价工作做得不充分或根本没有做，抗震设防标准缺乏科学依据，隐患较大。我们应当逐步建立起防震减灾工作的法规体系。针对我省地质构造复杂，大中城市密集、经济发达、人口稠密、面临着地震灾害的威胁这一现实，针对我省各类工程项目较多、基建规模较大且地质条件较差的特点，必须加强地震安全性评价工作的管理。国务院已经明确，国家地震局是国家主管全国防震减灾工作的职能局，地震安全性评价和抗震设防标准归口国家地震局管理。国家地震局已制定有《地震安全性评价工作管理暂行规定》，省地震局正在制定《湖北省工程建设场地地震安全性评价工作管理办法》。我省在未立法前，先由省政府办公厅下发《湖北省工程建设场地地震安全性评价工作（暂行）办法》在全省试行。各单位各部门要按规定办事，工程建设项目要按规定作地震安全性评价工作，确定抗震设防标准，按设防标准和抗震规范设计施工。对那些不按规定作地震安全性评价，不按设防标准和“规范”作抗震设计，不按抗震设计要求进行施工的单位和个人要按照有关规定作出处理。

## 三、进一步建立健全我省防震减灾工作体系

宋健国务委员在全国首次防震减灾工作会议上指出：“必须在各级政府直接组织和指挥

下，建立起责任明确任务清楚、分工合作的有效的工作体系。要有一个统一的、有权威的指挥机构，还要有一个负责具体工作的职能部门，不仅中央和省一级如此，处于地震灾害威胁中的地、市、县也要从组织上落实”。根据宋健同志的讲话精神，我们要从两个方面建立健全全省防震减灾工作体系。一是处于地震灾害威胁中的地、市、州、县要建立一个统一的、有权威的防震减灾工作领导小组，组长由政府分管领导担任，成员由有关部门领导组成。领导小组办公室设在同级政府的防震减灾主管部门。各地防震减灾工作领导小组，平时是当地防震减灾工作的组织、领导、指挥、协调机构，破坏性地震发生后则是当地抗震救灾的领导、指挥机构。各地都要制定地震应急反应预案和对策，保证各地防震减灾工作领导小组在平时、震情紧张时和破坏性地震发生后都能高效有序地工作。二是全省大中城市和受地震灾害威胁的地、市、县要建立健全防震减灾工作机构，从组织上落实，有个部门去管。做到无灾早防，有灾早报，使减灾工作真正得到落实。在行政区划变动和今后的机构改革中，各级政府都要关心重视地震机构的建设，使之不断得到加强和完善，决不能削弱。为加强我省防震减灾工作，实现防震减灾十年目标，我省地震机构要作到机构健全、名称统一、编制到位、经费落实。

## 四、进一步加强地震和防震知识的宣传教育、提高全省人民的防震减灾意识

国家地震局和中宣部已联合召开地震宣传工作会议，去年底国家地震局又在我省召开了全国地震宣传工作经验交流会，国家对地震和防震知识宣传已有明确规定。今年省地震局又和省委宣传部联合发文，对防震减灾宣传工作作了规定和布署。全省地震和防震知识宣传要结合我省实际把目标放在提高领导干部和人民群众的防震减灾意识上。由于我省经济发达，人口稠密，人们缺乏地震体验，有感地震可造成严重损失的特点，要把宣传教育重点放在轻度破坏性地震和有感地震发生时，如何科学、适度躲避，震后如何尽快安定社会，减少直接和间接经济损失上。要把握好宣传角度和分寸，既要使公众掌握必要的知识和常识，又要避免造成错觉和恐慌。各级地震部门要编写适合本地的宣传材料，制订常规宣传提纲和应急宣传提纲，报上级地震部门审查和当地政府批准，在政府和宣传部门领导下，在新闻、出版、教育等部门协作配合下搞好全省防震减灾宣传工作。

## 五、各级政府与全社会都要关心支持防震减灾工作

由于防震减灾工作的特殊性和科学技术特点，我国防震减灾工作是条、块结合的体制。中央和省一级是集中领导，省以下是地方领导。省地震局、各地市州县地震局及全省各类地震台站、群测点，他们辛勤为全省经济建设、社会安定、减轻灾害做出了贡献。各级政府要树立减灾就是增收的观念，各类地震发生后或有地震谣传时，地震部门能保证社会稳定，就是隐性创收。否则，一个工厂停产一天，一个地区，一个市停产一天，将会产生很大损失。地震部门能使社会多安定一天，所产生的经济效益就超过我们几年乃至几十年对它的投入。这些年来，地震部门的经费很紧张，有的连工资都不能按时发，一些仪器设备“超期服役”、带病运转，难以更新换代，很多工作因缺少经费支持而无法实现。因此，希望各地按国务院和省政府文件规定，把地震工作经费纳入地方财政预算，保证必要的经费支持。

# 四川省副省长欧泽高关于贯彻《破坏性地震应急条例》的讲话

4月1日，国务院发布的《破坏性地震应急条例》正式施行，这既是防震减灾的需要，也是全国未来十年震情形势的需要。我国是个多地震的国家，在防震减灾整个过程中，地震应急这个环节的工作十分重要。这个《条例》是各级政府管理地震应急工作的法律武器，它可以使地震应急工作有章可循。从过去的实际情况看，震前有无地震应急的准备，震后的减灾效果确实是大不一样的。1989年我省石棉、小金和重庆江北等地发生地震，因为震前已制定有“应急预案”，震后指挥人员能迅速到位，救灾工作及时有条理地快速进行，减灾效果很明显。据地震专家预测，本世纪90年代到下世纪初，是我国大陆地区又一个地震活动的高潮期。在这样的地震形势面前，国务院发布《破坏性地震应急条例》，各有关地区遵循这个《条例》不断完善当地的“地震应急预案”，显然是十分必要的，非常及时的。这个《条例》共分七章、三十九条，它概述了“为什么制定这个条例”和“地震应急工作的原则”，即：政府领导、统一管理、分级分部门负责的原则；指明了任何组织和个人都有参加地震应急活动的义务；规定了应急机构；规定了震前准备和临震、震后的应急活动；还作出了实施应急过程中的奖惩规定等。

我省历来是地震灾害严重的地区，目前又面临着严峻的震情形势，因此我们要联系四川实际，从以下几方面认真贯彻、执行这个《条例》。一是要把这个《条例》学习好、宣传好。特别是地震重点防御区的各级政府和有关部门的领导、工作人员，更要学习好这个《条例》，掌握其要点，按要求组织这个《条例》的实施。各级宣传部门和新闻媒介，也要做好对这个《条例》的宣传工作。二是根据这个《条例》，组织力量对我省过去制定的“地震应急反应预案”进行一次认真的修订、补充，使之更加完善，更加切合我省实情。三是全省有关地区、有关部门和单位，都要对照这个《条例》，结合本部门本单位的实际和特点，制定和修订、完善本地区、本部门、本单位的“地震应急预案”，以加强薄弱环节，确保应急救灾工作的落实、到位。总之，我们要以向人民高度负责的精神，认真贯彻“以预防为主、综合防御”的方针，把各项预防和应急准备工作做在可能发生的破坏性地震发生之前，以最大限度地减轻地震灾害所造成的损失。

# 宁夏回族自治区副主席刘仲在全区防震减灾工作会议上的讲话（摘要）

全国防震减灾工作会议召开以后，全区各地、市、县（区）的主管领导和地震系统的同志们做了及时、认真的宣传和学习，大家对防震减灾工作的重要性有了进一步的了解和认识，尤其是对政府实现十年目标的责任有了明确的理解。我就今后进一步抓好防震减灾工作讲几点意见。

## 一、充分认清震情形势，不断提高忧患意识，增强抓好我区防震减灾工作的紧迫感和责任感

宁夏是全国重点地震区，地震频度高、能量大，历史上发生过多次破坏性地震，1920年海原大地震在全世界都是数一数二的。宁夏作为全国最小的省份之一，土地面积占全国的0.69%，总人口占全国的0.42%，本世纪以来，全国死于地震55万余人，宁夏死于地震的人却占全国的41%；建国以来，我区已累计发生5级以上地震13次，按每万平方公里发生地震的次数计算，几乎是全国的3倍。我区北部人口稠密，经济、文化较发达，从1991年起已连续五年被确定为全国地震重点监视防御区，南部毗邻甘肃东南部的地震重点监视防御区，回族聚居，近年来经济有较快发展。这些地区一旦发生较大的破坏性地震，将对全区的社会稳定和经济建设产生很大的影响。因此，各级领导一定要认清我区面临的震情形势，提高忧患意识，树立震情观念。要进一步提高对防震减灾工作重要性的认识，深入学习和领会江泽民主席提出的“坚持经济建设同减灾一起抓”的指导思想，克服只注重抓建设、抓发展，而忽视防灾减灾的倾向，把防震减灾工作真正摆到政府的议事日程上来。

一是要把防震减灾工作纳入国民经济和社会发展规划。90年代是我区经济发展的关键时期，各地在制定经济和社会发展总体规划时，一定要结合我区的震情形势和当地实际，制定以防震减灾十年目标为主要内容的总体规划、实施计划和分期目标。自治区地震局起草了我区防震减灾十年目标实施要点，请大家认真讨论，提出意见。各地市县和各部门要按照自治区的要求编制本地区、本部门的规划和计划，并付诸实施。为了推动此项工作的开展，自治区确定银川市为实现防震减灾十年目标的示范区，青铜峡水电厂、宁夏化工厂为示范点，先行一步。银川市和青铜峡水电厂、宁夏化工厂要认真部署，周密安排，为全区做出榜样，提供经验。对各地、各部门制定规划的情况，自治区将组织有关部门进行检查。

二是要把防震减灾工作的管理纳入法制轨道。目前，我们正处在建立社会主义市场经济体制的过程中，防震减灾工作也要与之相适应，逐步实现法制管理，国务院已颁布了有关的法规，结合我区震情与减灾的实际情况，自治区政府先后下发了《宁夏地震防灾减灾综合对策方案》、《宁夏破坏性地震应急反应预案》等政策性文件，最近又发布了《宁夏回族自治区工程建设场地地震安全性评价工作管理规定》，为依法管理防震减灾工作提供了法规依据。

有了法规，就要严格依法办事，真正做到“有法可依，有法必依，执法必严，违法必究”。要抓紧制定我区地方性防震减灾法规的计划，加快立法进度。对已在实践中臻于成熟的规章，可提请人大审议后以地方法规形式予以颁布，健全法制体系，促进防震减灾工作逐步走上法制化、规范化、制度化的轨道，为实现防震减灾十年目标，增强整个社会抗御地震灾害的能力，创造有利的法制环境。

## 二、进一步建立健全防震减灾工作体系

目前我区各地的防震减灾工作体系是比较健全的，地震烈度七度以上的地市县都建立了防震减灾领导小组或指挥部，组长由政府分管领导担任，成员由有关部门领导组成，领导小组办公室设在同级政府的地震工作办公室，关系比较顺。这是各级政府重视防震减灾工作，努力加强领导的结果。根据中央编委制定的省级地震机构“三定”方案，自治区地震局是我区防震减灾工作的主管部门，统一管理全区的防震减灾工作。地震局要积极主动开展工作，进一步转变职能，加强行政管理职能和社会管理职能，切实履行管理防震减灾工作的职责，给自治区政府当好参谋和助手，把全区的防震减灾工作推向一个新阶段。我区的机构改革现已全面展开，地、市、县地震机构也面临着改革。基层地震机构作为开展防震减灾工作的主要力量，在过去和现在都发挥着重要的作用，在机构改革中，只能加强，不能削弱。我区现在正处于地震活跃期，又是全国重点监视区，如果没有地市县地震机构，减轻地震灾害的目标就难于实现。因此，各级政府要从我区震情的实际出发，关心重视地震机构的建设，各地市县（区）地震办公室机构应作为事业单位予以保留，由政府授权管理防震减灾工作的行政职能。没有地震办公室的县（区），要指定有关部门负责防震减灾工作。各地防震减灾工作领导小组，平时是当地防震减灾工作的组织领导和协调机构，破坏性地震发生后则是当地抗震救灾的领导指挥机构，各级地震部门也相应地转为本级政府抗震救灾指挥机关的办事机构。

## 三、认真贯彻落实自治区工程建设场地地震安全性评价工作管理规定，抓好抗震设防工作

建筑物和工程设施的破坏、倒塌，会造成严重的经济损失和人员伤亡。因此，减轻地震灾害的关键环节，就是要使各类建筑物具有较高的抗震能力。进行地震安全性评价的目的，就是为工程抗震确定科学的设防标准，实现建设投资合理，建筑物震时安全。我区虽然已经对一些大型建设工程和生命线工程开展了地震安全性评价的工作，但由于种种原因，还有不少重要工程尚未进行安全性评价，抗震设防缺乏科学依据，这就会留下很大隐患，很可能殃及子孙，甚至祸在当世。为了加强对这项工作的管理，自治区政府发布了《宁夏回族自治区工程建设场地地震安全性评价工作管理规定》，各地、各部门都要认真贯彻执行。凡是区内的重大工程建设项目和生命线工程，必须进行地震安全性评价，并按规定进行设防，否则计划部门不予立项。凡是不按规定作抗震设计，不按抗震设计要求施工的单位和个人，要按有关规定作出处理。总之，希望计划、建设、地震等部门密切配合，共同抓好关系到人民生命安全的抗震设防工作。

## 四、继续加强地震监测预报和地震应急工作

地震监测预报是综合防御的基础。我区地震监测预报工作在地震系统干部职工的艰苦努力下，做得是有成绩、有成效的。自治区地震局三次被国家地震局评为全国地震监测预报工作先进单位，地磁等6项观测项目取得全国评比前三名的成绩。希望地震系统的同志们再接再厉，兢兢业业，一丝不苟，继续加强地震监测预报工作，做好基础研究，不断提高地震科技水平，增强地震预报尤其是短临预报的能力，为政府的防震减灾决策提供及时、准确的信息。

地震应急是减轻地震灾害的重要方面。要搞好地震应急，首先要完善地震应急反应预案。实践表明，在震前有一个比较完善、易于操作、便于指挥的对策预案是十分必要的，一旦发生地震等突发事件，可以做到处变不惊，处惊不乱，及时抗震救灾，最大限度地减轻灾害损失。1991年以来，各地政府和有关部门编制了方案预案。目前来看，有的已不适应当前的经济建设和震情形势，应进行修订、完善。没有编制出对策、预案的地区、单位，应抓紧编制。国务院发布的《破坏性地震应急条例》规定，地震应急工作实行政府领导、统一管理和分级、分部门负责的原则。因此，要逐步做到各地区、各部门、各系统、各工作岗位都有地震应急反应预案。外省的经验表明，编制对策预案的工作量不大，投资不多，但发挥的作用却不小，有明显的社会经济效益。有条件的地方可以搞点演习。我们的领导机构应进行必要的模拟演练，检验应急预案的可行性，便于震后应急操作。各级政府要切实抓好这项工作。

## 五、切实保证防震减灾工作的经费投入，稳定地震工作队伍

自从我分管地震工作以来，走了一些地震办和台站，大家普遍反映经费紧缺，观测点运转困难，影响了正常工作的开展。地震工作是关系到人民生命财产的大事，工作做得好坏，直接受益或受损的是本地区经济、社会的稳定、发展和人民生命的安全。如果由于经费不足而影响地震监测和信息传递，就会贻误震情，造成的损失就不是一二千元，几千元，那就是这个数字的数千、甚至数万倍。在1995年灾情严重，财力十分紧张的情况下，自治区政府决定，帮助自治区地震局解决现场通讯问题。各级政府要尽力保证防震减灾工作的经费投入，热情关怀地震工作者，努力帮助他们解决工作、生活和其他方面的困难，稳定地震工作队伍，使监测预报、地震速报、灾情速报等工作顺利开展，使综合防御工作落到实处。

国务院《地震监测设施和地震观测环境保护条例》发布后，各地积极贯彻落实，较好地保障了地震监测预报工作。但是，最近一段时间，又出现了地震台观测线路被盗，仪器室被撬，仪器遭到破坏的情况，严重影响正常观测工作。当地政府和有关部门要认真抓一抓，对于破坏地震监测设施和观测环境的行为，要严厉打击，严肃处理。

最近，大家十分关注1995年1月17日日本阪神地震。自治区防震救灾领导小组办公室印发了这次地震的有关资料，会议还要组织观看有关这次地震的录像，这将对我区的防震减灾工作有很大的启示。希望大家认真看一看，从日本的城市规划、抗震设防、地震应急、减灾法规、防灾技术等方面汲取一些经验教训，以推动我区的防震减灾工作。

希望各级政府一定负起责任，建立起责任明确、任务清楚、分工合作的有效工作体系。如对防震减灾工作重视不够，采取措施不力，造成不应有的损失，要追究主要领导和分管领导以及有关部门的责任。自治区防震救灾领导小组要进行督促检查，及时总结推广先进经验，通报存在的问题，促进综合防御各项工作的落实，能否积极防御和有效地减轻灾害损失，是衡量一个社会文明程度和政府效能的重要标志。我相信，只要各地、各部门密切配合，共同努力，我们一定可以逐步实现减轻地震灾害的目标，对我区的社会稳定和经济发展作出更大的贡献。

# 国家地震局关于认真贯彻《破坏性地震应急条例》的通知

各省、自治区、直辖市地震局，各直属单位，计划单列市地震局（办）：

《破坏性地震应急条例》（以下简称《应急条例》），已于1995年2月11日经李鹏总理签署国务院第172号令发布，自1995年4月1日起施行。

为了做好学习、宣传、贯彻执行《应急条例》的各项工作，特通知如下：

**一、正确认识《应急条例》发布的重要意义**

《应急条例》是防震减灾法律体系中的一个重要行政法规，防震减灾法制建设是我国社会主义法制建设的一个组成部分。我们要从完善社会主义法制建设，落实江泽民同志“坚持经济建设同减灾一起抓”的指示精神，为我国国民经济建设持续、快速、健康地发展提供保障的高度来认识《应急条例》发布实施的重要意义。严重的地震灾害可以使一个地区、一个城市多年的经济建设成果毁于一旦。国内外的实践经验表明，及时、恰当、有效地做好地震应急工作，可以大大地减轻地震灾害损失，较快地恢复正常的社会秩序。《应急条例》把我国政府和人民的地震应急工作经验和成功做法用国家行政法规的形式加以肯定，使国家管理地震应急工作有法可依、有章可循。《应急条例》的发布实施，是促进我国防震减灾工作逐步走上法制化、规范化、制度化轨道的具体步骤，为国务院提出的防震减灾十年奋斗目标的实现创造了有利的法制环境。

**二、认真学习，全面理解和掌握《应急条例》**

各单位要把《应急条例》的学习作为当前一项重要任务来抓。要把它列为“二五”普法中专业法学习的重要内容，组织全体职工，特别是各级领导干部认真学习。努力做到人人都能正确理解领会《应急条例》各项规定的基本精神，了解地震应急工作的目的、内涵、条例规定的各项应急措施、政府及有关部门和社会团体及个人的义务与责任、奖励与处罚的规定等，特别要了解防震减灾工作主管部门的职责规定。从而提高做好地震应急工作的自觉性。

**三、大力开展贯彻执行《应急条例》的舆论宣传工作**

各单位要主动向当地党的宣传部门汇报，并协助党的宣传部门制定出宣传《应急条例》的措施和安排，注意掌握好宣传力度。要利用近期国内外发生严重地震灾害及其应急实例的经验和教训，通过广播、电视、报刊等各种新闻媒介，向社会广大民众，开展多渠道、多种形式的宣传活动，努力做到家喻户晓，并借此来提高全社会的防震减灾意识和法制意识，为《应急条例》的全面贯彻实施做好舆论工作。

**四、增强依法行政、依法管理的意识**

各单位要遵照“有法可依、有法必依、执法必严、违法必究”的精神，加强经常性的执法监督检查工作。各单位要主动向当地人民政府请示汇报，当好参谋和助手，采取切实可行的措施保证《应急条例》的贯彻执行。各单位还要与各有关部门和单位加强协调，保证《应急条例》规定的各项应急措施的落实。

**五、认真抓好应急预案的制定或修订工作，做到组织落实、应急措施落实、实施条件落实**

地震应急工作分为应急预案的制定、临震应急和震后应急三个阶段。“凡事预则立，不预则废”。事先制定一个适合本地区本单位实际、切实可行的应急预案，是临震应急期和震后应急期内能够高效有序地采取应急行动的重要基础。按照《应急条例》的规定，防震减灾工作主管部门负责指导和监督本行政区域内的地震应急工作，因此，依法行政的具体体现之一就是协助当地人民政府制定本行政区域内的破坏性地震应急预案，指导和帮助有关部门制定本部门的破坏性地震应急预案。已经制定了地震应急预案的地区和单位要根据当地经济建设的发展和震情的变化，根据震害预测的结果，对本地区和本部门的地震应急预案进行修订。没有制定地震应急预案的地区和部门要求尽快组织力量制定。制定的地震应急预案一定要结合本地区、本单位的实际，做到组织落实、应急措施落实、实施条件落实，保证其适应变化了的情况，做到切实可行。同时各省级地震局要认真落实作为省级人民政府抗震救灾指挥部办公室的工作方案。

为指导《应急条例》的贯彻执行，国家地震局组织编写了《应急条例》的条文释义和宣传讲话，即将出版供各单位学习、宣传使用。各地区、各单位也可结合本地区本单位实际，组织编写和印发学习宣传材料。国家地震局还准备在适当时机采取适当形式组织宣讲《应急条例》，总结交流各地区学习、宣传、贯彻执行《应急条例》的工作情况和经验，借以进一步推进防震减灾法制建设。

希望各单位遵照本通知的精神不失时机地做好学习、宣传、贯彻执行《条例》的各项工作，使地震应急工作得到全社会应有的重视，为创造一个有利于地震应急工作顺利进行、有利于防震减灾十年奋斗目标实现的良好社会环境而努力。

国 家 地 震 局

1995 年 3 月 15 日

## 国家地震局关于印发《加强防震减灾法制工作的决定》的通知

各省、自治区、直辖市和计划单列市地震局（办），局直属单位：

为了贯彻江泽民主席“坚持经济建设同减灾一起抓”的指导思想，适应建立社会主义市场经济体制的需要，尽快使我国的防震减灾工作走上法制化管理轨道，经过认真调查研究，特制定《加强防震减灾法制工作的决定》。现予印发，请认真贯彻执行。

附件：加强防震减灾法制工作的决定

## 加强防震减灾法制工作的决定

随着经济建设和防震减灾事业的发展，我国防震减灾法制建设已取得了可喜的进展。《发布地震预报的规定》、《地震监测设施和地震观测环境保护条例》、《破坏性地震应急条例》三部行政法规相继出台，初步改变了防震减灾工作无法可依的状况。但是，世界上许多地震国家都有比较完善的防灾减灾法律、法规；且有关政府部门依法实施灾害管理，责任明确。相比之下，我国的防震减灾立法工作在法律层次上还是空白，防震减灾工作缺少法律保障的被动局面还不能从根本上改观；在制定有关行政法规时，也经常缺少直接法律的依据；在行政执法、执法监督、法制宣传教育和法制工作队伍建设等方面的差距更是十分显著。因此，为尽快使我国的防震减灾工作走上法制化管理轨道，满足社会对防灾减灾的实践需求，特作出进一步加强防震减灾法制工作的决定如下：

**1. 充分认识做好防震减灾法制工作的重要性**

防震减灾法制工作是社会主义法制建设的重要组成部分，是防震减灾行政主管部门依法行使政府职能和管理相关社会事务的重要基础，是推进防震减灾事业与经济建设协调发展，保证防震减灾十年目标顺利实现的重要保障。国务院批准的《国家地震局“三定”方案》明确要求“逐步建立健全防震减灾法律保障和监督机制，强化社会管理职能”。全国防震减灾工作会议也把“建立健全防震减灾法规体系”作为实现防震减灾十年目标的八项主要措施之一。当前，面临着本世纪第五个地震活动高潮期，减轻地震灾害任务十分繁重。各级防震减灾行政主管部门必须加强防震减灾法制工作，把防震减灾行政管理纳入法制化轨道，才有可能从根本上提高行政效能，并保证政策和工作的稳定性和连续性。因此，各级防震减灾行政主管部门要充分认识防震减灾法制工作的地位、作用和重要性，采取切实有力的措施，把防震减灾法制工作提高到一个新水平。

**2. 明确防震减灾法制工作的指导思想、任务目标**

今后一个时期，防震减灾法制工作的指导思想是：贯彻落实江泽民主席关于经济建设同减灾一起抓的指示精神，认真履行宪法和法律、法规赋予的防震减灾行政管理职责，加强防震减灾法制建设，把防震减灾工作纳入法制化管理轨道，为实现防震减灾十年目标提供保障。具体的任务目标是：到本世纪末，基本建立起以《减轻地震灾害法》为核心的比较健全的防震减灾法律体系；健全行政执法监督检查机制，完善行政复议、应诉工作制度；健全法制工作机构，形成一支有一定规模和业务素质的法制工作队伍；各省、自治区、直辖市要结合当地特点，制定一系列配套的地方性法规和规章；防震减灾法制宣传教育更加普及深入和经常化，依法行政、依法管理的法制意识提高到新水平。

**3．加快防震减灾立法工作的步伐**

根据国务院的统一部署，《减轻地震灾害法》已经列入国务院的立法计划。今后一个时期，立法工作要采取各种有力措施，加快《减轻地震灾害法》的起草步伐，并注意与有关部门的协调，争取尽快报送国务院审议；同时要抓紧配套行政法规和规章的起草工作，尤其要注意把经过实践证明的成功经验和有效做法先通过行政规章形式肯定下来，为进一步上升为行政法规创造条件。根据防震减灾社会实践的迫切需求和立法条件的成熟程度，当前应主要抓紧《工程建设场地地震安全性评价工作条例》、《地震重点监视防御区工作条例》、《地震灾害损失评估条例》、《地震保险条例》和《地震灾害预防条例》等配套行政法规的调研论证和起草工作，争取尽快出台。在全国性的法律、法规没有成熟前，各省、自治区、直辖市地震局要结合当地的实际需求，主动抓紧地方性法规和行政规章草案的起草工作，并争取列入省人大常委会和省政府的立法计划。与此同时，行政法规和规章的解释、备案和清理工作要规范化、制度化。凡不符合社会主义市场经济体制和防震减灾事业发展实际的，应当按照法定程序及时进行修订或废止。

**4．加强防震减灾行政执法工作**

随着防震减灾法律体系的逐步完善，加强行政执法将成为各级防震减灾行政主管部门依法管理防震减灾事务的关键。各级防震减灾行政主管部门，要依照已发布的法律、法规、规章，严格执法，逐步完善执法监督检查机制，确保防震减灾法律、法规的贯彻实施。首先要健全执法程序，执法检查做到制度化；其次要建立执法检查目标责任制，克服随意执法、消极执法现象。各级领导干部，要增强法制观念，依法行政，做勤政廉政、执法守法的模范。

**5．加强行政执法监督，同时做好行政复议和应诉工作**

各级防震减灾行政主管部门要自觉接受地方人大、人民政府的领导和监督，接受司法监督、民主监督、舆论监督和群众监督，同时还要加强行政机关内部的监督、上级机关对下级机关的监督以及本机关对行政执法人员的监督。有复议权的机关，要认真执行行政复议条例，积极履行法定职责，认真审理防震减灾行政复议案件，支持合法的行政行为，及时纠正违法或者不当的具体行政行为，保护相对人的合法权益。要依法做好行政应诉工作，维护防震减灾行政主管部门合法的具体行政行为。

**6．深入持久地开展法制宣传教育**

要按照中央普法办公室的部署，深入持久地开展法制宣传教育，特别要把普及新发布的防震减灾法律、法规以及相关的法律、法规知识作为法制宣传教育的重点。要加强与地方政府普法主管部门的联系，发挥各种新闻宣传媒介的作用，做好面向全社会的防震减灾法制宣传教育，提高全社会的防震减灾法律意识，积极推进依法行政的活动。

**7．切实加强防震减灾法制工作机构和队伍建设**

法制工作政策性、专业性和科学性较强，根据防震减灾法制工作的需要，建立相应的工作机构，建设一支政治和业务素质较高的法制工作队伍，是做好防震减灾法制工作的组织保证。各省、自治区、直辖市地震局都要明确负责防震减灾法制工作的机构，并配备与所承担的法制工作任务相适应的专、兼职工作人员，确保立法、执法、执法监督、行政复议等工作的顺利进行。地、市、县级防震减灾工作部门也要根据上述精神，指定负责法制工作的机构和人员。各级防震减灾行政主管部门和领导，都要关心防震减灾法制工作人员，为他们创造开展正常工作的必要条件，保证工作经费。防震减灾法制工作者也要加强法律知识和防震减灾业务管理知识的学习，在实践中锻炼和增长才干，不断提高自身素质，以适应防震减灾法制工作的需要。

**8. 重视和加强对防震减灾法制工作的领导**

各级领导不仅自身要认真学习法律、熟悉法律，做到善于运用法律手段管理防震减灾工作；还要切实加强对防震减灾法制工作的领导，将防震减灾法制工作真正摆到重要位置上，列入重要议程。各级防震减灾行政主管部门的主要领导要亲自抓防震减灾法制工作，切实解决立法、执法、执法监督和法制宣传工作中的重大问题。各级防震减灾行政主管部门要主动接受同级地方党委、人大和政府对防震减灾法制工作的领导，取得支持，在向同级人大、人民政府和上级防震减灾行政机关报告工作时，要把报告防震减灾法制工作作为一项重要内容；在向所属部门和下级机关布置和检查工作时，也要把布置、检查防震减灾法制工作作为一项重要内容。各省、自治区、直辖市地震局应按要求及时将执法典型案例、行政复议案例、应诉案例及有关统计报表上报国家地震局备案。

防震减灾法制建设是一项长期的根本性任务。各单位要结合实际，认真贯彻落实上述决定，不断开创防震减灾法制工作新局面，促进防震减灾事业和经济建设协调发展，为最大限度地减轻地震灾害而努力！

国 家 地 震 局

1995 年 8 月 3 日

# 国家地震局关于印发《省级防震减灾十年目标实施纲要编写指南》的通知

各省、自治区、直辖市地震局：

为了推进防震减灾十年目标的实施，根据各省的普遍要求，我局编写了“省级防震减灾十年目标实施纲要编写指南”（以下简称“指南”），现印发给你们。

“指南”是为各省地震部门协助政府制定本省防震减灾十年目标实施纲要提供的指导性、参考性文件。“指南”的着眼点是省级政府推进实施十年目标需要开展的工作及应达到的指标，在内容上虽然力求详细、全面，但由于各地的经济和社会发展状况以及震情和工作基础的差异，不可能每一条对每个省都完全适用，因此，各省地震部门在协助政府制定“实施纲要”时，还必须充分考虑本省的实际情况，使之具有针对性，特别是一些指标的最后确定，更要考虑到各方面的因素和可能性，切实避免盲目性和脱离实际。

防震减灾十年目标的实施是一项艰巨的社会系统工程。各省地震部门接此文件后，要积极发挥参谋、助手与服务的功能，主动向政府汇报，并结合前不久国家地震局给各省、自治区、直辖市人民政府“关于将防震减灾工作纳入国民经济和社会发展‘九五’计划和2010年长远规划意见的函”，在政府的领导下，制定好本省的“防震减灾十年目标实施纲要”，以争取在预期的时间内，真正把本省防震减灾十年目标的工作任务组织开展起来，并扎扎实实地推进各个环节的工作。

“实施纲要”制定工作的进展情况，请及时向国家地震局汇报。

国家地震局

1995年4月13日

附件：省级防震减灾十年目标实施纲要编写指南

# 省级“防震减灾十年目标实施纲要”编写指南

## 前　言

一、我国防震减灾十年目标

二、“实施纲要”编写目的

1. 积极、有效地推进、实施十年目标；

2. 最大限度地减轻地震灾害。

三、“实施纲要”的编写指导思想

1. 贯彻江泽民主席关于“经济建设要与减灾一起抓”的指示精神；

2. 贯彻国务院一系列防震减灾文件精神；

3. 贯彻预防为主、综合防御的方针。

四、“实施纲要”的编写原则

1. 紧紧围绕全国防震减灾十年目标任务要求，从本省（自治区、直辖市）震情、灾情及经济与社会发展的实际情况出发，确定本省（区、市）实现目标区，并明确目标任务要求；

2. 测、报、防、抗、救、援等环节与措施相结合，充分体现预防为主和综合防御；

3. 充分发挥各级政府统一领导、全社会参与的功能与作用，并要体现分级、分部门、分类的目标责任与权限；

4. 要有计划、有重点、分阶段地推进、实施，先搞好示范；

5. 目标任务、组织实施的条件保证要协调、匹配。

## 第一章　本省（区、市）防震减灾能力的现状分析

一、本省（区、市）自然条件、经济、社会、人口现状及经济、社会发展规划；

二、本省（区、市）历史与现今地震活动、震灾概况及中长期地震危险性预测；

三、现今6级左右地震或受到相当程度的波及影响时，可能造成的灾害程度；

四、本省（区、市）防震减灾工作现状。

## 第二章　十年目标的指标体系及实现十年目标的区域划分和阶段划分

一、十年目标的指标体系

1. 防震减灾工作体系的作用及各级政府应急能力；

2. 建筑物抗震能力；

3. 生命线工程抗震及恢复能力；

4. 震后救灾效能（灾民安置、救灾物资保障、伤员救护、损失评估）；

5. 监测预报预警能力；

6. 公众的防震减灾意识及对地震事件的反应能力；

7. 预估人员伤亡和经济损失与实际人员伤亡和经济损失的对比。

二、实现十年目标的区域划分

1. 区域划分的原则：

①灾情、震情和经济、社会发展规划三结合的原则；

②实现十年目标的城市、地区分级管理的原则；

③突出重点，即突出若干大中城市、人口稠密和经济发达地区，从最大限度地减轻地震灾害角度出发，以较小的重点监视防御目标（如国土面积的10%～15%左右），尽可能地覆盖全省（区、市）地震灾害损失60%～75%的原则；

④区域相对稳定的原则。

2. 具体区域的划分：

①全国重点监视防御区；

②省级重点监视防御区；

③省级一般监视防御区。

三、实现十年目标的阶段划分

1. 准备阶段（1~2年）。

①目标；

②主要措施。

2. 实施阶段（7~8年）。

①目标；

②主要措施。

3. 检查验收阶段（1年左右）。

## 第三章 “实施纲要”的主要工作内容

一、建立健全防震减灾工作体系

1. 省级防震减灾常设或非常设领导、指挥机构及其办事机构：

①组成；

②职责；

③工作制度；

④指挥系统建设。

2. 市（地）、县防震减灾常设或非常设领导、指挥机构及其办事机构：

①组成；

②职责；

③工作制度；

④指挥系统建设。

3. 有关政府职能部门、大中型企事业单位防震减灾工作体系：

①组成；

②职责；

③工作制度。

4. 本省（区、市）防震减灾工作体系的工作原则、工作程序及基本要求。

5. 省内外联防措施与联防规划：

①组织方案；

②任务；

③工作制度。

二、将防震减灾工作纳入本省（区、市）国民经济和社会发展“九五”计划、2010年长期规划；防震减灾宣传工作纳入本省（区、市）的精神文明建设规划、计划

1. 确定原则；

2. 纳入规划的主要内容；

3. 计划立项的主要内容；

4. 支撑条件和措施。

三、建立健全防震减灾法规体系

1. 国家防震减灾法规的贯彻实施与监督；

2. 制定地方法律、法规的规划与实施计划；

3. 普法计划。

四、增强地震监测预报与快速反应能力

1. 地震监测台网、预警系统建设；

2. 地震通信系统建设；

3. 地震参数与灾情信息快速处理与传递系统建设；

4. 提高分析预报能力：

①以监测预报6级左右地震为主的技术措施；

②建立中期—中短期（年度）—短临跟踪预报体系；

③中期预报的加强措施；

④短临预报的强化措施；

⑤震后趋势判定与强余震预报及其跟踪措施。

5. 地震监测设施与观测环境是否保障。

五、搞好以场地地震安全性评价为基础的抗震设防

1. “实施纲要”划定地区的场地地震安全性评价工作及抗震设防标准的确定；

2. “实施纲要”划定地区的重大工程、特殊工程、易发生次生灾害的工程、生命线工程的场地地震安全性评价和抗震设防标准确定；

3. 现有建筑物、构筑物的抗震鉴定及加固计划；

4. 新建工程选址、设计、施工中的抗震设防措施；

5. 工程建设抗震设防的管理与职责分工协作。

六、做好震害预测和快速评估工作

1. 现今经济、社会条件下的震害预测数据库及计算程序的建立；

2. 随经济建设和社会发展的震害预测跟踪措施；

3. 将震害预测与安全性评价结合做好国土规划；

4. 制定次生灾害防御方案；

5. 震后数小时内作出震害评估的工作方案与演练。

七、依据《地震应急条例》制定好地震应急预案和对策

1. 各级政府地震应急预案的制定与实施细则的落实；

2. 重要部门、重要企事业单位应急预案的制定与实施计划；

3. 应急预案的及时调整、修订计划；

4. “地震模拟演习”计划；

5. 虚假地震事件的应急处理方案。

八、增强震后救灾与恢复重建能力

1. 迅速、有序抢险救灾方案；

2. 人员疏散、灾民救援安置方案；

3. 医疗救护、卫生防疫方案；

4. 物资供应调拨计划；

5. 生命线工程、城市功能迅速恢复方案；

6. 维持社会稳定方案；

7. 灾害评估措施；

8. 保险理赔；

9. 政府救助、社会支持方案。

九、提高民众防震减灾意识

1. 形成防震减灾宣传教育管理体制；

2. 纳入社会精神文明建设规划的措施；

3. 宣传教育计划；

4. 宣传教育材料；

5. 宣传教育方式；

6. 宣传教育渠道（含部门分工）；

7. 不同情况（平时、发布短临预报后、震时、虚假地震事件时）下的宣传方案。

十、实施纲要划定的地区凡有条件的要开展地震保险

1. 地震保险计划；

2. 地震保险组织；

3. 建立地震保险基金；

4. 逐步形成地震保险制度。

## 第四章　实现十年目标的组织措施

一、各级人民政府

1. 组织制定并颁布实施本级政府实现防震减灾十年目标的“实施纲要”；

2. 督促检查“实施纲要”分阶段进度，解决存在问题；

3. 检查防震减灾工作体系的运行情况和立法、执法情况以及应急预案的可操作性，将防震减灾工作纳入当地国民经济建设和社会发展规划与计划，保证“实施纲要”的贯彻落实；

4. 检查、验收下一级政府、本级政府职能部门、本辖区内各有关单位的“防震减灾十年目标实施纲要”的编制、执行情况。

二、政府有关职能部门

1. 根据“实施纲要”中工作内容的要求，编制本部门及下属企事业单位的分阶段实现防震减灾十年目标的分纲，并组织实施；

2. 有关职能部门主要是：地震、计划、经贸、科技、宣传、政法、财政、建设、人防、红十字会、民政、教育、环保、卫生、公安、消防、市政、交通、铁路、民航、邮电、电力、物资、内贸、金融、保险、水利、石油、化工、煤炭、冶金、海关、农业等，以及武警、驻军。

三、“实施纲要”主要内容的责任分工与进度要求，见附件。

## 第五章　防震减灾十年目标实施纲要的审批、实施与检查、验收

一、“实施纲要”的审批

1. 省（区、市）人民政府审批、颁发本省“实施纲要”，并报国家主管部门备案；

2. 省级以下人民政府的“实施纲要”，由上一级人民政府审批，并报省级政府主管防震减灾部门备案。

二、“实施纲要”是有约束力的行政法规性文件，由各级政府组织实施

三、财政支持计划

四、实施期限确定

五、工作检查与能力验收内容见附件二

附件一：

## 实现防震减灾十年目标进度计划要求

| 主要工作内容 | 主要项目 | 责任部门 | 预期目标 | | |
|---|---|---|---|---|---|
| | | | 准备阶段 | 实施阶段 | 验收 |
| 一、建立健全防震减灾工作体系 | 1.省级领导机构、指挥部<br>2.指挥部办事机构<br>3.职责分工<br>4.运转 | 省政府及各职能部门 | 成立<br>成立并建设<br>明确 | 正常工作<br>年度检查<br>正常工作<br>正常 | |
| 二、将防震减灾工作纳入规划、计划 | 1.纳入规划 | 省计委、省财政厅、省地震局 | 得到落实 | 执行规划 | |
| | 2.纳入五年计划 | 省计委、省财政厅、省地震局 | 有项目安排 | 执行项目 | |
| | 3.纳入年度计划 | 省计委、省财政厅、省地震局 | 有确实项目 | 执行项目 | |
| 三、建立健全防震减灾法律法规体系 | 1.贯彻减轻地震灾害法等有关法规 | 省政府、法制局、地震局等 | 贯彻 | 贯彻 | |
| | 2.有关配套法规 | 法制局、地震局等 | 提出计划，完成主要条例 | 初期全部完成 | |
| | 3.执法检查及普法 | 法制局、地震局 | 制度化 | 正常进行 | |
| 四、增强地震监测预报、预警、快速反应能力 | 1.地震监测台网预警系统改进<br>2.地震通信系统改进<br>3.地震、灾情信息快速处理传递系统改进<br>4.分析预报能力 | 省地震局及有关部门 | 提出计划并实施<br>提出计划并实施<br>提出计划并实施<br>提出计划并实施 | 阶段中完成<br>阶段中完成<br>阶段中完成<br>不断增强 | |
| 五、搞好以地震安全性评价为基础的工程抗震设防 | 1.按“实施纲要”要求的地震安全性评价，抗震设防标准确定 | 省地震局及有关部门 | 提出计划并实施 | 全部完成 | |
| | 2.现有建筑、构筑物的抗震鉴定加固 | 省建委及有关部门 | 提出计划并实施 | 中期全部完成 | |
| | 3.新建工程选址、施工中的抗震设防 | 省建委、省地震局及有关部门 | 提出计划并实施 | 随时完成 | |
| | 4.管理、职责分工与协作 | 各有关部门 | 明确 | 严格依法管理分工明确、协调配合 | |

续表

| 主要工作内容 | 主要项目 | 责任部门 | 预期目标 | | |
|---|---|---|---|---|---|
| | | | 准备阶段 | 实施阶段 | 验收 |
| 六、做好震害预测工作 | 1.数据库及计算程序 | 省地震局及有关部门 | 初步完成 | | |
| | 2.跟踪预测措施 | 省地震局及有关部门 | 提出计划 | 初期完成 | |
| | 3.国土规划 | 省计委、省地震局及有关部门 | 完成 | 每年跟踪 | |
| | 4.次生灾害防御方案 | 省有关部门 | 制定 | 每年检查 | |
| 七、制定好应急反应预案 | 1.政府预案制定与落实 | 省政府、省地震局等 | 制定完成 | 每年检查、落实 | |
| | 2.重大工程、重要部门、企事业单位的应急预案 | 省政府及有关部门 | 制定完成 | 每年检查、落实 | |
| | | 预案制定部门 | 提出计划 | 每年完成 | |
| | 3.预案的及时调整 | 省政府 | 提出计划 | 2～3年一次 | |
| | 4."演习" | | | | |
| 八、做好地震保险 | 1.地震保险计划 | 省政府、计委、保险公司、地震局 | 制定 | 实施 | |
| | 2.地震保险组织 | 省政府、保险公司 | 建立 | 健全 | |
| | 3.地震保险基金 | 保险公司与有关部门 | 酝酿 | 建立 | |
| 九、增强地震后救灾与恢复、重建能力 | 1.抢险救援、人员疏散 | 部队、公安、有关部门 | 有预案 | | |
| | 2.医疗救护、卫生防疫 | 卫生及有关部门 | 有预案 | 经常检查落实 | |
| | 3.物资供应 | 粮食、经贸、财政、…… | 有预案 | 经常检查落实 | |
| | 4.生命线工程、城市功能恢复 | 工程有关部门 | 有预案 | 经常检查落实 | |
| | 5.维持社会稳定 | 公安、武警 | 有预案 | 经常检查落实 | |
| | 6.灾害评估 | 地震、经贸 | 建立程序、方法 | 经常检查落实 | |
| | 7.保险理赔 | 保险公司 | 有计划 | 不断改进 | |
| | 8.政府救助,社会支持 | 政府、民政 | 有方案 | | |
| 十、提高民众防震减灾意识 | 1.管理体制 | 省宣传部、教委、地震局、广播电视部门 | 形成 | 正常工作 | |
| | 2.纳入精神文明建设计划 | 省委宣传部 | 已纳入 | 执行 | |
| | 3.宣教计划 | 省委宣传部、教委、地震局、广播电视部门 | 完成 | 执行 | |
| | 4.宣传材料 | 省委宣传部、教委、地震局、广播电视部门 | 完成 | 不断修订 | |
| | 5.教育方式 | 省委宣传部、教委、地震局、广播电视部门 | 确定 | 执行 | |
| | 6.不同情况下的宣传 | 省委宣传部、教委、地震局、广播电视部门 | 有方案 | 执行检验方案 | |

附件二：

## 防震减灾十年目标的工作检查
## 和能力验收内容

1. 是否已形成完善的防震减灾工作体系，无论平时还是震时，都能发挥组织调度、指挥的作用；

2. 是否有健全的防震减灾法律法规体系，并起到规范、监督政府、社会行为的作用；

3. 防震减灾工作是否已纳入当地政府的国民经济建设和社会发展的“九五计划”、“2010年长远规划”和“年度计划”以及精神文明建设规划中，防震减灾工作的支撑条件基本得到保证；

4. 是否有完善的地震应急指挥、信息系统与可靠、快速的通讯保障；

5. 是否有良好的地震监测台网、资料传输处理系统、能达到预期的监控、预测、预报和大震速报能力；

6. 大地震发生后是否能较好地做出震后趋势判定及其对强余震的预报；

7. 是否有切实可行的应急反应预案并经过演习检验；

8. 震害预测、震害评估系统是否完善，并按规定要求较好完成有关工作任务；

9. 工程建设场地地震安全性评价工作是否按规定要求正常开展；

10. 国土规划的依据中是否有场地地震安全性评价和震害预测的应用成果；

11. 新建工程是否遵照抗震设防标准进行设计和设防；

12. 现有重要的建筑物、构筑物是否已完成抗震鉴定和加固；

13. 生命线工程场地是否均作过地震安全性评价，并按抗震设防标准完成抗震设防，有相应的应急措施，抢险恢复的方案；

14. 中小学教材中是否编有防震减灾内容，中小学中是否普遍开展有防震减灾知识的教育；

15. 社会性防震减灾知识宣传教育是否已经常化、有各种宣传材料和不同情况下的宣传对策；

16. 遭遇中强地震时，人员伤亡是否在预估数范围；

17. 遭遇中强地震时，当地经济损失是否超出预估值范围；

18. 地震发生后，社会生产、生活秩序是否正常、基本稳定；

19. 救灾物质是否储备充足、供应有准备；

20. 是否开展地震保险、保险理赔在救灾中是否发挥了作用。

## 关于印发《国家地震局关于省、自治区、直辖市地震机构改革方案的实施意见》的通知

各省、自治区、直辖市地震局（办）：

《中央机构编制委员会关于印发省、自治区、直辖市地震机构改革方案的通知》（中编发［1995］1号）已转发各单位。为了贯彻落实《省、自治区、直辖市地震机构改革方案》，我局组织制定了《关于省、自治区、直辖市地震机构改革方案的实施意见》。现将该《实施意见》印发给你们，请根据《省、自治区、直辖市地震机构改革方案》和本《实施意见》的规定和要求，结合本省（区、市）的具体情况，制定出你单位的机构改革实施方案，于三月底前一式三份报国家地震局审批。在实施过程中有什么问题，请及时与国家地震局人事教育司联系。

国家地震局

1995年3月1日

## 国家地震局关于省、自治区、直辖市地震机构改革方案的实施意见

《省、自治区、直辖市地震机构改革方案》已经中央机构编制委员会办公室审核，国务院批准，中央机构编制委员会印发。现就《方案》的实施工作提出如下意见：

1.《方案》是根据《中共中央关于印发〈关于党政机构改革的方案〉和〈关于党政机构改革方案的实施意见〉的通知》（中发［1993］7号）的规定和要求，结合当前地震工作的实际情况制定的。其改革的指导思想是按照政事分开和精简、统一、效能的原则，进一步转变职能、理顺关系、精简内设机构和人员、提高工作效率。重点是转变职能、理顺关系。进一步加强行政管理职能和社会管理职能。各省级地震局在实施中要认真贯彻这一指导思想和重点。按《方案》的要求对机关和下属事业单位实行政事分开，即职能分开、机构分开、人员分开。政事分开后，省级地震局机关要按照《方案》提出的“省级地震局在国家地震局领导下，完成全国性和所辖区内防震减灾工作任务；同时在省级政府直接领导下，行使其省级政府赋予的防震减灾工作的行政职能”要求，从过去那种以管理事业、内部为主向管理行政、社会为主转变。对下属事业单位要加强宏观管理，弱化对具体事务的管理，要进一步简政放权。将非行政管理性任务和职能转移到下属事业单位。增强其下属事业单位的独立法人地位。

2.《方案》明确了省级地震机构的主要职责。各省（区、市）地震局要结合本省（区、市）防震减灾工作的实际情况，提出本省（区、市）地震局的主要任务和职责。并结合本局的具体情况，逐项分解加以落实。

各省（区、市）地震局要抓住当前的有利时机大力宣传这个《方案》，并尽快与省级政府联系，将《方案》的内容，特别是国家赋予省级地震局的主要职责，转发省（区、市）内各级政府，让各级政府和社会都能充分了解省级地震局的这些职能。只有这样才能全面推进我国的防震减灾工作。

3.《方案》明确规定，目前设置的28个省级地震机构（北京、贵州除外）保留，统一称××省（区、市）地震局。仍实行以国家地震局为主与省、自治区、直辖市政府双重领导的管理体制。其机关编制为行政编制。

根据上述规定，海南省地震办公室、广西壮族自治区地震办公室，改为湖南省地震局和广西壮族自治区地震局。并随本省（区）地震机构改革实施方案报批。

4.《方案》规定，省级地震局内设机构原则上设5～7个，请按以下原则掌握：

(1) 队伍规模在400人以上的省（区、市）地震局，内设机构为7个；队伍规模在180～400人的地震局，内设机构为6个；其他省级地震局，内设机构为5个，西藏地震局应少于5个。

内设机构主要根据省级地震局的任务和职责确定，必设机构一般称为：办公室、人事教育处、计划财务处、监测预报处、震害防御处等，其他需要设置的机构、名称，由各单位确定。

(2) 党的工作机构按规定设置。队伍规模较大的省级地震局，原则上可分别设立纪检监察和审计机构；一般队伍规模较小的省级地震局可按一个机构三块牌子原则设置；个别队伍规模小的省级地震局可不设专门机构，可配备专职或兼职人员，与具有监督职能的部门合署办公，但不允许与被监督部门合署。离退休干部工作机构的设立可参照上述原则考虑。上述机构和机关党委办公室不在核定的内设机构数内。人员编制为行政编制，在核定给各单位行政总编制内解决，不另增加编制。

(3) 湖北省地震局、甘肃省地震局和浙江省地震局为一个机构两块牌子单位，其内设机构可比同类省级局多设一个。

5. 机关内设机构的处级领导干部职数，按国务院《关于印发国家公务员制度实施方案的通知》（国发［1993］78号）的规定配备。

6. 关于实施国家公务员制度和非领导职务的设置，待国家人事部批准后部署。各单位在抓紧进行机关“三定”的同时，按照《国家公务员制度实施方案》的要求，做好准备工作。

7. 各单位机关行政编制数，暂按现有机关行政编制精减10%～15%的原则核定，上报国家地震局审批。

8. 关于下属事业单位的设置，各单位要根据工作任务、性质和规模确定。事业单位设置要有一定的规模和实力，对于人员较少，工作任务单一的单位要与工作性质相近的单位合并。为了进行科学化管理，事业单位名称也要尽量规范、统一，根据地震系统事业单位的情况，一般可设立研究所、中心、院、队、地震台（站）等。

各省级地震局对下属事业单位在管理体制上，要实行科学的分类管理，根据工作任务、性质分为全额、差额和自收自支管理。事业单位要逐渐向独立法人过渡。这项工作难度较大，难以一步到位。各单位可根据本局实际情况分步实施。实行政事分开后，各单位要积极探索地震系统事业单位管理的新路子，真正将事业单位办成具有独立法人地位的实体。

9. 改革机关后勤工作管理体制，实行管理职能和服务职能分开。机关后勤机构改革也应以转变职能，理顺关系，精兵简政，提高效率为指导思想，贯彻积极稳妥，实事求是的精神，并坚持政事分开和精简、统一、效能的原则。分解职能，分设机构。管理职能留机关，服务职能可通过成立机关服务中心来实现。

关于机关后勤行政管理机构的设置。各省级地震局原则上不单独设置专门的后勤行政处室，后勤行政管理职能并入办公室。对于机关人员较少，且又单独在一地办公的部门，其后勤行政管理职能和服务职能可以不分设机构，由办公室按照行政管理职能与服务职能分开的办法，对其所属的后勤服务单位进行分类管理。

各单位对机关服务中心可实行差额预算管理，进行单独核算，与机关建立经济核算关系。可以对外开展经营服务和兴办经济实体。关于后勤机构改革，各单位可参照中央机构编制委员会办公室、国务院机关事务管理局《关于印发〈国务院各部门后勤机构改革实施意见〉的通知》（中编办［1993］33号）或按当地政府的有关规定处理。

10. 实施的步骤和要求。

这次省级地震机构改革是我国党政机构改革和地震系统深化改革的重要组成部分，是一项具有重要意义的工作，难度较大，考虑地震系统的实际情况，分两步实施。第一步，各单位根据《方案》和本实施意见先进行政事分开（机关和下属事业单位的职责、机构、人员都要分开）和机关“三定”，把机关内设机构设置好，职责划分好，人员配备好。各单位要抓紧制定本单位的“三定”方案，并在3月底以前报国家地震局审批。

各单位“三定”方案的主要内容包括：

主要任务及职责：内设机构（含党委、纪检监察、审计、离退休干部工作等机构）数量、名称、职责；内设机构领导干部职数，行政编制数；下属事业单位数量、名称、任务职责和领导干部职数等。

第二步，在机关“三定”之后，各单位着重在理顺机关与下属事业单位的关系上下功夫，使事业单位逐渐向独立法人过渡。各单位根据本单位的情况积极稳妥地推进。

各单位在机关“三定”中，要妥善安排富余人员，认真做好分流工作。

11. 关于地（市）、县地震机构设置，各省（区、市）地震局可参照《省、自治区、直辖市地震机构改革方案》的精神，主动向省（区、市）政府提出建议。

12. 加强领导，保证省级地震机构改革工作顺利进行。各单位在机构改革中一定要加强领导，精心组织。要本着“坚定、积极、慎重、稳妥”的精神开展工作。在机构改革过程中要加强思想政治工作，处理好改革过程中出现的问题，保证省（区、市）地震机构改革工作健康、顺利的完成。

13. 本实施意见由国家地震局人事教育司负责解释。

1995年3月1日

# 关于印发《国家地震局关于省、自治区、直辖市地震局国家公务员制度实施方案》的通知

各省、自治区、直辖市地震局：

现将《国家地震局关于省、自治区、直辖市地震局国家公务员制度实施方案》印发给你们，请结合本单位的实际情况，认真贯彻执行。

实行国家公务员制度，既是建立社会主义市场经济体制的需要，也是当前干部、人事制度改革的一项重要内容，对于提高工作人员素质和行使政府职能、提高工作效率都具有重要意义。各单位要给予高度重视，切实加强领导，精心组织实施。

公务员制度的实施工作，要结合机构改革有计划、有步骤地进行。职位设置、人员选配、领导和非领导职务的确定等，须在“三定”的基础上进行。在推行过程中，严禁扩大实施范围，滥设职位，突击提干，对违反规定的要及时纠正。

各单位在实施过程中，请主动与地方政府、党委加强联系，以取得帮助与指导，地方组织的有关学习与培训，积极争取参加，不能参加的，由各单位自行组织。

各单位接此通知后，请结合贯彻落实省局机构改革方案，抓紧制定本单位“国家公务员制度实施细则”（附：1. 本单位国家公务员制度实施范围，2. 本单位非领导职务设置方案），于5月10日以前报国家地震局审批。

国家地震局

1995年4月5日

附件：

## 国家地震局关于省、自治区、直辖市地震局国家公务员制度实施方案

根据《国家公务员暂行条例》、《国家公务员制度实施方案》（国发［1993］78号）和国务院批准的《省、自治区、直辖市地震机构改革方案》（中编发［1995］1号，以下简称省局“三定”方案）的精神，制定本实施方案。

**一、实施范围**

根据省局“三定”方案中规定的内设机构、人员编制原则，在省级地震局行政机关实施国家公务员制度，其范围包括：

（一）局长、副局长及其他领导成员和非领导成员；

（二）内设职能处（室）中除工勤人员以外的工作人员；

（三）机关党委（含工、青、妇）、纪检监察、审计、离退休干部等机构中的工作人员。

凡实行国家公务员制度的部门，不得实行企业、事业单位的职称、工资及奖金等人员管理制度。

## 二、实施步骤

国家公务员制度的实施，要结合省局“三定”方案有计划、有步骤地进行。大致分为三个阶段进行：

（一）准备阶段

各单位成立实施国家公务员制度的工作班子；拟定本单位的具体实施意见和细则；进行《国家公务员暂行条例》和有关文件的学习与宣传；培训骨干。

（二）实施阶段

具体实施工作分三个步骤进行：

1. 各单位在定职能、定机构、定编制的基础上，合理设置职位。将各部门的职能分解落实到各个职位，明确各职位的职责任务和任职条件。

2. 根据职位要求和任职条件，在对现有机关工作人员进行严格考核的基础上选择配备工作人员（可参考近两年年度考核结果），按规定的标准和程序，确定每个职位的公务员的职务和级别，并按管理权限任命职务，完成由机关工作人员向国家公务员的过渡。由选配上岗人员撰写职位说明书。

3. 结合本单位实际，实施国家公务员录用、职务升降、培训、奖励、纪律、交流、回避、退休等项制度。为保证公务员队伍质量，从现在开始，凡为补充担任主任科员以下非领导职务的公务员，须按照规定的条件和程序，经考试、考核合格后进行录用，把好“入口”关。

（三）检查验收阶段

实施工作结束后，各单位按本《实施方案》的规定和要求，进行自检自查，写出总结报告，报国家地震局，由国家地震局组织重点检查验收。检查验收的主要内容是：职位设置、级别确定、职务任命以及其他制度的实施情况。

## 三、实施方法

（一）关于现有机关工作人员向国家公务员的过渡

现有机关工作人员过渡为国家公务员，必须结合省局“三定”方案，在核定的行政编制内进行。过渡为国家公务员的人员，必须符合国家公务员的基本条件和所任职位的任职条件，确保公务员的素质和合理结构。过渡工作中要注意保持机关的稳定，保证正常工作秩序。具体过渡办法，由各单位根据实际情况确定。

（二）关于领导职务的设置

机关工作人员向国家公务员的过渡过程中，要严格按《国家地震局关于省、自治区、直辖市地震局机构改革方案的实施意见》中规定的处级机构数和《国家公务员制度实施方案》（国发［1993］78号）规定的处级机构领导职务设置比例限额，即三人以下的处（室）设一职；四至七人的处（室）设一正一副；八人以上的处（室）设一正二副，提出设置方案，报国家地震局核准后，按干部管理权限任命。

各单位局级领导职务设置和领导职责，由国家地震局确定。

（三）关于非领导职务的设置

根据《国家公务员暂行条例》规定，国家公务员的职务分为领导职务和非领导职务。非领导职务是指办事员、科员、副主任科员、主任科员、助理调研员、调研员、助理巡视员、巡视员。非领导职务是实职，但不具有行政领导职责。

非领导职务设置要结合省局“三定”方案，按国家有关规定执行。

非领导职务的管理权限与领导职务管理权限相同。各单位根据非领导职务职数的比例限额确定非领导职务设置方案报国家地震局核准后，按管理权限任命。

(四) 关于国家公务员级别的确定

国家公务员的级别，按照所任职务及所在职位的责任大小、工作难易程度以及工作人员的德才表现、工作实绩和工作经历确定，要严格执行国家的统一规定，按管理权限办理审批手续。在机构改革中，确因职数限制和工作需要而作低职安排的人员，可按原任职务确定级别。

**四、组织领导**

各省局国家公务员制度的实施，在本单位党、政统一领导下进行，人事部门负责具体实施工作。在整个实施过程中，要切实加强领导，精心组织，及时研究实施工作中出现的新情况，解决新问题，并注意做好思想政治工作，保证实施工作的顺利进行。

# 关于印发《“八五”国家地震局重点项目验收办法》的通知

各省、自治区、直辖市地震局，局直属各单位：

经过广大科技人员和管理人员的共同努力和刻苦攻关，“八五”国家地震局重点项目计划实施即将完成。为做好“八五”重点项目的验收工作，现印发《“八五”国家地震局重点项目验收办法》，请有关单位和部门认真执行。

国家地震局

1995年6月24日

## “八五”国家地震局重点项目验收办法

### 一、总　　则

一、为做好“八五”国家地震局重点项目（以下简称“八五”重点项目）的验收，根据国家计委、国家科委、财政部“关于印发《‘八五’国家重点科技项目（攻关）计划验收办法》的通知”精神和《“八五”国家地震局重点项目计划组织实施管理办法（试行)》中关于项目、课题验收工作的要求，特制定本办法。

二、“八五”重点项目验收工作是“八五”重点项目管理工作的重要组成部分。进行“八五”重点项目验收的目标旨在加强重点项目计划的宏观管理，评估“八五”重点项目计划任务的完成情况、投资效果，促进科技成果的应用；评价“八五”重点项目计划制定的正确性和合理性，总结经验，不断提高重点项目的质量和水平，以利于“九五”期间更好地开展工作。

三、“八五”重点项目验收工作是组织部门、主持部门、承担单位组织实施重点项目工作的重要内容，是必不可少的一个环节。验收工作要充分依靠科技专家、管理专家实行民主评议，要发扬民主、实事求是、公正合理、收到实效。

### 二、验收的范围、内容及程序

四、凡列入“八五”重点项目计划内的项目、一级课题、二级课题和三级课题，在“八五”计划期结束时，不论是否完成任务或是结转到“九五”计划期，均应按专题合同和可行性研究报告的要求，认真地进行验收。

五、国家地震局计划财务司会同项目主持部门组织项目和一级课题的验收，项目主持部门负责项目的二级课题及三级课题的验收。验收合格后，课题方告结束。

六、三级课题是“八五”重点项目计划具体实施的基本单元，其执行情况的验收是项目验收工作的基础，必须认真对待。二级课题和三级课题的验收工作参照“关于国家地震局‘八五’重点项目课题验收、成果鉴定办法的通知”（震发科［1994］079号文）的有关规定进行。

七、一级课题的验收工作在二级课题和三级课题验收的基础上进行。

一级课题在课题计划任务完成后或“八五”计划期结束时，应及时进行技术、工作总结和成果鉴定等工作。形成课题执行情况评价报告（参照附件1）、主要成果简介（参照附件2）、课题终结经费决算表（参照附件3）等。

八、项目验收工作是在一级课题验收的基础上进行综合验收评价。

1. 项目验收内容包括对项目完成情况、科技成果、技术路线及技术经济指标的综合评价；仪器设备等固定资产的验收；对经费支出的合理性，对项目、课题设置的科学性进行后评估。

2. 项目验收须提交的文件、资料：

(1) 项目验收评价报告（附件1）

(2) 主要成果简介（附件2）

(3) 项目经费决算表（附件3）

(4) 仪器设备等固定资产一览表（附件4）

(5) 三级课题一览表（附件5）

3. 项目验收工作可视项目的不同情况采取会议评议与现场检查相结合等方式进行。

4. 项目验收工作完成后，验收委员会将验收评价报告等有关文件报送项目组织部门（国家地震局计划财务司）和主持部门。

九、1996年6月底前完成“八五”重点项目计划验收工作。

## 三、验 收 组 织

十、“八五”重点项目计划的验收组织工作，由国家地震局计划财务司会同项目主持部门组织验收委员会进行项目验收工作。

十一、项目验收委员会成员由管理人员和有关专家、科技人员组成，要有一定的外系统专家。验收委员会成员要熟悉被验收项目的内容，国内、外技术发展动向、水平等情况。

十二、项目验收委员会是临时性的工作组，验收工作由验收委员会主持进行，对验收文件的完整性、验收评价的准确性负责。

十三、项目组织部门、主持部门是组织计划实施、协调的管理部门。管理部门要为验收委员会开展验收工作提供必要的文件、资料和验收工作条件，并对文件、资料的完整性、准确性负责，与验收委员会相互配合，共同搞好验收工作。

## 四、附 则

十四、85-907项目所属课题、专题的验收工作按国家计委、国家科委、财政部联合发出的计科计函［1994］057号文“关于印发《‘八五’国家重点科技项目（攻关）计划验收办法》的通知”进行。

十五、本办法由国家地震局计划财务司负责解释。

附件 1：

## “八五”国家地震局重点项目执行情况验收评价报告

项目编号：

项目名称：

主持部门：

负责单位：

起止时间：

验收时间：

**主 要 内 容**

一、攻关的任务、考核目标及主要技术经济指标

二、计划执行评价

1. 执行结果（概述计划内容完成情况、解决的关键技术、取得的重大科技成果、整体水平及配套性等情况）以及项目完成后建成的试验基地、数据库、购置的仪器设备。

2. 成果转化、商品化及直接效益和间接效益（经济、社会和环境效益）以及应用前景的评价。

三、计划制定和课题、专题设置的科学性和合理性的后评估

四、经费决算和经费使用评价

五、组织管理经验（测重评价科技工作面向经济、社会发展，成果转化、商品化的经验）和存在的问题

六、验收结论及日期

七、验收委员会（组）成员名单

| 序 号 | 姓 名 | 职 称 | 职 务 | 工作单位 | 是否承担本项目任务 | 签 字 |
|---|---|---|---|---|---|---|
| | | | | | | |
| | | | | | | |
| | | | | | | |
| | | | | | | |
| | | | | | | |
| | | | | | | |
| | | | | | | |
| | | | | | | |

附件 2：

## 主要成果简介

成 果 名 称：
所属课题编号：
项目主持部门：
项目负责单位：
鉴 定 部 门：
鉴 定 时 间：
成 果 水 平：
主要承担单位：
主要完成人员：
一、成果内容简介、关键技术、技术经济指标：
二、经济、社会、环境效益及推广应用前景：
三、成果转化为生产力的基本设想和可行性（包括产业化、扩大规模、扩大应用等）：

附件 3：

## “八五”国家地震局重点项目终结经费决算表

| 项目编号 | | 组织部门 | | 主管部门 | |
|---|---|---|---|---|---|
| 项目名称 | | | | | |

| 收入 | | | 支出 | |
|---|---|---|---|---|
| 科　目 | 计划数（万元） | 实际数（万元） | 科　目 | 金　额（万元） |
| 合　计 | | | 合　计 | |
| 国家攻关拨款 | | | 土建费 | |
| 国家其他拨款 | | | 仪器设备购置费 | |
| 部门拨贷款 | | | 材料、燃动费 | |
| 银行贷款 | | | 加工费 | |
| 地方拨贷款 | | | 试验费 | |
| 国际资助款 | | | 管理费 | |
| 单位自筹 | | | 劳务费 | |
| | | | 引进软、硬件费 | |
| | | | 国内、外调研费 | |
| | | | 各种税费 | |
| | | | 其他 | |

项目主持部门负责人（签字）

年　月　日

附件 4：

## “八五”国家地震局重点项目购置仪器、设备等固定资产一览表

| 序　号 | 课题编号 | 仪器、设备名称 | 数量（台、套） | 金额（万元） | 用　途 | 所属单位 | 备　注 |
|---|---|---|---|---|---|---|---|
| | | | | | | | |
| | | | | | | | |
| | | | | | | | |
| | | | | | | | |
| | | | | | | | |
| | | | | | | | |
| | | | | | | | |
| | | | | | | | |
| | | | | | | | |
| | | | | | | | |
| 合　计 | | | | | | | |

注：按专题顺序打印填报（仅填报 5 万元以上的固定资产）。

附件 5：

## “八五”国家地震局重点项目专题一览表

| 序号 | 专题编号 | 专题名称 | 起止时间 | 经费（万元） | | 主持部门 | 负责单位 | 参加单位 | 完成情况 | 备注 |
|---|---|---|---|---|---|---|---|---|---|---|
| | | | | 总　计 | 国拨经费 | | | | | |
| | | | | | | | | | | |
| | | | | | | | | | | |
| | | | | | | | | | | |
| | | | | | | | | | | |
| | | | | | | | | | | |
| | | | | | | | | | | |
| | | | | | | | | | | |
| | | | | | | | | | | |
| | | | | | | | | | | |
| | | | | | | | | | | |

注：完成情况分 A、B、C、D 四个档次：A. 执行情况优异，经费使用合理；B. 执行情况基本正常；C. 执行情况较差；D. 撤销。

# 关于将防震减灾工作纳入国民经济和社会发展“九五”计划和2010年长远规划意见的函

各省、自治区、直辖市人民政府：

江泽民主席指出：“我国要实现本世纪90年代经济和社会发展的宏伟目标，不能不更加重视减灾工作。我们将继续坚持经济建设同减灾工作一起抓的指导思想，把减灾工作纳入国民经济和社会发展的总体规划中去；继续贯彻以防为主，防抗救相结合的基本方针，增加投入，加强防灾建设，提高抵御自然灾害的能力。”

我国是世界上遭受地震灾害最为深重的国家之一，为了贯彻江泽民主席的重要指示，国务院国办发［1994］36号文规定：“各地、各部门应重视和加强防震减灾工作，保证经济发展，社会稳定。各地、各部门要逐步将防震减灾工作纳入经济和社会发展规划。”

1994年11月，在广州召开的首次全国防震减灾工作会议上，国务委员宋健同志指出：“要根据江泽民同志关于经济建设和减灾工作一起抓，把减灾纳入国民经济和社会发展规划的指示，把防震减灾工作纳入各地的经济和社会发展规划、计划中去，这是搞好防震减灾工作的基本保证。”

把防震减灾工作纳入各地正在组织编制的国民经济和社会发展“九五”计划和2010年长远规划，对于实现国办发［1994］36号文提出的防震减灾十年目标，最大限度地减轻地震灾害，保障国民经济的发展和社会稳定有重要的意义。为了切实做好这项工作，我局现就有关问题提出如下意见：

一、“九五”期间至2010年，是我国经济和社会发展的重要时期，我国的经济和综合国力都将迈向一个新的台阶，并为下世纪实现我国第三步战略目标打下坚实的基础。根据专家的预测，90年代至下世纪初，是我国大陆的第五个地震活动高潮期，在此期间中强地震将频发，并可能发生多次7级乃至更大的地震。为此，各地应对可能发生的地震灾害引起足够重视，贯彻“以预防为主”的方针，做好震灾综合防御工作，加强将防震减灾工作纳入本省、自治区、直辖市的“九五”计划和2010年长远规划的组织和领导。

二、为了做好将防震减灾工作纳入当地国民经济和社会发展“九五”计划和2010年长远规划，根据中编发［1995］1号文的规定，建议在省、自治区、直辖市人民政府的直接领导下，在省级计划部门的具体部署、协调和指导下，省级防震减灾“九五”计划和2010年长远规划由各省、自治区、直辖市的地震局负责组织编制，经省级计划委员会综合平衡后，报请省级人民政府批准实施。

三、各地在编制防震减灾“九五”计划和2010年长远规划时，要以江泽民主席关于经济建设和减灾工作一起抓的思想为指导。

国务院国办发［1994］36号文提出我国防震减灾的十年目标是：“在各级政府和全社会的共同努力下，争取用十年左右的时间，使我国的大中城市和人口稠密、经济发达地区具备抗御6级左右地震的能力”。各地在编制防震减灾“九五”计划和2010年长远规划时，应以推进实现防震减灾十年目标为主线，结合本地的地震活动情况、防震减灾工作现状和经济社会发展的实际情况，将防震减灾工作中的地震监测预报、震灾预防、地震应急、地震救灾与重建四方面任务列入基本建设、科技发展、重点项目和专项计划。根据事权划分的原则，保证必要的经费投入和相应的配套措施。

四、在编制防震减灾“九五”计划和2010年长远规划时，要遵循服务于国民经济和社会发展需要的原则，优先考虑直接服务于当地经济建设和社会发展的内容；要坚持以预防为主，走综合防御的道路，统筹安排防震减灾各个方面的工作，提高综合防御的能力，取得减轻地震灾害的实效；要坚持实事求是的原则，既要充分考虑已经具备的基础和有利条件，又要估计到可能的困难和问题；计划和规划的任务既要积极进取，又要留有余地，防震减灾规划、计划要与本地的经济和社会发展规划、计划相适应，立足可能性；长期规划、五年计划和年度实施计划要相互配套、衔接，注意可操作性，以期有条不紊地推进防震减灾“九五”计划和2010年长远规划的实施。

五、附件列出了省级防震减灾“九五”计划和2010年长远规划编制的建议提纲，各地可根据本地区的实际情况，参照提纲内容编制本省的防震减灾“九五”计划和2010年长远规划。

国 家 地 震 局

1995年3月28日

附件：

## 编制防震减灾“九五”计划和2010年长远规划提纲

1．总论

1.1 编制计划和规划的目的意义

1.2 编制计划和规划的指导思想

1.3 编制计划和规划的原则

2．现状与形势

2.1 本地区地震活动情况和趋势

2.2 本地区防震减灾工作现状和形势

3．主要任务和目标

3.1 “九五”期间的主要任务和目标

3.2 2010年预期达到的目标

4．防震减灾体系建设

4.1 防震减灾工作体系建设

4.2 防震减灾法规体系建设

4.2.1 法规条例制定

4.2.2 法规的实施与监督

4.3 破坏性地震应急预案

4.3.1 各级政府应急预案

4.3.2 有关部门应急预案

5. 防震减灾预警、指挥、决策技术系统建设

5.1 地震预警和大震速报技术系统

5.2 地震应急、指挥、决策技术系统

5.3 灾情速报和震害评估技术系统

6. 国土规划、城乡建设和各类工程建设中的防震减灾工作

6.1 国土规划、城乡建设防震减灾总体规划

6.2 重点城市、重点地区地震区划和震害预测

6.3 工程场地地震安全性评价和抗震设防

6.4 生命线工程的防震减灾

6.5 各类工程建筑的抗震加固

6.6 防震减灾示范工程

# 国家地震及地震前兆基本台网方案

我国的地震监测工作经历了30年的历程，建立了相当规模的测震、形变、地下水、水化、地电、地磁与通讯系统，在以往的地震预报与速报、地震科技进步与地球科学的发展等方面发挥了重要的基础作用。然而面对着飞速发展的现代科学技术和社会对地震监测预报越来越高的要求，我国现有的地震监测体系显得陈旧、落后、不够科学，其社会经济效益的发挥受到了很大影响。为了改变这种局面，国家地震局对现有的地震监测体系进行了重大的调整与改革：首先是地震监测体系的结构性调整与改革，在横向上把众多的监测系统调整为地震学、形变、电磁与地下流体等四大学科监测系统；在纵向上分为三个层次，国家基本台网、区域台网与地方台网。其次，相应地在监测系统管理体制上也进行必要的调整与改革。

1995年国家地震局发文《关于下发国家地震及地震前兆基本台网方案的通知》。国家基本台网是国家防震减灾体系所依赖的重点管理的骨干台网，由国家地震基本台网（由52个台站组成）、国家地震前兆基本台网（含地壳形变基本台网56个台）、电磁基本台网（54个台）与地下流体基本台网（50个台）组成，共包括134个台站，其中由国家地震局所属的专业地震台站131个。

国家地震及地震前兆基本台网的主要任务是对破坏性地震的中长期监测，为防震减灾提供最重要的科学基础数据和信息，其次是推进地震科学的发展与地球科学的进步，与此同时为国民经济建设提供服务。

国家基本台网的布局，首先是从其防震减灾与地震科技进步两个基本任务出发，把主要的台站布设在近期可能发生破坏性地震的危险区和人口稠密与经济发达的地震重点防御区内，同时考虑对整个中国大陆以及相邻地区甚至全球性地震活动场、地球物理基本场和地壳动力学研究等全局性控制作用。

国家基本台网的组建，是以我国现有台网为基础，并经过严格的筛选，优先选出一批台址条件好，动态规律清楚，对现今地壳动力作用的反映频带宽，灵敏度高，有较为可信的映震实例和信噪比较高的台站，以这类台站为基础再经进一步优化、组合与强化，可显著地提高其技术水平和监测效能。

国家基本台具有很强的综合观测能力，能够开展多学科配套观测，多测项对比观测与多层次立体观测。它所取得的观测资料的质量应是国内第一流的和国际上先进的，所取得的震例或震时记录应具有很高的可信度与精度，经得起历史的检验。

国家基本台网见一览表。

## 一、国家地震基本台网

国家地震基本台网作为地震学科观测网，主要产出是地震波形记录及处理结果，其主要任务是为防震减灾提供直接服务、科研及核查。总体性能指标为：测定 $M_S \geqslant 4.5$ 地震；速报国内$M_S \geqslant 5.0$，边界境外$M_S \geqslant 6.0$地震，国外$M_S \geqslant 7.0$；核查；逐步达到宽频带大动态数字记录。

国家地震基本台网的技术系统由4大部分组成：台站；数据处理中心；台网技术管理中心；通讯链路。其中台站将利用我国“八五”攻关的最新成果（85-907），逐步将国家地震基本台网建设成由α台站（连续传送数据至中心）和β台站（通过不同链路获取数据的开放式台站）组成的数字化地震观测台网。

国家地震基本台网的布局原则是以现有台站为基础，统一协调任务，加强西部地区的地震监测能力，个别台站调整。台网由56个地震台（现有52个台）组成：

(1) 在原Ⅰ类台（24个）和准Ⅰ类台（12个）基础上，去掉包头台，总计35个台。

(2) 原大震速报台网中的攀枝花、温州和宾县台。

(3) 从原Ⅱ类台中再选出13个台站，为了改善西部和东北的大震速报地震监测能力，拟新建若羌、西沙二台，拟恢复西藏昌都、那曲二个台加上乌什GEOSCOPE数字台，计再增加18个台。

## 二、国家地震前兆基本台网方案

国家前兆基本台网由地壳形变基本台网、电磁基本台网和地下流体基本台网组成。地壳形变台网由51个台、电磁台网由54个台、地下流体台网由50个台构成，共涉及114个台站，构成国家地震前兆基本台网。

**1. 地壳形变基本台网**

地壳形变基本台网包括（a）地倾斜、（b）重力、（c）洞体应变、（d）钻孔应变和（e）断层形变观测（方法）项目。它既是我国的地震地壳形变前兆监测台网，又是地球动力学研究的观测基地。以现有的几个主要台网（首都圈、华北地区、南北地震带）为基础，删去部分地质条件稍差和相邻过密的台站，再选入少量观测资料质量较高的其他地区的台站。台网布局考虑以综合观测为主，优先考虑沿海经济发达地区、人口稠密地区的监测能力。

所入网台站要求：地质构造清楚、资料齐全，且台址条件符合仪器观测规范要求；已有数年以上的观测历史，观测资料连续可靠，资料评比结果为优秀以上；有较好的技术力量与工作条件的保障。

入网的台站共51个，其特点是：

(1) 地理分布在大华北为20个（首都圈10个）台站52台项（占40%），南北地震带14个（滇西5个）台站37台项（占28%），天山南北地震带3个台站12台项（占9%）以及东部与东南沿海14个台站31台项（占23%）。

(2) 在51个台站132台项中各项目（手段）的分布为：地倾斜台43个，重力台17个，洞体应变台34个，钻孔应变台20个，断层形变台18个。

**2. 电磁基本台网**

基本台网的电磁观测，以地电、地磁测项为主。入网的基本要求是：

(1) 应能在较大空间尺度上，对网内及周边发生强震的中期或中短期趋势预测发挥重要作用；

(2) 应能在地球科学基本问题的研究中发挥作用；

(3) 入选的台站在技术管理上应起到示范的功能，发挥骨干作用。

电磁基本台网的组网在空间布局上，重点围绕重点监视区选择适当密度设立国家级台站；地磁基本场监测以目前Ⅰ类台的布局为基础，辅以在间距过大的地区补充若干Ⅱ类台。所选入网台站，尽可能具有多种观测的功能，在基础条件方面符合现行规范的要求。并考虑在大地震之前有良好应震效能的台站。

在入选台站方案中，含有15个地磁Ⅰ类台和若干个Ⅱ类台，承担对外交换资料的任务，它们的布局原则主要是按地磁场全球研究的需要而设立的。

入选的台站基本上遍布于我国的各主要地震活动区、重点监视区，经济、政治具有重要意义的地区内部或其边缘，精选后的台站基本上呈等间距分布，起到骨干控制作用。其间距大小依不同地区的重要性及原有工作基础而不同（例如京津地区较密集）。

方案中除地震系统直属台站外，考虑在条件成熟时适当增加一些地方台站，同时也注意了随国民经济发展对电磁观测可能造成影响较大的问题。

**3. 地下流体基本台网**

地下流体基本台网的主要任务是显著地增强地震监测预报的能力，大力推进本学科的发展，积极为其他相邻学科的发展与国民经济建设提供服务。

地下流体基本台网的布局，要从该台网的基本任务出发，布网要做到科学、合理与有效，即要有充分的科学依据，在经济技术上合理，未来的运转将会取得显著的效益。台网主要分布在：①首都圈及其外围地区；②川滇西部地区、陕甘青宁地区与山西地震带等重点监视区；③我国东部沿海经济发达、人口密集地区；④“面”上的合理控制之需要和对有特殊科学意义的地区。

地下流体基本台网的组建是以现有的全国地震地下水动态观测井网与全国水文地球化学观测台网及44个地热（地温）观测井与10个断层带土壤气观测点为基础，由现有观测井经优选与组合而成。台网点位的选取考虑如下因素：

(1) 井区的地质－水文地质条件与现今井孔结构清楚，而且有关资料较为齐全；

(2) 观测井的构造部位、井－含水层条件具有映震灵敏的条件，有较为可信的映震史例；

(3) 现有观测项目的动态规律清楚，观测到地壳动力活动的信息多，对地壳应力应变的反映灵敏度高；

(4) 具有一定的地下流体－井多项对比观测和与其他前兆配套观测的基础，具备开展一台多井、一项多层等其他形势的综合观测的条件。

地震地下流体学科国家基本台网，由50个基本台组成。在这些井台中一定程度上已经具备了开展综合观测的必要条件。基本台网尚需进行下列技术改造与建设工作：

(1) 观测项目需进行优化与新增。在保留映震能力反映较强的测项的基础上，根据需要与可能新增一批观测项目，并增加气象等辅助观测。

(2) 加快观测技术的现代化进程，积极推进数据传输与处理技术的现代化。

（局科技监测司　潘怀文）

## 国家基本台网一览表

| 地区 | 编号 | 台站 | 纬度 | 经度 | 测震 | 形变 | 电磁 | 流体 | 台站基本情况(测项) |
|---|---|---|---|---|---|---|---|---|---|
| 北京 | 1 | 白家疃 | 40° 02′ | 116°11′ | √ | | √ | | 测震Ⅰ类台;CDSN;地磁Ⅰ类台;大气电场、地温、倾斜、电磁波 |
| | 2 | 延庆 | 40°21′ | 115°59′ | | √ | √ | √ | 西拨子(倾斜、洞体应变、重力)、张庄(地电基本台)、西拨子(地磁区域台)、五里营(流体综合台) |
| | 3 | 大兴 | 39°45′ | 116°20′ | | | √ | | 地电基本台、地磁区域台、水位国家井 |
| | 4 | 平谷 | 40°03′ | 117°00′ | | | √ | | 地电区域台、地磁区域台、体应变 |
| | 5 | 昌平 | 40°15′ | 116°12′ | | √ | | √ | 昌平台(钻孔应变综合台)、太平庄(流体综合观测)、八宝山(断层形变) |
| 天津 | 6 | 张道口 | 39°02′ | 117°12′ | | | | √ | 水化综合观测 |
| | 7 | 宝坻 | 39°44′ | 117°17′ | | √ | √ | √ | 重力、地电基本台,地磁区域台,地温、水位、测震区域台(含静海地磁Ⅱ类台) |
| | 8 | 蓟县 | 40°05′ | 117°30′ | | √ | | | 倾斜、洞体应变、测震区域台 |
| 河北 | 9 | 隆尧 | 37°24′ | 114°42′ | √ | | √ | | 测震Ⅱ类台、大柏舍(地电基本台)、地磁Ⅱ类台 |
| | 10 | 昌黎 | 39°43′ | 119°03′ | | | √ | | 地电基本台、地磁Ⅱ类台、水位国家井、水化Ⅱ类台 |
| | 11 | 怀来 | 40°27′ | 115°31′ | | √ | | √ | 地倾斜、洞体应变、钻孔应变、短水准、重力、地温、水化、地磁区域台 |
| | 12 | 永清 | 39°22′ | 116°43′ | | | | √ | 地方台(水位、水化) |
| | 13 | 张家口 | 40°50′ | 114°54′ | | √ | | | 地倾斜、洞体应变、钻孔应变、重力、测震Ⅱ类台、地磁区域台、水位、水化 |
| | 14 | 易县 | 39°21′ | 115°22′ | | √ | | | 地倾斜、洞体应变、断层形变 |
| | 15 | 涉县 | 36°32′ | 113°38′ | | √ | | | 地倾斜、洞体应变、地磁区域台 |

续表

| 单位 | 编号 | 台站 | 纬度 | 经度 | 测震 | 形变 | 电磁 | 流体 | 台站基本情况(测项) |
|---|---|---|---|---|---|---|---|---|---|
| 山西 | 16 | 太　原 | 36°43′ | 111°26′ | √ | √ | √ | | 测震Ⅰ类台、倾斜、断层形变、钻孔应变、地电基本台、地磁Ⅱ类台 |
| | 17 | 大　同 | 40°08′ | 113°14′ | | √ | √ | √ | 地电区域台、地方台(水位)、测震区域台、断层形变、钻孔应变 |
| | 18 | 忻　州 | 38°19′ | 112°41′ | | | | √ | 地方台(水化、水温) |
| | 19 | 临　汾 | 36°05′ | 111°22′ | | √ | √ | | 断层形变、倾斜、地电基本台、地磁区域台、测震区域台、侯马(倾斜洞体应变) |
| | 20 | 夏　县 | 35°07′ | 111°14′ | | | | √ | 水化、测震区域台、断层形变 |
| 内蒙古 | 21 | 呼和浩特 | 40°51′ | 111°34′ | √ | √ | √ | | 测震Ⅰ类台、倾斜、洞体应变、钻孔应变、地电基本台、地磁Ⅱ类台、水化区域台 |
| | 22 | 赤　峰 | 42°18′ | 118°59′ | | | | √ | 水化、测震Ⅱ类台、倾斜(含流体地方台) |
| | 23 | 乌加河 | 41°17′ | 108°05′ | √ | √ | √ | | 倾斜、洞体应变、地电基本台、地磁区域台、测震Ⅱ类台 |
| | 24 | 满洲里 | 49°35′ | 117°27′ | | | √ | | 地磁Ⅰ类台 |
| | 25 | 海拉尔 | 49°16′ | 119°45′ | √ | | | | 测震准Ⅰ类、CDSN、倾斜 |
| | 26 | 锡林浩特 | 43°54′ | 116°04′ | √ | | | | 测震Ⅱ类台 |
| 辽宁 | 27 | 大　连 | 38°54′ | 121°38′ | √ | √ | √ | | 测震Ⅰ类台、金州台(断层形变)、地磁Ⅱ类台、金州(水化区域台) |
| | 28 | 沈　阳 | 41°50′ | 123°35′ | √ | | | | 测震Ⅰ类台、地磁区域台、倾斜、水化区域台 |
| | 29 | 本　溪 | 41°16′ | 123°48′ | | | | √ | 地方台(水位、地温、流量)、倾斜、测震区域台 |
| | 30 | 盘　锦 | 41°11′ | 120°03′ | | | | √ | 水化综合台 |
| | 31 | 锦　州 | 41°05′ | 121°08′ | | √ | | √ | 地方台(流体)、测震、钻孔应变、倾斜、洞体应变 |
| | 32 | 营　口 | 40°41′ | 122°36′ | | √ | | | 倾斜、洞体应变、地磁区域台、水化区域台、测震区域台 |

续表

| 单位 | 编号 | 台站 | 纬度 | 经度 | 测震 | 形变 | 电磁 | 流体 | 台站基本情况(测项) |
|---|---|---|---|---|---|---|---|---|---|
| 吉林 | 33 | 长　春 | 43°48′ | 112°57′ | ✓ | | ✓ | | 测震Ⅰ类台、地磁Ⅰ类台、地电基本台、钻孔应变 |
| | 34 | 敦　化 | 43°21′ | 128°12′ | | | | ✓ | 水化、测震区域台 |
| | 35 | 双阳（磐石） | 42°57′ | 126°04′ | | ✓ | | | 倾斜、洞体应变、测震区域台、地磁区域 |
| | 36 | 延　边 | 43°00′ | 129°29′ | ✓ | ✓ | | | 测震Ⅱ类台、倾斜、洞体应变、钻孔应变、水化Ⅱ类台 |
| | 37 | 四　平 | | | | | ✓ | | 地电基本台 |
| 黑龙江 | 38 | 宾　县 | 45°44′ | 127°24′ | ✓ | | | | 测震Ⅱ类台、水化、地磁区域台 |
| | 39 | 德　都 | 42°41′ | 126°09′ | | | ✓ | ✓ | 地磁Ⅱ类台、水化 |
| | 40 | 绥　化 | 46°38′ | 126°58′ | | | ✓ | | 地电基本台、测震区域台、水化区域台 |
| | 41 | 牡丹江 | 44°36′ | 129°35′ | ✓ | | | | 测震Ⅰ类、CDSN、水化区域台、倾斜 |
| | 42 | 黑　河 | 50°22′ | 124°05′ | ✓ | | | | 测震Ⅱ类台 |
| 山东 | 43 | 泰　安 | 36°12′ | 117°07′ | ✓ | ✓ | ✓ | | 测震Ⅰ类台、倾斜、钻孔应变、重力、洞体应变、地磁Ⅱ类台 |
| | 44 | 菏　泽 | 35°15′ | 115°26′ | | | ✓ | | 地电基本台、地磁区域台、测震区域台 |
| | 45 | 聊　城 | 36°26′ | 116°02′ | | | | ✓ | 水化综合观测、流量、测震区域台、地磁区域台 |
| | 46 | 胜利油田* | | | | | | ✓ | 水位地方台 |
| | 47 | 郯　城 | 34°42′ | 118°21′ | | ✓ | | | 倾斜、临沂(断层形变)、地磁区域台、地电区域台、测震区域台 |
| | 48 | 烟　台 | 37°21′ | 121°23′ | ✓ | ✓ | | | 测震Ⅱ类台、倾斜、洞体应变、地磁区域台 |
| 上海 | 49 | 佘　山 | 31°06′ | 121°11′ | ✓ | ✓ | ✓ | | 测震Ⅰ类台、CDSN、倾斜、重力、地磁Ⅰ类台 |
| | 50 | 崇　明 | 31°34′ | 121°34′ | | | | ✓ | 水化、流量、地温、地磁区域台、电磁波 |

续表

| 单位 | 编号 | 台站 | 纬度 | 经度 | 测震 | 形变 | 电磁 | 流体 | 台站基本情况(测项) |
|---|---|---|---|---|---|---|---|---|---|
| 浙江 | 51 | 杭州 | 30°15′ | 120°06′ | | | √ | | 地磁Ⅱ类台 |
| | 52 | 宁波 | 29°58′ | 120°31′ | | √ | | √ | 水化、地温、流量、测震区域台、钻孔应变、湖州(倾斜) |
| | 53 | 温州 | 27°56′ | 120°40′ | √ | | | | 测震准Ⅰ类台 |
| 江西 | 54 | 南昌 | 28°46′ | 115°48′ | √ | √ | | √ | 测震准Ⅰ类台、水位、水化、地磁区域台、倾斜、洞体应变 |
| | 55 | 会昌 | 25°36′ | 115°46′ | √ | | | | 测震Ⅱ类台 |
| 河南 | 56 | 洛阳 | 34°33′ | 112°28′ | √ | | | | 测震准Ⅰ类台、地电基本台、地磁区域台、钻孔应变、水位区域台 |
| | 57 | 郑州 | 34°39′ | 113°34′ | | | √ | | 地电基本台、地磁区域台、水位国家井、重力 |
| | 58 | 安阳 | 36°05′ | 114°18′ | | | | √ | 地方台(水化、地温)、测震地方台 |
| 江苏 | 59 | 南京 | 32°03′ | 118°56′ | √ | | √ | √ | 测震Ⅰ类台、地磁Ⅱ类台、地电基本台、断层形变、水位国家井、水氡Ⅱ类台 |
| | 60 | 徐州 | 34°14′ | 117°10′ | | √ | | | 倾斜、洞体应变、钻孔应变、测震区域台 |
| | 61 | 南通 | 31°57′ | 120°53′ | | √ | | | 断层形变、测震区域台、地磁区域台、常熟(倾斜、洞体应变)水位国家井 |
| | 62 | 镇江 | 32°06′ | 119°30′ | | | | √ | 地方台(水位、水化、地温、流量)、地磁区域台 |
| | 63 | 盐城 | 33°23′ | 120°08′ | | | | √ | 水化、地温、测震区域台、地磁区域台 |
| | 64 | 新沂 | 34°23′ | 118°23′ | | | √ | | 地电基本台、地磁区域台、测震区域台、断层形变 |
| | 65 | 连云港 | 34°38′ | 119°14′ | √ | | | | 测震Ⅱ类台 |
| 安徽 | 66 | 庐江 | 31°20′ | 117°05′ | | | | √ | 水位、水化、地温、流量 |
| | 67 | 合肥 | 31°50′ | 117°10′ | √ | √ | | | 测震Ⅱ类台、地电基本台、地磁Ⅱ类台、断层形变 |
| | 68 | 蒙城 | 33°22′ | 116°29′ | | | √ | | 地电基本台、地磁Ⅱ类台 |

续表

| 单位 | 编号 | 台站 | 纬度 | 经度 | 测震 | 形变 | 电磁 | 流体 | 台站基本情况(测项) |
|---|---|---|---|---|---|---|---|---|---|
| 福建 | 69 | 福　州 | 26°05′ | 119°17′ | | | | √ | 水化综合、电磁波、地电区域台 |
| | 70 | 厦　门 | 24°27′ | 118°05′ | | √ | | | 倾斜、钻孔应变、洞体应变、天马(断层形变)、测震区域台、水化区域台 |
| | 71 | 泉　州 | 24°37′ | 118°36′ | √ | | √ | | 测震Ⅰ类台、地磁Ⅰ类台、倾斜、重力、水化区域台 |
| | 72 | 漳　州 | 24°30′ | 117°38′ | | | | √ | 水化综合、测震区域台、地磁区域台 |
| 湖北 | 73 | 武　汉 | 30°32′ | 114°21′ | √ | √ | √ | | 测震Ⅰ类台、地磁Ⅰ类台、重力、黄梅(倾斜) |
| | 74 | 宜　昌 | 30°50′ | 111°20′ | | √ | | | 倾斜、洞体应变、测震区域台 |
| | 75 | 麻　城 | 31°08′ | 115°09′ | | √ | | | 倾斜、洞体应变、测震区域台 |
| | 76 | 恩　施 | 30°16′ | 109°29′ | √ | | | | 测震Ⅱ类台、CDSN |
| | 77 | 二　汽* | | | √ | | | | 测震(企业台) |
| 湖南 | 78 | 长　沙 | 28°16′ | 112°55′ | √ | √ | | | 测震准Ⅰ类台、倾斜、地磁区域台、水化Ⅱ类台、水位国家井 |
| | 79 | 邵　阳 | 27°13′ | 111°27′ | | | √ | | 地磁Ⅱ类台、测震区域台 |
| 广东 | 80 | 广　州 | 23°05′ | 113°21′ | √ | | √ | | 测震Ⅰ类台、地磁Ⅰ类台、水化地方台、水位国家台、重力 |
| | 81 | 汕　头 | 23°25′ | 116°38′ | | √ | | √ | 倾斜、洞体应变、钻孔应变、水化综合、测震Ⅱ类台 |
| | 82 | 河　源 | 23°43′ | 114°43′ | | √ | √ | | 地电基本台、新丰江(断层形变)水化区域台 |
| | 83 | 信　宜 | 22°21′ | 110°56′ | | | | √ | 水化综合、测震区域台、倾斜 |
| 广西 | 84 | 桂　林 | 25°17′ | 110°22′ | √ | | | | 测震准Ⅰ类台 |
| | 85 | 邕　宁 | 22°46′ | 108°28′ | | | √ | | 地磁Ⅱ类台、钻孔应变、电磁波 |
| | 86 | 灵　山 | 22°25′ | 109°17′ | √ | √ | | | 倾斜、断层形变、钻孔应变、测震Ⅱ类台 |
| | 87 | 凭　祥 | 22°08′ | 106°45′ | √ | | | | 测震区域台、地倾斜 |

续表

| 单位 | 编号 | 台站 | 纬度 | 经度 | 测震 | 形变 | 电磁 | 流体 | 台站基本情况(测项) |
|---|---|---|---|---|---|---|---|---|---|
| 海南 | 88 | 琼　中 | 19°02′ | 109°51′ | √ | | √ | | 测震Ⅰ类台、CDSN、地磁Ⅰ类台 |
| | 89 | 海　口 | 20°00′ | 110°18′ | | | | √ | 水化、水位、地温 |
| 陕西 | 90 | 乾　县 | 34°34′ | 108°14′ | | √ | √ | | 倾斜、洞体应变、泾阳(断层形变)、地磁Ⅱ类台、地电区域台、测震区域台 |
| | 91 | 临　潼 | 34°21′ | 109°12′ | | | | √ | 水化、地温、流量 |
| | 92 | 西　安 | 34°02′ | 108°55′ | √ | | | | 测震Ⅰ类台、CDSN、倾斜 |
| | 93 | 榆　林 | 38°17′ | 109°41′ | √ | | | | 测震Ⅱ类台 |
| 甘肃 | 94 | 兰　州 | 36°05′ | 103°50′ | √ | √ | √ | | 测震Ⅰ类台、CDSN、倾斜、洞体应变、重力、钻孔应变、地磁Ⅰ类台、地电基本台 |
| | 95 | 平　凉 | 35°30′ | 106°42′ | | | | √ | 水化、地温、流量 |
| | 96 | 武　都 | 33°26′ | 104°48′ | | | √ | √ | 地电基本台、地磁区域台、水化、地温、流量、测震区域台 |
| | 97 | 武　山 | 34°40′ | 105°03′ | | | | √ | 水化综合、钻孔应变 |
| | 98 | 嘉峪关 | 39°48′ | 98°13′ | | | √ | | 地电基本台、地磁Ⅱ类台、测震区域台、水位国家井、水化区域台、地温 |
| | 99 | 高　台 | 39°24′ | 99°49′ | √ | | | | 测震Ⅰ类台、倾斜 |
| | 100 | 山　丹 | 38°46′ | 101°02′ | | | √ | | 地电基本台 |
| | 101 | 天　水 | 34°29′ | 105°54′ | √ | | √ | | 地电基本台、地磁Ⅱ类台、测震Ⅱ类台、水化Ⅱ类台、地温、钻孔应变 |
| | 102 | 安　西 | 40°31′ | 95°48′ | √ | | | | 测震Ⅱ类台 |
| 宁夏 | 103 | 银　川 | 38°37′ | 105°56′ | √ | √ | √ | | 测震准Ⅰ类台、倾斜、洞体应变、重力、地电基本台、地磁Ⅱ类台、水化Ⅱ类台 |
| | 104 | 石嘴山 | 39°17′ | 106°40′ | | | | √ | 水化Ⅱ类台、测震区域台 |
| | 105 | 海　原 | 36°30′ | 105°36′ | | | | √ | 水化、测震区域台、地电区域台 |
| | 106 | 固　原 | 36°00′ | 106°10′ | | | √ | √ | 地电基本台、测震区域台、水化Ⅰ类台、水位国家井 |

续表

| 单位 | 编号 | 台站 | 纬度 | 经度 | 测震 | 形变 | 电磁 | 流体 | 台站基本情况(测项) |
|---|---|---|---|---|---|---|---|---|---|
| 青海 | 107 | 格尔木 | 36°26′ | 94°52′ | √ | | √ | √ | 测震准Ⅰ类台、地磁Ⅰ类台(水化、地温、流量) |
| | 108 | 西　宁 | 36°37′ | 101°43′ | | | √ | √ | 水化、地磁区域台 |
| 新疆 | 109 | 乌鲁木齐 | 43°49′ | 87°42′ | √ | √ | √ | √ | 测震Ⅰ类台、CDSN、倾斜、洞体应变、钻孔应变、重力、断层形变、地磁Ⅰ类台、地电基本台、水位、水化 |
| | 110 | 喀　什 | 39°31′ | 75°55′ | √ | | √ | | 测震Ⅰ类台、地磁Ⅰ类台 |
| | 111 | 温　泉 | 44°58′ | 81°00′ | | | | √ | 水化、水位、流量、地温、地磁区域台、测震区域台 |
| | 112 | 乌　什 | 41°12′ | 79°13′ | √ | √ | | | 测震Ⅱ类台、GEOSCOPE、倾斜、断层形变、钻孔应变 |
| | 113 | 库尔勒 | 41°49′ | 86°11′ | | √ | √ | | 地电基本台、测震区域台、钻孔应变、倾斜、断层形变、重力、水化区域台 |
| | 114 | 和　田 | 37°04′ | 79°55′ | √ | | | | 测震准Ⅰ类台、倾斜、地磁 |
| 四川 | 115 | 攀枝花 | 26°30′ | 101°45′ | √ | √ | √ | √ | 测震Ⅱ类台、倾斜、重力、洞体应变、钻孔应变、断层形变、地电基本台、地磁区域台、水位、水化、流量、地温 |
| | 116 | 西　昌 | 27°51′ | 102°16′ | | √ | √ | √ | 倾斜、重力、钻孔应变、洞体应变、西昌(地磁Ⅱ类台)、冕宁(地电基本台)、水位、水化、地温、流量 |
| | 117 | 成　都 | 30°55′ | 103°45′ | √ | √ | √ | | 测震Ⅰ类台、重力、地磁Ⅰ类台、地电基本台 |
| | 118 | 甘　孜 | 31°39′ | 100°01′ | | √ | √ | | 地电基本台、地磁区域台(曾为Ⅱ类台)、水化区域台、断层形变 |
| | 119 | 康　定 | 30°07′ | 102°10′ | | √ | | √ | 倾斜、重力、洞体应变、钻孔应变、水化、地温、流量、测震区域台 |
| | 120 | 石　棉 | 27°53′ | 102°23′ | | | | √ | 地方台(水化、水位、地温、流量) |
| | 121 | 重　庆 | 29°30′ | 106°30′ | √ | | | | 测震Ⅱ类台 |

续表

| 单位 | 编号 | 台站 | 纬度 | 经度 | 测震 | 形变 | 电磁 | 流体 | 台站基本情况(测项) |
|---|---|---|---|---|---|---|---|---|---|
| 贵州 | 122 | 贵　阳 | 26°26′ | 101°39′ | √ | | √ | | 测震Ⅰ类台、地磁Ⅱ类台、钻孔应变 |
| 云南 | 123 | 昆　明 | 25°08′ | 102°45′ | √ | √ | | | 测震Ⅰ类台、CDSN、倾斜、重力、水位国家井、钻孔应变 |
| | 124 | 通　海 | 24°07′ | 102°45′ | | | √ | | 地电基本台、地磁Ⅱ类台、倾斜 |
| | 125 | 腾　冲 | 25°02′ | 98°31′ | √ | | √ | √ | 测震Ⅱ类台、地电基本台、地方台(水位、水化、地温) |
| | 126 | 下　关 | 25°36′ | 100°15′ | | | | √ | 水化、倾斜、断层形变、重力 |
| | 127 | 思　茅 | 22°17′ | 101°10′ | | | | √ | 地方台(水位、水化、流量) |
| | 128 | 洱　源 | 24°39′ | 98°41′ | | | | √ | 地温、流量、水化 |
| | 129 | 保　山 | 25°07′ | 99°09′ | | | | √ | 地方台(水位、水化、地温、流量)、倾斜 |
| | 130 | 楚　雄 | 25°02′ | 101°32′ | | √ | | | 倾斜、洞体应变、断层形变、地电基本台、水位国家井、地磁区域台 |
| | 131 | 永　胜 | 26°41′ | 100°46′ | | √ | | | 倾斜、洞体应变、地磁区域台、测震区域台 |
| | 132 | 弥　渡 | 25°21′ | 100°31′ | | √ | | | 倾斜、重力、洞体应变、测震区域台、水化Ⅱ类台 |
| | 133 | 云　龙 | 25°53′ | 99°22′ | | √ | | | 倾斜、洞体应变 |
| 西藏 | 134 | 拉　萨 | 29°06′ | 91°00′ | √ | | √ | | 测震Ⅰ类台、地磁Ⅰ类台 |

* 企业台或地方台。

# 关于贯彻执行《科学技术成果鉴定办法》的通知

各省、自治区、直辖市地震局（办），各直属单位：

国家科委根据经济体制改革和科技体制改革的需要，针对鉴定工作存在的问题，决定对鉴定工作进行改革，制定了《科学技术成果鉴定办法》（以下简称《鉴定办法》）以及配套的《科技成果鉴定规程》（以下简称《鉴定规程》），自1995年1月1日起实施。

《鉴定办法》的宗旨是：控制鉴定范围，压缩鉴定数量，加强鉴定管理，提高鉴定质量。该《鉴定办法》与1987年制定的鉴定办法有重大变更，因此希望各单位主管领导、业务计划与成果管理部门认真研究文件各条款，严格遵照执行。重大变更主要表现在以下几方面：

1.《鉴定办法》规定，只对列入国家、省、自治区、直辖市及国务院有关部门科技计划（简称科技计划）内的应用技术成果（本身就应是重大的）及少数计划外的重大科技成果鉴定。计划内的基础性研究成果、软科学研究成果、已申请专利的应用技术成果、已转让实施的应用技术成果不属于鉴定范围；计划外的一般成果也不属鉴定范围。

2. 取消了验收鉴定和视同鉴定，《鉴定办法》中规定有三种鉴定形式：检测鉴定、会议鉴定、函审鉴定。

3. 进一步明确了鉴定工作的归口管理，国家科委，各省、自治区、直辖市，国务院各部门分别归口负责、监督全国、本地区、本部门的成果鉴定工作，具体分别由成果管理机构负责执行。

4. 增加了严格遵守科学道德和职业道德规范的条款及法律责任的条款。

5. 明确指出科技成果鉴定工作是主管科技工作的政府机关的行政行为。

为了贯彻执行《鉴定办法》，正确理解其中的有关内容，规范成果鉴定的操作程序，国家科委制定了配套文件《科技成果鉴定规程》（试行）。国家科委要求各省、国务院各部门的鉴定工作按《鉴定规程》具体操作，不再各自制定细则。

为在国家地震局系统更好地贯彻《鉴定规程》，对《鉴定规程》中的有关条款结合我局具体情况做如下说明。

1. 国家地震局负责管理、监督地震系统的科技成果鉴定工作，具体由科技监测司成果处负责执行。

2. 国家地震局科技计划内，鉴定范围只限于列入国家地震局科技计划的合同制、基金制管理的重大应用技术成果和应用性理论研究成果。由项目完成单位提出申请，填报“科技成果鉴定申请表”后，由局科技监测司审查批复，决定是否鉴定以及鉴定形式。

3. 计划内的应用性理论研究成果，指可直接指导地震监测、预报和防震减灾的应用技术研究与开发的理论研究成果。可参照《鉴定办法》第六条规定申请鉴定。

4. 各省级地震局是具有政府行政管理职能的厅局级单位，按国家科委的规定，应由省科委授权后方可作为组织鉴定单位。为此，各省地震部门应抓紧与省科委成果管理部门具体联系有关授权事宜。凡取得省科委授权资格的单位，要及时报科技监测司（成果处）。

国家地震局

1995年4月18日

# 科学技术成果鉴定办法

## 第一章 总 则

**第一条** 为了加强科学技术成果（以下简称科技成果）鉴定工作的管理，正确判别科技成果的质量和水平，促进科技成果的完善和科技水平的提高，加速科技成果推广应用，根据《中华人民共和国科学技术进步法》，制定本办法。

**第二条** 科技成果鉴定是指有关科技行政管理机关聘请同行专家，按照规定的形式和程序，对科技成果进行审查和评价，并作出相应的结论。

**第三条** 科技成果鉴定工作应当坚持实事求是、科学民主、客观公正、注重质量、讲求实效的原则，保证科技成果鉴定工作的严肃性和科学性。

**第四条** 科技成果鉴定是评价科技成果质量和水平的方法之一，国家鼓励科技成果通过市场竞争，以及学术上的百家争鸣等多种方式得到评价和认可。

**第五条** 国家科学技术委员会（以下简称国家科委）归口管理、指导和监督全国的科技成果鉴定工作。

省、自治区、直辖市科学技术委员会归口管理、监督本地区的科技成果鉴定工作。

国务院各有关部门负责管理、监督本部门的科技成果鉴定工作。

## 第二章 鉴定范围

**第六条** 列入国家和省、自治区、直辖市以及国务院有关部门科技计划（以下简称科技计划）内的应用技术成果，以及少数科技计划外的重大应用技术成果，按照本办法进行鉴定。

科技计划内的基础性研究、软科学研究等其他科技成果的验收和评价方法，由国家科委另行规定。

**第七条** 下列科技成果不组织鉴定：

（一）基础理论研究成果；

（二）软科学研究成果；

（三）已申请专利的应用技术成果；

（四）已转让实施的应用技术成果；

（五）企业、事业单位自行开发的一般应用技术成果；

（六）国家法律、法规规定，必须经过法定的专门机构审查确认的科技成果。

**第八条** 违反国家法律、法规规定，对社会公共利益或者环境和资源造成危害的项目，不受理鉴定申请。正在进行鉴定的，应当停止鉴定；已经通过鉴定的，应当撤销。

## 第三章 鉴定组织

**第九条** 鉴定由国家科委或者省、自治区、直辖市科学技术委员会以及国务院有关部门的科技成果管理机构（以下简称组织鉴定单位）负责组织。必要时可以授权省级人民政府有关主管部门组织鉴定，或者委托有关单位（以下简称主持鉴定单位）主持鉴定。

**第十条** 组织鉴定单位和主持鉴定单位可以根据科技成果的特点选择下列鉴定形式：

（一）检测鉴定：指由专业技术检测机构通过检验、测试性能指标等方式，对科技成果进行评价。

（二）会议鉴定：指由同行专家采用会议形式对科技成果作出评价。需要进行现场考察、测试，并经过讨论答辩才能作出评价的科技成果，可以采用会议鉴定形式。

（三）函审鉴定：指同行专家通过书面审查有关技术资料，对科技成果作出评价。不需要进行现场考察、测试和答辩即可作出评价的科技成果，可以采用函审鉴定形式。

**第十一条** 采用检测鉴定时，由组织鉴定单位或者主持鉴定单位指定经过省、自治区、直辖市或者国务院有关部门认定的专业技术检测机构进行检验、测试。专业技术检测机构出具的检测报告是检测鉴定的主要依据。必要时，组织鉴定单位或者主持鉴定单位可以会同检测机构聘请三至五名同行专家，成立检测鉴定专家小组，提出综合评价意见。

**第十二条** 采用会议鉴定时，由组织鉴定单位或者主持鉴定单位聘请同行专家七至十五人组成鉴定委员会。鉴定委员会到会专家不得少于应聘专家的五分之四，鉴定结论必须经鉴定委员会专家三分之二以上多数或者到会专家的四分之三以上多数通过。

**第十三条** 采用函审鉴定时，由组织鉴定单位或者主持鉴定单位聘请同行专家五至九人组成函审组。提出函审意见的专家不得少于应聘专家的五分之四，鉴定结论必须依据函审组专家四分之三以上多数的意见形成。

**第十四条** 组织鉴定单位或者主持鉴定单位聘请的同行专家应当具备下列条件：

（一）具有高级技术职务（特殊情况下可聘请不多于四分之一的具有中级技术职务的中青年科技骨干）；

（二）对被鉴定科技成果所属专业有较丰富的理论知识和实践经验，熟悉国内外该领域技术发展的状况；

（三）具有良好的科学道德和职业道德。

被鉴定科技成果的完成单位、任务下达单位或者委托单位的人员不得作为同行专家参加对该成果的鉴定。公安、安全、国防等特殊部门确因保密需要的，可以另行规定。

非特殊情况，组织鉴定单位和主持鉴定单位一般不聘请非专业人员担任鉴定委员会、检测专家小组或者函审组成员。

**第十五条** 参加鉴定工作的专家在鉴定工作中应当对被鉴定的科技成果进行全面认真的技术评价，并对所提出的评价意见负责。

参加鉴定工作的专家应当保守被鉴定科技成果的技术秘密。

**第十六条** 参加鉴定工作的专家在鉴定工作中享有下列权利：

（一）独立对被鉴定的科技成果进行评价，不受任何单位和个人的干涉；

（二）要求科技成果完成单位或者个人提供充分、详实的技术资料（包括必要的原始资料），向科技成果完成单位或者个人提出质疑并要求作出解释，要求复核试验或者测试结果；

（三）充分发表个人意见，要求在鉴定结论中记载不同意见，可以拒绝在鉴定结论上签字；

（四）要求排除影响鉴定工作正常进行的干扰，必要时可以向组织鉴定单位和主持鉴定单位提出中止鉴定的请求。

## 第四章　鉴 定 程 序

**第十七条**　需要鉴定的科技成果，由科技成果完成单位或者个人根据任务来源或者隶属关系，向其主管机关申请鉴定。

隶属关系不明确的，科技成果完成单位或者个人可以向其所在地区的省、自治区、直辖市科学技术委员会申请鉴定。

**第十八条**　申请科技成果鉴定，应当符合本办法第六条的规定，并具备下列条件：

（一）已完成合同的约定或者计划任务书规定的任务要求；

（二）不存在科技成果完成单位或者人员名次排列异议和权属方面的争议；

（三）技术资料齐全，并符合档案管理部门的要求；

（四）有经国家科委或者省、自治区、直辖市科学技术委员会或者国务院有关部门认定的科技信息机构出具的查新结论报告。

**第十九条**　组织鉴定单位应当在收到鉴定申请之日起三十天内，明确是否受理鉴定申请，并作出答复。对符合鉴定条件的，应当批准并通知申请鉴定单位。对不符合鉴定条件的，不予受理。对特别重大的科技成果，受理申请的科技成果管理机构可以报请上一级科技成果管理机构组织鉴定。

**第二十条**　参加鉴定工作的专家，由组织鉴定单位从国家科委或者本省、自治区、直辖市科学技术委员会、国务院有关部门的科技成果鉴定评审专家库中遴选，申请鉴定单位不得自行推荐和聘请。

**第二十一条**　组织鉴定单位或者主持鉴定单位应当在确定的鉴定日期前十天，将被鉴定科技成果的技术资料送达承担鉴定任务的专家。

**第二十二条**　参加鉴定工作的专家，在收到技术资料后，应当认真进行审查，并准备鉴定意见。

**第二十三条**　科技成果鉴定的主要内容是：

（一）是否完成合同或计划任务书要求的指标；

（二）技术资料是否齐全完整，并符合规定；

（三）应用技术成果的创造性、先进性和成熟程度；

（四）应用技术成果的应用价值及推广的条件和前景；

（五）存在的问题及改进意见。

**第二十四条**　鉴定结论不写明“存在问题”和“改进意见”的，应退回重新鉴定，予以补正。

**第二十五条**　组织鉴定单位和主持鉴定单位应当对鉴定结论进行审核，并签署具体意见。鉴定结论不符合本办法有关规定的，组织鉴定单位或者主持鉴定单位应当及时指出，并责成鉴定委员会或者检测机构、函审组改正。

**第二十六条**　经鉴定通过的科技成果，由组织鉴定单位颁发《科学技术成果鉴定证书》。

**第二十七条** 科技成果鉴定的文件、材料，分别由组织鉴定单位和申请鉴定单位按照科技档案管理部门的规定归档。

## 第五章 鉴 定 管 理

**第二十八条** 参加科技成果鉴定工作的有关人员，应当严格遵守科学道德和职业道德规范，抵制各种不正之风对鉴定工作的干扰，保证科技成果鉴定的严肃性和科学性。

**第二十九条** 科技成果完成者在申请鉴定过程中，应当据实提供必要的技术资料，包括真实的实验记录、国内外技术发展的背景材料，以及引用他人成果或者结论的参考文献等。

科技成果完成者不得以任何名目和理由向参加鉴定的有关人员赠送礼金（含有价券）和礼物。

**第三十条** 参加鉴定工作的专家应当对被鉴定的科技成果进行实事求是的评价，评价结论应当科学、客观、准确。

**第三十一条** 组织鉴定单位和主持鉴定单位应当严格控制鉴定会的规模，除参加鉴定工作的专家和少数必要的管理人员外，不得邀请其他人员参加。

组织鉴定单位和主持鉴定单位对在科技成果鉴定中出现的不正之风，应当及时制止并严肃查处。

**第三十二条** 国家科委对正在进行或者已经完成的科技成果鉴定，发现确有错误的，有权责令有关省、自治区、直辖市科学技术委员会，或者国务院有关部门及时纠正；错误严重而又处理不当的，有权组织复核和查处。

**第三十三条** 各省、自治区、直辖市科学技术委员会和国务院有关部门，对正在进行或者已经完成的科技成果鉴定，发现确有错误的，有权责令其授权组织鉴定的机关及时纠正；错误严重的，可以直接进行查处。

**第三十四条** 对参加鉴定工作的专家，组织鉴定单位可酌情发给技术咨询费。

## 第六章 法 律 责 任

**第三十五条** 完成科技成果的单位或者个人窃取他人的科技成果的，或者在鉴定过程中徇私舞弊、弄虚作假的，一经查实，组织鉴定单位应当中止鉴定。已经完成鉴定的，应当予以撤销。已经给国家、社会造成损失的，由其所在单位或者上级主管机关给予直接责任人员行政处分。

**第三十六条** 组织鉴定单位或者主持鉴定单位的工作人员在鉴定工作中玩忽职守、以权谋私、收受贿赂的，由其所在单位或者上级主管机关给予行政处分。

**第三十七条** 参加鉴定工作的专家玩忽职守，故意作出虚假结论，造成不良后果的，由其所在单位或者上级主管机关给予行政处分，并取消其承担鉴定任务的资格。

**第三十八条** 参加鉴定的有关人员，未经完成科技成果的单位或者个人同意，擅自披露、使用或者向他人提供和转让被鉴定科技成果的关键技术的，应当依据有关法规，追究其法律责任；给科技成果完成单位或者个人造成损失的，应当赔偿损失。

涉及国家秘密技术的，依照《中华人民共和国保守国家秘密法》和科学技术保密的有关规定处理。

## 第七章　附　　则

**第三十九条**　本办法由国家科委解释。

**第四十条**　本办法自1995年1月1日起施行，1987年10月26日国家科委发布的《中华人民共和国国家科学技术委员会科学技术成果鉴定办法》同时废止。

# 科技成果鉴定规程（试行）

（国家科委　1994年12月）

为了贯彻执行1994年10月26日中华人民共和国国家科学技术委员会第19号令发布的《科学技术成果鉴定办法》（以下简称《鉴定办法》），正确理解《鉴定办法》的有关内容，规范科技成果鉴定的操作程序，特制订本规程。

## 一、科技成果鉴定的一般原则

（一）科技成果鉴定是指有关科技行政管理机关聘请同行专家，按照规定的形式和程序，对科技成果进行审查和评价，并作出相应的结论。科技成果鉴定工作是主管科技工作的政府机关的行政行为。

（二）科技成果鉴定工作的目的是正确判别科技成果的质量和水平，促进科技成果的完善和科技水平的提高，加速科技成果的推广应用。

（三）科技成果鉴定工作应当坚持实事求是、科学民主、客观公正、注重质量、讲求实效的原则，确保科技成果鉴定工作的严肃性和科学性。

（四）科技成果鉴定是科技行政管理部门评价科技成果的方法之一。国家鼓励科技成果通过市场竞争、社会实践和生产实践，以及学术上的百家争鸣等方法得到评价和认可。

（五）科技成果鉴定严格实行归口管理，杜绝政出多门、多头管理带来的不良后果，以保证《鉴定办法》的有效贯彻。

国家科委归口管理、指导和监督全国的科技成果鉴定工作，具体由国家科委科技成果司负责执行。

省、自治区、直辖市科委归口管理、监督本地区的科技成果鉴定工作，具体由省、自治区、直辖市科委的科技成果管理机构负责执行。

国务院各有关部门负责管理、监督本部门的科技成果鉴定工作，具体由各有关部门的科技成果管理机构负责执行。

## 二、鉴 定 范 围

（一）根据《鉴定办法》第六条的规定，科技成果鉴定的范围是指列入国家和省、自治区、直辖市以及国务院有关部门科技计划内的应用技术成果，以及少数科技计划外的重大应用技术成果。

1．本条所称的国家和省、自治区、直辖市以及国务院有关部门的科技计划是指：

(1) 国家科技计划包括国家科委、国家计委和国家经贸委管理的国家重大科技计划（如国家科技攻关计划中只对专题取得的成果组织鉴定，863计划只对重大技术项目和课题取得的成果组织鉴定）；

（2）省、自治区、直辖市科技计划的范围，可由各省、自治区、直辖市科委根据本省（自治区、直辖市）的具体情况与省（自治区、直辖市）有关部门商定，报国家科委备案。对于计划单列市和副省级城市的科技计划，就科技成果鉴定来说，经省、自治区、直辖市科委同意可视为省级科技计划的一部分；

（3）国务院有关部门的科技计划是指国务院各部门科技司（局）管理和认定的科技计划。

2. 本条所称的应用技术成果包括新产品、新技术、新工艺、新材料、新设计和生物、矿产新品种等。

3. 少数计划外的重大应用技术成果申请科技成果鉴定，必须具备下列条件：

（1）技术成熟并有明显的创造性；

（2）性能指标在国内同领域中处于领先水平；

（3）经实践证明能应用；

（4）对本行业或本地区的经济和社会发展以及科技进步具有重大的促进作用。

凡科技计划外重大应用技术成果申请鉴定的，须经省、自治区、直辖市科委或者国务院有关部门的科技成果管理机构批准，否则不能组织鉴定。

4. 科技计划内的基础性研究、软科学研究等其他科技成果的评价方法，由国家科委另行制定。

5. 执行科技计划所完成的应用技术成果，也可以通过其他形式进行评价和认可，省、自治区、直辖市和国务院有关部门的科技成果管理机构可以视具体情况决定是否有必要进行鉴定。

（二）根据《鉴定办法》第七条的规定，下列科技成果不组织鉴定。

1. 基础理论研究成果是指自然科学中纯理论性研究的结果，主要表现形式为学术论文。其评价方法，应根据国际惯例，通过国内外同领域的学术刊物或学术会议公开发表，引起国内外同行专家的关注、评论和引用来获得认可，并由所在单位学术机构出具综合评价意见。

对于可以直接指导应用技术研究和开发的理论成果，它的作用不仅表现为论文的学术价值，还表现在被该理论指导的应用技术成果上，这种应用性理论成果可以视同应用技术成果，并依照《鉴定办法》第六条的规定申请鉴定。

2. 软科学研究成果是指对推动决策科学化和管理现代化，促进科技、经济与社会的协调发展起重大作用的研究结果，主要表现形式为研究报告。

3. 已申请专利的应用技术成果以该项目向中国专利局提交专利申请的日期为限，申请日后不组织鉴定。局部技术已申请专利但整体未申请专利且符合《鉴定办法》第六条规定的应用技术成果可以申请鉴定。

4. 已转让实施的应用技术成果是指由研究开发方按照《技术合同法》的规定将研究开发的结果转让给其他企业，并投入工业生产的应用技术成果，应该由生产实施单位作出评价。

5. 企业、事业单位自行开发的一般应用技术成果，除《鉴定办法》第六条规定的重大应用技术成果外，应通过市场机制得到社会认可。

6. 国家法律、法规规定，必须经过法定的专门机构审查确认的科技成果是指有专门的法律规定，或主管行业部门规章明确规定，必须按照法律、规章的规定由专门的机构进行审定的科技成果，如《药品管理法》和《卫生部新药审批办法》规定，新药必须由“卫生部药品审评委员会”审查，经批准后方可应用；农业新品种必须经农业部确认的专门审查机构审查批准后才能正式推广应用。这些都是评价和审查科技成果的方式，因此，无需再组织鉴定。

凡不组织鉴定的科技成果，各级科技行政管理部门都不得受理鉴定的申请。通过其他方法评价的科技成果，任何单位不得使用《科技成果鉴定证书》（以下简称《鉴定证书》）格式。

（三）违反国家法律、法规规定，对社会公共利益、国家资源有破坏作用，对生态环境造成污染危害的科技成果（包括三废未达到国家排放标准的科技成果），各级科技行政管理部门不得受理鉴定的申请。已经受理正在进行鉴定的，应立即停止鉴定；已经通过鉴定的，应当撤销。

## 三、鉴定组织

（一）根据《鉴定办法》第九条的规定，国家科委和省、自治区、直辖市科委以及国务院有关部门的科技成果管理机构是科技成果鉴定的具体组织单位。

1. 根据鉴定工作的需要，各省、自治区、直辖市科委可以视具体情况授权省政府有关业务厅、局和计划单列市、副省级城市、地级市科委组织鉴定。

2. 国务院有关部门，有特殊情况的，经商国家科委同意后，可授权其具有政府行政管理职能的单位（或派出机构）组织鉴定。

3. 组织鉴定单位同意组织鉴定后，可以直接主持该项科技成果的鉴定，也可以根据科技成果的具体情况和工作的需要，委托有关单位对该项科技成果主持鉴定。受委托主持鉴定的单位为主持鉴定单位。主持鉴定单位可以是科技成果完成单位的上级行政主管部门（如：国家教委可委托清华大学主持由该校某系完成项目的鉴定；农业部可委托中国农业科学院主持其所属研究所完成项目的鉴定；冶金部可委托武汉钢铁公司主持其下属企业完成项目的鉴定等）或其他有关单位；但不得委托科技成果完成单位对自己的科技成果主持鉴定。主持鉴定单位要对组织鉴定单位负责。

（二）根据《鉴定办法》第十条、第十一条、第十二条、第十三条的规定，鉴定分为检测鉴定、会议鉴定和函审鉴定三种形式，三种鉴定形式具有同等效力。

1. 检测鉴定：凡通过国家、省、自治区、直辖市和国务院有关部门认定的专业技术检测机构检验、测试性能指标可以达到鉴定目的的科技成果（如计量器具、仪器仪表、新材料等），组织鉴定单位应采用检测检定形式。专业技术检测机构出具的检测报告是检测鉴定的主要依据。专业技术检测机构应依据检测报告对检测项目作出质量和水平的评价。凭检测报告难于对被鉴定的科技成果作出质量和水平评价时，组织鉴定单位或主持鉴定单位可以会同专业技术检测机构聘请三至五名同行专家，成立检测鉴定专家小组，依据检测报告，提出综合评价意见。

省、部级专业技术检测机构，由省、部科技主管部门按照国家科委制定的专业技术检测机构认定标准确定，并报国家科委备案。

2. 会议鉴定：对于需要组织同行专家进行现场考察或演示、测试和答辩的科技成果，组织鉴定单位可以采用会议鉴定形式。组织鉴定单位根据被鉴定科技成果的技术内容可聘请七至十五名同行专家组成鉴定委员会。鉴定委员会到会专家不得少于应聘专家的五分之四。被聘专家不得以书面意见或委派代表出席会议。组织鉴定单位或主持鉴定单位不得因专家不到会临时更换鉴定委员。鉴定结论必须经到会专家的四分之三以上通过才有效。不同意见应在鉴定结论中明确记载。

3. 函审鉴定：不需要组织同行专家到现场进行考察、测试和答辩，由专家通过书面审查有关技术资料即可进行评价的科技成果，组织鉴定单位可以采用函审鉴定形式。函审鉴定由组织鉴定单位聘请五至九人组成函审组。提出书面函审意见的专家不得少于应聘专家的五分之四，鉴定结论必须依据函审专家四分之三以上的意见形成。不同意见应在结论中明确记载。

（三）组织鉴定单位选聘参加鉴定工作的同行专家应具备下列条件。

1. 具有高级技术职务（特殊情况下可聘请不多于四分之一的有中级技术职务的中青年科技骨干）。特殊情况是指：个别地区专业不全，缺少高级技术职务的科技人员；某些新型学科和边缘学科高级专业技术人员比较少；某些部门因保密的需要，选聘社会上专家受到限制。

2. 对被鉴定科技成果所属专业有丰富的理论知识和实践经验，熟悉国内外该领域技术发展的状况。

3. 具有良好的科学道德和职业道德。

“同行专家”是指最接近被鉴定科技成果所涉及的专业的科技人员。选聘同行专家组成鉴定委员会（或函审小组或检测鉴定小组）时，应尽可能同时有教学、科研、生产三方面的专家参加。

下列人员不得选聘为科技成果鉴定专家：

(1) 科技成果完成单位的人员；

(2) 计划任务下达单位的人员；

(3) 任务委托单位的人员；

(4) 长期脱离教学、科研、生产的党政机关管理人员。

由于公安、安全、国防等特殊部门某些科技成果涉及国家秘密，不宜扩大知密范围，可以聘请科技成果完成单位、任务下达或委托单位的同行专家参加鉴定，但不能聘请直接参加被鉴定的科技成果的研制工作的人员。

（四）参加鉴定工作的专家在鉴定工作中应当对被鉴定的科技成果进行认真负责的审查，作出实事求是的评价结论，并对作出的评价结论负责。参加鉴定工作的专家有义务和责任对被鉴定的科技成果保守秘密。

（五）组织鉴定单位和主持鉴定单位及其有关负责人，不得干涉参加鉴定工作的专家独立地进行鉴定工作，组织鉴定单位和主持鉴定单位对鉴定专家在鉴定工作中提出与鉴定工作有关的请求，应当认真研究并及时作出明确答复。

## 四、鉴定程序

组织鉴定单位或主持鉴定单位应当负责鉴定的全部过程，但不得成立鉴定领导小组领导鉴定工作。

(一) 鉴定申请的渠道

根据《鉴定办法》第十七条的规定，科技成果完成单位或个人可按下列渠道申请鉴定：

1. 完成国家、省、自治区、直辖市、国务院有关部门科技计划内的需要鉴定的科技成果，由科技成果完成单位根据任务来源或者隶属关系，向有权组织鉴定的单位申请鉴定；

2. 隶属关系不明确的，科技成果完成单位或个人可以向其所在省、自治区、直辖市科委申请鉴定；

3. 两个以上单位共同完成的需要鉴定的科技成果，经完成单位共同协商，由第一完成单位负责根据任务来源或者隶属关系，向有权组织鉴定的单位申请鉴定。同一科技成果只能鉴定一次，不得多单位分头申请鉴定；

4. 属于多学科、跨行业的，整体性能具有国际先进水平，对我国社会经济发展和科技进步具有重大促进作用的特别重大的科技成果，受理鉴定申请的主管机关可以向上一级科技成果管理机构提出鉴定申请报告，由上一级科技成果管理机构组织鉴定。

(二) 申请鉴定的科技成果应当符合《鉴定办法》第六条规定的范围，并具备第十八条规定的条件。

1. 没有完成计划任务书或者合同约定要求的一律不能申请鉴定，“计划任务书或者合同约定要求”主要是指计划任务书或合同约定的技术性能与指标。

2. 凡有异议或争议的科技成果，组织鉴定单位不得受理鉴定申请，应待异议或争议解决后方可受理鉴定申请。

3. 技术资料和有关文件齐全，并符合档案管理部门的要求，主要包括：

(1) 计划任务书或者合同书；

(2) 技术研究报告（包括技术方案论证、技术特征、总体性能指标与国内外同类先进技术的比较、技术成熟程度、对社会经济发展和科技进步的意义、推广应用的条件和前景、存在的问题等基本内容）；

(3) 测试分析报告及主要实验、测试记录报告（包括原始记录）；

(4) 设计与工艺图表；

(5) 质量标准（企业标准、行业标准、国家标准、国际标准）；

(6) 国内外同类技术的背景材料和对比分析报告，以及国家科委、国务院有关部门和省（自治区、直辖市）科委认定的，有资格开展检索任务的科技信息机构出具的检索材料和查新结论报告；

(7) 用户使用情况报告；

(8) 经济效益（一次性直接效益）、社会效益分析报告及证明材料；

(9) 涉及污染环境和劳动安全等问题的科技成果，需有关主管机构出具的报告或证明；

(10) 准确的完成单位（不包括一般试制加工单位及一般协作单位）和主要完成人员名单（按解决该项成果技术问题所作贡献大小排序）；

(11) 行业主管部门要求具备的其他文件。

上述技术资料和有关文件的内容必须真实可靠，引用文献资料和他人技术必须说明来源，材料文件必须打印、装订整齐，符合档案部门的要求。

(三) 申请鉴定的程序为：

1. 凡符合申请条件的科技成果，由科技成果完成单位填写《科学技术成果鉴定申请表》，经其主管部门审查并签署意见后向组织鉴定单位提交申请；

2. 申请鉴定单位应在其建议的鉴定日期前两个月将鉴定申请报告、《科学技术成果鉴定申请表》和技术资料以及起草的《鉴定证书》同时报送组织鉴定单位；

3. 能独立应用的重大阶段性成果，经下达任务的主管部门同意，可以单独申请鉴定。"重大阶段性成果"是指在重大科技项目研究与开发过程中取得的具有创造性、先进性和独立应用价值的科技成果。

(四) 组织鉴定单位接到科技成果鉴定申请后，应及时、认真地进行形式审查和技术性审查，并在三十天内批复审查意见。形式审查由组织鉴定单位的科技成果管理机构负责，技术性审查由科技成果管理机构会同有关业务管理机构共同进行。

1. 形式审查的主要内容是：

(1) 是否属于鉴定范围内需要鉴定的科技成果；

(2)《科学技术成果鉴定申请表》和起草的《鉴定证书》是否正确无误；

(3) 提交的文件、技术资料是否齐全、完整并符合要求；

(4) 成果完成单位及主要完成人员排序是否正确，有无成果权属争议等问题。

2. 技术性审查的主要内容是：

(1) 是否完成合同或计划任务书规定的任务；

(2) 报送的文件和技术资料内容是否正确、翔实；

(3) 初步判别技术的创造性、先进性、实用性、成熟性、可靠性、推广应用的条件和前景，以及存在的问题等。

组织鉴定单位的科技成果管理机构或者其所会同的有关业务管理机构认为必要时，可听取科技成果完成单位的技术情况介绍。

3. 组织鉴定单位在完成审查后，应及时作出批复，批复的主要内容包括：

(1) 同意组织鉴定的

A. 确定组织鉴定单位和主持鉴定单位。确定组织鉴定单位和主持鉴定单位时可分三种情况：由组织鉴定单位组织和主持鉴定；由组织鉴定单位组织鉴定，委托有关单位主持鉴定；责成其他有组织鉴定权的单位组织鉴定。

B. 确定鉴定形式。采用检测鉴定时，根据被鉴定科技成果所属专业，确定专业技术检测机构，并同时下达《科技成果检测鉴定委托书》(以下简称"委托书")；采用会议鉴定时，确定鉴定委员会名单及正、副主任委员，需要现场测试的，确定测试专家组名单；采用函审鉴定时，确定函审专家组名单及正、副组长。

C. 责成其他单位组织鉴定时，需要采用的鉴定形式和参加鉴定工作的专家名单由被责成的组织鉴定单位确定。

(2) 不同意组织鉴定的，应说明不同意的理由。

4. 根据《鉴定办法》第二十条的规定，参加鉴定工作的专家，由组织鉴定单位从国家科委或省、自治区、直辖市科委、国务院有关部门的科技成果鉴定评审专家库中遴选，申请鉴定单位不得自行推荐和聘请。

(1) 鉴于目前国家科委的科技成果鉴定评审专家库尚处于试用阶段，入库专家的数量和专业以及地区的分布等还有待补充和完善，部分省、部的专家库尚未建立，组织鉴定单位选聘参加鉴定工作的专家时，可先通过以下途径解决：

A. 从国家科委科技成果鉴定评审专家库、部已建科技奖励评审专家库中选聘；

B. 通过行业主管部门推荐；

C. 通过高等院校、科研院所、企业的业务管理部门推荐；

D. 由本单位相关业务管理部门推荐。

(2) 组织鉴定单位在确定参加鉴定工作的专家名单时，应事先征得专家的同意。

(五) 鉴定步骤

1. 检测鉴定步骤

按《科技成果检测鉴定规则（试行)》进行，程序如下：

(1) 由组织鉴定单位指定对口的检测机构，向检测机构和成果完成单位下达“委托书”，“委托书”是检测机构受理检测鉴定的依据。

(2) 成果完成单位持“委托书”并携带成果实物和相关技术资料到指定的检测机构进行检测。必要时，成果完成单位应向检测机构介绍成果的具体情况，但不得干扰检测机构独立进行检测工作。

(3) 检测机构在接到“委托书”和被检测的成果后，一般在一个月之内完成检测工作，并出具“检测报告”。“委托书”的有效期为二个月。

(4) 检测机构须在检测报告上加盖“成果鉴定—检测专用章”（以下简称“专用章”），“专用章”由检测机构的认定机构统一刻制。

(5) 检测机构对被检测成果的个别技术指标不能进行检测时，可委托其他机构对该指标进行检测，必要时可使用成果完成单位的仪器或设备，但事先必须确定该仪器或设备的可靠性。

(6) 检测机构认为被检测成果不在本机构的检测范围之内时，应及时向组织鉴定单位提出，由组织鉴定单位指定其他检测机构。

(7) 检测数据难以全面表征被鉴定成果性能、水平时，组织鉴定单位可会同检测机构聘请同行专家，并指定一名负责人，对成果作出综合评价，形成书面评价意见。

(8) 检测机构将检测报告和评价意见一并送组织鉴定单位审查，组织鉴定单位将检测报告和评价意见作为《鉴定证书》中鉴定意见。

(9)《鉴定证书》的颁发，按会议鉴定步骤中《鉴定证书》的颁发规定办理。

(10) 检测报告和评价意见（原件）由组织鉴定单位存档。

2. 会议鉴定步骤

(1) 会前准备

A. 组织鉴定单位批复鉴定申请后，应当及时拟定并发出召开鉴定会的通知（其他任何单位不得另发与鉴定会有关的通知或请柬)。通知的主要内容包括：批准组织鉴定的文号和机构；组织鉴定单位和主持鉴定单位名称；鉴定形式；鉴定日期、地点、联系人、联系电话等具体事宜。

组织鉴定单位或主持鉴定单位应在鉴定会前十天将召开鉴定会的通知和技术资料以及起草的《鉴定证书》寄（或）送到应聘参加鉴定工作的专家，应改变召开鉴定会时发资料的做法。

B. 需要进行现场测试的，测试组专家必须在鉴定会召开前完成测试工作，并写出测试报告，测试报告需经测试组专家签字。测试组工作期间，成果完成单位应该为测试组积极创造条件，配合测试组顺利完成测试工作。

C. 申请鉴定单位应在鉴定会前认真做好会务的准备工作。

D. 组织鉴定单位和主持鉴定单位以及鉴定委员会的正、副主任在鉴定会前应召开预备会，听取成果完成单位关于鉴定会准备情况的汇报，并商定会议的具体议程，必须安排充裕的时间保证专家进行讨论和评议。

E. 鉴定委员会主任指定一名鉴定委员起草鉴定意见。

(2) 鉴定会过程（通常程序）

A. 组织鉴定单位或主持鉴定单位的负责人宣布鉴定会开始，宣读组织鉴定单位对鉴定的批复文件，宣布鉴定委员会成员名单，报告出席鉴定会专家人数，宣布由鉴定委员会主任或副主任主持技术鉴定。

B. 在鉴定委员会主任或副主任主持下，成果完成单位、专家测试组、用户单位等分别作技术报告、测试报告、应用报告。

C. 专家进行现场考察或观看演示。

D. 专家质疑。专家根据已经审阅的鉴定材料和听取的技术报告、测试报告、用户报告、现场考察或观看演示等，提出质疑。成果完成单位必须据实回答专家提出的问题和提供所需要的原始技术资料。

E. 专家评议。采取背靠背的形式，由鉴定委员会进行独立评议，组织鉴定单位和主持鉴定单位可派一至二名代表列席会议（其他人员一律不得参加），了解专家评议情况，但不得对被鉴定的科技成果发表评价意见。

鉴定委员会评议内容包括：是否完成合同或计划任务书要求的指标；技术资料是否齐全完整，并符合规定；应用技术成果的创造性、先进性和成熟程度；应用价值及推广的条件和前景；存在问题和改进意见；核对起草的《鉴定证书》与提交鉴定会审查的技术资料是否相符。评议时，作出的总体性能、水平的评价要有可比的对象。

根据评议情况，由鉴定委员会指定的鉴定委员起草鉴定意见，不能由其他人代拟。不明确写上“存在问题”和“改进意见”的鉴定意见视为无效鉴定，组织鉴定单位或主持鉴定单位应退回重新鉴定，予以补正。

参加鉴定会的专家和列席会议的人员不得以任何理由将评议情况，特别是讨论中的不同意见对外泄露。

F. 鉴定意见形成后，鉴定委员会委员在鉴定意见原稿和《鉴定证书》中“鉴定委员会委员签字表”栏签字。不同意鉴定意见的委员有权拒绝签字。经专家签字的鉴定意见原件由组织鉴定单位存档，复印件交成果完成单位填写《鉴定证书》用。

科技成果经鉴定委员会评议未通过的，鉴定委员会应正式写出未通过的理由，经组织鉴定单位审核后，通知成果完成单位，并报其主管部门。

组织鉴定单位或主持鉴定单位发现鉴定意见有不符合《鉴定办法》和本规程有关规定的，应及时向鉴定委员会指出，责成鉴定委员会改正。

G. 鉴定意见形成后，组织鉴定单位或者主持鉴定单位的领导主持会议，鉴定委员会主任或副主任在鉴定会上宣布鉴定意见，有关领导讲话。鉴定会结束。

特别注意事项：鉴定会开始时，组织鉴定单位或者主持鉴定单位不能对被鉴定科技成果发表导向性评价意见；专家的技术咨询费应在专家评议后由组织鉴定单位或者主持鉴定单位发给，经费由成果完成单位支付。

(3) 颁发《鉴定证书》

科技成果鉴定结束后，由组织鉴定单位按照国家科委制订的格式颁发《鉴定证书》。

A. 成果完成单位将专家签字的鉴定意见填写在《鉴定证书》的“鉴定意见”栏中，再将《鉴定证书》送主持鉴定单位和组织鉴定单位主管领导审查签署意见。省、自治区、直辖市、计划单列市、副省级城市科委组织鉴定的，由主管主任签字；各省、(自治区、直辖市)业务厅（局）组织鉴定的，由主管厅（局）长签字；国务院有关部门组织鉴定的，由科技司(局）主管司（局）长签字。

B.《鉴定证书》由组织鉴定单位按年度统一编号，并填写“鉴定批准日期”。

C. 成果完成单位按国家科委制订的格式和尺寸要求印刷《鉴定证书》，《鉴定证书》最多不超过五十份。

D. 印制的《鉴定证书》先送主持鉴定单位审核无误后，加盖主持鉴定单位印章，再送组织鉴定单位审核，无误后加盖组织鉴定单位“科技成果鉴定专用章”，《鉴定证书》生效。

E. 科技成果鉴定会全部程序完成后，组织鉴定单位按照档案管理部门的要求，及时将成果鉴定的有关文件、资料整理归档，鉴定会的所有原始文件和资料由组织鉴定单位存档。

3. 函审鉴定步骤

(1) 组织鉴定单位选聘函审专家组成函审组，并指定正、副组长。

(2) 组织鉴定单位将同意鉴定的批复件、《科学技术成果函审表》(以下简称《函审表》)和技术资料以及起草的《鉴定证书》初稿送函审专家审阅，函审专家收到函审材料后，按会议鉴定评议内容进行审查，在《函审表》中填写审查意见，一个月内将已填写审查意见的《函审表》、技术资料、《鉴定证书》初稿寄回组织鉴定单位。

(3) 组织鉴定单位将各函审专家已填写审查意见的《函审表》寄函审组正、副组长，函审组正、副组长根据专家的函审意见，写出综合鉴定意见，签字后寄组织鉴定单位。

(4) 鉴定意见经组织鉴定单位审核后填写在《鉴定证书》的“鉴定意见”栏。

(5) 函审鉴定意见原件和《函审表》由组织鉴定单位存档。

(6)《鉴定证书》的颁发程序与会议鉴定相同。

## 五、鉴定的管理

(一) 对参加鉴定工作的专家，由组织鉴定单位酌情发给技术咨询费，费用由成果完成单位支付。

(二) 各省、自治区、直辖市科委和国务院有关部门的“科技成果鉴定专用章”，由国家科委统一刻制。各省、自治区、直辖市科委统一刻制本地区授权的组织鉴定单位的“科技成果鉴定专用章”。

# 关于转发《关于正确处理科技纠纷案件的若干问题的意见》的通知

各省、自治区、直辖市地震局（办），局直属各单位：

随着我国科技体制改革的不断深化和社会主义市场经济体制的逐步建立，全国技术合同与日俱增，涉及科技活动的纠纷案件也相应增多。为此，最高人民法院、国家科委共同研究制定了《关于正确处理科技纠纷案件的若干问题的意见》，现转发你们，请在处理科技纠纷案件时参照执行。

国家地震局

1995年5月15日

# 关于正确处理科技纠纷案件的若干问题的意见

随着我国科技体制改革的不断深化和社会主义市场经济体制的逐步建立，全国技术合同与日俱增，涉及科技活动的纠纷案件也相应增多。为了正确处理科技纠纷案件，根据技术合同法及其实施条例以及有关法律、法规，结合审判和仲裁实践，现就处理科技纠纷案件中涉及的若干问题，提出以下意见，供各级人民法院和仲裁机构在审判或仲裁工作中参照执行。

**一、关于技术合同的主体、诉讼主体和合同责任**

技术合同的主体具有广泛性。我国公民、法人和其他组织只要具备履约能力，都可以订立技术合同，成为技术合同的主体。

1．机关法人、事业法人、社会团体法人可以订立技术合同。

2．企业法人、依法登记领取营业执照的合伙型联营企业及其他非法人经济组织订立技术合同，不受核准登记的经营范围的限制。

3．法人的内部职能机构订立的技术合同，有下列情形之一的，视为以其所属的法人为一方当事人订立技术合同，由该法人参加诉讼，承担责任：

(1) 法人授权该机构以其机构名义对外订立技术合同的；

(2) 法人的章程或其有关文件载明该机构有直接对外洽谈和订立技术合同权限的；

(3) 法人对其职能机构对外订立的技术合同认可或参与履行的。

4．下列依法成立、有一定的组织机构和财产，但又不具备法人资格的组织，可以作为当事人订立技术合同，并作为该技术合同的主体参加诉讼。

(1) 经民政部门核准登记领取社会团体登记证的科技型社会团体；

(2) 依法登记领取我国营业执照的中外合作经营企业、外资企业；

(3) 法人设立的领取营业执照的分支机构；

(4) 依法登记领取营业执照的个体经济组织、合伙组织、股份合作制组织和民营科技机构；

(5) 依法登记领取营业执照的私营独资企业、私营合资企业、合伙型联营企业；

(6) 符合法律、法规规定的其他组织。

5. 以从事研究开发的课题组名义订立与该课题有关的技术合同，可以视为有效合同，有关民事责任按以下原则处理：

(1) 课题组由科研单位、大专院校、企业等法人单位设立的，其订立技术合同符合第3条规定的情形之一的，由其法人单位承担民事责任；

(2) 课题组由两个以上的法人单位共同设立的，其订立技术合同经有关法人授权或认可的，由法人单位共同承担民事责任；

(3) 课题组由两个以上的科技人员自行成立的，由该课题组成员共同承担民事责任。

6. 企业法人的工会、技协组织订立技术合同，按下列原则承担民事责任：

(1) 工会、技协组织的财产属于或者主要属于其所属企业法人单位的，由企业法人承担民事责任；

(2) 工会、技协组织的财产属于或主要属于其上级工会、技协组织的，由上级工会、技协承担民事责任；

(3) 工会、技协组织与所属企业法人单位和其上级工会、技协组织都有经济关系的，由其所属企业法人单位和其上级工会、技协组织共同承担民事责任。

二、关于处理技术合同纠纷案件的程序

7. 发生技术合同纠纷后，当事人可以依据合同中约定的仲裁条款或者事后达成的书面仲裁协议，向约定的仲裁机构申请仲裁。仲裁条款或仲裁协议必须写明仲裁机构的名称和提交仲裁的事项。对订有仲裁条款或仲裁协议的技术合同纠纷，人民法院不予受理，但所约定的仲裁条款和仲裁协议无效的情况除外。

8. 合同当事人约定的仲裁条款或仲裁协议有下列情况之一的，该仲裁条款或仲裁协议无效：

(1) 没有写明具体的仲裁机构的名称；

(2) 既约定向仲裁机构申请仲裁又约定向人民法院起诉；

(3) 约定仲裁的机构不是法定的技术合同仲裁机构。

仲裁条款或仲裁协议无效的技术合同，当事人可以重新达成书面仲裁协议；不能重新达成书面仲裁协议的，当事人可以直接向有管辖权的人民法院起诉。

9. 对仲裁机构作出的仲裁裁决，一方当事人不履行的，另一方当事人可以向有管辖权的人民法院申请执行，人民法院应依法予以执行。

依据民事诉讼法第二百一十七条规定，仲裁机构的仲裁裁决被人民法院裁定不予执行的，当事人可以根据双方达成的书面仲裁协议重新申请仲裁；也可以直接向人民法院起诉。

10. 技术合同主管部门、有关业务主管部门和中介机构，依据技术合同法实施条例第一百一十七条的规定，对技术合同纠纷或者技术成果的权属纠纷作出的调解协议，当事人应当自动履行。一方不履行的，另一方可依据合同中的仲裁条款或者事后达成的书面仲裁协议申请仲裁。没有仲裁条款或者仲裁协议的，任何一方可以向人民法院起诉。

11. 在技术合同纠纷诉讼中，第三人对该合同的技术成果提出权属主张时，如果争议的技术成果仅涉及非专利技术成果使用权、转让权的，受诉人民法院可以将该权属争议与合同纠纷合并审理。如果争议的技术成果涉及专利申请权或专利权的，应告知第三人向有管辖权的中级人民法院另行起诉或者请求专利管理机关调处，权属争议另案受理后，受理技术合同纠纷案件的应依法裁定中止诉讼，待权属争议解决后，再恢复技术合同纠纷诉讼。

在技术合同纠纷仲裁过程中，第三人对该合同的标的技术成果提出权属主张时，应告知第三人向有管辖权的人民法院起诉。权属争议另案受理后，有关仲裁机构应当中止仲裁程序，待权属争议解决后再恢复技术合同纠纷的仲裁。

12. 在专利实施许可合同纠纷诉讼或仲裁中，如果受让方（被许可人）或第三人向专利复审委员会请求宣告该项专利权无效，人民法院或仲裁机构可以不中止对专利实施许可合同案件的审理或仲裁。在合同纠纷诉讼或仲裁过程中该项专利权被宣告无效的，应按照专利法第五十条规定处理。

13. 对以技术合同内容为主包含经济合同内容的混合合同，其中仲裁条款或仲裁协议对仲裁范围没有其他特别约定的，仲裁机构可以对由该合同所发生的具有经济合同内容的争议一并做出裁决。

三、关于技术合同纠纷案由的确定

14. 当事人将技术合同和经济合同的内容合订为一个合同，或者将不同类型的技术合同内容合订在一个合同中的，应当根据当事人争议的权利义务的内容，确定案件的性质和案由，适用相应的法律、法规。

15. 当事人订立的合同，名称与合同中权利义务关系不一致的，应当按照合同中约定的权利义务的内容，确定合同的类型和案由，并适用相应的法律、法规。

16. 转让阶段性技术成果并约定后续开发义务的技术合同，如果争议发生在该阶段性成果重复试验的效果方面，应当按照技术转让合同处理；如果争议发生在后续开发方面，可以按照技术开发合同处理，查明和区分后续开发的违约责任与风险责任。

17. 技术转让合同中约定转让方向受让方提供有关的技术咨询或技术服务的，属于技术转让合同的组成部分。这类合同发生纠纷时，按照技术转让合同纠纷确定案由。

18. 在技术转让合同中约定由转让方向受让方提供实施该技术的专用设备或原材料的，这类条款应视为技术转让合同的组成部分。在履行技术合同期间发生纠纷的，应当按照技术转让合同纠纷确定案由。

19. 技术转让合同中包含转让方负责包销受让方实施合同标的技术制造的产品的，如果仅因转让方不履行或者不能全部履行包销义务引起纠纷，不涉及技术问题的，应当按照包销条款所约定的权利义务内容，以购销合同或代销合同纠纷确定案由。

20. 以技术入股方式订立的联营合同，如果技术入股方不参与联营体的经营管理，并且以保底条款形式约定联营体支付技术使用费的，这类联营合同应视为技术转让合同，以技术转让合同纠纷确定案由。

21. 以技术承包方式订立的合同，应根据承包项目的性质和内容确定合同的类型。以技术的开发、转让、咨询或服务为承包内容的合同，属于技术合同。

22. 就计算机软件发生的纠纷案件，属于软件开发、许可或转让合同争议的，按技术合同法处理；属于侵权争议的，按著作权法和计算机软件保护条例的规定处理。

四、关于技术合同效力的确认

23. 技术合同仲裁机构对其依法受理、仲裁的技术合同纠纷案件，应当对技术合同是否成立、是否有效进行审查确认，并对无效技术合同的处理做出仲裁裁决。

24．审查确认技术合同的效力，应当依照技术合同法第二十一条及技术合同法实施条例第二十五条的规定进行，不得以下列理由确认技术合同无效：

（1）合同标的技术未经技术鉴定；

（2）开发、转让的技术或提出的咨询意见和技术服务成果未达到合同约定的条件；

（3）履行技术合同所产生的经济效益未达到合同约定的经济指标；

（4）技术合同未经登记或未向有关部门备案，但转让专利权和专利申请权的合同须经专利局登记和公告的情形除外；

（5）以已经申请专利尚未授予专利权的技术订立专利实施许可合同。

25．委托代理人超越授权范围和第三人订立的技术合同，以及以自己的名义和第三人订立的技术合同，对被代理人不发生效力，但被代理人追认或者参与履行的情形除外。

26．非专利技术转让合同和专利实施许可合同的受让方，对依据合同所取得的技术再行转让的合同无效；但合同中约定允许受让方再转让的，再转让合同为有效合同。

27．技术合同的订立、变更和解除应当采用书面形式。当事人之间通过信函、电报、传真等形式订立的技术合同，双方约定的主要权利义务内容明确的，应当认定合同成立。

28．口头技术合同不符合技术合同法规定的形式要件，除口头技术合同已经履行，且当事人双方对口头约定的主要权利义务的内容无异议，或者能通过有关证据予以确认的，可以认定技术合同已经成立外，应当认定口头技术合同不成立。

29．法律、法规规定投产前需经有关部门审批或领取生产许可证的产品技术，实施该产品技术的一方负有办理报批手续和领取生产许可证的义务。当事人在订立技术转让合同时，尚未办理审批手段或领取生产许可证的，应当补办，合同效力不受补办手续的影响；不及时补办的，应当停止投产或实施该项技术。

30．在技术合同中含有为履行技术合同义务提供有关的样品、样机、专用设备、专用原材料或产品条款的，合同当事人是否有此经营范围不影响技术合同的效力。

五、关于无效技术合同的处理

31．技术合同履行后，不可能按返还原则恢复到合同订立前的状态。在技术合同被确认无效后，应当根据技术合同的特点，从造成合同无效的原因和责任等具体案件出发，对因合同无效给当事人在竞争优势和经济利益等方面造成的损失作出分析和处理。

32．技术合同被确认无效后，可以按以下原则处理：

（1）对由于技术合同无效造成的经济损失，按照过错责任原则，对合同无效负有责任的一方应当赔偿因合同无效给另一方造成的损失；当事人双方对合同无效均有过错的，各自承担相应的责任。

（2）如果技术合同的研究开发方、转让方、顾问方或服务方已经履行了合同约定的义务，且造成合同无效的责任在另一方的，其按合同约定应当收取的研究开发经费、技术使用费和提供咨询服务的报酬，可以视为对因另一方原因导致合同无效给其造成经济损失的补偿，已经收取的部分不再返还，尚未支付的应如数支付；如果造成合同无效的责任在上述研究开发方、转让方、顾问方、服务方，已经收取的上述费用应当如数返还给对方，并应当赔偿因合同无效给对方造成的经济损失。

（3）依据技术合同接受的技术资料、样品、样机等应当返还权利人，有关技术资料不得保留复制品；涉及非专利技术成果的，受让方负有保密义务，不得擅自使用、转让该项非专利技术成果。

33. 技术合同因不符合法定形式要件或者缺少法定的审批、登记公告手续而不具备法律约束力的，当事人双方愿意继续履行的，应当完善形式要件或者补办有关审批、登记和公告手续。

34. 因侵害他人合法权益被确认为无效的技术合同，依据技术合同法实施条例第二十八条规定，按下列原则处理：

(1) 因侵害他人专利权、专利申请权、专利实施权的技术合同被确认无效后，合同尚未履行的，不得履行；正在履行的，应当终止履行。提供技术的一方应当对侵权承担责任，若接受技术的一方明知另一方侵权，仍然与其订立、履行合同的，则应当认定为共同侵权，并承担连带责任。

(2) 侵害非专利技术成果使用权、转让权的技术合同被确认无效后，提供技术的一方应当对侵权行为承担责任。善意接受该项非专利技术成果的一方，可以继续实施该项技术，但应当向权利人支付合理的使用费。如果接受技术的一方明知另一方侵权仍然与其订立、履行合同的，则应当认定为共同侵权，承担连带责任，并不得继续实施该项非专利技术。

(3) 侵害他人发明权、发现权、其他科技成果权等荣誉权的合同，在确认有关条款无效后不影响其余部分效力的，其余部分继续有效。对侵权行为负有责任的当事人，可根据情节轻重，按照《中华人民共和国民法通则》第一百一十八条规定，裁决其停止侵害、消除影响并赔偿损失。

六、关于技术合同的违约责任

35. 技术合同当事人履行合同的义务和违反合同的责任应以合同条款约定的范围为依据。当事人订立技术合同时进行的可行性分析报告中，有关经济效益或成本指标的预测和分析，合同没有特别约定的，不应当视为合同约定的验收标准。

36. 确认技术合同当事人是否适当履行合同，应对当事人在合同有效期内，是否以约定的方式完成约定的义务并达到验收标准做出判断。当事人在技术细节上发生的能够及时纠正的差错，或者为适应情况变化所作的必要技术调整，不影响履行合同义务的，不属于违反合同的行为。

37. 在技术转让合同中，转让方保证受让方按约定方式实施技术达到合同约定的技术指标，是转让方的基本义务。除合同明确约定转让方参与受让方经营管理或保证受让方达到预期的经济效益的情况外，转让方不对受让方实施技术和投产后的经济效益承担责任。

38. 在履行技术合同中，为提供技术成果或咨询服务交付技术图纸、资料、样品和其他物质技术条件，应与合同约定一致。发现有关技术图纸、资料等与合同约定不一致的，应及时更正和补充。因更正、补充有关技术图纸、资料、数据给另一方造成经济损失或增加额外负担的，应按不适当履行合同处理。但下列情形除外：

(1) 所做技术改进为另一方认可或应另一方要求进行的；

(2) 合同中约定了后续改进条款，一方对技术的改进属于履行合同行为的；

(3) 合同约定提供技术一方有权因地制宜调整技术方案，且所做调整有充分理由的；

(4) 一方所做技术改进，使技术合同履行产生了比原技术合同更为积极和有利效果的。

39. 排他实施许可合同的转让方不具备实施其专利技术的条件，与另一个单位合作实施该项专利技术，或者通过技术入股联营实施该专利技术，可视为转让方自己实施该项专利技术，不按违约处理，但转让方就同一专利技术与多个单位合作实施或入股联营的，应按违约处理。排他实施许可的受让方能否将受让的专利技术与他人合作实施或入股联营，按合同约定；合同中未约定的，受让方不得将受让的专利技术与他人合作实施或入股联营。

40. 技术开发合同的研究开发方不得就同一研究开发课题先后和两个以上（含两个）的委托方分别订立委托开发合同，重复收取研究开发费用。研究开发方就同一研究开发课题先后订立两份以上合同的，第一份合同有效，以后订立的合同无效。重复签约的研究开发方应对合同无效承担责任。

41. 技术合同约定了违约金的，一方当事人违约后，不论另一方是否因此遭受损失，都应当向另一方支付约定的违约金；除合同另有特别约定外，对另一方的损失不再另行赔偿。

技术合同当事人可以在合同中特别约定：在一方当事人违反合同的情况下，当合同约定的违约金不足以补偿另一方所受到的损失时，违反合同的一方应当赔偿损失，补足违约金不足的部分。

42. 技术转让合同中没有约定违约金和损失赔偿额计算方法的，应当根据违约方给另一方造成的实际损失计算赔偿额。如果转让方违约，受让方的实际损失应当包括已经支付的技术使用费、报酬和在实施技术中发生的实际损失。如果受让方违约，转让方的实际损失应当包括依据合同应收取的技术使用费和在履行技术合同中发生的实际损失。在计算实际损失时，应按照合理补偿的原则确定赔偿数额。

43. 技术转让合同中约定受让方取得的技术须经受让方小试、中试或工业性试验后才能投入批量生产的，受让方未经小试、中试或工业性试验直接投入批量生产所发生的损失，转让方对受让方因批量生产造成的损失不承担责任。

44. 在阶段性技术成果转让合同中，当事人可以就该项阶段性技术成果直接应用于工业化生产可能发生的风险责任约定承担的方式。风险性失败时，出现风险责任按合同约定处理。

45. 当事人一方的下列违约行为，可视为该合同的履行对另一方已成为不必要或者不可能：

(1) 因违约致使履行合同必备的物质技术条件受到严重破坏，在合同有效期内已无法补救的。

(2) 经科学论证和分析，作为合同标的的项目或技术存在重大缺陷，无法达到预期技术、经济指标的。

七、关于处理技术成果权属争议

46. 科技人员在业余兼职活动中完成的技术成果权属，按照其与聘用单位订立的技术合同的约定确认，但该约定损害他人技术权益的除外。对合同没有约定的，参照技术合同法第六条的规定确认。

47. 技术合同法实施条例第四条所称的“本岗位的职责”，是指根据单位的规定，职工所在岗位的工作任务和责任范围。如果职工在该单位所在岗位的工作任务和责任范围与某项技术成果的研究开发没有直接关系，在其完成本职工作的情况下，利用专业知识、经验和信息完成的该项技术成果不属于“履行本岗位的职责”。

48. 技术合同法第六条所称的“主要利用本单位的物质技术条件”，是指职工在完成技术成果的研究开发过程中，全部或者大部分利用了单位的资金、设备、器材或原材料，或者该项技术成果的实质性内容是在本单位尚未公开的技术成果、阶段性成果或者关键技术基础上完成的。

在技术成果完成后，对其技术方案进行验证性的不包含后续开发内容的试验、小试、中试而利用的物质条件或者在研究开发过程中利用的本单位已经向社会公开或已为本领域专家公知的技术信息，不属于技术合同法第六条所称的“主要利用本单位的物质技术条件”。

49. 职工在完成本职工作的情况下，就与本单位有一定竞争关系的课题自行研究开发，应当事先同本单位就利用单位物质技术条件的范围及其补偿办法以及所完成的技术成果的使用权、转让权和申请专利的权利归属达成书面协议。因权属发生争议的，依其协议的约定确认。

50. 对发明创造做出创造性贡献的人为发明人或设计人。判定创造性贡献时，应当分析发明创造或科技成果的实质性技术构成，并据此客观、公正地把提出实质性技术构成和由此实现技术方案的人确定为作出创造性贡献的人。

八、关于非专利技术成果的法律保护

51. 非专利技术成果受民法通则、反不正当竞争法、技术合同法及其实施条例等法律、法规保护。

非专利技术成果应具备下列条件：

(1) 包含技术知识、经验和信息的技术方案或技术诀窍；

(2) 处于秘密状态，即不能从公共渠道直接获得；

(3) 有实用价值，即能使所有人获得经济利益或竞争优势；

(4) 拥有者采取了适当保密措施，并且未曾在没有约定保密义务的前提下将其提供给他人。

52. 技术合同当事人通过合同关系获得对方的非专利技术成果，应当遵守合同约定的保密义务和使用范围。合同终止后，不影响保密约定的效力，但所约定事项已经公开的情形除外。

53. 下列行为构成对非专利技术成果使用权、转让权的侵害：

(1) 职工擅自把本单位或原单位的非专利技术成果、阶段性技术成果或者产品的设计图纸、产品配方、制造工艺文件泄露、提供、转让给他人实施；

(2) 引诱他人窃取或泄露第三人的非专利技术成果或产品设计图纸、产品配方、制造工艺；

(3) 违反约定泄露、使用、转让对方的非专利技术成果；

(4) 通过其他不正当手段获得、使用、转让他人的非专利技术成果。

54. 依据法律规定或者合同约定，非专利技术成果使用权、转让权归属一方的，未经权利人同意，另一方擅自同他人就转让或提供该项非专利技术成果订立的合同或实施的行为，应当确认无效，对其擅自转让或提供该项非专利技术成果的行为应当承担侵权责任。善意受让或取得该项非专利技术成果的第三方，可以继续使用该项非专利技术成果，但应当向权利人支付合理的使用费并承担保密义务。如果第三方明知转让或提供该项非专利技术成果是侵权行为，仍受让和实施该项非专利技术成果，或者双方恶意串通获取该项非专利技术成果并付诸实施，则双方构成共同侵权，应当共同承担停止侵害、赔偿损失、消除影响和对该项非专利技术的保密责任。

55．非专利技术成果的使用权、转让权对特定的当事人或者合同当事人具有法律约束力，权利人有权阻止第三人以不正当的手段获取、使用。但是第三人独立研制或以正当方式取得相同或者类似的非专利技术成果，例如通过合法的参观访问，对技术拥有人制造、销售的产品经拆卸、测绘、分析，实施反向工程等手段掌握该项技术后进行使用、转让等行为，不构成对非专利技术成果使用权、转让权的侵害。

九、关于技术中介合同

56．在处理因技术合同当事人违约而发生的合同纠纷时，中介方收取的报酬不应视为一方当事人的损失。

57．在处理无效技术合同纠纷案件时，如果中介方对造成该技术合同的无效没有过错，不影响有关中介条款或技术中介合同继续有效，中介方依照合同约定收取的中介活动费和报酬不再返还。

58．在技术合同纠纷诉讼中，应当根据以下情形确定中介方诉讼地位：

(1) 中介方在技术合同中仅起联系、介绍作用，没有过错的，不作为技术合同纠纷的诉讼当事人。

(2) 中介方与技术合同的一方当事人恶意串通损害另一方利益的，恶意串通的双方应为共同被告，共同承担责任。

(3) 中介方隐瞒技术合同一方当事人的真实情况给另一方造成损失的，中介方应列为被告，并依过错承担相应的责任。

(4) 中介方违反技术中介合同约定的保密义务发生的纠纷，可以与技术合同纠纷合并审理。

(5) 中介方不履行技术中介合同或者中介条款中约定的其他义务的，应根据具体情况将中介方列为诉讼当事人。

十、关于对技术合同标的的技术鉴定

59．在技术合同纠纷诉讼或仲裁中，对技术合同涉及的技术进行鉴定，应当以合同约定转让方、开发方或服务方提供的技术成果或技术服务内容为鉴定对象，从原理、设计、工艺和必要的技术资料等方面，按照合同约定的检测方式和验收标准，审查其是否能够达到合同约定的技术、经济指标。

60．当事人在技术合同中未约定验收标准，又没有国际标准、专业技术标准而无法进行鉴定的，可组织专家对有关技术合同涉及的技术是否合乎本行业实用的一般要求作出评价结论。

61．当事人在技术合同中没有约定检测方式或验收标准，事后又达不成协议的，人民法院或仲裁机构可根据具体案件采用本行业规定的、常用的或合乎实用的检测方式和验收标准进行检测鉴定、专家评议或验收鉴定。对合同约定验收标准明确、技术成果并不复杂的，可采取当事人现场演示、操作、制作等方式对技术成果进行鉴定。

62．确定技术成果的鉴定机构，除法定鉴定单位外，可由当事人协商推荐共同信任的机构或专家进行鉴定；当事人不能协商一致的，由人民法院或仲裁机构委托有关科委推荐的鉴定机构或者聘请有关专家组成的鉴定组进行鉴定。

63．对已经按照国家有关规定通过鉴定的，或者已经生产实践证明是成熟可靠的技术成果，合同当事人又对该项技术成果的评价发生争议时，人民法院或技术合同仲裁机构经过审查，除有相反的证据能够足以否定鉴定结论的情形外，不再对该项技术成果作重复鉴定。

64．对专利实施许可合同纠纷，不能以专利证书代替技术鉴定结论。

65．对技术成果进行鉴定，应当严格按照民事诉讼法第七十二条执行，鉴定部门应注意全面了解鉴定所需要的案件材料并询问双方当事人，不能把个别专家对技术成果的评价意见作为鉴定结论。

# 关于印发《国家地震局技术装备与器材报废和处理规定》、《国家地震局设备有偿使用管理办法》、《国家地震局局管共用设备管理办法》的通知

各省、自治区、直辖市地震局，各直属单位：

经国家地震局领导批准，现将《国家地震局技术装备与器材报废和处理规定》、《国家地震局设备有偿使用管理办法》、《国家地震局局管共用设备管理办法》印发给你们，请认真贯彻、落实，并结合本单位实际制定有关实施细则。

国家地震局

1995年8月7日

## 国家地震局技术装备与器材报废和处理规定

技术装备与器材的报废和处理是技术装备管理工作的重要组成部分。为了充分发挥各类技术装备的使用效益，有效防止国有资产流失，保证技术装备与器材报废残值及处理资金及时回收，增强技术装备更新改造能力，杜绝在技术装备与器材报废和处理工作中出现的各种违纪违规现象。根据国家有关政策、法规，结合地震系统实际情况制定本规定。

**第一条** 凡由国家分配、调拨及利用国有资金所形成的技术装备与器材均属本规定管理范围。

**第二条** 技术装备与器材的报废和处理工作由国家地震局计划财务司和各单位技术装备部门按审批权限分级负责。各单位设备使用部门（包括开发创收部门）无权擅自对所占用和使用的设备进行报废和处理。

**第三条** 各单位技术装备部门要认真按照《国家地震局技术装备与器材管理办法》的要求定期进行清仓利库，及时处理超储积压和闲置不用的废旧技术装备与器材。

**第四条** 符合下列情况之一的技术装备与器材可以进行报废和处理：

1. 超过使用期限现已无法使用的，可进行报废。

2. 尚在使用期限之内，因损坏严重难以修复或修复代价较大以及因精度、质量不能满足工作需要无法继续使用的，可进行报废。

3. 已经超过使用期限的非在用技术装备与器材，但尚能使用的，可进行处理。

4. 在使用期内，因更新而淘汰的技术装备与器材，尚能使用的，可进行处理。

5. 长期库存积压和闲置的技术装备与器材，可进行处理。

**第五条** 技术装备与器材报废、处理的审批权限和程序：

1. 各单位技术装备与器材的报废和处理由使用部门提出申请，填报设备报废和处理清单，报本单位技术装备部门审核。

2. 凡单价在一万元以下的技术装备与器材由各单位技术装备部门审批后按有关规定实施。

3. 凡单价在一万元以上（含一万元）五万元以下的技术装备与器材，由本单位技术装备部门填报技术装备报废和处理清单及申请报告，经本单位技术装备委员会研究审核、鉴定，报分管领导审批后，按有关规定实施。

4. 凡单价在五万元以上（含五万元），或一次性报废和处理价值在十万元以上的技术装备与器材，由本单位技术装备部门提交专题报告并填写技术装备与器材报废和处理审批表(见附件1)，经本单位技术装备委员会审核鉴定，分管领导批准，上报国家地震局计划财务司审批后实施。未经国家地震局批复，任何单位不得先处理后报告，更不允许不报批而擅自处理。

5. 技术装备与器材处理工作，应优先在地震系统内调剂处理，系统内难以调剂的可对外处理。

6. 机动车辆的报废和处理按《国家地震局机动车辆管理办法》执行。

**第六条** 技术装备与器材报废和处理回收的残值和变价款应全部列入单位"设备维修更新基金"，专款专用，不得挪作他用，更不允许私分私用。

**第七条** 技术装备与器材报废和处理的手续要齐全，由各单位技术装备部门办理有关资产核销手续和相应的财务手续。

**第八条** 各单位技术装备部门要积极稳妥地做好技术装备与器材报废和处理工作，充分调动使用部门的积极性，提高报废和处理工作的透明度。

**第九条** 对技术装备与器材报废和处理工作，做出突出成绩的单位、部门实行精神和物质奖励。对违反国家政策、法规及本规定的将视情节轻重，给予行政处理直至依法追究刑事责任。

**第十条** 本规定自公布之日起执行，以往有关规定与本规定不一致的，以本规定为准。

**第十一条** 本规定由国家地震局计划财务司负责解释。

# 国家地震局设备有偿使用管理办法

## 第一章 总 则

**第一条** 为了充分发挥地震系统各类设备的技术经济效益，切实提高其利用率、完好率，克服"部门所有"、重复购置和积压浪费等弊端，更好地为防震减灾事业及经济建设服务，根据国家有关政策、法规，结合地震系统实际情况，制定本管理办法。

**第二条** 设备有偿使用工作由国家地震局计划财务司及各单位技术装备部门负责。

**第三条** 设备有偿使用工作的基本原则是：有利于防震减灾各项工作的开展，促使仪器设备得到合理配置；有利于科技人员充分利用已有的各类设备，提高设备的利用率及技术经济效益；有效防止在用设备进行科技开发和对外经营创收过程中的国有资产流失，确保保值、增值；有利于促进设备的更新改造。

**第四条** 各单位应结合本单位实际情况，积极稳妥地推进设备有偿使用工作，充分利用经济管理手段进行管理和调控。可采取从"两用设备"入手，低收费起步，积极探索实践，逐步调整到位的方式。要坚决防止和克服工作“一刀切”，和以收费为目的的错误倾向。

## 第二章　仪器设备有偿使用的范围

**第五条**　凡由国家分配、调拨及利用国有资金形成的设备，可根据不同的使用方向，实行不同形式的有偿使用管理。下列设备应实行有偿使用管理：

一、既可用于工作，又可用于个人生活的“两用设备”。

二、对地震系统外开放、对外开发、协作及进行经营等所使用的设备。

三、实行专管共用、统管共用管理的设备。

四、机动车辆及其专用维修设备。

**第六条**　承担国家地震局下达的防震减灾工作计划内的任务，如地震监测预报、流动观测、大震应急和综合防御等项工作使用的设备在任务完成以前原则上不实行有偿使用管理。

**第七条**　用科研课题经费购置的设备，在本课题没完成前，不实行有偿使用管理。

**第八条**　国家地震局管理的共用设备按照《国家地震局局管共用设备管理办法》执行。

**第九条**　机动车辆及其专用维修设备的有偿使用管理，按《国家地震局机动车辆管理办法》执行。

**第十条**　已经取得独立法人资格的企业，按国家有关规定对所占用设备进行有偿使用管理。

## 第三章　有偿使用收费原则及使用费管理

**第十一条**　各单位应根据国家有关规定，针对设备使用的不同情况，对各类设备分别收取使用费、占用费、租赁费和折旧费等项费用。

一、使用费的收取，从收取费用低的通用、共用设备起步，逐渐向大型、重点设备过渡，收费标准逐步调整到合理价格。具体标准由各单位自行制定。

二、折旧费的收取，主要针对向地震系统外开放和对外开发、协作及经营使用的各类设备。收费标准不得低于国家规定的设备折旧费率，严禁将设备利润化，克服拼设备的短期行为。

三、属于专管共用的设备而部门和个人独占自用的，按正常折旧费的两倍收取占用费。

四、照像机、收录机、复印机等“两用”设备，要克服公物私用的弊端，实行租赁管理。收费标准要达到能够以机养机（即维护和更新）。

五、符合第十条规定的企业，单位对企业有仪器设备投入的，单位应在企业上交的收入中，提取一定比例的设备折旧费，列入单位设备维修更新基金。

**第十二条**　对第五条所列的原则上不实行有偿使用管理的设备，如用于对地震系统外开放和对外开发、协作及经营等，应根据具体情况收取有关费用。

**第十三条**　各单位收取的使用费、占用费、租赁费和折旧费一律全部列入“设备维修更新基金”，用于设备的维修更新，不准挪作他用。

**第十四条**　各单位各类设备的有偿使用和对外租赁，由技术装备部门统一办理，使用部门和专管部门不准私自转让、外借或对外租赁。

### 第四章　附　　则

**第十五条**　国家地震局将不定期地对设备有偿使用工作进行检查、指导。对在此项工作中做出突出成绩的单位、部门和个人给予精神和物质奖励。对违反本办法规定要求的，将视情节给予行政处理。

**第十六条**　各单位应根据本办法，结合本单位具体情况制定实施细则，并报国家地震局备案。

**第十七条**　本办法自公布之日起执行。以往有关规定与本办法不一致的以本办法为准。

**第十八条**　本办法由国家地震局计划财物司负责解释。

## 国家地震局局管共用设备管理办法

### 第一章　总　　则

**第一条**　为了进一步适应防震减灾工作需要，缓解地震系统大型设备的供需矛盾，拟对某些投资大、精度高、技术先进的大型设备实行局管共用的管理办法，以充分发挥这些设备技术效能及社会经济效益。为更好开展此项工作，特制定本办法。

**第二条**　具备局管共用条件的设备，由国家地震局统一购置，委托有管理条件的单位代为管理，实行有偿使用，即："局管共用、委托代管、统一计划、租赁使用"。

### 第二章　管 理 方 式

**第三条**　局管共用设备产权属国家地震局，由国家地震局负责选定和调配委托代管单位。

**第四条**　局管共用设备的管理工作由委托代管单位的技术装备部门负责。代管单位应成立专职管理小组对局管共用设备进行管理。对某些精密设备应配备专用仪器室，以保证精密设备的良好维护环境。

**第五条**　局管共用设备的专职管理小组应制定操作、管理细则，建立设备档案，编写技术说明书，负责局管共用设备的日常维护、技术培训和日常管理工作。专管小组人员待遇与本单位承担课题的专业人员相同。每年年终由专管小组提交年度工作总结，经本单位技术装备部门审核后报国家地震局。

**第六条**　局管共用设备属高新技术产品及大型精密设备，凡上机操作人员均需经过技术培训，取得合格证后才能上岗。

### 第三章　局管共用设备有偿租赁方法

**第七条**　局管共用设备租赁使用的原则是：优先满足地震系统各单位的需求，在有余力的情况下，可对外租赁；优先安排系统内的纵向任务，在不影响纵向任务的前提下，可用于横向开发。

**第八条**　局管共用设备统一计划安排。使用单位（含代管单位）必须在每年第四季度末向国家地震局有关业务部门及计划财务司报送第二年度租赁计划，经国家地震局平衡协调后，下达正式计划，由代管单位组织实施。代管单位应严格按计划实施，无权擅自改变计划或计划外安排使用。如需计划外安排使用（含代管单位）应报国家地震局批准后方可实施。

**第九条** 按国家地震局下达的正式计划，使用单位与代管单位签定设备租赁使用合同。双方应严守合同，任何一方违反合同均应承担违约责任。

## 第四章 设备租金管理

**第十条** 各种局管共用设备的租赁费标准由国家地震局按纵横向任务和系统内外等分档制定，代管单位不得随便提高或降低收费标准。

**第十一条** 局管共用设备的租赁收入必须单独建账，由代管单位的技术装备部门负责代管，租赁费的支出除直接管理费（设备交接费用，日常维护费用）外，其他业务支出均应报国家地震局审批同意后方可使用，每年的租赁费收支情况应随年度工作总结一起报送国家地震局。

## 第五章 安全管理及奖罚

**第十二条** 代管单位要认真做好局管共用设备的安全防范工作，特别是野外流动作业的设备应制定野外安全操作细则。使用单位和代管单位在交接设备时，应认真进行检查、验收。发生事故应立即上报国家地震局，事故处理后要及时将事故原因、损失情况和处理结果写成书面报告，报送国家地震局。

**第十三条** 国家地震局定期对局管共用设备及委托代管单位进行检查，对于设备维护好，用户满意，收费到位，完成计划并按时提交工作总结的单位和部门给予精神和物质奖励。对于不遵守本办法规定，不按时完成计划和管理不善的将给予批评直至取消其委托代管资格。因责任事故造成设备损坏和丢失的要追究责任，赔偿损失，情节严重的将依法追究刑事责任。

## 第六章 附 则

**第十四条** 局管共用设备的具体目录及收费标准由国家地震局另外行文下达。

**第十五条** 各单位管理的大型设备，应参照本办法本着减少投入充分发挥设备使用效益的原则，采取专管共用的管理方式。

**第十六条** 本办法自发布之日起实行，以往有关规定与本办法不一致的，以本办法为准。

**第十七条** 本办法由国家地震局计划财务司负责解释。

# 国家地震局关于印发《防震减灾主管部门公文处理办法》的通知

各省、自治区、直辖市地震局，各直属单位：

为进一步贯彻落实国务院办公厅发布的《国家行政机关公文处理办法》(国办发［1993］81号)，我局重新修订了《防震减灾主管部门公文处理办法》(原地震部门行政机关公文处理办法)印发给你们，请结合本单位实际，认真组织学习，切实贯彻执行。

国家地震局

1995年6月27日

# 防震减灾主管部门公文处理办法

## 第一章　总　则

**第一条**　为加强防震减灾主管部门公文处理工作，使之规范化、制度化、科学化，提高公文处理工作的效率和公文质量，依照国务院办公厅发布的《国家行政机关公文处理办法》(国办发［1993］81号)、《国务院办公厅关于部委管理的国家局与主管部委关系问题的补充通知》(国办发［1993］39号)，特制定本办法。

**第二条**　防震减灾主管部门的公文(包括电报，下同)，是在综合管理我国防震减灾工作中所形成的具有法定效力和规范体式的公务文书；是传达贯彻党和国家的方针、政策，发布行政法规和规章，施行行政措施，请示和答复问题，指导、布置和商洽工作，报告情况、交流经验的重要工具。各级防震减灾主管部门必须认真做好公文处理工作，以促进防震减灾事业的发展，为国民经济建设和社会进步服务。

**第三条**　国家地震局办公室是国家防震减灾主管部门公文处理的管理机构，管理国家地震局机关和局属各单位的公文处理工作。

**第四条**　各级防震减灾主管部门的办公室应当设立文秘部门或者配备专职人员负责公文处理工作。文秘人员应当忠于职守，廉洁正派，具备有关专业知识。

**第五条**　各级防震减灾主管部门应发扬深入实际，联系群众，调查研究，实事求是和认真负责的工作作风，克服官僚主义、形式主义和文牍主义，逐步改善办公手段，努力提高公文处理工作的效率和质量。行文要少而精，注重效用。

**第六条**　公文处理必须做到及时、准确、安全。公文由文档部门统一收发、分办、传递、用印、立卷和归档。

**第七条**　防震减灾主管部门的公文处理工作，应贯彻“党政分开”的原则。凡属党内事项，应以党组织的名义行文；行政事项应以行政名义行文。

**第八条** 在公文处理工作中，必须严格执行国家保密法律、法规和有关保密工作的有关规定，确保国家秘密安全。

## 第二章 公 文 种 类

**第九条** 防震减灾主管部门的公文种类主要有：

（一）报告

用于向上级机关汇报工作、反映情况，提出意见或者建议，答复上级机关的询问等。

（二）请示

用于向上级机关请求指示或批准事项。

（三）通知

用于批转下级机关的公文，转发上级机关和不相隶属机关的公文；发布规章；传达要求下级机关办理和有关单位需要周知或者共同执行的事项；任免和聘用干部等。

（四）通报

用于表彰先进，批评错误，传达重要精神或者情况。

（五）批复

用于答复下级机关请示事项。

（六）函

用于不相隶属机关之间相互商洽工作、询问和答复问题；向有关主管部门请求批准有关事项等。

（七）决定

用于对重要事项或者重大行动做出安排。

（八）会议纪要

用于记载和传达会议情况和议定事项。

（九）命令（令）

用于依照有关法律规定发布行政法规和规章；宣布施行重大强制性行政措施；奖惩有关人员；撤销下级机关不适当的决定。

（十）议案

用于各级人民政府按照法律程序向同级人民代表大会或人民代表大会常务委员会提请审议事项。

（十一）指示

用于对下级机关布置工作，阐明工作活动的指导原则。

（十二）公告、通告

“公告”用于向国内外宣布重要事项或者法定事项。

“通告”用于在一定范围内公布应当遵守或者周知的事项。

## 第三章 公 文 格 式

**第十条** 公文一般由发文机关、秘密等级、紧急程度、发文字号、签发人、标题、主送机关、正文、附件、印章、成文时间、附注、主题词、抄送机关、印发机关和时间等部分组成。

(一) 发文机关。发文机关应写全称或规范化简称；联合行文，主办机关应当排列在前。

(二) 秘密等级。秘密公文应当在文头分别标明“绝密”、“机密”、“秘密”。“绝密”、“机密”公文应当在文尾标明共印份数或在文头标明份数序号。密级的确定应执行《中华人民共和国保守国家秘密法》及其实施办法以及《地震工作中国家秘密及其密级具体范围的规定》和科学技术保密的其他有关规定。在确定密级的同时，应确定保密期限。

(三) 紧急程度。紧急公文应在文头分别标明“特急”、“急件”。

(四) 发文字号。发文字号包括机关代字、年份、序号。机关代字在前，年份居中，序号在后。联合行文只标明主办机关发文字号。发文字号要统一管理。

(五) 签发人。上报的公文，应当在首页注明签发人姓名；联合上报的公文，要按版头发文机关标识的顺序注明联合上报机关的签发人姓名。

(六) 公文标题。公文标题应当准确简要地概括公文的主要内容，一般应当标明发文机关，并准确标明公文种类。标题中除法规、规章名称加书名号外，一般不用标点符号。

(七) 主送机关。主送机关是行文对象，是收受公文、要求承办或答复该公文的单位，应准确确定。主送机关要写全称或规范化简称。多个主送机关，可按承办该公文的责任大小或时间前后的顺序排列，或按有关规定顺序排列。主送机关涉及多系统的，一般按党、政、军、群顺序排列。

(八) 正文。是公文的主体部分，用来表达公文的内容。

(九) 附件。公文如有附件，应当在正文之后，成文时间之前注明附件顺序和名称。

(十) 落款。即在正文之后、成文时间之前标明发文机关。联合行文的要按版头发文机关标识的顺序先左后右、自上而下排列；联合上报的非法规性文件，只标明主办机关。

(十一) 印章。公文除会议纪要外，应当加盖印章。联合上报的非法规性文件，由主办机关加盖印章。联合下发的公文，联合发文机关都应当加盖印章。

(十二) 成文时间。成文时间一般以领导人签发的日期为准，有的文件以会议通过日期为准；联合行文，以最后签发机关领导人的签发日期为准。电报，以发出日期为准。

(十三) 主题词。公文应当按照国务院办公厅印发的《国务院公文主题词表》(一九九四年四月修订) 标注主题词。或按《国家地震局公文主题词表》标注主题词。上行文要按上级机关的要求标注主题词。

(十四) 抄送机关。与公文有关系，需要使其知道公文内容的机关。一般上级机关排在前面，然后是不相隶属机关、下级机关。

(十五) 印发机关。局发文，司、室发文的印发机关为国家地震局办公室。

(十六) 印发时间。印发时间以公文校对后送印的日期为准。

(十七) 打字、校对。为保证文印质量、明确职责，文件末端应标注“打字、校对”名单。

**第十一条** 公文用纸一般为 16 开型 (长 260 毫米，宽 184 毫米)；也可以采用国际标准 A4 型 (长 297 毫米，宽 210 毫米)。

## 第四章 行文规则

**第十二条** 国家防震减灾主管部门在职权范围内，可以向国务院其他部门及各地人民政府以及各有关业务部门行文。各级防震减灾主管部门行文应根据各自的职权范围确定。向下级机关的重要行文，应当同时抄送直接上级机关。

**第十三条** 坚持会签制度。对内容涉及其他部门职权范围内的公文，应事先征求有关部门的意见，未经有关部门协商一致并会签的，不得行文；如确有必要行文，对不同意见应如实加以说明。

**第十四条** 防震减灾主管部门与国务院其他部门和各地人民政府以及同级军队机关、人民团体和行使行政职能的事业单位等可以联合行文。联合行文应当确有必要，单位不宜过多。

**第十五条** 各级防震减灾主管部门一般不得越级请示。因特殊情况必须越级请示时，应当抄送被越过的上级机关。

**第十六条** “请示”应当一文一事；一般只写一个主送机关，如需同时送其他机关，应当用抄送形式，但不得同时抄送下级机关。除领导直接交办的事项外，“请示”不得直接送领导者个人。

**第十七条** “报告”中不得夹带请示事项。

**第十八条** 各级防震减灾主管部门向上级机关的请示，应当根据内容写明主送机关和抄报、抄送机关，由主送机关负责答复请示的问题。

上级机关向受双重领导的下级机关行文时，应同时抄送另一上级机关。

**第十九条** 经批准在报刊上全文发布的行政法规和规章，应当视为正式公文依照执行，可不再行文。同时，由发文机关印制少量文本，供存档备查。

## 第五章 公文办理

**第二十条** 公文办理分为收文和发文。收文办理一般包括传递、签收、登记、分发、拟办、批办、承办、催办、查办、立卷、归档、销毁等程序；发文办理一般包括拟稿、审校、签发、缮印、校对、用印、登记、分发、立卷、归档、销毁等程序。

**第二十一条** 需要办理的公文，公文管理部门应根据内容和性质，及时提出拟办意见送领导人批示，或者交有关部门办理。紧急公文，应当提出办理时限。

**第二十二条** 承办单位应当抓紧办理，不得延误、推诿。对不属于本单位职权范围或者不适宜由本单位办理的，应当迅速退回交办的文秘部门并说明理由。

**第二十三条** 凡涉及其他部门或者地区的问题，主办机关应当主动与有关部门或者地区协商、会签。上报的公文，如有关方面意见不一致，应当如实反映。

**第二十四条** 属于部门职权范围的事项，应当由部门自行发文或者几个部门联合发文。须经政府审批的事项，经政府同意后，也可以由部门发文，文中可以注明经政府同意。属于要求解决的具体问题，应当按照部门职权范围直接报送有关主管部门处理。

**第二十五条** 已送领导人批示或者交有关部门办理的公文，文档、秘书部门要负责催办、查办，做到紧急公文跟踪催办、查办。重要公文重点催办、查办，一般公文定期催办、查办。对下发的重要公文，应当及时了解和反馈执行情况。

**第二十六条** 草拟公文应做到：

(一) 符合国家的法律、法规和方针、政策及有关规定。如提出新的政策规定，要切实可行，并加以说明。

(二) 情况要确实，观点要明确，条理要清楚，层次要分明，书写要工整，标点要准确，篇幅要力求简短。

（三）文种使用要恰当，请示问题要"一文一事"，避免在"报告"中夹带请示事项。

（四）人名、地名、数字、引文要准确。引用公文应当先引标题，后引发文字号。日期应当写具体的年、月、日，年代一般应写四位数的全称。

（五）结构层次序数，第一层为"一"，第二层为"（一）"，第三层为"1"，第四层为"（1）"。

（六）必须使用国家法定计量单位。

（七）用词用字要准确、规范。文内使用简称，一般应当先用全称，并注明简称。不写不规范的字和繁体字。

（八）公文中的数字，除成文时间、部分结构层次序数和词、词组、惯用语、缩略语，具有修辞色彩语句中作为词素的数字必须使用汉字外，应当使用阿拉伯数码。

（九）地震震级的书写一般用阿拉伯数码（1、2、3……），烈度一般用罗马数字（Ⅰ、Ⅱ、Ⅲ……）书写。

（十）引用公文应注明发文时间、机关、标题和文号。

**第二十七条**　各级防震减灾主管部门发出的公文，由本机关领导人签发。重要的或涉及面广的，必须由正职或者主持日常工作的副职领导人签发；经授权，有的公文可由办公室主任签发。

**第二十八条**　各级领导人审批公文要认真负责，文件主批人要明确签署意见，并写上姓名和审批时间。其他审批人圈阅，应当视为同意。

**第二十九条**　草拟、修改和签批公文，应使用钢笔、毛笔或DA笔芯的圆珠笔，不得使用铅笔或在文稿装订线外书写，以符合存档要求。

**第三十条**　各级防震减灾主管部门办公室在将公文送领导人签发之前，应认真做好审核工作。审核的重点是：是否需要行文，是否符合国家的法律、法规和方针、政策及有关规定，是否与有关部门、地区协商、会签，文字表述、文种使用、公文格式等是否符合有关规定，文头稿纸各项填写是否齐全、准确。对不符合要求的公文稿退回重办。

**第三十一条**　上报的公文，如不符合本办法第十五条、第十六条、第二十三条和第二十六条第一项的规定，上级机关的文秘部门可退回呈报单位。

**第三十二条**　各级防震减灾主管部门的公文，应按有关规定报送或下发。主送某机关的公文一般应由该机关的办公室负责公文的登记、分发，而不要直接送职能部门或主管领导。

**第三十三条**　上级行政机关的秘密公文，除绝密和注明不准翻印的以外，经下一级机关负责人或者办公室主任批准，可以翻印、转发。翻印时，应当注明翻印的机关、时间、份数和印发范围。密码电报不得翻印、复制，不得密电明复、明电密电混用。

**第三十四条**　传递秘密公文，必须采取保密措施，确保安全。利用计算机、传真机等传输秘密公文，必须采用加密装置。绝密级公文不得利用计算机、传真机传输。

## 第六章　公文立卷、归档和销毁

**第三十五条**　公文办完后，应当根据《中华人民共和国档案法》和文书立卷、归档的有关规定，及时将公文定稿，正本和有关材料整理立卷。并将正稿文件录入软盘，便于利用。

**第三十六条**　公文归档，应根据其相互联系、特征和保存价值分类整理立卷，要保证档案的齐全、完整，能正确反映本机关的主要工作情况，以便于保管、查找和利用。

**第三十七条** 联合办理的公文，原件由主办单位立卷，其他单位保存复制件。

**第三十八条** 公文复制件作为正式文件使用时，应当加盖复制机关证明章，视同正式文件妥善保管。

**第三十九条** 案卷应当确定保管期限，按照有关规定定期向档案部门移交。个人不得保存应当归档的公文。

**第四十条** 按照有关规定，没有存档价值和存查必要的公文，经过鉴别和主管领导人批准，可定期销毁。销毁秘密公文，要进行登记，有专人监督，保证不丢失，不漏销。

## 第七章 附 则

**第四十一条** 各省、自治区、直辖市地震局，局直属各单位可以根据本办法规定的基本原则，结合实际情况，制定实施细则或补充规定。

**第四十二条** 本办法自发布之日起施行。其他有关行政机关公文处理的规定，与本办法不一致的，以本办法为准。

# 关于发布《国家地震局关于内部审计工作的实施办法》的通知

各省、自治区、直辖市地震局（办），局直属各单位：

现将《国家地震局关于内部审计工作的实施办法》发给你们，请传达到全体职工并认真贯彻执行。

国家地震局

1995年4月14日

# 国家地震局关于内部审计工作的实施办法

**第一条** 为了加强国家审计范围内的单位内部审计工作，对地震系统财务经济活动实行内部审计监督，维护国家财经法纪，维护法人合法权益，改善内部管理，提高经济效益，促进廉政建设，有助于保障以地震监测预报为基础的综合防震减灾事业的健康发展，为国民经济建设服务，根据《中华人民共和国审计法》、《中华人民共和国审计法实施条例》和《审计署关于建立健全内部审计制度的规定》，结合地震系统的实际情况，特制定本办法。

**第二条** 内部审计是我国审计体系的重要组成部分。各省、自治区、直辖市地震局和国家地震局各直属单位原则上一般应设立内部审计机构，建立健全内部审计制度。

**第三条** 内部审计机构在本单位行政首长的直接领导下，依照国家法律、法规、政策和有关规定，对本单位及下属单位的财务收支、经济效益及内控制度进行内部审计监督，独立行使内部审计监督权，对本单位行政首长负责。审计业务受审计署驻国家地震局审计局的指导、监督，向本单位行政首长和审计署驻国家地震局审计局报告工作。

**第四条** 审计署驻国家地震局审计局对内部审计工作进行业务指导、监督的具体内容主要是：

（一）拟定地震系统内部审计工作实施办法，制定内部审计机构的建立及人员配备进行检查督促；

（二）对内部审计工作准则，对内部审计制度和审计规章的建立健全进行指导；

（三）对内部审计的指导思想、工作重点、工作思路进行指导；

（四）对内部审计工作中存在的问题，提出改进意见；

（五）对内部审计人员的培训和内部审计经验交流、理论和实务研讨负责组织安排。

**第五条** 内部审计机构的职责：

（一）内部审计部门对审计范围内的下列事项进行审计监督：

1．单位财务计划、预算的执行情况和决算；

2．与单位财务收支有关的经济活动、经济效益、经济效率、经济效果和内控制度的建立健全及其执行情况；

3. 国有资产的管理、使用情况；

4. 与公司、工厂等经济实体和科技开发部门财务有关的经济活动、经济效益及其内控制度的建立健全和执行情况；

5. 厂长、经理等经济实体负责人的经济责任；

6. 重大经济合同（协议）可行性的调查、鉴证与评价、预测；

7. 与单位基本建设和重大维修项目有关的经济活动；

8. 本单位和下属单位对国家财经法纪和部门、单位规章的执行情况；

9. 本单位主要领导交办和上级审计机关交办、委托的审计事项。

（二）内部审计部门对本单位与境内、外经济组织兴办合资、合营企业以及合作项目等投入资金、财产的使用、经营状况及其效益，进行内部审计监督。

（三）内部审计部门可以根据所在单位的规定，对重大经济合同（协议）、银行贷款申请和工程预决算等有关经济活动实行审签制度。

（四）内部审计部门参与研究拟定本单位的有关规章制度和管理办法。

**第六条** 内部审计部门履行职责所必需的经费，应当列入所在单位财务预算，由所在单位予以保证。

**第七条** 审计人员应当具备与其从事的审计工作相适应的专业知识和业务能力。审计人员专业技术任职资格的评定以及审计专业人员的聘任，按照国家有关规定执行。

**第八条** 内部审计部门负责人的任免，须事先征求审计署驻国家地震局审计局的意见。审计部门负责人没有违法失职或因身体健康原因长期不能履行其职责的，不得随意撤换。应保持审计人员工作岗位的相对稳定。

**第九条** 审计人员办理审计事项，当审计人员与被审计单位的负责人或者财务负责人有夫妻关系、直系血亲关系或与审计事项有利害关系的，应当予以职务和公务回避。

**第十条** 审计人员对其在执行职务中知悉的国家秘密和被审计单位的商业秘密，负有保密的义务。

**第十一条** 审计人员依法执行职务，受法律保护。任何组织和个人不得拒绝、阻碍审计人员依法执行职务，不得打击报复审计人员。报复陷害审计人员，构成犯罪的，依法追究刑事责任；不构成犯罪的，给予行政处分。

**第十二条** 审计人员办理审计事项要坚持原则、依法审计、实事求是、客观公正、廉洁奉公。审计人员业绩突出，给予表彰奖励。审计人员滥用职权、徇私舞弊、泄露秘密、玩忽职守，构成犯罪的，依法追究刑事责任；不构成犯罪的，给予行政处分。

**第十三条** 内部审计机构的主要权限是：

（一）有权要求被审计单位按时报送有关的计划、预算、决算、账簿、报表和文件、资料等。被审计单位不得拒绝、拖延、谎报，不得转移、隐匿、篡改、毁弃会计凭证、会计账簿、会计报表及有关资料，不得转移、隐匿所持有的违反国家规定取得的资产。

（二）有权检查凭证、账簿、报表、决算、资金和财产，查阅有关文件和资料。

（三）有权参加各种有关会议。

（四）有权对审计涉及的有关事项进行调查并索取有关的文件、资料和证明材料。

（五）有权对被审计单位正在进行的严重违反国家财经纪律、严重损失浪费的行为，经审计部门所在单位同意，可以作出临时的制止决定。

（六）有权对阻挠、破坏审计工作以及拒绝提供和转移、隐匿、篡改、毁弃有关资料以至转移、隐匿违法取得的资产的单位和人员，向审计部门所在单位领导提出临时处理措施并追究有关人员责任的建议，或提请单位行政首长批准向法院申请采取保全措施。

（七）有权提出改进管理、提高效益的建议以及纠正、处理违反财经法纪行为的意见。有权对严重违反财经法纪和造成严重损失浪费的人员，提出追究责任的建议。

（八）有权对审计工作中的重大事项，向上级审计机关——审计署驻国家地震局审计局反映。

（九）内部审计部门所在单位可以在管理权限范围内，授予内部审计部门经济处理和经济处罚的权限。

（十）有权对于执行财经法纪、财经制度事迹突出、廉洁奉公和勤俭节约的单位、部门和个人，建议单位领导给予表彰、奖励。

**第十四条** 内部审计工作的主要程序是：

（一）根据上级审计机关的部署、本单位行政首长的指示和本单位的具体情况，审计部门拟定审计项目计划，报经本单位行政首长批准后实施。

（二）实施审计前，审计部门组成审计小组，拟定审计方案和具体措施。在实施审计3日前，向被审计单位送达《审计通知书》。审计通知书主要包括：审计的范围、内容、方式和时间；审计组组长及其他成员名单；对被审计单位配合审计工作的要求。被审计单位应当配合审计部门的工作，并提供必要的工作条件。

（三）审计人员通过审查会计凭证、会计账簿、会计报表，查阅与审计事项有关的文件、资料、会议记录，检查现金、实物、有价证券，向有关单位和个人调查等方式进行审计，收集、取得能够证明审计事项的原始资料、有关文件和实物等，或者通过复印、复制、拍照等方法取得证明材料。审计证明材料应当有提供者的签名或盖章；提供者拒不签名或盖章的，审计人员应当予以注明。审计人员与被调查人谈话取证，应作谈话笔录，并有被调查人签字。召集审计调查会时，应当对与审计事项有关的内容作出记录。审计部门对审计中发现的问题，作出详细、准确的记录，注明资料来源，并可随时向有关单位和人员提出改进的建议。若审计事项涉及其他地区有关单位的问题，可请当地审计机关给予必要的支持与协助。

（四）审计终结，审计小组向审计部门提出审计报告—征求被审计单位的书面意见（被审计单位应当自接到审计报告之日起10日内，写出书面意见）—将被审计单位的书面意见送交审计部门—审计部门研究修改补充审计报告或维持原报告—报送审计部门所在单位行政首长在30日内对审计报告进行审定，并将审计意见书和审计决定送达被审计单位和有关单位。审计部门对于没有违反国家财经法规的行为，不需要给予处理、处罚的被审计单位，经审计部门所在单位行政首长批准，出具盖有审计部门印章的审计意见书；审计部门对违反国家财经法规的行为，需要依法给予处理、处罚的被审计单位，经审计部门所在单位行政首长批准，出具盖有审计部门印章的审计决定。审计决定自送达之日起生效。经批准的审计意见书和审计决定，被审计单位必须执行。审计决定需要有关单位或有关部门协助执行的，制发协助执行审计决定通知书并附审计决定。

（五）被审计单位对审计意见书或审计决定如有异议，可以在接到处理决定后15日内，向内部审计部门所在单位领导提出复查申请，该单位行政首长应当及时作出复议审查和复议处理。被审计单位、个人对复议决定不服的，可以向司法机关申请复议或提起诉讼。

**第十五条** 审计组提交的审计报告，主要包括下列内容：

(一) 审计的内容、范围、方式和时间；

(二) 被审计单位的基本情况；

(三) 与审计事项有关的事实；

(四) 对审计事项的评价意见和建议；

(五) 处理、处罚意见及其依据的法律、法规、规章的规定。审计报告应由审计小组负责人签字，并附有证明材料和有关资料。

**第十六条** 审计意见书主要包括下列内容：

(一) 审计的内容、范围、方式和时间；

(二) 审计部门认定的事实；

(三) 对审计事项的评价及评价依据；

(四) 改进财务工作及其经营管理和提高效益的建议。

**第十七条** 审计决定主要包括下列内容：

(一) 审计的内容、范围、方式和时间；

(二) 审计部门认定的被审计单位违反国家财经法规的事实；

(三) 处理、处罚决定及其依据的法律、法规、规章的规定；

(四) 处理、处罚决定执行的期限和要求；

(五) 被审计单位不服审计决定，向审计部门所在单位领导申请复议的期限。

审计决定对问题的定性要慎重、准确，提出的处理意见要合法、合规、合情、合理。

**第十八条** 对被审计单位、有关单位和个人违反国家财经法纪处以罚款的限度是：对单位的罚款最多不得超过 5 万元；对个人的罚款最多不得超过相当于本人 3 个月的基本工资。罚款一律归入审计部门所在单位的帐户上。

**第十九条** 对严重违反财经法纪负有直接责任的主管人员和其他直接责任人员，审计部门认为依法应当给予行政处分的，应当向审计部门所在单位行政首长提出给予行政处分的建议。审计部门所在单位或其上级机关应当依法及时作出决定。对于构成犯罪的，移交司法机关依法追究刑事责任。

**第二十条** 为适应内部审计部门工作需要，本单位的有关职能部门及下属单位，须及时向内部审计部门提供财务收支计划、信贷计划、外汇收支计划、预算、决算、报表、经济合同（协议），以及与财务经济活动有关的规章、制度、文件、资料等信息。

**第二十一条** 审计部门在坚持依法审计工作中，应当把握以下几点：

(一) 国务院各部门、地方政府及其部门与本单位在权限范围内制定的与国家法律、法规和政策无抵触的有关规定，都应当作为审计的依据。

(二) 下级政府、部门的规定与上级政府、部门的有关规定相抵触时，除国家另有特殊规定外，应以上级政府、部门的规定为审计的依据；

(三) 政府各部门之间的有关规定不一致时，应以法律、行政法规授权的主管部门的规定为审计的依据；

(四) 对审计中发现的重大问题，没有明确法规依据的，应当请示上级审计机关。

**第二十二条** 内部审计部门对办理的审计事项和审计复议事项，必须建立审计档案，按照规定要求将审计文件和资料及时整理归档，妥存备查。

**第二十三条** 对于执行本办法表现突出的单位和个人，给予表彰奖励。对于严重违反本办法规定的单位和个人，由其主管单位根据情节轻重给予行政处分、经济处罚，或者提请有关部门处理。

**第二十四条** 国家地震局所属各单位可以根据本办法，结合本单位的具体情况，制定审计工作规章。

**第二十五条** 本办法由审计署驻国家地震局审计局负责解释。

**第二十六条** 本办法自发布之日起实行。1991年4月23日发布的《国家地震局内部审计工作暂行规定》同时废止。

# 地震与地震灾害

这一部分包括两方面内容：一是对我国及全球一年来地震活动的综述，我国及世界震害情况简介；二是将一年来我国各地地震活动性及破坏性地震震害的宏观考察加以记载。从中既可纵览地震大形势，又可了解有关地震事件的基本情况。

# 1995年地震活动综述

## 一、中国地震活动概况

1995年我国共发生5级以上地震48次（大陆及近海地区30次，台湾地区17次，南海1次），其中6级以上地震8次（中缅边境2次，云南1次，北部湾1次，青海1次，台湾地区3次）。大陆地区最大为7月12日中缅边境7.3级地震；台湾地区最大为2月23日花莲6.6级地震（图1）。大陆地震中强以上地震活动的频度和强度连续2年保持较高活动水平和增强趋势，7级强震呈现连发趋势。

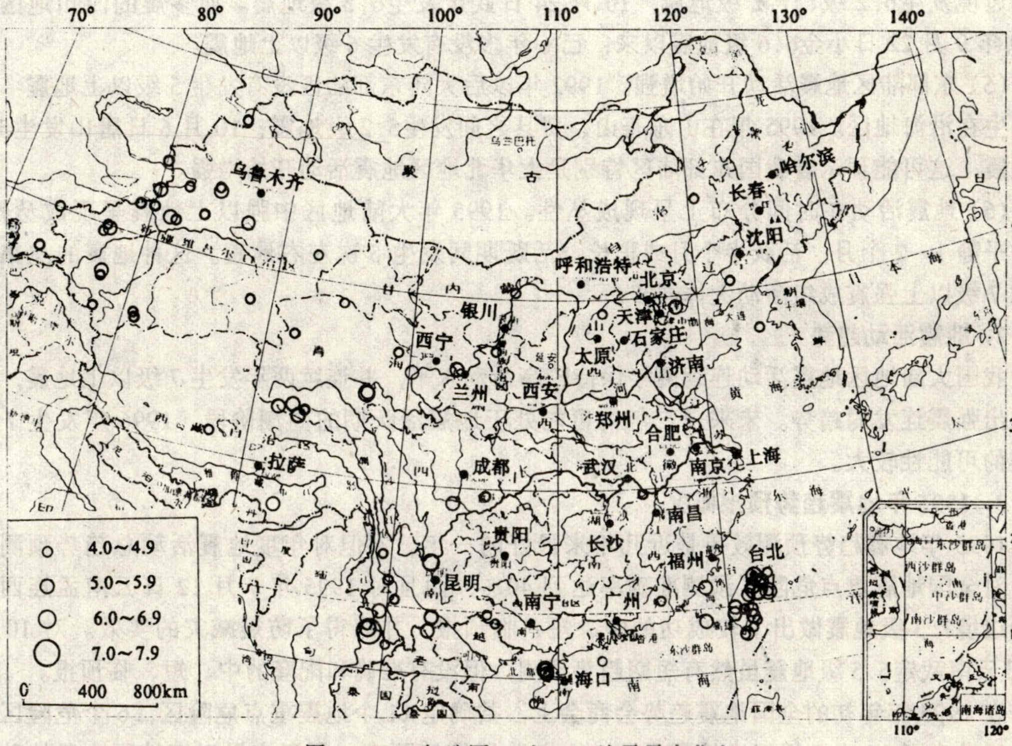


图1 1995年我国 $M_S \geq 4.0$ 地震震中分布

### 1. 1995年我国大陆地区地震活动时、空、强特征

(1) 地震活动总体水平持续1994年以来的高活动状态和增强趋势。大陆地区发生5级以上地震30次，明显高于本世纪以来每年20次的平均水平。6级以上强震活动的频度和强度除台湾地区明显减弱外，大陆地区总体水平略高于1994年，继续保持1994年以来高活动状态和增强趋势。

(2) 中缅边境7.3级地震打破内陆地区7级地震的平静。1995年7月12日中缅边境7.3

级地震，打破了1992年8月以来我国西部及邻区无7级地震的局面，如果把7.3级地震统计在中国大陆西部地区内，则打破了自1990年4月青海共和7.0级地震后62个月无7级地震的平静。如果以大陆及近海地区来统计，1994年9月16日台湾海峡7.3级地震和1995年7月12日中缅边境7.3级地震相隔不到10个月。1995年10月24日武定又发生6.5级地震，已构成强震连发。

(3) 中强地震分布范围较广。1995年5级以上地震分布在云南（8次）、新疆（6次）、青海（6次）、广西（3次）、福建（2次）、甘肃（1次）、西藏（1次）、四川（1次）、山东（1次）、河北（1次）等10个省（区），分布范围较广。但中强以上地震主要活动区域，1995年上半年在东南沿海地震带，发生了5次5级以上地震，包括1次6.2级地震，这是上半年大陆及近海地区最大的地震。1995年7月以后主要活动区域转移到南北地震带，并在南北地震带两端交替活动。北段发生2次5～6级中强地震，南段发生6.2级、7.3级、6.5级强震。

(4) 云南强震活跃，四川6级地震平静。云南地区1995年下半年强震活跃，7月12日中缅边境发生6.2级、7.2级地震，10月24日武定发生6.5级地震。而多震的四川地区自1989年9月22日小金6.6级地震以来，已6年多没有发生6级以上地震。

(5) 东部陆区地震活动开始增强。1992年以后大陆东部陆区没有发生5级以上地震，主要发生在沿海地区。1995年在山东苍山、费县之间发生5.2级地震；10月6日唐山发生5.0级地震，这可能预示着我国东部陆区特别是大华北地区地震活动开始增强。

(6) 地震活动在时间分布上呈现成丛性。1995年大陆地区中强以上地震呈现成丛性，大约平静1～2个月，活跃半个月或稍长，活跃期间发生5次左右地震。这种地震的丛集和全球7级以上强震成组活动大体同步。

**2. 地震活动趋势**

我国大陆地区地震活动连续两年保持较高活动水平，并连续两年发生7级以上地震，已呈现出强震连发的趋势。未来一二年内可能处于地震活跃期的高潮阶段，1996年发生7级地震的可能性较大。

**3. 1995年地震趋势预报概况**

1995年地震趋势预测效果是近几年来最好的一年。不但对年度地震活动总趋势预测正确，对全国地震重点危险区预测准确率达到40%，而且对1995年7月12日云南孟连西南中缅边境7.3级地震做出了较成功的中、短、临预报，并取得了防震减灾的实效。对10月24日云南武定6.5级地震虽然有短期趋势预测，但没有准确和配套的中、短、临预报。

在1995年年初的全国地震趋势会商会上，共确定11个地震重点危险区，6个危险区或其边缘发生了13次5级以上地震，这6个危险区即滇西南、闽粤交界近海地区、粤桂琼交界近海地区、北天山地震带西部地区、南天山地震带西部地区、祁连山中西部及甘青交界地区。

## 二、全球地震活动概况

根据我国地震速报台网测定，1995年全球共发生$M_S \geqslant 7.0$地震33次，最大为智利北部、所罗门群岛、墨西哥3次7.8级地震（见图2）。从全球强震活动的频度、强度和活动范围等综合分析认为，全球地震活动已进入高活跃时段。

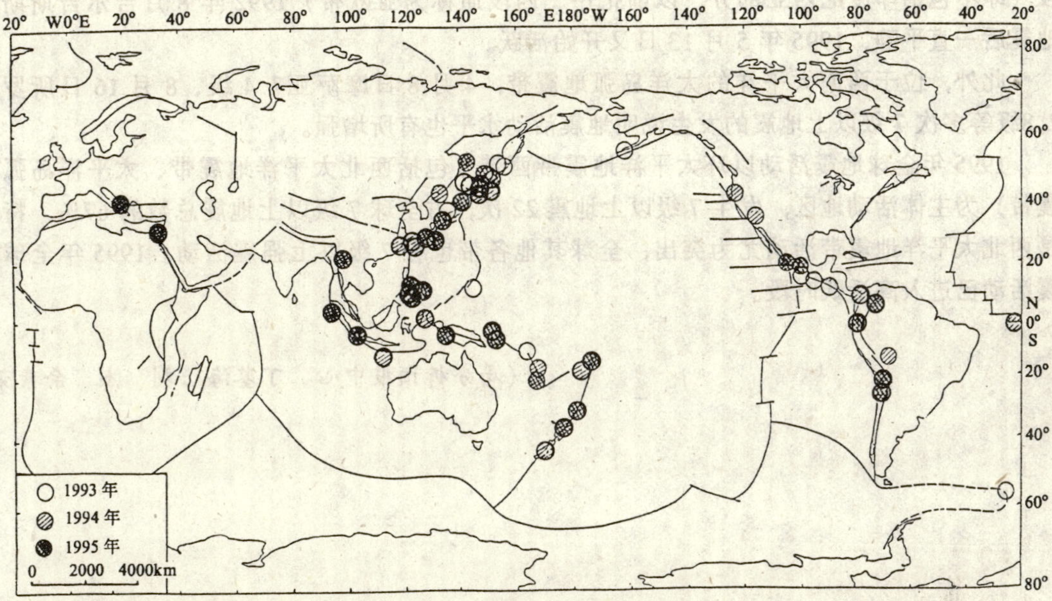


图 2　全球 $M_S \geqslant 7.0$ 地震震中分布图(1993～1995)

1995 年全球地震活动时、空、强主要有以下特征：

**1. 强震频度高**

今年全球发生 7 级以上地震 33 次，大大高于本世纪以来年平均 18 次的水平，是 1958 年以来 7 级以上地震频次最高的年份。本世纪以来，7 级以上地震年频次最高年份是 1943 年（40 次），其次是 1946 年和 1957 年（均为 34 次）。由此可见，1995 年强震频度之高是本世纪以来少见的。

**2. 地震活动强度增强**

1995 年发生 3 次7.8 级大震（注：4 月 8 日萨摩亚群岛7.4 级和 12 月 4 日千岛群岛7.6 级地震美国均定为8.0 级地震)。1995 年地震释放能量为$2.76\times10^{17}$J，明显高出 1980 年以来历年地震释放的能量。7 级以上地震活动强度迅速增强。

**3. 强震活动范围广**

1995 年全球主要地震带，环太平洋地震带和亚欧地震带全面活跃，强震活动频度和强度明显增强，整体活动范围广、规模大。

(1) 西北太平洋地震带强震持续活跃。由图 2 看出西北太平洋地震带 1993 年后开始活跃，特别是 1994 年 5 月 24 日～1995 年活动明显增强。全球 7 级以上地震有 47%以上集中在西北太平洋地震带，其中 1994 年发生 9 次 7 级以上地震，1995 年发生 15 次 7 级以上地震，频度之高是前几年所未有的。

(2) 东太平洋地震带强震活动增强。1995 年东太平洋地震带发生 7 级以上地震 6 次，包括 7 月 30 日智利和 9 月 14 日墨西哥 2 次7.8 级地震。7 级以上地震的频度和强度均比 1993、1994 年增强。

(3) 亚欧地震带强震活动增强。1995 年亚欧地震带上发生 7 级以上地震 5 次，包括 5 月 31 日希腊7.0 级、7 月 12 日中缅边境7.3 级、10 月 7 日印度尼西亚7.5 级、11 月 8 日印度尼西亚7.3级以及11月22日沙特阿拉伯7.5级地震。对中国大陆影响较大的亚欧带中、西段（即不包括印度尼西亚部分，以前把中、西段通称为亚欧带）1992年8月吉尔吉斯斯坦地震后一直平静，1995年5月13日又开始活跃。

此外，位于西南太平洋的大洋岛弧地震带，4月8日摩萨亚7.4级、8月16日所罗门7.8级等多次7级以上地震的发生说明地震活动水平也有所增强。

1995年全球地震活动以环太平洋地震带西带（包括西北太平洋地震带、太平洋岛弧地震带）为主体活动地区，发生7级以上地震22次，占全球7级以上地震总数的67%，特别是西北太平洋地震带活动尤为突出，全球其他各带也有7级以上强震活动。1995年全球地震活动已进入高活跃时段。

（局分析预报中心　丁鉴海　刘　杰　余素荣）

# 1995年中国大陆地震灾害述评

## 一、地震灾害情况

1995年中国大陆地区有17次地震成灾事件，造成85人死亡，985人重伤，14039人轻伤；房屋390430m$^2$毁坏，1566240m$^2$严重破坏，4738410m$^2$中等破坏，14355060m$^2$轻微破坏；直接经济损失11.6355亿元。涉及约194个乡镇，261万人口。

10月24日云南武定6.5级地震灾害是1995年中国大陆地区最严重的一次，其伤亡和直接经济损失分别约占全年总数的2/3，这次地震灾害波及云南省昆明市和四川省部分地区。其次是7月12日中、缅边界云南孟连7.2级地震和7月22日甘肃永登5.8级地震，后者地震灾害影响到青海省境内。这两次地震的死亡人数都超过10人，直接经济损失都超过亿元。

云南省继1993年遭受5次地震灾害之后，1994年地震灾害减至1次，1995年又升至4次。1995年云南省地震灾害所造成的人员伤亡及经济损失是自1989年以来最严重的一年，占1995年中国大陆地震总损失的80%以上，成为这一年地震灾害最重的省份。1994年没有地震灾害的新疆1995年遭受5次地震灾害，其次数居全国各省区之首。四川省1995年地震灾害次数与1994年大致相当（1994年2次），遭受3次地震灾害。青海省1995年有3次地震灾害。北部湾继1994年末6.1级地震之后，1995年1月10日又发生了6.2级地震，灾害波及到海南、广东地区。自1992年以来一直没有出现5.0级以上地震灾害的中国东部地区，1995年山东、河北两省各遭受一次地震灾害。云南省地震局对7月中旬中缅边界云南孟连系列地震准确地提出了短临预报意见，当地政府及时采取了措施，因此大大地减少了人员伤亡。

表1和表2分别列出了1995年中国大陆地震灾害和受灾范围统计数字。

**表1　1995年中国大陆地震灾害损失统计**

| 序号 | 时间（月 日 时 分） | 地点 | 震级 $M_S$ | 人员伤亡/人 | | | 房屋破坏/m$^2$ | | | | 直接经济损失/万元 |
|---|---|---|---|---|---|---|---|---|---|---|---|
| | | | | 死亡 | 重伤 | 轻伤 | 毁坏 | 严重 | 中等 | 轻微 | |
| 1 | 1 10 18 09 | 北部湾 | 6.2 | 0 | 2 | 32 | 0 | 20400 | 28000 | 62200 | 991① |
| | | | | 1 | 0 | 3 | | | | | 不计② |
| 2 | 2 18 8 14 | 云南沧源 | 5.1 | 0 | 0 | 0 | 0 | 670 | 31460 | 86770 | 730 |
| 3 | 3 19 2 02 | 新疆和硕 | 5.1 | 0 | 0 | 0 | 0 | 30 | 40 | 29080 | 45 |
| 4 | 4 25 0 13 | 云南金平 | 5.6 | 0 | 3 | 17 | 0 | 4320 | 9560 | 45650 | 1100 |
| 5 | 4 26 11 46 | 四川沐川 | 5.1 | 0 | 2 | 3 | 4360 | 17420 | 69670 | 204660 | 1481 |
| 6 | 5 2 19 48 | 新疆乌苏南 | 5.8 | 2 | 3 | | 1360 | 1200 | 3150 | 4000 | 97 |
| 7 | 5 29 5 46 | 新疆吉木乃 | 5.0 | 0 | 0 | 0 | 1350 | 9840 | 13860 | 38260 | 384 |
| 8 | 7 9 23 56 | 青海共和 | 5.3 | 0 | 0 | 0 | 0 | 0 | 10160 | 14640 | 165 |

续表

| 序号 | 时间（月 日 时 分） | 地点 | 震级 $M_S$ | 人员伤亡/人 | | | 房屋破坏/$m^2$ | | | | 直接经济损失/万元 |
|---|---|---|---|---|---|---|---|---|---|---|---|
| | | | | 死亡 | 重伤 | 轻伤 | 毁坏 | 严重 | 中等 | 轻微 | |
| 9 | 7 12 5 46 | 中缅边界 | 7.3 | 11 | 26 | 110 | 870 | 277260 | 884260 | 1882570 | 20550 |
| 10 | 7 22 6 44 | 甘肃永登 | 5.8 | 10 | 77 | 515 | 31560 | 81950 | 194400 | 727800 | 6779③ |
| | | | | 2 | 1 | 1 | 36310 | 64430 | 31420 | 680790 | 3788④ |
| 11 | 9 20 11 14 | 山东苍山 | 5.2 | 0 | 52 | 253 | 40 | 180 | 1330 | 2150 | 970⑤ |
| | | | | 0 | 4 | 11 | 0 | 0 | 0 | | ⑥ |
| 12 | 9 26 12 39 | 新疆拜城 | 5.3 | 0 | 0 | 1 | 0 | 2880 | 22090 | 49830 | 352 |
| 13 | 10 6 6 26 | 河北唐山 | 5.0 | 0 | 0 | 3 | 0 | 0 | 6890 | 67560 | 194 |
| 14 | 10 24 6 46 | 云南武定 | 6.5 | 58 | 808 | 13007 | 254520 | 983440 | 2999190 | 8533010 | 74383⑦ |
| | | | | 1 | 6 | 82 | 60060 | 99120 | 407400 | 1853370 | 3614⑧ |
| 15 | 11 1 20 29 | 新疆昭苏西北 | 5.2 | 0 | 0 | 0 | 0 | 0 | 0 | 48000 | 58⑨ |
| 16 | 12 18 12 57 | 青海玛多 | 6.2 | 0 | 0 | 0 | 0 | 0 | 13740 | 6250 | 218 |
| 17 | 12 26 11 31 | 四川荥昌 | 4.5 | 0 | 1 | 1 | 0 | 3100 | 11790 | 18470 | 456 |
| 合计 | | | | 85 | 985 | 14039 | 390430 | 1566240 | 4738410 | 14355060 | 116355 |

注：本表地震震级等参数均出自省地震局震害损失评估报告。①海南省境内；②广东省境内；③甘肃省境内；④青海省境内；⑤山东省境内；⑥江苏省境内；⑦云南省境内；⑧四川省境内；⑦⑧的统计结果含10月25日5.1级和3次5.0级地震的震害损失；⑨震中位于哈萨克斯坦国境内。

**表2　1995年中国大陆地震灾区范围统计**

| 序号 | 时间（月 日 时 分） | 地点 | 震级 $M_S$ | 灾区范围 | | | | | | 备注 |
|---|---|---|---|---|---|---|---|---|---|---|
| | | | | 乡镇/个 | 人口/万 | 各烈度区面积/$km^2$ | | | | |
| | | | | | | Ⅵ | Ⅶ | Ⅷ | Ⅸ | |
| 1 | 1 10 18 09 | 北部湾 | 6.2 | 7 | 15 | 250 | 0 | 0 | 0 | 海南省境内，震中距海口市140km |
| | | | | 15 | 58 | 31 | 0 | 0 | 0 | 广东省境内 |
| 2 | 2 18 8 14 | 云南沧源 | 5.1 | 3 | 1.7 | 170 | 0 | 0 | 0 | 乡村山区 |
| 3 | 3 19 2 02 | 新疆和硕 | 5.1 | | 8 | 196 | 0 | 0 | 0 | |
| 4 | 4 25 0 13 | 云南金平 | 5.6 | 2 | | 126 | 31 | 0 | 0 | 乡村、盆地 |
| 5 | 4 26 11 46 | 四川沐川 | 5.1 | 5 | 6.0 | 40 | 0 | 0 | 0 | 乡村、盆地低山区 |
| 6 | 5 2 19 48 | 新疆乌苏南 | 5.8 | 8 | | 760 | 0 | 0 | 0 | |
| 7 | 5 29 5 46 | 新疆吉木乃 | 5.0 | 7 | 0.8 | 1500 | 0 | 0 | 0 | |
| 8 | 7 9 23 56 | 青海共和 | 5.3 | 3 | 0.15 | 79 | 0 | 0 | 0 | 乡村，丘陵 |
| 9 | 7 12 5 46 | 中缅交界 | 7.3 | 39 | 57.7 | 10400 | 1580 | 110 | 0 | 云南省境内情况，震中位于缅甸 |
| 10 | 7 22 6 44 | 甘肃永登 | 5.8 | 5 | 22.4 | 1300 | 222 | 56 | 0 | 甘肃省境内 |
| | | | | 15 | 22.4 | 8 | 0 | 0 | 0 | 青海省境内，乡村山区 |
| 11 | 9 20 11 14 | 山东苍山 | 5.2 | | | 70 | 0 | 0 | 0 | 山东省境内 |
| 12 | 9 26 12 39 | 新疆拜城 | 5.3 | 9 | 1.7 | 6428 | 0 | 0 | 0 | |

续表

| 序号 | 时间（月 日 时 分） | 地点 | 震级 $M_S$ | 灾区范围 | | | | | | 备注 |
|---|---|---|---|---|---|---|---|---|---|---|
| | | | | 乡镇/个 | 人口/万 | 各烈度区面积/$km^2$ | | | | |
| | | | | | | Ⅵ | Ⅶ | Ⅷ | Ⅸ | |
| 13 | 10 6 6 26 | 河北唐山 | 5.0 | | 1.4 | 15 | 0 | 0 | 0 | |
| 14 | 10 24 6 46 | 云南武定 | 6.5 | 56 | 101.4 | 12380 | 4670 | 1270 | 320 | 云南省境内 |
| | | | | 22 | 18 | 1400 | 200 | 0 | 0 | 四川省境内，山区和河谷地区 |
| 15 | 11 1 20 29 | 新疆昭苏西北 | 5.2 | 6 | 2.5 | 0 | 0 | 0 | 0 | 震中位于哈萨克斯坦国境内 |
| 16 | 12 18 12 57 | 青海玛多 | 6.2 | 4 | 0.7 | | 0 | 0 | 0 | 震中为无人区，冰雪覆盖无法划出Ⅵ度以上区 |
| 17 | 12 26 11 31 | 四川荣昌 | 4.5 | 3 | 1.2 | 19 | 0 | 0 | 0 | 乡村、丘陵 |
| 合计 | | | | 194 | 261.1 | | | | | |

注：本表地震震级等参数均出自省局震害评估报告。

## 二、1990～1995年震害数据

表3列出了1990～1995年间的主要震害统计数据。

**表3 1990～1995年震害数据**

| 时间 | 项目 | | |
|---|---|---|---|
| | 死亡人数/人 | 受伤人数/人 | 直接经济损失/亿元 |
| 1990 | 127 | 2187 | 6.74 |
| 1991 | 3 | 554 | 4.42 |
| 1992 | 5 | 480 | 1.60 |
| 1993 | 9 | 381 | 2.84 |
| 1994 | 4 | 1378 | 3.29 |
| 1995 | 85 | 15024 | 11.64 |

## 三、1995年地震灾害的特点

(1) 地震灾害加重。1995年中国大陆地区受灾程度重于过去4年，伤亡人数和直接经济损失明显增高，见表3。

(2) 受灾区大多数仍在我国西部。若以东经107.5°为界将我国大陆地区分为东、西两部分，1995年17次地震灾害中的15次发生在西部，占总数的88.2%，与1994年的90%大致相当。

（3）中国西部受灾程度远远重于东部，这与1994年东部震害重于西部正好相反。

（4）震害最重的是云南省，其次是甘肃省；受灾次数最多的是新疆。

（5）东部地震自南方移到北方。东部北方打破了1992年以来的地震平静，1995年山东苍山和河北唐山两地的震害虽轻却引人注目。

（局震害防御司　陆　鸣　苗崇钢）

# 1995年世界地震灾害

## 一、世界地震灾害概要

1995年全世界发生不同程度的灾害地震29次，其中伤亡20人以上的地震19次，包括国内及边境地区4次。国外较重大灾震15次，其中，灾难性地震2次，一在日本兵库县南部，二在俄国萨哈林岛北部。灾害地震在当年143次6级以上地震中仅占13%；7级以上地震共计33次，成灾的8次，约占1/4（表1)。

在北美洲、欧洲和非洲大部均无重大灾害地震发生。重大灾害地震主要在亚洲和远东。

1995年全世界因地震死亡8752人，致伤约5.6万人。总共40万～50万幢各类建筑和民居倒塌或严重破坏。无家可归者约85万人；直接经济损失1220亿美元。仅1月17日阪神地震死亡人数6300人，占全世界地震死亡总数的72%；直接经济损失1000亿美元，占全世界损失总额的98%。

地震灾情与往年比较，死亡人数大约相当于1980～1994年地震死亡人数的平均值(12623人/15年)；低于1900年以来95年期间平均数15621人（1484000人/95年)；也低于1990～1994年期间地震死亡人数的平均数15707人（78537/5年)；亦非“地震伤亡人数的万人年”(即发生1次或1次以上死亡万人的地震的年份。初步统计，在大约4000年期间有大约130个“万人年”。据R. A. 甘斯)。然而比近2000年以来（公元10年至1994年）地震死亡人数的平均3014人高1.9倍至2倍。所以，就地震死亡人数来看，是中等偏重的一年；就地震经济损失而言，则是有史以来最为惨重的一年。损失数额大约是1990～1994年年均损失额14亿的80倍；是1990～1994年年均损失额58亿的20倍；是去年（1994年177亿～200亿）的6倍。

## 二、世界主要灾害地震

**1. 日本兵库县南部地震（阪神地震）**

1月17日当地时间早上5时许，阪神7.2级地震（日本气象厅测震级。中国地震台网速报震级$M_S$7.4；美国USGSNEIC测震级$M_S$6.8)，被称为典型的“直下型地震”（城下地震或称作城区地震——《震情分析》1996.1)，地震使各种现代化建筑和民居84421座倒塌，有大约20万幢遭到严重破坏。神户全市136万人口，地震死亡6300人，其中华侨和留学等人员52人。伤约3.7万人。震后初期有35万人无家可归。直到1年后，仍有上万人住在“临时避难所”。地震使城市生命线工程设施严重破坏甚致完全瘫痪。城市交通堵塞或断绝，通讯和供电中断，自来水和煤气管道破裂，断了水路，又因煤气泄露和电线短路引起火灾不能及时扑救，大火持续两三天。约有500多起火灾烧毁市区总面积1.043km$^2$。地震使神户市和港口码头的各种活动陷于瘫痪，作为日本第二大港的神户港（大约180个泊位）80%的泊位遭破坏。地震直接经济损失95亿～1400亿美元，相当于日本全国年生产总值(4.5万亿美元)的2.2%；约相当于兵库县年产值（约1800亿美元）的1/2。据悉重建神户需10年，资金千亿美元。给日本造成二战后50年的最严重破坏和损失；是1923年日本关东地震后70年来最惨重的一次地震灾害。阪神地震的发生和重大破坏也震动了全世界；为城市地震减灾等各方面工作提供非常可贵的经验和教训。

**2. 俄罗斯萨哈林岛北部地震**

5月27日当地时间晚上10时左右突然发生7.6级地震，彻底毁掉了一座“石油城”。位于俄国远东萨哈林岛北部的涅夫捷戈尔斯克，是只有3000人口的一个以产石油为主的市镇。地震几乎将全市人口埋在废墟下，死亡1989人，重伤约740人，伤亡总数占全市人口的90%。破坏各种采油设施包括230口油井、总长约45km的输油管道、11处输油站和1km多的煤气管道。大火烧毁不少设备和民居。直接经济损失3300亿卢布，约合6500万美元。

**3. 希腊两次地震**

5月13日当地时上午10时，希腊西北部重镇格雷韦纳和卡扎尼地区7级地震，造成大约1.2万套房屋、建筑倒塌或损毁，8000多人无家可归，经济损失4.5亿美元。25人受伤，无死亡报道。

6月15日当地时间凌晨3时希腊的科林西亚湾艾伊翁地区发生6.7级地震。港口城市爱琴市严重破坏，包括2000多座房屋和各种建筑物。死亡26人包括10名法国游客，大约1500人无家可归。伤100多人。直接经济损失6.6亿美元。

据悉，希腊地震学家用“VAN”法预测了5月13日的地震，曾与日本地震学家通信联系讨论过有关问题。

**4. 土耳其地震**

10月1日当地时间下午5时土耳其西部阿非翁省迪纳尔县发生6.1级地震，该地区45%的房屋建筑物倒塌或严重破坏，包括市政府和警察办公大楼等5000多套及各种设施。101人死亡，348人受伤，大约5万多人无家可归。

**5. 印度尼西亚苏门答腊岛中部地震**

10月7日当地时间子夜2时，苏门答腊岛中部占碑省葛林芝火山地区发生7.5级地震，双西珀努镇和邻近乡镇大约1.9万座房屋建筑遭破坏，包括数十座楼房，5.5万人无家可归。地震死亡84人，伤2178人。多处塌方和路陷。又逢倾盆大雨，灾情加重。地震波及新加坡，高层建筑摇晃，市民惊慌失措。

**6. 中东亚喀巴湾地震**

11月22日当地时间上午6时，在埃及、约旦和以色列交界地带的红海北部亚喀巴湾发生7.5级地震，沿岸的几个海港城市和滨海村镇受到不同程度破坏。地震波及包括埃及、约旦、以色列、巴勒斯坦和沙特阿拉伯等5个国家。死亡10人，伤69人。经济损失估计数百万美元。

**7. 墨西哥2次地震**

9月14日当地时间上午8时格雷罗州和瓦哈卡州7.5级地震，使1000套房屋建筑遭破坏，3人死亡，百人受伤，大约900人无家可归。

10月9日当地时间上午9时科利马州7.8级地震，造成1500套各种房屋建筑倒塌和严重破坏，地震死亡69人，伤300多人。

**8．哥伦比亚3次地震**

哥伦比亚分别于1月19日（卡萨纳雷州，震级7.0，死7人，伤38人），2月8日（山谷省，震级6.5,死亡42人，伤约600人）和8月19日（卡尔达斯，震级$M_W$6.6，伤2人）发生三次地震。其中2月8日地震灾情较重，经济损失1000万～3000万美元。

**9．智利北部地震**

7月30日当地时间凌晨1时智利北部安托法加斯塔发生7.8级地震，造成116栋房屋和建筑物倒塌或严重破坏。滑坡阻塞数条公路。地震死亡3人，伤58人，63人无家可归。有轻度海啸。

**表1　1995年世界重要地震目录**

| 序号 | 月 | 日 | 时分秒(GMT) | 纬度(°) | 经度(°) | 深度/km | $M_S$ 中国 | $M_S$ NEIC | 地点 | 经济损失/亿美元 | 死亡人数 | 受伤人数 |
|---|---|---|---|---|---|---|---|---|---|---|---|---|
| 1 | 1 | 6 | 22 37 38 | 40.2N | 142.3E | 27 | 7.1 | 7.8$M_W$ | 日本岩手县、青森县 | 0.1～0.5 | 1 | 20 |
| 2 | 1 | 16 | 20 46 51 | 34.6N | 135.0E | 16 | 7.4 | 7.2 | 日本兵库县南部阪神地区 | 1000 | 6300 | 36896 |
| 3 | 1 | 19 | 15 05 04 | 5.1N | 72.9W | 17 | 7.0 | 6.6 | 哥伦比亚卡萨纳雷州 | 0.01～0.05 | 7 | 38 |
| 4 | 2 | 8 | 18 40 25 | 4.1N | 76.6W | 74 | | 6.5 | 哥伦比亚山谷省 | 0.1～0.3 | 42 | 600 |
| 5 | 2 | 23 | 05 19 02 | 24.1N | 121.6E | 41 | 6.6 | 6.2 | 台湾花莲东北 | 0.01 | 2 | 14 |
| 6 | 2 | 23 | 21 03 02 | 35.0N | 32.3E | 10 | | 5.7 | 塞浦路斯 | 0.01～0.05 | 2 | 20 |
| 7 | 4 | 7 | 22 06 58 | 15.2S | 173.6W | 31 | 7.4 | 8.0 | 西萨摩亚汤加群岛 | 0.01 | | 9 |
| 8 | 4 | 21 | 00 34 47 | 12.1N | 125.9E | 33 | 7.5 | 7.3 | 菲律宾萨马岛 | 0.01 | | 3 |
| 9 | 5 | 13 | 08 47 13 | 40.1N | 21.7E | 14 | 7.0 | 6.6 | 希腊卡扎尼 | 4.5 | | 25 |
| 10 | 5 | 14 | 11 33 19 | 8.4S | 125.1E | 11 | | 6.9 | 东帝汶 | 0.05 | 17 | 26 |
| 11 | 5 | 27 | 13 03 53 | 52.6N | 142.8E | 11 | 7.6 | 7.5 | 俄国萨哈林岛北部 | 1.1 | 1989 | 745 |
| 12 | 6 | 15 | 00 15 49 | 38.4N | 22.5E | 14 | (6.7) | 6.5 | 希腊科林西亚湾 | 6.6 | 26 | 100 |
| 13 | 6 | 25 | 06 59 06 | 25.5N | 121.7E | 41 | 6.2 | 5.5 | 台湾省宜兰以南 | | 1 | 3 |
| 14 | 6 | 29 | 23 03 50 | 22.0N | 99.0E | 33 | | 5.1 | 云南省孟连中缅边境 | 0.01 | | 7 |
| 15 | 7 | 11 | 21 46 40 | 21.9N | 99.2E | 13 | 7.3 | 7.2 | 云南省孟连中缅边境 | 0.15～0.2 | 9 | 102 |
| 16 | 7 | 21 | 22 44 08 | 36.4N | 103.9E | 33 | 5.8 | 5.4 | 甘肃永登、皋兰地区 | 0.05～0.1 | 14 | 540 |

续表

| 序号 | 月 | 日 | 时分秒(GMT) | 纬度(°) | 经度(°) | 深度/km | $M_S$ 中国 | $M_S$ NEIC | 地点 | 经济损失/亿美元 | 死亡人数 | 受伤人数 |
|---|---|---|---|---|---|---|---|---|---|---|---|---|
| 17 | 7 | 30 | 05 11 24 | 23.4S | 70.3W | 47 | 7.8 | 7.3 | 智利安托法加斯塔 | 0.05～0.1 | 3 | 58 |
| 18 | 8 | 16 | 10 27 26 | 5.8S | 154.2E | 16 | 7.8 | 7.8 | 巴布亚新几内亚 | <0.01 | | 5 |
| 19 | 9 | 14 | 14 04 32 | 16.8N | 98.6W | 21 | 7.5 | 7.2 | 墨西哥格雷罗州 | 0.3～0.5 | 3 | 100 |
| 20 | 10 | 1 | 15 57 16 | 38.1N | 30.2E | 33 | | 6.1 | 土耳其西部 | 2 | 101 | 348 |
| 21 | 10 | 3 | 01 51 24.1 | 2.8S | 77.9W | 27 | 7.3 | 7.0 | 秘鲁厄瓜多尔 | 0.01 | 2 | 5 |
| 22 | 10 | 6 | 18 09 46 | 2.1S | 101.4E | 33 | 7.5 | 6.9 | 印尼占碑省 | 1～1.5 | 84 | 2178 |
| 23 | 10 | 9 | 15 35 55 | 19.2N | 104.2W | 33 | 7.8 | 7.3 | 墨西哥科利马州 | 0.6～1 | 69 | 300 |
| 24 | 10 | 18 | 10 37 26 | 27.9N | 130.3E | 27 | 7.4 | 6.8 | 琉球群岛北部 | <0.05 | | 1 |
| 25 | 10 | 23 | 22 46 54 | 25.9N | 102.2E | 33 | 6.5 | 6.4 | 云南武定禄劝 | 0.1～0.3 | 53 | 14000 重伤815 |
| 26 | 11 | 1 | 00 35 32.3 | 30.0S | 75W | 20 | 7.1 | 6.4 | 智利中部 | <0.01 | | 1 |
| 27 | 11 | 8 | 07 14 19 | 1.9N | 95.1E | 33 | 7.3 | 6.9 | 印度尼西亚苏门答腊 | 0.02 | | |
| 28 | 11 | 22 | 04 15 12 | 28.8N | 34.9E | 10 | 7.5 | 7.3 | 亚喀巴湾中部 | <0.04 | 10 | 69 |
| 29 | 12 | 19 | 20 56 06 | 15.3N | 90.1W | 10 | | 4.8 | 危地马拉 | | 1 | 1 |

(局地球物理研究所　赵荣国　李卫平)

# 各地区地震活动

## 首都圈地区

根据北京地震台网的测定结果统计，1995年首都圈(38.5°～41°N, 113°～120°E)共发生 $M_L \geqslant 1.0$ 地震823次，$M_L \geqslant 2.0$ 地震242次，$M_L \geqslant 3.0$ 地震27次，$M_L \geqslant 4.0$ 地震2次，$M_L \geqslant 5.0$ 地震1次。最大地震是10月6日发生在唐山余震区陡河东(39°45′N, 118°47′E)的 $M_L 5.3$ 地震。这次地震是唐山余震区在1991年之后又一次明显的起伏活动，也是首都圈自1991年以来发生的又一次5级地震。1995年地震活动的另一个显著情况是7月20日在河北沙城发生 $M_L 4.1$ 地震震群活动，截止10月23日，在96天中发生0级以上地震179次，1.0～1.9级地震80次，2.0～2.9级地震29次，3.0～3.9级地震3次，4.0～4.9级地震1次。据统计，这次震群活动是沙城地区自1970年以来持续时间最长的一次震群活动，也是首都圈近年来持续时间最长的一次震群活动。根据对沙城震群各参数的计算结果分析，大致判定该震群为前兆性震群。

1995年本区地震活动主要分布在唐山余震区以及宝坻—怀来—集宁的北西（图）。1994年提出的在宝坻及其周围地区约40km范围内出现的2级以上地震的平静现象已被打破。1995年首都圈3级以上地震次数明

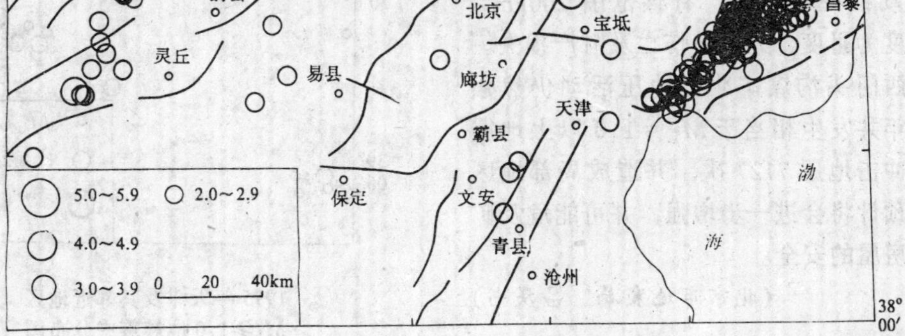


1995年首都圈 $M_L \geqslant 2.0$ 地震震中分布图

显高于 1994 年（13 次）。

综上所述，1995 年首都圈的地震活动明显打破 1992 年以来持续的低水平状态，无论是强度还是在频度上都有明显提高。

（局分析预报中心　吕梅梅　王慧敏）

## 北　京　市

根据北京遥测地震台网资料，1995 年北京市辖区内共发生地震 107 次。其中 $M_L<1.0$ 地震 53 次；$1.0\leqslant M_L\leqslant 1.9$ 46 次；$2.0\leqslant M_L\leqslant 2.9$ 7 次；$3.0\leqslant M_L\leqslant 3.9$ 1 次。活动水平略高于 1994 年。从时间分布上看，无论地震的强度还是发生的频度都集中在 10 月和 11 月。空间分布上，主要集中在北京北部地区（北纬 40°以北），占总数的 65％以上；南部地区的房山区上房山一带微震活动频繁，但都在 $M_L1.0$ 以下。1995 年总体活动趋势与华北地区的地震活动相似。

该区内最大的一次地震发生在 10 月 22 日，$M_L=3.1$，地点在延庆县西拨子村（40°24′N，116°06′E）。此次地震仅八达岭一带少数人有感。其次发生在 1 月 31 日，$M_L=2.8$，地点在怀柔县马道路村（40°25′N，116°33′E）。宏观震中在怀柔县三渡河—红螺镇一带。当地震感明显，听到地声，感到上下颠动或左右摇晃。有感范围 200km²。震中烈度为Ⅲ度，无人员伤亡及财产损失。

京西门头沟煤矿冲击地压活动仍然强烈，全年共发生相当于 $M_L=1.0$ 以上地震强度的冲击地压 7127 次，并造成局部地区有感。预计将会进一步增强，并可能危及矿区上部房屋的安全。

（北京市地震局　吕庆书）

## 天津及其邻区

1995 年天津及其邻近地区（38°30′～40°30′N，116°40′～118°10′E）共发生 78 次 $M_L\geqslant 1.0$ 地震，分区、分级统计情况见表 1，空间分布见图。

**表 1　1995 年天津及其邻近地区 $M_L\geqslant 1.0$ 地震分区、分级统计**

| 地　区 | $M_L$ 1.0～1.9 | 2.0～2.9 | 3.0～3.9 | 总计 | $M_{max}$ | $b$ |
|---|---|---|---|---|---|---|
| 北部地区 | 22 | 2 | 1 | 25 | 3.4 | 0.81 |
| 南部地区 | 7 | 4 | 0 | 11 | 2.5 | |
| 宁河—汉沽 | 19 | 22 | 1 | 42 | 3.0 | 0.85 |
| 全　区 | 48 | 28 | 2 | 78 | 3.4 | 0.83 |

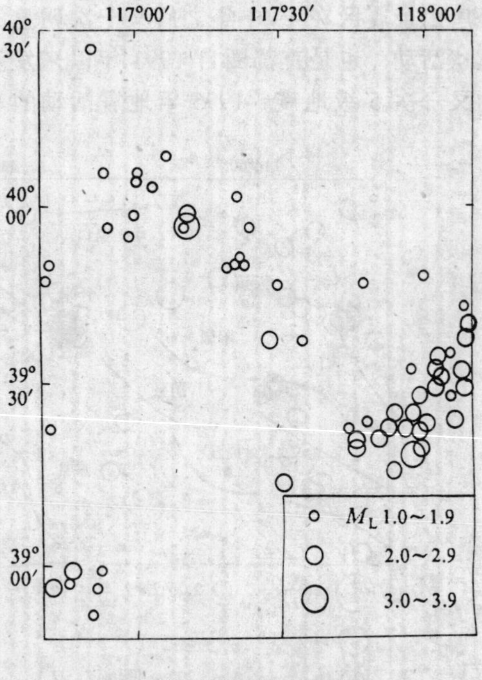


1995 年天津及其邻近地区
$M_L\geqslant 1.0$ 地震震中分布图

以上统计表明，1995 年天津及其邻近

地区$M_L \geqslant 1.0$地震，半数以上发生在唐山余震区西南端的宁河—汉沽地区，25次发生在北部地区，11次发生在南部地区。全年最大地震为$M_L3.4$；$b$值在0.81～0.85之间，表明地震活动强度水平较低。

1995年10月6日，唐山以东（39°40′N，118°20′E）发生$M_S4.9$地震，这是自1991年6月以来，在天津邻近地区发生的强度最高的一次地震。地震时，天津市普遍有感，烈度达Ⅲ～Ⅳ度。

（天津市地震局　王俊国）

# 河　北　省

据河北省地震台网测定，1995年河北省及京津地区共发生地震1382次，$M_L<2.0$地震1112次，$2.0 \leqslant M_L \leqslant 2.9$地震246次，$3.0 \leqslant M_L \leqslant 3.9$地震25次，$M_L \geqslant 5.0$地震1次，最大地震为1995年10月6日滦县$M_S5.0$地震。

1995年河北省及邻近地区发生了多次小震群活动，特别是1995年7月20日涿鹿震群持续时间长达半年多，表现出震级大、持续时间长、衰减异常的特点。

1995年河北省及京津地区的地震活动情况表明：小震频度虽比1994年有所回升，达到1382次，但比年均小震频度低。3级以上地震频度也较前三年有所回升，达到26次，但比年均值小。地震能量释放有较大回升。

据河北省地震月报目录统计，小震空间分布，唐山老震区占50.6%，比去年有所降低，邢台老震区占9.8%，比去年略低，表明其它地区小震活动增多。燕山带地震活动比去年有所加强，特别是张家口地区发生了5次3级以上地震和一组震群活动（图）。

1995年7月20日涿鹿县杏园村发生的$M_L4.1$地震，造成一定程度的破坏，直接经济损失达40万元。

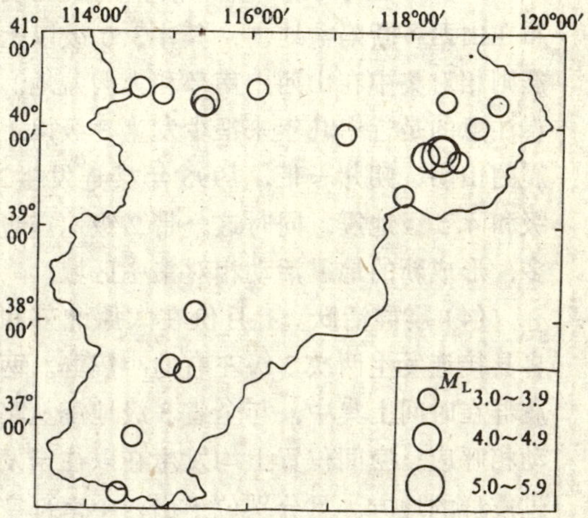


1995年河北省$M_L \geqslant 3.0$地震震中分布图

（河北省地震局　刘继禄）

# 山　西　省

1995年山西省共发生$M_L \geqslant 1.0$地震388次。其中，$2.0 \leqslant M_L \leqslant 2.9$地震110次，$3.0 \leqslant M_L \leqslant 3.9$地震14次，4.0级以上地震1次，即11月13日发生在朔州的4.5级地震（图）。与往年相比，1995年山西省地震活动有如下特点：

（1）全省地震总频次和总强度是1989年以来最低的一年。1995年1.0级以上地震的年频次低于1980年以来460次的年均值，仅占年均值的84%。1989年以来全省4级以上地震频次逐年减少，由1989年的20次减少到1994年的1次，1995年虽然也为1次，但震级低于1994年(4.8级)。

（2）地震活动在时间序列上具有丛集活动的特点，3级以上地震活动几乎都集中在1～2月和9～12月两个时段内，15次3级以上地震中有7次发生在第一时段，6次发生在第二时段。与华北4级以上地震活动在时间上具有同步性。

(3) 从地震的空间分布看，地震主要分布在山西各断陷盆地内，其中3.0级以上地震则相对集中在山西中南部和大同盆地。值得注意的是近十几年来很少发生3级以上地震的山阴、朔州一带，1995年接连发生3.5级和4.5级地震，同时这一带2级地震也增多，形成新的地震活动相对集中区域。

(4) 震群活跃。1月份在太原北郊和闻喜县接连发生两次3级左右的小震群。两次震群在时间上集中，与全省3级地震丛集活动相呼应；空间位置上均发生在以往未发生过震群的地方，且分别位于山西中南部空区的南北两端。

综上所述，1995年山西地震活动水平是1989年以来最低的一年；时间序列表现为3级以上地震和小震群丛集活动，且与华北4级以上地震相呼应；空间上出现新的地震活动集中区域和新的震群活动场所。综合分析认为，1995年山西地震活动相对平静的状态是暂时的，因为目前地震活动性指标存在一定数量的异常，预测1996年或稍长时间内，山西地区发生$M_L \geqslant 5.0$地震的可能性较大，山西中南部和大同盆地南部是值得注意的地区。

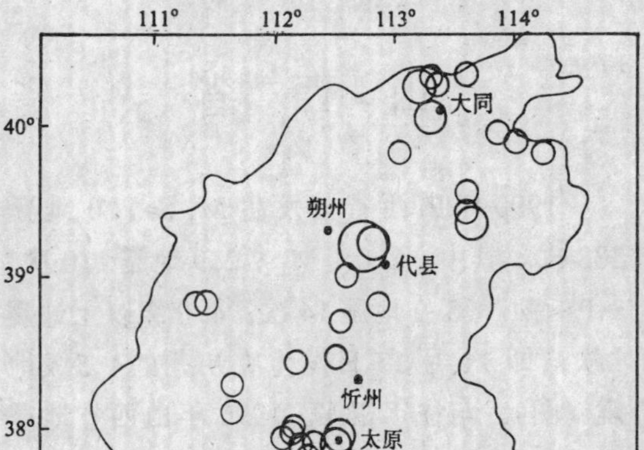


1995年山西省$M_L \geqslant 2.0$地震震中分布图

（山西省地震局　啜永清）

## 内蒙古自治区

1994年10月至1995年9月全区共发生$M_L \geqslant 1.0$地震493次。其中，$2.0 \leqslant M_L \leqslant 2.9$地震69次，$3.0 \leqslant M_L \leqslant 3.9$地震19次，$4.0 \leqslant M_L \leqslant 4.9$地震3次。3次4级以上地震有两次发生在“临河－吉兰泰－巴彦浩特”重点地震监视区内的磴口－临河一带，1次发生在兴呼－兴锡重点地震监视区。全区地震的时、空、强分布有如下特征：

(1) 1995年全区中小地震活动水平明显增强，3.0级以上地震增多，其频次是90年代以来最高的一年。

(2) $M_S \geqslant 3.0$地震主要集中发生在临河－吉兰泰－巴彦浩特重点地震监视区内，其空间展布形成由吉兰泰盆地向临河盆地整体转移格局。

1995年2月份以来，临河断陷盆地及其周边相继发生12次$M_S \geqslant 2.8$地震，大部分地震当地强烈有感。其空间展布主要集中在杭－五断裂，鄂尔多斯北缘断裂以及狼山山前断裂带上。

(3) 地震活动总体呈西强东弱，再次验证了中等地震东西交替活动的特性。90年代以来，内蒙古地震活动强度在空间展布上呈东、西部对跳迁移、强弱交替发生特征。

1995年临河－吉兰泰－巴彦浩特地区相继发生多次$M_S \geqslant 3.0$地震，其中发生两次4级以上地震，而东部区不但未发生4级以上地震，且19次$M_S3$以上地震东部区仅发生3次，且分布离散。

(4) 震群活动增多，老震区小震异常活跃。1995年全区中、西、东部共发生小震群4次，超过往年，另与唐山、海城等老震区同步，和林、丰镇、五原、巴彦诺尔公等老震区相继出现小震增强活动。

（内蒙古自治区地震局）

# 辽 宁 省

1995年辽宁省内共发生地震1373次。其中，$M_L \geqslant 1.0$地震1098次，$M_L \geqslant 2.0$地震163次，$M_L \geqslant 3.0$地震13次（营口、海城地区10次，大连地区2次，抚顺地区1次），$M_L \geqslant 4.0$地震2次，$M_L \geqslant 5.0$地震1次。最大地震为4月15日发生在40°48′N、122°26′E的$M_L$5.0地震，震源深度7km（图）。极震区烈度Ⅵ度，位于大石桥市高坎乡，有感范围较大，震中区震感强烈，结构物有轻微损坏，少数烟囱帽震落，个别房屋出现裂缝，无人员伤亡。

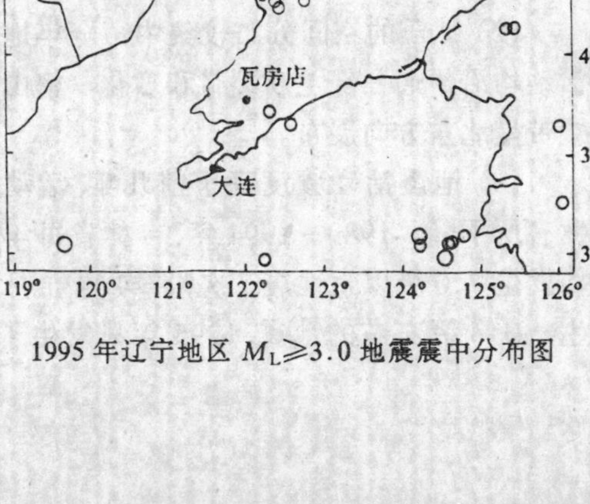


1995年辽宁地区$M_L \geqslant 3.0$地震震中分布图

1995年辽宁省邻近地区共发生$M_L \geqslant 3.0$地震17次。其中，近海及朝鲜地区14次，邻区发生$M_L \geqslant 4.0$地震4次（黄海地区2次，渤海地区1次，内蒙古地区1次）。最大地震为7月24日发生在38°14′N、124°13′E，黄海北部的$M_L$4.7地震。

1995年辽宁省内所发生地震的总能量为$4.73 \times 10^{11}$J，与1994年的水平相近，明显高于前几年；辽宁省及邻近地区发生地震的总能量为$8.46 \times 10^{11}$J，水平稍高于1994年，与前几年同等情况相比，仍呈活跃状态。

1995年辽宁省内地震活动在时、空、强方面有如下特点：

(1) 小震频次与1994年相比，有所减少。$M_L$1.0级以上地震频次的时间分布，4月份最高，7～9月份最低；$M_L$2.0以上地震频次的时间分布为4月份最高，1、2、6月份次之，其他月份较低。地震频次的空间分布为海城地区最高，大连地区次之，其余地区则较低。

(2) 全省地震释放能量水平与1994年相近。从能量释放时间分布上看，4月份为最高，2月份次之，其余较低。从能量释放的空间分布上看，海城地区最高，大连地区次之，其余地区较低。

(3) 海城老震区共发生2次$M_L$4以上地震，分别为$M_L$4.1和5.0。这两次地震的发生，一方面反映了海城老震区自1975年发生7.3级地震后，能量衰减过程中的起伏；另一方面也进一步显示辽宁省地震活动近几年来明显增强的趋势。另外，全省地震活动仍存在较明显的空间有序性。

1995年辽宁省内无明显震群活动，但有少量宏观异常出现。

（辽宁省地震局　徐　平）

# 黑龙江省

1995年黑龙江省区域地震台网共记录到省境内发生的地震121次（可定位地震86次）。其中，$M_L$<1.0地震42次，1.0～1.9级地震57次，2.0～2.9级地震18次，3.0～3.9级地震3次，4.0～4.9级地震1次，最大地震是4月6日发生在德都的4.3级地震。全年地震活动释放总能量为$1.25\times10^{11}$J。

1995年黑龙江省地震活动的基本特征是：

（1）2级以上地震的频度和强度均低于1994年度；

（2）空间分布仍集中在东部依兰－伊通断裂带北段和西部嫩江断裂带附近、五大连池火山地区；

（3）其他地区地震活动分布零散，总体上西部地区地震活动强度高于东部地区（图）。

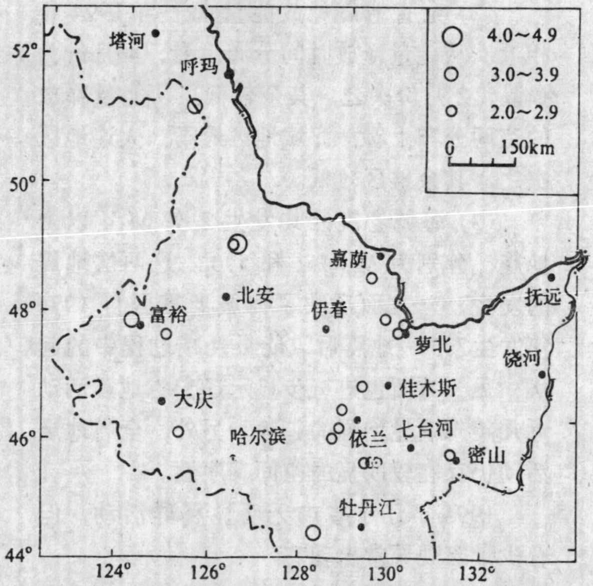


1995年黑龙江省$M_L\geqslant2.0$地震震中分布图

（黑龙江省地震局　郭德明　张凤鸣）

# 吉林省

1995年吉林省内共发生地震14次。其中，$M_L$<2.0地震2次，$M_L\geqslant2.0$地震12次，最大的地震为1月7日发生敦化前进林场的3.4级地震(图)。全年地震释放总能量$1.0\times10^9$J。

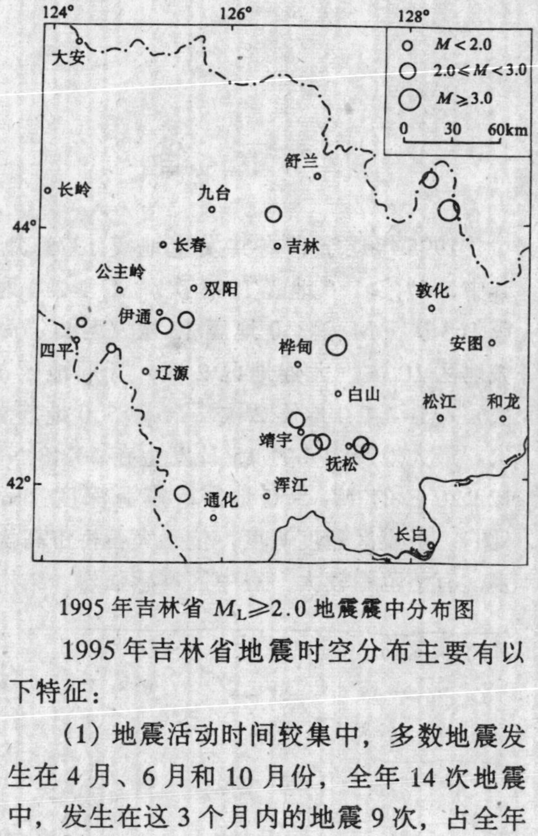


1995年吉林省$M_L\geqslant2.0$地震震中分布图

1995年吉林省地震时空分布主要有以下特征：

（1）地震活动时间较集中，多数地震发生在4月、6月和10月份，全年14次地震中，发生在这3个月内的地震9次，占全年地震总数的64%。

（2）地震的空间分布较集中，全年地震活动均沿伊通－舒兰断裂带和敦化－密山断裂带呈北东方向展布。

（3）地震活动频度高于前几年，活动强度有所下降。1989～1994年，吉林省每年平均发生2.0级以上地震7次，平均14个月发生一次4级左右的地震，1995年只发生了3

次 3.0 级以上地震，最大震级为3.4，地震强度明显降低。

(4) 1994 年以来，榆树土桥子周围和吉林缸窑附近小震时有发生。1994 年 11 月 24 日在距土桥镇以东 30km 的黑龙江省山河镇发生3.4 级地震，1995 年 1 月 7 日在敦化以北前进林场发生3.4 级地震，6 月 13 日在吉林缸窑发生2.4 级地震，显示出这一区域地震较前几年有所增强。尤其在白山市大安屯 4.7 级地震震中的北部抚松、靖宇一带，1995 年 1～10 月先后发生 5 次小震，最大地震3.2 级。通过对该区地震释放能量和蠕变曲线的分析表明，该区已进入能量积累状态。

(5) 1995 年吉林省内没有发生4.0 级以上地震，地震活动强度下降，频度增高，显示出地震活动图像发生了根本性变化，预计 1996 年吉林省地震活动频度可能进一步上升并且有可能发生中强地震。

（吉林省地震局　吕　政）

## 浙　江　省

据浙江省地震台网记录的地震资料统计，1995 年浙江省发生 $M_L \geqslant 1.0$ 地震 70 次，除 1995 年 7 月 19 日三门 $M_L 2.4$ 地震和 11 月 22 日嘉兴北 $M_L 1.6$ 地震之外，其余全部发生在鄞县皎口水库附近。在 68 次鄞县地震中，$M_L \geqslant 2.0$ 地震 12 次，$M_L \geqslant 3.0$ 地震 1 次。

2 月 5 日 $M_L 3.1$ 地震和 6 月 27 日 $M_L 2.6$ 地震发生时，当地居民强烈有感，并听到地声。

1993 年鄞县皎口发生 $M_L 3.9$ 小震群，1994 年 9 月 7 日该地又发生了 $M_L 4.7$ 地震。前者为震群型，后者为主震－余震型。鄞县 $M_L 4.7$ 地震之后，该地地震活动呈衰减趋势，1995 年上半年发生 $M_L \geqslant 1.0$ 地震 60 次，1995 年下半年仅发生 $M_L \geqslant 1.0$ 地震 8 次。目前，浙江省地震活动处于异常平静状态。

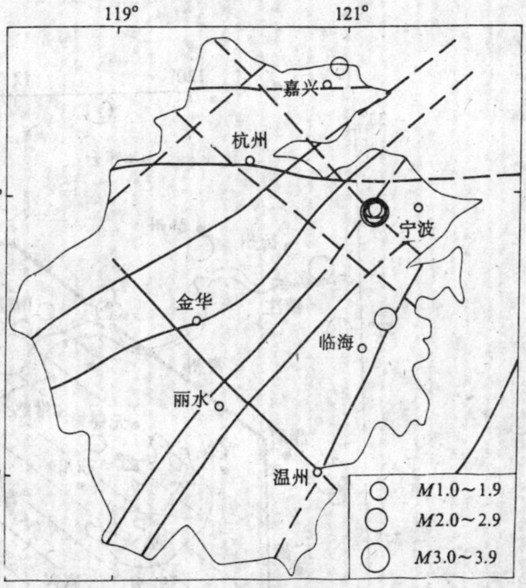


1995 年浙江省 $M_L \geqslant 1.0$ 地震震中分布图

（浙江省地震局　姚立珣）

## 上海及其邻区

1995 年度（1994 年 10 月至 1995 年 9 月）上海及其邻区（29°～34° N, 119°～124°E）共发生 $M_S \geqslant 2.0$ 地震 23 次，是年平均次数（$N = 20$ 次/a）的 1.2 倍，释放总能量为 $0.49 \times 10^{11}$J，是正常年份释放能量（$E = 2.1 \times 10^{11}$ J/a）的 0.23 倍；最大地震是 1995 年 5 月 20 日南黄海（32.5°N, 121.5°E）$M_S$ 3.8 地震。

在空间分布上，本年度 4 次 3 级以上地震中有 3 次地震发生在南黄海老震区附近，1 次地震发生在溧阳附近。1994 年度地震活动呈现出明显的南强北弱和海域地震明显偏小偏少特点已不复存在。在时间分布上，本年度地震活动较为均匀。

上海监视区(30°～32.4°N, 119.6°～123.0°E)1995年度共发生 $M_S \geqslant 1.5$ 地震5次，是年平均数($N=7.8$ 次/a)的0.67倍，释放总能量为 $3.02\times10^9$J，是正常年份释放能量($E=4.8\times10^8$J/a)的6.3倍。上海市行政区的最大地震是1995年4月2日莘庄(31.2°N, 121.4°E)$M_S$2.4地震。

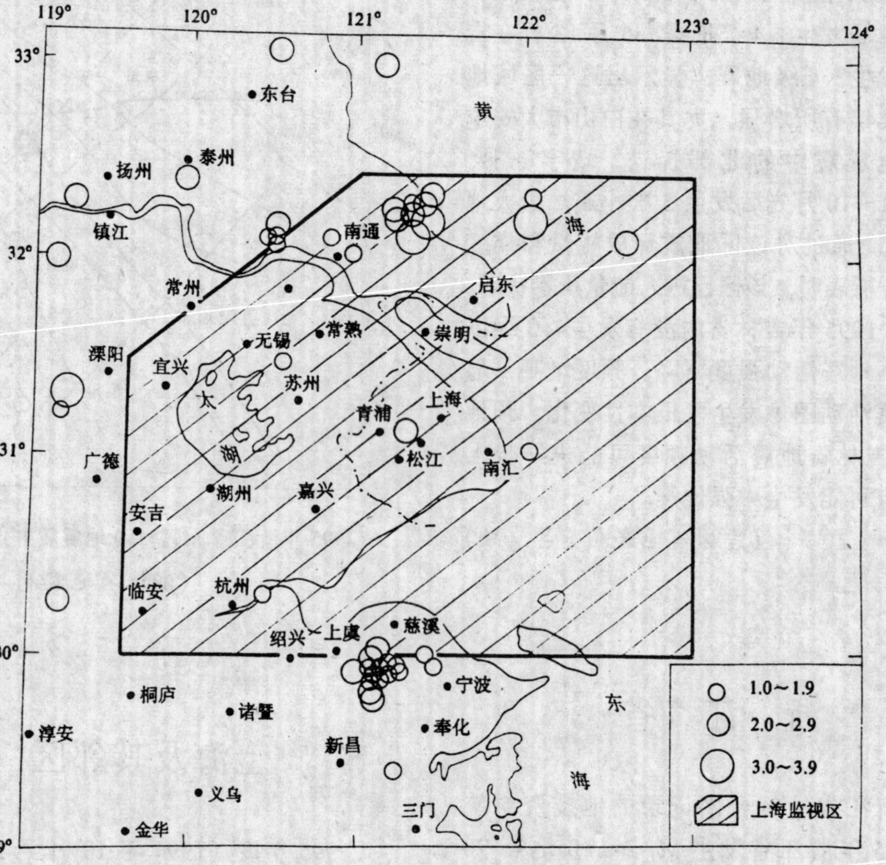


1995年上海及其邻区震中分布图

（上海市地震局　许跃敏）

# 江 西 省

1995年江西省测震台网共记录到地震154次。其中，$M_L<2.0$ 地震135次，$M_L \geqslant 2.0$ 地震19次，$M_L \geqslant 3.0$ 地震3次，$M_L \geqslant 4.0$ 地震2次（图）。

1995年江西省境内共发生2次震群活动：

第一次自1月24日开始至4月7日结束，发生在25°00′N，115°30′E的寻乌老震区，共记录地震57次，最大地震为1月24日寻乌 $M_L$4.5地震。

第二次自4月15日开始至5月6日结束，发生在29°36′N，115°36′E的赣北瑞昌一九江一带；共记录地震43次，最大地震为4月15日瑞昌 $M_L$4.9地震。

1995年江西省地震活动在时、空、强分布上有如下特点：

(1) 地震释放能量主要集中在1～6月份，7～12月份所释放的能量甚微。

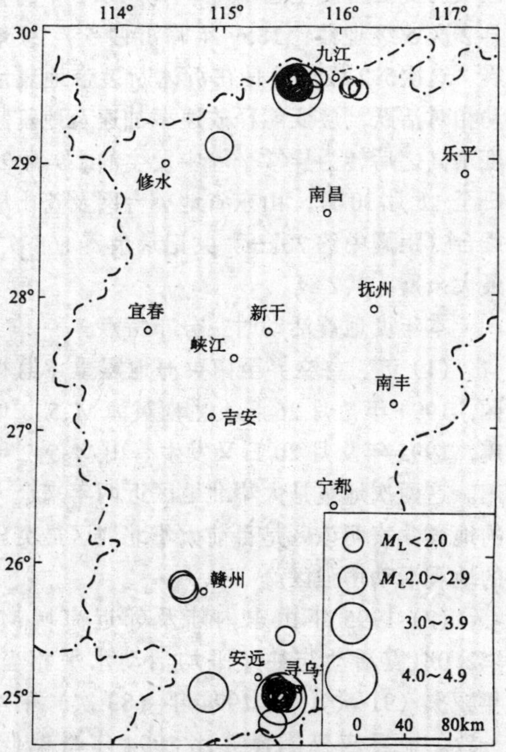


1995年江西省地震震中分布图

(2) 地震活动主要集中在江西南部和北部，其他地区几乎没有地震活动。

(3) 1995年江西省地震活动，不论是频度，还是强度，是1987年以来地震活动最强的一年。

(江西省地震局　郑　栋)

# 江　苏　省

据江苏省地震台网测定，1995年江苏省陆地及其近海海域(31°～35°N, 117°～123°E)共发生1.5级以上地震59次，其中3级以上地震9次（图）。南黄海及苏南老震区显得较为活跃。

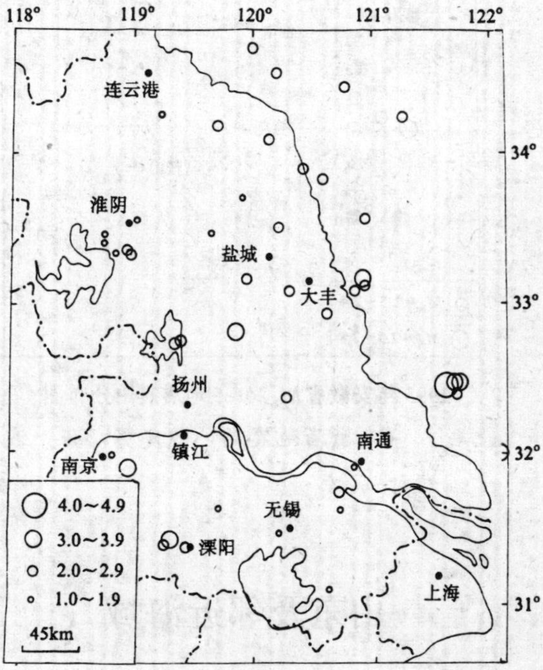


1995年江苏及近海地震震中分布图

(江苏省地震局　王琤琤)

# 安　徽　省

1995年安徽省发生$M_S$≥1.5地震25次。其中1.5≤$M_S$≤1.9级地震16次；2.0～2.4级地震6次；2.5～2.8级地震3次（图）。最大地震为5月14日霍丘2.8级地震。地震活动呈北西向分布，地震活动水平明显高于1994年度。25次地震主要分布在霍山、六安地区。其中，霍山地震13次，占全省地震的一半以上，继续1994年该范围内的小震活动特征，为1980年以来最活跃的时段。

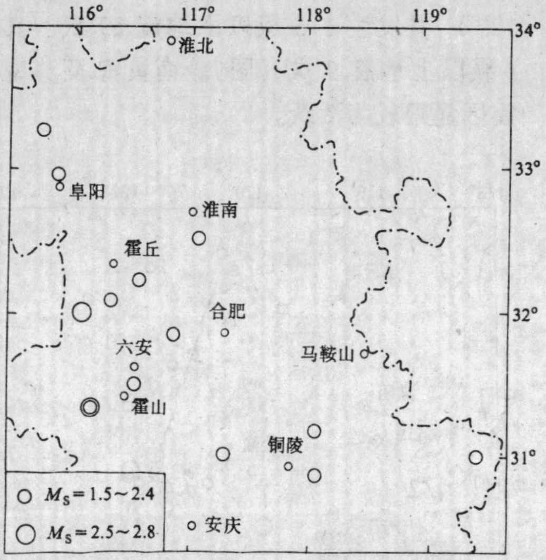


1995 年安徽省$M_S\geqslant1.5$地震震中分布图

（安徽省地震局　曹定男　张　波）

## 山东及邻近海域

据山东省地震台网测定，1995 年山东省内陆及邻近海域共发生$M_L\geqslant2.0$地震 91 次。其中，山东内陆发生$2.0\leqslant M_L\leqslant2.9$地震 52 次，$3.0\leqslant M_L\leqslant3.9$地震 2 次，$5.0\leqslant M_L\leqslant5.9$地震 1 次，最大地震为 9 月 20 日苍山 $M_S$ 5.2 地震。渤海海域发生$2.0\leqslant M_L\leqslant2.9$地震 10 次，$3.0\leqslant M_L\leqslant3.9$地震 1 次，$4.0\leqslant M_L\leqslant4.9$地震 1 次，最大地震为 6 月 27 日渤海4.0级地震。黄海海域发生$2.0\leqslant M_L\leqslant2.9$地震 13 次，$3.0\leqslant M_L\leqslant3.9$地震 8 次，$4.0\leqslant M_L\leqslant4.9$地震 3 次，最大地震为 7 月 24 日北黄海4.7级地震。

1995 年山东内陆及邻近海域地震释放的总应变能为$3.46\times10^6J^{1/2}$，高于历年释放应变能的平均值($1.54\times10^6J^{1/2}$)，略低于 1994 年释放的应变能($3.96\times10^6J^{1/2}$)。1995 年地震应变能释放比 1994 年少的原因是渤海 3 级和 4 级地震的发生少于 1994 年。1994 年渤海海域发生$M_L\geqslant3.0$地震11 次，而 1995 年仅发生 2 次。

本年度发生的主要地震事件为 9 月 20 日苍山(34°58′N, 118°06′E)$M_S$5.2 地震。该区域历史上曾发生过 1670 年和 1671 年的费县 2 次 5 级地震，1859 年临沂西 $5^1/_2$ 级地震。这次5.2 级地震是在沂沭断裂带地震活动相对活跃，应变能释放速率加速及地震频度增高之后转为异常平静中发生的。9 月 20 日至 11 月 30 日，山东省地震台网及苍山地震台（距震中约 20km）共记录余震 168 次，最大余震为3.2 级。

本年度地震活动时空分布特点：

(1) 苏、鲁交界至南黄海地震重点监视区，1994 年 7 月 26 日发生南黄海$M_S$5.3 地震，1995 年 9 月 20 日又发生苍山$M_S$5.2 地震。这两次地震是大华北地区近两年来最大的地震。表明该区是目前大华北地区最突出的地震活动增强区。

(2) 1995 年山东内陆及邻近海域$M_L\geqslant2.0$地震活动与往年平均活动水平相当，年频次（91 次），与 1994 年（83 次）基本一致。地震应变能释放比 1994 年略偏低。由于发生苍山 $M_S$ 5.2 地震，内陆地震应变能释放是 1983 年以来最高的一年。

(3) 多年来山东地区 4 级和 5 级地震大部分发生在北部、东部的渤海和黄海海域，形成所谓的“海高陆低”和“东高西低”的分布格局。苍山$M_S$5.2 地震的发生，打破了这种格局，出现了“陆高海低”的情况，说明地震活动的范围在扩展。

(4) 内陆地震以鲁南和鲁中活动为主体，鲁北和胶东半岛则相对平静。

综上分析，1995 年山东西北部地区地震活动正常，胶东半岛及渤海海域地震活动平静，鲁中和鲁南地区显示地震活动增强的态势。

（山东省地震局　周焕鹏）

# 福建省及台湾地区

据福建省地震台网资料，1995 年共记录闽台地区地震 619 次（图）。其中，福建及其沿海地区地震 182 次，台湾地区地震 175 次，海峡南部7.3 级余震 262 次（含东山地震台单台记录）。上述地震的震级与频度分布见表 1。

本年度福建省内及沿海最大地震为 2 月 25 日晋江东南海中5.3 级地震，该序列共有 24 次地震。其中，3.0～3.9 级余震 2 次，小于3.0 级地震 21 次。此外，据遥测台网记录，1995 年水口水库共发生 171 次地震，最大地震3.0 级。台湾地区最大地震为 2 月 23 日花莲6.6 级。

1995 年地震活动在时间分布上主要集中在 1～6 月份，重要的地震事件均在年初发生，而下半年地震活动相对平静。地震的空间分布，福建省内集中于闽东南和兴化湾，其次永安和海峡老震区。台湾地区仍集中于台湾东北部及其外海中，其次台南—台东一带也相对密集。

**表 1　1995 年闽台地区地震频度－震级分布表**

| 地　区 | 震　级 | 次　数 |
|---|---|---|
| 福建及沿海 | ≤2.9 | 167 |
| | 3.0～3.9 | 13 |
| | 4.0～4.9 | 1 |
| | 5.0～5.9 | 1 |
| 台湾及其沿海 | ≤3.9 | 92 |
| | 4.0～4.9 | 69 |
| | 5.0～5.9 | 12 |
| | 6.0～6.9 | 2 |
| 海峡7.3级震区 | ≤2.9 | 155 |
| | 3.0～3.9 | 102 |
| | 4.0～4.9 | 4 |
| | 5.0～5.9 | 1 |

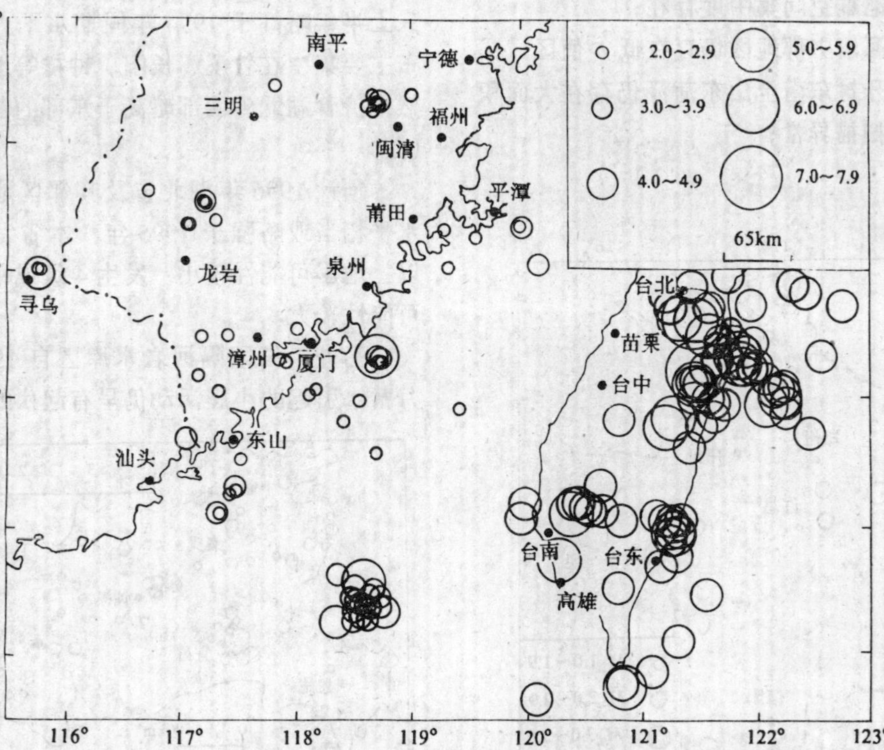


1995 年福建及其邻近地区地震震中分布图

（福建省地震局　彭美凤　林世敏）

# 河 南 省

1995 年度河南省内共发生$M_L \geqslant 1$.年 0 地震 43 次。其中，$M_L \geqslant 2.0$ 地震 18 次，$M_L \geqslant 3.0$ 地震 4 次，最大地震为 8 月 23 日清丰县城$M_L 3.5$ 地震。本年度地震释放的总能量为$2.6 \times 10^9$J。地震活动主要分布在林州—安阳—清丰一线和孟县—汝阳—禹州一带（图）。1995 年河南省地震活动范围明显向35°N 以北迁移，4 次 $M_L \geqslant 3.0$ 地震中有 3 次发生在安阳和清丰县；在豫北地区，地震活动空间异常图像存在$M_L \geqslant 2.7$ 的地震围空区。

根据本年度地震活动情况和前兆监测方法分析，存在如下异常特征：

(1) 地震空间集中度存在；

(2) 河南中部地区仍存在低 $b$ 值区域；

(3) 开封东南至山东菏泽仍存在大面积 $\eta$ 值空间扫描异常；

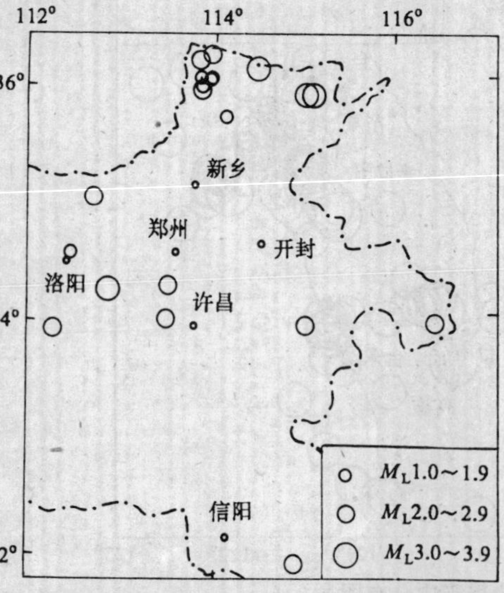


1995 年河南省地震震中分布图

(4) 郑州地震台的地电 $\rho_k^{EW}$从 1994 年 3 月持续至今存在长期异常。

综上所述，河南省在 1996 年度的活动水平将会增强，发生$M_L \geqslant 5.0$ 地震的可能性较小($P=0.3$)，但在晋、陕、豫交界地区，豫、鲁、冀交界地区发生中等地震的可能性较大($P=0.7$)。

（河南省地震局　李庭栋）

# 湖 北 省

1995 年湖北省共发生$M_L \geqslant 2.5$ 地震 9 次。其中，最大一次地震为 4 月 28 日长阳隔河岩水库区$M_L 3.1$ 地震，该区自 1993 年 5 月$M_L 3.4$ 震群发生后，小震活动仍然呈有起伏的发展。

1995 年全省地震活动频次属正常水平，只上半年略高于 1994 年同期水平。震中分布主要集中在竹溪、长阳、钟祥等地区，仍然维持着湖北省西部略高于东部的基本格局(图)。

预计 1996 年湖北省及其邻区地震活动水平相当或略强于 1995 年，本省发生 5 级以上地震可能性较小，发生 4 级或稍强地震可能性较大。

另外，长阳隔河岩水库区自 1993 年 5 月蓄水引起的小震活动仍呈有起伏的发展，

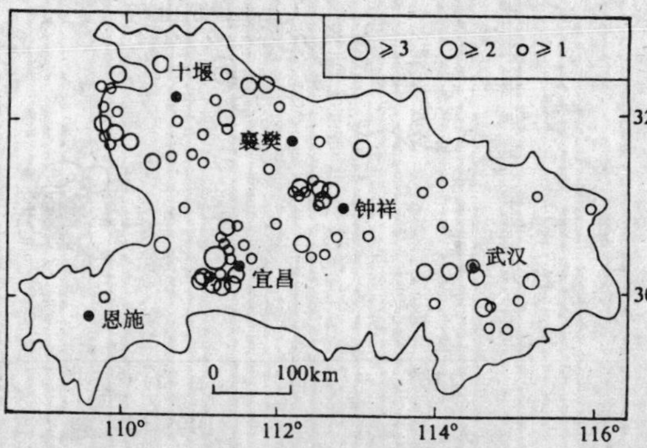


1995 年湖北省地震震中分布图

由于水库水位已接近正常运行水位（95～200m），根据水库地震诱发特点，1996年仍需密切注视库区小震活动的发展。

（湖北省地震局　薛军蓉　胡朝明）

## 湖　南　省

据湖南省地震台网测定，1995年全省境内共发生地震26次。其中，$M_L\leqslant0.9$的地震8次，$1.0\leqslant M_L\leqslant1.9$的地震9次，$2.0\leqslant M_L\leqslant2.9$的地震7次，$M_L\geqslant3.0$的地震2次。1月2日发生在湘西北永顺县官坝(29°20′N,109°55′E)的$M_L3.3$地震为全年最大的一次地震。9月11日发生在湘北临澧县柏枝乡朱家祠(111°48′E,29°24′N)的$M_L3.0$地震有感范围是全年26次地震中最大的一次，有感面积达280km²，震中区烈度为Ⅳ度。从$M_L\geqslant2.0$的4次地震震中分布图（图）可以看出，这9次地震集中发生在湘中的娄底—邵东地区（共6次）和洞庭湖西侧（共3次）地区，而$M_L\geqslant3.0$的2次地震都发生在洞庭湖西侧一带地区。湖南省1995年地震的频度比1994年（共发生地震50次）低，地震强度比1994年有所提高，处于全省地震台网建立20多年来年平均强度的正常状态。

（湖南省地震局　刘宝成）

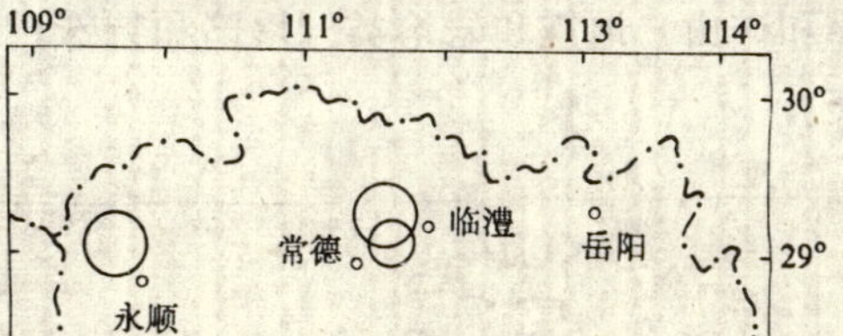


1995年湖南省地震震中分布图

## 海南及其近海

1995年海南省共记录到$M_L\geqslant2$地震355次。其中，$M_L\geqslant3$地震81次、$M_L\geqslant4$地震13次；北部湾222次地震中最大地震6.4级；东方近海124次地震中最大地震5.2级；南海发生1次5.7级地震；其余8次地震分布在北部湾中西部、琼西北近海、琼东北和琼东南近海。1～5月份地震密集于北部湾，6～12月份地震密集于东方近海。海南岛及邻区地震达到近25年来的最高年活动水平，今后2～3年处在始于1986年的中强地震活跃幕的高潮—闭幕时段，仍有可能发生5～6级乃至6级左右的地震。南海海沟地区6级以上地震已平静了10余年，今后几年进入活跃期的可能性很大。

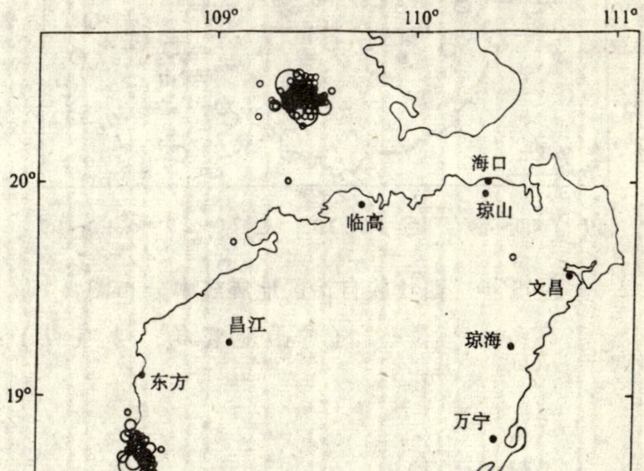


1995年海南省及近海$M_L\geqslant2$地震震中分布图

（海南省地震局　沈繁銮）

# 广西壮族自治区

1995年广西地震台网共记录到全区境内地震586次。其中，$M_L \leqslant 0.9$地震274次，$1.0 \leqslant M_L \leqslant 1.9$地震227次，$2.0 \leqslant M_L \leqslant 2.9$地震72次，$3.0 \leqslant M_L \leqslant 3.9$地震12次，$4.0 \leqslant M_L \leqslant 4.9$地震1次，最大震级为$M_L = 4.7$(发生于那坡县下华乡)。

1995年地震活动的频度高于1994年，而强度与1994年相当。这些地震主要发生在桂西地区，地震分布多集中在那坡—崇左和巴马—大化一带；桂东南地区时有一些小震发生；桂东北地区地震活动一直很平静(图)。

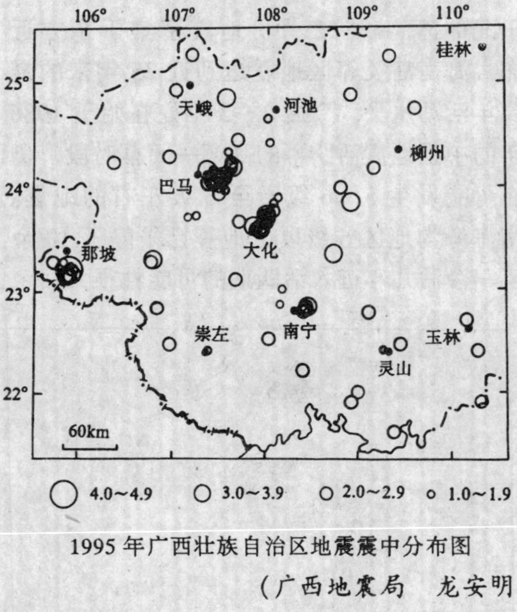


1995年广西壮族自治区地震震中分布图

（广西地震局　龙安明）

# 贵　州　省

据贵阳、六盘水、毕节地区、威宁、晴隆、贞丰（后两台记录不连续）地震台测震记录，全年共记录到贵州省内地震362次，其中，$M_L < 1.0$地震74次，$1.0 \leqslant M_L \leqslant 1.9$地震199次，$2.0 \leqslant M_L \leqslant 2.9$地震75次，$3.0 \leqslant M_L \leqslant 3.9$地震12次，$4.0 \leqslant M_L \leqslant 4.9$地震2次，最大地震$M_L = 4.7$(图)。

本年度贵州省地震活动时、空、强分布有如下特点：

(1) 与1994年相比，地震活动频度增多，强度增强。特别是$3.0 \leqslant M_L \leqslant 3.9$地震由2次增加到12次。

(2) 地震分布范围较广，地震活动格局的变化引人注目。全省两个省辖市、四个地区和三个自治州均有地震活动。

(3) 黔西地震活跃。全省$M_L \geqslant 3.0$地震14次，有11次地震发生在贵州107°以西地区。

(4) 城市、高坝大中型水电站和大型矿山及其附近地区地震活动增多。本年度贵阳市有84次地震；水城地区（含六盘水市所在地钟山区）19次；兴义市3次；东风水电站和清镇市2次；瓮福磷肥厂福泉瓮安两县境内，近两年常有地震发生。

(5) 地震活动在时间分布上呈现成丛性。

(6) 地震活动成因较复杂，显示出多样性。以构造地震为主，附以诱发（城市、水库和矿山）地震和岩溶类（塌陷和特殊）地震。

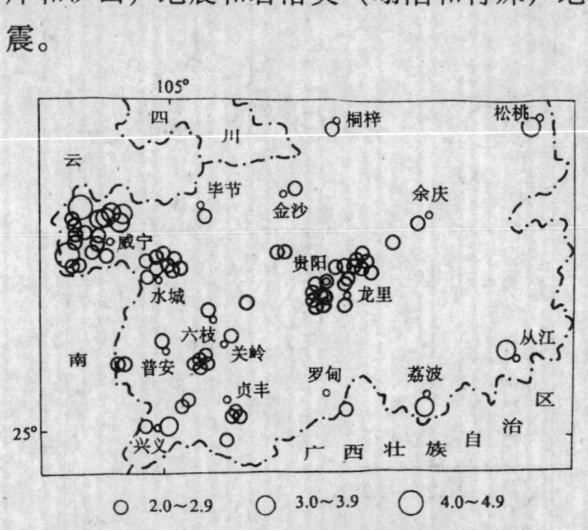


1995年贵州省$M_L \geqslant 2.0$地震震中分布图

（章子建　罗远模　王继安　冷永勤）

# 广东及其沿海

据广东省地震台网测定，广东省及其沿海1995年度共发生$M_L \geqslant 2.0$地震237次(包括台湾海峡)。其中，$M_L \geqslant 3.0$地震63次，$M_L \geqslant 3.5$地震27次，最大地震为北部湾6.2级，其次是台山川山群岛以南海中5.1级地震。

1995年地震活动比1994年有较大增强。明显特点是：沿海增强，内陆面广，西强东弱（图）。

(1) 频度增强。自1994年9月16日台湾海峡7.3级地震后，华南沿海地震活动有明显增加，如北部湾、下川岛以南分别发生5级以上地震，其次在梅州、五华分别发生4.7级、4.1级地震，惠来、雷州湾相继发生3次3级左右小震活动；地震频次比1994年增加近2倍。

(2) 沿海增强。广东省1995年1～5月，发生5级以上地震4次，均发生于近海。如北部湾6.2级地震及5.3级、5.1级余震，3月26日台山川山群岛以南海中5.1级地震，地震强度是20多年来最强的一年。其次，南海地震比过去几年有明显增强。

(3) 内陆面广。台湾海峡7.3级地震后，广东境内及其沿海地震活动明显增加，不论震级、频次都有明显升高，小震活动范围广，如梅州发生小震群，龙门、韶关、惠来、广州、恩平等均发生2.0～4.0级小震，打破已往地震主要分布在陆沿地带的局面。

(4) 西强东弱。广东省过去地震活动的特点是东强西弱，1995年北部湾6.1级强震后，下川岛南部发生5.1级，恩平发生2.8级，而东部(114°以东)除梅州小震群（最大3.1级）、五华小震群（最大4.1级）及丰顺4.7级地震外，3级以上地震甚少，已往地震活动比较活跃的南澳1995年无3.5级以上地震发生。

1995年全国地震趋势会商会在华南沿海地区划定了两个地震危险区。本年度内这两个危险区分别发生3.5级和6.2级地震，表明华南沿海地区的地震活动已进入地震活跃阶段。

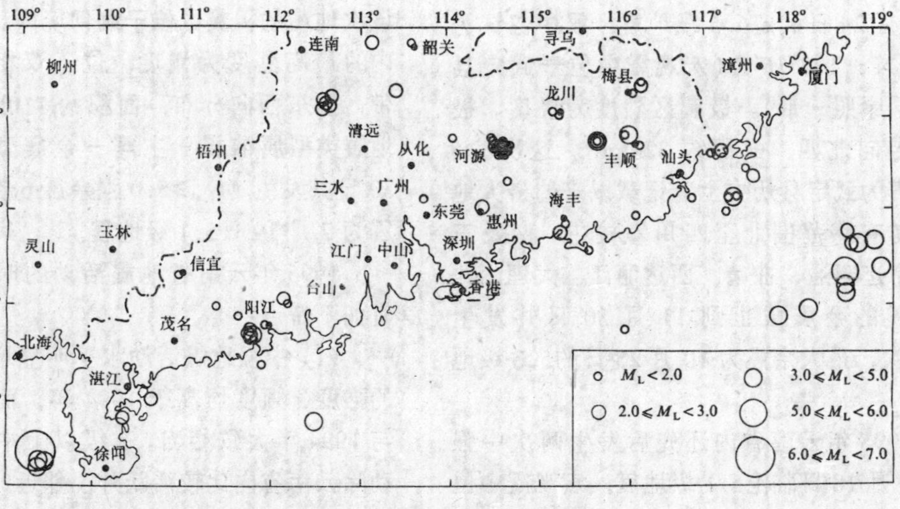


1995年广东省地震震中分布图

根据1980年以来潮汕地区地震应变释放量分析，粤、闽交界及近海地区缺多次5级左右地震；粤、闽交界的北西向寻邬—南澳地震带，自1992年1月开始小震活动明显增加，1995年内发生梅州、五华小震群。此带与北东东向滨海断裂带和北东向泉州—汕头断裂交汇在南澎附近，该区域是历史上强震多发区，也是近期可能发生强震的区域；泉－汕地震带历史上发生过多次中强地震，其震中有沿该带来回跳动的规律。因此应注意泉－汕地震带地震可能向广东迁移的迹象，警惕粤、桂、琼交界及其近海发生5.0~5.9级地震的可能，还应注意广东阳江及其周围海域和珠江口外海域以及新丰江的中强地震活动。

（广东省地震局　罗振暖）

# 云　南　省

据昆明遥测地震台网测定，1995年云南省内共发生 $M_L \geqslant 3$ 地震124次。其中，$3.0 \leqslant M_L \leqslant 3.9$ 地震113次；$4.0 \leqslant M_L \leqslant 4.9$ 地震8次；$5.0 \leqslant M_L \leqslant 5.9$ 地震2次；$6.0 \leqslant M_L \leqslant 6.9$ 地震1次（图）。最大地震是10月24日武定6.5级地震，震中位置为25°46′N，102°16′E（宏观震中位于武定县发窝、康照一带）。极震区烈度为Ⅸ度。极震区走向北西，面积约320km²。这次6.5级强震为武定县历史上有记载以来的最大地震。其有感范围北至四川攀枝花，南及玉溪，东迄昭通、曲靖，西达丽江、大理。此次地震的余震截止到11月30日共发生3571次，最大余震为10月25日的5.3级地震。

1995年云南省内还先后发生两次中强震。2月18日临沧5.1级地震，宏观震中位于临沧县雪林与沧源县岩帅一带，震中烈度

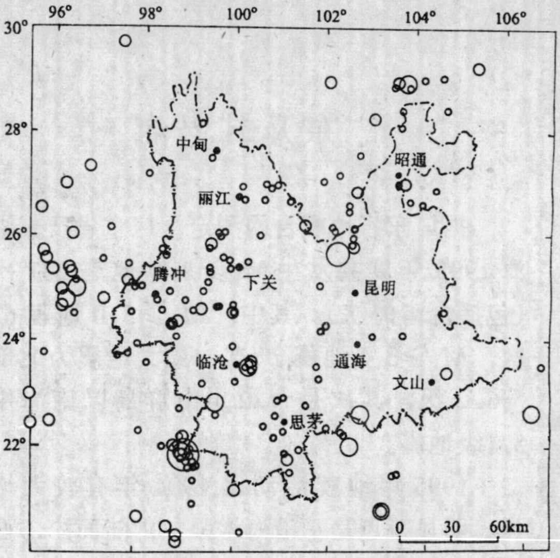


1995年云南省震中分布图（$M_L \geqslant 3.0$）

为Ⅵ度。4月25日金平5.6级地震，宏观震中在金平县者米乡一带，震中烈度达Ⅶ度。上述两次中强震余震甚少。

6月30日至7月12日在云南省孟连西的中缅边界地区相继发生3次破坏性地震，震级及震中位置依次为：6月30日5.5级，22°03′N，99°03′E；7月10日6.2级，22°07′N，99°03′E；7月12日7.3级，22.0°N，99.3°E。7.3级主震的震源深度为10km。该次地震的极震区位于缅甸境内。云南省境内的最高烈度为Ⅷ度，位于双相、南抗一带，呈东西向分布，面积约110km²。此次地震类型属前震－主震－余震型。至7月30日共发生 $M_L \geqslant 5.0$ 强余震6次，最大余震为7月19日5.1级地震。

1995年云南省地震活动的时空强分布有如下特点：

（1）中强地震活动水平明显增强，活动的强度、频度均高于1994年，而中小地震与1994年大致相当。5级以上中强地震活动除云南省内比较活跃外，邻近的周边地区也水平相当。4级地震在滇西的中、缅交界

地区形成密集区，而在滇东北川、滇交界、滇西南中、缅边界呈北东条带分布；3级地震在滇西的腾冲、洱源、宁蒗的北东地震带密集发生，此外，滇西南的思茅一带地区地震密集也较为显著。

(2) 3级以上地震年频度的平均水平为121次，1995年124次，与年平均水平相当。

(3) 云南省内除武定6.5级、临沧5.1级、金平5.6级3次中强地震序列外，洱源3月14日发生1次4.3级震群，共记录到$M_L \geqslant 1.0$地震102次。

（云南省地震局　张喜玲）

# 西藏自治区

1995年西藏地震台网共记录到发生在西藏及邻区（包括青、藏交界的唐古拉山及与不丹、印度边界不超过100km的范围，下同）$M_L \geqslant 1.0$地震1067次。其中，$1.0 \leqslant M_L \leqslant 1.9$地震320次，$2.0 \leqslant M_L \leqslant 2.9$地震613次，$3.0 \leqslant M_L \leqslant 3.9$地震117次，$4.0 \leqslant M_L \leqslant 4.9$地震13次，$5.0 \leqslant M_L \leqslant 5.9$地震4次。最大地震是2月17日发生在错那县东（28°36′N, 93°06′E）的5.4级地震（图）。

1995年西藏地区地震活动有如下特征：

(1) 小地震频次增高，而中强震活动水平下降；

(2) 谢通门县北（日喀则地区）的小震群活动十分活跃；

(3) 唐古拉山地震带中强震较活跃，发生5.0～5.9级地震3次。

此外，拉萨东（墨竹工卡—桑日—曲松一带）、当雄—尼木、错那、察隅—波密地震带仍是小地震比较活跃的地区。

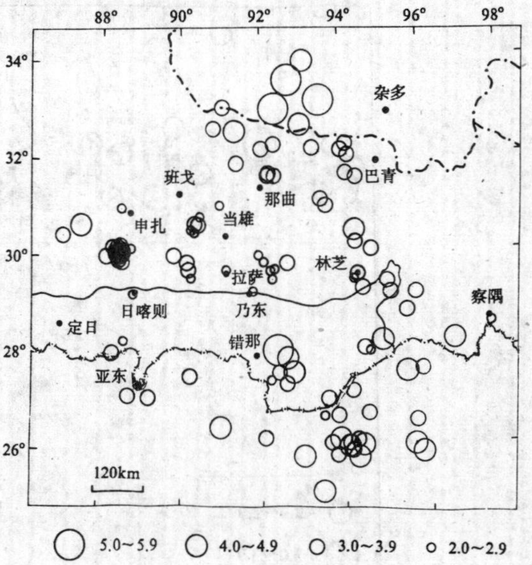


1995年西藏地区地震震中分布图

（西藏自治区地震局　王建格）

# 甘　肃　省

据《甘肃省地震月报目录》统计，甘肃省内1995年共发生地震689次，$M_S \geqslant 1.0$地震401次。其中，$1.0 \leqslant M_S \leqslant 1.9$地震326次，$2.0 \leqslant M_S \leqslant 2.9$地震65次，$3.0 \leqslant M_S \leqslant 3.9$地震8次，$M_S \geqslant 4.0$地震2次，最大地震为7月22日永登5.8级地震（图）。另一次肃北4.7级地震6月12日发生在河西西部重点危险区的边缘。8次3级多地震主要集中在祁连山地震带的中东段。甘肃东南部地区小震活动水平偏低，5级以上地震的平静时间已达8年。与往年相比，地震频次略低于1994年，而能量释放和地震活动水平比1994年明显增强，是1990年10月20日天祝－景泰6.2级地震之后能量释放最高的一年。

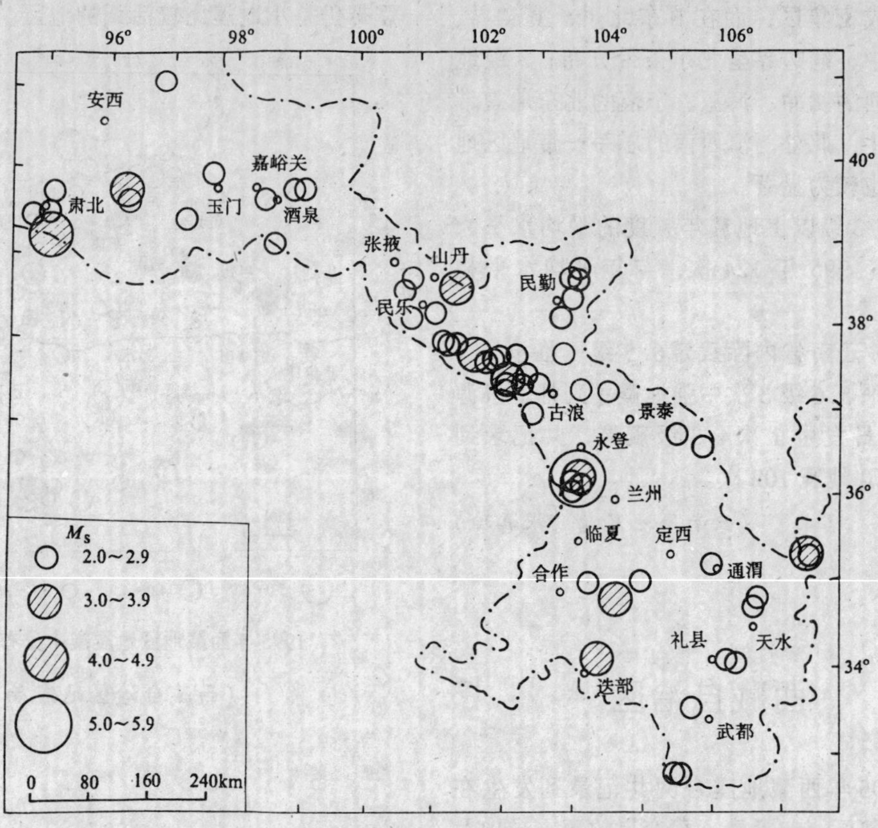


1995 年甘肃省 $M_S \geqslant 2.0$ 地震震中分布图

（甘肃省地震局　毕秋菊）

# 四　川　省

1995 年四川省共记录 $M_L \geqslant 2.5$ 地震 223 次（未计余震）。其中，$3.0 \leqslant M_L \leqslant 3.9$ 地震 58 次，$4.0 \leqslant M_L \leqslant 4.9$ 地震 10 次，$5.0 \leqslant M_L \leqslant 5.9$ 地震 1 次，最大地震为 4 月 26 日沐川 5.1 级（图）。

全年地震释放总能量为 $5.02 \times 10^{12}$ J，为 1989 年巴塘、小金地震以来地震活动水平最低的一年。但在四川外围云南孟连西发生 7.3 级强震，距四川 20km 的云南武定发生 6.5 级地震；在四川西北 70km 的青海果洛州发生 6.2 级地震。四川外围的强震活动与四川的平静形成了强烈的对比。

四川境内的地震活动分布基本上保持近几年来西部强震区平静，东部盆地及西边缘活动的特点。3.0～4.0 级小震活动有从北、南两方面向西扩展的趋势。北面龙门山地震带至川、甘，川、青交界一带 3 级地震数量较去年明显增加，并发生 5 次 4 级地震，其中除北川位于龙门山地震带外，其余 4 次均已向西北转移，从若尔盖、阿坝至马尔康北东向分布，与该区域去年仅龙门山带 2 次 4 级地震相比，中等地震有所增强，并扩展到四川与甘肃、青海交界附近。

四川南部北起马边、沐川，东到云南昭通，经宁南、攀枝花市以东向南延伸到武定东存在一个3.4 级地震活动区，其南端西侧

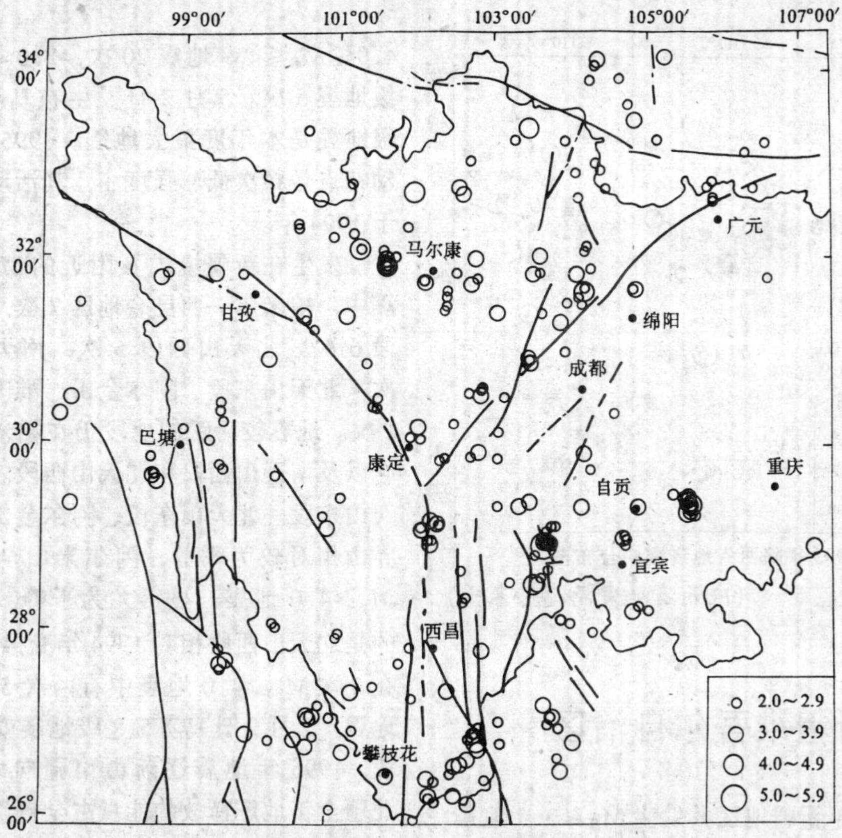

1995年四川省2.5级以上地震震中分布图

发生了武定地震。

四川西部仍然小震很少。此外与1994年相比，木里附近至川、滇交界西段部位小地震活动有所减弱。4月26日沐川5.1级地震是继1993年8月7日沐川5.0级和1994年12月30日沐川5.7级地震后在几乎同一位置接连发生了第3次5级地震。该次地震前从1月到3月初小震活动显著增强，以后到震前突然平静。震后这一地区小震活动已明显减弱。

荣昌附近自1993年开始的小震活动仍然突出。共发生2.5级以上地震27次，其中3.0～3.9级4次，4.0～4.9级3次。2.0～3.0级地震次数较1994年减少，但4级地震次数增多，震级增大，其中12月26日的4.5级地震为该处有记载以来的最大地震。鉴于该处存在5级地震的背景以及当地经济发达，这一地区的地震活动已引起重庆市及四川省政府有关部门的关注。

（四川省地震局　廖志和）

# 陕 西 省

1995年陕西省测震台网共记录到本省地震87次，可订震中 $M_L \geqslant 1.0$ 的地震46次。其中，有感地震6次；$1.0 \leqslant M_L \leqslant 1.9$ 地震12次；$2.0 \leqslant M_L \leqslant 2.9$ 地震31次；$3.0 \leqslant M_L \leqslant 3.9$ 地震3次，最大地震为10月26日陕西扶风3.6级地震（图）。

1995年10月26日扶风3.6级地震，有感范围很大，震中区震感强烈。5月28日陕南东部宁陕3.3级地震，震感也十分强烈，这是陕西省多年来少有的地震现象。

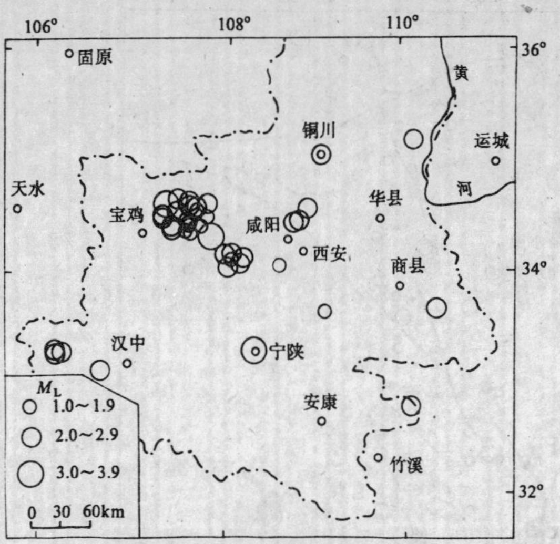


1995年陕西省地震震中分布图

（陕西省地震局　张春生）

# 新疆维吾尔自治区

1995年新疆地区共发生$M_S \geqslant 3.5$地震60次。其中，$3.5 \leqslant M_S \leqslant 3.9$地震35次，$4.0 \leqslant M_S \leqslant 4.9$地震20次，$5.0 \leqslant M_S \leqslant 5.9$级地震5次。5月2日发生在乌苏南的5.8级地震是本年度最大地震。1995年地震活动特点是频次低、强度小，其活动水平略低于1994年。

发生在新疆境内及附近的$M_S \geqslant 4.0$地震中，帕米尔—西昆仑地区7次，南天山西段6次，北天山西段5次，南天山东段4次，北天山东段、阿尔金山、准噶尔界山各1次。地震较活跃的地段仍在帕米尔—西昆仑以及南天山西段和北天山西段。其次是南天山东段。北天山东段、阿尔金山及准噶尔界山相对较为平静，阿尔泰山全年未发生$M_S \geqslant 4.0$地震，显得尤为平静。值得注意的是北天山西段相对1994年变得活跃起来，在5次$M_S \geqslant 4.0$地震中有两次5级以上的地震，5月2日乌苏5.8级地震就发生在该段。1995年地震逐渐由南疆向北疆转移，北疆全年地震释放的能量占全自治区释放总能量的75%。

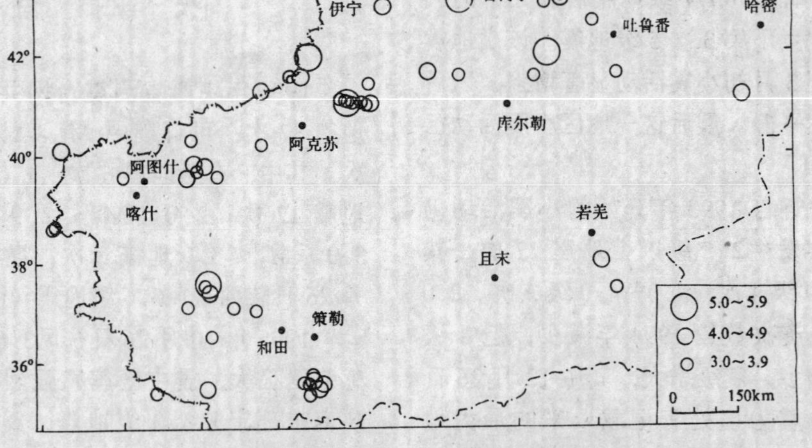


1995年新疆$M_S \geqslant 3.5$地震震中分布图

（新疆维吾尔自治区地震局　陈祥玉）

## 宁夏及邻区

据宁夏地震台网记录，1995 年度宁夏及邻区（35°00′～40°30′N，104°00′～107°40′E）共记录到 $M_L \geqslant 2.0$ 地震 157 次。其中，$2.0 \leqslant M_L \leqslant 2.9$ 地震 130 次，$3.0 \leqslant M_L \leqslant 3.9$ 地震 26 次，4 级以上地震 1 次，最大地震为 1995 年 4 月 27 日中宁 $M_L 4.7$ 地震。地震释放总能量约 $1.7 \times 10^{11}$J。地震能量释放和 $M_L \geqslant 3.0$ 地震频次均与历年正常水平相当，但 $M_L \geqslant 4.0$ 地震的次数明显偏少。

本年度宁夏及邻区地震空间分布的密集特征比较明显，主要为：

(1) 1995 年在宁夏中部的牛首山附近连续集中发生了 3 次震群，且震群参数多不正常(表)。其中第二次震群持续时间长，发震频次高，起伏大，地震发生时间受潮汐变化的影响比较明显，大多数 3 级以上地震和小震的高峰期均发生在大潮日附近。

(2) 近两年宁夏固原北的三营至黑城一带小震比较集中，并发生过多次震群。1995 年该区域地震监测能力降低，可定位的地震次数比 1994 年减少，但单台记录的可能为此区域的地震数量仍然较多。

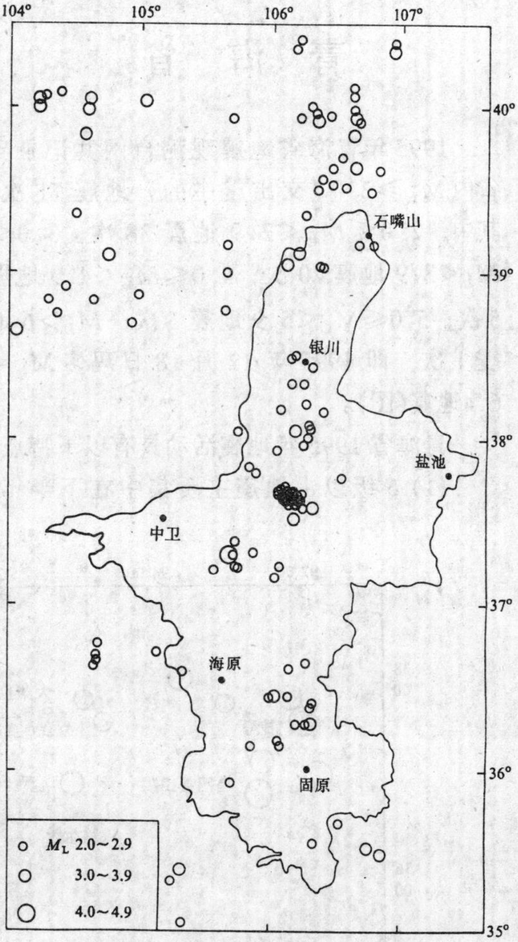


1995 年宁夏及邻区地震震中分布图

**1995 年牛首山 3 次震群参数**

| 序号 | 起止时间<br>月-日～月-日 | 纬　度(N) | 经　度(E) | 次数 | 最大震级 | $b$ 值 | $U$ 值 | $K$ 值 |
|---|---|---|---|---|---|---|---|---|
| 1 | 01-31～02-06 | 37°42′ | 106°05′ | 95 | 2.2 | | 0.2 | 0.89 |
| 2 | 05-21～10-27 | 37°40′ | 106°10′ | 6838 | 3.6 | 1.01 | 0.5 | 0.75 |
| 3 | 11-15～11-25 | 37°38′ | 106°02′ | 12 | 1.4 | | 1.0 | 0.96 |

（宁夏地震局　赵卫明　柴炽章）

# 青 海 省

1995年青海省地震观测台网共记录到省内$M_L \geqslant 2.0$（交出震中的）地震71次。其中，$2.0 \leqslant M_L < 2.9$地震38次；$3.0 \leqslant M_L < 3.9$地震20次；$4.0 \leqslant M_L < 4.9$地震5次；$5.0 \leqslant M_L < 5.9$地震5次；$M_L > 6$地震1次，即1995年12月18日玛多$M_L = 6.4$地震(图)。

青海省1995年地震活动具有以下特点：

(1) 5级以上地震主要集中在下半年。全年发生的6次5级以上地震（包括玛多6.4级地震的一次余震），其中5次发生在7～12月份。

(2) 5级以上地震除一次发生在共和老震区外，其余均发生在青海南部的唐古拉及玛多地区；5级以下中小震活动沿构造带分布特征明显，基本沿祁连构造带，柴达木盆地南、北缘构造带，鄂拉山构造带及巴颜喀拉山构造带分布。

(3) 1993年以来，青海省地震强度、频度在持续了多年的高值后，开始下降。1995年仍为下降趋势。5级以上地震年释放总能量低于1994年，约为$17.136 \times 10^{13}$J。

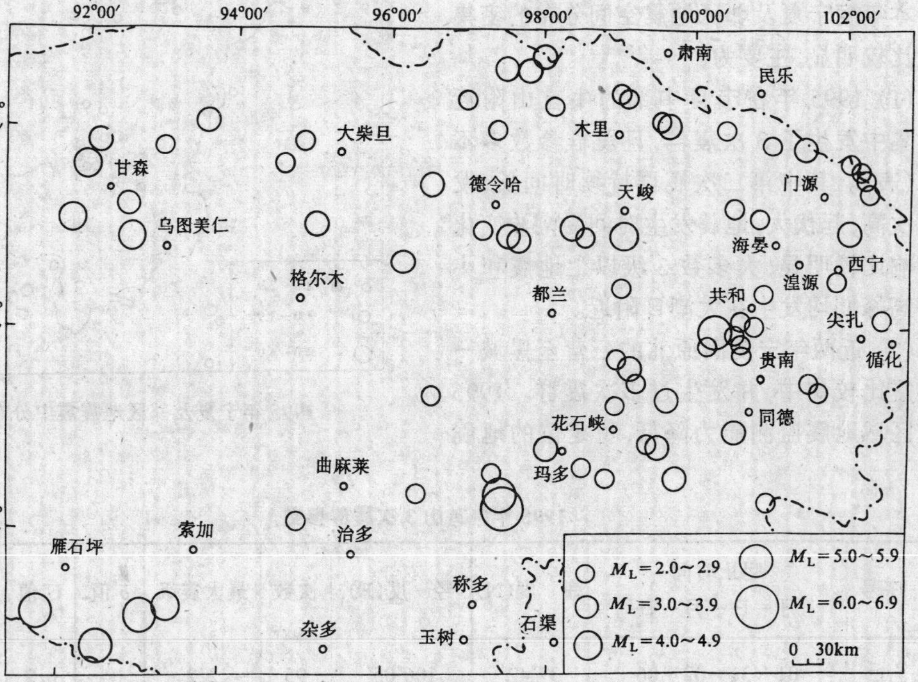


1995年青海省震中分布图

（青海省地震局　陈玉华）

# 重要地震与震害

## 1995年1月10日 北部湾6.2级地震

### 一、地震基本参数

发震时刻：1995年1月10日18时09分47秒

震　　中：20°29′N，109°21′E

震　　级：$M_S=6.2$

震源深度：11.4km

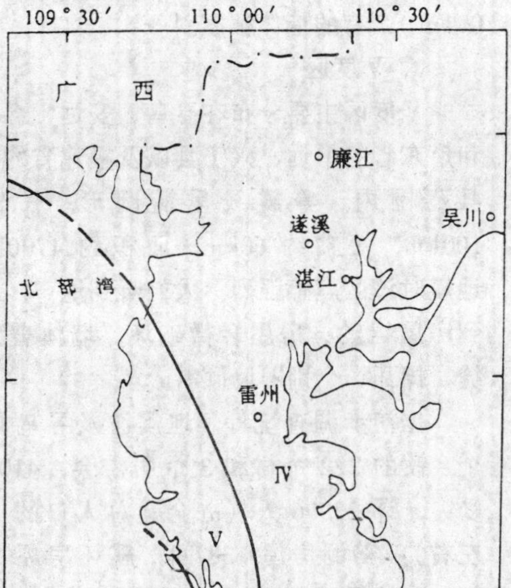


图1　广东省境内北部湾6.2级地震烈度分布图

本次地震由粤、桂、琼三省台网测定，地震序列至7月止共有381次，其中$M_L \geqslant 2.0$地震275次，$M_L \geqslant 3.0$地震43次，$M_L \geqslant 4.0$地震9次，最大余震5.3级。6.2级地震与1994年12月31日6.1级地震属双震型。余震频度较低，衰减由快变慢，强余震偏小且发生较晚。

### 二、烈度分布与震害

本次地震震中因在海中，震中烈度无法确定。雷州半岛西部沿海局部地区地震烈度达Ⅵ度（图1）。在海南省根据30余个调查点的宏观考察资料，圈定出地震陆域Ⅵ度及Ⅴ度等震线（图2）

图2　海南省境内北部湾6.2级地震烈度分布图

Ⅵ度区自临高县新盈镇以南起，经临高县城以南、马袅，在澄迈县玉包港入海。面积约$250km^2$。

Ⅴ度区自儋州市的海头起，经那大、澄迈金江以南，到琼山的桂林洋入海。

地震在广东省湛江市局部地区造成轻微性破坏，个别村庄农舍出现轻微裂缝，造成轻伤3人、死亡1人。因地震雷州市少数人住防震棚和个别单位短期停产等造成的间接经济损失约50万元。

在海南省地震造成受灾区主要在Ⅵ度区，即临高县的北部沿海地区，其中包括7个乡镇，269个自然村，约有33127户，受灾人口15万人，地震造成的建筑物破坏，严重破坏的面积为19956m²，中等破坏的面积为28010m²，轻微破坏的面积为35200m²，总经济损失1041.2万元。

（广东省地震局　罗振暖　左开挺
海南省地震局　刘俊华）

# 1995年1月24日江西寻乌4.5级地震

**一、地震基本参数**

发震时刻：1995年1月24日21时47分52.8秒

宏观震中：江西寻乌县文峰乡与吉潭乡一带

微观震中：24°54′N，115°42′E

震源深度：10km

震　　级：$M_L=4.5$

震中烈度：Ⅵ度

**二、烈度分布与震害**

据实地宏观调查，并参考中国地震烈度表（1980），其烈度分布见图1。

1. Ⅵ度区（极震区）

Ⅵ度区主要分布在寻乌县城附近的长宁、文峰、吉潭、三标、澄江等5个乡(镇)范围内，等震线呈椭圆形，长轴约20km，

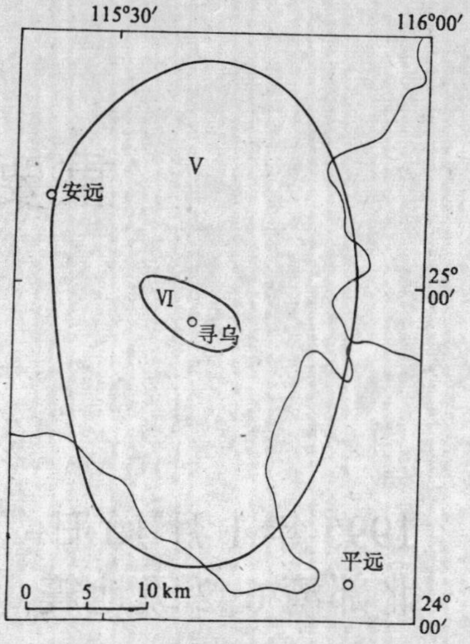


图1　1995年1月24日江西寻乌4.5级地震

短轴约15km，面积约230km²。地震时，大多数土坯砌的简陋房屋及年久失修的旧房，由于已被1987年寻乌5.8级地震群震成危房，故在这次地震时，有的被震倒，有的裂缝加大（其中裂缝最长的达8m，最宽的达0.1m），有的墙体被震斜。

2. Ⅴ度区

Ⅴ度区主要分布在寻乌、安远、会昌县和广东省的平远、兴宁县以及福建省的武平县范围内。等震线呈椭圆形，长轴约100km，短轴约60km，面积约4700km²，地震时该区震感强烈，人们听到地声，感觉到房屋摇动；房屋轻微破坏，墙体普遍裂缝、掉瓦、个别旧墙倾斜。

据初步调查统计，地震波及寻乌县19个乡镇的222个村和3个居委会，4100户受灾，计22006人（占全县总人口的10%左右），震倒房屋138间，震坏房屋2938间，直接经济损失3000万元。

**三、地震序列和能量释放**

根据寻乌县地震台和寻乌狮子峰流动地震台的记录资料统计，从1月4日至2月10日，共记录地震49次，其中最大震级为1月24日21时47分的4.5级地震，总释放

能量99.8111×$10^9$J，而4.5级主震所释放的能量(99.5×$10^9$)占总能量的99.69%，由此可判断出此次地震类型为主震型。

**四、前兆异常情况**

1. 中长期前兆异常

(1) 江西南部地震能量释放值低于平均值，出现缺震异常；

(2) 寻乌地震区 $B$ 值从1994年陡然下降，处于平均值(0.867)以下；

(3) 1994年10月野外实测，寻乌地震区断层气氡值偏高，最大值264Bq；

(4) 瑞金谢坊形变观测点的跨断层水准测量和小三角网测量资料出现异常反映。

2. 短临前兆异常

(1) 1995年1月以后，气压变化较大，出现高峰值，打破历史最高纪录；气温反差很大，其中1月22日气温高达26.5度，而1月24日的平均气温仅为6.2度，地震前出现高温高压异常；

(2) 动物异常反映。寻乌县法院一户养的画眉鸟在震前2小时不停地鸣叫；另一户圈养的兔子震前跳墙（墙高约1m）离室；许多人反映，原来寻乌县城老鼠特别多，近期老鼠都不见了。

(3) 地下水变化。据澄江镇谢屋村一户反映，24日上午压水井里压出来的水很浑，像黄泥巴一样，不能饮用，到26日水自然变清。

（江西省地震局　郑　栋）

# 1995年2月25日福建晋江县东南海中5.3级地震

**一、地震基本参数**

发震时刻：1995年2月25日11时15分08秒

微观震中：24°22′N，118°42′E

震　　级：$M_S$=5.3

震源深度：10km

震中烈度：Ⅴ度（陆地最高烈度）

地震类型：主余震型

余震情况及特点：主震发生后共记录23次余震，其中3.0～3.9级地震2次，2.0～2.9级地震13次，1.0～1.9级地震5次，小于1.0级地震3次。余震震中离主震震中数公里，多分布在主震震中的南面，该序列的主震震级($M_L$=5.6)与最大余震震级($M_L$=3.8)相差1.8，主震释放能量与序列总能量之比 $R$=99.8%，余震衰减十分快速。

**二、烈度分布与震害**

本次地震只勾划出Ⅴ度区等震线，其北起惠安的辋川，经南安市的洪赖镇，安溪县龙门镇、长太县的陈巷镇，直抵漳州市区，再经龙海市的港尾镇，向东入海，Ⅴ度等震线不闭合，所围限的陆地上Ⅴ度区面积近6000km²。

在Ⅴ度区内，人们均听到闷雷似的地声，声音的衰减较慢，远离震区100km以外的漳浦、莆田等地也尚可听到地声。地震时，室内外的人多数都感受到较强烈的地震动，明显感觉上、下跳动，但时间短促，门、窗、房屋晃动发出响声，室内不稳定的器物晃动，离震中较近的金井——深沪沿海仅发现一家破旧大厅的一横梁震落，有些房屋有掉落灰、土、砂、瓦片等现象。离震中较远的惠安净峰及漳州、厦门等地零星建筑物轻微损坏。本次地震没有人员伤亡。

**三、震前异常**

(1) 漳州、厦门地区1991年以来出现 $b$ 值下降及明显的减熵异常，该区1993年以后又出现缺震现象。

(2) 漳州、安溪的 $CO_2$ 1993年开始的中期异常；永春、厦门、华安的水氡短期异常；泉州 $Ca^{++}$ 离子、华安的 $HCO_3^-$ 离子短

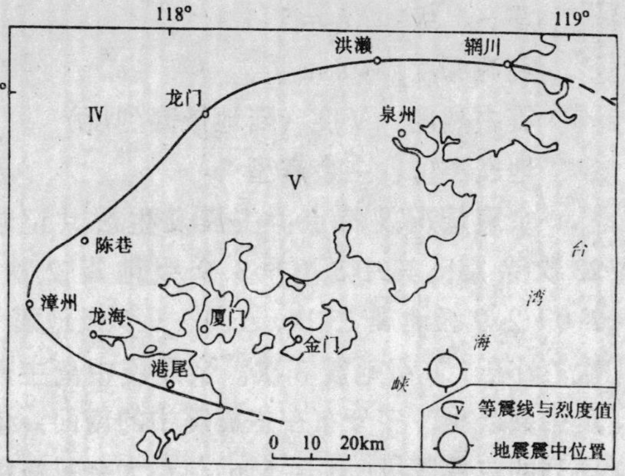


1995年2月25日晋江海外
5.3级地震烈度分布图

期异常，南靖水位也存在短期异常。

(3) 天马跨断层短水准褶积滤波分析东点与南点存在短期异常。泉州梅岭场地跨断层短水准1993年7月～1994年8月存在中期异常，其最大幅值为-1.37mm。厦门地震台倾斜仪1994年11月至1995年1月存在潮汐因子值减少异常。

(4) 泉州地磁总强1994年存在10nT的中短期异常。

(5) 短临前兆异常：本次地震能呈现出短临前兆异常的台项不多，仅有南靖水位，龙岩、漳州、莆田电磁波等测项。莆田地震台在地震发生前3小时向福建省地震局报告异常并作出较准确预报意见。

**四、预报情况**

根据前兆异常情况，并对异常测项的资料进行综合积分处理，1994年11月26日福建省地震局作出中期预报意见：1995年3月26日的前后30天在以118.4°E，25.0°N为圆心，以34.7km为半径的范围内可能发生$M_S5.7\pm0.7$地震。在1995年2月20日根据异常发展情况又正式填写中短期地震预报B类卡片，成功地实现了B类预报，受到国家地震局的表彰。

（福建省地震局　黄向荣）

# 1995年4月15日
# 江西瑞昌－九江4.9级地震

**一、地震基本参数**

发震时刻：1995年4月15日03时53分37.1秒

微观震中：29°38′N，115°38′E

宏观震中：瑞昌市桂林与九江县涌泉之间

震　　级：$M_L=4.9$

震中烈度：Ⅵ度

震源深度：19km

**二、烈度分布及震害情况**

Ⅵ度区（极震区）：该烈度区主要分布在瑞昌市的桂林、洪岭、高丰、乐山、范镇、横港、九源、白杨和九江县的涌泉、新圹、长山、港口街等乡（镇）范围内。等震

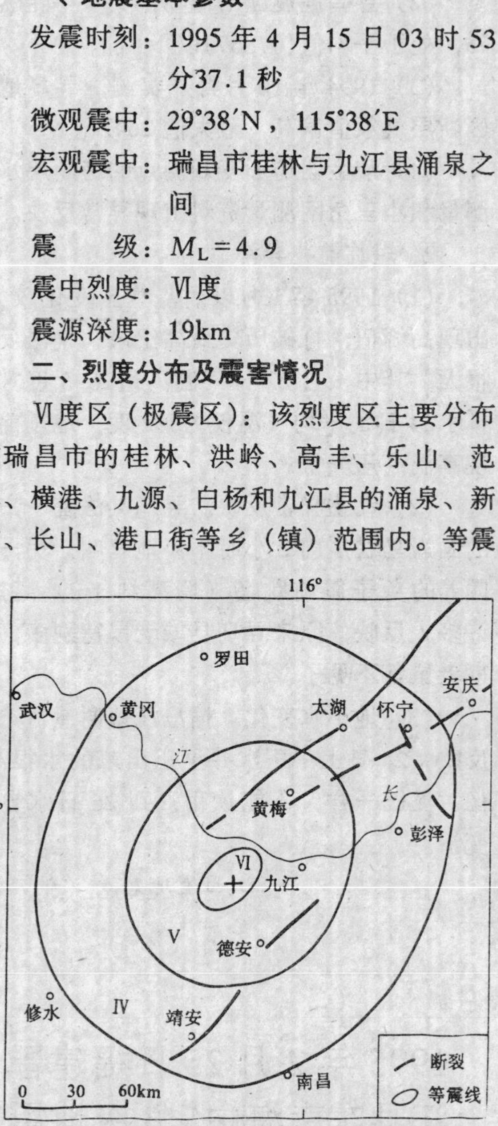


1995年4月15日江西瑞昌－
九江4.9级地震等震线图

线呈椭圆形，长轴约34km，短轴约18km，面积约480km²。地震时，大多数人从睡梦

中惊醒并逃至室外；有的土坯砌的简陋房屋及年久失修的旧房被震倒；部分砖砌的房屋被震裂或墙体被震斜；裂缝最长的达 4m，最宽达 3cm；个别山地边坡出现地裂缝，有的裂缝长约 150m，宽约0.3m；少数民用烟囱被震倒；区内人们普遍听到像打雷似的沉闷地声，部分人在震前几分钟看到了蓝色的地光。

Ⅴ度区：该烈度区主要分布于江西省瑞昌市、九江县、德安县、九江市区、庐山区、星子县、永修县、都昌县、湖口县以及湖北省阳新县、武穴市、黄梅县和安徽省宿松县南部的范围内。等震线呈椭圆形，长轴约 120km，短轴约 100km，面积约 9420km$^2$。地震时区内多数人从睡梦中惊醒并跑到户外，门窗、屋顶、屋架抖动作响，少数房屋墙体出现裂缝，个别民用烟囱和年久失修的简陋土木结构房屋被震倒，如黄梅县孔龙镇一农户 4 间住房（原为危房）被震倒，且砸伤 4 人。

Ⅳ度区：该烈度区范围较广，东起彭泽县，西至修水县，南到南昌市，北达湖北省英山县，有感范围达 30000km$^2$。地震时，少数人被惊醒，门窗作响，悬挂物明显摆动。

此次地震直接或间接震倒房屋 225 间，震坏房屋 10654 间，造成经济损失 3690 万元。

**三、前兆异常**

(1) 1987 年以来，本区域内缺震曲线持续位于基线值(4.09)以下，呈缺震异常。

(2) 1992 年以来地震能量释放值低于平均值(15.9)，处于能量积累阶段，呈释放趋势。

(3) 动物异常明显。4 月 14 日，瑞昌市白杨镇一农户饲养的母猪不在猪栏内产猪崽，却跑到山洞里去；养鱼专业户反映鱼不停地往岸上跳；瑞昌市桂林办事处有人反映燕子 14 日飞走了，3 天后又飞回来，九江县涌泉乡部分人反映老鼠成群结队在外面跑，甚至窜到人身上来；九江县岷山乡部分人反映青蛙震前不叫，震后叫。

(4) 震前一天，瑞昌市横港、范镇等地饮水井水位上升，水发浑。

(5) 震前一日（14 日），瑞昌市、九江县气温偏高，天气闷热并且下雷阵雨，雨量高达 43mm，超过历史以来同时期平均雨量。

（江西省地震局　郑　栋）

## 1995 年 4 月 25 日 云南省金平5.6 级地震

**一、地震基本参数**

发震时刻：1995 年 4 月 25 日 00 时 13 分 8.4 秒

微观震中：22°46′N，102°44′E

宏观震中：22°43.5′N，102°50′E

震　　级：$M_S = 5.6$

震中烈度：Ⅶ度

余震情况：截止到 4 月 30 日 22 时 16 分，共发生余震 17 次，其中最大震级2.6。主要特点是余震少，衰减快，强度小。

**二、烈度分布与震害**

此次地震宏观震中在金平苗族傣族自治县的者米拉祜族乡和勐拉乡之间（图）。极震区烈度为Ⅶ度，长轴13.4km，短轴长 2.9km，面积约 31km$^2$。Ⅵ度区长轴 28km，短轴长6.7km，面积约 126km$^2$。

本次地震波及范围广，河口、屏边、蒙自、个旧、开远、建水、红河、绿春等市县均有感，文山州部分地区也有感。

此次地震伤 20 人，其中重伤 3 人。房屋破坏情况见表 1，表 2，经济损失约为 1096.2 万元。

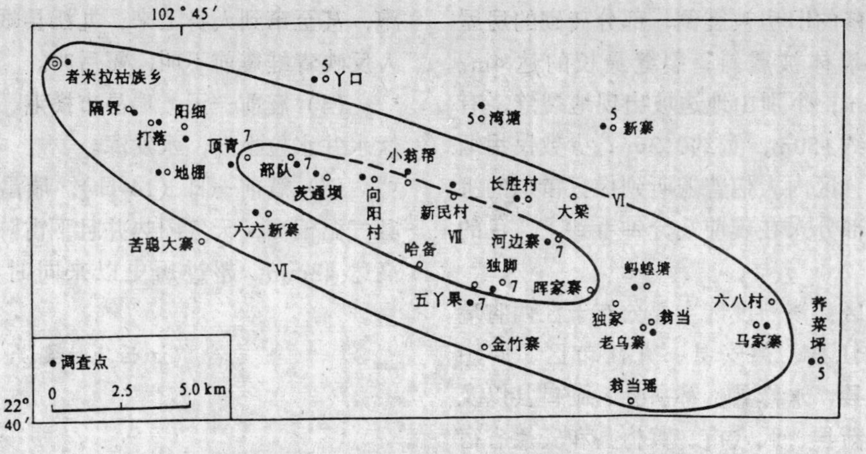


1995年4月25日云南金平5.6级地震烈度分布图

**表1 Ⅶ度区抽样点房屋破坏面积(单位:$m^2$)**

| 结构类型 | 调查点名称 | 破坏等级 | | | |
|---|---|---|---|---|---|
| | | 严重破坏 | 中等破坏 | 轻微破坏 | 基本完好 |
| 砖混结构 | 顶　青 | 196.8 | 295.2 | 826.6 | 649.5 |
| | 茨通坝 | | 748 | 2352 | 3136 |
| | 小翁帮 | | 833 | 1372 | 2744 |
| | 向阳村 | | 64 | 194 | 329 |
| | 河边寨 | 106 | 159 | 445.2 | 349.8 |
| 砖木结构 | 顶　青 | 118 | 629.8 | 2007.4 | 1180.8 |
| | 小翁帮 | | 147 | 441 | 588 |
| | 河边寨 | 63.6 | 339.1 | 1081 | 635.9 |
| 土木结构 | 顶　青 | 400 | 699.4 | 2448 | 1448.8 |
| | 新　民 | 239 | 395 | 1268 | 2214 |
| | 五丫果 | 124.3 | 217.6 | 761.6 | 450.7 |
| | 独　脚 | 142.1 | 248.7 | 870.4 | 515.1 |
| | 河边寨 | 213.2 | 373 | 1305.6 | 772.7 |

**表2 Ⅵ度区抽样点房屋破坏面积(面积:$m^2$)**

| 结构类型 | 调查点名称 | 破坏等级 | | | |
|---|---|---|---|---|---|
| | | 严重破坏 | 中等破坏 | 轻微破坏 | 基本完好 |
| 砖混结构 | 打　落 | | | 261 | 826.7 |
| 砖木结构 | 翁　当 | | 41.1 | 782 | 1234.8 |
| 土木结构 | 马家寨 | 67.6 | 117.9 | 675.9 | 2636 |
| | 长胜村 | 68.6 | 180.6 | 686.1 | 2676 |
| | 阳　细 | 31 | 81 | 307 | 1198 |
| | 六六新寨 | 51 | 135 | 512 | 1997 |
| | 蚂蟥塘 | 13 | 35 | 133 | 519 |

(云南省地震局　师万香)

# 1995 年 4 月 26 日
# 四川沐川 5.1 级地震

**一、地震参数**

发震时刻：1995 年 4 月 26 日 11 时 46 分

微观震中：28°59′N，103°39′E

宏观震中：29°01′N，103°42′E

四川省沐川县凤村乡

震源深度：10km

震中烈度：Ⅵ度强

地震类型：多震型

主震发生后至 6 月 7 日止，共记录到 $M_L \geqslant 0.2$ 地震 732 次。其中，$M_L > 1.0$ 地震 474 次，1.0～1.9 级地震 223 次，2.0～2.9 级地震 32 次；$M_L \geqslant 3.0$ 地震 2 次，最大余震3.2 级，主要密集分布在凤村乡区域内。

**二、烈度分布与震害**

此次地震等烈度线长轴为近于东西向的椭圆形，最大直径约 8km，震中烈度Ⅵ度强，宏观震中在川山堰电站—红桥村二组一

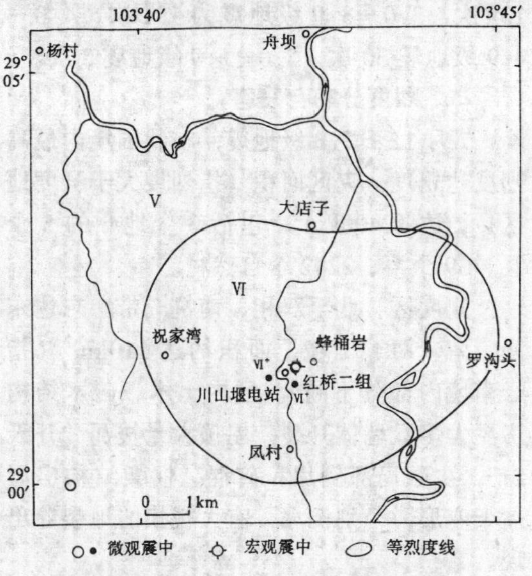


1995 年 4 月 26 日沐川5.1 级地震等烈度线图

带。Ⅵ度区面积约 40km²(见图)。这次地震无人员死亡，有 2 人受重伤，轻伤多人。房屋破坏情况及所造成的经济损失见表 1。

**表 1 房屋破坏情况及经济损失**

| 破坏情况 | 破坏比/% | 房屋面积/m² | 经济损失/万元 |
|---|---|---|---|
| 毁坏 | 1 | 4355 | 116 |
| 严重破坏 | 4 | 17418 | 263 |
| 中等破坏 | 16 | 69673 | 334 |
| 轻微破坏 | 47 | 204664 | 393 |
| 基本完好 | 32 | 1393346 | 0 |

（四川省地震局 陈代源）

# 1995 年 5 月 2 日
# 新疆乌苏南5.8 级地震

**一、地震基本参数**

发震时刻：1995 年 5 月 2 日 19 时 48 分 09 秒

微观震中：43°47′N，84°44′E

宏观震中：43°49′N，84°40′E

震中烈度：Ⅵ度

震　　级：$M_S = 5.8$

震源深度：30km

截止到 5 月 12 日，共发生余震 127 次，最大余震 $M_L = 3.8$。其中，$M_L < 1.0$ 地震 35 次，$M_L = 1.0 \sim 1.9$ 地震 70 次，$M_L = 2.0 \sim 2.9$ 地震 19 次，$M_L = 3.0 \sim 3.9$ 地震 3 次。

**二、烈度分布与震害**

地震发生在伊连比尔尕山北坡雪线附近，因震中附近终年积雪无法考察。

Ⅵ度区：长轴 44km，短轴 22km，面积为 760km²（图）。217 国道的边坡、护墙有多处塌方、裂缝。砖混平房有轻微裂缝。沿

公路纵向裂缝长达20m。巨大滚石将公路砸出许多大坑，坑最大的有1～2m²。609km处塌方量达400～500m³。

Ⅴ度区：长轴约80km，短轴约50km，面积为7380km²。沿217国道有滚石、崩塌、滑坡等现象。巴音沟道班商店货架上小商品震落，桌上的碗掉落在地摔碎，墙皮脱落。将军庙水文站奎屯河岸的滚石下落将河谷淘金人砸死2人，砸伤3人，人感强烈并听到地声。

Ⅴ度区外围地区人有震感。个别人跑出室外。桌上的杯子有翻倒现象。土墙掉土并有轻微的裂缝。

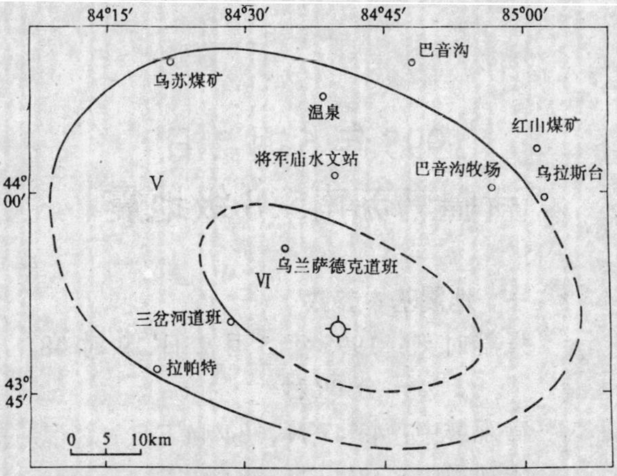


1995年5月2日新疆乌苏南5.8级地震等震线图

（新疆维吾尔自治区地震局　陈祥玉）

# 1995年6月30日、7月10日、7月12日云南孟连西、中缅边界5.5级、6.2级、7.3级地震

1995年6～7月，在云南省孟连县、中缅边界地区连续发生了3次破坏性地震。

## 一、地震基本参数

发震时刻：1995年6月30日07时03分42.9秒

1995年7月10日04时31分32.1秒

1995年7月12日05时46分37.1秒

微观震中：22°03′N，99°03′E

22°07′N，99°03′E

22°00′N，99.3°E

宏观震中：因3次地震震中的位置相距较近，时间间隔较短，因此没有单独勾划等震线图，根据综合等震线图，3次地震的宏观震中位于双相、南抗、东乃一带（中缅边界地区）

震　　级：$M_S=5.5$，$M_S=6.2$，$M_S=7.3$

震源深度：6.2级和7.3级地震的震源深度为10km

震中烈度：Ⅷ度

地震类型：前震—主震型—余震型

主震发生后，截止7月15日共发生$M\geqslant2.5$余震363次。其中，2.0～2.9级地震139次，3.0～3.9级地震为191次，4.0～4.9级地震30次，5.0～5.9级地震3次。

## 二、烈度分布与震害

7月12日7.3级地震，在我国境内最高烈度达Ⅷ度，灾区面积（指烈度大于Ⅵ度地区）约达12400km²，包括3个地州的5个县、39个乡、2242个自然村。

Ⅷ度区：北至双相、南抗一带，东达东乃，南、西逾国境，面积约达110km²（指云南境内部分下同）。区内土木、砖木结构房屋大多数墙体开裂，屋顶大量梭瓦"开天窗"，少数局部倒塌；砖混、框架结构房屋屋架变形，个别倒塌；有大规模的地裂缝出现。

Ⅶ度区：北至西盟县翁嘎科，东达孟连

县城，南到腊垒、班顺一带，面积约1580km²。区内土木、砖木结构房屋大多数墙体明显开裂，普遍梭瓦或掉瓦，个别墙体严重破坏或局部倒塌；砖混、框架结构房屋墙体普遍出现裂缝，个别框架柱、梁断裂。

Ⅵ度区：北至沧源县糯良，东达澜沧县的富帮，南迄勐海县打洛一带，面积约10400km²。区内土木、砖木结构房屋大多数墙体轻微开裂，少数有梭瓦或掉瓦，个别达中等以上破坏；砖混、框架结构房屋少数墙体出现细小裂缝。个别有明显裂缝，灰皮有局部脱落的现象。

据调查，这次地震在我国境内造成11人死亡，伤136人，其中重伤26人，轻伤110人。

各烈度区城乡各类建筑物破坏比见表1，造成的经济损失，经震害评估计算为15,593.24万元；生命线工程，水工建筑及其他公用市政设施等破坏造成的经济损失达4.955万元。本次地震造成的总经济损失为20548.24万元。

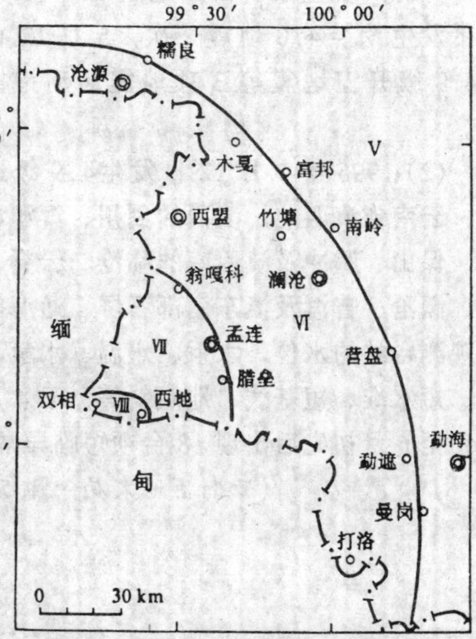


1995年7月12日云南孟连西中缅交界7.3级地震云南境内烈度分布图

**表1　各类房屋的破坏比(%)**

| 烈度 | 结构类型 | 毁　坏 | 严重破坏 | 中等破坏 | 轻微破坏 | 基本完好 |
|---|---|---|---|---|---|---|
| Ⅷ | 土木结构 | 1 | 15 | 35 | 35 | 14 |
| | 砖木结构 | 0.5 | 12 | 38 | 45 | 4.5 |
| Ⅶ | 土木结构 | 0 | 8 | 16 | 19 | 57 |
| | 砖木结构 | 0 | 3 | 15 | 20 | 62 |
| | 砖混结构 | 0 | 1 | 18 | 22 | 59 |
| | 框架结构 | 0 | 0 | 4 | 16 | 80 |
| Ⅵ | 土木结构 | 0 | 2 | 7 | 22 | 69 |
| | 砖木结构 | 0 | 1 | 4 | 13 | 82 |
| | 砖混结构 | 0 | 0 | 4 | 16 | 80 |
| | 框架结构 | 0 | 0 | 1.5 | 13 | 85.5 |

## 三、震前异常

(1) 主震发生前，前震活动明显，1995年5月份，发生$M \geqslant 2.5$地震10次。该地震带发生$M=4.0$地震一次，5月12日景谷4.9级开窗地震等3项地震活动指标异常。

(2) 1995年5月12日发生4.9级地震后，云南省滇西北、滇西的剑川、洱源、永胜、保山、腾冲及滇西南的临沧、云县、景谷、澜沧、普洱及滇东南部石屏、通海等地的观测台站的水位、水汞、水温、水氡、水质、短水准、短基线、地倾斜等，于4月中下旬至6月初先后出现18台项短临异常。

（云南省地震局　师万香）

# 1995年7月22日 甘肃永登5.8级地震

## 一、地震基本参数

发震时刻：1995年7月22日06时44分

微观震中：36.5°N，103.0°E

宏观震中：36°24.57′N，103°9.6′E

震　　级：$M_S=5.8$

震源深度：10km

震中烈度：Ⅷ度

地震类型：孤立型

这次地震主震能量释放约占整个地震系列的99.98%，最大余震为$M_S 3.1$。截止到8月9日，2级和2级以上余震共发生8次，余震与主震震级差很大，大小地震极不成比例，在时间上，大多数余震集中于主震当天发生，随后频次迅速减少。如主震当天即发生余震81次，约占整个余震序列总数109次（截止7月29日）的2/3，而且，$M_S=2.0$地震的7次中，有6次是在主震发生的当天发生的，其余几天日最大频次为10次。

## 二、烈度分布与震害

本次地震宏观震中位于兰州市所辖永登县七山乡境内，极震区烈度Ⅷ度，呈椭圆形，长轴走向北70°西，长半轴6.6km，短半轴2.9km，面积56km²；7度区长半轴12.4km，短半轴7.5km，面积222km²；6度区长半轴21.8km，短半轴18.4km，面积1300km²(图)。银川市、天水市、西宁市有感。

本次地震造成12人死亡，7人重伤，515人轻伤，13240人无家可归，占破坏区总人口的5.9%。

这次地震给民用建筑造成极大破坏，特别是Ⅷ度区房屋倒塌和严重破坏达85%（表1，表2)。

本次地震受灾面积约2788km²，直接经济损失6779.1万元，间接经济损失352.9万元。

## 三、震前异常

(1) 趋势性前兆异常。此次地震前出现前兆异常的台站（包括流动观测项目）有20个，共24台项。20个台站中流动测量3项，定点观测台站17个，共21台项。

(2) 突变性前兆异常。在短临阶段，青海东北部及甘肃中东部地区显示了多手段

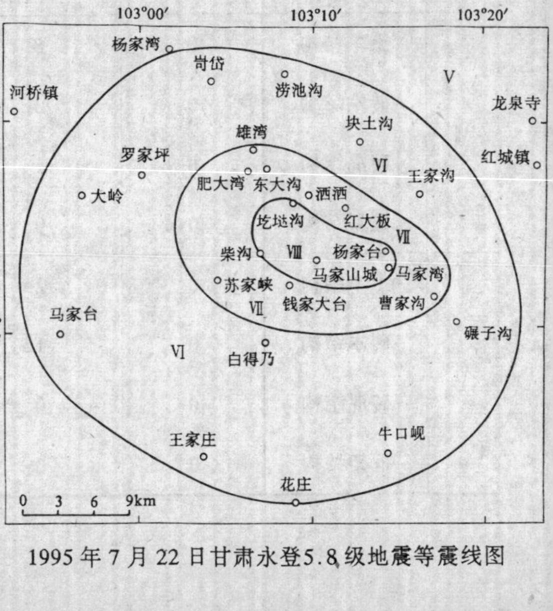


1995年7月22日甘肃永登5.8级地震等震线图

**表 1　农村房屋在各烈度区破坏的等级数量及经济损失**

| 烈度 | 毁坏/间 | 严重破坏/间 | 中等破坏/间 | 轻微破坏/间 | 基本完好/间 | 合计/间 | 损失/万元 |
|---|---|---|---|---|---|---|---|
| Ⅷ | 1243 | 1075 | 411 | 0 | 0 | 2729 | 481.8 |
| Ⅶ | 1387 | 2621 | 5209 | 1739 | 53 | 11000 | 1117.2 |
| Ⅵ | 0 | 3142 | 9660 | 25561 | 8068 | 46431 | 1639 |
| Ⅴ | 0 | 0 | 920 | 33350 | 249679 | 283949 | 706 |
| 合计 | 2630 | 6829 | 16200 | 60650 | 257800 | 344109 | 3944 |

**表 2　灾区的其他工程破坏数量及损失**

| 工程名称 | 水窖/眼 | 塘坝/座 | 涝池/座 | 围墙/m | 棚圈/处 | 官川引水工程 |
|---|---|---|---|---|---|---|
| 破坏数量 | 6860 | 18 | 25 | 122945 | 500 | |
| 单价/万元 | 0.1 | 5.0 | 1.0 | 0.002 | 0.1 | |
| 损失/万元 | 686 | 90 | 25.0 | 245.89 | 50.0 | 165 |
| 总计/万元 | 1261.89 | | | | | |

多台项突发性异常。包括乐都、共和、民和水氡，湟源流量，乐都、湟源、西宁水温，互助、塘格木地温。

突发性异常空间展布范围大，集中分布在 350km² 范围内。

(3) 地震宏观前兆。震前蛇、狗、鸡、骡子、老鼠、羊、牛、马、猪等 10 余种动物有异常反应。

其他宏观异常有地光、土气、震声等。

**四、预报情况**

甘肃省地震局对 1995 年 7 月 22 日永登 5.8 级地震作了明确的中短期预报，受到国家地震局的认可和表彰奖励。

（甘肃省地震局　荣代璐）

# 1995 年 9 月 20 日<br>山东苍山5.2 级地震

**一、地震基本参数**

发震时刻：1995 年 9 月 20 日 11 时 14 分 31.4 秒

微观震中：34°57′N，118°06′E

宏观震中：苍山县境内

震　　级：$M_S=5.2$

震源深度：12km

主震后至 11 月 30 日，共记录余震 138 次。其中，2.0 级以上地震 13 次，最大3.2 级。苍山地震序列余震频度和地震应变能释放呈幂函数正常衰减；$b$ 值在0.70～0.83 之间波动；$h$ 值较高，介于2.0～2.15 之间，表明序列衰减较快；余震空间分布呈北北东向及北西西向两组优势方向。

**二、烈度分布与震害**

苍山5.2 级地震宏观震中在该县沂堂乡台井村和寨子村一带，震中烈度为Ⅵ度。

Ⅵ度区东起沂堂乡，北至费县探沂乡，长轴为北北西，约 28km，与惠民庄断层（发震断层）展布吻合。在费县刘庄乡青山湖村和汤家屯至探沂乡石行村出现干插石墙和房屋倒塌等破坏加重现象。

Ⅴ度区大致东南至郯城县城，西北至费县城北乡，西南到苍山县兰陵镇，西北到临沭县城。地震有感范围较大，南至江苏淮安、安徽蚌埠和亳州，北至山东烟台、河北沧州，西到河南商丘和濮阳，东至南黄海海滨，最大有感半径约 300km。

地震造成 320 人受伤，其中重伤 56 人，但人员受伤绝大部分为震后仓惶外逃挤伤、踩伤或跳楼摔伤，且大部分为中小学生。地震时死伤羊 39 只、砸死鹅 28 只。房屋倒塌 16 间、严重破坏（危房）484 间，中等破坏（需维修）8797 间，轻微损坏（不需或稍加维修）74537 间，以上共计损坏房屋83834 间。地震造成直接经济损失为 770 万元，间接经济损失为 1020 万元，总计经济损失为 1990 万元。

（山东省地震局　刀守中　郭　红）

# 1995 年 9 月 26 日<br>新疆拜城西南5.3 级地震

**一、地震基本参数**

发震时刻：1995 年 9 月 26 日 12 时 39 分 03.6 秒

震中位置：41°47′N，81°31′E

震中烈度：Ⅵ度

震　　级：$M_S=5.3$

震源深度：27km

**二、烈度分布与震害**

这次地震的极震区为Ⅵ度，主要分布在铁热克镇的恰木古鲁克村西喀普斯浪河谷西岸。区内拜城县城震感强烈，床、柜及货架上的物品震落。Ⅵ度区长轴52km，短轴 30km，面积为 1225km²。Ⅴ度区长轴 124km，短轴 66km，面积约 64.24km²（图）。

这次地震未造成人员伤亡。但 7 个乡、场，2 个镇，37 个自然村遭到不同程度的破坏，受灾面积1462.4km² 。受灾人口约1.7万(2000 户)。地震造成部分工厂、旅馆、饭店及商店停业。1600 余名学生停课，影响了正常工作和生产。个别房屋严重毁坏，致使 80 多人无处栖身。

拜城县城及附近乡村（场）的房屋均受到不同程度的破坏或损坏。震区内多为多层砖混房屋、多层砖房、单层土坯房、单层钢筋混凝土柱厂房。其中严重破坏的房屋 2778m²（270 间），中等破坏者约 22089m²（2200 间），轻微破坏约 49826m²（约 4900）间）。这次地震造成的经济损失总计为351.9 万元。

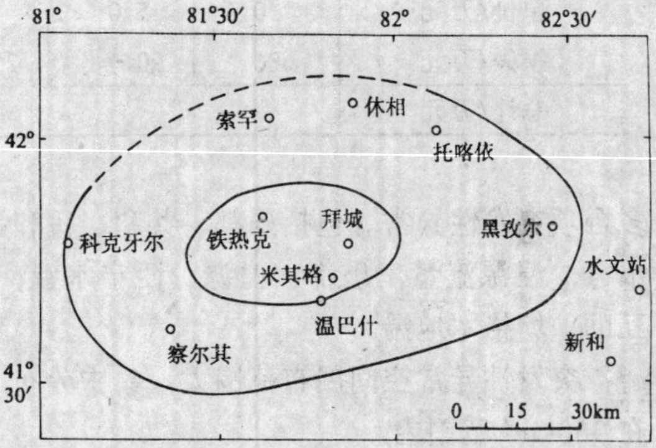


1995 年 9 月 26 日新疆拜城

西南5.3 级地震等震线图

（新疆维吾尔自治区地震局　陈祥玉）

# 1995 年 10 月 24 日<br>云南武定6.5 级地震

**一、地震基本参数**

发震时刻：1995 年 10 月 24 日 06 时 46 分 52.2 秒

微观震中：25°50′N，102°19′E

宏观震中：25°54′N，102°15′E

震　　级：$M_S=6.5$

震源深度：10～15km

地震类型：主震－余震型

截止到 10 月 30 日 20 时，震区共发生 $M \geqslant 2.0$ 地震 1627 次。其中，2.0～2.9 级地震 1344 次，3.0～3.9 级地震 220 次，4.0～4.9 级地震 54 次，5.0～5.9 级地震 8 次，6.0～6.9 级地震 1 次。

**二、烈度分布与震害**

宏观震中位于武定县的发窝、康照、东坡一带。极震区长轴方向近东西向，面积约 $320km^2$，最高烈度为Ⅸ度（图）。

Ⅸ度区面积约为 $320km^2$；Ⅷ度区面积约为 $1270km^2$；Ⅶ度区面积为 $4670km^2$；Ⅵ度区面积约为 $12380km^2$。

这次地震有感范围较大，北到四川省攀枝花；南至玉溪；西迄丽江、大理，东达昭通、曲靖。

这次地震造成 52 人死亡，伤 13815 人，其中重伤 808 人。

各类房屋的破坏比见表 1，此次地震造成的经济损失约为20175.98 万元。

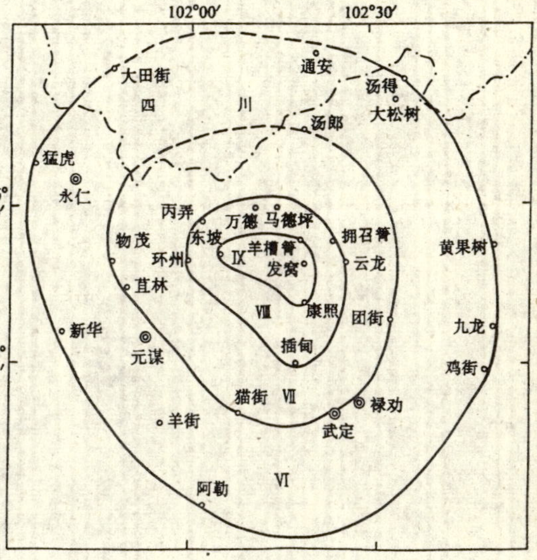


1995 年 10 月 24 日云南武定
6.5 级地震烈度分布图

**表 1　各类房屋的破坏比（%）**

| 烈　度 | 结构类型 | 破坏等级 | | | | |
|---|---|---|---|---|---|---|
| | | 毁　坏 | 严重破坏 | 中等破坏 | 轻微破坏 | 基本完好 |
| Ⅸ | 土木结构 | 14.8 | 35.7 | 24.6 | 24.9 | 0 |
| | 砖木结构 | 13 | 38 | 25 | 24 | 0 |
| | 砖混结构 | 11 | 38.1 | 14.5 | 16.5 | 19.8 |
| Ⅷ | 土木结构 | 4.3 | 13.4 | 29.2 | 41.7 | 11.4 |
| | 砖木结构 | 0 | 15 | 35 | 40 | 10 |
| | 砖混结构 | 2.2 | 6.7 | 26.4 | 25.7 | 59 |
| Ⅶ | 土木结构 | 0 | 3 | 10 | 30 | 57 |
| | 砖木结构 | 0 | 2 | 10 | 30 | 58 |
| | 砖混结构 | 0 | 1 | 12 | 25 | 62 |
| | 框架结构 | 0 | 0 | 2 | 16 | 82 |
| Ⅵ | 土木结构 | 0 | 0 | 5 | 20 | 75 |
| | 砖木结构 | 0 | 0 | 3 | 15 | 82 |
| | 砖混结构 | 0 | 0 | 3 | 20 | 77 |
| | 框架结构 | 0 | 0 | 0 | 11 | 89 |

（云南省地震局　师万香）

# 防震减灾

这一部分收载国家地震局系统、各级政府及社会各界防震减灾工作四环节（地震监测预报、震灾预防、地震应急、地震救灾与重建）和地方地震工作、防震减灾宣传等，全面记录政府职能、专业队伍、社会各界的作用和贡献。从中可看到我国防震减灾事业的发展。

# 地震监测预报

## 1995 年度全国地震趋势会商会

1995 年 1 月 9 日至 14 日，国家地震局在北京召开了“1995 年度全国地震趋势会商会”。这次会商会是国家地震局决定对全国地震趋势会商会实行改革后的首次大会。会议的主要内容是：未来 1～3 年全国地震大形势判定；讨论全国重点监视防御区的确定；确定 1995 年度全国重点地震危险区；评议各单位会商报告。

会商会期间，与会代表认真审议了由国家地震局分析预报中心牵头汇总的“1～3 年我国强震活动趋势及地震重点危险区的预测研究（讨论稿）”以及由国家地震局专家组提交的“全国重点监视防御区的确定及原则”专题报告。大会还对由分析预报中心汇总提供的“1995 年度全国地震趋势汇总报告（讨论稿）”进行了认真的讨论，最后形成了“未来 1～3 年我国大陆强震活动趋势及重点地震危险区的预测意见”和“1995 年度全国地震趋势会商会意见”。

**1. 未来 1～3 年（1995～1997 年）我国大陆强震活动趋势及重点地震危险区的预测意见**

（1）1988 年以来在我国大陆及其周边地区发生了十余次 7 级以上大震活动，特别是 1994 年以来在我国东部沿海及邻区出现的频繁强震活动形势是十分严峻的，必须引起足够的重视。经过多方面的研究和反复的论证，会议倾向性认为，1988 年以来我国大陆的强震活动确已进入一个新的活跃期，预计这一活跃期可能持续至 2000 年前后；与本世纪前几个活跃期相比较，其总体活动水平可能略低，但仍将发生 7 级以上大震；预计 7 级大震将主要发生在我国西部地区。

（2）多种方法的预测结果表明，今后 3 年（1995～1997 年）我国大陆地震活动将进一步增强，存在发生数次 7 级以上大震的可能，我国西部青藏构造块体周边地区及其东部地区，南北地震带中南段和天山地震带是可能发生 7 级大震的主要地区。

（3）近年来，我国东部周边地区及台湾、东南沿海地震带强震活动十分突出，为近几十年来的少见现象。预计这一活跃形势将继续发展；今后几年我国东部及其沿海、近海的地震活动将进一步增强；在多个地区存在发生 6 级左右地震的可能，特别应注意华南沿海、苏鲁沿海至南黄海、辽东半岛及附近海域及山西地震带等地区发生较强地震的危险性。

（4）根据多种方法及区域地震活动，中长期前兆异常的综合分析结果，今后 3 年全国地震重点危险区是：

一类危险区（7 个）：

①苏鲁交界至南黄海，6级左右；
②山西带中南段至晋陕豫交界，6级左右；
③甘肃东南部至甘青川交界，7级左右；
④青海北部至祁连山地震带，6～7级；
⑤川西至川滇藏交界，7级左右；
⑥滇西、滇西南至中缅边界，6～7级；
⑦北天山西段与南天山中西段，6.5～7级。
二类危险区（7个）：
①晋冀蒙交界，6级左右；
②宁夏北部至内蒙古河套地区，6级左右；
③辽东半岛及附近海域，6级左右；
④闽粤交界沿海与粤桂琼交界，6级左右；
⑤青藏交界唐古拉山地震带，6～7级；
⑥西藏西南部至喜马拉雅山地震带中段，6～7级；
⑦西昆仑至阿尔金山地震带，6～7级。

**2. 全国地震趋势会商会确定的1995年发生破坏性地震可能性较大的9个重点危险区及其判断的主要依据**

（1）苏鲁交界至南黄海。1994年1～10月地震活动水平较低，11月8日发生4.1级地震后中等地震活动开始增强。外围黄海地区7月26日发生5.3级地震，使本区发生中强以上地震的形势更加突出。根据多项地震学和前兆异常综合判定，1995年有发生5级左右地震可能。

（2）山西中南部。华北地区缺震的情况下1994年山西地震活动明显偏低，只发生1次4级以上地震，即4月26日灵石4.3级地震。是华北地区1994年的显著性地震，发生在山西中南部地震空区范围内具有信号震或逼近地震性质。综合地震活动和前兆异常资料认为，1995年有发生5～6级地震可能。

（3）东南沿海地震带（重点是闽粤交界近海和粤桂琼交界近海地区）。

1994年9月16日位于闽粤交界近海的台湾海峡7.3级地震后，部分地震学异常和前兆异常尚未恢复，地震序列衰减较慢，还可能有5～6级或6级左右强余震活动。根据以往震例，海峡7.3级地震后，闽粤沿海可能引发中等地震活动。

粤西—桂东南—海南岛及近海地区目前存在测震学和形变、应力、水化学等前兆异常；同时根据北部湾6级地震序列分析，尚有可能发生5～6级余震。

东南沿海地震带目前正处于活跃时期，综合分析存在的各项异常认为，东南沿海地震带，特别是闽粤交界近海和粤桂琼交界近海（包括老震区），1995年有发生5～6级或6级左右地震的可能。

（4）川滇交界西部至川滇藏交界。在1992年12月至1993年8月云南西部及川滇交界地区发生5级以上地震8次，中强地震集中活动之后，1993年9月至1994年9月川滇至藏东地区出现大范围异常平静，在这种背景下川滇藏交界及附近地区存在的多项地震学异常，包括空区、条带、$b$值应变释放、频度、波速比、响应比等应引起重视。结合川滇交界及邻区存在的形变、水氡、水位、应力等多项前兆异常分析，预计1995年有发生6～7级地震的可能。

(5) 滇西南。滇西南地区存在地震空区、条带、b 值、波速比、应力值，响应比等多项地震学异常，利用地震空区和测震综合方法计算震级可达 6 级以上。云南省内平静 13 个月之后，1994 年 9 月 19 日景谷发生5.2 级地震，滇西南有可能成为中强以上地震的发震地区，综合地震学异常和部分前兆异常，预计 1995 年有发生 6 级左右地震的可能。

(6) 乾宁—冕宁及其附近。多震的四川地区已 5 年没有发生 6 级以上地震，1994 年四川盆地中等至中强地震活跃，12 月 30 日沐川—马边发生5.7 级地震是该区开始活跃的信号。综合分析认为，地震学和前兆异常相对集中的乾宁—冕宁及其附近地区，1995 年有可能发生 6 级左右地震。

(7) 祁连山中西部及甘青交界。1986 年至 1993 年祁连山地震带中强地震活跃，先后发生门源、天祝—景泰和祁连 3 次 6 级以上地震及多次 5 级地震。祁连山地震带中西部是潜在的强震危险区，1994 年地震由活跃转入平静，而东部外围地区中等以上地震继续活跃。综合分析近一二年存在的多项地震学和前兆异常，认为 1995 年或稍长时期有发生 6 级左右地震的可能。

(8) 青海格尔木以北三湖地区。1991 年至 1993 年三湖地区连续发生 5 级以上地震，1993 年 9 月 5 日5.1 级地震后已平静 16 个月，近期 4 级中等地震活动开始增强。该区存在多项测震学异常和部分前兆异常，综合分析认为，1995 年有发生 6 级左右地震的可能。

(9) 新疆天山地震带西部（重点是乌苏—精河—伊宁和西克尔—乌恰）。

1993 年 12 月 1 日喀什西发生 6 级地震后，1994 年南天山西段又发生 3 次 5 级多地震，中强地震活跃；而北天山平静。此区是中强以上地震的多发区，目前又存在多项地震学异常和部分前兆异常，预计 1995 年有发生 6 级左右地震的可能。

5 个可能发生中强地震的注意地区是：

(1) 山西北部至晋冀蒙交界；

(2) 辽西至辽蒙交界；

(3) 宁夏北部至宁蒙交界；

(4) 甘东南至甘青川交界；

(5) 新疆西昆仑地区。

（局科技监测司）

# 云南孟连中缅边境7.3级地震预测预防实况

1995 年 7 月 12 日，云南省孟连县中缅边境发生7.3 级强烈地震，震中距我国边界仅 10km。这次地震云南省的 3 个地州（思茅、临沧、西双版纳）的 5 个县（孟连、勐海、西盟、澜沧、沧源）遭到地震烈度Ⅵ度以上破坏。据调查统计，这次地震我国总计受灾人口 57.7 万余人，直接经济损失2.055 亿元，但仅造成 11 人死亡，重伤 26 人，轻伤 110 人。

一次7.3 级强烈地震，人口伤亡如此之少，在国内外都是罕见的震例。除了震区人口稀少，居民住房多为竹楼有一定的耐震性等客观因素以外，云南省地震局对这次地震作了比较准确的短期和临震预报，当地政府果断决策，组织群众采取撤离危房等应急避震措施起到了重要作用，使得地震造成的人口伤亡减少到最低程度。

**1. 7.3级地震的中期、短期和临震预报实况**

在1995年度全国地震趋势会商会上，根据多种方法及区域地震活动、中长期前兆异常的综合分析结果，滇西、滇西南至中缅边界被确定为在1～3年内可能发生6～7级地震的7个一类重点危险区之一，并且进一步明确滇西南地区在1995年就有发生6级左右地震的中期预报意见。6月中旬，国家地震局又进一步强调下半年滇西南发生6级地震的紧迫性。

1995年5月中旬开始，云南省的滇西南及滇西北地区先后出现了水位、水化、深井地温和地倾斜等14台项短临异常。西南地区气压场也先后于5月上旬和下旬出现异常变化，昆明、大理的电磁辐射也先后于6月6日至8日出现异常信号。14台项异常中，有多台巨变短临异常信号，其中滇西南澜沧、临沧、景谷一带异常台站密度和异常幅度最大。云南省地震局根据多年预报实践的经验，在1995年6月8日《震情反映》（9505）中向省政府报告了如下的预报意见："1995年7月中旬特别是6月底以前，云南西部腾冲、澜沧、景谷、勐海一带及其附近的中缅边境地区，可能发生5.5级左右地震。临沧、景谷、澜沧一带应特别注意"。

1995年6月30日，在孟连县中缅边境发生5.5级地震后，云南省地震局迅速进行紧急会商，并向孟连震区派出现场工作组。现场工作组于7月5日和7日分别向思茅地区、孟连县领导汇报灾害评估和震情趋势时指出：从1994年9月19日景谷5.2级地震至1995年6月30日孟连5.5级地震，区内已发生5级以上地震5次，已形成时空上的中强震密集段和密集区，澜沧江断裂以西的耿马、澜沧地震带已进入了一个新的活跃段，发生强震的危险性在增大，必须高度重视，建议在危房中的群众搬出。

在1995年7月10日晨孟连西中缅边境再次发生6.2级地震后，云南省地震局立即派出前方工作组，于当天晚上11点50分到达孟连开展现场监视、震害评估和科学考察。11日0点10分，在地、县两级干部会上，省局分析预报中心主任陈立德研究员根据地震序列分析和滇西南地区强震发生特征，明确提出："这次地震序列为国内罕见，如果将5.5级地震作为前震，6.2级作主震，震级太小。按一般规律，5.5级的前震，主震震级应达到7级以上，又根据滇西南地区两次强震间隔时间多为10分钟至3天的特征，3天内还有发生强烈地震的危险"，并建议"住在危房中的群众立即搬出"。

7月12日，在孟连县西缅方一侧发生了7.3级强烈地震，这次地震的临震预报取得了成功。

**2. 地方政府根据地震部门的建议，果断采取应急措施，组织群众防震避震、撤离危房，取得了减灾实效。**

国家地震局《关于印发1995年度全国地震趋势会商意见的通知》（震发科［1995］018号）下发以后，云南省地震局向省政府作了汇报并及时安排大震跟踪监视工作，3月29日和志强省长在《关于申请解决地震应急专项经费的请示》（云震发科［1995］35号）文上亲自批示拨给云南省地震局40万元应急专款，省地震局于4月2日以《关于云南省地震局应急措施的报告》（云震发科［1995］42号）报省政府，对监测预报部门应震工作作了具体安排部署，拨专款加密流动观测周期、派工作组到重点监视区检查仪器、落实异常，与当地政府商量应震措施、加强资料收集和信息传递，并补充部分大震现场工作装备，为捕捉这次大震进行了必要的准备。

云南省政府对省地震局6月8日《震情反映》（9505）的预报意见极为重视，李嘉廷副省长作了加强震情监视和采取稳妥防范措施的重要批示：

（1）省地震局要加强值班，密切对震情的追踪监视，发现新的突变情况应及时报告省政府；

（2）对可能发生5.5级左右地震的地区及特别注意和值得注意的地区，可由地震部门通报有关地州领导内部掌握；

（3）为利于做好应急准备工作，建议对震情分析预报涉及到的县，由有关地州将震情通报到县的主要领导；

（4）对当前震情要严格控制范围，坚持内紧外松的原则，稳妥地做好各项应急准备工作，要保持社会稳定，不能影响正常生产生活秩序。

云南省地震局遵照省政府指示加强震情值班和跟踪监视，并立即将震情和省政府批示通报到滇西南思茅、临沧、西双版纳等有关地州，按内紧外松原则稳妥地做好各项应急准备工作。

思茅行署地震办公室6月9日收到省地震局传真的《震情反映》（9505）和省政府批示，经行署领导同意，于6月12日以地区《震情反映》（9501）通知到孟连等各县。

有关地、县政府接到省政府和省地震局通知后，立即按应急预案要求作好各项防震和抗震救灾的准备工作。5.5级地震发生后，思茅地区主管地震工作的龚丕富副专员当天下午就赶到孟连地震现场指挥抗震救灾。孟连县政府在震后立即成立抗震救灾指挥部和抗震办公室，6月30日以后坚持每天值班。7月12日7.3级地震发生前，孟连县学校紧急放假避震，11日凌晨云南省地震局发出临震预报后，当天思茅行署和孟连县政府立即采取果断措施，迅速组织危房中的群众和师生转移到安全地方。7.3级强烈地震中，孟连县勐马小学、双相小学房屋全部倒塌，县二中16幢校舍倒塌破坏严重，几百名师生却无一伤亡。由于震前应急工作准备充分，震后抗震救灾、生产自救秩序井然，强烈地震没有造成社会和生产的瘫痪，人员伤亡和损失也减少到最低程度。

（局办公室　金祖彬）

# 1995年7月22日甘肃永登5.8级地震短期预报过程

1995年3月底，在甘肃省科委资助下，国家地震局兰州地震研究所地应力学科组“兰州市及邻区近期地震危险性分析与研究”课题开展工作，5月中旬获得初步结果，编写《兰州市及邻区近期地震危险性初步分析结果》详细报告和简明报告各一份，并及时呈报甘肃省科委。报告中就甘肃省永登县大同乡—八盘峡南地区（36°04′～36°40′N，102°06′～102°34′

E)存在强地震危险性提出短期预报意见。甘肃省科委对此很重视，于1995年6月5日专门给地应力组下达文件（甘科条［1995］14号），文件肯定了地应力组的工作，并指示今后工作。根据科委指示，地应力组及时将文件、研究结果和预报意见报送甘肃省地震局，并在1995年年中省地震趋势会商会上作了口头和书面报告。1995年6月中旬向甘肃省地震局递交关于在地震危险区及周缘进行临震监测和防震减灾的建议书。建议书中就临震监测理由、方案、计划和经费投入等作了详细说明，以及就防震减灾措施提出建议。

现就地应力学科组对永登地震短期数值预报的理论和观测依据及预报效果作简要介绍。

## 一、永登地震短期数值预报的理论基础

地应力组于1994年5月完成国家地震局“八五”重点攻关项目85－04－02－04专题“地震短期预报的数值方法及相应的预报指标体系的研究”的研究，并通过专家组验收。永登地震的预报实际上是此成果的一次实践。早年，该组就首创并推出“地应力多重（重复）集中理论”，以作为地震成因、地震孕育机制和地震前兆机理等理论研究的基础。根据该理论，将单体地震活动全过程划分为5个发展阶段，每个阶段内构造运动、地应力场演化及地震前兆异常现象的观测特征等地震前兆标志体系如表1所列。据表1就可对单体地震活动作分阶段跟踪预测预报。由于该理论主张以详细观测和研究地应力场基本的和动态的特征为主线索展开地震问题的讨论和地震预报工作，故称之为“地震动力学预报原理与方法”；又由于该理论主张在地震地质及深部探测的工作基础上应用固体力学及其分支学科常用研究方法、数学处理技术和最新研究成果来处理地震预报问题，故又称之为“地震数值预报方法”。如是，即可将地震预报向前推进到新的历史发展阶段——数值预报阶段。地应力组对永登地震短期预报正是依照表1所列地震前兆标志体系进行地震危险性判定，并采用多种预报指标体系来确定未来地震三参数的。

**表1　地震前兆标志体系**

| 序号 | 发展阶段 | 构造运动表现 | 地应力场演化特征 | 异常现象特征 |
|---|---|---|---|---|
| Ⅰ | 地震孕育条件形成阶段(中长期) | 地壳构造在地应力场作用下系统运动 | 地应力集中并在孕震断层形成应力积塞现象 | 趋势性异常变化 |
| Ⅱ | 地震孕育阶段(短期) | 孕震断裂位错运动(缓慢地震过程) | 断裂位错引起位错积塞现象使地应力重复集中 | 加速或反向变化，在空间分布上具有自组织特征 |
| Ⅲ | 地震发动阶段(临震) | 断裂开始扩展(预位移) | 断裂扩展与蜕缩进入点阵陷阱振荡，出现交变应力场 | 特殊波形变化，具有强自组织性 |
| Ⅳ | 地震阶段 | 断裂快速破坏和运动 | 地应力和应变能大释放 | 剧烈振荡和阶状变化 |
| Ⅴ | 震后调整阶段 | 震源区及外围构造休整运动 | 地应力集中区解体 | 无序状变化 |

## 二、永登地震短期数值预报的观测依据

永登地震预报工作实际上始于 1994 年下半年。当时震中区周围至少有 10 个以上台站观测到异常现象。为确定这些异常现象的真实程度和判定其属性，甘肃省地震局组织专门技术人员反复多次落实异常。根据落实情况判断，异常现象确实存在，并具有地震前兆属性，而且还具有由中期向短期过渡的典型特征，以及良好的时、空分布及力学特性的配套性。至 1995 年 5 月，异常现象已具有指示地震危险性特征标志。观测到典型前兆异常现象的台站有永靖地应力观测、兰州—古浪路线水准测、乌鞘岭跨断层水准测量、黄茨滩滑坡位移监测、兰州长水管倾斜观测和乐都水氡观测等。这些观测点位置及异常现象曲线图形如图 1 所示。此外，还有多个台项以及流动重力等也观测到异常现象。可见，永登地震前所出现的地震前兆现象相当丰富。而且，震中区东南方向兰州市区以北皋兰县境内的中心、忠和、长川和魏家庄等乡镇 1995 年 6～7 月间出现田鼠大量损坏青苗而成灾，甚至出现一亩青苗在 3 天左右时间内被田鼠吃光的情况；皋兰县城某化工厂出现大面积地漏，造成房屋塌陷等宏观前兆现象。由此表明，此次地震预报的观测资料基础和依据是充分的。

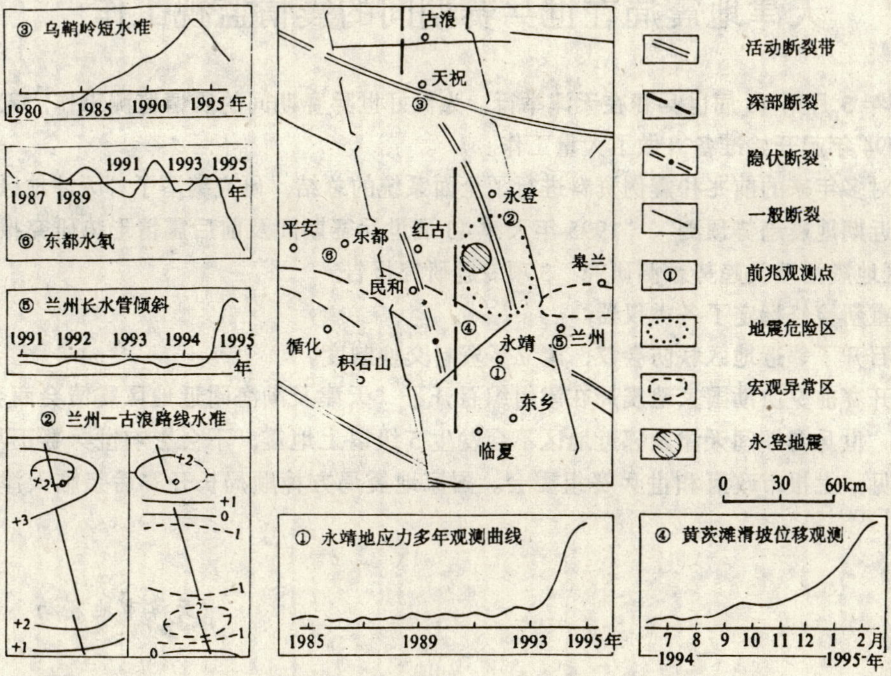


图 1　观测点位置及异常现象曲线

## 三、永登地震预报意见与地震实况对比

地应力组在永登地震前多次表达的预报意见综合起来并与地震实况对比如下。

(1) 资料分析表明，永登县境内庄浪河断裂大同至八盘峡南断裂段正在强化活动而孕育

地震。永登地震后分析表明，正是庄浪河活动而孕育此次地震的。

(2) 地震危险地区位于大同乡—八盘峡南一带，所圈定危险区如图1所示，永登地震正是发生在这一地区。

(3) 所预测地震孕育阶段（短期）已经或临近结束，但尚未捕捉到临震前兆信息。据初步估计，最危险的时间应是1995年的6月和7月份。实际地震发生于1995年7月22日清晨。

(4) 初步估计，永登地震危险区内将发生$M_S=6.5\sim7.0$地震。实际地震震级为$M_S=5.8$。震后研究表明，震级估计过高是由于对危险区内地壳结构构造了解不够充分引起的。

由上述可见，永登地震短期预报是地震数值预报的第一次实践，并且是一次较为成功的实践。

参加永登地震预报工作的人员有：郑文卿、王进宝、陈瑶、张文冕、邹谨敞和吴剑奇。

（局兰州地震研究所　郑文卿、王进宝、陈　瑶）

# 天津地震局在世乒赛期间的震情监视工作

1995年5月第43届世乒赛在天津举行，为做好世乒赛期间的震情监测工作，天津市地震局从1994年起开始准备，做了大量工作。

(1) 对多年来的前兆和震例资料进行了全面系统的总结，研究编写了“天津地区地震活动概况及近期地震趋势预测”、“1995年天津43届世乒赛期间及前后震情形势研究报告”和“渤海地区地震活动及趋势预测研究”3项专题研究报告。

(2) 重新检修标定了各类仪器。

(3) 召开了邻近地区联防会议，建立了资料交换制度。

(4) 开赛前夕协助国家地震局在津组织召开了“天津及渤海附近地区震情会商会”，研究提出了“世乒赛期间天津及邻近地区不会发生5级以上地震，不会影响世乒赛正常进行”的判定意见，上报市政府和世乒赛组委会。国家地震局方樟顺局长开赛后亲临天津指导工作。

（天津市地震局　黄德才）

# 内蒙古自治区地震监测工作

“八五”期间，内蒙古自治区基本完成了自治区“八五”台网调优方案。全区22个专业地震台，16个地方办台，有专业技术人员300多名，在监测手段方面有测震、大地形变、地电、地磁、水氡、短水准等6种观测手段，近百套仪器。其中3个受到干扰的专业台站的搬迁工作正在进行，乌海台已在1995年内完成搬迁工作。1995年国家基本台网优化改造专项计划（131专项工程）内蒙古自治区地震局的乌加河台、呼和浩特台、呼和浩特台网改造项目已基本完成，实施经费83.5万元。各盟市、旗县重新整顿和建立了30多个宏观手段，上百个宏观信息点，以加强监测工作和短临跟踪。台站大震速报工作完善了有关规章制度和奖惩制度，以及无线通讯网络和计算机处理系统，使地震三要素的定位和速报有了保证。《内蒙古地震局破坏性地震应急预案》和《内蒙古地震局应急调动细则》从发生地震应急指挥、现场考察工作、震害评估、震情判断、后勤保障等应急工作程序等方面都作了细致的规定，以应发生地震后立即按此预案展开工作。

内蒙古地震局台站观测质量在近3年国家地震局评比中，均取得了较好的成绩。在上年取得全国评比6个前3名的基础上，1995年有5个项目取得全国评比前3名的好成绩，继续保持全国先进。其中满洲里台连续两年获全国Ⅰ类地磁台评比第一名，乌加河台、海拉尔台获测震Ⅱ类台第二名、第三名，呼和浩特台获763和大震速报两项第三名，内蒙古地震局第一次被评为全国监测预报先进单位。自治区党委、政府办公厅发来贺信表示祝贺。

（内蒙古地震局）

# 广东省重点监视防御区监测预报工作

1995年初，全国地震趋势会商会将粤闽赣交界及近海地区、粤桂琼交界及近海地区双双列入全国地震危险区。对广东面临的震情形势，广东省委、省政府十分重视。元月中旬省地震局向省府提交了《关于当前震情和防震减灾工作任务的报告》，省政府常务副省长卢瑞华亲自听取了省地震局的汇报，省政府办公厅于1月30日向全省各市及有关部门批转了此文。省委常委于3月25日召开会议，研究了当前的震情，要求“政府有关部门要重视做好防震减灾工作，特别是沿海地震可能性较大的地区，要有比较充分的预防和应急措施。但应注意方法，以免引起群众恐慌”。

为贯彻省委、省政府的指示精神，广东省地震局结合本省实际，在调查研究的基础上，制定了具体贯彻落实措施，加强重点监视防御区的监测预报工作。

(1) 加强地震监测基础建设。鉴于广东地震监测基础设施差，手段单一，仪器设备陈旧的状况，省地震局积极争取省政府、国家地震局和广东重点监视防御区有关市的支持，千方百计安排经费，为部分台站改造了地震仪记录方式，更新了收讯机、数字钟和不间断电源，增设了中长周期地震仪，配备了IBM486微机；安排了丰顺台、信宜台、河源地电台、测量站等观测条件的改造；珠江三角洲无线遥测台网新建帽峰山子台及反馈系统通过验收；新丰江遥测台网调整子台设置，改造仪器设备；茂名遥测台网建成并通过技术检查，投入了试运行。为密切监视震情，恢复或增加了跨断层水准、流动重力和地磁观测的场地和周期。

(2) 努力提高分析预报水平。为加强震情跟踪，省地震局安排了11项震情跟踪研究项目，如台湾海峡7.3级地震序列特征及震源机制研究、北部湾地震震例总结及未来趋势研究、台湾海峡7.3级地震前兆分析及趋势预测研究、广东省未来十年地震危险性预测、粤闽赣交界区近期地震危险性综合研究等等。这些课题的深入研究对提高广东省地震分析预报及震情应急处理水平具有重要意义。分析预报部门坚守岗位，潜心追踪，对北部湾、川岛以南、丰顺等几次中强地震发生后的趋势作出了较好的预测。

(3) 提高快速反应能力。广东省地震局重新修订了地震应急反应预案，并按预案要求建立岗位责任制，落实各个环节的工作，做到定人、定岗、定责任。同时，还为应急指挥配备了移动电话、流动传真机、寻呼机、摄像机等设备，改善了应急工作的硬件支撑条件。

(4) 与地方政府密切配合，做好联防协作。省地震局派出多批由局领导带队的工作组，深入各市特别是处于重点监视防御区的市县，与地方政府共商防震减灾工作，对省政府文件的贯彻落实情况进行检查督促。7月，广东与广西、海南有关市县共同召开粤桂琼交界地区地震联防协作会议。经省政府同意，省地震局与省防震抗震救灾领导小组办公室于10月10日在汕头召开了由汕、潮、揭、梅四市政府分管领导、防震抗震救灾领导小组办公室主任、地震局长及有关地震台长等参加的粤东地震工作会议，共商粤东危险区工作大计，研究落实加强监测预报和震害防御的具体措施。会议审议通过了《粤东重点地震危险区监测预报强化方案》，其中提出了实施《方案》所需经费由省和市共同筹资加以解决的办法。该《方案》业经省政府批准转发有关市和省政府有关部门执行。在各市支持下，建成了粤东电磁波观测网，在珠江三角洲和粤西增设了五套前兆监测仪。

（广东省地震局　钱顺琴）

# 广西壮族自治区地震监测工作

**1. 地震监测工作**

(1) 用自治区财政厅拨款的专项经费完成了南宁遥测地震台网仪器设备的更新配套，使其恢复了部分观测工作；

(2) 用国家地震局131项目专款，完成了灵山地震台地倾斜山洞的维修和桂林地震台测震记录室的维修改造；

(3) 购置3套遥测设备，完善了北海遥测地震台的观测条件；

(4) 完善了南宁中心台的无线数字化传输，完成了灵山、桂林地震台无线数字化传输设备购置；完成了分析预报网络系统建设，与国家地震局联网。

**2. 震情分析预报工作**

进一步推广应用分析预报实用化攻关成果，寻找地震前兆异常特征，努力做好重点地震危险区的异常分析和短临异常的追踪分析工作。在北部湾海域发生6.1、6.2级地震时，行动迅速，较好地完成了北部湾海域地震现场的监测预报，为当地政府及时提供震情发展趋势，稳定震区人民群众的情绪，降低了地震带来的消极影响。年内，共进行了52次周、月会商，提交月会商和紧急会商报告15篇。完成了1996年度广西地震活动趋势分析研究，按时上报国家地震局分析预报中心。地震编目、分析研究报告参加全国评比，均获优秀。实践检验表明，对广西及其邻近地区地震活动趋势的短、临追踪分析预报是基本正确的。

**3．台站观测工作质量**

1995年全自治区地震观测工作质量省级验收评比中，在参评的31台项中，获优秀的26台项，获良好的4台项，及格的1台项，不及格的1台项。参加全国检查验收的桂林地震台测震获优秀，大震速报获良好；灵山台断层形变场地观测、地倾斜和地应力获优秀；邕宁台地应力获优秀，地磁获Ⅱ类台第三名，核旋观测获优秀。

（广西地震局　龙安明）

# 四川沐川、马边等地震的预报及其应急工作

1994年10月至1995年9月，全川共记录2.5级以上地震253次。其中，2.5～2.9级156次；3.0～3.9级84次；4.0～4.9级11次；5.0～5.9级2次。两次5级以上地震为1994年12月30日沐川、马边5.7级地震和1995年4月26日沐川、马边5.1级地震。总体上看，自1994年10月以来，由于沐川、马边两次大于5.0级地震的发生，使四川省境内地震活动水平自1989年以来有所增强，4～5级地震频次也有所增加。1995年以来的11次4级以上地震有6次分布在若尔盖、金川等四川北部地区，其余5次较分散。基本上仍是东部活跃，西部平静的局面。但从1995年5～6月以来，东部的活动区域逐渐向西扩大；北面由龙门山向西接近鲜水河带，南面由昭通扩大到攀枝花西南；中部三叉口一带的康定、石棉附近小震活动也有所增加，而盆地内的荣昌附近、宜宾北和沐川、马边间三个地震活动区活动势头有所减弱，鲜水河带、安宁河带以西的巴塘、理塘以及西昌地区仍是异常平静。

1994年度会商会（1994年11月）曾作出："马边附近有可能发生5.5级左右地震"的趋势意见；1994年12月30日发生沐川、马边5.7级地震。1995年上半年继续加强了对沐川、马边地区的跟踪研究，于1995年1月26日周、月会商后及时填报了分类会商（95－05）B类卡，预报："1995年12月31日前马边附近地区可能再次发生5～6级地震。"结果1995年4月26日沐川、马边再次发生了5.1级地震。年度趋势预测自检表明：无大于4.5级地震漏报。在短临预报方面，我局康定地震中心站对1994年12月30日沐川、马边5.7级地震，冕宁地震台和雅安地震办公室对沐川、马边1995年4月26日5.1级地震都做了较好的短临预报，为此，冕宁地震台受到国家地震局通报表扬（震发科［1995］272号文件）。此外，还填报了3张无震预报D类卡，均属正确。四川省地震局对都江堰、荣昌地区和攀枝花市中小地震后作出了无更大后续地震的预报，为省政府和各地方政府做好抗震救灾及安定民心提供了科学依据，都取得了明显的社会经济效益。

1994年12月30日沐川、马边5.7级地震，1995年4月26日沐川、马边5.1级地震发生后，根据大震应急工作实施细则，四川省地震局立即派出现场工作组赶赴震区，会同当地地震办公室及时进行震害调查和评估，比较好地完成了震灾速报、评估和震后趋势判断工作。

1995年10月24日云南武定发生6.5级地震，波及四川省会理、会东及攀枝花等县、市

部分乡镇，影响最重处烈度达Ⅶ度强。四川省地震局在震后及时派出了以龚兆和局长带队的工作组赶赴震区，面对重镇攀枝花市大震风波，停工停产的情况，根据四川省地震局对攀枝花地区的地震地质构造背景、历史地震活动、各种监测手段资料以及武定6.5级地震的震后趋势研究分析，及时做出近期攀枝花市不会遭受强震破坏的正确判断，较快地向市委、市府提供了有价值的决策建议，并通过新闻媒介做了安定工作，较快地平息了攀枝花市的大震风波。几次中强以上地震的现场工作和震后趋势判断都受到省政府和当地政府的高度评价，取得了较大的社会经济效益。

1995年四川省地震局派出3批工作组共11人次，行程5000km，分别赴雅安、石棉、理塘、会理等地落实重大地震前兆异常，为避免虚报和为年度会商会提供了一批可靠的资料。积极鼓励将“八五”预报攻关课题研究结果应用于预报实践，强调各手段协同作战，组织学科集团进行综合研究和预报实践。倡导台站人员在搞好地震监测工作的同时，结合台站、地办对观测环境熟悉和占有第一手资料的优势，积极稳妥地做好地震短临预报工作。

（四川省地震局　江小林）

# 甘肃省地震预报工作进展

1995年甘肃省的地震活动水平是1990年天祝、景泰6.2级地震之后又一个高值年，7月22日在甘肃中部重点区发生了令世人瞩目的永登5.8级地震。尽管此次地震之前未能做出明确的临震预报，但中短期预报效果却是7年来最好的一次，得到了国家地震局的通报表扬，获中短期预报B类三等奖。

1995年1～11月甘肃省发生了5次4级以上地震，基本都落入所划定的重点区内：6月12日肃北4.8级地震距河西西部重点区仅50km左右；1995年11月6～9日在全省年终会商会上将甘肃东南部列为1996年度甘肃省的第二位重点危险区，11月11日在该区范围内发生了卓尼4.2级地震；其余3次4级以上地震，包括永登5.8级地震都发生甘肃中部重点区内。

总的来看，省地震预报对甘肃省1995年地震趋势的判断是正确的，无论是活动水平的估计，还是重点危险区位置的圈定都符合后来实际发生的情况。

**1．注意1～3年时间尺度地震大形势的分析预测，并用来指导一年尺度的重点危险区判定**

1988年至1994年，前后7年对甘肃省地震活动水平的估计一直没有排除发生7级或7级以上地震的可能性，而预期的7级地震却一直没有发生，那么1995年甘肃的活动水平又将如何来决策呢？分析预报人员从高一层次趋势分析入手，重新审视了包括甘肃省在内的青藏高原北部地区地震大形势。根据近年来地震活动实况、地震活动分期的追踪分析结果，认为青藏高原北部地震区可能进入了活跃期后期，7级地震的危险性有所减弱。并利用时间序列AR模型、ARIMA模型、门限自回归模型以及多种统计预测方法预测出1995年青藏高原北部地区活动水平为6级左右。以上述青藏高原北部地区地震大形势预测结果为依据，并结合各种观测资料异常情况，决定将甘肃省1995年的活动水平降为6级左右，明确指出发生

7 级以上地震的可能性不大。

1995 年甘肃省年度地震重点危险区的判定就是在大形势预测结果指导下产生的，将甘肃中部及邻近地区第一位重点危险区的预测震级定为 6 级左右；同时在处理其他一些震情问题时也参照了大形势预测结果。

1994 年 12 月在国家地震局召开的“1～3 年地震大形势研讨会”上，甘肃省地震局指出 1995 年我国西部发生 7 级以上地震的可能性较大，而陆地东部的活动水平最高为5.7 级。

1995 年 6 月在《甘肃省 1995 年下半年地震趋势意见》中又明确指出：

(1) 未来 3 年，特别是 1995 年我国陆地发生 7 级以上地震的可能性较大，发震地点主要注意新疆、西藏及西藏青海交界地区，云南和四川。

(2) 1995 年下半年青藏高原北部地区可能发生 6 级左右地震。

(3) 从 1992 年 1 月 12 日嘉峪关5.4 级地震算起，至今已平静了40.6 个月，按42.9 个月标准判定，1995 年 6～8 月甘肃省发生 5 级以上地震的可能性较大。

事实证明，至少到目前为止，甘肃省地震局对中国陆地，中国西部，青藏高原北部地区以及甘肃省地震活动水平的估计是正确的，取得了 7 年来的最好效果。

**2．注意跟踪观测资料的动态发展以及地震活动的实际情况，经综合分析研究后形成新的预测意见，重新确定年度重点危险区**

甘肃省划定的年度重点地震危险区从 1988 年度开始至 1994 年度共 7 年，大体是河西祁连山中西部及甘青交界地区及甘肃东南部、甘青川交界地区。

1994 年 11 月甘肃省地震局根据地震活动实况，前兆和地震学指标异常集中分布的追踪分析结果，决定改变前 7 年的空间格局，圈定出了甘肃中部及邻近地区地震重点危险区，包括民勤、金昌、门源、永登、景泰、天祝、武威、古浪等县市，预测震级为5.5～6.5 级。经会商会代表讨论以及局（所）长审查，最后通过了中期预测意见，并填写了预报卡片。而 3 月至 5 月 3 个月是预测重点区不会发生 5 级以上地震，并填报了安全卡片。

在 1995 年 6 月 8 日年中会商时，经过对判定依据的追踪分析，决定维持年终会商意见，继续将甘肃中部地区划为地震重点危险区，并在分析甘肃及邻近地区震情趋势时明确指出 1995 年 6～8 月发生 5 级以上地震的可能性较大，年中会商会后也填写了预报卡片。

6 月 20 日在新疆召开的西北片年中会商会采纳了甘肃省地震局（所）的意见，将甘肃中部地区划为西北片 1995 年下半年重点地震危险区。

7 月 12 日中缅交界发生了7.3 级地震，省局有关人员根据 1988 年 11 月 6 日澜沧、耿马 7.6 级、7.2 级地震后 16 天甘肃肃南发生了5.7 级地震的经验，在 7 月 12 日周会商意见中指出未来 1～2 个月应密切注意甘肃省祁连山地震带发生 5 级左右地震的可能。

此外，还划定了河西西部重点区，预测震级为 5～6 级，也填写了预报卡片。

地震实况是在中部重点区范围内发生了 7 月 22 日永登5.8 级地震；6 月 12 日在河西重点区边缘（$\Delta L = 50$km）发生了肃北4.8 级地震。取得了 7 年来甘肃省最好的中短期预测效果。值得指出的是，综合室提出的“信息量直接计算法”在一年尺度的中短期预测中发挥了重要作用，该方法预测：“祁连山中东段 1995 年 7 月以前有发生 5～6 级甚至 6 级左右地震的可能；发震概率为 78%；河西西部和甘肃东南部地区累计前兆信息量都没有达到 13，因此，不具备预报 5 级以上地震的依据”。此预测意见与地震实况完全符合。

（甘肃省地震局　王振亚）

# 中德合作第三期滇西实验场重力测量

中德合作重力测量是滇西地震预报实验场整体大地测量与地震预报研究的主要内容之一。该合作项目是国家地震局与德国马普学会联合资助，由国家地震局地震研究所和德国汉诺威大学大地测量研究所共同实施。它综合应用了当代国际最先进的GPS和高精度重力测量技术，在地球动力学研究中发挥其重要作用，受到了国际大地测量学会与同行专家的重视。第一、二期的GPS测量分别于1988、1991年完成，第一、二期重力测量也分别于1990、1992年完成，本次为第三期重力测量，于1995年3月16日至4月25日进行，完成测量工作如下：

(1) 8个点的（黑龙潭、野毛山、楚雄、下关、保山、腾冲、丽江、洱源）绝对重力测量；

(2) 8个绝对点和10个重力垂直梯度测线点的垂直重力梯度测量；

(3) 11个点组成的微重力网的微重力测量；

(4) 8个绝对点，10个垂直梯度点，11个微重力点和5个GPS点的相对重力联测。

参加这次合作测量的人员德方有Ludger Timmen博士，Manfred Schnull工程师，Timur Imamoglu和Jan Gebel先生等4人，中方有贾民育研究员，李辉、邢灿飞副研究员和罗俊雄工程师等。这次测量所使用的仪器为德方的激光绝对重力仪JILA2G3一台，Lacoste-Romberg相对重力仪3台，中方的Lacoste-Romberg重力仪两台。

野外测量工作由贾民育研究员和Timmen博士组织实施，分为绝对重力测量和相对重力测量两个小组。考虑到技术和工作的方便，采取联合编组，每组均由双方各二人组成。为了避免在同一时间共用同一测点，采取分头作业的方式，绝对组先测南边，相对组先测北边的测点。

测量方法基本上与前两次相同：绝对测量每点至少要获得1500次下落的合格成果，垂直梯度测量、微重力测量和相对联测每台仪器至少要分别进行7个、5个和2个单程测量。由于中方的854号仪器电子输出系统受损，没有参加垂直梯度和微重力测量，只参加了绝对点之间的相对联测。同时由于时间的限制，793号仪器没有参加垂直梯度测线上的梯度测量。

由于经费和时间的限制、同时也为了突出研究的主题，第三次测量只测了云南地区的测点，北京和武汉的点均未测量，但却增加了腾冲的绝对重力测量。腾冲是我国重要的火山活动区，云南省地震局正在计划开展火山研究，这次测量将为今后在该地区开展重力测量提供控制和基准。

中德双方工作人员还利用观测中的间隙进行了学术交流。德方Timmen博士介绍了近两年来在进一步提高测量精度，排除环境干扰方面所做的工作和取得的成绩，中方贾民育研究员报告了滇西、北京香山重力非潮汐变化的特征及其与环境和地球动力学的关系。

在工作期间，国家地震局科技监测司吴宁远副司长、地震研究所所长赖锡安和德方Torge教授共同查看了工作情况，并就前几年的工作和今后的继续合作广泛地交换了意见。双方一致认为该题目有重要的科学意义，多年来合作良好，都赞扬对方的工作卓有成效，测量结果精度高，同时双方强调今后在继续坚持野外观测的同时，要加强理论研究工作，深入扎实地做好总结，并作出了具体安排。德方将在 IUGG 大会上从大地测量的角度报告这次测量结果，中方将全面处理三次合作测量结果，深入地进行总结，提出阶段性研究报告。为了实现互补（德方在测量技术方面研究更突出，中方在地球动力学研究方面更深入）双方一致认为有必要组织联合研究小组尽早在德国汉诺威共同处理资料，研究非潮汐变化规律及其在地震预报中的应用。

（湖北省地震局　胡朝明）

# 1995 年度地震系统地震监测信息技术系统的建设与发展

1995 年国家地震局发文《关于下发国家地震及地震前兆基本台网方案的通知》。国家基本台网是国家防震减灾体系所依赖的重点管理的骨干台网，由国家地震基本台网（由 51 个台站组成）、国家地震前兆基本台网（含地壳形变基本台网（56 个台）、电磁基本台网（54 个台）与地下流体基本台网（50 个台））组成，共包括 134 个台站，其中有国家地震局所属的专业地震台站 131 个。

与国家基本台网的组建相配合，在财政部专项经费的支持下，国家地震局正式启动了国家基本地震台站（网）优化改造专项（“131”专项工程），对国家地震局所属的 131 个国家地震基本台站进行技术改造。

为确保“131”专项的顺利实施并圆满完成，国家地震局成立了领导小组，进行了周密的组织，并要求：

（1）各单位要成立专项实施领导小组，负责本单位专项实施的组织、监督与检查。

（2）各单位要严格执行专项计划所指定的实施内容，保质保量，尤其是各单位自筹经费部分，要认真落实，确保任务的完成；

（3）加强专项经费管理，专款专用，不得提取任何形式的管理费等，财会部门要专项核算；

（4）各单位要抓紧时间开展项目的实施工作，主要工作应在 1995 年底前完成；

（5）对进口设备的购置、批量专用仪器的生产由国家地震局有关部门统一组织实施，各有关单位密切配合；

（6）在对基本台站的技术装备进行改造的同时，对各台站的工作环境及办公条件也进行相应的改善。

地震仪器装备的购置及专用仪器的生产是“131”专项实施过程中最关键的内容。批量仪器设备的购置采取了两种方式：由国家地震局确定仪器设备的型号、性能与技术指标，各项目执行单位自行购置；由国家地震局有关部门统一购置，调拨各有关单位；在“131”台站改造专项中所选用的地震专用仪器的生产与入网所采取的原则是：要求必须是经国家地震局鉴定并在台站经过一段时间正常运转的方可用于仪器的更新，其型号与种类由国家地震局指定。批量地震专用仪器设备的生产，由国家地震局有关部门统一向生产单位提出生产数量、技术指标、价格、供货时间、技术培训及售后服务等要求，由各使用单位与生产单位办理供销合同。

“131”专项中更新改造的主要仪器装备包括：计算机 93 台，电台 39 台，Ni002 水准仪 9 台、FSQ 水管倾斜仪 9 台、SSY－2 型伸缩仪 9 台、SQ－70 倾斜仪 15 台、ZD－8 地电仪 17 台、ZNC 核旋仪 18 台、G856 磁力仪 25 台、GM－2 磁通门磁力仪 6 台、SZW－1A 水温仪 12 台、SD－2 自动测氡仪 15 台、GPR－1 水位综合记录仪 10 台、XG－4 测汞仪 10 台、DD－1 记录器 6 台、DK－1 记录器 13 台、763 型地震仪 2 台以及台网遥测设备 45 套。

“131”专项是继首都圈地震台站改造专项（财政部“333”专项）后由中央财政支持的又一项重大工程，1995 年度专项计划主题工程于 1995 年底完成。“131”专项的实施解了地震台站观测技术系统严重老化的燃眉之急，对关键的批量仪器装备实行统一购置、统一组织生产，保证了专项计划的顺利实施，收到了良好的效果，也为今后地震监测系统的重大建设与改造项目组织与实施积累了宝贵的经验。

（局科技监测司　潘怀文）

## 吉林省台网改造及台网建设

1995 年吉林省防震减灾事业得到地方财政的大力支持，并积极向国家地震局申报“131”台站改造专项，有重点地解决了部分台站的仪器设备更新和监测设施改造问题。这些项目包括：为长春台测震手段配备了数字钟、点频机、自动定标器，地磁手段配备了 GM－2 型磁通门磁力仪、G856 磁力仪，地电手段配备了 ZD8 数字地电仪和稳压电源等配套设备；为四平台的地电、水位监测手段配备了高精度数字仪；为长春台改善了观测及生活条件。通过这些工作，使台站的地震监测能力进一步增强。

1995 年吉林省东部山区遭受了百年不遇的洪涝灾害，部分台站的观测设施被毁，监测环境被破坏。为确保地震监测质量，省局及时安排了 10 万元的救灾经费，保证了通化、磐石、敦化、合隆、白城等地震台共 17 个救灾及零星改扩建项目所需经费的需要；延边台还自筹1.3 万元完成了锅炉维修，办公楼防水等救灾项目。列专项为净月台新盖了锅炉房、更新并粉刷了锅炉；合隆台更新了变压器、大修了汽车、改造了电源线等；丰满台改造了山洞；为磐石、丰满、敦化等台配齐了数字钟，提高了时间服务系统的准确性。1995 年全省地震通讯建设得到进一步加强，国家地震局为吉林省重点台站配备了 100W 电台 4 部、电台自动传呼报警器 4 台；地方财政为吉林、延边、辽源、白山等市地震部门及地方台站配备电台 10 部，现吉林省已有 30 部电台投入工作，极大地改善了通讯条件，为地震数据快速准确、及时报送提供了保证。为解决地震台站数据处理自动化、现代化的问题，省财政厅拨专款为全省专业地震台配齐了 386 微机，从而增强了台站的快速反应能力。

1995 年完成的一个重点项目是四平地震台的搬迁重建，实现了当年搬迁、当年建成、当年投入使用计划。因修建四平—长春高速公路的需要，四平台不得不从原所在的三家子乡迁出重建。在省局机关及台站共同努力下，完成了四平台新台址的全部选测任务，提交了正规的选台报告；同时完成了拟上观测项目的技术论证及具体实施方案。在整个手段建设过程中，仅用一个多月时间就全面完成了地电手段外线路架设；测震接收及发射塔的安装；ZD8数字地电仪，SW40－1自记水位仪、无线遥测地震仪的安装、调试及标定等工作，三个观测项目的所有仪器全部一次安装成功，所获得的标定资料及观测数据全部符合规范要求。该台基本建设投入大，手段建设起点高，仪器设备配套齐全，为保证今后长期正常监测奠定了坚实的基础。

（吉林省地震局　王朝君）

## 广东省地震台网建设

（1）国家地震局组织实施的“131”专项计划中，广东省地震台网完成的项目有信宜台测震、水化、形变观测房改造；新丰江遥测地震台、地电、测量站改造；测量物探队购置G856磁力仪。

（2）珠江三角洲无线遥测台网由于受到当地寻呼台谐波干扰而影响正常运行和按期验收，目前正采取滤波排除干扰措施。

（3）广东省政府和汕头、广州、河源等市共同筹资91万元，完成和改造台站仪器、通讯、交通设备。海丰、龙川、丰顺、信宜、韶关等台地震仪熏烟记录改造为墨水记录，更新数字钟、不间断电源、收讯机和改善摆房条件；韶关台增设DK－1中长周期地震仪；信宜台购置IBM486微机。

（广东省地震局　潘家祥）

## 海南省地震台网建设

（1）组织实施全国基本台网优化改造方案制订《海南省地震局台网优化改造方案》。自1995年4月对海口水化台进行水化、地温、水位综合观测项目调研、试验与新仪器设备安装试测等技术工作。

（2）琼中台在全国基本台网“131”工程专项中，更新一套G856核旋仪，已投入正常观测，观测精度较高，性能良好。

（3）三亚台三分向遥测模拟记录测震仪年初正式安装投入试运行。由于仪器设备性能不佳，故障较多，资料完整连续性较差。

（4）完成对那大台工作用水和生活用水300m水管更新改造。

（5）在琼东北（含北部湾沿岸）全国重点监视区和省级重点监视区（三亚市），安装三台电磁波仪。其中临高台仪器日常维护、技术管理、记录效果和性能良好。

（6）琼东北遥测台网、琼东北子台、中继站、海口接收站，试运行仪器完善，技术改造、记录技术系统和数据处理系统完善，基本上达到试运行阶段目标。

（海南省地震局　陈钦才）

# 四川省地震台网建设

（1）为进一步加强防震减灾工作，落实1995年6月召开的首次全省防震减灾工作会议和全国地震监测处长会议精神，总结“八五”，部署“九五”工作，四川省地震局于1995年9月在郫县召开了四川地震台站工作会议。会议的主要议题是正确地理解和认识以预防为主，走综合防御道路的地震工作方针，认清地震监测工作在实现防震减灾十年目标中的地位和作用，进一步明确地震监测工作的任务与目标，交流台站工作经验，强化地震监测工作在综合防震减灾工作中的基础地位，使地震监测工作在监测预报和防震减灾中发挥更大的作用。会议确立的“振奋、敬业、质量”主题，将作为今后台站工作的基本要求。

（2）围绕提高运转率，做好台站技术改造。针对四川省地震局台站的实际情况，注重投入产出效益，重点解决了康定地震中心站30kW发电机组，成都地震基准台20kW发电机，一些台站的变压器和电源增容，为几个台配备了太阳能设备，为测震仪工作供电配置了逆变装置。利用世行项目为1个台站配备了数据传输终端，并继续将数据量大的台站的CCU控制器更换为微机，确保台站地震观测数据的传输。1995年还针对台站的计算器已基本不能再用的情况，购置了一批可编程的日本IMC－2000型计算器。改造了部分台站的观测仪器，将木里、黑水、松潘等台的测震记录由原来的烟记录改为墨水记录，从而提高了这些台的观测精度和质量。在财政部专项经费支持下，四川省地震局成立了国家基本地震台站（网）优化改造专项实施领导小组，已全面启动了专项实施工作，对于有些经费不足的项目，局里也挤出经费予以解决，已基本上全部完成专项实施任务。

（3）1995年集中力量对台网存在的一些问题进行了解决，尤其是外围子台的运行率提高，例如沐川台更换信号线路，解决了长线避雷设备以及高县台的收发设备、天线等，使成都、西昌遥测台网的质量显著提高。据统计成都台网1994年度运行率为90%，1995年运行率为95%；提高了5个百分点。西昌台网1994年运行率为95%，1995年运行率为98%，提高了3个百分点。同时还在避雷、速度量换算震级等方面安排项目及课题，取得成效。

（4）1995年四川省地震局共有35台项参加全国统评，其中有4个项目获得了前三名，其中：测震Ⅱ类台，重庆第三名；洞体应变，攀枝花台第三名；地壳形变综合，攀枝花台第三名；地电，攀枝花红格台第三名。1995年，四川省地震局对1994年153台项观测资料质量进行了评比，结果优秀以上达129台项，良好12台项，及格6台项。流动重力、流动形变观测任务也如期完成，在全国质量评比中成绩优秀。

（四川省地震局　江小林）

# 甘肃省地震局台网建设

1995年国家地震局对地震监测体系进行了重大的调整与改革，在横向上把众多的监测系统调整为四大学科监测系统：测震学科系统、形变学科系统、电磁学科系统和流体学科系统；在纵向上分为三个监测层次：国家基本台网、区域台网与地方台网。经1995年4月在云南召开的全国监测处长会议审定，甘肃省列入国家基本台网的地震基本台有兰州台、高台台、安西台和天水台；电磁基本台有兰州台、天水台、武都台、山丹台和嘉峪关台；形变基本台有兰州形变台；流体基本台有武山台、武都台和平凉台。

1995年甘肃省区域台网作了如下调整：停测了与遥测台网观测重复的岷县和文县常规测震，停测了观测效益不大的礼县测震。为了加强台站的集中统一管理，发挥台站的整体监测效能，将两水应力站归属武都台直接管理、将天水五里铺台和北道应力站归属天水台直接管理。

1995年，在国家地震局"131"专项经费支持下，兰州台和天水台各配置了一台G856质子磁力仪。

国家地震局投资，VAX机房安装了SUN-SPACE10工作站，开通了与国家地震局数据中心的信息联网，通过直拨电话可同INTERNET网直接交流地震信息。

兰州遥测台网微机实时联机处理系统功能得以完善，从1995年7月1日正式（试）运行。该系统经国家地震局在11月上海召开的鉴定会审定，专家组认为该系统总体上属国内先进水平，其中有些方面达到国内领先水平。

国家地震局投资在武都建成台站生活基地楼，建筑面积941m$^2$，居室15套。

（甘肃省地震局监测中心）

# "NCDSN"乌鲁木齐水磨沟地震台投入观测

1995年9月15～25日，中美合作项目中国数字化地震台网二期改造，即新一代中国数字台网（NCDSN）乌鲁木齐水磨沟地震台在中美双方地震和电子专家的共同努力下完成，一次试机成功，并于9月25日记录高质量的NCDSN地震数据。经测试各项指标全部达到设计要求。

乌鲁木齐水磨沟地震台新一代数字化地震观测系统增加了STs-2和FA-23两套地震仪，与原有的STs-1地震仪一起，可同时记录8种不同频带24个信道的地震数据。这个系统的短周期特性可达35Hz，长周期特性可达千米以上，动态范围约为136dB。这个系统还配备了先进的微处理器和高容量的存储器，采样率最高可达每秒80个样。

先进的SUN计算机工作站及与之配套的光盘驱动器、温盘驱动器和磁带驱动器，大大方便了台站技术人员用其已给的计算机应用程序和地震分析软件进行地震分析、定位和大震速报。“NCDSN”乌鲁木齐水磨沟地震台的建成，将为新疆地震局开展地震研究，探索地震预报方法提供质量更高的数据。

（新疆维吾尔自治区地震局　刘贤伦　陈祥玉）

## 地震数据信息与通信系统的建设

（1）在1994年充分调研、研究、论证和与中国国家计算机与网络设施NCFC试连网成功的基础上，通过1995年上半年深入的研究与开发，在国家地震局数据信息中心建成了中国地震数据信息网络中心CSDInet，并与国际Internet网正式联网运行，为中国地震事业走向国外和获取国外地震工作信息提供了一条快速、及时、准确有效的途径。

（2）在CSDInet网基础上，建成了以电话拨号方式，以CSDInet网为中心，有100余个用户，分布于29个省、市、自治区的地震专用计算机网络系统。其中，包括全国地震分析预报网（APnet），大震速报网，24个地震Ⅰ类台五日报数网，华北地震台网联网地震数据汇集及首都圈地震预报网。这些网络系统在各自范围内正在发挥着作用，在几次地震事件中取得了效果。

（3）根据CSDInet运行管理的经验，结合地震工作的特点，建立了一套较完备的网络管理、数据汇集与服务、用户管理的约定和规章制度，为现有系统的管理和未来大系统的建设与管理提供了实践经验。

（4）基本完成了国家地震局分析预报中心和地球物理研究所计算机网络系统的设备更新和技术改建工作。并在此基础上完成了分析预报中心、地球物理研究所和地震数据信息中心三个单位局域网互联技术方案的设计工作。为“九五”京区高速互联网的建设提供了依据和物质技术基础。

（5）完成了地震专用无线通信网的建设，实现了全国29个省、市、自治区、直辖市地震局之间地震无线通信网的互联网。针对我国地震无线通信工作现状，尤其是主干无线通信网的建设情况，国家地震局科技监测司根据震情的需要，在1995年中积极筹集资金，并要求各省、市、自治区地震局加强地震无线通信网的建设和改造工作。通过给广西、湖南等6省地震局配备无线通信设备，给福建、广东等增上对数天线，以及十几个省市地震局配备必要的备份设备，于1995年4月20日全国地震无线专用通信网全面开通，经过一年来的运转表明整个系统工作良好。

（6）为提高大地震速报时效，发挥原有卫星地面站的效益，结合国家地震局实际情况对原有VSAT卫星地面站进行调整，编制技术实施方案，举办技术培训班，完成地面站的搬迁建设，签订卫星信道租赁合同，调整海事卫星站的布局，补充修订了海事卫星站应急使用办法，在7月12日云南孟连中缅边境7.3级地震等现场工作中发挥了显著作用。

(7) 为使大地震后的震情、灾情速报规范化、实用化，对原局发“灾情速报规定”进行了补充修改，印发后通过几次地震的实际应用检验，证明具有良好的实用性和可操作性。

(8) 为发挥现有无线电台的效益，提高地震应急通信能力，降低电台工作人员的劳动强度，延长电台使用寿命，1995年对25个省市地震局配备了100台短波无线选呼报警器，并组织举办了操作使用技术培训班，年底基本开通运行。

(9) 为加快地震分析预报信息的交换与传递，实现资料共享，为全国各省市地震局配备了计算机和调制解调器，建设开通了全国地震分析预报系统计算机信息网络，已实现震情信息，地震速报目录，地震月报，周、月会商报告及有关文件的交换传递，取得显著实效，大大地方便了分析预报人员，得到分析预报专家们的好评。

(10) 为提高大震应急的通信指挥与决策水平，组织研制了大震应急指挥通信系统软件，实现了国家地震局值班室与国务院秘书局的计算机地震信息联网。

(局科技监测司　吴书贵)

## 办好《地震科技情报快讯》，开发信息资源

1995年初，数据信息中心成立了“大震应急小组”，通过“快讯”形式快速为地震系统有关领导和科研人员提供国内外破坏性地震的主要参数、人员伤亡和财产损失情况，受灾国政府机构的应急反应，抗震救灾工作的进展，国际社会反应的最新信息。“大震应急小组”通过地震数据信息中心与Internet联网的地震数据信息网（CSDInet），积极开发信息资源，提供快速信息情报服务，1995年主要进行了全球破坏性地震灾害的快速反应和跟踪报道，对日本阪神大地震、俄罗斯萨哈林岛大地震，以及哥伦比亚、智利、土耳其、希腊、墨西哥和印度尼西亚等地发生的十几次破坏性地震，进行了快速报道和追踪工作，并对这些国家的防震减灾工作的进展进行了追踪报道。与此同时，对一些地震研究的新理论、新方法和新技术进行了重点报道。尤其是1995年1月17日日本兵库县南部地区发生7.2级地震后（阪神大地震），大震应急小组立即总动员，分别到新华社驻国外有关机构及从地震数据信息网查询、索取了大量有关日本阪神大地震的资料，连续编印了8期《地震科技情报快讯》，系统地报道了阪神大地震对日本经济造成的重大影响，政府紧急立法、震灾概况、震灾分析及其启示，日本政府抗震救灾体制在大震快速反应中的经验教训，以及进一步完善抗震防灾体制，加强工程地震和地震基础研究工作的计划和措施，还协助国家地震局赴日考察团完成了考察报告。

1995年共编写出版了20期《地震科技情报快讯》，为有关部门决策和科研工作提供了新的信息和新的依据。

(地震数据信息中心　崔秋文)

# 震灾预防

## 地震重点监视防御区强化宣传的试点活动

由中共中央宣传部和国家地震局批准进行的甘肃省临泽县地震重点监视防御区防震减灾强化宣传试点活动，经过4个多月的筹备和20天的组织实施，于1995年9月24日圆满结束。

这次历时20天的防震减灾强化宣传试点活动，是我国政府为贯彻江泽民主席关于"经济建设同减灾一起抓"的指示精神，增强地震重点监视防御区综合防御能力和全社会防震减灾意识，努力实现我国防震减灾十年目标，减轻人民生命财产损失而组织实施的又一次较大规模的防震减灾宣传工作实践，也是我国首次在一个县行政区域内组织开展的全社会共同参与的防震减灾强化宣传活动。在中央、省、地、县各级党委与政府的组织领导下，临泽县积极、慎重、科学、有效地开展了这次强化宣传试点活动，在保证社会稳定的前提下，较好地完成了《地震重点监视防御区防震减灾强化宣传试点实施方案》提出的各项任务，防震减灾知识和技能得到了广泛的普及和提高。据统计，这次强化宣传试点活动中，临泽县城镇居民受教育面达92%，乡村农民达85%，学生达100%。另外，宣传试点前后的问卷调查表明，临泽县群众的防震减灾知识普及率由宣传前的46%提高到了94%，其中农民的普及率由27%提高到了63%。

9月20日，中宣部、国家地震局领导和来自全国各地震重点监视防御区的省、自治区、直辖市党委宣传部和地震局的代表，以及新华社、科技日报、中国减灾报等新闻单位的代表实地观摩了临泽县防震减灾工作体系室内应急模拟演习、新华乡集市贸易防震减灾宣传和县城街道宣传、临泽县中学生地震知识竞赛、临泽淀粉厂防震减灾应急措施和模拟演练、临泽县强化宣传专题录像片——《为了明天更安宁》以及地震与保险灯迷竞猜晚会等各种宣传活动。

9月21日，中宣部和国家地震局在临泽召开现场工作会议，临泽县委副书记杨学伟和张掖行署副专员赵家瑞分别就临泽县强化宣传试点工作以及地震重点监视防御区如何开展强化宣传等内容向与会代表做了汇报。甘肃省人民政府副秘书长罗鸿福、甘肃省委宣传部副部长罗祖孝和甘肃省地震局局长汤泉等在会上讲了话。中宣部宣传教育局副局长孔繁壮做了题为《为防震减灾创造有利的舆论环境》的工作报告；国家地震局副局长何永年代表试点工作领导小组对这次试点工作做了《总结经验，稳步推进地震重点监视防御区强化宣传》的总结报告。他们在讲话和总结中，对这次强化宣传活动给予了充分的肯定和高度评价，并希望各地党委宣传部和地震部门要根据临泽县的经验，结合本地实际，开展好地震重点监视防御区的防震减灾强化宣传工作，开创我国新时期防震减灾宣传工作的新局面。

**1. 领导重视，准备充分**

这次强化宣传试点活动，得到了从中央到地方各级党委、政府的高度重视。张掖地区和临泽县多次召开专门会议，制定并下发了《地震重点监视防御区强化宣传试点实施方案》和《实施细则》，对试点工作的组织领导、时间安排、地点选择和宣传材料及其内容等方面做了充分的准备。据不完全统计，共制作宣传画报、专栏 514 块（套），组织宣传小分队 27 个，印刷散发各种宣传材料、传单 35000 多份，开办、播放电视专题片 83 场（次）。编写各种培训教材和广播讲稿 9 万多字，全县参与组织宣传试点活动的干部群众 1260 多人（次）。

**2. 科学组织，保证稳定**

防震减灾强化宣传工作是一项涉及面广、影响面大的系统工程。这次试点活动根据防震减灾宣传科学性和社会性特点，做到了组织落实、人员落实、任务落实和措施落实，体现了防震减灾工作与经济建设为中心相结合、防震减灾宣传与精神文明建设、爱国主义教育相结合、常规宣传与强化宣传相结合、以及防震减灾宣传与农村“小康”工程建设相结合。在宣传试点工作中，还特别注重加大社会控制力度，严格统一和把握宣传口径，强化社会治安综合治理责任制，从而保证了试点期间没有引起社会波动和民众恐慌。社会秩序稳定，群众安居乐业，生产生活正常。

**3. 突出重点，点面结合**

这次强化宣传试点活动的重点是检查促进各级政府及其职能部门、厂矿企业和生命线工程的应急预案和措施的落实，提高干部群众的防震减灾和自救互救知识水平，增强社会的地震应急意识，落实地震重点监视防御区综合防御的各项措施。在宣传对象上，突出了抓县、乡干部培训，带动全县群众，教育中、小学生，普及千家万户的做法；在组织方法上，做到了定点集贸市场宣传和全县八乡一镇广泛宣传相结合，干部集中培训和指挥体系模拟演习相结合，学校地震知识竞赛和全县中小学以至幼儿园老师的地震防灾普及教育相结合，厂矿岗位应急模拟演练和全县生命线工程应急措施检查落实相结合，从而达到了虚功实做、点面结合、分层施教，重在应急的宣传目的。

（谭先锋　张守洁）

## 地震系统地震灾害损失预测工作主要进展

国家科委和国家地震局“八五”重点项目计划中关于震害预测研究内容，共 7 个二级课题、28 个三级课题，1995 年大部分已按进度要求完成，其中 5 个二级课题已通过验收。

### 一、(华北北部)地震灾害损失预测研究

建立了动态震害预测方法和地震损失分析模型，提出了埋地管道、桥梁和矩形钢筋混凝

土蓄水池的震害预测方法并编写了软件，给出了与房屋破坏、地震发生时间相关的人员伤亡估计方法，建立了工作区人口及经济增长模型，预测了今后10年以乡为单位的地震灾害损失和人员伤亡，绘制了预测地震损失和人员伤亡分布图；建立了工作区区划图及人口、经济和建筑数据的数据库，该库不仅为国内其他地区建立数据库提供了样本，也为工作区未来震害评估和制定发展规划提供了基础数据。这些方法的建立与提出，使震害预测研究工作向前推进了一步，尤其是动态预测方法的建立标志着震害预测方法取得了重大进展。同时这些工作为工作区制定减灾措施提供了科学依据，对工作区防震减灾工作具有深远意义。

## 二、(华北北部)减轻地震灾害综合对策研究

提出了大系统地震经济损失的一般公式，研究了现行社会系统的震害预测体系的不足，对间接经济损失预测数学模型及方法进行了研究；提出了定量估计社会系统中各子系统间相互作用的基本方法，即采用生产函数计算生产部门的产出损失、通过投入产出技术系统矩阵估计各生产部门的相互影响、并将这种做法延拓到系统外；采用投资效益最大的优化原理，确定了华北北部29个县市的设防烈度，包括砖结构与钢混结构；提出了区域的土地利用对策、房屋建筑抗震设计对策、房屋抗震鉴定与加固对策，为区域房屋建筑抗震提供了科学依据；初步建立了避震决策优化模型，以未来10年地震危险性分析和震害预测为前提，考虑到无避震损失、避震条件下的损失、避震代价，确定避震决策优化模型，对区域内以乡为单元进行避震决策优化；探索了救灾系统的优化方法，提出了救灾指挥预备、救灾物资网络中的预备站设置、救灾路径优化方法；调查区域生命线系统的实际状况，做出震害预测和生命线系统功能损失分析，据此制定了公路系统、铁路系统、通信系统、电力系统、生命线功能保障对策。

**1. 各类实用化震害预测易损性矩阵的建立与完善**

改进和完善了房屋建筑易损性矩阵，收集了全国绝大部分县市的城市和农村房屋基本数据，并建立了相应的数据库，可作单元、多元任意检索和数据处理，这是一项有重要意义的基础工作，为全国震害预测提供了基础资料；对生命线管线网络系统，考虑了多种因素，如地震波、液化、断裂、沉陷等，对管道的破坏作用，用网络分析和经验计算方法，形成了一种较为系统、完善的生命线网络系统的震害预测方法；以供水系统为例，采用网络分析和可靠性分析，首次建立了系统的功能损失预测方法，该方法亦可用于交通等系统；建立了以生命线系统工程预测结果为基础的通用数据库和图形库的编辑系统。

**2. 震害预测方法与综合模型及数据库的建立**

完成了十年尺度地震灾害损失预测方法研究，在国内首次建立了综合震害数据库，完成了全国地震地质灾害分布图的编制。在地震灾害损失预测新方法研究方面（如土坯房生命损失预测、黄土区地震易损性研究和黄土沉降预测模型研究以及电力系统易损性研究等）取得了新的进展，为地震灾害损失预测提供了新方法、新思路。

**3. 震害评估实施细则优化与新方法研究**

提出了震灾评估标准建议（包括经济损失计算方法和无家可归人员估计方法），编写了相应的计算软件，并提出了建立震害评估数据库的统一格式；提出了高层建筑震害评估方法、高层建筑震害预测方法、中高层配筋砌体结构的非线性分析方法和震害预测方法；初步

提出了生命线工程的震害评估标准建议（包括经济损失计算方法）及相应的计算软件。本课题还对房屋建筑建立了震害评估方法，并提供了相应的软件，对生命线工程建立了震害评估的基本框架，为进一步深入研究奠定了基础。

总之，“八五”期间，地震灾害损失预测工作提出了很多方法和不同的减轻地震灾害的对策，并且在若干个城市予以应用，它们为进一步开展震害预测的研究与应用奠定了很好的基础。“九五”期间，必须对这些成果进行总结、再提高、再实践，从而形成科学的合理的工作思路，提出一套适合我国国情、实用的震害预测、快速震害损失评估、防震救灾规划与应急对策编制的方法，分别研制出数据库、图形库、计算机管理系统和快速评估软件，研制出方便、实用、经济的救灾设备。同时通过示范工程，为在全国全面展开震害预测和制定防震减灾综合对策工作提供条件。

（局震害防御司　苗崇钢）

# 山西省防震减灾宣传工作

(1) 进一步充实宣传内容。主要表现在：编写了适用于中小学的《中小学防震减灾知识读本》，编撰了适合知识阶层和领导干部的《防震减灾导读》、《日本阪神地震经验教训》，摄制了适合各类人群、雅俗共赏的《避险与应急》、《工矿企业防震减灾》录像片，加上原有的各类宣传材料，大大丰富了宣传内容。

(2) 坚持抓好平时常规宣传。1995 年，山西省选择运城地区做为宣传试点，搞了“三个一”工程（碑式宣传一条路、挂牌宣传一条街、固定宣传一个点），共在全区、山区、平原各主要公路建宣传碑 400 余块，在城镇街道电杆上挂宣传牌 800 余块，在旅游景点等人口稠密处设点 43 个，使过往车辆、行人加深对防震减灾的印象，同时树立一批各具特色的典型。如河津常好堡村，村里有防震机构，有应急预案，有十户联防形式，有宣传、监测员，街上有标语，家户有宣传小黑板，防震减灾气氛很浓；芮城县党政幼儿园，组织编唱地震儿歌，编写地震童画、地震故事、避震问答，组织防震演练，寓教于乐，既适合儿童，又教育家长；临猗县在全县小学四年级开设地震科普课，同时实行学生包户，学校包村，在把防震减灾落实到每个乡、每个村、每个户、每个人的问题上进行了尝试；太原市进一步加强了市、区、街道、居委会 4 级宣传网建设，仅南城区就有宣传员 331 个，通过宣传网把各基层单位的宣传工作抓起来；各地还组织了防震减灾宣传队、宣讲团等。使防震减灾宣传更加生动活泼、富有实效。

(3) 在平时常规宣传的基础上重点组织了 3 次大型宣传活动。首先是在日本阪神大地震发生后，大量播发阪神地震消息及有关阪神地震与防震减灾经验教训等材料，加强对各级领导的宣传，介绍阪神地震与本省防震减灾工作的联系等。此举得到了社会广泛重视，反映强烈，人心稳定。其次是举办了临汾大地震 300 周年纪念活动。1995 年 5 月 18 日是临汾大地震 300 周年纪念日，临汾行署和省地震局联合组织了有省人大、政府领导参加的学术研讨会、地区各县领导参加的纪念大会、发行了 3000 封纪念首日封，在全区 11 个重点市、县开展了“防震减灾宣传旬”活动。第三是组织了全省性的“纪念七二八唐山地震宣传周”强化宣传活动。全省各级党委、人大、政府有关领导都亲自参与了宣传；各地电台、电视台、报纸等新闻媒体均大量播发了宣传材料；各工厂、学校、机关、街道、乡村等基层单位均办了黑板报、橱窗；各地、市、县均组织了规模不等的展览、街头大秧歌、路旱船、文艺演出、散发传单、设咨询点等；地震重点监视防御区各乡镇巡回放映电影、录像，造成广泛的社会影响。据统计仅太原市南城区就发动了1120个单位、近2万人的宣传队伍。

总之，山西省1995年防震减灾宣传活动已逐步走向深入。对部分地区防震减灾知识普及抽查结果表明：各级防震减灾指挥部领导干部90%达到80分以上，多数城市广大群众接受宣传率达到60%。

（山西省地震局　韩成太）

## 内蒙古自治区防震减灾工作

（1）加强政府领导职能。1995年初，自治区党委、政府主要领导及分管地震工作领导分别对区地震工作做了重要指示。1995年3月，自治区政府召开全区防震减灾工作会议，部署1995年及今后几年区防震减灾工作。随后，自治区政府以内政发1995（103）号文件批转了自治区地震局关于内蒙古地震局防震减灾工作七条意见，同时正式提出了区防震减灾十年奋斗目标：即“在自治区各级政府和全社会的共同努力下，争取用10年左右的时间，使自治区地处地震基本烈度为Ⅷ度的城镇，地震重点监视防御区的盟市所在地及所属大型企业和重点生命线工程具备抗御6级左右地震的能力”。自治区10年目标的实施将分三步进行，从1995年开始的2～3年时间为制定规划阶段，随后的6年为全面实施阶段，最后1年时间为总结检查阶段。在实施中，要求呼和浩特市、包头市提前制定规划并先行一步。

（2）初步完成全区防震减灾“九五”计划和2010年长远规划。自治区政府主席办公会议要求，各级政府要把本地区防震减灾工作纳入本地区国民经济和社会发展规划中，保证防震减灾的投入。对计划和规划要有必要的经费和相应的配套措施。这项工作由于各级政府的重视和支持，已得到初步落实。

（3）加强盟市防震减灾领导体系建设。1995年以来，在全区机构改革的情况下，自治区政府主席办公会议决定，同意保留全区防震减灾领导小组，并要求各盟市建立健全防震减灾领导体系。现全区12个盟市，重点地震监视防御区的旗县都建立了防震减灾领导小组。

（4）大中型企业的防震减灾工作被提到议事日程。1995年全区防震减灾工作会议第一次邀请全区大中型企业、生命线工程的代表参加，会议制定了《内蒙古自治区大中型企业、生命线工程防震减灾工作条例》，重点抓了企业内部的《减灾规划》和《应急案》的制定落实工作。全区有近30个行业和大型企业编制了本行业和企业内部的《减灾规划》和《应急预案》。

（5）防震减灾的法制建设工作得到加强。《内蒙古自治区地震安全性评价管理办法》，已由自治区主席乌力吉签发，以内蒙古自治区人民政府第70号令于5月18日颁布施实。

(6) 防震减灾知识教育活动，向普及化迈进。各盟市地震部门在当地教育部门的配合下，已在全区8个盟市、24所中学近10000名学生中开设了地震知识教育课，许多盟市还搞了教科书的首发式。

（内蒙古自治区地震局）

# 辽宁省地震安全性评价工作

1995年，辽宁省地震研究所共完成工程地震项目8项，成交合同额80余万元。具体项目有：

(1) 锦州石油六厂厂区地震安全性评价；

(2) 大连石化公司石油七厂地震安全性评价及生产装置震害预测；

(3) 朝阳热电厂预选厂址稳定性评价；

(4) 营口奥镁辽宁高级耐火制品有限公司厂房地震安全性评价；

(5) 大连造船厂电工车间震害预测；

(6) 丹东海关大楼地震安全性评价；

(7) 丹东电业局通讯调度楼场地地震危险性分析；

(8) 鸭绿江主断裂前阳—长山隐伏段延伸情况探测。

上述工程地震项目，利用综合地球物理和地质雷达探测等方法在查明地壳深部地质构造、断层活动的基础上，对工程场址进行参数测定、地震活动性分析和地震时程分析。通过这些基础性的工作，对拟建工程场址给出地震安全性评价结果，为建设部门提供了合理准确的抗震设防标准和相关的地震动参数。

（辽宁省地震局　韩　萍）

# 吉林省防震减灾工作

(1) 省政府领导关心地震工作。11月10日，刘淑莹副省长在省地震局戚柏金局长、董继川副局长的陪同下，到长春净月地震台检查工作。察看了台站测震记录室、摆房及分析室，观看了台站新建的锅炉房和食堂，对台站的整体面貌及技术人员队伍的年轻化表示满意。

(2) 各市、州政府相继召开防震减灾工作会议，落实国家及省防震减灾工作会议精神。

(3) 加强市、州地震机构建设。12月6日以吉编办［1995］153号文下发了《关于市、州地震机构设置有关问题的通知》。通知明确规定：①保留长春、吉林、四平、辽源、通化、白山、白城市和延边朝鲜族自治州的地震工作机构；建立松原市地震工作机构。②各市、州地震机构统称为“地震局”，地震局为授权行使行政职能的政府直属事业单位。③市、州地震工作机构的人员编制配备，应本着精简精干的原则，根据工作需要核定。④市、州地震机构的职能任务，可参照《吉林省人民政府办公厅转发中编委和国家地震局关于我省地震机构设置两个文件的通知》（吉政办发［1995］42号）精神确定。

（4）辽源市成立防震减灾委员会。辽源市机构编制委员会1995年7月18日下发辽编行字［1995］18号文件，正式成立了辽源市防震减灾委员会。委员会由辽源市副市长杨端贤任主任。成员单位有：辽源军分区、市地震办、市计委、建委、经委、财政局、物资集团总公司、电业局、邮电局、广播电视局、卫生局、交通局、商业局、粮食局、公安局、消防支队、房产局等16个部门。

（5）加强防震减灾知识宣传。延边州委宣传部与延边州地震办联合下发了《关于进行地震常识宣传的通知》，提高全州防震减灾知识宣传力度和广度。利用唐山地震纪念日组织全省各地开展防震减灾宣传活动。省地震局为此专门下发了吉震防发［1995］5号文件，对各市、州地震办“7.28”宣传活动提出了具体要求，省地震局和长春市地震办联合于7月28日上街进行宣传，展示15块宣传板。发放15000份传单，并在市内繁华区、露天播放《面对震灾的思考》、《日本阪神大震灾》录像带，省委宣传部有关人员还现场指导、帮助宣传，省、市电视台、电台，省、市报纸对这次活动均作了报道。其他市、州地震办也开展了相应的宣传活动。

（6）各市、州积极编写《地震应急反应预案》和编制防震减灾“九五”计划及2010年远景规划。继辽源市完成市级《地震应急预案》后，延边州也完成了本州的《地震应急预案》。吉林、长春、四平、通化、白山、白城等市也正在积极编写该预案。此外，一些州、市还根据本市、州具体情况，编制了本地区防震减灾“九五”计划及2010年远景规划，并纳入本地区国民经济发展总体规划。

（7）吉林省地震学会成立并召开第一届理事会。吉林省地震学会成立大会及第一届理事会于1995年11月9～10日在长春召开。刘淑莹副省长到会讲话并表示祝贺，省民政厅、省科协、省委宣传部的有关领导、省地球物理学会、省地质学会、省气象学会等省内有关单位和学术团体及代表共计50多人参加了大会。会议选举产生了第一届理事会的理事、常务理事、理事长、副理事长、秘书长，聘任了副秘书长和各专业委员会主任、委员。讨论通过了吉林省地震学会章程。名誉理事长为副省长刘淑莹，理事长为省地震局长戚柏金。

（吉林省地震局　杨以道）

# 黑龙江省防震减灾工作

（1）1995年3月9日主管副省长马淑洁、副秘书长李晨到黑龙江省地震局视察工作，听取了工作汇报。5月19日，省政府常务会议列题研究全省防震减灾工作，并调整了省防震抗震领导小组、转发了黑龙江省地震局关于防震减灾工作意见的报告。

(2) 6月26日、27日省政府组织召开了全省防震减灾工作会议，省委、省政府、省人大、省政协和省委宣传部的领导出席了会议，来自全省各地、市政府主管领导和省直部门的领导参加了会议，省报社、电台、电视台和中国减灾报等新闻单位的记者到会，并对会议进行了报道，会议就贯彻全国防震减灾工作会议精神及省今后防震减灾工作任务进行了动员部署。

(3) 根据省防震减灾工作会议要求，黑龙江省地震局和省计委联合下发了《关于编制防震减灾“九五”计划和2010年长期规划的通知》(黑震字［1996］35号)；组织草拟了《黑龙江省地震安全性评价管理规定》、《黑龙江省防震减灾工作条例》，并已报省政府法制局，目前正在协调修订中。

(4) 为抓好会议精神的贯彻落实，黑龙江省地震局组织专门检查组，深入省内部分地、市、县，听取当地政府的工作汇报，检查会议精神的落实情况，促进了全省防震减灾工作的深入发展。目前全省11个地、市成立或调整了以当地政府主管领导为组长、有关部门负责人为成员的防震减灾领导小组，制定下发了本地区的《破坏性地震应急预案》、编制完成了防震减灾“九五”计划和2010年长期规划。

(黑龙江省地震局　李登恒)

# 浙江省防震减灾工作

(1) 1月23日，浙江省委书记李泽民亲自主持召开了省委书记办公会议，专题研究浙江省的防震减灾工作，研究贯彻落实1995年全国防震减灾工作会议精神的具体措施。省地震局钱祝局长在会议上就地震形势和工作措施作了汇报；省委领导对浙江省的防震减灾工作作了重要指示。会议精神形成了［1995］1号《书记办公会议纪要》，于会后下发各地、各部门。会议为今后一个时期浙江省的防震减灾工作确定了原则和指导性意见，奠定了“九五”期间浙江省防震减灾工作的基础。

(2) 7月28日，浙江省委、省政府召开了首次全省防震减灾工作可视电话会议，全省各市(地)、县(市)领导、省级各有关单位及省内部分大型企业负责人、部分新闻单位代表出席了会议。省委副书记刘枫、副省长张启楣、国家地震局局长方樟顺、省地震局局长钱祝在会上作了报告。

(3) 为切实加强对全省防震减灾工作的领导，建立健全全省防震减灾工作体系，省政府于9月行文批准成立了浙江省防震减灾工作领导小组，副省长鲁松庭任组长。

(4) 为解决全省地方地震工作机构改革中的问题，根据国家地震局有关文件和省委书记办公会议精神，结合浙江省地方地震工作的实际情况，经省地震局与省编委办公室协商，由省编办行文(浙编办［1996］1号)明确了浙江省地方地震机构改革的原则。根据这一文件，全省各市(地)的地震工作归口市(地)科委管理，地震机构为科委内设机构，对外可挂地震局牌子。

(5) 由省地震局起草的《浙江省地震应急反应预案》，经广泛征求意见后，9月份由省政府办公厅发布实施。

(6) 为保证浙江省以地震安全性评价为基础的抗震设防工作依法有序地进行，《浙江省地震安全性评价管理办法》在省政府法制局的具体指导下，由省地震局起草，多方协调论证，反复修改，于12月22日由万学远省长签发，以省政府第69号令发布实施。

(7) 省地震局还组织各地方地震工作机构，通过广播、报纸等新闻媒体和专栏、讲座等多种形式，加大防震减灾知识和地震科普常识的宣传力度，特别是抓住日本阪神大地震、世界地球日、“7.28”唐山地震周年日、科普宣传周等宣传契机，对公众进行宣传教育，取得了较好的宣传效果。

(浙江省地震局　钱　京)

# 安徽省防震减灾工作

1995年2月，省委书记卢荣景和省长回良玉听取了省地震局关于我国当前地震形势和防震减灾工作情况的专题汇报。回良玉省长还主持召开了省政府第65次常务会议，研究贯彻落实省防震减灾工作问题并决定：

(1) 把防震减灾工作纳入全省经济建设和社会发展总体规划，适当增加地震事业经费投入；

(2) 原则同意将合肥市作为我省防震减灾10年目标示范区；

(3) 建立健全防震减灾工作体系，保留现有机构；

(4) 省地震局会同有关部门拟订防震减灾法规，适度地开展防震减灾宣传工作，以提高全社会防震减灾意识；

(5) 同意召开全省防震减灾工作会议。

1995年5月3日至5月5日安徽省防震减灾工作会议在合肥市召开。参加会议的代表有全省各行署、市人民政府分管地震工作的专员、市长，省防震减灾工作领导小组成员，省直有关部委厅局、经济技术和高新技术开发区、大型企业及地市地震局的主要负责人共150多人。省人大、省政协、省军区负责人应邀出席了会议，在合肥新闻单位也出席了会议。大会由省政府秘书长主持，国家地震局局长陈章立、安徽省副省长张润霞到会并讲话；省地震局侯茂生局长向大会做了“统一思想、加强领导、同心协力，为实现我省防震减灾十年目标而努力奋斗”的主题报告；蚌埠市、淮南市、宣城行署和马钢股份有限公司等单位作了防震减灾工作经验交流；国家地震局震害防御司司长李裕澈做了“日本阪神大地震考查”的专题学术报告。会议期间，还组织了与会代表收看了《日本阪神－淡路大地震》、《面对震灾的思考》两部电视录像片。

会后，多数行署和市政府及时召开了政府常务会议或办公会听取两会情况的汇报，并结合本地区防震减灾工作实际情况，研究具体贯彻落实意见和实施途径。

为了尽快使两会精神得到更好的贯彻与落实，安徽省防震减灾工作领导小组与省地震局联合下发了皖震地防字(1995)第87号文《关于组织检查全省防震减灾工作会议贯彻情况的通知》，并于1995年底组成了南北两片检查组，由省防震减灾工作领导小组成员、省地震局二位副局长带队，赴全省16个地市和部分重点县（市）进行检查。检查内容主要包括：全省防震减灾工作会议精神的贯彻落实情况；关于将防震减灾工作纳入国民经济和社会发展"九五"计划和2010年长期规划的情况；政府防震减灾工作领导机构及地市地震工作管理机构的设置与人员配制情况；政府防震减灾工作预案和破坏性地震应急反应方案的制订与运转情况；关于执行安徽省工程建设场地地震安全性评价管理办法的情况；加强地震监测台网基础建设，提高地震监测预报和快速反应能力的情况；以及加强防震减灾宣传教育情况。

（安徽省地震局　刘更才）

## 江西省防震减灾工作

**1．加强对防震减灾工作的领导**

在2月20日召开的省人大八届三次会议上，吴官正省长在《政府工作报告》中提出"做好防震减灾工作"的要求。6月28日，省八届人大常委会第16次会议听取省地震局局长徐业春"关于我省防震减灾情况的汇报"，并安排常委分组讨论，提出了加强防震减灾地方立法等6条建议。11月28日，省政府发出赣府厅字［1995］163号通知，成立了以副省长黄懋衡为组长的省防震减灾工作领导小组。12月6～7日，省政府召开全省防震减灾工作会议，参加会议的有各地（市）、重点县政府领导和省直各有关部门负责人共122人。会上，副省长黄懋衡作了重要讲话，省地震局局长徐业春作了"统一认识，明确任务，加强领导，为实现我省防震减灾十年目标而努力奋斗"的工作报告，省政府副秘书长朱张才作了总结讲话。国家地震局副局长葛治洲、中国灾害防御协会常务副会长高文学到会指导。这次会议，传达贯彻了全国首次防震减灾工作会议精神，提出了江西省实现防震减灾十年目标八个方面的措施，讨论修改了《江西省防震减灾工作"九五"计划和2010年长远规划（草案）》。

**2．编写《江西省防震减灾"九五"计划和2010年长远规划（草案）》**

10月18日，省委十届二次全会通过《中共江西省委关于制定全省国民经济和社会发展"九五"计划和2010年远景目标的建议》，根据《建议》提出"加强……地震监测预报，减少自然灾害造成的损失"的要求，省地震局在调查研究的基础上编写了《江西省防震减灾"九五"计划和2010年长远规划（草案）》，并报省政府审批，省政府领导指示要将防震减灾工作列入全省国民经济和社会发展"九五"计划和2010年长远规划。

**3．加强防震减灾地方法规建设**

省地震局在调查研究并借鉴兄弟省市经验的基础上，起草了《江西省破坏性地震应急预案》和《江西省工程建设场地地震安全性评价及抗震设防管理暂行办法》，并且分别征求了省直有关部门的意见，经修改后已报省政府审批。

**4．继续开展防震减灾知识宣传教育工作**

为了进一步提高社会各界对防震减灾工作的认识和参与能力，全省各级地震部门利用一年一度的地震知识宣传周和举办青少年地震科学夏令营以及会议、报刊、编印学生课外读物等形式，宣传地震科学知识和防震减灾有关常识，增强了人们的防震减灾意识。

**5. 认真处理了寻乌"1.24"、瑞昌"4.15"地震事件和水新地陷事件。**

1月24日寻乌发生4.5级地震后，省地震局立即派出了流动地震监测台和考察组前往地震现场，协助当地政府进行了震情监视和地震趋势判断、震害调查、安定民心等项工作。省政府向寻乌灾区发出慰问电，并拨款10万元用于抗震救灾。省局领导在震前去赣南寻乌等县向震区领导打招呼；震后于2月2日再度去赣南检查指导救灾工作，较好地处理了此次地震事件，使震区人民过了一个安心、放心的春节。

4月15日瑞昌4.9级地震发生后，省地震局立即派出了流动地震监测台和考察组前往地震现场，协助当地政府进行了震情监视和地震趋势判断、震害调查、平息谣传、安定民心等项工作。收到了较好的工作效果。

10月份永新县怀忠镇发生地陷后，省地震局立即派出科技人员前往现场进行调查，召开了村民座谈会，进行了地震科普知识宣传，安定了民心，并提交了调查报告。

**6. 利用地震科学技术和设备为经济建设服务**

省地震局和九江地震台开展了有关抗震设防和加固的技术服务工作，给一批工程做了桩基质量检测工作，给一部分建筑物作了抗震性能鉴定工作，为工程建筑的抗震设防和抗震加固提供了依据。

（江西省地震局　包建新）

# 河南省防震减灾工作

（1）调整了河南省防震抗震指挥部成员，召开了河南省防震减灾工作会议，加强了各级政府和社会各部门对防震减灾工作的领导和支持。

（2）召开了由市、地领导及有关管理人员参加的"地震安全性评价管理工作研讨会"，举办了一期各市、地地震局（办）技术人员参加的地震安全性评价学习班。召开了地震安全性评价持证单位会议，强调三级管理，两级评审。全年共完成地震安全性评价工程31项。促进了各市、地地震局（办）政府职能的发挥，强化了行业管理。

（3）省局会同法制局联合下发了《关于开展河南省地震安全性评价管理办法执法情况检查的通知》，从检查内容到检查方式均作了具体的规定。各市、地地震局（办）和市、地法制局联合开展了执法检查，省地震局和法制局对洛阳市贯彻落实豫政［1994］71号文情况进行了抽查。通过检查，进一步理顺了关系，加强了该项工作的法制化进程。从检查情况看，大部分市地的管理部门对此项工作是重视的，办理了执法检查证和工程场地安全性评价工作登记制度，商丘地办还专门配备了执法检查专用摩托车，对有些拒不执行安全性评价的项目和责任人实行了罚款，执法意识和管理意识较强。但也有少数市地的管理部门动作不大，需进一步转变观念，克服阻力，承担起管理社会的职能。

（4）河南省地震局领导和有关部门多次向省政府领导汇报，向省编委呈报了"关于市（地）地震机构改革的请示"。之后，又多次向省人事厅、编办汇报，得到了省和有关部门的重视与支持。使河南省机构编制委员会以豫编［1995］35号文“关于市（地）地震机构设置的意见”下发到各市、地机构编制委员会研究执行。根据文件精神，原来未设地震机构的漯河市、驻马店、周口地区将建立地震机构，郑州、许昌、洛阳、开封、鹤壁市地震局（办）原来为副局级，现明确为市政府直属事业单位，原有的5个正局级单位规格不变。均独立行使政府防震减灾工作职能。这样河南省现有的17个市（地）全部有了地震机构，使我省防震减灾工作体系得到了进一步加强。省编办和省局还及时召开了市、地科委负责人、地震局（办）领导会议进行贯彻落实。

（5）编制了《河南省防震减灾十年目标纲要》、《河南省防震减灾“九五”计划和2010年发展规划》、《河南省防震减灾1996年计划》。经广泛征求意见，几经易稿，已呈报省政府、省计委。力争将《河南省防震减灾“九五”计划和2010年发展规划》及《河南省防震减灾1996年计划》列入省国民经济发展规划和计划。《河南省防震减灾十年目标实施纲要》已呈报省政府审批，省政府已同意1996年初予以颁发。

（6）省地震局与省计委联合行文，转发了国家地震局《关于将防震减灾工作纳入国民经济和社会发展“九五”计划和2010年长远规划意见的函》，要求各市地加强领导，组织力量编制防震减灾“九五”计划和2010年长期规划。目前，有些市（地）已经列入政府计划。

（7）做好破坏性地震应急条例的宣传与贯彻落实。对省内100万人口以上的城市，根据地震灾害损失预测，可能发生破坏性地震的县级以上地区的破坏性地震应急预案的制定与落实进行了检查。

《关于认真贯彻“破坏性地震应急条例”的通知》下发后，河南省地震局及时向各市（地）地震局（办）、局属各单位进行了转发，要求各单位对原有的应急预案进行修订和完善，完备和落实物资器材与通讯设备，人员分工明确。省局对原有应急条例也进行了修改，拟在适当时候进行应急模拟。

（8）组织召开了华东九省市地方防震减灾工作经验交流会，共同就新形势下如何做好防震减灾工作进行了探讨，交流了经验，提出了建议。

（9）省局、各市（地）地震局（办）举办了形式多样、内容丰富的防震减灾宣传活动，7月28日，省局和各市（地）地震机构走上街头，采取板报、宣传画、放录像、发放报纸、专家现场解答问题等形式进行防震减灾知识宣传。《中原减灾报》在扩版的情况下，强化管理，全年出报24期，发行12万份。成立了《中原减灾报》通讯站，召开了记者工作会议，建立了记者站网络，强化了防震减灾工作的宣传力度，提高了民众防震减灾意识。

（10）召开了灾协专家委员会会议，对1996年灾情趋势进行预测和追踪。完成了博爱县震害预测试点工作，并通过了专家验收。

（河南省地震局　李兴衡）

## 地震研究所地震安全性评价工作

1995年，国家地震局地震研究所为武汉白沙洲长江公路大桥等12项工程做了地震安全性评价工作。

拟建的武汉白沙洲长江公路大桥，坐落在汉阳区江堤乡老关村与武昌长江村之间，对沟通和改善武汉长江两岸的交通、促进武汉经济发展将起重要作用。国家地震局地震研究所受铁道部大桥工程局勘测设计院的委托，承担了该项目的地震安全性评价工作，组成课题研究组，由曾心传、李安然两位研究员总负责，根据地震行业标准《工程场地地震安全性评价工作规范（DB001－94)》的规定，研究了以该大桥为中心，半径大于或等于150km范围内的区域构造特征，并对该区域的地震活动性进行综合评价；详细研究了场址区（半径25km范围）的近场地震活动性和地震活动构造；在上述基础上，确定出影响工程场址的潜在震源及其参数；分析研究了符合本地区特点的地震烈度衰减规律以及基岩峰值加速度和加速度反应谱的衰减规律；利用地震危险性分析方法，得出大桥场址具有一定危险概率水平（在平均土质条件下的）烈度、基岩地震动加速度峰值和基岩加速度反应谱值；采用人工合成地震波方法，得出满足上述结果的基岩地震动加速度时程曲线。向委托单位提交了经湖北省地震安全性评定委员会审定的《武汉白沙洲长江公路桥大桥场址地震安全性评价研究报告》。另外11项工程建设项目分别是武汉江景大厦、金峰大厦、万科广场大厦、王家巷综合商业楼、武汉市二医院医疗综合大楼、武汉展览馆改造工程、湖北省物电大楼、湖北省石油总公司时代大厦、湖北省财政厅住宅楼、襄樊市银雅大厦、华中电管局科研调度楼，以上工程层高都在20层以上，最高为66层，均属高层建筑。

（湖北地震局　胡朝明）

## 广东省防震减灾宣传工作

（1）鉴于台湾海峡、北部湾地震时，许多人缺乏防震减灾知识发生不应有伤亡的教训，广东省对宣传工作作了重新部署，调整了战略，明确以中小学师生和基层领导干部为重点宣传对象、以防震减灾知识和应急避震常识为重点宣传内容、以重点监视防御区和地震危险区为重点宣传地区。省地震局与省教育厅联合对粤东地区一些中小学开展调查并发出《关于加强中小学防震减灾知识宣传教育工作的通知》和补充通知，广东省中小学认真贯彻落实文件精神，开展了内容丰富、形式多样的宣传教育活动。其中，部分中小学已将防震减灾知识纳入教学内容，有的学校还制定了应急避震方案，组织了避震演习。大大增强了中小学生防震意识和应急避震常识。

(2) 利用6月科技进步活动月防震减灾宣传周，大力开展内容丰富、形式多样、趣味性强的防震减灾宣传活动。期间，惠州市在西湖边闹市区设立地震科技咨询站；韶关市举办科技一条街活动设立防震减灾专栏；省地震局与广州市地震办在广州文化公园开展地震科技咨询；江门、茂名、花都、肇庆和河源等市举办了“有奖知识测验竞赛”；揭阳市电视台把“讲座”编排在吸引力强的“功夫茶”节目中，持续宣传了一个半月；阳春市紧紧抓住北部湾两次6级地震和日本阪神大震震灾教训的时机，除及时通过电视台播放专题片外，还专门组织电影院放映了《动物与地震》、《云南地震》、《房屋抗震》和《地震》等专题片。

(3) 7月份，省委宣传部、省地震局和省电视台联合制作播放了《防震减灾话广东》、《日本阪神大震灾》等专题片；《南方日报》还专刊了防震减灾知识。

(4) 广东省地震局、省防震抗震救灾工作领导小组办公室和省教育厅联合主办“避震应急知识宣传挂图”，出版2万份向省内外地震教育部门发行。

(5) 10月份，召开了广东省防震减灾宣传协调小组第二次全体会议，协调小组组长、省地震局副局长韩黎珍传达了9月份中宣部和国家地震局在甘肃联合召开的全国地震重点监视防御区强化宣传现场会议精神，省地震局局长何熙平报告了近三年来广东省防震减灾宣传工作进展情况，及广东省近期震情形势和面临的任务。会上讨论通过了广东省“九五”防震减灾宣传工作计划和两年实施计划。

（广东省地震局　罗衍良　钱顺琴）

## 广西壮族自治区地震局震害防御工作

1995年初，广西壮族自治区地震局向自治区人民政府提交了《关于广西近期地震活动趋势及其对策的报告》及《关于我区震情和1995年地震趋势预测意见的报告》等，得到了区政府的高度重视。鉴于广西地震活动加强的形势，为做好防震减灾工作。2月成立了由自治区人民政府李振潜副主席担任组长的自治区防震减灾工作领导小组，加强了全区防震减灾工作的统一领导，从组织上完善了防震减灾工作体系。为了更好地宣传贯彻国务院颁布的《破坏性地震应急条例》，4月广西地震局下发了《关于认真贯彻〈破坏性地震应急条例〉的通知》，并与区党委宣传部、区法制局联合举办有30多个新闻单位参加的新闻发布会，李振潜副主席到会并做了重要讲话。6月，自治区召开了地市和区直有关单位参加的全区防震减灾工作会议。会上传达贯彻了全国防震减灾工作会议精神，明确了全区各级政府在防震减灾工作中的主要责任，要求各地（市）进一步健全防震减灾工作体系，同时部署和落实全区防震减灾各个环节工作，以推进全区防震减灾十年目标的实现。国家地震局何永年副局长、自治区政府李振潜副主席到会并做了重要讲话。会后，全区14个地（市）已有12个成立了防震减灾工作领导小组，8个地（市）制定了大震应急方案。与此同时，柳州铁路局、南宁海关、钦州市钦北区、大化、岑溪等县（市）也相继成立了相应的机构和制订大震应急方案。南宁市恢复了南宁市地震办公室，并拨款10万元启动经费；玉林地区8个县（市）已有7个成立了地震办公室，该地区行署已从财政拨款12万元，建立了通讯台网。自治区党委宣传部、区教委和区地震局联合下发了《关于加强防震减灾宣传工作的通知》，给各地、市、县及有关单位下发了地震知识录像带及自编的宣传漫画等。防震减灾“九五”计划和2010年长远规划已被列入《广西壮族自治区国民经济发展第七个五年计划和2010年远景目标纲要》。

（广西壮族自治区地震局　龙安明）

## 海南省防震减灾宣传工作

（1）1995年元旦前后，北部湾发生了两次6级地震，海南岛强烈有感。结合这次地震，海南省地震局编写地震简报，广泛宣传地震知识；在海南日报、海口晚报、海南特区科技报等报刊上开辟宣传专栏，定期刊登有关地震基本知识和防震减灾常识；省地震局与省委宣传部联合发文，要求在全省组织观看“大震对策”系列电视录像带。

（2）为了配合各报社记者进行宣传报道，进行了一系列专题采访，如对省地震局领导的采访、对地震专家的采访等。

（3）编印了《中小学生地震知识讲座》、《地震时怎样保护你的生命财产》等宣传小册子两万份，发到全省各小学。与省教育厅合编《地震与防震减灾》科普读物，并发到各大中学及小学高年级，要求把该读物作为教材学习。

（4）先后数次派出专家组深入到文昌、临高、琼海、三亚等九个市（县），向社会各界宣讲地震知识。

（海南省地震局　陈世君）

## 贵州省防震减灾工作

（1）增加财力加强防震减灾工作。贵州既是一个穷省，又是地震工作最薄弱一个省份。自1983年撤销省地震局后，体制一直未解决，地震工作落后于全国。为实现中国未来十年防震减灾目标，在省财政和有关地市县财政极困难情况下，对防震减灾工作投入了28.4万元经费，其中省财政给省地震办增加6万元，国家地震局给省地震办补助5万元。六盘水市、毕节地区、威宁自治县分别给当地地震台投入6万元、8万元和3.4万元。这些经费的投入逐步改善了省防震减灾工作状况。

（2）采取措施加强防震减灾工作。恢复贞丰地震综合台为省地震办直属台站。威宁县地方财政增拨款项，已决定建立贵州第一个深井地下水观测手段，可使黔西北前兆监测能力增强。六盘水市和毕节地区增拨经费购置地震仪器或维护改装设备。

（3）积极开展地震知识的宣传。对省内的有感地震、诱发地震及全省震情会商会等都以文件形式向省委、省政府，省级各部、委、厅、局，全省九个地、州、市报发和有关县、市、特区、区送发。同时，利用科技期刊、广播电台、电视台及《贵阳晚报》、《贵阳科技报》等宣传地震知识。省地震办征订有《中国减灾报》，无偿发行到省委、省政府、省级部、委、厅、局和全省有关单位，起到较好的宣传效果。

（贵州省地震办公室　章子建　罗远模　王继安）

## 陕西省防震减灾工作

（1）根据全国防震减灾十年目标的基本要求，制定了《陕西省防震减灾十年目标实施纲要》和《陕西省破坏性地震应急预案》，并以陕政发［1995］103号文件印发全省执行。同时明确提出了陕西省防震减灾十年目标，即："在今后10年（1996～2005年）左右时间内，在省委、省政府的领导下，通过全社会的共同努力，使大中城市和国家级地震重点监视防御区具备抗御6级左右地震的能力；省级重点监视防御区能抗御5.0～5.5级地震，整体防震能力有明显提高；一般地震监视防御区在发生一般破坏性地震时，不致造成较大损失或社会慌乱"。

（2）为了协调各方面的力量，加强对防震减灾工作的领导，经陕西省人民政府同意建立了《陕西省防震减灾联席会议制度》。其主要职责是：听取陕西省震情和综合防震减灾工作汇报，研究决定有关问题；审议全省防震减灾工作目标、长远规划和计划，审议防震减灾工作地方性法规和规章，协调各有关部门的防震减灾工作；发生一般和中等破坏性地震后，负责组织协调省级各有关部门对灾区的救援工作。联席会议由副省长范肖梅任组长、省地震局局长李博和省政府副秘书长陈嘉桢任副组长，成员由省政府各有关部门、中央驻省有关单位、省委宣传部和关中四地、市领导组成。联席会议办公室设在省地震局。

（3）《陕西省地震重点监视防御区划分方案》已经省人民政府批准印发各地、各部门执行。明确划分陕西关中东为国家级地震重点监视防御区。关中西部、汉中——洋县、韩城、安康为省级地震重点监视防御区。

（4）《陕西省防震减灾"九五"计划和2010年长远规划》经省政府审议并批转省计委、科委等有关工作部门做为制定"九五"计划和2010年规划的依据。省地震局与省计委联合发文做出关于将全省防震减灾工作纳入各地、市国民经济和社会发展"九五"计划和2010年长远规划的决定，目前省计委和各地、市计委已将防震减灾工作纳入省、地（市）国民经济总体规划。

（5）陕西省机构编制委员会于1995年10月以陕编办［1995］73号文下发了《关于在抗震设防管理中省地震局与省建设厅分工的通知》，明确地震局与建设厅在工程抗震设防中的职责和权利。

（陕西省地震局　吕　莲）

# 甘肃省社会防灾工作

1995年对甘肃省是一个多灾的年份，除了国家地震局划定的两个地震重点监视防御区外，甘肃省地震局根据地震活动的新发展，提出了中部地震危险区，面对严峻的地震形势，甘肃省采取措施，加强了社会防灾工作。

（1）省政府制定并颁布了《甘肃省防震减灾十年目标实施纲要》，根据甘肃省社会和经济发展实际，提出了甘肃省防震减灾十年目标，即：在各级政府领导下，动员全社会力量，争取用10年左右的时间，使兰州市、嘉峪关市、金昌市、天水市及张掖市等五城市具备抗御6级左右地震的能力；其他地区根据本地区经济和社会发展情况，使本地区防震减灾能力有明显提高。为了实现这一目标，《纲要》还指出了具备抗御6级左右地震能力的具体要求和实施十年目标的主要任务，制定了实施十年目标的途径、措施和实施步骤。

（2）省地震局制定并上报了“甘肃省‘九五’及到2010年防震减灾工作计划和规划”，各地、县也制定了相应的计划和规划。计划提出：在“九五”期间甘肃省防震减灾工作要达到的具体目标是：完成各级防震减灾体系建设，使防震减灾工作与国民经济建设和社会发展同步进行，初步建立部分地方性法规，将防震减灾工作纳入法制化轨道，地震快速反应能力有明显提高；广大群众的防灾减灾意识进一步增强，使全省防震减灾工作总体水平有显著的提高。

（3）防震减灾工作体系和地震应急反应预案的制定完善工作取得了较大进展。5月12日省政府正式发文成立甘肃省防震减灾工作领导小组，由一位常务副省长和一位副省长分任正、副组长，省级25个委、部、厅、局主要领导为成员，办公室设在省地震局，此后大部分地、县均相继调整或成立了各级防震减灾工作指挥体系。经过1990年天祝、景泰6.0级地震和1995年永登5.8级地震的应急实践，全省各级地震应急预案得到了修改和完善，特别是永登5.8级地震的应急工作充分说明了应急预案的减灾作用。到目前为止，甘肃省已有34个省直有关部门和地、州、市制定或修改完善了地震应急反应预案，重点地区的县、乡、村也落实了应急预案或应急措施。各级地震应急预案突出了以下特点：一是突出了以预防为主的指导思想，强调把震后消极被动的等待救援思想转变为震前积极主动的综合防御，即把防震减灾工作做在地震到来之前；二是坚持了因地制宜、科学求实的原则，使各级应急预案真正达到减轻地震灾害损失之目的；三是体现了地震灾害综合防御系统工程的优越性，既有在时间、内容、组织上的直接减灾作用，又可外延适用于对其他灾害的应急反应上；四是操作性强，便于指挥调动各部门防震减灾行动。

（4）地震保险工作得到发展。天祝、景泰地震后，大中企业、机关团体和人民群众对地震灾害保险的认识得到了提高，增强了保险防灾意识。1995年7月22日永登5.8级地震，省、市保险公司共计赔付100万元保险补偿，极大地支援了地震救灾力量。通过共同开展防震减灾工作，地震与保险之间的合作配合得到了进一步加强，各级保险部门不仅主动和地震部门联合进行地震与保险宣传活动，而且对地震部门防震减灾工作面临的经费短缺，任务繁重的局面给予了极大的关注，兰州市保险公司向兰州市地震局赠款40万元，以支持兰州市的防震减灾工作。

（5）部分地、县和企业组织进行了不同规模的地震防灾应急演习，如临泽县政府的防震减灾指挥系统应急模拟演习和临泽淀粉厂的企业防震减灾应急模拟演习等。

（甘肃省地震局　张守洁）

# 地 震 应 急

## 破坏性地震应急反应预案编制工作

1995年2月16日国务院发布了《破坏性地震应急条例》，为国内破坏性地震应急工作提供了法律保障。《条例》以及国家地震局“三定”方案都明确规定由国家地震局负责组织编制“国家破坏性地震应急反应预案”，并指导有关部委编制“部门破坏性地震应急反应预案”，协助各级政府拟定破坏性地震应急反应预案。

(1) 国家破坏性地震应急反应预案。通过进一步总结和借鉴国内外破坏性地震应急工作的经验教训，国家地震局在“国内破坏性地震应急反应预案”国办发［1991］75号的基础上，组织专家对国家预案的内容、框架以及地震类别划分原则等进行了深入研究，反复修改，完成了预案的第八稿并通过国务院办公厅向40个有关部委征求意见。在综合37个部委反馈意见基础上，又进行了再次修改，下半年已将“各部委的意见汇总”、“预案的修改稿”和“修改的说明”报送国务院办公厅，准备第二轮征求意见。

(2) 部门破坏性地震应急反应预案。通过面对面交流和印送“部门地震应急反应实施方案编制工作情况简报”等形式，对有关部委编制破坏性地震应急反应预案工作进行了指导，并对各部委预案的初稿提出了修改意见。现在已有二十多个部委完成了各自的预案或预案初稿，有的已正式发布。

(3) 地方政府破坏性地震应急反应预案。目前，许多省、自治区、直辖市以及重点监视防御区所在的地县编制和修订破坏性地震应急反应预案工作正在进行之中。1995年许多省、市、地区发布了新的地震应急反应预案，如海南省、江西省、哈尔滨市等。

（局震害防御司　苗崇钢）

## 地震系统地震灾害损失评估工作

多年来，国家地震局一直把重视人员培训、提高震害评估质量作为震害评估工作的一项重要内容。继前几年技术骨干和省地震局局长多期培训之后，1995年国家地震局又对省地震局震害防御处处长和技术骨干举办了为期一周的震害评估培训。一些省、自治区，如山东、青海、江苏、山西等地震局也陆续对有关人员进行培训，有的省自1993年以来已举办了两期甚至三期震害评估培训。这些培训对提高人员技能和评估质量，起到了非常积极的作用。

现场震害评估是地震部门一项不定期的应急工作，在多震省区对震害评估工作较为重视，在少震省区往往因为长时间没有地震而容易被忽视。1995年国家地震局借具有较大影响的云南孟连地震和云南武定地震，专门发文要求各省、自治区、直辖市地震局加强灾情速报和震害评估工作，并对有关具体工作做了要求，使震害评估工作常备不懈。在1995年底的全国地方地震处长会上，国家地震局再次强调省地震局和地方地震部门要重视震害评估工作。目前已有20多个省成立了地震灾害损失评估委员会，国家地震局所属的28个省级地震部门都有了一支震害评估骨干队伍。

震害评估科研需要深入，需要建立一系列的规范和标准。国家地震局支持震害评估科研工作，1995年对建筑物地震破坏等级划分标准等进行了立项，同时还准备在局“九五”项目中设立震害评估科研技术和应用软件等课题进行专门的研究和研制。无疑，这些举措对深化震害评估工作是非常及时得力的。

在地震灾区许多群众住在帐篷里或露宿户外，而在那里确实有相当多的仍然具备较强抗震能力的建筑物没人敢住，其主要原因是人们缺乏对建筑物安全性的认识，同时也不了解未来地震趋势。后来我们逐步认识到应该通过有关专家来做建筑物安全鉴定工作，把安全和不安全的建筑物标记出来，使大家在震后对房屋的安全性有一个正确的了解，有一个安全放心可以遮风避雨的房子，避免造成好房不住，坏房乱住的现象。1994年国家地震局对这项工作做了规定，要求用绿、黄、红三种颜色的特殊标记来标出建筑物的安全性，1995年国家地震局又专门拨出经费设计印制了一批建筑物安全标记，并且发至各个省级地震局。

震害评估工作一直得到国务院和有关部委的支持。1995年国家对几次地震灾害给予了救济，在有关会议上国务院和有关部委，如以国家经贸委、国家计委、财政部等为主的部门对地震部门提交的震害评估结果给予了高度的重视。在地震灾情统计方面，国家统计局与国家地震局积极合作准备出版《中国大陆地震灾害损失评估汇编（1990～1995)》。

1995年中国大陆共发生17次地震灾害事件。按照国务院办公厅（91）75号文《国内破坏性地震应急反应预案》和国家地震局（93）003号文《地震灾情上报暂行规定》等有关规定，这些地震类别都属于一般和中等破坏性地震，应由相应的省级地震部门对地震灾害进行评估。

有关省、自治区地震部门遵循国家地震局《震害调查及地震损失评定工作指南》和《震害评估细则》等规定，完成了对这17次地震灾害的调查、评估、计算以及上报工作，震害评估报告绝大数是按时限要求提交的，评估结果基本上是客观的。有关的省级地震部门为此付出了艰辛的劳动。

根据省、自治区地震局提交的震害评估报告，经统计，1995年地震共造成中国大陆地区85人死亡，985人重伤，14039人轻伤；地震造成房屋$39\times10^4m^2$毁坏，$157\times10^4m^2$严重破坏，$474\times10^4km^2$中等破坏，$1436\times10^4m^2$轻微破坏；地震直接经济损失达11.6亿元。17次地震灾害事件涉及约194个乡镇，约261万人口。

（局震害防御司　陆　鸣）

## 山西省贯彻落实国务院《破坏性地震应急条例》

1995年2月11日国务院发布了《破坏性地震应急条例》。山西省结合地震重点监视防御区的严峻形势，采取了一系列措施进行贯彻落实。

（1）认真学习。省防震减灾协调领导组召开会议提出具体意见，省及各地、市、县均举办了规模不等的培训班，并通过报纸、电视、电台等新闻媒体进行了广泛的宣传。

（2）深入落实。各地依照《条例》，修订了原有的地震应急反应预案，普遍做到“三性”，即针对性——对建筑布局、生命线工程、次生灾害源分布等具体情况制定预案，切合实际，可操作性强；系统性——政府的预案和各部门的预案责任明确，衔接紧凑；科学性——预案的制定、审批、验收、备案等管理科学化、规范化。

（3）加大督促力度。各级政府责成防震减灾主管部门多次进行督促检查。省防震减灾协调领导组还组织专门检查组对太原、运城、临汾、晋中等6个地市14个县市及若干企业、学校、医院进行了检查，被抽查的地、县、单位100％对地震应急预案进行了修定。

（4）广泛宣传，重点演练。在广泛宣传的基础上，全省各地开展了不同形式、规模不等的应急演练。如：太原市南城区于“国际减灾日”，在中国辐射防护研究院组织了全院干部职工、家属、中小学生、幼儿近2000人参与的震后应急演习，省人大、政府有关领导亲临指导；稷山县、芮城县等地医院组织了模拟夜间救护伤员演练；榆次市煤气公司组织400余人演习紧急关闭煤气阀门等等。通过演习进一步完善了应急反应预案，提高了群众应付地震突发事件的反应能力。

（5）多方保障。地震重点监视防御区各地、市、县及时调整完善了防震减灾协调领导机构，确保防震减灾一级抓一级、层层有人管，并给予必要的经费支持。省政府批准组成了山西省应急通信网，为防震减灾协调组成员及有关人员配置了无线移动电话、汉字寻呼机，保证随时实施应急指挥。此外，各地还将地震应急预案用于其他各类灾害应急反应，如吕梁、运城地区在夏秋之交防洪、抗洪行动中起用应急体系、临汾地区石油公司结合储油区灭火多次组织演习、临汾市公安局与专项严打斗争相结合完善预案等，均取得良好效果，完善、充实了应急反应预案内容。

（山西省地震局　韩成太）

## 广东省地震应急工作

**1．震前应急防御**

重新修订印发了《广东省地震局震情反应应急预案》，并按预案要求对应急工作人员、组织、设备进行了检查落实和必要改造。

**2. 震后应急反应**

(1) 北部湾6.2级地震应急工作。1995年1月10日北部湾发生6.2级地震，广东省西部地区产生较强震感和影响。雷州市、徐闻县造成一定程度震害。地震发生后，当地各级政府和地震部门及时采取了各种应急措施，抢救伤员，平息地震谣传，安定民心。省地震局立即按《广东省地震局地震应急反应预案》进入应急状态。各台站和珠江三角洲遥测台网及时速报和震情值班人员认真分析、快速处理资料，在震后30分钟内确定了地震参数，并向国家地震局分析预报中心速报；震情指挥部有关人员立即向省委、省政府、国家地震局报告，同时通过地震信息反馈系统将地震参数向珠江三角洲各市政府有关部门反馈；震后30分钟，何熙平局长主持召开震情应急指挥部紧急会商，判断震情趋势；因1994年12月31日北部湾6.1级地震后，省地震局派出由任镇寰带队的现场工作组尚未撤离，因此继续协助湛江、雷州、徐闻、遂溪等市县政府开展震害调查评估工作。12日上午，又由何熙平率领现场工作组再次赴湛江震区进行宣传和安抚民心工作。

(2) 丰顺4.8级地震应急工作。1995年11月12日丰顺发生4.8级地震，当地有感，但未造成震害（由于10月10日在汕头召开的“粤东地震工作会议”上，向当地政府领导打过招呼)。震后，省地震局震情应急指挥部迅速召开紧急会议，决定开展现场震情处理工作，派出现场调查组与梅州市派出的现场工作组共同开展并完成灾区的地震监测、地震烈度、震害调查、防震减灾宣传工作。测量物探队及时开展震区重力测量和跨断层水准测量的应急跟踪复测工作。

（广东省地震局　潘家祥）

# 海南省地震应急工作

**1. 震前应急防御**

根据国务院1995年2月第172号令发布的《破坏性地震应急条例》的规定，省政府74次常务会议讨论通过并印发了《海南省破坏性地震应急预案》（琼府办［1995］61号)，同时制定了《海南省地震局破坏性地震应急反应预案》。

**2. 震后应急反应**

1995年1月10日北部湾6.2级及1995年6月5日东方近海4.9级地震后，地震部门立即进入应急状态，并于2小时内派出现场工作组，开展现场监测调查及震害快速评估工作。

北部湾6.2级地震后，公众恐震心理上升，特别是随后日本阪神地震发生及其灾情电视连日播放，更加剧了人们的不安与恐慌。因传闻尚有大地震发生，部分群众不敢入屋居住，正常社会秩序受到冲击，海口市尤甚。对此地震部门及各级政府十分重视，作了大量强化宣传以安定人心，如及时召开震情发布会、新闻媒介广泛宣传报道、地震部门耐心地回答群众大量的电话询问等，从而迅速平息了地震误传、谣传，使震区广大群众度过了祥和、安定的春节。

（海南省地震局　曾钢平）

# 四川省地震应急工作

大震应急工作是防震减灾工作的一个重要环节。四川省各级人民政府高度重视防震减灾工作，1995年5月9日批准成立了四川省防震减灾领导小组（川府函［1995］158号文）。1995年2月国务院第172号令即《破坏性地震应急条例》颁布后，四川省政府进一步修订、完善了《四川省破坏性地震应急反应预案》，并以川府发［1995］86文件下发各市、地、州、县和省级有关部门贯彻执行。

根据省政府文件精神，四川省成都、重庆、自贡、攀枝花、宜宾、乐山、绵阳、德阳、广元、甘孜、阿坝、凉山、雅安等市、地、州政府和重点监视防御区的县、市、区政府，都成立了防震减灾领导小组，修订、完善了《破坏性地震应急反应预案》。

1995年度，四川省地震局成立了以局办公室、科技监测处、震害防御处等单位组成的《四川省大震指挥部应急办公室》，明确了各处（室）的职责任务；修订、完善、印发了《四川省地震系统大震应急工作细则》；落实了大震应急工作的资金、物资、设备及主要责任人。各市、地、州地震局（办）也修订、完善了本系统的《大震应急反应预案》；《四川省地震灾害数据库快速反应现代化传输系统》之项目，已经省政府立项，并于1996年启动实施。

1994年12月30日沐川5.7级地震、1995年4月26日沐川5.1级地震、1995年4月30日荣昌4.6级地震、1995年10月24日会东与会理及攀枝花附近的云南武定6.5级地震、1995年12月26日荣昌4.5级地震发生后，当地政府和各有关部门按照震前制定的大震应急反应预案，开展了卓有成效的大震应急和抗震救灾工作，取得了较好的社会经济效益，震区人心稳定，生产、生活、工作秩序井然。地震系统按照大震应急工作细则，立即组织现场工作组赴震区开展震害调查、震灾评估工作，较好地完成了上述各次地震的应急及大震现场考察工作任务。

（四川省地震局　李建明）

# 甘肃永登5.8级地震震后对策

本次地震震级不大，属于中等强度的地震，但造成的破坏和伤亡不小。且因发生在兰州市辖区内，造成很大的社会影响。地震发生后，由于甘肃省地震局采取了必要和有效的震后对策，收到了较大的社会效益和经济效益。

## 一、震后应急对策

**1．迅速、准确地确定地震参数**

大震发生后，从事大震速报的部门和科技人员迅速分析计算处理记录图纸，20分钟后将地震参数报出，并随即报国家地震局。事实表明，甘肃省地震局（所）测定的地震参数与国家地震局确定的地震参数非常接近，并且与考察得到的宏观震中符合较好。与此同时将地震基本参数迅速报告省政府办公厅、兰州军区和省军区，省政府办公厅及时将有关情况上报主管省长。30分钟后省政府、兰州军区及省军区有关部门和领导掌握了此次地震发生在甘肃省永登县七山乡，对稳定社会起了重要的作用，对实施地震应急等各项工作提供了重要依据。

**2．及时进行宏观考察，了解震害情况**

地震发生后，局（所）有关部门除利用通讯条件广泛了解灾情和震感范围外，局（所）领导指示主管部门立即组成了现场考察工作队，分两路向震中区进发。主管副局长石特临去省政府向张吾乐省长汇报后，张省长决定到震区察看灾情。考察队的一路随张省长经红古、另一路经永登分别前往灾区。由于山体滑坡，中途道路阻断，考察队员们弃车步行。背负器材，翻山越岭，于当天下午到达极震区，并立即开始考察工作。为了取得震区特别是极震区的破坏资料，为抗震救灾和科研提供可靠的依据，考察队员们在开始两天内徒步走遍了Ⅷ度区的所有村社。以后又调查了Ⅶ度区的绝大多数村庄、Ⅵ度和Ⅴ度区的部分地点。为圈定等震线、震后快速评估提供了可靠的第一手资料。汤泉局（所）长于地震当天从北京返回兰州，并从机场直接到极震区考察。

**3．进行紧急会商**

地震发生后，甘肃省地震局立即进行了紧急会商。指出：

（1）对于本次地震的发生，甘肃省地震局（所）进行了较好的中短期预报。1994年底，根据地震活动实况、前兆和地震学指标异常集中分布的追踪分析结果，圈定了甘肃中部及甘青、甘蒙交界地震重点危险区。本次地震就发生在圈定的甘肃、甘蒙交界危险区内。1995年6月初的年中会商时，明确指出1995年6～8月发生5级以上地震的可能性较大。

（2）根据甘肃省这一地区地震活动特点和我省有关前兆资料变化情况，认为该区近几天发生更大地震的可能性不大，但同等强度地震发生的可能性不能排除。

**4．通过新闻媒介，发布本次地震消息**

地震时兰州市震感强烈，造成很多市民出逃户外，加之社会传闻较多，人们普遍惊慌不安。甘肃省地震局在地震发生30分钟后将经过有关上级部门审定的新闻稿件交给电台、电视台。省广播电台立即插入直播向全省广播了有关本次地震的消息，对稳定群众情绪，保持社会安定起到了很好的作用。

## 二、及时平息兰州市地震传言事件，保持社会稳定

1995年7月份，由于个别人将个人预测意见通过不合法的渠道散布到了社会上，造成了兰州市流传市区要发生7级大地震的传言。永登5.8级地震后，这种传言更甚；地震时市区震感明显，更加重了市民的恐震心理；人们将一些现象或将一些特殊的日期与地震联系在一起，例如暴雨等气象因素，发生唐山大震的7月28日等；不可忽视的是社会上确有别有用心的人在散布谣言，推波助澜。

针对这种情况，甘肃省地震局向省政府汇报后，以地震局负责人答记者问的形式，通过

电视、广播和报纸先后向社会发布了两个通报。其主要内容是：永登5.8级地震震区发生更大地震的可能性不大；兰州市区近期没有出现发生大地震的征兆；重申发布地震预报的规定，要求各单位和群众不要相信社会上有关兰州市要发生大地震的传言；指出“这次永登5.8级地震前，省地震局曾做过一定程度的中期和短期预报，但没有能做出临震预报，这是和现今地震预报的水平相吻合的。最近兰州市盛传某日几点至几点在市区某地要发生大地震，这是没有任何根据的。各单位和广大市民，尤其是各级领导干部不要听信和散布传言，要坚持正常的工作、生产和生活秩序，以保证社会稳定。”

现场考察队在震区附近的工矿企业了解灾情时，针对地震传言和人们的恐震心理，应企业领导的要求，通过内部有线电视进行地震科普知识的宣传，介绍当今地震科学研究的现状。特别强调根据当今科学水平，地震预报不可能精确到某日几点钟。因此这类传言必定是没有任何根据的。这些宣传工作对稳定企业职工的情绪，维持正常的生产和生活秩序起到了积极作用。

对社会上热心地震预测的个别人，局（所）有关部门反复耐心地对他们宣讲有关地震预报的法规，指出随便将自己的预测意见散布出去是一种对社会不负责任的行为，是一种违法行为。

通过上述一系列的工作，收到了非常明显的效果，兰州市很快恢复了平静。

7月25日，正在甘肃视察的李鹏总理在听取省委省政府工作汇报后的讲话中谈到了地震问题，对甘肃省地震局（所）的做法给予了肯定。李鹏总理说：“甘肃最近发生了地震，在永登县发生了中等等级的5.8级地震。我代表江泽民主席，代表国务院，向灾区人民表示慰问！明天我们还要去，希望你们做好两件事，一个是救灾的工作，一个是稳定群众的情绪。昨天你们的地震局已经发表了谈话，很好。不然传言纷纷，都猜测兰州是不是也会发生地震。国务院授权发布地震预报，只有省政府才有这个权力，大的地震预报国务院才有权力，主要是避免搞得人心惶惶。在这段时间里，省委、省政府要加强对预防地震工作的领导。虽然我们现在还不能够完全做出很准确的预报，但总的来说还是有个分析，还积累了一些经验。”

（甘肃省地震局　荣代潞）

# 新疆维吾尔自治区地震局召开《破坏性地震应急条例》新闻发布会

新疆地震局受自治区人民政府的委托，就《破坏性地震应急条例》（以下简称《条例》），于1995年3月30日上午在乌鲁木齐举行了新闻发布会。

自治区人民政府副秘书长苏天虎，自治区地震局领导石鉴邦、李大贵、朱令人、安尼瓦尔·阿木提，自治区13家新闻单位的记者，以及有关部门负责人约40人出席了发布会。

自治区地震局局长石鉴邦对《条例》发布的重要意义、地震应急的主要内容、怎样做好

《条例》的实施工作等问题做了简要介绍，并同朱令人一起就群众关心的自治区地震应急机构设置情况、自治区重点监视区在何处、1995 年新疆地区地震趋势等问题回答了记者的提问。

苏天虎在会上指出：《条例》将于 4 月 1 日起在全国范围内施行。新疆是一个多震区，新疆不但要宣传好《条例》，而且要坚决贯彻执行，努力做好各项应急准备工作，做到有备无患，力争把破坏性大震发生时造成的损失减少到最低限度。

（新疆地震局　任郁亮　陈祥玉）

# 地方地震工作

## 安徽省人民代表大会常务委员会
## 公　　告

（第三十号）

《安徽省防震减灾条例》已经1995年12月30日安徽省第八届人民代表大会常务委员会第二十一次会议通过，现予公布，自1996年4月1日起施行。

安徽省人民代表大会常务委员会

1995年12月30日

## 安徽省防震减灾条例

（1995年12月30日安徽省第八届人民
代表大会常务委员会第二十一次会议通过）

### 第一章　总　　则

**第一条**　为减轻地震灾害损失，保障国家财产和人民生命财产安全，根据国家有关法律，结合本省实际，制定本条例。

**第二条**　本条例所称防震减灾，指地震的监测预报、灾害预防、应急反应、震后救灾与重建等活动。

**第三条**　防震减灾坚持预防为主、综合防御，防抗救相结合，逐步提高抗御地震灾害的能力。

**第四条**　防震减灾实行政府统一领导、各有关部门分工负责的管理体制。

各级地震部门主管本行政区域内的防震减灾工作。

**第五条**　各级人民政府必须把防震减灾纳入本地区经济与社会发展规划和计划，并根据防震减灾工作的需要安排经费。

**第六条** 各级地震主管部门应会同有关部门做好防震减灾宣传教育及科学研究工作，提高全社会的防震减灾意识和能力。

**第七条** 任何单位和个人都有参加防震减灾的义务，并有权制止和举报妨碍、破坏防震减灾的行为。

## 第二章 地震监测与预报

**第八条** 地震监测工作实行专业与群众、微观与宏观相结合的原则。省地震主管部门统一规划、建设和管理全省地震观测台网。

县级以上人民政府和企业、事业单位可根据震情监视的需要，增设地震观测台或群众性观测点。

**第九条** 在地震观测环境保护范围内新建、改建、扩建工程项目，建设单位在工程选址前应征得省地震主管部门同意，避免对观测环境造成妨害。确实无法避免的，应增建抗干扰工程或迁移地震监测设施，其费用由建设单位承担。

**第十条** 各级地震主管部门必须及时核实、上报地震异常信息。省内发生 4 级以上地震，省地震主管部门应在震后 30 分钟内报告省人民政府和国家地震主管部门。

**第十一条** 省地震主管部门负责提出破坏性地震的中期、短期和临震预报及其延期与撤销的意见，报省人民政府。

破坏性地震的中期、短期和临震预报，由省人民政府发布。

**第十二条** 在已发布地震中期预报的地区，无论已经发布或尚未发布地震短期或临震预报，发现明显地震异常，情况紧急的，当地县级以上人民政府可以发布 48 小时之内的临震警报，同时向省人民政府及省地震主管部门报告。

**第十三条** 任何单位或个人不得对外泄露地震短期和临震预报信息。与地震预报有关的宣传报道，按国家规定执行。

## 第三章 地震灾害预防

**第十四条** 省地震主管部门管理全省以地震动参数和烈度表述的抗震设防标准，审定省级以下重点项目建设场地的抗震设防标准，指导和监督重大工程和重要设施的抗震设防工作。

省和行署、省辖市地震主管部门分级管理全省重要城镇、经济开发区以及重大工程建设场地的地震安全性评价工作。

**第十五条** 在坚硬和中硬场地条件下，一般工业与民用建筑可直接使用中国地震烈度区划图所标示的烈度值作为抗震设防的标准。

下列工程和地区必须进行场地地震安全性评价工作：

（一）抗震设防要求高于中国地震烈度区划图设防标准的重大工程、特殊工程、可能产生严重次生灾害的工程；

（二）位于地震烈度区分界线两侧各 8 公里区域内的新建工程；

（三）地震研究和资料详细程度较差的地区；

（四）占地范围较大，跨着不同工程地质条件区域的城市和大型企业，以及新建的开发区。

**第十六条** 本条例第十五条规定的工程，建设单位必须在立项论证时，做场地地震安全性评价工作。因故未做的，必须在工程正式设计前补做。

**第十七条** 凡在本省境内承担工程建设场地地震安全性评价工作的单位，必须持有国家或本省地震主管部门颁发的《工程建设场地地震安全性评价许可证书》，到省或行署、省辖市地震主管部门登记，按证书级别承担相应的地震安全性评价工作。

**第十八条** 省设立地震烈度评定委员会，负责评审本省工程项目地震安全性评价结果。评审通过的，按工程项目管理权限报送相应的地震主管部门审定；评审未通过的，地震主管部门不得审定，计划部门不得立项，设计单位不得设计，施工单位不得施工。

**第十九条** 地震安全性评价结果经地震主管部门审定后，方可作为场地抗震设防标准。各级计划、建设、规划等部门在审批工程项目和建设规划方案时，必须将地震安全性评价结果作为审查的主要内容之一，并通知地震主管部门参加审批。

**第二十条** 建设主管部门负责综合管理本行政区域城镇建设及工业、民用建筑的抗震设防工作，并对不符合抗震设防要求的建筑物和工程设施按照有关规定进行抗震加固。

其他行业主管部门负责做好本系统工程项目抗震设防工作。

**第二十一条** 省地震主管部门应做好震害预测工作，在提出地震短期预报意见的同时，提出震害预测意见。

国家和省地震重点监视防御区内的行署和市、县人民政府及大中型企业，应积极开展震害预测工作。

## 第四章 地震应急反应

**第二十二条** 省地震主管部门会同有关部门制订全省防震减灾工作预案和破坏性地震应急反应方案，由省人民政府批准并组织实施。

根据地震灾害预测，可能发生破坏性地震地区的地震主管部门，应会同有关部门制订本行政区域的防震减灾工作预案和破坏性地震应急反应方案，由同级人民政府批准并组织实施。

其他有关部门和单位，应根据当地人民政府的要求，制定本部门、本单位的破坏性地震应急反应方案。

**第二十三条** 破坏性地震的短期和临震预报发布后，省人民政府可以宣布预报区域进入临震应急期。临震应急期一般为10日，必要时可以延长10日。

临震应急期，省或有关地区人民政府负责在预报区域内实施以人员紧急疏导、重要设施保护和危险品管理等为主要内容的地震应急反应方案。

**第二十四条** 破坏性地震发生后，省人民政府应立即宣布震区进入震后应急期。震后应急期一般为10日，必要时可以延长20日。

**第二十五条** 破坏性地震发生后，有关县级以上人民政府应立即设立抗震救灾指挥部。抗震救灾指挥部统一部署、指挥和协调本行政区域内的抗震救灾工作。

**第二十六条** 破坏性地震发生后两小时内，震区人民政府和地震主管部门必须将震情、灾情报告上级政府和地震主管部门，并随时报告新的情况。

省地震主管部门应在国家规定的时间内完成地震灾情的初评估。

## 第五章　地震救灾与重建

**第二十七条**　民政、公安、卫生、交通、邮电、商业、消防、供电、供水、供气等部门应积极做好灾民安置、伤病员救治和防疫、修复生命线工程、恢复生产和社会正常生活秩序等工作。

**第二十八条**　地震救灾经费和物资通过国家调拨、自筹、生产自救、公民互助、保险理赔、捐赠和信贷等多种方式筹集。

接受国内外捐赠，按国家有关规定执行。

**第二十九条**　省地震主管部门应会同民政等其他有关部门，在国家规定的时间内完成地震灾情总评估。

破坏性地震灾情及总评估结果由省人民政府统一对外公布。

**第三十条**　省地震主管部门应重新确定震区的抗震设防标准。

一般破坏性地震灾害的恢复重建规划，由当地人民政府组织制定；严重破坏性地震灾害的恢复重建规划，由省人民政府组织制定，并纳入全省经济与社会发展规划。

## 第六章　奖励与处罚

**第三十一条**　下列单位和个人，人民政府或有关部门应给予表彰和奖励：

（一）成功作出地震长期、中期、短期和临震预报的；

（二）在地震监测、震灾预防、地震应急、救灾与重建等工作中作出显著成绩的；

（三）取得重大防震减灾科技成果的；

（四）对防震减灾工作提出重大建议，实施效果显著的；

（五）有其他重大贡献的。

**第三十二条**　妨害或破坏地震监测设施和观测环境的单位和个人，按照国务院《地震监测设施和地震观测环境保护条例》处罚。

**第三十三条**　违反本条例第十三条规定，或制造地震谣言、扰乱社会秩序的单位和个人，由有关部门给予行政处罚；构成犯罪的，依法追究刑事责任。

**第三十四条**　违反本条例第十五条、第十八条规定的，地震主管部门应责令建设、设计单位采取补救措施，分别处以地震安全性评价费用2倍的罚款；拒不采取补救措施、造成重大损失的，依法追究单位主要负责人和直接责任人的法律责任。

**第三十五条**　违反本条例第十七条的单位或个人，其所做的地震安全性评价结果无效，由地震主管部门没收其非法所得，并处以地震安全性评价费用2倍的罚款。

**第三十六条**　阻碍抗震救灾人员执行公务，哄抢国家、集体或公民的财产，盗窃救灾经费、物资的单位和个人，由公安机关给予行政处罚；构成犯罪的，依法追究刑事责任。

**第三十七条**　防震减灾工作人员玩忽职守，失职、渎职，或临震脱逃，或贪污、挪用地震救灾经费和物资的，由有关部门给予行政处分或行政处罚；构成犯罪的，依法追究刑事责任。

**第三十八条**　当事人对行政处罚决定不服的，可依法申请复议或提起诉讼。当事人逾期不申请复议，也不提起诉讼，又不履行处罚决定的，由作出处罚决定的机关申请人民法院强制执行。

## 第七章　附　则

**第三十九条**　本条例执行中的具体问题，由省地震主管部门负责解释。

**第四十条**　本条例自1996年4月1日起施行。

# 广东省人民政府颁布《广东省工程建设场地地震安全性评价工作管理规定》的通知

各市、县、自治县人民政府，省府直属各单位：

现将《广东省工程建设场地地震安全性评价工作管理规定》发给你们，请认真贯彻执行。

广东省人民政府

1995年10月12日

# 广东省工程建设场地地震安全性评价工作管理规定

**第一条**　为加强我省工程建设场地地震安全性评价工作的管理，以防御和减轻地震对工程设施的破坏，根据国家有关规定和我省实际，制定本规定。

**第二条**　本规定适用于我省境内新建或扩建的重要工程项目和经济开发区场地（以下统称工程建设场地）的地震安全性评价。

**第三条**　省、市地震局（办）是工程建设场地地震安全性评价工作的主管部门。

**第四条**　工程建设场地地震安全性评价主要包括：地震烈度复核、地震危险性分析、设计地震动参数（地震动时程）确定、地震影响小区划、场址及周围地震地质稳定性评价等。

**第五条**　对在坚硬、中硬场地土条件下的一般工业和民用新建或扩建工程的抗震设防标准，可直接使用中国地震烈度区划图（1990）所标示的烈度值，按建筑抗震设计规范(GBJ11－89）进行抗震设计。

**第六条**　位于地震基本烈度Ⅵ度以上（含Ⅵ度）地区的下列重要工程项目，其建设场地均应进行专门的地震安全性评价工作：

（一）交通工程：

1．公路与铁路干线的大型桥梁、隧道；

2．铁路干线（Ⅰ级）的重要车站与铁路枢纽的主要建筑工程；

3．地下铁道工程；

4．高速公路，Ⅱ类以上机场，重大（年吞吐量200万吨以上）港口。

（二）能源工程：

1. 大型水库的大坝和城市上游的Ⅰ级挡水坝；

2. 装机容量100万千瓦以上的热电厂、20万千瓦以上的水电厂及其变电站；500千伏以上的枢纽变电站。

（三）通讯工程：

1. 省、市200千瓦以上大功率广播发射台和电视台；

2. 大中城市长途电话枢纽的程控机主楼。

（四）市政工程：

大中城市主要供水、供气、供电等的调度控制工程。

（五）特殊工程：

核电站，核反应堆，核供热装置，重要军事工程，以及易燃、易爆和剧毒物质生产车间和仓库等工程。

（六）其他重要工程：

1. 关系国计民生的大型工矿企业，大中型化工厂，炼油厂以及地震时容易产生严重次生灾害的工程；

2. 高层（Ⅶ度和Ⅷ度坚硬、中硬场地其高度超过80米；Ⅷ度中软、软弱场地其高度超过60米）建筑工程。

（七）位于中国地震烈度区划图（1990）所标示的地震烈度值（大于或等于Ⅵ度）分界线附近8公里范围内，以及占地范围跨越不同构造和工程地质单元的大中型厂矿。

**第七条** 位于地震基本烈度Ⅵ度以上（含Ⅵ度分界线附近8公里范围内）地区的城市或经济开发区，均应开展地震影响小区划工作。

已完成地震影响小区划工作的地区，其地震影响小区划成果使用规定如下：

（一）编制城市抗震防灾规划和城市发展建设规划，应以本地区地震小区划成果为依据；

（二）新建或扩建的一般工业与民用建筑的抗震设防或加固标准，应直接使用本地区地震小区划成果；

（三）除国家行业主管部门另有规定必须进行建设场地地震安全性评价的重要工程、特殊工程，以及超高层建筑（Ⅶ度和Ⅷ度坚硬、中硬场地其高度超过100米；Ⅷ度中软、软弱场地其高度超过80米）工程以外，第六条规定的重要工程的抗震设防或加固标准也可直接使用本地区地震小区划成果。

**第八条** 工程建设单位对本规定中第六、七条规定的重要工程（或经济开发区）项目，均应在工程立项论证前期进行其建设场地地震安全性评价工作（因特殊原因未进行地震安全性评价的工程可在抗震设防设计前补做这一工作）。

**第九条** 省、市地震局（办）分别负责省级与市级（含辖区内市级以下）第六、七条规定的工程项目立项论证中的抗震设防标准的审定批准。各工程建设单位必须在工程立项论证前（对因立项论证时间要求紧迫的项目，应在工程正式设计前）将拟建工程场地的地震安全性评价报告和抗震设防依据的有关资料、文件报送省、市地震局（办），以审定批准其设防标准。

前款规定的工程建设场地地震安全性评价报告，必须经省地震局、省建委等部门专家组成的广东省地震安全性评定委员会（或国家烈度评定委员会）进行技术评审通过。

**第十条** 各级计划、建设、规划等部门在工程项目立项审批和经济开发区及城市建设规划方案论证时，必须审查其是否持有经省、市地震局（办）批准的该项目的抗震设防标准。

**第十一条** 凡在本省境内承担工程建设场地地震安全性评价工作的单位，须经省地震安全性评定委员会进行资格审查，并持有省地震局颁发的资格证书。持有国家地震局颁发的甲级资格证书的，须经我省或工程项目所在市地震局（办）验证，方可按证书级别承担相应的地震安全性评价工作。

**第十二条** 对违反第十一条规定承担工程场地地震安全性评价工作的单位或个人，由省、市地震局（办）责令其停止工作，因此而造成工程建设的经济损失，由工程建设单位和违章承担工程建设场地地震安全性评价工作的单位或个人承担。

**第十三条** 对违反本规定，不按要求进行地震安全性评价使工程建筑在地震时遭到破坏造成重大经济损失、人员伤亡的，应追究有关单位和直接责任人的行政和经济责任，并由建设主管部门给予必要的处罚。触犯刑律的，依法追究其刑事责任。

**第十四条** 各级计划、建设、规划主管部门和工程建设主管单位在编制工程项目年度建设计划时，应按本规定把工程建设场地地震安全性评价工作所需经费列入年度经费预算计划。

**第十五条** 凡在本省境内从事工程建设场地地震安全性评价工作的单位，必须执行国家和省物价、财政部门规定的地震安全性评价项目收费标准。

**第十六条** 本规定自1995年11月1日起施行。

# 四川省人民政府印发《四川省破坏性地震应急反应预案》的通知

各市、州、县人民政府，各地区行政公署，省政府各部门：

省政府同意修改制订的《四川省破坏性地震应急反应预案》，现印发你们，请结合实际，认真贯彻执行。

四川省人民政府

1995年5月23日

## 四川省破坏性地震应急反应预案

为了加强我省对破坏性地震应急工作的领导和管理，使各级政府和有关部门做好应急工作，减轻地震灾害损失，现根据国务院发布的《破坏性地震应急条例》（第172号令），结合我省实际，在修改补充1992年下发的《四川省破坏性地震应急反应预案》的基础上，特制定本预案。

**一、破坏性地震分类**

“破坏性地震”是指造成一定数量的人员伤亡和经济损失的地震。按其损失程度，分为一般、中等、严重和特大破坏性地震。

（一）一般破坏性地震：一般地区发生的6级以下地震，人口稠密地区和大、中城市发生的5级左右地震，或造成数人至数十人死亡，或直接经济损失在1亿元以下的地震。结合四川实际，一般破坏性地震又分为较轻和较重两类：

1. 造成数人死亡或直接经济损失在1000万元以下的地震，为较轻的一般破坏性地震。

2. 造成数十人死亡或直接经济损失在1000万元以上的地震，为较重的一般破坏性地震。

（二）中等破坏性地震：一般地区发生的6级地震，人口稠密地区和大、中城市发生的5.5级左右地震，或造成数十人至数百人死亡，或直接经济损失在1亿元以上、5亿元以下的地震。

（三）严重破坏性地震：人口稠密地区发生的7级以上地震，大、中城市发生的6级以上地震；或造成数百人至数千人死亡，或直接经济损失在5亿元以上、30亿元以下的地震。

（四）特大破坏性地震：大、中城市发生的7级以上地震，或造成万人以上死亡，直接经济损失在30亿元以上的地震。

二、按破坏性地震分类各级人民政府分级应作出的反应

（一）发生较轻的一般破坏性地震后，所在的县（市、区）人民政府应作出反应，必要时可向市、州人民政府、地区行政公署请求支援。

（二）发生较重的一般破坏性地震后，所在的县（市、区）及市、州人民政府、地区行政公署应作出反应，必要时可向省人民政府请求支援。

（三）发生中等及其以上破坏性地震后，所在的县（市、区）及市、州人民政府、地区行政公署和省人民政府都应作出反应，必要时可向国务院请求支援。

三、应 急 机 构

（一）省、市（地、州）、县（市、区）地震局（办）负责指导和监督本行政区内的地震应急工作；省、市（地、州）、县（市、区）有关部门按各自职责，具体负责本部门的地震应急工作。

（二）破坏性地震发生后，所在行政区内的市（州）、县（市、区）人民政府、地区行政公署，设立抗震救灾指挥部，由本级政府救灾办公室和地震局（办）共同组成其办事机构。无上述机构的地区由当地政府指定有关部门为办事机构。

（三）造成中等及其以上损失的破坏性地震发生后，省人民政府设立抗震救灾指挥部，由省政府救灾办公室和省地震局共同承担其办事机构的职责。

（四）造成特大损失的严重破坏性地震发生后，除设立省抗震救灾指挥部外，省级有关部门要设立本部门的地震应急机构。

四、省人民政府的应急行动及职责

（一）地震临震预报，由省人民政府根据省地震局的建议，依照国务院有关发布地震预报的规定统一发布。临震预报发布后，省人民政府宣布预报区进入临震期。

（二）发生一般破坏性地震后，分管防震减灾工作的副省长或副秘书长，要及时听取震灾情况汇报，指示震区地方人民政府部署地震应急预案的实施工作，视情况发慰问电，派工作组或慰问团。

（三）发生中等及其以上破坏性地震后，及时成立“四川省抗震救灾指挥部”，由省长或

副省长任指挥长，秘书长或副秘书长以及省军区、省计委、省政府救灾办公室和省地震局领导任副指挥长，成员由省级有关部门和部队负责人组成。其职责是：

1．指挥长主持召开指挥部成员紧急会议，通报震情灾情，及时组织实施破坏性地震应急反应预案，及时将震情、灾情和地震发展趋势等信息报告国务院有关部门，视情况请求支援和呼吁国际援助。

2．部署、协调、监督、检查省政府各部门和震区人民政府应急反应工作。

3．发慰问电（信），组织慰问团，派工作组赴震区帮助、指导震区人民政府做好抢险救灾工作。

4．视震灾情况，请成都军区、省军区、省武警部队派部队、飞机、车辆等支援震区抢险救灾。

**五、省地震局的应急行动及职责**

（一）进入临震应急期后，进一步组织好监视预报工作，根据震情的发展变化，及时提出警报或撤销临震应急期的建议。

（二）协助省人民政府对实施破坏性地震应急反应预案工作进行监督、检查。

（三）破坏性地震发生后，实施《四川省地震系统大震应急工作细则》，2小时内，迅速将发震时间、震中位置和震级报告省委、省政府以及国家地震局和省政府救灾办公室。

（四）震后2小时内派出地震现场工作队（组）。

（五）进行紧急会商，跟踪震情，不断分析和提出震后趋势估计意见。

（六）承担地震灾害损失评估，并将评估结果及时报告省委、省政府以及国家地震局和省抗震救灾指挥部、省政府救灾办公室。

（七）协助震区抗震救灾指挥部做好防震减灾宣传教育，若发生地震谣传、误传事件，迅速予以平息和澄清。

**六、省政府救灾办公室的应急行动及职责**

（一）在接到破坏性地震震情报告后，及时向省政府分管领导请示、报告，提出抗震救灾建议。

（二）履行省抗震救灾指挥部办事机构抢险救灾的职责，承担省政府领导交办的有关抗震救灾的具体事项。

（三）及时收集有关抗震救灾的情况，贯彻执行上级有关抗震救灾的指示。

（四）及时与省地震局联系，沟通信息，分工协作，共同做好抗震救灾办事机构的工作。

**七、省级各有关部门的应急行动及职责**

（一）发生一般破坏性地震，省级有关部门及省军区、省武警总队应指挥震区下属对口部门做好抢险救灾工作。

（二）发生中等及其以上破坏性地震，省级各部门应实施破坏性地震应急反应预案。其职责分别是：

1．省交通厅、成都铁路局、西南民航局、省航空公司等部门要尽快恢复被损毁的道路、铁路、空港、桥梁和有关交通运输设施，并优先保证抢险救灾人员和物资的运输、灾民和伤病员的疏散；会同省地震局做好对公路、铁路、机场等交通设施的震灾损失评估工作。

2．省邮电管理局要尽快恢复被破坏的通讯设施，确保抗震救灾通信畅通。

3．省水利电力厅、省电力局、四川石油管理局要尽快恢复被损毁的供水、供电、供气设施，保证灾区用水、用电、用气；对次生灾害源采取有效监控措施，已发生次生灾害，要进行紧急处置；会同省地震局做好水利设施和供水、供电、供气线路的震灾损失评估工作。

4. 省卫生厅要及时组织急救队伍，负责伤病员的救护、治疗和转移，及时检查、监测灾区饮用水源、食品等，采取有效措施防止和控制传染病的暴发流行。

省医药管理局要及时提供救护所需药品。

5. 省军区、省武警总队要协助地方抢救压埋人员，抢修被损毁的交通、通讯等重要设施，支援抗震救灾工作。

6. 省民政厅要迅速组织设置避难场所和救济物资供应点，负责指导救灾经费和物资的接收、分配、发放，做好灾民的转移和安置，实施国际援助；会同省地震局做好震灾损失评估工作。

7. 省公安厅要强化灾区社会治安管理，负责国家重要财物、设施、救灾人员、次生灾害源等的安全保卫，维护和恢复交通、社会秩序，预防、制止和打击各种破坏性活动，确保灾区抢险救灾工作顺利进行。

8. 省广播电视厅、省广播电台、电视台、四川日报社等新闻单位要按有关规定和根据省抗震救灾指挥部提供的信息，及时向社会公众发布震情、灾情，准确报道抗震救灾、重建家园等情况，配合省地震局做好防震减灾知识的宣传教育工作。

9. 省保险公司要做好地震重点监视防御区的震灾保险工作，震后做好保险理赔工作。

10. 省建委要做好对震区各类建筑设施的安全性能鉴定，并提出处理意见；会同有关部门做好房屋建筑的震灾评估工作和制定重建家园方案。

**八、涉外应急行动及职责**

(一) 发生严重和特大破坏性地震，除军事禁区及国务院抗震救灾指挥部确定的特殊禁区外，一般地区可允许外国专家和救灾人员赴现场考察、救灾。外国专家由省地震局负责安排；外国救灾人员由省级对口部门负责安排；外国新闻记者由省政府外事办公室负责安排。

(二) 对申请来川的外国专家、救灾人员、新闻记者，其入境手续应作特殊处理，海关等部门应予以配合。应允许运送救灾物资的外国专机直飞灾区就近的对外开放机场。

(三) 发生破坏性地震领域内的外国领事馆、外国民间机构、国际组织代表机构及其人员，由省政府外事办公室和省级对口管理部门负责安置；应有关部门邀请临时来川的外宾、外商、海外人士，由邀请单位负责安置；来川旅游的外宾和港、澳、台旅游者，由旅游部门或接待单位负责安置。

**九、应急准备**

(一) 省级有关部门应根据《四川省破坏性地震应急反应预案》，结合部门实际，制定和修订、补充部门的破坏性地震应急反应预案，并报省地震局备案。

(二) 各市（地、州)、县（市、区）地震局（办）要会同同级有关部门、单位结合本地实际，制定和修订、完善本行政区内破坏性地震应急反应预案，并经本级人民政府批准后发布实施，报上级主管部门备案。

(三) 防震减灾宣传教育要持之以恒，常抓不懈，不断提高广大干部、群众的防震减灾意识和能力。

(四) 各级政府及部门必须保证将应急工作职责落实到人，凡遇换届或干部工作岗位变动，必须做好交接工作，保证责任落实到位。

（五）对有可能受地震灾害威胁的县（市、区）都要在上级地震部门指导下做好本行政区内的震害预测工作，建立数据资料档案制度。

（六）为保证应急工作顺利实施，省、市（地、州）、县（市、区）的计委、经委等部门，要在年度计划内安排适当的资金和物资，以备应急。在地震多发区要努力推进地震保险，以增强救灾资金来源。

（七）各级政府地震局（办）和救灾办公室或政府指定的部门负责监督检查，还可开展演练。

**十、有关其他应急问题**

（一）发生一般破坏性地震所需救灾资金、物资，原则上由震区所在地的市、州人民政府、地区行政公署筹集，若有困难，可请求省政府支援；发生中等破坏性地震由省、市、州人民政府、地区行政公署共同解决；发生严重及特大破坏性地震，除省自筹外可向国务院申请支援。

（二）根据抗震救灾需要，省抗震救灾指挥部可以请求非灾区的人民政府接受并妥善安置灾民和提供其他救援。

（三）因严重破坏性地震应急需要，可以在灾区实行特别管制措施。省行政区内的特别管制措施，由省人民政府决定；跨省的特别管制措施，由有关省人民政府或由国务院决定。

（四）有关应急活动中的奖励和处罚，按国务院发布的《破坏性地震应急条例》（第172号令）第三十六条、第三十七条的规定执行。

川府发［1992］72号文与本预案有抵触的，按本预案执行。

## 宁夏回族自治区人民政府关于发布《宁夏回族自治区工程建设场地地震安全性评价工作管理规定》的通知

各行署，各市、县（区）人民政府，自治区政府各部门、各直属机构：

现将《宁夏回族自治区工程建设场地地震安全性评价工作管理规定》印发给你们，望遵照执行。

宁夏回族自治区人民政府

1995年6月9日

## 宁夏回族自治区工程建设场地地震安全性评价工作管理规定

**第一条** 为了加强工程建设场地地震安全性评价工作的管理，根据国家有关规定，结合我区实际，制定本规定。

**第二条** 本规定所称工程，是指地震设防要求高于《中国地震烈度区划图（1990）》设防标准的重大工程，特殊工程和可能产生严重次生灾害的工程等。

**第三条** 在自治区行政区域内进行的工程建设场地地震安全性评价工作，适用本规定。

**第四条** 自治区地震行政主管部门统一管理自治区行政区域内的工程建设场地地震安全性评价工作。

各行署、市、县（区）地震工作办公室，负责对本行政区域内的工程建设场地地震安全性评价工作进行监督和检查。

**第五条** 工程建设场地地震安全性评价工作包括：

（一）对工程建设场地地震进行概率的或者确定性的地震危险性分析；

（二）地震烈度复核；

（三）地震小区划；

（四）工程场地设计地震动参数确定；

（五）地震地质和断层活动性评价等。

**第六条** 国家或自治区确认的重大工程，必须进行概率的或确定性的地震危险性分析、工程场地设计地震动参数确定、地震地质和断层活动性评价等。

**第七条** 位于烈度Ⅶ以上（含Ⅶ）地区，由国家或者自治区审批的大型工程、特殊工程、可能产生严重次生灾害的工程，必须进行场地地震安全性评价。

**第八条** 位于烈度Ⅶ以上（含Ⅶ）地区的重点设防城镇、经济开发区、大型工矿企业和重要生命线工程，应当进行地震小区划。

**第九条** 位于烈度Ⅶ以上（含Ⅶ）烈度分界线附近地区，或者地震研究程度和资料详细程度较差地区的新建工程项目中的主要工程，应当进行烈度的概率地震危险性分析。

**第十条** 工程建设场地地震安全性评价工作标准，按照国家地震局发布的下列技术规范执行：

（一）地震安全性评价工作规范；

（二）重大工程场地的工程地震工作大纲；

（三）地震小区划工作大纲；

（四）浅层地震勘探工作规范。

**第十一条** 承担工程建设场地地震安全性评价工作的单位，必须持有国家地震局颁发的《工程建设场地地震安全性评价许可证书》（以下简称《许可证书》），个人必须持有国家地震局颁发的《地震安全性评价工作上岗证书》（以下简称《上岗证书》）。

**第十二条** 《许可证书》设甲级、乙级和单项三种。

持有甲级证书的单位，可承接全国范围内各种规模的工程建设项目和技术改造项目以及开发区建设项目的场地地震安全性评价工作。

持有乙级证书的单位，可承接自治区内工程建设项目和技术改造项目以及开发区建设项目的场地地震安全性评价工作。

持有单项证书的单位，可承接单项证书规定业务范围内的地震安全性评价工作。

**第十三条** 《上岗证书》设甲级、乙级两种。

持有甲级证书的个人，可作为各种规模的工程建设项目和技术改造项目以及开发区建设项目的场地地震安全性评价工作的项目技术负责人。

持有乙级证书的个人，可作为自治区内工程建设项目和技术改造项目以及开发区建设项目的场地地震安全性评价工作的项目技术负责人。

**第十四条** 持有《许可证书》的单位和《上岗证书》的个人，必须在所持证书规定的业务范围内开展工作。

**第十五条** 单位和个人申领《许可证书》和《上岗证书》的条件和程序，按照国家有关规定执行。

**第十六条** 自治区设立“宁夏回族自治区地震安全性评定委员会”（以下简称“评定委员会”）。评定委员会由自治区计委、经委、财政厅、城乡建设厅、地震局、建设银行、地矿局的工程技术人员组成，系我区地震安全性评定工作的高层技术组织。

评定委员会的主要职责是：按照国家有关规定，对自治区行政区域内工程建设项目场地地震安全性评价工作的报告进行审定，为工程建设项目投资、设计、施工提供科学依据。

评定委员会的日常工作，由其下设的秘书组负责。秘书组设在自治区地震行政主管部门。

**第十七条** 工程建设场地地震安全性评价工作报告，视其重要程度，分别由自治区地震安全性评定委员会或者国家地震烈度评定委员会审定。

**第十八条** 各级人民政府计划部门、设计部门和建设单位，必须把工程建设场地地震安全性评价工作纳入基本建设管理程序。

计划部门在工程建设项目的立项和审批中，必须把工程建设场地地震安全性评价工作作为评估论证和审批的主要内容之一。

计划部门与建设单位在编制工程建设项目计划时，必须按照国家有关规定，把工程建设场地地震安全性评价工作所需投资与主体工程一起安排。

设计部门必须依据评定委员会审定通过的地震安全性评价工作报告，按照工程抗震的具体要求进行工程设计。

**第十九条** 依照本规定进行工程建设场地地震安全性评价工作的单位和个人，可以向建设单位收取技术咨询服务费。收费范围、标准及办法按照国家和自治区的有关规定执行。

**第二十条** 违反本规定，未进行工程建设场地地震安全性评价工作的工程建设项目，以及经国家地震烈度评定委员会或者自治区评定委员会评定未通过地震安全性评价报告的工程建设项目，计划部门不得审批立项，设计部门不予设计，建设银行不予拨款。

**第二十一条** 违反本规定第十条承担地震安全性评价工作的，由地震行政主管部门责令停止；评价工作已经结束的，其评价结果无效，同时没收其全部非法所得，并处以500元至3000元罚款。

**第二十二条** 违反本规定第十四条承担地震安全性评价工作的，由地震行政主管部门责令停止；评价工作已经结束的，其评价结果无效，同时没收其全部非法所得，并处以500元至3000元罚款，还可以视情节轻重，吊扣或者吊销其《许可证书》或《上岗证书》。

吊销《许可证书》或者《上岗证书》，必须报发证的国家地震行政主管部门批准。

**第二十三条** 当事人对行政处罚决定不服的，可以依法申请复议或者提起诉讼。当事人逾期不申请复议或者不起诉，又不履行处罚决定的，作出处罚决定的部门可以申请人民法院强制执行。

**第二十四条** 本规定由自治区地震局负责解释。

**第二十五条** 本规定自发布之日起施行。

# 江苏省地方地震工作

1995年2月10日江苏省防震抗震领导小组在省政府会议室召开会议，研究部署1995年本省防震减灾工作。省防震抗震领导小组成员20人出席会议，常务副省长、省防震抗震领导小组组长季允石在会上作了重要讲话。同年10月19日至20日在南京召开江苏省首届防震减灾工作会议。全省各市和部分县（市）政府分管负责人和市地震办公室负责人、省有关厅、局负责人出席了大会。省地震局局长侯茂生作了工作报告，国家地震局副局长葛治洲、省委常委、常务副省长季允石出席会议并讲了话。会后，按省政府要求到11个省辖市调研和检查会议精神贯彻落实情况。通过这两次会议，使全国防震减灾工作会议精神及国家对防震减灾的战略部署在江苏得到了认真贯彻和初步落实。

（1）推进本省防震减灾工作体系建设。省政府明确各市政府必须建立防震减灾工作机构，并明确地震部门承担江苏省防震抗震领导小组的日常办事职能。省编委转发了中编委关于明确省级地震部门机构、职责、编制方案的文件。

（2）明确必须坚持经济建设同减灾一起抓，把防震减灾工作纳入各级政府国民经济和社会发展总体规划，从项目资金各方面予以保证。

（3）推动了本省防震减灾立法和执法的进程。《地震监测设施和观测环境保护条例》，《地震应急条例》在各市得到初步贯彻落实。全省有5个地震台及观测站的观测环境，在受到当地建设施工影响后得到调整建设方案或迁址予以经济补偿的处理。江苏省破坏性地震应急条例实施办法已制定上报省政府审批。江苏省工程场地地震安全性评价管理规定，已经省法制局协调两次，正待上报省政府审批颁发。本省防震减灾行政执法工作开始起步，向省法制局申领了行政执法证和执法监督证。

（4）全省防震减灾宣传教育工作得到强化，社会防震减灾意识有了提高。在省防震减灾工作会议上，举办了新闻发布会。一年中，新华日报、南京日报、扬子晚报、金陵晚报、省、市广播电台和电视台播发宣传文稿150多篇。

1995年江苏省政府投入地震事业经费103万元，其中日常地震事业经费100万元，科研专项经费3万元，这些经费对缓解地震事业经费的不足，加强江苏防震减灾工作起了重要作用。

（江苏省地震局　张锁喜　孙晓春）

# 湖北省地方地震工作

“八五”期间，湖北省地震局认真贯彻我国新时期的防震减灾工作方针，在国家地震局和湖北省人民政府的领导和支持下，全省地方地震工作有了新的进展和提高。

## 一、发挥地方积极性，完善湖北区域地震监测台网建设

条块结合，专群结合，发挥中央与地方两个积极性，是我国防震减灾工作的特色之一。“八五”期间，在省政府和国家地震局支持下，对全省地震监测台网进行调整优化，充分发挥了地方积极性，有效地提高了全省地震监测能力。

**1. 统一规划，调整优化湖北区域地震台网**

湖北省原有地震台是由不同行业，在不同时期，按不同的技术思路和使用目标各自独立建成。随着科学技术的进步和工作重点的变化，原有台网已越来越不能满足防震减灾工作，尤其是地震监测预报的需要，必须进行调整和优化。首先是原有台站分布很不均匀，有相当大的范围其地震监测定位能力和前兆监测反应能力几乎是空白；其次是前兆监测手段单一，而且台点少。为此，1995 年对全省专业台、企业台、地方台、群测点进行了统一规划，并依靠企业和地方，新增了九个测震台和五个前兆台项，而且已全部正式投入工作。

**2. 发挥政府职能作用，促使地方台站做到机构、编制、人员、经费四落实**

规划中的新建台站，全部选在地方政府或企业有积极性的地方。在建台的全过程中，充分发挥省地震局管理全省防震减灾工作的政府职能作用。积极与企业和地方政府协商，使新建的地方台和企业台的机构、人员、经费都得到具体落实。

**3. 改造观测环境，更新仪器设备**

在全省地震监测台网调整优化中，集中了两年的地方地震工作经费和省政府下拨的台网调整优化专项经费，对全省地震监测台网进行了改造。60％以上的经费用于台站和骨干群测点的仪器设备购置，少量用于必要的观测条件改造。“八五”期间全省累计改造和新建了 17 个地方台和企业台，新购仪器几十台套，有 16 个地方和企业地震监测台站通过了省局或国家地震局检查验收，并纳入了本省或国家级地震监测台网。使湖北区域台网的台站数量和观测条件有了很大改善。

**4. 加强管理、提高观测质量**

为提高观测质量，加强对地方台和企业台的管理，省地震局明确要求各台每月应上报工作质量详细报表，每季印发一次季评通报，指出各台的优点和存在的主要问题；对于仪器设备，不但保证零配件的供应，而且有专门班子负责仪器维修和统一标定；每年组织全省地震台站观测质量评比时，地方台、企业和专业台按统一标准进行评比。1994 年度全省测震资料评比中，东汽企业台质量超过全省所有专业台，荣获了全省第一名。目前，全省共有测震台站 32 个，前兆台站 24 个。其中地方与企业台均占 3/4，是省局专业台数量的三倍，它们在全省地震监测定位、前兆异常监测、震情趋势判断中发挥了非常重要的作用。

## 二、地方地震工作机构逐步得到恢复和发展

湖北省的地方地震工作始于 60 年代末。在 70 年代尤其是唐山地震之后有了较大的发展。到 1984 年初，全省已有地市级地震机构 8 个，县级地震机构 12 个，地方地震工作人员 63 人，各类群测点几十个，业余测报员上百名。随后由于机构调整，仅保留了 5 个地市地

震机构，人员编制也压缩至38人。80年代后期由于各地要求和工作需要，湖北省地方地震工作机构又开始逐步得到恢复，至1990年全国地方地震工作会议之后又有进一步发展。到目前为止，全省共有地市级地震机构11个、县级地震机构29个。

## 三、全面推进全省防震减灾工作

**1. 全省防震减灾工作体系初步形成**

根据国办发［1991］75号文件精神，于1993年上半年成立了湖北省防震减灾工作领导小组。由韩南鹏副省长任组长，省政府孙樵声副秘书长和省地震局局长任副组长，有关厅局领导任成员。省防震减灾工作领导小组平时是全省防震减灾工作的领导机构，一旦发生破坏性地震，即转变为全省抗震救灾指挥机构。根据省政府要求，凡有地震机构的地市州县均已成立了防震减灾工作领导小组，全省防震减灾的指挥体系已初步形成。全省11个地市级地震机构和29个县级地震机构是本省防震减灾工作体系的骨干部分，是开展防震减灾工作的组织保证。

**2. 将防震减灾工作纳入当地经济建设和社会发展规划**

根据国务院36号文件精神和全国全省防震减灾工作会议要求，省地震局已将湖北省防震减灾“九五”计划和2010年远景规划上报省计委和省政府。现在省委的规划建议和省政府的规划草案中都提出了要加强防震减灾工作。

省地震局利用各地制订计划和规划的有利时机，发文到各地震局办和地方政府，对防震减灾纳入当地经济建设和社会发展规划提出落实意见。各地市县地震局办都积极地编写计划和规划建议，有一部分地市县政府已将防震减灾工作纳入到当地“九五”计划和2010年远景规划。

**3. 加紧制定湖北省地震安全性评价管理法规**

为使全省防震减灾工作走上法制轨道，1994年经省政府批准成立了湖北省地震安全性评定委员会和湖北省地震灾害损失评定委员会。同年省政府办公厅还发布了地震预报和地震与灾情信息发布管理办法。1995年年初，又向省政府提交了关于制定湖北省地震安全性评价管理办法的报告，省政府已批转省法制办公室受理，法制办正在向有关部门征求意见。在积极制定全省管理办法的同时，还要求各地市州积极制定工程建设场地地震安全性评价管理办法。目前已有5个地市县政府正式发文，出台了管理办法。

**4. 提高地震监测预报水平和地震应急能力**

“八五”期间各地市地震局都加强了对地方地震台网的管理和观测资料的分析处理及地震趋势研究工作。在全省地震机构中，积极推广国家地震局震情分析和资料处理软件，并帮助他们购买计算设备。近几年来，全省11个地市级地震局（办），大部分每年都提交年度震情趋势综合研究报告。各地为提高地震应急能力，都按要求制定了当地地震应急反应预案，并积极作了物资上和技术上的准备。如十堰、武汉、黄石、黄冈、黄梅等地震局（办），都能在当地发生有感地震或外地地震波及时，及时赶赴现场，有效地安定群众，保持社会稳定和正常生产生活秩序，为减少不必要的经济损失作出了积极贡献。

（湖北省地震局　贺玉芳　胡朝明）

# 四川省地方地震工作

**1. 基本情况**

1995 年度四川省有地级地方地震机构 13 个，其中设地震局的 4 个，设地震办公室 9 个，有县级地震机构 62 个，区域地方地震台 19 个，群测点 326 个，其中骨干点 114 个。地方地震工作机构现有人员编制 409 人，实有职工人数 382 人。业余测报人员 536 人。地方地震部门拥有测震、形变、水氡、地磁、地电、电磁波等观测仪器 124 台（套）。

**2. 地方地震主要工作**

(1) 召开了地方地震工作座谈会，安排部署，全省防震减灾工作。1995 年 6 月 3 日在成都召开了各市、地、州地震局（办）局长（主任）参加的全省地方地震工作座谈会，总结了 1994 年度全省地方地震工作，安排部署了 1995 年度全省地方地震工作任务，计划下达了 1995 年度全省地方地震工作计划。

(2) 地方地震监测工作正常运行，观测资料连续率达 99% 以上，为地震分析预报和地震科学研究提供了连续、及时、可靠、准确的观测资料。

(3) 1995 年 6 月初，省政府在成都召开了各市、地、州政府分管防震减灾工作的市长（州长、专员）、党委宣传部长、地震局长和省级有关部门负责同志参加的全省首次防震减灾工作会议。会议提出了全省的防震减灾十年目标，进一步明确了各级政府在防震减灾工作中的地位、作用和责任。会后，各有关市、地、州政府也先后召开了当地的防震减灾工作会议，并提出了相应的防震减灾工作十年目标。为动员全社会参与防震减灾工作奠定了基础。

(4) 各有关市、地、州、县政府建立健全了防震减灾工作指挥机构。

(5) 各有关市、地、州政府根据国务院第 172 号令《破坏性地震应急条例》和《四川省破坏性地震应急反应预案》的规定，进一步修订、完善了当地的《破坏性地震应急反应预案》。全省地方地震系统也进一步修订完善了大震应急工作细则。

(6) 各有关市、地、州根据省地震局和省委宣传部的统一安排部署，在全省范围内组织开展了较大规模“7.28”防震减灾宣传周活动，收到了较好的效果。

(7) 地方地震部门的分析预报研究工作进一步加强。1995 年度 13 个市、地、州地震局（办）编写的年度地震趋势会商报告，都获得较高评价，成都、雅安、阿坝、攀枝花等市、地、州的会商报告，经专家组评审，分别获得了一、二、三等奖。有不少市、地、州、县地震局（办）对 1995 年度内发生的破坏性地震，都不同程度的作了预报。

(8) 地方地震科研工作取得显著成绩，1995 年全省地方地震部门获省地震局科技进步奖 7 项，其中一等奖 1 项、三等奖 3 项、四等奖 3 项；获国家地震局科技进步三等奖 1 项。

(9) 举办了市、地、州、县地震局（办）负责人和科技人员参加的全省地震灾情速报和大震现场业务技术培训班。

(10) 承办了国家地震局交办的全国第十三届青少年地震科学夏令营活动，来自 11 个省区的 120 余名营员参加了夏令营活动。

（四川省地震局　李建明）

# 宁夏回族自治区召开防震减灾工作会议

经宁夏回族自治区人民政府批准，全区防震减灾工作会议于6月13日至14日在银川召开。自治区党委常委马锡广、人大副主任杨惠云、政府副主席刘仲、政协副主席吴尚贤、宁夏军区副司令员王毓源、政府秘书长师梦雄出席会议。国家地震局副局长陈章立、原副局长周锐等专程赴银参加会议。自治区各地、市、县（区）政府、有关厅局委办和大中型企业的领导以及各级地震部门的负责人共160人参加了会议。

自治区政府秘书长师梦雄主持大会。会议传达了全国防震减灾工作会议精神，部署了全区防震减灾工作的各项任务，研究确定了全区防震减灾工作的目标和措施。刘仲副主席、陈章立副局长分别作了重要讲话，自治区地震局局长吴建明作了题为《充分发挥政府职能，加强地震综合防御，积极推进我区实现防震减灾十年目标》的报告。

刘仲副主席就宁夏今后进一步抓好防震减灾工作提出五点意见：

（1）充分认清震情形势，不断提高忧患意识，增强抓好我区防震减灾工作的紧迫感和责任感。要把防震减灾工作纳入国民经济和社会发展规划、计划，把防震减灾工作的管理纳入法制轨道。

（2）进一步建立健全防震减灾工作体系。地震部门要切实转变职能，加强行政管理和社会管理职能，履行管理防震减灾工作的职责。在机构改革中，各级地震机构只能加强，不能削弱，并作为事业单位予以保留，由政府授权履行管理防震减灾工作的行政职能。

（3）认真贯彻落实自治区工程建设场地地震安全性评价工作管理规定，抓好抗震设防标准管理工作。凡是区内重大工程建设项目和生命线工程，必须进行地震安全性评价，并按规定进行设防，否则计划部门不予立项，违反规定的要作出处理。

（4）继续加强地震监测预报和地震应急工作。要加强地震预报尤其是短临预报工作。各地、各部门要抓紧编制、修订破坏性地震应急反应预案，有条件的地方搞点演习，领导机构应进行必要的模拟演练。

（5）切实保证防震减灾工作的经费投入，稳定地震工作队伍。各级政府要尽力保证防震减灾工作的经费投入，努力帮助地震部门解决工作、生活和其他方面的困难，使监测预报、地震速报、灾情速报等工作顺利开展，使综合防御工作落到实处。

陈章立副局长介绍了各省贯彻落实全国防震减灾工作会议精神的情况，对实现防震减灾十年目标的前景作了展望，表示国家地震局一定一如既往加强对宁夏防震减灾工作的支持，努力为宁夏经济建设和社会发展服好务。

会议根据宁夏震情和经济发展形势，提出了自治区未来十年防震减灾的总体目标：“在各级政府的直接组织和领导下，动员全社会的力量，建立有效的地震综合防御体系，力争用十年时间，使全区城乡抗御地震的能力有明显提高，银川市、石嘴山市具备抗御6级左右地震的能力。”

师梦雄秘书长在会议总结讲话中指出，这次大会是非常必要和及时的，开得紧凑、充实。会议的主要收获是防震减灾工作得到各级政府领导和社会各界的重视与支持，对推进全区防震减灾工作的发展将产生深远的影响。他要求各地、各单位要深入学习和领会江泽民主席关于“经济建设同减灾一起抓”的重要指示，正确认识建设、发展与防灾减灾的辩证关系，抓好全区防震减灾工作会议精神的贯彻落实。通过各级政府坚持不懈的努力，积极推进全区实现防震减灾十年目标，为宁夏的经济建设和社会发展作出贡献。

银川市、石嘴山市等政府领导和有关单位的代表向大会交流了加强地震综合防御工作的经验与体会，会议还播放了《阪神·淡路大震灾》电视录像，受到与会代表的欢迎。

（宁夏地震局 张思源）

# 科技进展与为国民经济服务

这一部分包括科技成果、科技进展、有关学术活动及为国民经济服务工作等。

科技成果系获国家级，国家地震局级及省级一、二、三、四等科技进步奖和通过鉴定的项目，获得专利，技术出口的项目；科技进展着重收载重点项目的实施情况，主要学科领域综述性研究进展。

# 科 技 成 果

## 国家地震局获1995年国家科学技术进步奖项目表

| 序号 | 项 目 名 称 | 获奖等级 | 主要完成单位 | 主要完成人 |
| --- | --- | --- | --- | --- |
| 1 | 城市现有房屋震害预测智能辅助决策系统 | 2 | 国家地震局工程力学研究所 | 杨玉成 王治山 杨雅玲 李大华 杨 柳 赵宗瑜 |
| 2 | 中国地震烈度区划图 | 3 | 国家地震局地球物理研究所 国家地震局地质研究所 国家地震局工程力学研究所 | 时振梁 张裕明 鄢家全 陈达生 金 严 |
| 3 | 阿尔金活动断裂带 | 3 | 新疆维吾尔自治区地震局 国家地震局兰州地震研究所 国家地震局地壳应力研究所 青海省地震局 国家地震局地质研究所 | 戈澍谟 柏美祥 刘光勋 邢成起 郑剑东 |
| 4 | 地学层析成像的研究 | 3 | 国家地震局地球物理所 | 冯 锐 武利钧 孙次昌 周海南 郝锦绮 |

# 1995 年国家地震局科学技术进步奖项目表

| 序号 | 项 目 名 称 | 获奖等级 | 主要完成单位 | 主要完成人 |
|---|---|---|---|---|
| 1 | 1995 年孟连中缅边界地震预报及减灾 | 1 | 云南省地震局 | 晏凤桐 陈立德 何希虎 赵洪声 周炳荣 袁家治 童汪练 付 虹 王维保 蔡静观 李应安 张朝方 姜庆寰 董志贵 黄汉志 |
| 2 | 中国东部地学大断面的编制和研究 | 1 | 国家地震局地质研究所 国家地震局地球物理勘探大队 国家地震局地球物理研究所 辽宁省地震局 云南省地震局 国家地震局地壳应力研究所 国家地震局兰州地震研究所 国家地震局分析预报中心 江苏省地震局 | 马杏垣 孙武城 刘国栋 杨主恩 阚荣举 林中洋 卢造勋 刘昌铨 李裕澈 夏怀宽 徐 杰 蔡文伯 马宝林 孙 彤 陈学波 |
| 3 | 山西临汾地区地震区划与防震减灾规划 | 1 | 国家地震局地质研究所 山西省地震局 国家地震局地壳应力研究所 国家地震局工程力学研究所 国家地震局分析预报中心 | 马宗晋 邓起东 刘国栋 刘光勋 赵新平 尹之潜 周克森 蒋 溥 陈建英 傅征祥 马宝林 苗良田 杨广才 徐德诗 高振寰 |
| 4 | 中国、比利时、卢森堡 ORBES 系列地球动力学观测技术及仪器合作研究 | 1 | 国家地震局地震研究所 | 蔡惟鑫 谭适龄 高伟民 程华春 唐小林 丁伟民 高 平 蒋 骏 温兴卫 杜慧君 周翠屏 纪小军 蔡 峰 |
| 5 | 天津宝坻地震台重力观测成果（1989～1993） | 2 | 天津市地震局 | 张建新 王向东 高福春 陈 新 张 昱 马泽田 龚永俭 马杰生 |

续表

| 序号 | 项目名称 | 获奖等级 | 主要完成单位 | 主要完成人 |
| --- | --- | --- | --- | --- |
| 6 | 地震波理论与计算在地震研究中的某些应用 | 2 | 天津市地震局南开大学 | 聂永安　何柏荣　冯德益<br>吴国友　郭瑞芝　姚兰予<br>曾　健　杨国军　赵根模 |
| 7 | 中国大陆强地震及其异常的成组性和某些地震序列的重要特点 | 2 | 河北省地震局　云南省地震局 | 李钦祖　刁桂苓　于利民<br>万迪坤　陈绍绪　王吉易<br>宁杰远　孙佩卿　张子广 |
| 8 | 本溪1井地下流体动态观测成果及应用（1988～1992） | 2 | 辽宁省地震局 | 张守信　王庆红　陈桂芝 |
| 9 | 震级研究 | 2 | 江苏省地震局 | 葛焕称　黄才中　倪岳伟<br>李永勤　李敬华　陆振飞<br>许福喜　鹿芬霞　蒋耀明 |
| 10 | 中国地震分析预报软件系统 | 2 | 国家地震局地球物理研究所　安徽省地震局　国家地震局科技监测司　国家地震局兰州地震研究所　天津市地震局　河北省地震局　国家地震局地壳应力研究所 | 牟其铎　朱文林　成小平<br>吴培稚　沈建华　刘耀炜<br>杨建思　高文海　胡新亮 |
| 11 | 首都圈地震地质环境与地震灾害 | 2 | 国家地震局地质研究所　河北省地震局　国家地震局综合观测队 | 高文学　马　瑾　王连芳<br>蒋　溥　汪良谋　车用太<br>郑炳华　张家茹　李钦祖 |
| 12 | 板内大震孕震环境和震源结构研究 | 2 | 国家地震局地质研究所　辽宁省地震局 | 刘国栋　赵国泽　张木生<br>孙　洁　邓前辉　卢造勋<br>江　钊　晋光文　徐常芳 |
| 13 | 祁连山-河西走廊活动断裂带 | 2 | 国家地震局地质研究所　国家地震局兰州地震研究所 | 虢顺民　陈志泰　向宏发<br>戴华光　才树华　向光中<br>黄　昭　尹克伦　邹谨敞 |
| 14 | JSJ精密水准仪（含经纬仪）综合检验仪 | 2 | 国家地震局地震研究所　中国计量科学研究院 | 付辉清　魏凤岭　齐乘光<br>宁金忠　陆建国　沈　妮<br>李江应　崔行顺　宋小平 |

续表

| 序号 | 项目名称 | 获奖等级 | 主要完成单位 | 主要完成人 |
| --- | --- | --- | --- | --- |
| 15 | 甘肃省兰州台地电观测资料五年评比前二名(1988～1993) | 2 | 国家地震局兰州地震研究所 | 李　建　丁　汀　王海英　白耀明 |
| 16 | 甘肃省兰州台地震观测资料全国评比五年前二名(1988～1993) | 2 | 国家地震局兰州地震研究所 | 王　斌　李发科　许健生　张　昱　沈文荣　尹志文　彭伟荣　潘玉珍　张昌民 |
| 17 | 二维显式有限元波动程序包及其在复杂场地影响研究中的应用 | 2 | 国家地震局工程力学研究所 | 杨柏坡　陈庆彬　袁一凡　孙平善　廖振鹏　刘晶波　李小军　王奇萍 |
| 18 | 台湾地壳深部构造及地震区划研究 | 2 | 国家地震局地球物理勘探大队 | 刘光夏　赵文俊　任文菊　吴岫云 |
| 19 | 河北省地震信息处理系统 | 3 | 河北省地震局 | 蒋春花　孙佩卿　王宝坤　冯录刚　平建军 |
| 20 | 延边台地震观测成果及其应用(1989～1993) | 3 | 吉林省地震局 | 赵永俊　崔玖益　李　华　高金哲　方成哲 |
| 21 | 1989～1993年度地电观测成果 | 3 | 黑龙江省地震局 | 李永林　张亚江　李长石　王瑞祥　薛桂清 |
| 22 | 跨断层流动短水准测量成果(1987～1992) | 3 | 江苏省地震局 | 王恩铭　王宗保　潘古钧　姚明慧　羊宏远 |
| 23 | 1992～1994年度安徽局趋势研究报告全国评比前三名及新方法研制与应用 | 3 | 安徽省地震局 | 刘文龙　王　炜　郑兆必　宋俊高　沈万鸿 |
| 24 | 皖19井地下水微动态观测成果(1989～1993) | 3 | 安徽省含山县地震办公室 | 许前周　王凌云 |
| 25 | 苏鲁沿海交界—南黄海地震重点监视区震情追踪及危险区再判定研究 | 3 | 山东省地震局 | 刁守中　郭爱香　王红卫 |
| 26 | 1993年大姚$M_S5.3$、姚安$M_S5.5$地震短临预报 | 3 | 四川省攀枝花市地震办公室 | 卢开南　刘凤义　张碧琼　邬国志　周厚德 |

续表

| 序号 | 项 目 名 称 | 获奖等级 | 主要完成单位 | 主要完成人 |
|---|---|---|---|---|
| 27 | 四川省地震重点监视防御区地震综合防御对策 | 3 | 四川省地震局 | 周本诚 刘盛利 包宗泽 周湘泉 吴耀强 |
| 28 | 地震活动图像异常的物理机制研究 | 3 | 云南省地震局 国家地震局分析预报中心 | 许昭永 庄灿涛 梅世蓉 华培忠 王 彬 |
| 29 | 断裂力学在孕震过程及地震前兆研究中的某些应用 | 3 | 陕西省地震局 | 牛志仁 陈党民 张 逸 钟晓雄 李炳乾 |
| 30 | 提高 GS 型重力仪观测精度的研究及其综合应用效益 | 3 | 新疆维吾尔自治区地震局 | 杨又陵 蔚晓利 |
| 31 | 全国地磁基本台网的科学管理与技术进步（1988～1993） | 3 | 国家地震局地球物理研究所 | 周锦屏 程安龙 赵学敏 高玉芬 李 健 |
| 32 | 汉英对照地震工程主题词表 | 3 | 国家地震局地球物理研究所 | 戴月棣 郭 琳 刘 英 董春明 高 英 |
| 33 | 关于岩石层深部结构及热过程的地震学实验与观测研究 | 3 | 国家地震局地球物理研究所 北京大学 | 高世玉 胡鸿翔 丁 山 周 勋 张廉强 |
| 34 | 我国地磁台 *K* 指数测量方法的研究与推广应用 | 3 | 国家地震局地球物理研究所 上海市地震局 广东省地震局 | 周锦屏 严大华 顾保成 赵学敏 赵永芬 |
| 35 | 采用三轴实验对岩石Ⅱ型剪切断裂特性的研究 | 3 | 国家地震局地质研究所 | 张 流 李 彪 高 平 马胜利 |
| 36 | 职工教育微机管理系统 | 3 | 国家地震局地质研究所 | 陈树岩 刘培洵 施良骐 卢 桢 孙为民 |
| 37 | 国家地震局无线短波主干数传网建设 | 3 | 国家地震局分析预报中心 国家地震局科技监测司 | 廖 斌 赵振海 李卫国 李友博 赵育浦 |
| 38 | 管庄地震台水氡资料在全国评比中连续五年获得前三名（1989～1993） | 3 | 国家地震局分析预报中心 | 薛又新 陈永章 尚崇礼 谷庭瑶 赵文忠 |

续表

| 序号 | 项目名称 | 获奖等级 | 主要完成单位 | 主要完成人 |
|---|---|---|---|---|
| 39 | 形变台站防雷保护及接地改进 | 3 | 国家地震局地震研究所 武汉水利电力大学 天津市地震局 山东省地震局 内蒙古自治区地震局 | 陈德福 张健民 文习山 林穗平 张钟瑶 |
| 40 | 大震前，大震时和大震后某些震源物理过程以及预报指标的研究 | 3 | 国家地震局兰州地震研究所 | 秦保燕 汪进 白超英 温增平 姚兰予 |
| 41 | 甘肃省强震台网观测成果报告（1988～1993） | 3 | 国家地震局兰州地震研究所 | 夏根宏 王怡人 何新社 姚凯 |
| 42 | 地震危险区断层气体的动态变化与地震研究 | 3 | 国家地震局兰州地震研究所 | 何跟巧 常秋君 郭玉英 宋玉兰 张必敖 |
| 43 | 天水测震资料全国评比五年前三名（1988～1993） | 3 | 国家地震局兰州地震研究所 | 吴启民 郝纪伦 毛森林 刘东声 张义清 |
| 44 | 静宁地震台压磁应力观测成果报告（1989～1993） | 3 | 国家地震局兰州地震研究所 | 郗建勋 刘田夫 雷进祥 |
| 45 | 甘肃定西台地电观测资料五年评比前三名（1989～1993） | 3 | 国家地震局兰州地震研究所 | 康好林 朱守礼 朱天喜 韩广琴 豆克吉 |
| 46 | 若干桩基动力问题的研究 | 3 | 国家地震局工程力学研究所 | 赵振东 傅铁铭 |
| 47 | RDZ1－12－90型强震仪 | 3 | 国家地震局工程力学研究所 | 王家行 吕尊子 刘长江 胡振荣 史令希 |
| 48 | 高层建筑多维地震反应分析方法和高层大板结构抗震性能研究 | 3 | 国家地震局工程力学研究所 | 尹之潜 李树桢 孙士军 杨淑文 朱玉莲 |
| 49 | 压磁套芯深井自动化地应力测量系统研制 | 3 | 国家地震局地壳应力研究所 | 丁旭初 李文 李立球 关伟沂 闻琦 |

续表

| 序号 | 项目名称 | 获奖等级 | 主要完成单位 | 主要完成人 |
|---|---|---|---|---|
| 50 | 跨断层测量基础理论及标准化研究与实施 | 3 | 国家地震局地壳应力研究所　武汉测绘科技大学　国家地震局综合观测队　国家地震局第二地形变监测中心　国家地震局地震研究所 | 游丽兰　刘大杰　范九善　周克昌　戴良焕 |
| 51 | 通用人事信息微机管理系统应用软件 | 3 | 国家地震局人事教育司 | 章思亚 |

## 获1995年省级科技进步奖项目表

| 序号 | 项目名称 | 授奖单位 | 获奖等级 | 主要完成单位 | 主要完成人 |
|---|---|---|---|---|---|
| 1 | 石家庄市地震危险性及抗震设防区划研究 | 河北省科委 | 3 | 河北省地震局 | 蔡华昌　刘伯礼　冯书明　张振江　赵　军 |
| 2 | 深部地震资料现场处理及数据收录系统 | 辽宁省科委 | 3 | 辽宁省地震研究所<br>长春东方地球物理公司 | 赵国敏　徐中信　杨　茜　张中杰　王树明 |
| 3 | 基于知识的地震现场预报系统(KPSES) | 安徽省科委 | 2 | 安徽省地震局<br>上海市地震局 | 王　炜　庄昆元　黄冰树　夏士华　黎　捷　刘文龙 |
| 4 | 安徽地震目录 | 安徽省科委 | 4 | 安徽省地震局 | 庄昆元　刘盛武　刘龙江　刘叶根　戴维乐 |
| 5 | 郯庐带地震活动性研究 | 山东省科委 | 2 | 山东省地震局 | 魏光兴　刁守中　周翠英 |
| 6 | 蒲江德阳活动断裂研究及其应用 | 四川省科委 | 3 | 四川省地震局 | 唐荣昌　钱　洪　张跃国　蒋国芳　马声浩 |

续表

| 序号 | 项目名称 | 授奖单位 | 获奖等级 | 主要完成单位 | 主要完成人 |
|---|---|---|---|---|---|
| 7 | 吉化炼油厂30万吨乙烯工程五套装置（两个场址）工程地震报告 | 吉林省科委 | 3 | 吉林省地震局 | 张良怀　章振铨　郭树林　刘志平　张兴杰　李山有　赵继才　杨以道 |
| 8 | 新疆减灾十年 | 新疆维吾尔自治区科委 | 3 | 新疆维吾尔自治区地震局 | 叶民权　朱令人　胡　泊　徐德源　陈亚宁　徐建中　梁光华 |

# 1995年国家地震局组织鉴定项目

震鉴字［1995］第001号

## GKT型高频开关通信电源

成果完成单位：国家地震局地球物理研究所仪器厂

主要完成人员：郑世保　张国栋　张金荷　高　昂　崔俊琪

组织鉴定单位：国家地震局

鉴 定 日 期：1995年7月13日

鉴定批准日期：1995年7月15日

鉴 定 形 式：会议鉴定

**一、简要说明及主要技术指标：**

高频开关通电源系将交流市电经整流、滤波后得到一高压直流电源加在开关管上，由控制电路使其成为具有脉冲宽度可调的高频方波讯号，其经高频变压器变换、整流、滤波为所需直流电源供负载使用的一种供电设备。市电或负载变化时高压脉冲宽度自动进行调整，保持输出电压稳定，与相控电源相比具有效率高输入电压范围宽，稳压精度高，低噪音，体积小，重量轻等优点，GKT高频开关通信电源带有功率因数调整器，功率因数高，电源柜符合国家标准，具有过压、过流、欠压、过热、电流放电、电池反接等保护功能，同时具备交流双路供电自动切换、防雷击，远端传输及遥信功能。并用数字显示交流电压、电流及输出电压值。

主要技术指标：

双路交流切换Ⅰ路（主路）：150±5V～270±5V超过此范围时主路向辅路切换

恢复180±5V～250±5V时辅路切主路

| | | | |
|---|---|---|---|
| Ⅱ路： | 140±5V～280±5V 超过此范围时输入电池供电 | | |
| 效　　率 | ≥84% | 均充电压 | 55.5±0.5V |
| 功 率 因 数 | ≥0.99 | 负载电流 | 20A（包括弃电电流） |
| 电网调整率 | ≤0.1% | 电池保护 | 42.5±0.5V |
| 负载调整率 | ≤0.5% | MTBF | 105H |
| 电话衡重杂音 | ≤2mV | | |

另有－24V，5A和－6V，1A及总电流不大于10A的五组交流输出。

**二、鉴定意见**

(1) 该产品各项指标达到了产品标准Q/DD001－95规定的技术要求。

(2) 该产品的企业标准中有关整流模块部分的技术性能指标均满足通信行业标准YD/T731－94《通信用高频开关整流器》规定的各项技术要求。

(3) 该产品的AC－DC整流模块和DC－DC变换模块采用成熟的外购产品，具有较高的可靠性。

(4) 该产品的设备配置除满足通信电源的通用要求外，还具备多路交流输出和直流－24V、－6V输出。

(5) 该产品的技术文件资料基本齐全，文件质量基本符合相关规定，可以指导生产。该厂具备了一定的质量保证手段。

DUM19型高频开关通信电源，产品标准符合有关通信行业标准，产品实测指标达到标准要求，技术资料基本符合要求。该产品达到了国内先进水平，可以小批量生产。建议仪器厂加强文档管理，完善生产工艺和检测手段，加强质量保证体系。

震鉴字［1995］第002号

## 济南遥测地震台网

主要完成单位：山东省地震局

主要完成人员：林榕光　杨培根　唐久俊　王　允　孙庆文　李长川　张　玲　赵金花　颜　起　陈志仁　叶　彤　姜早峰　王秀芹

组织鉴定单位：国家地震局

鉴 定 日 期：1995年7月27日

鉴定批准日期：1995年7月30日

鉴 定 形 式：会议鉴定

**一、成果简要说明及主要技术指标**

济南遥测地震台网主要目标是为省内及邻近地区发生强震时，能快速测定地震系数，提供领导机关抗震救灾决策之用。同时，也可监视本地区的小震活动。

该台网的技术原理是采用一次中继的无线信道、模拟制式，具有实时数据处理的遥测地震台网。

主要技术指标：

(1) 有感地震的定位控制能力：对$M_L$≥3.0地震，以泰安为中心其控制半径约200km；对$M_L$≥3.5地震，以泰安为中心其控制半径约300km。

（2）定位精度：网内定位精度属2类，网缘定位精度属3类，网外定位精度属4类。

（3）最大震级监测能力：当离济南台200km以外发生5级地震时，省局低倍率台应有不限幅的记录。

经几个月实际运行记录表明，上述两项指标已达到，第三项指标，因在200km左右范围内未发生大于5级地震，但从理论计算合乎实际要求。

**二、鉴定意见**

根据国家地震局震科［1995］042号文件精神要求，济南遥测地震台网鉴定委员会于1995年7月25日至27日对山东省地震局承担的济南遥测地震台网进行了成果鉴定。

济南遥测地震台网是国家地震局和山东省政府共同建设的地震快速响应系统的一个重要项目，建设主要目的是对山东省主要地区地震活动进行监测，特别是对省内中强地震进行速报。

鉴定委员会认为济南遥测地震台网设计合理，完成了总体设计大纲和计划任务书的要求，各类技术资料档案齐全，符合国家地震局遥测地震台网技术规范要求。济南遥测地震台网采用了大孔径、无线电超高频遥测、自行研制的地震遥测终端机、频率合成信道机及点对点无线电中继等技术措施，提高了台网运行的可靠度。济南遥测地震台网具有对山东省内大于$M_L3.5$地震快速测定及山东省地震活动的监测能力；具有与省内有人值守地震台联合数据处理功能；具有与华北联网共享数据的功能，具有为山东省防震减灾、地震科学研究提供可靠的地震数据信息资料的能力，达到了国内同类遥测地震台网先进水平。

鉴定委员会认为，台网主要存在遥测地震台站数目少，台网南北方向尺度偏小的问题。应在条件允许的情况下，扩大遥测台站数量，以进一步提高台网对山东省及邻近地区大地震监测能力及可靠度。

震鉴字［1995］第003号

## 十年尺度中国地震灾害损失预测研究

主要完成单位：国家地震局分析预报中心

主要完成人员：陈　颙　陈鑫连　傅征祥　尹之潜　杨满栋　鄢家全　高孟潭　黄德瑜　王中宇　姜立新　陈棋福　刘　杰　潘　华　孙士宏　孙　彤

组织鉴定单位：国家地震局

鉴 定 日 期：1995年11月24日

鉴定批准日期：1995年11月25日

鉴 定 形 式：会议鉴定

**一、成果简要说明及主要技术指标**

本项目可作为国家制定防震减灾规划，各省、市、自治区重点监视防御区的确定和实施的重要科学依据，又是国土合理规划、工业布局、社会保险事业等方面的重要参考数据，其方法、理论与技术（如“地震灾害信息处理系统”）不仅为地震灾害损失快速评估提供了有力的技术保障，而且有益于其他灾种进行灾害预测与评估时的借鉴。项目的基本原理是建立在十年尺度地震危险性分析与建筑物易损性动态破坏矩阵深入研究的基础上，进行地震灾害损失的预测。

项目的创造性、先进性主要是编制国际上第一张十年尺度地震灾害损失预测图。具体有：

(1) 在基础资料中，经对我国历史地震目录的完全性分析，首次用定量方法估计了历史地震目录中各种震级的遗失率。并建立了模拟地震活动性的层次结构模型。

(2) 对新编地震烈度区划图（1990）中的15个潜在震源区参数进行修改，并增补4个新的潜在震源区，估算出近3万个控制点上的最大烈度值，绘制成我国长期地震区划图。

(3) 用改进了的M8算法和CN算法研究强震前的TIP。结果表明，TIP警戒约占总时空域的30%，成为强震中期预测较好效果的方法之一。

(4) 基于地震活动“时间依从”的概念，提出地震损失概率预测中的地震危险性分析的新方法。

(5) 利用十年尺度地震发生概率的空间分布，提出十年尺度地震烈度发生概率估计的新方法。

(6) 首次给出到2000年时我国四类易损性建筑的震害动态矩阵。

(7) 第一次从理论上研究地震造成的经济破坏以及地震对国民经济可能造成的总体危害，给出相应的数学模型。

(8) 运用数据处理系统和成图技术，预测2005年前我国大陆各县市遭受地震直接经济损失和人员伤亡的分布情况，并编制了各类相应预测图件。

**二、鉴定意见**

(1) 项目提供的技术资料齐全，符合规定。研究内容的各项指标已达到计划任务的要求。

(2) 项目主要特点：集理论、方法与技术于一体，注重科学性与实用性的紧密结合。在执行过程中已取得了良好的社会效益，证明比较成熟可以推广。目前虽只在地震系统得到推广但在国土规划、地震保险等领域还有良好应用前景。本项目取得的成果可作为其他灾种灾害预测的借鉴。

(3) 成果的创造性与先进性主要是编制了国际上第一张10年尺度地震灾害损失预测图和研制了与之相应的“地震灾害信息处理系统”。在理论方法上的进展有：首先用定量方法估计了历史地震目录中各种震级地震的遗失率，建立模拟地震活动性的层次结构模型；在部分修改和补充对新编地震烈度区划图中的潜在震源的基础上，编制了我国长期地震区划图；利用10年尺度地震发生概率的空间分布，提出10年尺度地震发生概率估计的新方法；首次给出2005年时我国四类建筑物易损性的动态矩阵和地震对国民经济可能造成的总体危害及其相应模型；运用研究成果与研制的震害信息处理系统，预测2005年前我国大陆各县市遭受地震直接损失和人员伤亡的分布，并绘制成图集。

(4) 研究中存在问题是：现有的资料数据不全；几种方法10年危险性评定比较学研究；地震动－破坏－损失比的非线性关系。改进意见是：地震危险性分析的层次模型统计方法；宏观 Exposure 指标体系；非线性损失关系。

鉴定委员会一致认为：本项目研究思路清晰，工作富有特色具有良好应用前景，研究工作取得突出进展，研究成果处在国际先进水平，在10年尺度地震危险性和建筑物易损性动态矩阵方面处于国际领先水平。

震鉴字［1995］第004号

## 区域遥测地震台网计算机数据与处理系统

主要完成单位：上海市地震局

主要完成人员：朱元清　赵镇岭　施志峰　季忠平　刘维克　蔡旭荣　柳国平

组织鉴定单位：国家地震局

鉴 定 日 期：1995年12月5日

鉴定批准日期：1995年12月25日

鉴 定 形 式：会议鉴定

**一、成果简要说明及主要技术指标**

上海遥测地震台网自1985年7月开始，自行研制"区域遥测地震台网计算机数据采集与处理系统"，至今已属第二代第二版产品。在第一代产品中，率先提出了虚拟盘技术，解决了数据采集和存储的速度问题，其技术指标基本按768工程DJS－131机的技术指标研制。第二代产品采用双机系统解决了地震波连续采集记录不受长度限制的问题，和具有实时、脱机处理功能。第二代第二版产品是在科技司的支持下，按照国家地震局科技监测司1992年12月"遥测地震台网微机数据处理系统优选会"提出的"技术测试标准和具体要求"，以及1994年6月在北京召开的"区域遥测地震台网工作讨论会"上有关"区域遥测地震台网数据处理系统的实用化要求"，进一步进行了完善工作，达到了上述会议提出的下列功能：

(1) 具有实时地震数据采集功能；

(2) 具有实时地震事件检测功能与触发功能；

(3) 具有联机自动震相识别与地震定位处理功能；

(4) 具有人机结合在计算机上进行大震速报数据处理的功能；

(5) 具有地震波形数据编辑存储功能。

该系统的主要特点有：

(1) 采用自行研制的"12位16路高速模数转换 $A/D$ 板"

(2) 可靠的双机状态变换设计和灵活的双机运行方式与切换策略

(3) 联机自动定位系统中有效的误差分析与修正定位

(4) 人机交换处理系统中友好的窗口界面操作方式带来的易学性、实用性

(5) 测量定位的高精度与快速度在大震速报数据处理中发挥的作用

(6) 得到多阶段、长时间可靠连续运行记录的证明本系统主要设备采用二台PC微机，数据采集器采用了自行研制的16路12位高速 $A/D$ 板。

联机实时采集与处理系统部分的设计考虑了系统运行的可靠性，运行方式的灵活性以及地震记录的连续性与完整性，并且有效地提高联机自动地震定位的精度。

人机交互处理系统部分的设计采用友好的持作界面，在测震分析方面与传统的人工测量相比，不仅大大提高了测量的精度，而且大大地加快了定位的速度，这在台网的日常大震速报方面发挥出极大的作用。

该系统经过一年的试运行及正式运行，证明设计合理，功能正常，性能稳定可靠，技术先进。

**二、鉴定意见**

鉴定委员会认为，该系统具有以下5个功能：①实时地震数据采集功能；②实时地震事件自动检测、触发功能；③联机自动定位处理功能；④人机结合速报功能；⑤地震波形数据编辑、存储功能。该系统在技术上，采用计算机双机采集、切换运行模式，并自行研制12位16路 $A/D$ 板，可记录15道地震信号和1路串码时标信号。在联机自动定位模块中，利用波形震相特征，对初至波识别作了有益的探索，提出了一些新的思想。在人机交互处理模块上，具有良好的窗口界面。该系统在上海遥测地震台网的运行表明，具有较好的实用性。

鉴定委员会认为，该系统符合原设计要求，其总体性能上达到国内先进水平。和用MS－WINDOWS开发平台，研制遥测地震台网人机结合处理系统方面处于国内领先。

鉴定委员会认为，该系统应克服双机采集时间的不严格同步问题，并补充远震联机自动处理功能。

震鉴字［1995］第005号

## 山东青州地震研究与地震区划

主要完成单位：山东省地震局　青州市地震局

主要完成人员：王华林　王志祥　魏光兴　陈时军　孙昭民　王硕卿　王志才　刁守中　杨峰杰　姜早峰　刘西林　申旭华　周翠英　崔桂梅　季同仁

组织鉴定单位：国家地震局

鉴定日期：1995年11月7日

鉴定批准日期：1995年12月7日

鉴定形式：会议鉴定

**一、成果简要说明及主要技术指标**

本成果是青州市人民政府资助的重大科研项目，系应用性成果。自1992年3月起1993年9月止，历时一年半。该项目采用了国内外先进的技术方法和思路，围绕区域地震地质和地震活动特征、青州及邻区地震构造环境、近场潜在震源区重新判定、地震危险性分析、场地稳定性评价和建筑场地综合分区、地震动参数小区划和地面震害预测，开展了大量的深入细致的现场勘探和调查以及室内实验、分析和综合研究工作，获得了大量的宝贵的第一手资料，取得了一些新成果和新进展。

（1）研究了华北地区大地震活动周期、迁移规律和地震活动趋势；山东及邻区盆地构造与地震活动的关系；山东及邻区断裂活动的时空非均匀性——空间上具有分区、分带和分段性，提出了断裂活动平行消减和牵带作用的认识，时间上晚更新世晚期（2～3万年）是山东活动断裂的整体活动时期，全新世活动趋于减弱，存在千年级（3000～4000年）的粘滑破裂周期。这些成果对认识断裂和地震活动规律、地震活动趋势预测有重要的意义。

（2）查明了青州及邻区的益都断裂、双山一李家庄断裂和上五井断裂的空间分布、活动性状和分段以及断层的活动时代和破裂形式。提出益都断裂带的活动强度由南东向北西衰减的认识。对安丘一临朐强震构造区的地震危险性进行了重新评价，对近场潜在震源区进行重新划分，修改和增补。

（3）研究了青州及邻区的构造应力场和震源破裂特征、介质条件、第四系划分与沉积速率、地壳构造运动。分析了临朐盆地的新构造活动、青州及邻区历史地震影响场等问题。

(4) 双山—李家庄断裂是通过青州市城区一条至关重要的断裂，提出了各类建筑避开该断裂的距离。利用模糊聚类方法对建筑场地进行了综合分区，划分出5个子区。这些成果为青州市城市规划、工程布局和土地使用提供了科学依据。

(5) 利用地震危险性概率分析方法，对青州市所辖乡镇进行了地震危险性分析，对青州市城区进行了地震动参数小区划。提供了各小区域50年不同超越概率的设计地震动参数，为青州市所辖乡镇和城区新建工程抗震设计、已建工程抗震加固和城市防震减灾提供了基础依据。

总之，本成果技术思路和方法先进，资料丰富翔实、结论明确、使用方便；是以防震减灾促进经济和社会发展为主导，融资料性、科学性，使用性和经济性于一体的具备理论和使用价值的综合性研究成果。

**二、鉴定意见**

(1) 该项目很好地完成了项目合同书的任务要求，各项技术指标均符合有关规范要求。技术资料完整、齐备，符合成果鉴定要求。

(2) 该项目开展了包括古地震、历史地震、活断层、工程场地稳定性、场地地质条件、地震危险性分析、地震小区划及震害预测等20多个专题研究。研究工作深入、细致，工作量大。

(3) 该项目充分细致地研究了青州及邻域地区的构造与地震活动的时空不均一性特点。在公元前70年安丘地震的发震构造判定，沂沭带北段构造与地震活动的时空演化特征、潜在震源区划分、断层活动性分段及发震危险性判定等方面均取得了重要进展。尤其对北西向益都活动断裂—地震带的潜源划分，提供了更为细致、合理、可靠的依据。这些成果为青州地震小区划工作提供了详实的科学依据。并对山东省北部地震趋势分析和中长期地震预报也有重要意义。

(4) 本项目成果为青州地区的防震减灾工作，城市规划、工程抗震设防和国土综合利用提供了科学和技术依据，在实际应用中取得了显著的经济和社会效益，并对邻区的工程地震工作起了示范作用。

(5) 综合该项目的上述各方面成果，鉴定委员会认为该项目技术思路与方法先进，在同类型项目中达到国内领先水平。

鉴定委员会还认为：①该项工作今后应进一步与抗震防灾规划的制定衔接起来；②对双山—李家庄断裂的活动性研究注意进一步积累资料。

# 1995年省科委组织鉴定项目

鄂科鉴字［1995］第0030107号

## EMD－S型遥测垂线坐标仪

主要完成单位：国家地震局地震研究所　长江水利委员会综合勘测局

主要完成人员：李树德　赵全麟　陈志遥　李　明　宋双厚　张道中　姚植桂

组织鉴定单位：湖北省科学技术委员会

鉴 定 日 期：1995 年 3 月 18 日

鉴定批准日期：1995 年 3 月 25 日

鉴 定 形 式：会议鉴定

**一、成果简要说明及主要技术指标**

EMD－S 型遥测垂线仪是湖北省科委重点科技攻关项目，编号 912A0115。垂线仪是现代大型结构工程安全监测的主要仪器之一，用于测量大型结构的水平位移。该项目将为国家重点建设项目三峡工程、南水北调等大型工程提供先进的水平变形监测仪器。

垂线仪采用电磁差动（EMD）二维位移测量原理，在此原理基础上用高技术手段实现位移测量方法，技术先进，富有创造性。仪器线性度良好，综合精度很高。采用磁场作为测量媒介，适合在环境条件较差的现场使用。传感器密封坚固可靠，结构不易损耗，寿命长。便携式数字仪表现场或巡回测量，可方便地进入自动化监测系统。

主要技术指标：

量　　　程：　X：4 cm　Y：4 cm

精　　　度：　±0.1mm

线　性　度：　0.02 mm 或 0.05％FS

分　辨　率：　0.005mm

横向位移影响：　0.1mm　3cm×3cm　　0.2mm　3.8cm×3.8cm

**二、鉴定意见**

（1）EMD－S 型遥测垂线仪采用电磁场差动原理，通过向垂线施加 2kC～8kC 交流电在其周围产生交变磁场，检测出接收点上的感应电势，并采取差动高增益放大、同步解调、滤波等电路的处理，利用输出的直流电压与垂线位移成正比的关系，从而测出垂线的二维位移。采用这种原理来制作垂线位移测量仪器，设计思想新颖、数学模型精确、理论推算与实际情况很好吻合，在国内外属于首创。在这一原理基础上研究的位移测量实现方法，采用了一些高技术手段，技术先进，富有创造性。

（2）仪器测量的线性度良好，横向位移很小，多次观测的重复性好，综合精度很高，达到±0.1mm。可满足工程建筑物位移高精度测量的要求。

（3）仪器采用磁场作为测量位移的传递媒介。因空气、水、水垢、尘埃等的磁导率都很小，故垂线结露、挂尘、环境潮湿等都不影响仪器测量精度。线路设计中采用了抗干扰措施，使传感器连同电子线路在温度变化及外界有较强的工频磁场作用时测量数值受到影响很小。仪器具有很高的抗干扰能力，适于在环境条件恶劣的现场使用。

（4）仪器的传感部件密封、坚固可靠。整个仪器没有光学部件和需运动的机械部件，结构不易损耗寿命长。在丹江口大坝 36 坝段倒垂线上 20 个月的现场测试中，未发生过故障，始终保持正常工作状态。这些证明仪器稳定性很好，能长期可靠地工作。

（5）仪器结构简单、体积较小、安装容易、测读方便、配有自检装置，有便携式数字式仪表可在现场固定放置或巡回测量单台与多台传感器。仪器还可方便地接入自动化监测系统。

鉴定委员会一致认为，EMD－S 型遥测垂线坐标仪是一项很有价值的研究成果。其理论依据严谨、设计思想正确、新颖、实现技术先进、仪器结构简单、观测精度很高、长期使用可靠性好。经过较严格的室内测试和较长期的现场试验，证明已达到甚至超过所提出的技术指标。同时，此成果技术资料齐全，经查新检索说明，没有发现国内外有与此项目中磁场差动原理相同的垂线坐标仪的文献报道。

根据上述评价，鉴定委员会认为，EMD－S型遥测垂线坐标仪研制成果在总体上达到了国际先进水平，在适应恶劣环境、抵抗外界因素干扰的长期稳定性上，达到了国际领先水平。

鉴定委员们对研究成果也提出了一些改进和完善的意见，包括进一步简化结构、增加系列产品适应不同量程需求、研制配套的自动化采集处理系统等。鉴定委员会认为，这套技术在水电工程、高层建筑、矿山竖井、大型结构物等的位移监测中有广泛的应用前景，建议今后组织批量生产，大力推广应用于工程，尽快转化为生产力。

鲁科成鉴字［1995］第617号

## 诸城市地震小区划工作报告

主要完成单位：山东省地震局

主要完成人员：王 锜 李家灵 林玉海 晁洪太 陈时军 崔昭文 刘西林 顾梦林 董树信 王志才 姜早峰 石荣会 常有祥

组织鉴定单位：山东省科学技术委员会

鉴 定 日 期：1995年12月3日

鉴定批准日期：1995年12月8日

鉴 定 形 式：函审

### 一、成果简要说明及主要技术指标

诸城市地震小区划项目由诸城市人民政府委托，山东省工程地震研究中心完成。这是一项带研究性质的并可应用于保障诸城市城市建设地震安全的项目。诸城市地震小区划项目的主要目标是在区域及近场区地震构造、地球物理、地震活动性研究的基础上，对市区48平方公里范围的地震危险性做出概率分析，然后通过地质钻探、浅层地震探测、场地土的动力性能测试及大量的分析计算，给出市区不同场点的地震动参数和地震地质灾害计算结果，并按计算结果及场地类型对诸城市区进行地震动参数和地震地质灾害区划。诸城市地震小区划项目的技术思路、工作大纲及工作内容完全是按照国家颁布的《工程场地地震安全性评价工作规范DB001－94》进行的。成果是《诸城市地震小区划工作报告》及18张1:2万大比例尺地震区划图，同时还提供了两个原始资料附件。

### 二、鉴定意见

诸城市地震小区划项目经过一年多的努力工作，按期圆满完成。主要完成了以下几方面工作：①广泛收集、研究了区域地震地质、地球物理场、地震活动性等方面资料和有关研究成果；②对近场区进行了地震地质考察和断层最新活动年代鉴定；③在区划场地内应用先进的仪器和方法进行了地球物理探测及土层动力学参数测试；④室内工作中采用国内外先进的技术方法进行样品分析和完成大量数据计算工作；⑤在上述工作的基础上，完成了地震小区划的各项技术要求，给出了区划分区和相应的危险性评定和场地地面震害预测。

经评审研究认为，本项工作技术思路明确，工作踏实，图文并茂，资料翔实，分析合理，结论可信，科学性强。工作大纲及工作内容符合《工程场地地震安全性评价工作规范DB001－94》的标准要求，是山东省近年来最为系统和深入的一项地震小区划工作，已达到国内先进水平。

该成果的取得对诸城市的经济建设具有重要意义，可指导城市建设规划、防震减灾规划，并可作为工程建设和工程加固的抗震设计依据。

建议：对未来50年三种超越概率水平的地面加速度峰值区划图、地震动参数区划图以及地面震害预测图等主要图件，写出简要使用说明，以便在实际工作中应用方便。

# 地震系统技术出口项目

在八五期间，国家地震局承担了国家科技攻关项目（85－907）“地震、地质灾害及城市减灾重大技术方法研究”中的课题“数字地震和前兆观测试验系统的研制”。为了便于课题的攻关，成立了攻关技术组，经过努力该组共研制了约30余种数字地震和前兆台网的仪器。这些仪器的一部分被日本地震仪器公司选购，于1993年起通过商业渠道向日本出口，出口的仪器为：JC－V100三分向和单分向短周期地震计；FBS－3三分向和单分向宽频带地震计；SLJ－100加速度计；GPS数字钟和EATS地震遥测设备等共计100余套（台）（表1）。另外，还与日商签定了部分地震仪器技术出口的合同。这些仪器大部分在日本使用，一部分又通过日商出口到其他国家。

**表1　出口到日本的仪器**

| 型号 | 名称 | 数量台(套) | 研制单位 | 主要完成人员 |
|---|---|---|---|---|
| JC－100 | 三分向短周期地震计 | 25 | 分析预报中心 | 沈善杰　赵　康 |
| | 单分向短周期地震计 | 40 | 分析预报中心 | 沈善杰　赵　康 |
| FBS－3 | 三分向宽带地震计 | 27 | 分析预报中心<br>局地球物理所 | 赵　康　沈善杰 |
| | 单分向宽带地震计 | 6 | 局地球物理所 | 赵　康　沈善杰 |
| GPSC | 数字钟 | 10 | 分析预报中心 | 李大辉 |
| | GPS数字钟主板 | 50 | 分析预报中心 | 李大辉 |
| EATS | 地震遥测设备 | 13 | 分析预报中心 | 张金铭　朱　路 |
| | 24位数据采集器主板 | 1 | 分析预报中心 | 朱小毅　薛　兵 |
| SJL－100 | 加速度计 | 6 | 局工程力学研究所 | 王家行 |

# 科 技 进 展

## 论工程抗震设防标准

### 一、前　言

我国是世界上破坏性地震发生频繁、震害损失惨重的少数国家之一。地震之所以造成破坏和损失，主要是由于地震时释放的巨大能量造成地面的建筑物和各种设施的破坏和倒塌以及由此引起的各种次生灾害造成的。为了解决建筑物和各类设施抗御地震破坏的问题，近百年来，特别是近40年来，兴起了一门新兴的学科，即地震工程。国内外几乎所有震例都表明，采用科学合理的工程抗震分析方法和措施是当前减轻地震灾害的最有效措施。

如何合理地进行工程抗震设防，既能有效地减轻工程的地震破坏和损失，又能合理地使用有限的资金，就成为当前工程抗震防灾中迫切需要解决的关键问题。由于制订的设防标准不同，工程建筑和设施在地震中的表现会截然不同，因而地震时造成的损失也会有巨大的差别，根据以往的震例，我们可以看出：

(1) 工程抗震是减轻地震灾害和损失的行之有效的措施之一。

(2) 工程抗震的成效很大程度取决于所选择的工程设防标准。而工程设防标准的制订，特别是最低的设防标准的制订主要是政府的行为和决策。

(3) 制订恰当的设防标准不仅需要有可靠的科学和技术的依据（如确定地震危险水平，合理的抗震方法和措施等），同时要受到社会经济、政治等条件的制约。

那么是不是对所有的工程结构和设施都要进行抗震设防，而且设防标准越高越好呢？当然不是这样，这要受到许多因素的制约。按照我国的现行规定，一般工程结构均按基本烈度设防，与不设防结构相比，Ⅶ度地区工程造价要增加3%～5%，Ⅷ度地区增加7%～10%，Ⅸ度地区增加15%～20%；再考虑我国地震区面积广阔，按第三代地震区划图，Ⅶ度区面积为$320\times10^4km^2$，Ⅷ度区面积为$68\times10^4km^2$，Ⅸ度区面积近$10\times10^4km^2$，分别占全国国土面积的33%，7.1%和1%。这样从全国角度看，在这么广阔的国土上，由于工程抗震设防就需要增加巨大的投资。而这些投资往往只能在遭遇设防地震的袭击时，才能见到效益。但在这么广大的地震区中，在工程结构与设施的寿命期间，会遭遇设防地震袭击的一般来说总是少数。于是从某种角度来说对在工程寿命期内，未遭遇地震袭击或未遭遇超过期望烈度的地震袭击的工程结构和设施，这种抗震设防的投资不能不说是无效益的。如何既能使建筑结构与设施免遭地震破坏，确保地震安全，同时又不浪费资金，使设防投资取得最佳的效益，这就是工程抗震设防问题面临的一个难题。

最佳的或者说满意的设防标准的确定，特别是可接受的最低设防标准的制订需要自然科学、工程科学以及社会科学多方面的合作，在保证地震安全和谋取最佳经济效益二者之间取得平衡。这无疑对地震工程研究提出了新的要求，也是地震工程学应用于工程实际，应用于社会经济建设必须要解决的课题。

为使减轻地震灾害与国家经济建设和社会发展相协调，我国政府于 1994 年确定了未来十年防震减灾工作目标：在各级政府和社会的共同努力下，经过十年左右的时间，使我国大中城市和人口稠密、经济发达地区具有抗御 6 级左右地震的能力。这个目标无疑是既符合我国国情，又是一个十分先进而且经过努力可以实现的目标。要实现这一目标，很多方面都涉及到抗震设防标准问题。

## 二、我国工程抗震设防标准的发展、现状和问题

规定工程结构和设施的抗震设防标准是编制地震区各类工程建筑设计规范的首要问题。概括来说，我国工程抗震设防标准的规定具有如下特点。

(1) 以地震烈度作为设防参数。而且一般均以不同时期的烈度区划图上规定的基本烈度（或在基本烈度基础上考虑场地条件后调整所得的烈度）作为设防根据。

(2) 考虑建筑物的重要性类别采用不同的设防等级。通常的做法是首先将建筑物按其用途或其受地震后会产生的政治、经济和社会影响的严重程度进行分类，并据此调整（提高或降低）设防烈度。

(3) 一般均采用“减轻建筑的地震破坏和损失，避免人员伤亡”为抗震设计规范的设防原则，并根据这个原则确定了“大震不倒，中震可修，小震不坏”的设防目标。

(4) 根据设防原则与设防目标制定了三级设防水准，进行三级抗震设计。

(5) 全国均采用统一的设防原则、设防目标、设防水准和设防等级。

40 多年来，我国工程抗震设防工作经历了巨大的变化和不断改进的过程。特别在采用“Ⅵ度区设防”、“多级设防”和“从确定性方法向概率方法过渡”等有效措施方面取得了瞩目的进展，但也应该指出，我国的抗震设防工作乃至现今国际上的抗震设防工作仍都存在严重的不足。主要表现在制订工程抗震设防标准主要还是凭借经验，缺乏合理的科学依据。具体到我国来说，存在的主要问题有：

(1) 由于我国的抗震设计规范历来都是直接采用区划图上给出的基本烈度为依据经简单的调整作为设防烈度的，而 78 和 89 两本规范更直接采用基本烈度作为一般建筑的设防烈度。这样就会引起两方面的问题：首先，烈度区划图上给出的基本烈度，只是表示该地区可能发生地震的危险性，据此来考虑工程抗震设防标准虽是必要的，但直接采用基本烈度作为设防烈度却缺乏充分的科学论证；其次，我国不同时期由不同区划图给出的基本烈度，在含义上是有区别的。过去的规范虽然都是以区划图上给出的烈度作为依据或经简单调整或直接以此作为设防烈度，但实际上却意味着采用了不同的设防水准。

(2) 用重要性系数给出不同重要程度建筑的设防标准是我国也是国际上通常采用的方法。由于同一类建筑的重要性系数在我国的不同地区的取值都是相同的，但由于不同地区的

地震危险性水平不同，即使基本烈度（与10%超越概率对应的烈度值）相同，但乘以相同的重要性系数后得到的烈度值的超越概率或重现周期也往往会有明显不同。因此，同一类重要性的建筑物在不同地区的设防标准实质上也存在着巨大的差别。此外，由于采用烈度作为设防参数，烈度增减1度，相应的地震力系数要增减1倍，抗震投资相应也要增减近1倍，采用增减烈度的方法必然会夸大工程重要性等级上的差异。

(3) 现行的工程抗震设防标准在很大程度上是依据人们的主观经验和判断决定的，很难说清楚给定的设防标准到底能减少多少破坏与损失，能在多大程度上避免人员的伤亡。也很难说清楚，在全国进行抗震设防将需增加多少投资以及增加的抗震投资到底能换来多少期望的地震损失减少。

(4) 多级设防与多级设计对抗震设计来说无疑是十分必要的。但采用增减相同烈度的方式来定义“大震”和“小震”的烈度也同样会导致不同地区的设防标准不协调，甚至造成有的地区偏于安全保守，而有的地区又失之于不安全。

(5) 在全国范围内采用统一的设防原则和设防标准，在一定程度上忽略了我国不同地区社会经济发展水平以及人口分布密度上的差异。而经济因素和社会因素（人员伤亡）恰恰是制订工程设防标准的最重要因素。

## 三、有关工程抗震设防的若干概念

**1. 设防原则**

设防原则是指对工程进行抗震设防的总要求和总目的。世界各国任何一本抗震设计规范，都会毫不例外地在它的总则或说明中，明确规范的设防原则。这些原则概括起来不外乎下列6类。

(1) 防止人员伤亡或减少人员伤亡；

(2) 减轻财产损失；

(3) 确保人员免遭伤亡；

(4) 工程和设施允许在地震时发生有限破坏，便于修复；

(5) 工程和设施在遭遇地震时要确保安全，不得向外泄漏有害物质，不导致严重次生灾害（停止运行原则）；

(6) 工程和设施在遭遇地震后要确保继续运行（安全运行原则）。

**2. 设防目标**

设防目标是指根据设防原则对工程设防要求达到的具体目标。如我国抗震设计规范规定的“大震不倒，中震可修，小震不坏”就是一种设防目标。最近我国国务院制订的防震减灾十年目标，显然就是一种设防目标，再如日本东京制订的要具有抗御8级大震的能力，美国规范规定的抗震设防增加的费用应不超过期望的地震损失费用等都属设防目标的例子。事实上，在有的设防原则中也同时规定了设防目标，如前述的第6条原则，要求工程和设施遭遇地震后要确保继续运行，以及本文建议的确保地震后的伤亡人数不超过社会可以接受的水平等。

不同的地区可以根据其本地区社会经济状况和人口密集程度制订适用于本地区的具体设防目标。我国国务院制订的十年抗震防灾目标，也可以更具体地解释为，我国不同地区的工程和设施经抗震设防后在遭遇6级左右地震时应使人员伤亡和财产损失不超过本地区社会经济可接受的水平。如何确定“可接受水平”，本文将在下面论述。

**3. 设防（地震）环境**

设防环境是指拟设防的工程处在什么样的地震危险性的环境中。这应由地震危险性分析或地震区划图给出的地震危险性程度来确定。一般来讲这应该是一个客观的量，取决于人们对地震危险性的认识水平和估计地震危险性的方法是否正确，而不取决于人们的主观愿望，也不取决社会经济的发展水平，设防环境是确定设防目标和设防标准的重要依据。但不是唯一的依据。低估了设防环境会导致像唐山地震、阪神地震那样的悲惨损失，高估了设防环境将导致巨额资金的浪费。

**4. 设防参数**

设防参数是指在考虑工程抗震设防时，采用哪种物理量（参数）来进行工程设防。国内外常用的参数为烈度和地震动参数〔PGA，EPA，PGV，EPV，RA（加速度反应谱值），RV（速度反应谱值），T（持时）等〕两种。近十几年来，采用地震动参数的国家越来越多，采用烈度的则越来越少，这确实反映了随着科学技术的进步，和人们认识的深化，烈度这个量作为设计或设防参数暴露出来的弊病越来越明显。除了烈度这个量比较粗糙，与地震动关系的跳跃性大，使用起来不方便外，最大的缺陷是地震烈度不单纯代表设防环境（如地震动）的强度，它还包含着对过去建筑物特别是老旧建筑物的易损性量度。用这么一个复杂的量来代表未来地震动的强度，显然是不合适的，从工程地震发展的现状来看，用地震动参数来逐步代替烈度量是必然的趋势。当然，在我们强调地震动参数作为合理设防参数的同时，我们也不应抹杀烈度在制定设防标准中可以发挥的作用。下面我们将会谈到，在制定合理的设防标准时，必须考虑设防投入和地震时的经济损失和人员伤亡情况。而烈度在现阶段还是估算地震时各种损失的一个较好的量度。

**5. 设防水准**

设防水准是指在工程设计中如何根据客观的设防环境和已定的设防目标，并考虑具体的社会经济条件来确定采用多大的设防参数，或者说，应选择多大强度的地震作为防御的对象。工程上这是一个优化的问题，而不应该简单地直接采用区划图上给出的基本烈度或地震动参数来作为设防水准。

合理的设防水准，应该考虑到一个地区的设防总投入，未来设计基准期内期望的总损失（财产和人员）和由社会经济条件决定的设防目标来优化确定。

由于设防目标往往不是单一的，所以设防水准往往也不是单一的，而是多级的。“大震不倒，中震可修，小震不坏”反映了三级设防水准的思想，核电站中的安全运行地震（OBE）和安全停堆地震（SSE）是按二级水准设防的；美国农垦局对大坝也规定了安全运行地震动，设计依据地震动和最大可信地震动的三级设防水准。

**6. 设防等级**

同一类建筑在同一个地区由于其政治、经济或文化意义上的重要性以及震后后果的影响严重程度有所不同，在考虑工程设防时，其设防目标和采用的设防水准也要求不同，这就是设防等级的不同，重要建筑物和设施的设防标准一般要给以较高的设防等级。对同一类建筑，在不同行业和不同地区也可以采用不同的设防等级，一般来讲设防等级与建筑物本身的易损性或抗震潜力无关。

从上述各点，不难得到以下认识，所谓工程抗震设防标准是指根据地震活动背景，为保证工程结构在其寿命期内的地震损失（经济损失及人员伤亡）不超过规定的水平或社会可接受的水平，规定工程结构必须具备的抗震能力和重要性等级。结构的抗震能力通常以能抗御的地震动水平或烈度水平来衡量。由此可见，工程抗震设防标准的制定主要取决于依赖于社会经济状况确定的设防原则与设防目标和根据客观地震危险性程度确定的设防环境与设防参数，经过优化考虑最后落实在决定最佳的设防水准和设防等级上。

## 四、研究工程抗震设防标准的总体思路和基本环节

工程抗震设防标准规定，工程结构或设施应该具有怎样的地震安全性，或者说具有多大的抗震能力。设防标准的制订是综合考虑设防原则和目标，设防环境、设防参数，设防水准和设防等级的总称。确定工程抗震设防标准的基本因素有三个，即社会经济状况、地震危险性和工程结构与设施的重要性；工程抗震设防标准的制定最终体现在抗震设防水准和设防等级上。图1给出了这些因素之间的相互关系。

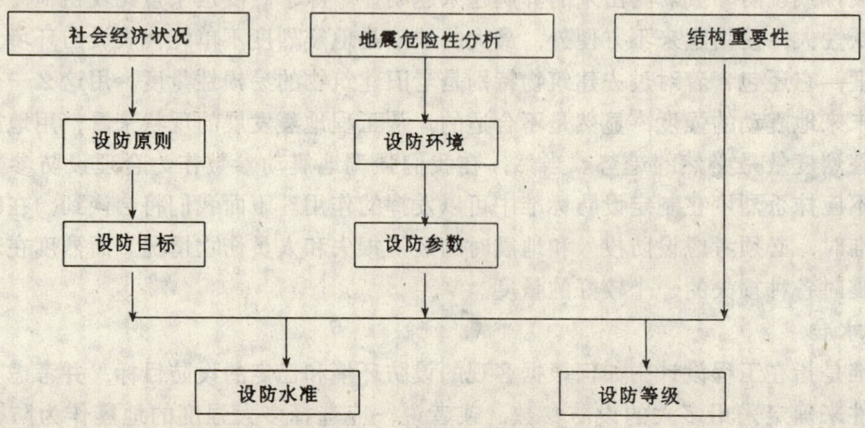


图1　确定工程抗震设防标准诸因素间的关系

综上所述，设防标准包含了设防原则与目标、设防对象与参数和设防水准与等级等主要内容，而确定最佳设防标准的核心问题是正确地解决设防水准与设防原则及目标之间的关系。这种关系可以被抽象为一个多变量（如多个设防参数）；多目标（如经济损失和人员伤亡），多约束（如可接受的人员伤亡，地震经济损失上限，重要结构不允许出现倒塌等）的动态最优决策问题。一个好的最优决策模型应能够充分地反映我国设防标准及相关领域的研究现状，应当有利于吸收正在不断涌现的国内外好的研究成果。沿着这样一个总体思路，本节针对一般的结构和工程讨论最优决策模型的基本变量，目标函数和约束条件问题。

**1．最优决策模型的基本变量**

考虑对一般结构和工程的设防标准建立决策模型时，无庸置疑，这个模型中的基本变量应当是也只能是设防水准。为了符合我国抗震规范和抗震设防的实际情况，这个水准的参数目前可以取烈度概率水准，也可以用峰加速度来取代烈度。更有前景的发展趋势是用峰加速

度和峰速度或者其他两个别的独立地震动参数如有效峰加速度EPA和有效峰速度EPV作为设防参数，从而能更好地反映地震动三要素对地震破坏的影响，因此在模型的建立和求解方法的选择上，应当选用各种可能采用的基本变量。

**2．最优决策模型的目标函数**

前面的有关分析已经表明，应当根据设防原则和目标确定具体和定量的目标函数，尽管目标函数不可能完全地等同于设防原则和目标，但却应当力求最大限度地反映设防原则和目标的要求，同时又要便于进行数学分析和处理。对于一般的结构和工程来说，公认的设防原则或抗御6级左右地震这样的模糊目标，都可归结为以货币为单位的经济损失和人员伤亡这样两个便于进行数学分析的具体目标。

我们采用下面的公式来表示未来时限内可能发生的经济损失：

$$\text{地震潜在损失}(SR) = \text{地震危险性}(SH) * \text{结构易损性}(VLN) * \text{损失率}(LR) * \text{总价值}(W)$$

这个公式可以用于一个单体工程，一个工程系统，一个社会小区，一个城市，甚至一个国家。

能否将上式中的地震潜在损失达到最小作为决策模型的目标函数呢？显然是不行的；因为要使得式中 $SR$ 减少，就必须使等式右边的 $VLN$ 尽量地小，于是结构和工程的设防投入必然就会增加。对于通过抗震设防来达到减灾目的的正确理解应该是使为减灾目的使用的防灾投入与采取措施后的潜在地震损失之和为最小，即

$$[\text{抗震投入} + \text{潜在损失}\ (SR)] \rightarrow \min$$

上式也可以等价于

$$[\text{潜在损失的减少}\ (\Delta SR) - \text{抗震投入}] \rightarrow \max$$

或者改写成防灾效益最大的形式

$$\text{效益} = \frac{\text{减少的潜在损失数} - \text{抗震投入}}{\text{抗震投入}} \rightarrow \max$$

以上三式中的任何一个都可以作为决策模型的目标函数，对于求解最佳设防水准来说它们是等价的。

**3．最优决策模型的约束条件**

严格地说凡属目标函数未能反映的设防原则和目标都应当被考虑作为决策模型的约束条件。但由于数学处理上的困难，这往往是不可能的。但是一般地下列约束条件是必须加以考虑的。

(1) 确保地震后的伤亡人数不超过社会可以接受的水平；

(2) 未经过抗震设防或设防不充分的工程，一旦遭到地震破坏，其修复费用不应超过为防止这类破坏所必须支付的额外费用。换句话说就是应满足条件：

$$\text{修复费用} \leqslant \text{设防投资（或增加的设防投资）}$$

(3) 要保证“大震不倒”、“中震可修”、“小震不坏”多级设防的思想和原则得到体现和贯彻（系指89规范规定的大、中、小地震）。

**4．工程抗震设防标准优化数学模型的程序框图**

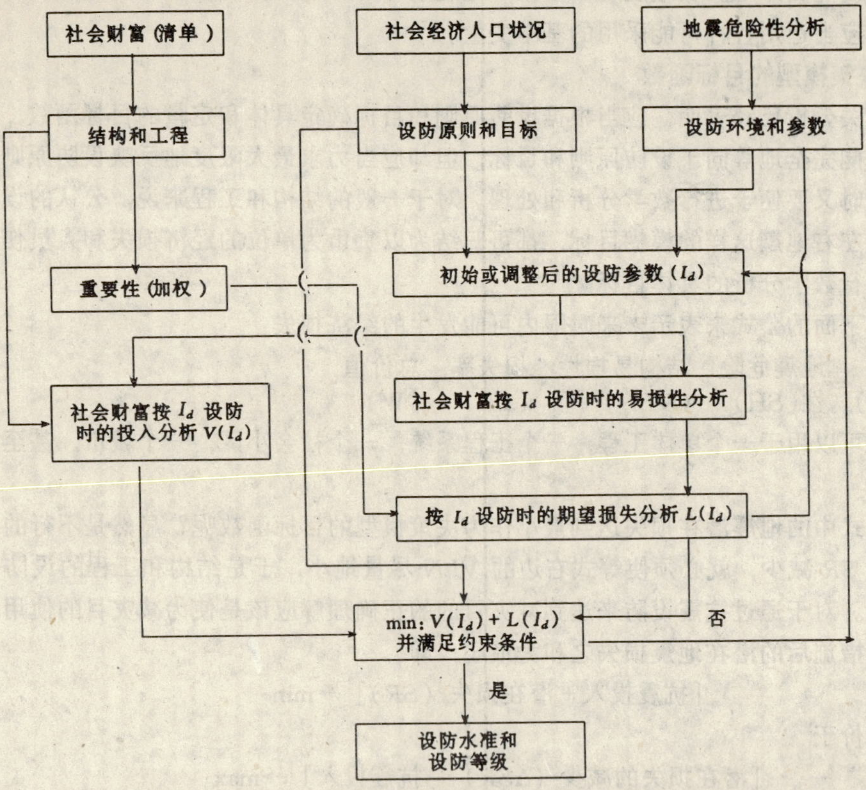


图 2　为工程抗震设防标准优化数学模型的程序框图

框图中，初始的设防参数可根据设防原则、目标和宏观的设防环境结合经验加以确定。然后按粗实线所示流程进行反复迭代直至目标函数达到极小且满足约束条件。设防等级通过在期望损失分析中对重要结构按重要性加权来体现。

## 五、研究最佳设防标准的条件和基础

以上分析业已表明，确定最佳的抗震设防标准，在本质上是一个以减轻地震灾害损失为主要目的的多目标，多约束的动态最优决策问题，它需要以对地震危险的预测（地震危险性分析）和对地震损失的预测（经济损失，人员伤亡，社会政治、经济、心理等影响因素的预测）作为基础。涉及到地震学，地质学、工程学，经济学，社会学等诸多领域。但主要是以下 5 个方面构成了研究最佳设防标准的基础和前提。

**1．地震危险性分析**

采用确定性方法或概率方法估计地震危险性大小的工作叫做地震危险性分析。目前最具有代表性的地震危险性分析方法，仍然是 Cornell（1968）提出的综合概率法。虽经过后来的许多改进和发展，其基本要点仍然相同，可以陈述如下：

（1）根据过去的地震活动性和地质构造条件勾划出有可能发生地震的潜在震源，目前多从已知的断层或根据地质构造的判据来寻找，地质学方法在确定潜在震源中起重要作用。

(2) 计算潜在震源所在区域的地震活动性参数，如地震发生的震级上限、重复率等，所用的是地震活动性研究的统计方法。

(3) 计算一旦发生地震，由震源向外发射的地震波衰减关系。对于早期地震，主要是统计烈度的衰减关系；对于有仪器记录的近代地震，主要是利用强地震动峰值衰减规律的资料。

(4) 按照地震发生的某种统计模型（如泊松模型）计算某地点地震动参数超过给定值的概率。

新的中国地震区划图（第三代区划图）就是利用综合概率法编制的，它不但利用了中国在地质学研究方面的大量资料，而且在地震活动性方面吸收了地震中、长期预报的经验，考虑了空间的不均匀性，时间的不平稳性等因素，发展和改进了传统的综合概率方法，反映了当前地震危险性分析的最高水平和成果。可以说这张区划图为研究确定设防标准的模型和方法，提供了必需的地震危险性基础资料。但是仅仅参照第三代区划图提供的地震危险性资料还存在着以下几个问题：

(1) 第三代区划图是以烈度为参数的，烈度参数对于估计未来的地震损失有特殊的作用，是其他参数无法替代的。但为了使新设计的工程结构或加固现有的工程结构，达到期望的设防目标就应直接采用地震动作为参数的区划图。

(2) 第三代区划图给出的地震危险性分析结果仅仅是50年为期限的，10%的超越概率的烈度值，而研究确定设防标准的方法，必须知道对应各种超越概率的烈度值，或者具有不同超越概率水平的地震动参数区划图。因此，地震动参数区划图的编制应该是刻不容缓的。最近谢礼立等利用地理信息系统和人工智能技术对我国华北地区约 $70\times10^4\mathrm{km}^2$ 的地区编制了地震动参数区划图，不仅大大地提高了编图的精度和效率，减少了编图工作中的主观随意性，更重要的是由于利用了地理信息系统作为区划图的载体，可更方便有效的用于确定设防标准的分析工作。

**2. 结构易损性分析**

所谓结构和工程的易损性是指在地震作用下，结构和工程遭受不同程度破坏的可能性，这种破坏程度一般被划分为基本完好、轻微破坏、中等破坏、严重破坏和倒塌五个等级或用相应的震害指数来表示。地震易损性分析方法最主要的有两类，即经验分析方法和理论分析方法。此外，还有由专家进行主观判断的方法，实际上是一种间接的经验分析方法，以及综合各种经验统计、分析和专家主观判断的方法。结构地震易损性分析的结果一般地是给出结构的易损性矩阵或破坏矩阵。

概括地说，经验分析方法适用于对一座城市或一个地区进行震害预测或震后损失的紧急评估。尤其是一些老旧建筑较多的城市和乡村地区，采用经验方法可以得到较为可靠的结果。问题是不论国内或国外经过抗震设防的结构和设施的震害资料较少，难以靠经验统计形式获取设防标准的易损性矩阵。

结构地震易损性分析中采用的理论分析方法可以分为半解析法和解析法两类。目前使用较多的是半解析法。通常通过分析确定影响结构抗震性能的主要因素，并选择一个最能代表结构抵抗地震破坏能力的参数作为其易损性指数，然后利用震害资料统计分析或进行试验研究，建立以这种参数表示的易损性矩阵或曲线。例如尹之潜等采用抗力 $R$ 作为结构的易损性指数，并提出了砖结构和单层工业厂房的抗力计算公式，通过震害统计得出了结构破坏等级与抗力均值的经验关系，由此可以计算出结构的易损性矩阵。半解析法既可用于单个建筑的地震易损性分析，也可用于建筑物群体的易损性评估。有些研究者正在研究用这类方法分析设防结构的地震易损性。

解析法通常首先要建立结构的非线性分析模型和合适的非弹性反应计算方法，选择典型的强震记录作为地震动输入，来计算结构的反应。确定结构反应的破坏标准是一项困难的工作，可以根据模型试验来进行。解析法主要适用于结构单体的易损性分析。

除了上述两类方法外，专家主观判断的方法，以及将震害资料与专家判断相结合的方法，也常常用来进行结构易损性分析。专家判断实际上是一种间接的经验方法，在缺乏震害资料的地区，这也是一种较为有效的方法。

以上的研究方法和研究结果，还不能较好地解决设防标准研究中对结构特别是已经设防的结构的易损性矩阵的需要。为此，作者在全面理解现行建筑抗震设计规范的设计思想和原则规定的基础上，结合实际震害资料，对设防结构的易损性矩阵提出了一个较为合理且简便易行的估算方法。这种方法的特点是，以现行抗震设计规范的原则和规定为依据，结合实际震害资料和经验，在确定各类设防结构的易损性矩阵时，提出了如下的基本假设：

(1) 工程结构在小震烈度时基本完好。

(2) 在遭遇设防烈度（即基本烈度）时绝大多数（85%）基本完好和轻微损坏，无严重破坏。

(3) 大震烈度时大部分（85%）受中等以上破坏，只有少数（5%～15%）严重破坏，无倒塌。

(4) 比大震烈度高1度时可能会有少数（10%～15%）建筑倒塌。

这些假定使得设防结构易损性矩阵的确定得到了很大的简化，是当前解决设防标准研究中如何确定易损性矩阵问题行之有效的简便方法。

**3. 地震损失分析**

地震损失分析是指在地震危险性分析和结构易损性分析的基础上，估计因地震造成的社会财富（包括生命和财产）的可能损失。这种损失一般以未来一段时间内地震损失（人员和财产）的平均结果（数学期望值）给出。

概括地说，地震损失分析有以下三个主要环节。

第一个环节是建立一个社会财富的分类系统，列出各类财富的易损性清单。这里有一点值得强调的是：地震损失分析按照用途不同可以分成非常详细、一般和非常粗糙（即所谓的“Quick and dirty”估计）几种类型。分析的详细程度基本上为易损性清单的详细程度所决定。

地震损失分析的第二个环节，是分析各种、类的社会财富在所给定的烈度或地震动参数下的破坏情况，即找出所谓的烈度-破坏关系式或地震动-破坏关系式。对于一般的结构和工程来说，主要考虑直接破坏即建筑物本身和室内财产损失以及人员伤亡。

第三个环节是根据各类社会财富破坏情况，计算恢复其原来状态所需要的费用，也就是计算地震造成的损失。关于损失分析，需特别指出人是现代社会的组成部分，具有一定知识和劳动能力的人是社会财富中的重要部分。但地震造成的人员伤亡，难以用金钱来计算，所以，多数的地震损失分析采用了双指标体系，将人口伤亡作为地震损失的一个指标，而人口伤亡以外的其他损失，以恢复重建标准统一折合为货币表示。

对于一般的建筑来说，总的价值由建筑本身的造价加上室内设备和财产的价值之和构成，前者可由单位面积造价乘以总建筑面积求得，后者则需依照对结构物的某种分类系统和地区的不同，分别统计给出其与结构总造价的比例关系。间接财产损失的估计则是一个困难的课题，目前尚无好的考虑方法，通常的做法是根据现有的震害资料并结合专家的经验，将直接损失乘以一个系数，作为对间接损失的粗略估计，但这个系数如何选取，仍是一个有待解决的问题。

**4. 如何考虑间接经济损失问题**

在制定设防标准时，要谋求设防投入和地震期望损失之和为最小，这在数学求解上是一个不存在困难的问题，困难在于如何考虑地震损失和抗震投入的关系问题。全面地理解地震损失和抗震投入就必须考虑组成损失和代价的三个有关部分：

直接经济损失——由于地震（包括次生灾害）直接造成的资源破坏损失；

间接经济损失——由于地震（包括次生灾害）导致的停电、停水、房屋破坏而间接造成的停产、停业的经济损失；

远期损失（Forward Loss）——由于地震损失对长期发展可能带来的种种经济影响，如对通货膨胀、贸易、商业以及整个国民经济的影响以及因失业导致的其他各种损失。

同样，政府和业主在进行抗震设防投资决策时，还必须考虑投资的代价，其中必须考虑：

直接代价——为抗震设防（包括加固、修复）必须支付的货币；

间接代价——由于作为抗震设防投入很难立即甚至不能取得效益，政府必须考虑如果将这种投资从其他投资方向转变为防灾投入所必须付出的代价；

远期代价（Forward Cost）——由于抗震设防投资造成的其他部门投资的减少而推迟国民经济发展所必须付出的代价。

上述提到的各种代价和损失，虽然目前国际上已有若干部门（如世界银行等）正在开展有关的研究，但要马上在确定设防标准工作中应用，根据当前各国的经济管理水平恐怕难以达到。好在这种间接损失，远期损失和间接代价和远期代价从宏观上来说，可以互相转换，互相弥补，在抗震设计中暂时都不予考虑也不致会导致严重偏失。因此目前在确定设防标准时，可以只考虑直接经济损失和直接投资代价。

**5. 关于人员伤亡问题的考虑**

在估计地震损失中如何控制人员伤亡，国内外的绝大多数做法是将人的生命按保险费率折算货币，并计入经济损失。但这会涉及十分复杂而又敏感的社会问题，世界各国规范几乎没有一个不设法回避的。在设防标准的研究中人员伤亡率是评价设防标准无法回避而又难以解决的困难。作者认为最佳的设防标准不应是追求最小的伤亡率，而是应当控制人员伤亡率在社会可接受的水平之内，以追求最大的经济效益。这就必须解决如何确定可接受伤亡率的问题。对此笔者有如下的设想和考虑。通过收集国内外各种非正常死亡情况的有关资料，整理统计出相应的死亡率，如交通死亡，火灾死亡，水灾死亡，采煤死亡，传染病死亡，吸烟、酗酒死亡等非正常死亡情况；收集某些专门行业对社会可接受伤亡率的有关规定，如采万吨煤的可接受伤亡率和城市每年可接受的交通伤亡率等；收集发生在历史上和现代的破坏性地震和其他自然灾害所造成的伤亡人数和伤亡率。分析对比上述资料作为参考，区分城市和地区的重要程度分别提出可接受人员伤亡率的建议，经决策部门和社会认可，既可用于设防标准的制订，又可用于检查一个城市或地区开展抗震防灾工作成效的指标。

## 六、结　语

制定工程抗震设防标准是减轻城市与工程地震灾害和实现国务院防震减灾十年目标的一个关键环节，也是充分运用现有工程抗震知识和理论于抗震减灾实践的重要切入点。通过以上的讨论与分析，不难得出如下几点结论。

（1）社会经济条件，地震危险性分析和结构与设施的重要性是制订工程抗震设防标准的主要依据。由于我国国土辽阔，不同地区的经济和社会发展极不平衡。不同地区应该制订与本地区社会经济条件相适应的工程抗震设防标准。

（2）制订科学合理的工程抗震设防标准主要是政府行为。各级政府和各类行业的主管部门应在中央有关部门指导下制订出本地区的最低抗震设防标准。政府应该鼓励各类业主特别是个体业主或外资业主尽量采用高于最低标准的抗震设防标准。

（3）工程抗震设防标准工作的内容包括确定合理的设防原则、正确的设防目标、适用的设防参数、科学的设防环境、优化的设防水准和设防等级。根据我国国情，建议采用“在确保地震时人员伤亡和财产损失不超过社会可接受水平的前提下最大限度地减少灾害损失”作为我国工程抗震设防的原则。

（4）采用设防地震的重现周期与工程寿命期之比值 $N$ 和经设防等级系数 $\eta$（或 $M$）调整后的 $N$ 是表达设防水准和设防等级的较好的方法，$N$ 值与寿命期内可期望发生一次的最大地震超越概率存在着几乎一一对应的关系。

（5）本文对业已设防的结构提出了一个简易合理的估计易损性的矩阵，目前可推荐在确定抗震设防标准中应用。

（6）确定工程抗震设防标准的数学模型实质上是以一个以减轻地震损失为主要目的的设防水准为基本变量，设防投入与地震损失之和最小为目标函数，人员伤亡和财产损失不超过社会可接受水平，修复费用不超过设防投资为约束条件的多目标，多约束的动态最优决策问题。它需要以地震危险性分析、地震损失预测为基础的多学科多领域的广泛合作。

（7）为了科学地制订符合我国国情的设防标准，当前应切实做好下列准备工作：

①立即着手编制具有多种概率水平的地震动（EPA，EPV）区划图；

②进一步收集、整理震害资料、观测资料和试验资料，改进现有结构的易损性分析方法，提高易损性矩阵的准确性，特别是已按不同水准设防的各种结构的易损性矩阵的建立；

③进一步收集、整理具有不同设防水准（含不设防）的各类抗震结构的造价资料，并对其进行分析对比；

④进一步研究具有不同破坏程度的各类建筑的直接经济损失，并开展对地震灾害间接经济损失和（或）远期损失、估计各类经济损失数学模型和公式的研究。

⑤进一步收集、整理地震人员伤亡资料，分析对比人员伤亡与震害之间，人员伤亡与社会经济状况之间的关系，寻找表述地震人员伤亡的合理关系式，并进一步制订适合我国国情和各类地区的社会可接受伤亡率；

⑥进一步开展有关工程抗震设防标准的可靠度研究。

（局工程力学研究所　谢礼立　张晓志　周雍年）

# 形变、应变前兆研究中的几项新进展

"六五"清理攻关解决的主要问题是形变、应变观测应如何进行才能得到对地震预报有用的信息。为此，从1981年起，对当时正在观测的台站环境及仪器质量等进行了认真的调查，并对观测资料进行频谱分析，确认影响观测质量的主要干扰因素为温度与降水，从而提出台站改造及将观测仪器深置等有效措施，并提出能够清晰测到固体潮作为形变、应变观测质量和灵敏度合格的指标。曾以相对噪声水平及固体潮振幅因子中误差这两项定量指标，对全国台站资料的长期稳定性与观测灵敏度进行了多次全国性的评比，以此指导台站环境的改善和仪器更新及仪器最佳状态的设置。至1986年，国家地震局系统的形变台站资料质量得到了很大的改善，资料的可利用率达90%以上，可靠性和灵敏度均达到国际先进水平，从而排除了分析预报中因资料不可靠所引起的后顾之忧。

"七五"实用化攻关是在"六五"清理攻关基础上推进的，亦即在台站观测资料基本可靠的基础上，总结行之有效的分析预报方法及估计其预报成功率，并努力使这些方法由科研转向生产，在日常的分析预报工作中顺利运用。本领域经过"七五"攻关，对几种有效方法如速率差分法、矢量图示法、$\gamma$值动态变化等进行了效果的检验；同时从实用的需要，研制了数据库及相应的计算机分析系统，并以此积极参与了每年两次的全国地震趋势会商，取得了较好的效果。值得提出的是以固体潮振幅因子$\gamma$值表达的观测点处岩石性状的动态变化，以其物理概念清楚、资料稳定可靠和预报效果良好而得到国际国内地震界的重视。

"八五"地震短临预报攻关于1991年起进行，经过5年的努力，现已圆满完成。就形变、应变领域而言，除了遵循国家地震局"八五"攻关专家组要求，紧扣"短、临"，在"新"和"实"两个字上下功夫外，特别在预报的物理基础上作了深入的研究和探讨，可以说是对形变、应变类前兆能否进行地震的物理预报作了一次颇为扎实的论证。攻关过程中，还开发出若干物理意义明确的形变、应变短临前兆信息，其中少数是由直接观测得到的信息，而大部分为由各类直接信息组合或由信息频谱分析得出，从而丰富了信息库，使高质量观测资料得到了充分的利用。在以异常信息预报地震三要素方面，主要研究了以信息合成提高判别异常信度的增益方法，提出多台异常信度增益的$C$值及信息流合成方法，并提出以时序曲线和系列等值线图表达异常信度及震源发展的图像显示法。

## 一、在"八五"地震短临预报攻关中获得的几项新进展

### 1. 形变、应变类前兆的配套特征及其正反演计算

存在孕震体的情况下，形变、应变类前兆可反映地壳内应变积累的程度，这可能是实现地震短临预报有希望的方法。

以力学类前兆进行地震预报，可以有效地进行时序跟踪，结合孕震的物理过程，探索由场及源，由中期进入短临异常的表达形式和特征。但是，由于各台站与孕震体相对位置的不同，所处环境的差别，信息传递途径介质状况的差异，有时会使各台站的映射大相径庭，表

现形态各异。预报实际是在未知孕震源位置的情况下进行，因而面对的是十分复杂的图像。例如对于固体潮振幅因子，各个台站的异常既可能出现偏高，又有可能偏低；地倾斜矢量的方向可能正倾也可能反倾，速率可能很大，也可能停滞（或打结）；地应变速率可能增大，也可能减小。乍看之下，似乎矛盾百出，于是人们或者对观测结果与仪器表示怀疑，或者认为资料中存在严重干扰而无法分析。殊不知，正可以以此差异的现象去探测有震、无震、近震、远震等奥秘。诚然，当无孕震源存在时，一个地区各形变台站的日常记录会呈现出随机性，但在孕震源出现并不断发展的情况下，随机的杂乱无章即被规律性替代。这些规律能否被揭示呢？笔者从两个方面进行了研究。一是进行了孕震体模型正反演的计算，借以得出形变场、倾斜场等前兆时空分布的规律。计算时采用膨胀模式，将孕震体视为一个膨胀体，根据膨胀的微观实质，采用地球物理学中的位错理论，将膨胀体内的各种裂隙看作是一个复杂的位错源，因而将由单个裂隙的形成或增大而引起的介质形变，看作是一个点源张裂位错产生的形变问题；膨胀体内各裂隙在地表产生的这种形变的叠加，即得到膨胀体在地表产生的形变效应。这种方法虽也作了一定的假设和近似，但并不影响问题的实质；而且这种方法便于数值计算，因而也就便于用来研究形变的时空分布特征。

膨胀体范围 $V$ 取为椭球体，膨胀体上界为 $d_1$，下界为 $d_2$。$a$，$b$，$c$ 为椭球半径。取 $a=8\text{km}$，$b=c=6\text{km}$，$d_1=-4\text{km}$，$d_2=-16\text{km}$，并设 $m=2\pi\times10^{-6}$。

设计了以 Borland $C^{++}$ 语言编程的正反演计算程序，为尽可能揭示出膨胀产生的地形变场空间分布的全貌，这次计算不是计算少数代表性的数值，而是对张裂位错、走滑位错和倾滑位错三种情况都分别在膨胀体四周均匀地取 39×39 个地表点，计算膨胀椭圆体在这些点产生的地形变 9 个分量值，还计算了膨胀体参数变化对地形变的影响，共形成 100 多个计算结果数据文件，花费机时 400～500h，从而取得了这一领域最为完整的计算资料。

（1）对于地表垂直位移。张裂隙源产生的地表垂直位移为地表隆起，且在膨胀区中央最大。地表隆起衰减较快，在距膨胀体重心 $2a$（为椭球体长轴半径）时，衰减达一个量级，至 $3a$ 处，该膨胀体引起的地表隆起已小于0.5 mm，达到当前我国台站监测精度之极限。

（2）对于地表水平位移。张裂隙源产生的地表水平位移在膨胀区边缘处最大，其最大幅度约为最大垂直位移的 1/3。水平位移衰减较快，在距膨胀体边缘 $2a$ 时，衰减已达一个数量级，在距离 $3a$ 时，已监测不到地表水平位移。

（3）对于地应变。膨胀体中心处地应变最大，膨胀体边缘处附近为零，跨越边界后反向，在膨胀体边缘以内，地应变为伸张，在边缘以外，地应变为压缩，地应变的衰减比位移稍慢，在距膨胀区中心 $3a$ 处，减小一个量级，由于我国地应变台站观测精度已达 $10^{-8}$，因此，其监测范围约为 $4a$。

（4）对于地倾斜。地倾斜幅度在膨胀区中心为零，在膨胀区边界附近最大。地倾斜的方向在膨胀区内指向膨胀区中心，在膨胀区外背向膨胀区中心，地倾斜的衰减比应变稍快，在距中心约2.5 $a$ 处，减小一个数量级；由于地倾斜台站观测精度已达 $10^{-8}$，因此，其监测范围约为 $4a$。

椭球体参数、应力状态等不同，对结果的影响是显著的：

（1）应力状态：裂隙张开呈水平（即 $\delta=0$）时，影响最大，$\delta=45°$时次之，$\delta=90°$时最小。特别对于地倾斜，$\delta=0$ 时的幅度较 $\delta=45°$时大 2 倍，比 $\delta=90°$时大 30 倍。

（2）$d_1$ 和 $d_2$ 的影响：即使膨胀体尺寸相同，但埋深变浅时，地形变将迅速增大，变深时地形变明显减小。

(3) 膨胀体尺寸增大时，地面位移及地倾斜均明显增大，地应变则仅与 $c$ 值相关，$a$、$b$ 增大时影响不大。

正演计算所得的大量结果是十分有意义的，不但可根据正演计算结果来判断某一地区是否具有形变、应变配套特征而可能已形成孕震体，而且还可根据该范围内的形变、应变异常去探求孕震体的位置和大小，当然要用试错法，以矛盾符号比较少来进行判定。

为了更好地根据形变、应变类前兆异常进行孕震源的探测，以场求源，本课题还进行了反演计算。

以 1983 年 11 月 7 日菏泽地震(5.9 级)为例，进行了反演的尝试，获得了一些有益的结果，亦以此证明确实在地震时有孕震源的存在。某些学者提出可以用能否反演成功，作为是否已在该地区形成孕震体的判据，似是一种值得重视的考虑方法。

上述有关形变、应变类前兆配套特征及正反演的计算等都是在确认地震前孕震体存在的解释下讨论的。那么，到底地震前存在不存在孕震体呢？为此，收集了多次大震时的形变、应变观测资料，验证了其配套特征，从另一侧面阐明了地震前假设存在有孕震体是合适的。并认为这一工作十分必要，今后应随大震的发生，适时地收集形变、应变配套特征，并与震源体结合，与计算数值对比，阐明地震前孕震体的确实存在，这对前兆观测预报地震的思路，无疑是一个根本性的认证。

**2. 信息合成**

形变、应变类前兆的信息合成及其增效，也是本次攻关中获得的重大进展。

信息合成是对多项资料信息提取方法的研究，它是将多手段在不同地点采集到的数据中所含同源信息进行提取合成，以增强其信噪比，使得更容易辨识总体信息在时间域中的丛集、准同步、群体增强等特征。

(1) 空间图像信息法：将某种信息量在空间的分布用面函数或内插方法以等值线形式展示，常用于同一类在不同地点观测或经计算后得到的信息量合成，类似“气象云图”。垂直形变速率和地震前后 $\Delta\gamma$ 值空间变化图像等均属此类。它们适合于孕震地点的判定，当空间图像实现周期足够短时，便可显示一系列时序的空间图像，用于判定时序演化特征，从而判定发展时段。

(2) 频次合成及速率合成：如果认为短临震兆是震源区进入亚临界状态和近源区进入临界状态的系统行为，则此时信息的输入与输出将不成比例，群体性涨落将被放大，频次合成与速率合成即为发现其涨落放大的一类数字信息合成方法。

(3) 异常概率合成：异常概率合成通常是将若干观测值序列分别标准化成正态随机分布序列，统计出其异常概率，利用二项式定理，求出 $j$ 时刻出现 $k$ 个异常事件的概率，然后计算其信息熵，察看熵值随时间的变化与地震的关系。

多台异常信度合成法（$C$ 值法）亦可归类于此，只是将地震预测经验中获得的信度代替了正态分布中的概率。其数学模型表达式为

$$B_i = 1 - \prod_{j=1}^{n}(1-\zeta_j),\quad C(x,\ y) = \frac{\sqrt{2}\sum_{i=1}^{m} P_i B_i}{\sum_{i=1}^{m} P_i},\quad P_i = \frac{D - R_i}{D}$$

式中　$B_i$ 代表第 $i$ 个台站确认为异常的信度；$\zeta_j$ 表示第 $i$ 个台站第 $j$ 项资料确认为异常的信度，仅确认为异常的信度，它由实际发生地震资料统计得出；$C$ 为信度合成值，以 $C \geqslant 0.5$ 为多台异常成立；$D$ 为信息合成范围的半径，可假定为 100～500km，分别相应 5～7 级地震；$R_i$ 为第 $i$ 个台站到（$x$，$y$）点的距离；$m$ 表示于 $D$ 范围内有多少个台站参加信息合成；$P_i$ 代表 $B_i$ 的权。

$C$ 值法已得到较好的应用。使用时，以 $D_i$ 扫描（一般取步长为 50km），得出几个 $D_i$ 值时 $C$ 值 $\geqslant 0.5$ 的结果。以此确定孕震体的位置和大小，若在不同的时间（例如每隔一个月）进行计算，并确认 $C$ 值突然增大，则还可判断地震临近的时间。

**3．开发若干有物理意义的短临前兆信息**

以形变、应变前兆进行短临预报时，最关键的问题是寻找到一种临近地震时从震源发出的信号。对于形变、应变类前兆常用的物理因子为速率（加速率）变化、方向变化及由固体潮的振幅因子所表达的岩性变化。这些信号在孕震体形成后即可在附近台站上获得，一般均开始于中期。随后，采用信息合成方法，间接地捕捉其向短临过渡时的“放大”。当然，这不失为是一种思路，是一种利用数字信号合成进行追踪分析的方法。但还有没有更为直接的短临前兆因子呢？一种直接由震源体发出的临近地震的物理因子？本次攻关中作了下列几方面的探测：

（1）直接从观测数据中开发。由许多震例中发现，地倾斜、地应变等连续观测的记录图纸中，常在临震之前有高频脉动型的异常图像出现。表 1 列出这些临震前波动的例证。

**表 1　临震前脉动现象统计**

| 台站 | 仪器 | 地震 | Δ/km | 前兆信息 | | |
|---|---|---|---|---|---|---|
| | | | | 出现时间/h | 形态 | 持续时间/h |
| 永胜 | FSQ | 1988 年 11 月 6 日澜沧 7.6 | 440 | －4.5 | 脉动 | 4.5 |
| 下关 | GS15 | 1988 年 11 月 6 日澜沧 7.6 | 295 | －4.0 | 脉动 | 4.0 |
| 弥渡 | FSQ | 1988 年 11 月 6 日澜沧 7.6 | 270 | －4.0 | 脉动 | 4.0 |
| 易县 | SSY－Ⅱ | 1989 年 10 月 19 日大同 6.1 | 180 | －8.0 | 脉动 | 6.0 |
| 厦门 | SQ－70 | 1986 年 11 月 15 日台湾 7.6 | 250 | －5.5 | 脉动 | 4.0 |
| 兰州 | SQ－70 | 1990 年 10 月 20 日景泰 6.2 | 100 | －28.0 | 波动 | 23.0 |
| 云县 | SQ－70 | 1992 年 4 月 23 日缅甸 6.9 | 225 | －37 | 波动 | >30 |

由表 1 可看出，出现时间一般为发震之前几小时至几十小时，形态为高频脉动或波动，周期自几十秒至几十分钟。多数学者认为这是地壳在强应力作用下震源区岩石可能产生大量微破裂，这些脉动异常可能是岩石微破裂所发射出的高频信息，而周期较长的波动，可能是信息传递中，高频部分易于被地壳介质吸收，而一部分较低频信息得以到达台站，与台站仪器共振在记录中得到的反映。

由于异常的发现一般是在临震，如何在短临预报中实用，还需要做许多工作。如何与大震前微小地震联系起来分析，也还有待于深入研究。

（2）形变、应变观测中的前兆性频谱特征。频谱特征是一切地球物理信息的基本特征之一，固体潮的一个重要特点就是具有明显的周期性。曾发现地震前潮汐畸变，可认为是地震前兆信息对固体潮观测频谱的干扰，因而提供了从固体潮频谱异常中探索地震前兆的可能。

此次攻关研究中，有两种固体潮频谱异常特征似乎与地震前兆有关。

$\gamma$ 值的前兆性谱特征。震前3个月开始出现主频波逐渐加强；地震当月（临震时）其谱强度达到极大值；震后则恢复为正常的随机频谱结构特征。

分析了若干震例，结果表明这种地震前（约3个月）出现的谱特征异常是普遍存在的。但是具体的特征变化情况却有所不同，有的是震前原来非常清楚的主频忽然湮没，而震后又恢复正常。

震前功率波峰值异常。峰值出现不久发生地震，可能解释为峰值出现时其振幅（或能量）得到增大和加强，当这种波动借助地壳内的构造运动传播经高应变积累区时，即可能触发地震。

（3）由组合得到的前兆信息。由观测值直接探测前兆信息的可能性毕竟是有限的，本次攻关中尝试从组合信息中获取有物理意义的前兆信息。

众所周知，形变、应变、倾斜观测，一般均在台站上布置成南北、东西两个方向。过去，除地倾斜矢量图之外，大部都将两个方向独立处理。这次攻关中，尝试将倾斜固体潮水平分量振幅因子 $\gamma$ 值的南北、东西两方向进行组合，即由东西加南北组合成表征面膨胀的因子，东西减南北表征成45°方向上的剪切，东西除南北表征成介质的各向异性，再加上过去沿用的东西向作为一个拟定的主方向，则共有4种序列。从大同－阳高6.1级地震之前所作的这4种等值线图中可以看出，在震源区，首先是各向异性形成，然后是剪切，最后是膨胀。对于一个6级地震，出现各向异性可能在4～5个月之前，然后是剪切，而膨胀因子的异常只是在1～2个月之前才较为明显。

利用这种序列等值线图，可以对震源区的物理过程进行一定的描述。这犹如一次现场大尺度的破裂实验，而且根据系列中各项因子出现异常的先后，可判断地震临近的时刻。

## 二、前景及方向

通过本次攻关，对以形变、应变前兆进行短临预报的物理基础，进行了全面的验证，成效是显著的。不但在理论上以配套和有序阐明了在具有孕震体情况下，周边台站应该获得的映射图像，而且研究了孕震体不断发展情况下震源区及外围区台站上映射的相应变化，以及表达这些变化的前兆指标及信息合成方法。由此认为，以形变、应变类前兆进行地震预报有可能逐步过渡到物理预报。类似于气象云图式的前兆因子等值线图将可较好地阐明孕震区物理发展的过程，从而使地震的短临预报获得一次质的飞跃。在组织得法和措施得力的情况下，以形变、应变前兆进行综合判定和追踪分析，对孕育中的5～7级地震进行监测围捕直至作出成功的短临预报是可能的，这是本学科领域多数专家对前景的乐观估计。

诚然，在“八五”攻关中所做的研究还是基础性的和示范性的，真正要推行和仿效，尚须在下列几个方面下大功夫：

（1）在形变、应变台站的监控范围内，充分利用孕震体模型正演计算的结果，对各台站观测到的形变、应变异常经常进行试错法拟合（类似测震中利用吴尔夫网），以判定该范围内是否有孕震体形成，推测其震源的地点及大小，当确认孕震体已经形成，即应及时组织加密监测及追踪分析。

（2）继续收集和分析震例资料，对新开发的短临预报物理指标，进行理论研究和实用效果检验。例如对主频异变及功率谱加强的物理含义作进一步的研究；对孕震区出现剪切、膨胀的时间延续与地震大小间的相关性研究；临震指标（例如脉动、失稳）的提前出现时间等。

（3）研究更广泛的信息合成方法，特别与小震信息，压磁压电类信息，水位和重力类信息之间的合成和增效方法。

（4）根据当前仪器设备及台址条件，研究预测我国西部6级、东部5级（或5.5级）地震时应有的监测台站密度，及应有的加密观测延续时间，供地震局组织预报工作时参考。

（5）根据当前情况，除少数重点监视区外，我国大部分地区的前兆台网较为稀疏，因此有必要考虑组织前兆快速反应队伍，即在发觉孕震体形成的情况下，立即部署该地区的加密加强监测，与测震的流动台网相配合，进行短临预报的追踪观测与分析。

（6）继续完善计算机专家系统，将指标体系与综合判定追踪分析有机联系，提供前兆快速反应时使用。

（7）继续寻找具有物理含义的临震前兆指标，包括研究现有的短临前兆指标，以信息增效或有序度增加等方法，使之进一步符合临震预报的实用。

（局地震研究所　吴翼麟）

# 中国地壳形变（应变）连续观测技术

## 一、回　顾

自1966年河北省邢台地震以后，中国的防震减灾事业得到了全社会的深切关注，地震监测预报工作有了很大发展。地震是地壳介质在构造力作用下发生破裂的一种表现形式，应力的积累过程，必然伴随有岩石的变形和应变。直接测量一个时间尺度的固体地球内部的运动，是地壳形变（应变）连续观测的主要目标。

为了适应兴起的地震预报研究的需要，台站使用的地壳形变（应变）连续观测技术也相应兴起。借助于地球物理、力学参数测量、计量技术、工程变形监测和空间技术等方面的技术成果，结合地震前兆形变变化的特征，从70年代初开始相继研制成功了几种分辨率为$10^{-7}$～$10^{-8}$量级的观测地壳倾斜和应变变化的观测仪器，并在新建的100多个连续观测地壳形变台站上安装使用。仪器观测室大部分是浅山洞或地下室。其中以金属丝和石英丝制造的水平摆式倾斜仪应用最广泛，采用照相记录方式。有条件的台站安装了长基线的水管倾斜仪和水平石英伸缩仪，其记录方式为目视。

经过十余年（1966～1978年期间）的研究和实践，我国第一代地壳形变连续观测技术的发展，为研究地壳特定点位的形变、应变与地震的关系奠定了初步基础。第一代定点式地壳形变（应变）观测仪器皆为地震战线的科技人员自立更生，自行研制的非标准专用科学仪器，但是由于对地震预报的形变前兆信息了解不足，所以在仪器的灵敏度、长期稳定性、格值精度以及数据采集方式皆处于研制起步状态。仪器的观测条件较差，在长期观测资料中包含着大量的干扰噪声，对信息与噪声的判别水平不够，对仪器的技术要求很难提出确切的技术参数。

通过第一代地壳形变台网观测的数据以及国内外实测的地壳运动资料研究。可以认为，地震前的震中区有持续数年甚至几十年的构造应力的积累，引起地壳应变可达 $10^{-4}$，年应变速率可达到 $10^{-5}$。一般地壳变形的最小年变速率约为 $10^{-6}$；天体运动引起的应变潮及幅值可达 $10^{-8}$；震前及震时较高频率的断层活动及震后出现大约为 $10^{-8}\sim10^{-9}$量级的应变阶。大量的研究和实测的资料的结论证明，要使地壳形变连续观测技术的发展适应地震预报、地球动力学、岩石圈动力学研究以及防震减灾决策的需要，必须使地壳形变（应变）连续观测的数据在灵敏度、长期稳定性以及所代表的物理量有可检测、可判别的标准来检验。国家地震局 1977 年在芜湖召开的地震系统第三次地应力学术讨论会以及 1978 年在长沙召开的地震观测仪器（地震前兆观测技术部分）工作会议上确定了今后地壳形变（应变）连续观测技术和仪器的发展，重点是能明显地观测到地球固体潮汐，以此来选择研制新观测仪器的技术参数和观测条件。利用地球潮汐的振幅和相位变化的关系，可以综合评述台站的地壳形变（应变）连续观测仪器的内符合精度状况，检查观测条件中环境干扰因素的影响程度。

地学研究和地震预报都迫切需要高灵敏度、高稳定性、高可信度的观测仪器来连续地观测地壳形变（应变）的运动信息。1980 年国家地震局在上海召开地壳形变连续观测仪器研制座谈会上论证和确认了我国第二代地壳形变（应变）连续观测技术研究的方向。

## 二、第二代地壳形变(应变)观测技术

我国第二代地壳形变（应变）连续观测技术（1978～1991 年期间）不仅成功地研制出一系列具有国际先进水平的新型仪器，而且在观测条件的研究，台站建设与技术管理、数据管理和分析等方面都获得可喜成果。在此期间，改革开放的良好环境，参与国际合作和交流，促进本领域顺利发展。

研制成功的新型仪器有（经过国家地震局组织技术鉴定的项目）：

SSY－Ⅱ型水平石英伸缩仪。1983 年由国家地震局地震研究所研制成功，并在 20 多个台站上长期服役，仪器灵敏度为 $3\times10^{-9}\sim5\times10^{-9}$相对应变变化，整体标定能明显而又稳定地记录到水平应变地球潮汐，该仪器为我国第一次记录到水平应变地球固体潮汐做出贡献。

FSQ 水管倾斜仪。1982 年由国家地震局地震研究所研制成功，体积标定法，并在 40 多个台站上长期服役。仪器灵敏度为 $10^{-9}$相对倾斜变化，能明显而又稳定地记录到地球倾斜潮汐变化。

WSQ－1 型电涡流水管倾斜仪。1985 年由浙江省地震局研制成功，体积标定法，仪器灵敏度为 $5\times10^{-9}$rad/mm，在几个台站上长期服役。能明显记录到地球倾斜潮汐变化。

SSQ－Ⅱ型台式双轴气泡倾斜仪。1981 年由上海市地震局研制成功。连续记录到地球倾斜潮汐变化。

ZQY－2 型钻孔式气泡倾斜仪。1986 年由国家地震局第一形变监测中心研制成功。灵

敏度为$10^{-9}$，整体标定。

ZX－79型弦式钻孔应变仪。由河南省地震局研制成功。

YRY－2型压容式钻孔应变仪。1983年由河南省鹤壁市地震办公室研制成功。仪器灵敏度为$2\times10^{-11}$，采用压电石英片（或铌酸锂单晶）方法对传感器标定。清晰地记录到地球应变潮汐变化。

RZY－1型电容式钻孔应变仪。1985年由国家地震局地壳应力研究所研制成功。仪器分辨率为$10^{-11}$量级，清晰地记录到地球应变潮汐。

TJ－1型体积应变仪。1984年由国家地震局地壳应力研究所研制成功。静态测量时岩体的体积相对变化为$1\times10^{-9}$量级时，电压输出不小于0.5 mV。采用热标定方法进行标定。

SZW－1型数字温度计。由国家地震局地壳应力研究所研制成功。仪器采用石英晶体传感器，精度达0.03℃，分辨率达0.0001℃。

通过中国、比利时、卢森堡的长期合作，由中国国家地震局地震研究所（武汉），比利时皇家天文台，欧洲地震与地球动力学研究中心（卢森堡），经过12年（1980～1992年）的合作研究和长期合作科学实验，不但成功地研制完成ORBES系列的地壳形变（应变）观测仪器，而且，利用国际固体潮研究中心的研究成果，进行对观测数据的分析和解释，引入地球潮汐，地震预报以及地球动力学研究的思路和方法。ORBES系列仪器是以量测地球应变潮汐及其干扰因素排除为目的的合作研究，合作成果有：ORBES－81型高精度水平石英伸缩仪；ORBES－82型温度变化量测仪；ORBES－83型气压变化量测仪；ORBES－84型垂直伸缩仪；ORBES－85型多通道数字采集仪；ORBES－89型电容式应变（水位）量测仪。

这些仪器在中国黄石固体潮实验站，国际固体潮中心Walferdange地球动力学实验室和比利时皇家天文台（O.R.B）地下实验室内进行长年实验并取得了有价值的科学成果。为了表彰中国专家对推动欧洲地球动力学的发展做出卓有成效的贡献，1991年卢森堡大公国政府授予高文学研究员、蔡惟鑫研究员荣誉勋章。

在此阶段还对洞体设计、耦合方式、标定技术、岩体弹性模量探测、新型传感器的研究以及地壳变动的物理预报方法等开展了不同深度的研究。

## 三、展　望

90年代以来，由于前兆观测技术投入资金的严重短缺，使本领域的持续发展受到一定影响，但是在此期间经过洞体倾斜和应变台网技术管理、钻孔应变技术管理的努力，使我国第二代台网建设和仪器的观测资料仍保持长期连续稳定可靠的势头，并且逐步完善一整套地壳形变连续观测台网的技术管理办法。特别是洞体倾斜和应变潮汐观测台站约有50多个台站，按照台站技术管理规范的要求，长期取得优质的连续观测资料。笔者近期通过中、比、卢“固体潮汐地球动力学观测技术”的持续合作，中国和西班牙之间“地壳形变观测技术在火山和工程中应用研究”的合作，以及与冰岛等国的技术交流过程中认为，欧、美同领域学科的先进国家，在“国际减灾十年”活动的推进下，利用现代传感技术、计算机技术、通讯技术及信息技术的成果已全面实现观测数字信息快速传送、实时处理、决策智能化的网络系统。

我国第三代地壳形变（应变）连续观测技术的发展是在过去仪器及观测条件所获成就的基础上，一方面继续完成对第二代观测仪器的质量和功能全面上档的基础上，将台站的模拟记录快速改造为数字采集，另一方面尽快实现台站数字信息的快速传递，实时处理和决策智能化的网络。为了尽早实现我国第三代地壳形变（应变）连续观测技术的数字化、网络化做了大量的技术储备。

（1）全国约有40多个洞体倾斜潮汐形变台和20多个应变潮汐台中的观测仪器，长期取得连续、稳定数据资料，仪器的探头、换能器、标定装置、观测条件、质量衡量的分析方法（潮汐调和分析，Nakai检验等）和技术管理都已得到十余年的长期考验，并取得大量成熟的经验。在提取地壳形变连续变化对地震孕育过程时序中的物理、力学响应也有了长足的发展。

（2）通过国际合作，已取得数字采集和有线远距离数字快速传送技术的硬、软件的制造和实验成果。三年多的现场使用已全面实现数据传输速率高，误码率低，使用操作方便，安装维护简单，费用节省等指标。该成果已被GPS观测有线远传系统和三门峡大坝周边构造形变观测系统等项目应用。

（3）研制成功形变应变观测数据的卫星传输、无线传输系统，分别被长期有效地应用于长江三峡的滑坡监测、黄石板岩的危岩体上的监测。

（4）通过1992年国家地震局资助的“硐体形变观测仪器的技术改造”合同项目，将中、比、卢合作的ORBES－85数字采集仪进一步发展，成功地研制出16通道为基数的多路数字采集系统，为形变台网的数字化奠定技术基础。

（5）地壳形变前兆观测在地震物理预报中的研究，提出以应用地壳形变连续观测的潮汐形变和断层形变测量数据为基础展开孕育过程中的主要力学前兆现象（如孕震区介质应力状态的异常变化，介质破裂面上的剪切应力变化，扩容等），意图从地壳形变连续观测中能反应地震的力学前兆特征参量及提取方法。

地壳形变连续观测技术的台网数字快速远传网络系统的技术储备条件已近成熟，为了从根本上提高我国防震减灾的科学水平，提高地震预报的快速反应能力和决策水平，建设以台网数字化、远程传送网络化为主体的第三代地壳形变前兆观测技术势在必行。同时，也可将本领域的高技术发展持续跟踪国际发展的前沿，为21世纪的持续稳定发展做好准备。

（局地震研究所　蔡惟鑫）

## 地震和前兆数字化观测试验系统研制进展

“地震和前兆数字化观测试验系统的研制”是国家“八五”科技攻关项目85－907中的研究课题，主要包括甚宽带数字地震观测试验系统研制，区域数字地震遥测试验系统研制，流动数字地震观测试验系统研制和数字地震前兆遥测试验系统研制等内容，其目的是建立中国数字化地震与前兆观测试验系统，为我国地震观测技术系统“九五”期间换代作好技术储备和奠定基础。

经过5年的攻关，研制出了一系列数字化地震观测与地震前兆观测仪器和计算机数据处理系统。其中单项仪器设备20余种，系统软件包10余种，有些仪器和软件包已形成一个系列，可由外界条件因素决定仪器或软件的配置。构成了适用于我国国家数字地震台网、区域数字地震台网、流动数字地震台网和数字地震前兆遥测台网的全部硬、软件设备，并分别在白家疃地震台、北京地震台网、江苏省地震局和张家口地震台进行了组网试验和试运行，效果良好，圆满地完成了预定的攻关任务。1996年元月国家地震局组织了专家对仪器设备进行了严格测试，结果证明5种地震计（地震传感器）、3种数据采集器、GPS数字钟等均属具有特色的高科技产品，可列入国际先进水平。1996年3月26日通过了国家科委组织的验收，到会的领导和专家对我们所承担的“数字化地震和前兆观测试验系统的研制”(85-907-01）课题给予了充分肯定的评价。

**1. 主要高科技水平单项科研成果简介**

（1）JCZ-1型超宽带地震计：采用恒温技术使地震计的主体达到0.0001℃的稳定性使仪器对野外环境温度要求很低；采用多种技术措施，使高灵敏度的地震计频带扩展到直流，可以分辨的最小位移达到$10^{-11}$m；这在国际上同类地震计方面属领先水平。

（2）FBS-3型宽频带地震计、JC-V100型短周期地震计、SLJ-100型加速度地震计均为三分向一体的地震计，都具有高精度、高稳定性、很好的线性度和大动态范围，体积小，重量轻，安装使用方便的特点，并带有自检标定功能，商品化程度高，除在国内台网安装使用外都有不同程度的批量出口。

（3）EDAS-3型数据采集器：该设备是数字地震台网的主要设备之一，它采用了当代先进的过采样抽取技术改善了信号相位失真，降低了系统噪声和动态范围，使仪器的线性度和分辨率大大提高；使用了最小相移滤波，避免了数字滤波的引入而造成地震图出现超前震相的现象，解决了地震速报定位不准的问题。本项技术做为技术出口至日本。五十余台设备已安装在国内台站使用。

（4）G-180型GPS同步时钟：本仪器采用了先进的GPS授时技术，提高授时精度，减少设备成本、体积和功耗；采用逐步跟踪、数字锁和同步算法，提高了时钟的稳定性。产品化程度高，并已形成一个系列。除整机以外还有STD板、VME板和OEM板等系列产品，除国内近10个台网中心使用外，系列产品已有60套出口日本，这种技术还应用在EDAS-3型、$E^2$DAS-3型数据采集器中。

（5）地震数据处理软件包的开发：利用计算机进行地震数据处理是数字地震台网观测地震结果的最后环节。共开发软件包6个，主要是：EDPS-MCS型多路实时数据汇集器软件包；EDSP-RTS（SUN/PC）台网地震数据实时处理软件包；EDSP-IAS（SUN/PC）台网地震数据分析处理软件包；这些软件包已经在北京台网、西安台网、南京台网试运行，效果良好。

（6）DSC-1型地震前兆综合数据采集器和DSC-2型地震前兆数据采集器采用20位$A/D$数据采集、具有低功耗、抗多种干扰、高可靠性和遥控功能，是地震前兆遥测试验系统中的关键设备达到国际同类产品的水平。

**2. 经济社会效益及国内外推广前景**

课题组边研制、边应用，目前在国内已着手架设的数字台网有海南、西安、北京、南京、茂名等地，准备架设的有昆明、下关、海口、克拉玛依等地，着手准备的地区有十多个。

从1993年起，课题组与日本地震仪器公司开始了技术和商务往来合作，通过商业渠道向日本出口仪器设备，如JC－V100型单分向、三分向短周期地震计；FBS－3型单分向、三分向宽频带地震计；SLJ－100型加速度计；G－180型GPS同步数字钟系列产品；EATS型地震遥测设备等共计百余套（台）。这些除在日本安装使用外，有些已在韩国、埃及等国的地震台网中发挥作用，这些仪器和成果已被美国、泰国、巴基斯坦和我国台湾的地震专家及地震仪器厂商看好。估计在不远的将来这些设备会很快走向国际市场。

技术组还开展了地震仪器技术出口的项目，如1995年日本阪神大地震时，不少数字化地震仪器记录都出现了在地震波到达之前的超前震相，出现自动定位不准的问题，但在我们研制的EDAS－3型数据采集器中使用了最小相移滤波，则避免了由于数字滤波的引入而造成地震图出现超前震相的现象。

（局科技监测司　阴朝民）

## 基础探测工作进展

1995年是“八五”计划最后一个执行年度，经过“八五”科技攻关项目的实施，国家地震局的基础探测工作取得重要进展。其中，国家“八五”科技攻关计划所属的85－907－02课题“华北北部重点地区地壳细结构和介质物性的探测研究及其潜在震源区的预测”和85－16－04－04专题“长江三峡工程地壳稳定性与水库诱发地震问题的深化研究”通过了国家科委验收；国家地震局“八五”重点项目计划所属的85－02－01课题“中国大陆重点地震监视防御区主要活动断裂大比例尺地质填图和综合研究”通过了国家地震局验收；85－14项目“新年代学实验室技术改造”按计划完成了1993～1995年的技术改造任务，计划于1996年10月组织验收。

85－907－02课题采用先进的深部探测技术在邢台和首都圈地区进行多手段综合探测，累计完成深地震反射剖面240.6 km，宽角反射/折射剖面1538km，大地电磁测深剖面1496.4km，电磁陈列剖面14.2 km，大地热流值61个。通过多学科的综合研究，揭示华北大震区的深部环境和发震构造具有如下特点：①大震震源区下方存在陡倾角隐伏深断裂（海城地震除外），大震发生在该断裂与浅部断裂限定的空间内；②壳内存在拆离带，并被隐伏深断裂所阻，形成结构交汇区，大震发生在交汇区范围内；③壳内有低速－高导异常体存在，大震往往发生在低速体上方或角隅脆性地壳内；④大震震源区一侧上地幔局部上隆，上地幔物质渗入中或下地壳。该课题通过深浅活动构造研究及地壳应力三维分布计算分析，对首都圈及邻近地区的潜在震源区及其震级上限进行了地质地球物理条件下的细致划分和预测。通过85－907－02课题的实施，使我们在大陆伸展构造区强震孕育过程的认识方面取得了重要的突破，对推进首都圈地区的强震预测和防震减灾工作具有重要意义。

85－16－04－04专题是：“七五”攻关有关专题的继续和深化，在完成了人工地震剖面探测，地面地质调查与追踪，样品测试与分析，模拟实验和大量资料的收集、计算分析工作的基础上，进行了多学科综合研究，取得了以下主要进展：①从巴东至宜昌沿长江一带分布的北西西向重磁异常是基底到上地幔的拗陷和隆起的反映，在坝址附近未发现连续的、切穿地壳的，由地壳至莫霍面的北西向大断裂；②对牛口、水田坝等断裂活动性研究表明，这些断裂属盖层断裂，不能作为孕震断裂；③根据概率方法对水库诱发地震的评价结果，三峡水库三个主要可能发震库段发生4.0～4.9级地震的概率在0.07～0.2之间，4级地震对工程的综合影响烈度约为Ⅵ度；④三峡工程区区域应力场最大水平主应力为NWW近EW向。上述结果对于深化认识三峡工程建设中最为人们关心的关键问题之一的水库诱发地震问题，优化工程设计和制定震害对策具有重要意义。

85－02－01课题通过对全国15条主要活动断裂带1:5万地质填图和综合研究，以及数据库、古地震与滑动速率、地震危险性定量评价、活动断裂图像和动力学研究等专题研究，完成了近5000km的1:5万活动断裂地质填图及大量定量数据的实测，获得了包括活动断裂分段、滑动速率、同震破裂和位移、古地震和大地震重复间隔和离逝时间等几何学运动学参数，开展了活动构造数据库试建，并取得了不同类型活动断裂的古地震标志和滑动速率、演化和破裂机制、不同段落破裂的相互作用、不同层次的特征地震方面新的认识和见解，并根据所获得的各条活动构造的各项定量数据，运用确定性和概率性地震危险性评价方法，提出了部分中近期具有大地震发生危险的地点，这对于开展这些地区的地震监测预报及防震减灾工作具有重要实际意义。

85－14项目按计划完成了$^{14}C$和光释光（OSL）实验室的改建，钾－氩（K－Ar）实验室和光释光（OSL）实验室的技术改造，$^{14}C$、ESR测年制样和原热释光（TL）测量系统的技术改造在1995年已完成了大部分工作，预计在1996年上半年完成。该实验室的改造将使国家地震局具有高精度、广适用性的一套测定年轻地质事件和地层年龄的方法和技术，满足国家地震局“九五”期间在活动构造研究，大陆强震成因和孕震环境与过程，强震中长期预报，工程地震等方面研究工作的需要。

（局震害防御司　吴建春）

# 大别造山带深地震折射/宽角反射剖面探测

## 一、引　言

含柯石英超高压变质岩的发现被认为是80年代全球地学研究的重大突破之一。最近几年来，在挪威加里东造山带和意大利西阿尔卑斯造山带连续发现了含柯石英的榴辉岩。大别山地区是目前世界上已知的第三个柯石英榴辉岩产地，而且含柯石英榴辉岩相岩石遍布1000km$^2$的范围，比前两个地区的范围大得多。这些发现为认识大别山造山带的构造格局和演化提供了新的、强有力的证据。对榴辉岩等高压变质岩的研究是当今全球地学界进行大陆动力学研究的重要内容。因而大别造山带演化过程的研究成为“世界级”的地球科学问题。

## 二、区域构造背景和有关的演化过程研究

秦岭一大别造山带横贯我国中部，是我国南北之间地质和地理的主要分界线。多年来，国内外地学家们从构造、变质作用、地球物理和地球化学等方面对秦岭造山带进行了大量的研究。随着研究的深入，人们对秦岭造山带的范围有了更全面的认识。70年代以前，秦岭造山带限于南阳盆地以西的秦岭本部；自1975年以后，将桐柏山—大别山归入秦岭造山带。根据简单的板块构造模式，一般以主缝合带为界将秦岭造山带本部分为北秦岭和南秦岭两个亚带。若考虑秦岭造山带演化过程的复杂性，则分成三个亚带更为合适，即北秦岭、中秦岭和南秦岭。北秦岭是一个以加里东造山为主旋回造山带；南秦岭则是以印支造山为主旋回造山带；中秦岭位于秦岭主缝合带之南，夹持于南、北秦岭之间，是一个主要由泥盆系舒家坝群、刘岭群、信阳群及其相当地层组成的以华力西造山为主旋回、于燕山造山最终完成的多旋回造山带（任纪舜等，1991）。

大别造山带是秦岭造山带的东延部分，它作为华北板块和扬子板块的缝合带，通常在构造上划分为五个单元（董树文等，1993），自北而南依次为：①北淮阳构造带；②北大别岩块和镁铁超镁铁质岩体群（北以桐柏—磨子潭断裂带为界，南以漫水河—岳西镁铁—超镁铁质岩体群为界）；③南大别岩块及高压变质带（南至大别山南缘宿松群，以高压和超高压变质带发育为其特征）；④大别山南缘构造－高压变质带（以绿片岩相和角闪岩相的张八岭群和宿松群为主，呈狭长的弧形带状围绕大别山变质山体展布，蓝片岩主带和白片岩带发育在其中）；⑤长江中下游褶皱带。

大量的研究表明，造山带榴辉岩的形成是与板块俯冲、大陆碰撞、地壳叠置、构造加厚和挤压有关。由于大别山榴辉岩带处于华北和扬子板块的交界部位，因此人们普遍认为榴辉岩是板块俯冲－碰撞作用的产物。然而榴辉岩究竟是两个板块俯冲碰撞作用的产物，还是夹持于两个板块之间的古大洋壳俯冲作用的产物，目前尚有争论。

高压矿物（柯石英，金刚石等）形成所必要的 $P—T$ 条件表明，这些地壳岩石在剥蚀和暴露之前必须埋藏在超过130km的深度下。然而，全球大量足够的资料表明，在新生代山脉区域下方，莫霍界面的深度并没有超过80km。同时，对均匀的总应变和合理的初始地壳和岩石圈厚度的简单理论计算也得到地壳增厚过程在大约80km被减缓。这是从由于增厚地壳的均衡补偿所产生的垂直压缩，以及由于板块会聚所产生的水平压缩的平衡得到的有限结果。

关于柯石英榴辉岩相的变质作用以及接着发生的区域结构上粘合地体的剥蚀作用，已经有多种模型。Richardson和England（1979）首先提出，下部大陆地壳的榴辉岩化在减小地壳浮力方面可能起重要作用。England和Holland（1979）以及Austrheim（1987）提出块状滑脱构造模型，它使榴辉岩地壳块体能够滑脱进入地幔中，然后上升到地壳的底部，并接着出露在地表。Dewey等（1993）根据下述三个理由认为这种模型是不可能的：①导致它们在第一个位置上下沉的原因并不清楚；②在榴辉岩带并没有看见地幔超镁铁质岩石；③它们未能解释榴辉岩地体的区域结合，并没有观测到构造上并置的榴辉岩和角闪岩围岩。Cowan和Silling（1978），Cloos（1982）和Platt（1986）提出了在消减－增生背景之下会聚期间的剥露作用。然而，这些环境并不能产生大于1000MPa的压力，它对所讨论的超高压带是不够

高的（Dewey等，1993）。

Anderson和Jamtveit（1990）对挪威西部加里东造山带提出一个模型，即粘合的地壳岩石在大陆消减带内被冷且重的岩石圈根往下拉。伸展的塌陷导致深部地壳物质上升，其上升的速率受到造山带下方岩石圈热边界的灾变迁移所影响。Okay和Sengor（1992）赞同大别山具有相似的模型，但随后减低了岩石圈折沉作用的重要性。他们认为主要是与造山带相关的逆冲断裂的数目比足以剥露埋藏于100km深度下的岩石的数目多。

Dewey等（1993）结合简单的数值计算，提出在大陆地壳缩短期间造山带可能发展非常快，这是因为下地壳岩石在广泛分布的粘合地体中转变为具有岩石圈地幔整体密度的镁铁质和富硅质榴辉岩。它们要求灾变岩石圈变薄以提供随后的上升。地热梯度的大规模增大伴随有构造剥蚀作用和水平扩展——“扩展塌陷”（Dewey，1988），并且涉及到大量的镁铁质物质入侵以及地壳的底侵作用。剥蚀能够仅仅只在叠加的扩展滑脱体的下盘出现，导致高品位的下盘岩石对低品位的上盘岩石之间的斜接。使用特定地壳类型的一维速度模型和Nafe－Drake速度－密度曲线，作简单的数值模拟就可以预示在完全造山期地壳和地幔的速度－深度分布。

Okay和Sengor（1992）提出，大别山杂岩显示了向北倾斜的扬子板块俯冲很深的前寒武纪基底，而在北部的佛子岭群形成相同块体的古生代被动大陆壳沉积。

郯庐断裂是世界上最大的大陆走滑型断裂之一。大别山杂岩和佛子岭群的东部被郯庐断裂急剧截断。这一左旋结构始于扬子和华北板块的大陆碰撞之后的三叠纪，其水平断错被认为在侏罗纪和早白垩纪仍在继续（Xu等，1987）。它突然终止于大别山以南，而且在前陆褶皱带内并不产生任何的错位。这表明中生代期间沿郯庐断裂680km的左旋运动在大别山杂岩的南沿被转换成大陆的俯冲。现在这个逆冲的前缘表示为大别山杂岩和前陆褶皱带之间的晚白垩纪之后部分隐伏的正断层。大别山杂岩北部邻接于合肥盆地。该盆地填充了直至7000m厚的中生代冲积湖泊沉积。Okay等认为，郯庐断裂的长度应当与沿着它的位错量相似。这导致了大别山在扬子块体之上向南逆冲了680km。Okay等提出，由沿郯庐断裂的水平断错所估计的向南逆冲680km比足以将埋藏在大约100km深处的岩石剥露还要多。他们认为，在华北板块前缘由于连续的聚合和底侵作用使得地壳不断增厚，导致重力的塌陷及地壳楔形体内正断层的发育。虽然他们提出岩石圈根的最终滑脱必定促进隆起，但他们强调的是通过逆冲作用而剥露方面。Dewey等（1993）则认为剥露只能出现在伸展塌陷期间，其本身发生在灾变平流的岩石圈减薄时期。

还有一些地质学家提出完全不同的模型。Wang等（1992）根据超高压带的变质历史，提出大别山杂岩可能是华北和扬子板块之间的微板块。在插入的大洋地壳完全消耗之后大约230±10Ma期间，它向北俯冲到华北板块之下。许志琴等（1991）对南、北中国板块的碰撞提出了陆内俯冲→斜冲的陆内板块动力学模式。根据大别山以西区域的岩石构造的研究，Ernst等（1991）还提出北部俯冲的极性。

## 三、已有的深部地球物理探测成果

### 1. 深地震反射剖面

虽然直接贯穿大别山的深地震反射剖面和深地震折射/宽角反射剖面过去从未实施过，

但在造山带附近有不少剖面通过。位于南阳盆地的东秦岭深地震反射剖面始于河南叶县，经南阳，止于邓州，全长188km（袁学诚等，1994）。这一反射剖面显示了东秦岭地壳构造模型，它分为三个区域：华北克拉通、扬子克拉通和秦岭碰撞缝合带。华北克拉通是一个稳定的地壳；扬子地壳比华北地壳更具流变性质，可分辨出4个滑脱面：陡岭滑脱面、武当滑脱面、扬子滑脱面和地壳底部滑脱面；秦岭碰撞缝合带宽约100km，向南倾，倾角约15°，地壳结构呈菱形块体样式。秦岭地区的上部地壳为巨型推覆构造，分为北秦岭和南秦岭两个推覆体，各由主推覆体和前缘叠瓦扇组成。前印支期，秦岭地壳向南俯冲，秦岭古生代海盆闭合。在碰撞的后期，秦岭下部地壳向扬子作A型俯冲，而上部地壳则发生大规模由北向南的推覆。

**2．深地震折射/宽角反射测深剖面**

这些剖面是：伊川—郧县（QB－1）剖面（周国藩和陈超，1991）、随县—西安剖面（丁韫玉等，1988）、随县—安阳剖面（胡鸿翔等，1986）、贾家湾—沙园剖面（陈步云和高文海，1988）、随县—永平剖面（国家地震局工矿爆破观测协调小组，1988）、宁德—永平—信阳剖面（国家地震局永平爆破联合观测小组，1988）、随县—马鞍山剖面（郑晔和滕吉文，1989）和符离集—奉贤（HQ－13）剖面（张四维等，1988）。

贯穿秦岭东段的QB－1剖面，解释结果显示莫霍界面的深度由伊川附近的31km呈阶梯状增加到郧县附近的34km左右，而在东秦岭的主脉伏牛山系所经过的地区，其地壳的深部并无“山根”显示。随县—安阳剖面虽然穿过秦岭造山带，但大部分位于华北地台。这一剖面的下地壳内含有梯度层，与华北地区的其他一些剖面结果相似。然而，随县爆破的SW和SE剖面以及永平爆破的NW面的地壳模型中下地壳以均匀速度结构为主。因此推断北祁连—北淮阳深断裂可能是南北不同构造单元的分界线。随县—西安剖面在秦岭造山带内穿行，通过桐柏—磨子潭断裂、南阳盆地、以及秦岭山脉等主要构造单元。因此，相应得到的速度模型能比较真实地反映东秦岭内部的构造。这一模型的主要特征是下地壳较薄，而且其中的速度分布是不均匀的，至少存在高速层和低速层相间的现象。随县—六安—马鞍山剖面自西向东跨越桐柏—大别造山带和扬子准地台两个大地构造单元，从华北地台南缘擦过，主要特征是地壳速度横向变化强烈。HQ－13剖面西起华北地台，过郯庐断裂（嘉山段），进入（下）扬子准地台。张四维等（1988）得到华北地台和（下）扬子准地台的差异如下：①地壳平均速度：华北地区为6.33 km/s，而下扬子地区为6.25 km/s；②基底结构：华北地区基岩整体平均为6.06 km/s，下扬子地区为6.10 km/s；③中间层：下扬子地区存在中间层的强反射波，华北地区无这个震相；④下地壳厚度：华北地区下地壳为10km，而下扬子地区为8km；⑤莫霍面深度：华北地区莫霍面起伏不大，平均埋深为33km，下扬子地区莫霍面起伏大，最浅为29.5 km，最深可达36km。

**3．区域重磁异常分布**

在大别山地区已进行过1∶500000重力编图（仇国华和郭奇斌，1989）。在总体上看，大别山地区可划分为三个重力异常区：即夹持在确山—固始—肥中断裂与淅川—应山—广济断裂之间的以NNW向和EW向重力异常为造山带重力异常区；确山—固始—肥中断裂以北为华北重力异常区和淅川—应力—广济断裂以南和郯庐断裂以东为扬子和下扬子重力异常区。在造山带内部，从布格重力异常图中可以看出，其主体部分是NWW向的巨大椭圆状的负重力异常带，负异常值小于$-0.5m/s^2$。最低值为$-0.75m/s^2$。它被桐柏—浠水、磨子潭、郯庐（桐城—太湖）三条深大断裂所对应的重力梯度带所包围。仅西北端受商城花岗岩体影响，重力负异常向北扩张，梯度带也相应北移。另外，这一地区南部还有一些局部的异常分布。

区域磁场特征是：桐柏—商城—桐城一线之南，新城—黄坡—广济一线以北，以桐柏—大别山为主体的范围内是一个宽缓的区域性正磁场带。它是NWW向延伸，东部宽而异常值高，向西变窄，异常值减低，并可穿越南阳盆地延伸到豫西。正磁场带上还叠加有一些轴向多变的短轴磁异常。该带南、北两侧均为负磁异常带。南侧的区域性负磁异常从鄂西北伸向南淮阳，向东有逐渐收敛的趋势，其上叠加有局部的片状正磁异常。北侧的区域性负磁异常带从豫西一直延续到北淮阳，较为稳定，宽约30～50km。

**4. 大地电磁测深**

六安—瑞昌大地电磁测深剖面，全长300km，共16个大地电磁测深点（董树文等，1993）。经过对$\rho_{TE}$，$\rho_{mT}$两种极化方式模拟数据二维自动反演处理，得到在横向上华北地块低阻，大别山高阻和下扬子中低阻，在纵向上存在两个低阻层的基本特征，且在大别山体内12～23km深度上存在一个产状呈鞍状的低阻层（6～25Ω·m）。根据这些信息，董树文等（1993）勾划出一地壳剖面。

## 四、横穿造山带的深地震折射/宽角反射剖面

已有的深部地球物理探测提供了对大别造山带深部的一些认识。但这是很粗浅的，而且许多结果有待验证。在超高压变质带及其邻近地区进行较详细的深部地球物理研究是必要的。地震波方法对地球深部的分辨最高。因此，我们首先进行横穿造山带的深地震折射/宽角反射剖面探测。

**1. 测线位置**

测线北起安徽庄墓（$\varphi$32°23.6′，$\lambda$117°07.7′），经官亭、埠塔寺、晓天、岳西、撞钟、花凉亭、湖北停前、黄梅、孔垄、江西港口、住岭、德安至安义（$\varphi$28°53.2′，$\lambda$115°32.5′），方位N25°E。测线总长度约为420km。测线分别与NW向的信阳—舒城断裂，桐柏—磨子潭断裂和襄樊—广济断裂近似直交，并在岳西—界岭之间穿过超高压变质带，在瑞昌与九江之间通过长江。另外，测线还分别在官亭和黄梅附近与随县—马鞍山和随县—永平剖面相交。

**2. 观测系统**

从地表地质调查可以预计，大别造山带的地壳结构是相当复杂的。因此，为取得较详细的二维速度分布模型，测线采用相遇和追逐的多重观测系统，并设计较小的炮点距和接收点间距：在造山带内部观测点平均间距为1km。全测线共设8个炮点。炮点位置的选取受到野外场地条件的限制，因此剖面上炮点的分布并不均匀，平均炮点距为60km左右。另外，在岳西有一条与主测线直交的测线，分别对撞钟、二郎河、蔡山、张公渡各炮作非纵观测。

**3. 资料的收集和解释**

野外观测采用三分量模拟地震仪。大别山地区虽然地形起伏较大，但山区的噪音一般都比较低，因此记录的信噪比高。野外的模拟记录经模数转换成数字记录，因而可以作全面的处理和解释，并取得多种深部地球物理参数结构（P波和S波速度，$Q$值，各向异性和泊松比等）。沿测线还进行了2km点距的高精度重力测量。地震和重力的联合解释可以减少模型的非唯一性，并可以取得密度分布。加上大地电磁等资料的约束，可使结果更为合理。数据

解释正在进行中。

## 五、天然地震观测

深地震折射/宽角反射剖面可以取得地壳速度横向变化的较高分辨率。但是，由于观测距离和爆破能量的限制，它能够提供的上地幔结构信息是极为有限的。在各种动力学模式中，地壳岩石已经（也许还在继续）浸没到地幔的深度上。因此，莫霍界面下方的速度异常分布对判断地壳岩石浸没到地幔中和从地幔冒出都是关键的。天然地震能量大因而地震波传播距离远、穿透深度大，且地震信号有很宽的频带，其频谱的不同部分可用于反演不同深度的地球结构。因此，天然地震的远震记录对造山带下方的地幔速度横向变化的分辨是很有效的。

**1. 沿深地震折射/宽角反射剖面的远震观测**

在取得详细的深地震折射/宽角反射剖面资料的基础上，可以精确计算远震的地震波在地壳内的传播时间并把它从走时总量中扣除，从而在速度反演中只需顾及地幔的效应。在庄墓—岳西—安义深地震折射/宽角反射剖面的方位5°以内有许多地震活动区（例如，印度支那，日本，千岛群岛等），可以构成了比较完整的远震剖面。远震观测拟采用宽频带数字地震仪，按一定的间距布设在已有的深地震折射/宽角反射测线上。利用在一个时间段内记录到的远震资料，可以取得较精细的远震剖面二维图像。

**2. 天然地震的台阵观测**

自从Aki等（1976）提出用天然地震台阵记录的震中距大于30°的初至P波到确定台阵下方的三维速度结构的方法（ACH）以来，世界上许多布设地震台阵的地区利用这一方法得到了台阵下方直至100km或更深的深度上的三维速度异常分布。近20年来这一方法有许多改进，但基本原理并没有改变。由于大别山地区（特别是超高压变质带地区）近期的地震活动性较弱，用区域地震资料难于取得好的分辨，因此必须着重在远震资料的采集和使用上。在解释方面，宽频带的数字地震记录提供除走时以外的大量其他信息，全波形反演三维速度结构在实践上已经成为可能，这是天然地震资料的一个显著特点。

## 六、小　结

在大别造山带的深部地球物理研究中，我们强调以地震学方法，即折射/宽角反射剖面、深地震反射剖面以及以ACH方法为基础的岩石圈—软流圈的三维成像研究的重要作用。当然，还必须与其他地球物理方法作综合研究，以便取得更可靠的深部地球物理模型。建立这一模型的最终目的在于增进对超高压变质带的动力学过程的了解。我们遇到的一个重要的问题是，华北板块和扬子板块三叠纪的碰撞之后能够留下多少地球物理痕迹？如果能够留下痕迹且被今日的深部地球物理手段所确定，这些痕迹能够为过去和现在的大陆动力学过程说明些什么？随着研究的深入，认识这些痕迹是可能的。如果我们取得了地球深部的不均匀结构图像，这就为解决大别造山带演化过程提供了重要的线索和依据，阐明一些仅从地表的地质调查无法敲定的事实。

（局地球物理研究所　王椿镛）

# 延怀盆地及其邻区岩石圈速度结构研究
## ——我国大陆岩石圈地震台阵研究进展

自 1984 年美国科学家率先提出大陆岩石圈地震台阵研究计划（PASSCAL）以来，世界各主要发达国家也相继制定了本国相应的发展计划。为了跟踪国际上这一新的发展，1986 年国家地震局地质研究所亦建立了大陆岩石圈地震台阵研究组。

十多年来，该课题组在观测设备的技术发展及相关的理论方法研究方面均取得了实质性进展。包括①在国内率先研制成功了具有国际先进水平的 GDS－1000 宽频带、大动态智能化流动数字地震观测及回放系统；②建立了我国第一个以大陆岩石圈为主要研究目标的实验性宽频带数字流动地震台阵；③成功地发展了用于岩石圈速度结构研究的宽频带远震体波波形的非线性波形反演理论及方法，并形成了相应的实用技术软件；④上述技术及理论研究成果在国家科委下达的“八五”重点课题“延怀盆地及其邻区地壳上地幔精细速度结构探测研究”中发挥了重要作用，取得了有价值的实际应用研究成果。

延庆一怀来盆地位于北京西北，是一个典型的断陷盆地。该地区地质构造复杂，不同走向的构造交汇在一起，小地震活动频繁。为了探明该地区的地壳上地幔速度结构，在大约 $5000km^2$ 的范围内布设了由 15 个 GDS－1000 地震观测台站组成的宽频带流动地震台阵。与传统的人工地震测深方法不同，GDS－1000 流动台阵采用平面布设，台站间距为 5～10km 左右。由于 GDS－1000 数字地震仪的动态范围大（120dB），且具有智能化地震自动识别触发功能，同时又采用了太阳能自动浮充电供电方式，因而实现了野外观测的无人值守。

在延怀盆地布设的 GDS－1000 流动宽频带地震台阵主要用于记录天然地震的远震。从记录的远震 P 波前 60～100s 波形数据可以分离出接收区岩石圈介质的脉冲响应（即接收函数）。通过远震接收函数的波形反演则可获得台站下方岩石圈速度结构的垂向分布。由于远震 P 波信号频率的上限可达 3～5Hz，利用接收函数反演方法得到的岩石圈速度结构的垂向分辨率可达 1km 左右。另一方面，由于远震 P 波在接收区近乎垂直入射，利用台阵的远震接收函数反演则可以研究岩石圈速度结构的横向变化。其横向分辨率则在很大程度主要取决于台站的间距。

刘启元等（1990）曾发展了根据台阵记录分离远震接收函数的最大或然性反褶积方法，获得了德国 GRF 台阵的三分量接收函数。随后发展的接收函数非线性反演理论（刘启元等，1991）曾用于获得 GRF 台阵下的岩石圈速度结构。上述方法进一步扩展到单个台站的情况，并用于根据 CDSN 台网记录研究中国大陆岩石圈的 S 波速度结构（刘启元等，1994）。这些成果也被用于解释在延怀盆地记录的宽频带远震 P 波数据，并进一步开发成功了相应的计算机模型剖分显示技术，获得了延怀盆地地壳、上地幔 S 波速度结构的三维彩色图像。

延怀盆地地壳、上地幔精细速度结构的宽频带流动地震台阵研究表明：

（1）延庆盆地内存在较厚的沉积层。其厚度在盆地中心最大，并在向盆地两侧延伸的方向逐渐变薄。

(2) 在研究区域内，上地壳速度结构复杂，而下地壳和上地幔则相对均匀。上地壳速度结构的横向变化特征与地表构造和地貌特征有明显的相关性。

(3) 上地壳速度结构的突出特点是10km深度附近普遍存在的低速层。它在延怀盆地下方扩展成了明显的低速体。其顶部深度为6km左右，底部深度为20km。低速体北部边界与地表显示的狼山—黄柏寺断裂相对应。

(4) 延怀盆地及其邻区的壳幔边界深度为40km，在研究区域内虽然其上下起伏不大，但速度结构却有较为明显的横向变化。其特点是延庆盆地下方莫霍界面两侧的速度反差较小，而它的外围区域形成速度反差明显的间断面。

(5) 研究区域内地震小震活动频繁，但其主要分布于壳内低速体的外围及壳内低速层附近，而低速体内部形成了地震的空区。由于地壳的S波速度结构直接反映了地壳内的热状态，地震分布与地壳内S波速度结构的相关性说明研究区域内小震频繁发生的原因主要与地壳内的热状态有关。

总之，延怀盆地地壳上地幔精细速度结构的宽频带地震台阵研究充分表明这一新技术的巨大潜力。实际研究结果证明它不但适用于三维速度结构的探测，而且经济、灵活，其费用仅为人工地震测深方法的十分之一左右。岩石圈地震台阵技术的这些优势为大震危险区预测的动态跟踪研究提供了经济实用的技术基础。这是因为地壳上地幔精细速度结构的宽频带地震台阵研究可以用于查明地震发生的构造和物理环境。它对提高地震危险区地点和震级预测的准确性，推动地震预报逐步走上物理预报的轨道将可发挥重要的作用。

（局地质研究所　刘启元）

## 大地电磁测深研究和应用的进展

**1. 数据质量的提高和EMAP方法的应用**

先进的具现场处理或实时处理功能的数字化仪器（如德国产的MMS－03E，GMS05，美国的MT1及加拿大的V5型仪器等）的应用及具有稳定统计功能的robust资料处理技术的普遍使用，使大地电磁观测资料的信噪比大大提高。在干扰较小的地区，观测资料主体频段的重复性对比误差一般小于5%，因而使大地电磁方法在地震监测预报等需要进行定点重复观测等方面的应用成为可能。

EMAP方法（即电磁阵列剖面法）在邢台地震区成功的应用（邓前辉等，1995），使其在消除“静位移”影响方面前进了一大步，成为研究地壳细结构的一种新的手段。

**2. 资料解释和模型技术的新发展**

(1) 阻抗张量分解技术。由于近地表小尺度不均匀体引起的局部电流畸变，曾长期困扰大地电磁资料解释技术的发展，我们在国家自然科学基金会和地震科学联合基金会的资助下，开发了克服这种畸变影响的阻抗张量分解技术。它是通过把反映地下区域异常的阻抗张量与反映局部异常畸变张量相分离的方法，减小直至消除局部畸变的影响，从而得到反映局部异常的视电阻率、相位及走向参数等资料，保证了解释结果的可靠性（赵国泽等，1996）。

这种技术已成功地应用于国家“八五”科技攻关和西藏等地区大地电磁项目研究当中。此外，还研究了克服局部畸变影响的莫尔圆分析技术（晋光文等，1995）。

（2）快速二维自动反演技术。如何使二维反演方法占内存小、运算速度快且使用性强，是国内外同行长期追求的目标。我们开发引进了被认为是当今最先进的二维自动反演技术（RRI)。这种技术先计算每个测点下的一维模型，然后用每个节点的场值计算波动方程中的横向梯度，最后采用与一维反演技术相类似的方法反演全剖面的二维电性结构。该项技术可以在386及以上型号的微机上运行（赵国泽等，1995)，且已成功地应用于“八五”国家攻关项目“华北北部地壳细结构及潜在震源区预测”的研究和近期油气勘探项目之中。

（3）三维模型技术的研究。地球电性三维模型技术的研究近年来正在引起人们更多的重视，并为此召开了专门的国际学术讨论会。蒲兴华在国外研究的基础上，回国后在国家自然科学基金会的资助下，又进行了深入的研究，使该项研究继续保持了国际领先的水平。该技术与其他方法的不同之处在于，用边界积分方法处理模型边界，减少了场源不均匀性的影响；用回线积分方法计算模型内各节点的场值，减少了模型内各异常体之间由于电性差异过大导致奇异的可能性；现正在研究将错位网络技术引入本方法的可能性。

**3．地壳细结构探测和潜在震源区预测的研究**

在“八五”科技攻关项目中，分别在邢台地区、北京及京西北延庆—怀来盆地等附近地区，进行了大地电磁测深和EMAP方法的探测研究。邢台地区4条剖面，全长约336km，测点45个，EMAP测量14.2 km，72个点位（邓前辉等，1995)；北京及京西北7条剖面，全长约1100km，面积约60000km$^2$，96个测点（赵国泽等，1995）均超额完成了原设计的内容。其中，把最新技术——阻抗张量分解技术和二维自动反演技术成功地应用于资料解释当中，并获得了一些关于研究区地壳上地幔电性结构的最新认识。例如，首次获得了穿越河北平原盆地、太行山隆起至山西断陷盆地壳内低阻层和上地幔低阻层较详细的研究结果；与我国东部地区巨型重力异常高梯度带对应的正是上地幔低阻层由东南向西北变深的陡变带；壳内低阻层与地震震中分布有一定的对应关系。

尤其值得指出的是，测线经过了几个近期地震震中区（如1484年延庆6.75级，1720年沙城7.0级，1966年邢台7.2级，1989年阳高6.1级地震等），首次发现了在震源区或附近存在的特殊构造。它们或者与深部断裂相对应，或者是电性发生突变的变异带等。这些现象表明，震源区及附近地区可能是地下裂隙发育程度高，充水明显的地区。由于电阻率参数对地下水的特殊灵敏性，使得用深部电阻率探测法不仅可以研究震源区的构造、地震成因，而且亦是监测地震活动性过程的有利工具。

“八五”期间，我们还对全国的地壳上地幔电性结构进行了研究（徐常芳等，1995)，并就壳内低阻层的流体成因及地震孕育特征取得了一些新的认识。此外，还在北京附近用大地电磁方法进行了地震监测预报研究，提出了有价值的资料（王继军等，1993)。

**4．火山区岩浆囊的探测研究**

大地电磁方法是研究火山和地热区深部结构及活动性最有效的方法之一，世界上大部分火山区都进行了大地电磁观测。我们在云南腾冲火山、长白山天池火山地区进行了首次大地电磁观测研究，发现在两个地区都存在低阻岩浆囊。腾冲地区岩浆囊深度约7km（白登海等，1994)，天池火山地区岩浆囊埋深约10km多，呈反锥形，向下延深至M面以下，并存在着继续喷发的危险性。

### 5. 油气勘探及其他

大地电磁方法的研究，受到各方面的高度重视。近年来国内几乎每一个新区的油气勘探项目都进行大地电磁勘探研究。“八五”期间承担的项目达十多项，解释资料的测点数达2000多个，有剖面勘探，亦有面积勘探（刘国栋等，1993；江钊等，1993；孙洁等，1991，1994，1995；徐常芳等，1991；邓前辉等，1991，1994，1995；赵国泽等，1992，1995）。其中，许多项目为进一步的勘探和油气预测提供了有价值的资料，有的结果得到了进一步检验，有的填补了国内空白。

（局地质研究所　赵国泽）

# 活动构造年代学研究进展

## 一、活动构造测年实验室改造和建设

### 1. 建立了光释光测年系统

该系统由四部分组成，并于1994年秋正式测试样品。

(1) 前处理及制样设备，可进行细颗粒（4～11$\mu m$）和粗颗粒（90～125$\mu m$）石英或长石的分离和制备测样；

(2) 放射性照射设备，一台Daybreak801型20个样品自动照射仪，以及125mCi的$^{90}Sr$ $\beta$源和5$\mu$Ci的$^{244}Cm$ $\alpha$源，一次可分别给予20个测样0.5 Gy～约500Gy的$\beta$剂量和/或约0.1～100$\mu^{-2}$的剂量自动照射；

(3) 释光（Luminesence）测量系统，由Daybreak1100型多样品释光自动测量仪、红外适配器、$Ar^+$激光系统及IBM486微机组成，可进行20个测样的TL（热释光）或OSL（光释光）或IRSL（红外光释光）信号的自动检测及数据处理；

(4) 环境剂量测试设备，三台Daybreak503型厚源$\alpha$计数器。此外，还有光晒退、等温退火（预热处理）等设备。除100mW风冷式$Ar^+$激光器（国产）输出功率过低，还达不到信号测量设计要求外，各项仪器设备都经反复调试和校对、标定，均可进行工作，已完成近百个样品（包括已知年龄的和零年龄的现代沉积物样品）的IRSL测年和/或TL测年。

### 2. 完成了少量样品$^{14}C$测年制样及$^{14}C$制靶系统

少量样品$^{14}C$测年制样系统由燃烧系统、锂反应器及合成苯真空系统组成。该系统中所用的喷灯、管式电炉、微量(0.3ml)苯样品瓶及锂反应器等均为自行设计、非标准加工的专用设备。$^{14}C$制靶系统为高真空系统，含碳物质在系统中通过燃烧、纯化、还原等流程制成石墨靶，送到AMS上作$^{14}C$原子计数。在制靶系统中我们采用铁还原法，具有稳定电流高、污染少、反应速度快等优点。当少量样品和制样系统都建成后，地质研究所$^{14}C$测年实验室就具有完成常规（需样品含碳6～10g）、少量样品（需样品含碳100～200mg）和微量样品

（样品含碳量 3～5mg）三种$^{14}C$测年技术。

**3．基本完成了计划中的 K－Ar 测年实验室技术改造课题**

（1）MM－1200 质谱仪测量和数据处理自动化系统，现已完成：①解译原仪器接口电路逻辑和程序；②设计和加工质谱仪及微机间的接口和软件；③配置了 IBM586 型微机及打印机；④编制仪器控制、数据采集和处理软件。从而完成质谱仪与 586 型微机的连机操作，利用计算机控制质谱仪的磁场变化、质量数选择、数据采集和处理，显著提高了质谱仪工作效率和测量数据精度。

（2）建立了单矿物多重扩散域（MDD）模式实验室条件。主要技术工作为：①更换质谱仪的离子源灯丝；②维护真空系统；③利用现在已具备的实验条件进行 MDD 模式实验。结果表明，经改造后的质谱仪保持了正常工作的真空度，更换了离子灯丝后，仪器的灵敏度提高了两倍；在现有仪器条件下，采用 100～300mg 量级的钾长石就可满足 MDD 模式实验要求。

## 二、活动构造测年方法、技术及应用研究的进展

（1）建立了沉积物的红外释光（IRSL）测年方法、技术和实验程序，填充了国内空白，可广泛应用于晚第四纪构造事件和气候环境变化事件测年及年代学研究；

（2）通过淤泥、泥碳中大型碱溶和碱不溶等有机组分$^{14}C$测年对比研究，提出了评估和提高有机沉积物样品$^{14}C$测年可靠性的一些途径及取样实验技术；

（3）断层产物中石英 ESR 讯号和复零受多种因素作用，其中碎裂和晶格变形可能起主要作用，而断层摩擦热可能不起主要作用，尤其估近地表更是如此。此外，风化、沉积也可能是 ESR 讯号复零的一种机制。探讨了断层石英 ESR 测年可靠性的初步自检方法。

（4）探讨了用 K－Ar、$^{40}Ar-^{40}Ar$ 和 FT 多种测年技术联合确定新生代早期断层活动期、活动方式及热历史。实验证明，断层泥伊利石粘土矿物$^{40}Ar-^{39}Ar$ 测年目前还存在难以克服的困难，无法获得可靠的年龄值。

（5）提出了活动构造年代学的工作程序。

（6）初步确定了延怀盆地 50 万年以来的主要构造变形事件及其年代表。

此外还进行了构造阶地、断层错动事件的红外释光测年，以及湖相钙质层的 ESR 测年方法研究。

（局地质研究所　卢演俦）

# 井水强震前兆的发现及其意义

按着地震前异常的可能来源，把地震前兆分为源兆与场兆两类。然而，从我国地震地下水多年监测结果看，可能还存在另一种异常，即远距离强震前的异常。

井水强震前异常问题，早在 80 年代中期地下水位清理攻关时就有所觉察，如 1978 年 9

月16日伊朗7.7级地震前5小时发现北京塔院井（井震距4600km）水位有高频振荡（田竹君等，1984）；后来，在实用化攻关时，发现类似的现象在江苏、山东、福建、辽宁、河北等省的9口井中也有反映（郭一新等，1990）。1993年，地质研究所在北京昌平县太平庄建成一口地下流体综合观测井之后，发现一系列水位、水温与水气在远距离强震前的异常现象(朱清钟等，1995)。最近，经过对该井的异常现象系统分析研究，确认了这种异常的存在并命名为井水强震远兆（1996）。

据1994～1995年的统计，全球发生$M_S \geqslant 7.0$地震40次，全国发生$M_S 6.0 \sim 6.9$地震19次。太平庄井水位与水温，在65%的上述地震前有异常表现，即有远兆，19%的上述地震前还同时表现出同震异常。

水位与水温的远兆，多出现在震前2～6天，主要形态是振荡型波动，水位的振荡幅度为2～5mm，水温的振荡幅度为$1 \times 10^{-3} \sim 2 \times 10^{-2}$℃，两类振荡的周期为2～4小时不等。

水位与水温远兆的另一种形态是阶变，即突升或突降，水位的每次阶变幅度为20～60mm，水温的阶变幅度为$5 \times 10^{-3} \sim 4 \times 10^{-2}$℃。水位的同震异常为水震波，振荡周期为几十秒，最大幅度可达250mm。水温的同震异常为阶降，降幅为$6 \times 10^{-3} \sim 5 \times 10^{-2}$℃。

据1995年5月27日库页岛东7.4级地震前的现场观察，发现井水位与水温振荡的同时井水中有大量气体释放。

这类异常所对应强震的震中距，近者有1400km，远者有14000km。

这类异常的形成机制，尚不明了，但目前可提出若干设想。一是前驱波说，即强震的发生过程不完全是瞬态的，震源体由微破裂进入到失稳之间有一个过渡阶段，这个阶段可以发出长周期波，即前驱波，当其波及到井孔时引起井水位与水温的振荡。二是构造牵动说，即一个强震的孕育与发生所涉及的构造活动，不仅是比震源体大的区域尺度，而且可能涉及到板块尺度的范围，因此在巨大范围内可以引起地下流体的异常。三是地－气－水的耦合说，即由于岩石圈与大气圈之间存在着密切的相互影响关系，在强震孕育与发生过程中，由地壳释放出强大的气流并影响大气动力过程，该过程波及到井孔水面时引起水位波动并进一步导致水气释放与水温波动。根据太平庄井的强震前兆特征及其形成条件的分析，后两种机制的可能性是存在的。

井水强震前兆现象的确认，一方面使我们进一步认识到地震前兆成因的复杂性和地震预报探索的艰难性，另一方面又为我们确立地球整体观、岩石圈－大气圈－水圈间的联系观等新地球观提供了科学依据。因此，关于“远兆”问题，无论从有利的方面还是从不利的方面考虑，都是值得进一步探索的新的课题。

（局地质研究所　车用太）

# 中国大陆活动构造区现代构造应力场研究

## 一、研究方法

利用断层滑动资料确定构造应力张量是近些年发展起来的研究地壳构造应力场的最有效方法之一，其方法技术原理包括应力张量求解、构造应力分期和断层滑动时代鉴定。

**1. 应力张量求解**

其基本假定条件是地壳岩石中已存和新生活动断层的滑动遵从沿断面剪应力方向滑动的原则，据此，通过一定区域范围，某一构造阶段断层滑动数据的观测，采用最佳拟合的计算方法，求解出一个合适的应力张量，使实际观测的断层滑动方向与拟合应力张量在断面上的剪应力方向之间的残差达极小，从而求解出构造应力张量的4个分量，即3个主应力（$\sigma_1$，$\sigma_2$，$\sigma_3$）的方向和一个反映主应力比值结构的应力形因子 $\Phi$（或 $R$）=（$\sigma_2-\sigma_3$）/（$\sigma_1-\sigma_3$）。方法的第二步是求解全应力张量，即在上述求解的基础上，确定出构造应力张量的全部6个独立分量。采用的办法是：

（1）通过岩石力学实验，获得岩石的破裂包络线；

（2）根据观测的断层滑动数据在应力莫尔圆中确定出断层的最小滑动摩擦曲线，在补充这两个条件后，就可估算包括应力方向和大小在内的构造全应力张量。

**2. 构造应力分期**

由于地壳中的岩石往往经历了多次构造事件的作用，相应也就发育多期断层构造及其运动组合。这些多期构造运动的形迹在岩层中均被不同程度地保留下来。为此，需要从众多的观测断层中区别出分属于不同构造应力作用期次的断层运动组合，并反演其相应的构造应力张量。应力分期通过野外构造切割关系研究和计算机程序分析相结合的方法来实现。在野外，首先根据构造切割关系对断层滑动观测数据进行初步分期，然后，在室内通过计算机进行力学性质分期配套的筛选处理。计算机应力分期基于的原则是：在 $N$ 个观测数据中，如果有 $n$（$n<N$）个数据是同期构造应力作用产生的，那么这 $n$ 个断层的观测滑动方向 $s_i$（$i=1, 2, 3, \cdots n$），与其拟合所得应力张量在断面上的剪应力方向 $t_i$ 之间的角度偏差要小得多。据此通过计算机调整参数，反复试算，确定出合理的应力张量分期及相应的断层运动组合。

**3. 断层滑动时代鉴定**

利用断层滑动资料确定现代构造应力场，一个重要的问题是确定断层滑动的地质时代。在研究中，所采用的判定断层滑动地质时代的方法主要是：

（1）地层断错标志，由于研究的重点是第四纪以来最新的活动构造应力场，即现代构造应力场，所以断层滑动观测数据大多取自直接断错第四纪地层的断层，有的甚至是发育在全新世地层中的断层，据此，可根据断错层位判定断层滑动的地质时代。

（2）地震断层，一些观测断层为历史地震所造成，其断错时代即为相应历史或古地震发生的时代。

（3）年代测定，利用$^{14}C$、热释光等测年方法确定断层的断错时代。

（4）间接推断，在野外，一些断层的断错地貌标志往往是清楚的，如断错现代冲沟，河流阶地，冲、洪积扇等，但由于被断错物质松散，往往不易形成完整的断面和清楚的擦痕。但若沿断层走向追踪，在其基岩露头上则可能观测到较完整的断面和清晰的擦痕，这些断层擦痕所反映的断层运动性质与断错地貌的运动方式相一致。因此，可以判定它们是断裂新活动的产物。

## 二、主要成果

（1）通过对中国大陆活动构造区大量活动断层滑动的系统观测与研究，建立了包括从野外构造观测、样品年代鉴定、计算机数据处理、构造应力分期，到结果评定一整套利用活动断层滑动资料确定现代构造应力场的研究方法。

（2）获得中国大陆一些活动构造区现代构造应力场及演化特征，它们是：

**我国西南地区** 第四纪两期主要构造应力作用，早期（早更新世末期至中更新世以前），区域构造应力主要表现为北东—近东西西挤压；后期（中更新世以来），也即现代构造应力场，表现出明显的分区特征，其主压应力方向从松潘、龙门山地区开始向南，至昆明一带再向西，由北东东向、近东西、南东、南南东，再向南南西方向变化。构造应力作用以水平为主，其地壳深部与浅部应力结构类型显现出较好的相关一致性。

**阿尔金断裂带中段区域** 上新世以来的两期主要构造作用，早期（上新世至早更新世），构造应力的主压应力方向为近南北方向，造成阿尔金断裂以逆断层运动为主，兼具左旋滑动；后期（早更新世末期至今），构造应力的主压应力方向为北东—南西，造成阿尔金断裂以左旋走滑运动为主，兼有逆断层运动分量。

**山西断陷带** 现代构造应力场以北西—南东或北北西—南南东方向近水平拉张为主要特征，主压应力倾角在第四纪早期为60°～85°，到近期为30°～40°。

**我国东南沿海地区** 第四纪两期主要平均构造应力场，早期以北北东—南南西和北西西—南东东方向拉伸为主，表明了第四纪早期东南沿海地区的双向伸展作用特征；后期以南东东—北西西挤压为主，反映了现代构造应力场为近东西挤压的特征。

（3）中国大陆活动区现代构造应力张量结构类型特征：在中国西部青藏高原周边，构造应力张量结构以走滑断层型为主要特征；在中国东部的山西断陷带，以正断层型为主要特征；在中国东南沿海地区，则以逆断层型为主要特征。此外，在青藏高原周边地区，第四纪普遍存在两期构造应力作用，初步的研究结果表明，两期构造应力作用的转换时期大约发生在早更新世末期至中更新世。

## 三、应用前景

（1）本研究开辟了大陆活动构造动力学研究的最新途径。由于断层滑动是地壳构造运动最基本的表现形式之一，它忠实地记录了构造运动的发生过程，包含着丰富的地壳动力学特征信息，因此，从断层滑动入手，研究断裂和块体运动的时空演化规律就成为现代地壳动力学研究的最直接、最有效的途径之一。本研究正是在这样的领域开创了先例，并取得较好的成果，有效地推动了中国大陆活动构造动力学研究的深入开展。并对揭示青藏高原的动力作用机制，对比中国大陆不同类型活动构造区的动力学作用过程有着十分重要的意义。

（2）利用断层滑动资料确定构造应力张量，是目前研究区域构造应力的主要方法之一，与震源机制解方法相比，本方法具有研究时间跨度大、研究域广和揭示区域或局部构造应力场细结构特征的特点，因此具有互补性。与现场应力测量相比，还有使用方便、费用低等优点，因此，作为研究方法和手段，有着方便快捷、事半功倍的效果。

（3）在工程开发建设中，成果的推广应用也有着广阔的前景。诸如在油田开发、开采、水电工程建设、矿山开采以及重大地下工程设计中，利用断层滑动资料确定构造应力张量，可大大降低成本。与应力测量相结合，能起到以点带面、以平面扩展到空间研究地应力状态的作用。在城市地裂缝、滑坡、崩塌等地质灾害预测预防研究中，利用断层滑动资料确定构造应力张量的方法也能发挥重要的作用。

（局地壳应力研究所　谢富仁）

# 中国地壳应力图概述

**1．编图概况**

《中国地壳应力图的编制》（项目编号 48970208）（国家自然科学基金资助项目），历经 4 年（1991～1994），经有关专家评审验收，已于 1995 年完成。主要内容有：

（1）中国地壳应力图。比例尺 1∶500 万，图幅长 110cm，宽 81cm，彩色计算机制图。

（2）中国地壳应力数据库。储存各种应力方向资料 1500 条，应力大小 1510 条。

（3）中国地壳应力图说明书。其章节有：①编图背景、目的与思路；②地应力数据库说明；③研究应力场的基础要素；④地应力场分布特征与应力场边界划分原则；⑤中国大陆地壳应力分区；⑥力源的讨论；⑦“地壳应力图”在我国国民经济建设中的用途。

《中国地壳应力图》是一幅资料性为主，兼有一定学术意义的图件，它汇集了我国各有关部门 20 多年来所积累的实测资料，较系统地反映了我国现今地壳应力场特征。这在国内地球科学发展中是一个首创。

**2．编图资料**

根据当今国际公认的地壳应力测量方法和应力机制分析方法所获得的应力大小及方向来描述地壳应力场（而未包括与应力场相关的应变场、形变场、位移场和重力场等资料），这些方法是：钻孔崩落、水压致裂、震源机制、应力解除、断层滑动、火山锥链等 6 种。

测量资料的质量划分为 A、B、C 级。标志应力方向的 A 级资料偏差 10°～15°，B 级在 15°～20°，C 级在 20°～25°。标志应力大小的 A 级资料误差 10％～15％，B 级在 15％～20％，C 级在 20％～25％。一般地说，钻孔崩落和水压致裂应力测量资料都是 A 级和 B 级，质量较高；震源机制，一般为 B 级；应力解除多数为 B 级和 C 级；断层滑动和火山锥链多数为 B 级和 C 级。需要指出，油井水压致裂应力测量资料的质量评价又分成两部分，$S_h$（最小水平主应力值）多数为 A 级，而 $S_H$（最大水平主应力值）多数为 C 级。

作为应力方向标志的资料可分为 6 种，共计 1500 条。其中，钻孔崩落 454 条，水压致裂 82 条，震源机制 782 条，应力解除 125 条，断层滑动 55 条，火山锥链 2 条。作为应力大小标志的资料可分为 3 种，共计 1510 条。其中，油井压裂 1303 条，水压致裂 82 条，应力解除 125 条。

**3. 应力分区**

拟定应力场边界划分的基本原则是：

（1）根据主应力方向的统一性和稳定性划分应力分区；

（2）根据三向主应力值随深度变化的关系式划分应力分区：

$S_V > S_H > S_h$（正断层类型）

$S_H > S_V > S_h$（走滑断层类型）

$S_H > S_h > S_V$（逆断层类型）

（3）根据主应力方向的明显转折地带划分应力场边界；

（4）根据主应力值或应力梯度明显变化地带划分应力场边界。

中国大陆地壳应力场，基本上是以中国南北地震带为边界（即昆明—四川泸定—银川一线）划分成两部分，即中国东部应力区（Ⅰ级）和西部应力区（Ⅰ级）。东部应力区划分华南应力分区、华北应力分区和东北应力分区（Ⅱ级）；西部应力区划分为青藏高原应力分区、塔里木－天山－阿尔泰应力分区和云南高原应力分区（Ⅱ级）。

SC——华南应力分区。主压应力轴方位为90°～150°，平均120°。在深 2000m 以下三向主应力值之间关系为：$S_H > S_V > S_h$。

NC——华北应力分区。主压应力轴方位为60°～90°，平均75°。在深 1500m 以下三向主应力值之间关系为：$S_H > S_V > S_h$。

NEC——东北应力分区。主压应力轴方位为85°～95°，平均90°。在深 1500m 以下三向主应力值之间关系为：$S_H > S_V > S_h$。

QZP——青藏高原应力分区。主压应力轴方位为150°～240°，平均180°（或 0°）。三向主应力值之间关系变化复杂。

TTA——塔里木－天山－阿尔泰应力分区。主压应力轴方位为50°～70°，平均60°。三向主应力值之间关系变化复杂。

YP——云南高原应力分区。主压应力轴方位为10°～25°，平均18°。三向主应力值之间关系变化复杂。

中国东部应力区（Ⅰ级）的动力来源主要是太平洋（和菲律宾）板块作用的结果，而中国西部应力区（Ⅰ级）则是受印澳板块作用的结果。

**4. 研究意义**

编制“地壳应力图”是国内外地球科学发展中的一项新的基础应用研究工作。它的科学意义和应用前景在于：

（1）可作为大陆动力学研究的基础，确定板块运动的方向和驱动机制以及它们之间的内在联系。

（2）研究地壳应力状态与断层活动性质、地震发生机制、火山喷发成因以及地壳形变、岩爆、滑坡等之间的关系，以便对地震和地质灾害进行评估和预测预防。

（3）指导油气田勘探与开发、水电和核电建设、矿山开采、隧道施工以及重要地下工程设计等。

（局地壳应力研究所　丁建民）

## 胜利油气区深部地壳结构与构造研究进展

“应用深地震宽角反射、折射勘探技术研究深部地壳结构与构造”是国家科委八·五重点攻关专项专题 85－925a－08“胜利油气区非烃类气（二氧化碳与氦）成因、成藏规律，勘探、开发技术及综合利用”所属的子课题，目的是研究胜利油气区，特别是惠民坳陷东部和东营坳陷西部的壳幔深部结构和构造，从而获得该区地壳上地幔三维构造图像、壳内速度分布图像、深大断裂展布特征及其非烃类气体生成运移的深部构造条件，为进一步研究该区非烃类气体的生成、运移、富集和成藏提供较为可靠的科学依据。其中研究的主要内容包括：

（1）壳幔三维速度结构

（2）深大断裂的分布和性质

（3）结晶基底的构造形态

（4）壳内低速层展布特征及成因机制研究

（5）中、上地壳速度三维成像

（6）Moho 面三维构造

（7）上地幔顶部速度分布

（8）区域深部构造背景及郯庐断裂带深部构造特征

（9）深、浅断裂及壳幔速度结构与非烃气田生成关系

为了实现上述研究目的，单纯采用传统的深地震宽角度反射/折射剖面方法已不能满足课题的技术要求，而必须采用三维观测系统。因此，在野外观测系统的设计时，采用了由 4 条深地震宽角反射/折射剖面组成的三角形三维观测系统和一个位于三角形中部 80km×85km 的台阵组成的三维综合观测系统，这样的观测系统在国内外属首创。在资料的处理与解释过程中，不仅对纵测线、非纵测线的资料进行了常规方法的处理与解释，同时进一步应用和发展了三维构造反演和三维速度图像重建等资料处理与解释新技术。在二维剖面的处理与解释中还应用了射线方程偏移、$l-p$ 变换等技术，从而使所得解释结果、特别是深大断裂和壳内低速层的确定更加可靠。同时对一些重要结论都尽可能地用多种解释手段加以补充和证实。

本项研究已于 1995 年 8 月完成。有关专家认为，其技术方法的总体设计和研究水平达到了国际先进水平。

（局地球物理勘探中心　赵金仁　王广亚）

# 现代数字地震信号处理应用研究

## 一、S波分裂资料分析的新方法研究

自EDA假设提出之后，很多地震学家和地球物理学家从理论、实验和现场观测方面对S波分裂现象进行了广泛研究。如何从野外现场观测获得可靠的S波分裂记录，以及采用何种有效的方法从记录中提取S波分裂参数，是S波分裂研究中的重要问题。目前国外有4种分析S波分裂观测资料的方法，即旋转法、全偏振法、旋转相关法和纵横比法。这些方法的共同限制性条件是：①必须是S波窗口内的观测记录；②需要精确的地震震中参数。因此S波分裂在地震预报中的应用受到很大限制，所以能否利用S波窗口外记录资料识别和分析S波分裂，是开拓其研究领域、推动其在地震预报中应用的关键。在研究中提出了两种新方法：

**1. 自适应慢波法**

大多数观测结果表明，由区域应力场作用产生的微裂隙排列的平面是与地表垂直的，据EDA假设，快剪切波平行于裂隙面偏振，慢剪切波垂直于裂隙面偏振。所以S波记录中垂直分量中只含有快S波成份，不含慢S波成份。因而S波的垂直分量记录与S波水平分量记录中的快S波相关，而与S波记录中的慢S波不相关。据此可采用自适应技术从观测资料中提取慢S波。自适应技术公式如下：

$$Y_j = W_j^t X_j$$

$$e_j = d_j - Y_j$$

$$W_{j+1} = W_j + 2\mu e_j X_j$$

式中 $W_j$ 为脉冲响应；$X_j$ 为参考输入；$d_j$ 为需要处理的记录；$\mu$ 为收敛系数。为了采用上述公式，从观测记录中提取慢S波初动，必须将S波记录的垂直分量作为参考输入 $X_j$，S波记录的水平分量作为 $d_j$，输出即为所要的慢S波。

自适应慢波法有如下特点：

(1) 该方法不受S波窗口限制，因为慢S波没有S—P转换问题；

(2) 无需精确的震中，对记录可直接进行处理；

(3) 能提取慢S波初动。

**2. 最大特征值法**

根据地震波三分向记录可得到地面质点位移轨迹。由于噪声的干扰，任一时间窗口中质点并非直线振动，但可近似为椭球面，椭球的长轴表示了质点位移的主方向，因而可用相关参量的方差和协方差阵束确定震相。

基本原则是选取一个时间窗，计算窗口内矩阵的特征值，选取最大的特征值，将窗口逐点滑动，将每个窗口的最大特征值进行比较，从中选取最大和次大特征值，最大和次大特征值相应的时间和时间差就是快、慢 S 波的到时和 S 波分裂的延迟时间。

在实际应用中，将上述两种方法相结合效果更好。

## 二、多重破裂分离方法研究

以前的震源物理研究、核爆破研究和工程地震研究，多数建立在一次破裂或一次爆破的简单模型基础上。但实际地震记录却复杂得多，如 1989 年 10 月 18 日大同—阳高地震，就是由多次破裂组成。又如，在一次大的地下核爆破之前，先做一次小的爆破，紧接着在一次极短的时间里进行大的核爆炸，那么记录的地动位移振幅会小很多，且波形发生畸变，达到核隐散目的。因此，如何将重叠爆破或多重破裂分离开，对震源物理研究、核侦查和工程地震都有重大意义。但多重破裂分离的难度很大，不论在时间域还是频率域中的常规方法都没法达到分离的目的。多重破裂分离是属于信号重建问题，而信号重建的理论研究还仅处于初始阶段。本项研究提出了三种重叠破裂分离的方法：

(1) 自适应方法分离重迭爆破；

(2) 小波方法分离地震震源的多重破裂；

(3) 用经验格林函数分离地震的多重破裂。三种方法虽然都不是普遍性理论，但却取得了很成功的分离结果。尤其是将自适应方法用于重叠核爆的分离，获得误差仅 5% 的结果。

(局地震数据信息中心　郑治真)

# 不规则和非均匀区域弹性波散射的解析研究

半空间局部不规则和非均匀区域弹性波散射研究是波动理论中重要而又艰难的问题，其研究成果可以作为复杂场地表面地震波输入场的基本数学物理模型，与结构的地震响应及震害问题密切相关，从而在地震学、地震工程学领域中有着广泛的工程应用。这类问题通常用数值方法求解。为了检验数值解的精度，同时也为深入认识问题的本质，解析结果是很重要的。但由于严格理论分析工作的困难，目前国际上得到的解析成果为数甚少。

本项目发展了解析方法中经典的波函数展开法，提出了表面圆弧凹陷和凸起等 4 种典型不规则和非均匀区域散射问题新的闭合解。对波函数展开法的发展包括阐明 Graf 加法公式的两种表达形式及提出求解混合边值问题的辅助函数法。关于前者，着重阐明了 Graf 加法公式外域型表达式，从而获得表面任意圆弧型凹陷边界和表面任意圆弧型非匀质区出平面散射的精确解，此成果是对国外已有解析近似解的根本改进，也是对目前国际上流行的大圆弧方法的实质性修正。同时，将这一进展与辅助函数思想结合起来为混合边值问题的求解提供了一种新途径，由此解决了凸起区域弹性波散射难题，获得了表面任意圆弧型凸起边界出平面散射的封闭解，此解是目前国际上所发表的唯一凸起情况严格理论分析成果。

同时，本项目还对得到的解析解数值实现的精度做了认真研究，建立了一套较为完整的严格解析库，提供了宽频带高精度数值结果，由此系统深入分析了典型不规则和非均匀区域与地震波动力相互作用，所得结果对检验直接数值方法的精度及理解局部不规则和非均匀区域对地震波影响的基本规律有很大价值。

本项目讨论四种基本理论模型：表面任意圆弧型凸起边界（代表圆弧状凸起地形）、任意圆弧型凹陷边界（代表圆弧状凹陷地形）、表面任意凹陷圆弧型非匀质区（代表圆弧状沉积盆地）和表面下内含圆形非匀质区（代表地下圆形夹杂）。采用波函数展开方法，构造以上四种模型问题解答的难点主要有：第一，对于表面凸起问题，Hankel 函数在圆弧中心点出现奇异性；第二，对于表面下内含夹杂问题，难以构成满足半空间自由面条件的波函数；第三，对于凹陷（包括凹陷非匀质区）问题，难以构成满足半空间自由面条件且适用于外域问题的波函数。

对于第一个难点，我们将原求解区域分成包含凸起边界的圆域和割去圆域后的凹陷半空间域两个部分，避免了 Hankel 函数的奇异性。其中圆域问题归结混合边值问题的求解。为求解此混合边值问题，我们借鉴于将原微分方程（初）边值问题转化为等价泛函极小值问题或积分方程问题的等价变换思想，提出了求解混合边值问题的辅助函数法，采用此法可解决构造解答中的关键问题。对于第二个难点，我们首先在半空间上方选取一个“虚源”，此虚源中心点与内含夹杂区中心点关于半空间表面对称，以此代表半空间表面边界的作用。通过适当选取虚源处设立散射场的系数，使虚源散射场与散射场的组合满足半空间表面自由面条件，然后对虚源散射场直接利用内域型 Graf 变换公式完成两个坐标系间的变换。对于第三个难点，我们首先在原点位于半空间表面圆柱坐标系中找到自动满足自由面条件的通解，然后进行坐标变换。需注意的是，通解变换后的波函数必须能适用于包含凹陷边界在内的外域，因而需要一种外域形式的变换公式，以往所用的内域型 Graf 变换公式失效。为此，我们导出了外域型 Graf 变换公式，可完成波函数在两个坐标系间的变换，且变换后的波函数适用于所要求的外域问题。最后，通过圆弧边界上对比系数，四种模型出平面散射的解答可归结为无穷代数方程组的求解。通过对数值误差收敛到零进行认真论证，得到宽频带高精度数值结果。经验证，本文的解答可给出宽频带 $0\leqslant\eta\leqslant3$ 范围内高精度的数值结果，这里 $\eta$ 为入射波无量纲频率，$\eta=2L/\lambda$，其中 $\lambda$ 为入射波波长，$L$ 为局部不规则和非均匀区域特征宽度。

上述 4 种模型的解答，可用于研究地震工程中局部不规则和非均匀场地对 SH 波传播的影响。场地条件对波传播的影响取决于入射波角度、场地的高（深）宽比和入射波无量纲频率，对于沉积盆地和夹杂区的情况还取决于半空间与沉积盆地及夹杂区介质的密度比和剪切波速比。大量宽频带内的数值结果表明，4 种场地模型对地表位移反应的影响很大，各个场地的反应特点也有很大差别。场地地表位移的放大效应和沿空间分布的不均匀性，既依赖于入射波的特性又依赖于场地的几何和物理特性，并且这种依赖关系很复杂。但是，一些带有普遍性的特点还是可以看到，其主要规律总结如下：

（1）入射波角度对 4 种场地地表位移反应的基本形态起着关键作用。对于给定角度的入射波，各个场地位移反应沿地表的分布特征大致可以描述出来，同时，对地表上各点在频域内可能出现的反应状况也可以给出较为肯定的说明。

（2）入射波频率对几种场地地表反应来说是一个敏感的参数，但敏感程度依场地类型不同而变化。一方面，若其他参数已定，对地表固定观察点，其位移幅值会在某些频段上得到放大，而在某些频段上受到削减。但 4 种场地地表位移谱很不相同，凸凹地形的位移谱为光滑曲线，频域内放大或削减的峰值点仅为有限的若干个，而盆地和夹杂区的位移谱为非光滑曲线，频域内放大或削减的峰值点相对很多。另一方面，各个场地位移沿地面的分布变化均随入射波频率的增高而增强，但变化的程度因场地类型而不同，其中盆地的反应最为强烈，对于高频波作用情况，盆地表面位移幅值分布在短距离内就可能出现量值上的迅速变化。

(3) 场地的高（深）宽比对地表反应的影响具有一定的复杂性。通常随高（深）宽比降低（对于内含夹杂区为升高），各个场地的地表反应趋于自由场的地表反应，但是，在某些情况下，对于小高（深）宽比不规则和非均匀区域存在下的场地，其地表位移放大作用和沿空间分布的不均匀效应仍不可忽视。

(4) 场地中非均匀区的软弱程度对地面运动来说也是一个敏感的参数。对于给定几何状况和入射波作用的场地，其中非均匀区的软弱程度对地表运动的影响很大，但并非非均匀区土质越软弱地面位移越大，软弱程度在某一范围内才使地面位移呈现较强的放大状态。换句话说，对地表一指定观察点，其位移随非均匀区土质软弱程度会有很大变化，但只是在一个特定的非均匀区土质条件下，此点的位移幅值才达到最大。

（局工程力学研究所　袁晓铭　廖振鹏　门福录）

# 北京市典型房屋抗震性能的实验研究

为客观评价我国现有房屋的抗震能力，做好落实我国防震减灾十年目标的基础工作，工程力学研究所于 1994 年 6 月立项开展“北京市典型房屋抗震性能的实验研究”项目。至 1995 年 6 月，进行了原型房屋的现场强迫振动实验、原型房屋的地震反应分析和模型房屋的地震模拟实验。通过比较不同研究途径得到的结果，作出了对典型房屋抗震能力的综合评价。

## 一、典型房屋的现场破坏实验

实验房屋位于北京市丰台区四环路看丹立交桥西侧，原系富丰实业发展公司办公楼。该楼是 1985 年建造的三层砖混房屋，按Ⅷ度烈度进行抗震设计。在一、二层楼板处沿内、外墙设置了钢筋混凝土圈梁，在纵横墙交接处设钢拉筋，屋盖为预制整体式混凝土板。房屋总长36.4 m，宽12.4 m，层高3.5 m；外墙厚 37cm，内墙厚 24cm，砌筑砂浆强度为 MU 5.0～7.5，施工质量良好。

现场实验的激振装置是最大出力可达 40t 的离心式起振机，起振机固定安装在实验房屋的三层地板上。在地面和房屋各楼层共布设加速度传感器 13 台，位移传感器 4 台，实验中取得 239 条振动反应时间过程的记录。

实验中，当起振机出力达 10t 时，房屋墙体开裂，肉眼可见纵墙和混凝土梁往复摆动；当起振机出力达 20t 时，三层纵、横墙严重破坏、局部倒塌、屋面板坍落，二层横墙开裂，但底层仍保持完好。实验中在三层地板处得到的最大加速度峰值达682.7 cm/s$^2$，位移峰值2.91 mm。

根据现场实验中房屋破坏的宏观现象和实测数据的处理分析，可得房屋一、二、三层墙体在动力作用下的开裂强度分别为0.12、0.09 和 0.06MPa，在剪应力达开裂强度两倍时，墙体发生严重破坏。据此可得如下结论：在Ⅶ度地震作用下，房屋可保持基本完好；在Ⅷ度地震作用下，房屋可发生轻微至中等程度的破坏；在Ⅸ度地震作用下，房屋薄弱部分将发生严重破坏以至局部倒塌。

## 二、典型房屋的地震反应分析

根据现场实验中得到的房屋自振频率、墙体抗剪强度和正弦扰力作用下的房屋振动反应，通过拟合实测数据建立了考虑土－结相互作用的非线性的房屋力学模型。该模型的力－变形骨架曲线为三折线型，并可模拟刚度退化效应。

在确定了房屋力学模型的基础上，进行了实验房屋地震反应的数值模拟。输入地震动为唐山地震中北京饭店、天津医院、迁安的强震加速度记录和美国 EI centro 强震加速度记录。将各强震加速度记录的峰值予以调整，使其与Ⅶ度及Ⅷ度地震作用相符，而后计算实验房屋各楼层的地震反应，结果见表 1。由计算结果可见，在Ⅶ度地震作用下，结构基本处于线弹性反应阶段，房屋保持完好或基本完好状态；在Ⅷ度地震作用下，结构反应进入非线性阶段，标志房屋开裂，但尚未超过中等破坏程度。

**表 1　实验房屋的地震反应计算结果**

| 地震动 | 结构反应 | 一层 | | 二层 | | 三层 | |
|---|---|---|---|---|---|---|---|
| | | Ⅶ度 | Ⅷ度 | Ⅶ度 | Ⅷ度 | Ⅶ度 | Ⅷ度 |
| 天津医院 | 加速度/cm/s$^2$ | 170.1 | 468.4 | 200.0 | 298.9 | 230.4 | 317.7 |
| EI centro | | 164.9 | 376.2 | 192.2 | 255.6 | 210.1 | 297.6 |
| 迁　安 | | 98.6 | 185.5 | 140.4 | 215.3 | 166.9 | 276.5 |
| 北京饭店 | | 147.1 | 283.6 | 167.6 | 257.0 | 176.4 | 283.0 |
| 天津医院 | 位移/cm | 0.258 | 0.760 | 0.330 | 1.252 | 0.349 | 1.341 |
| EI centro | | 0.251 | 0.564 | 0.303 | 0.863 | 0.322 | 0.950 |
| 迁　安 | | 0.129 | 0.287 | 0.160 | 0.337 | 0.174 | 0.361 |
| 北京饭店 | | 0.212 | 0.660 | 0.254 | 0.972 | 0.272 | 1.023 |

## 三、模型房屋的地震模拟实验

为与现场实验和数值模拟结果进行比较，制作了长度模比为 1:4 的符合人工质量相似律的模型房屋，在 5m×5m 振动台上进行了地震模拟实验，输入的地震动采用调整后的北京饭店强震加速度记录。实验结果表明，在Ⅵ～Ⅶ度地震（输入加速度峰值 60～170cm/s$^2$）作用下，房屋振动处于弹性阶段，各层墙体保持完好；在Ⅷ度地震（输入加速度峰值200～300cm/s²）作用下，房屋反应出现非弹性性状，结构自振频率下降，标志房屋墙体产生不易观察的细微裂缝，达轻微破坏阶段；在Ⅸ度地震（输入加速度峰值400～600cm/s²）作用下，大房间底层隔墙发生典型的X型裂缝，山墙墙脚发生水平贯通裂缝，房屋达中等破坏程度；在Ⅹ度地震（输入加速度峰值大于600cm/s²）作用下，房屋各层均出现裂缝，顶层大房间纵墙断裂倾斜，部分屋面板坍落，总体达严重破坏阶段。

## 四、房屋抗震能力的综合评价

本项目研究除进行房屋现场破坏实验、地震反应数值模拟和模型实验之外，亦根据现行房屋抗震鉴定标准和震害预测经验方法对实验房屋的抗震能力进行了评估。利用不同方法得出的结果见表2。

**表2　房屋抗震能力评估结果的比较**

| 评估方法 | Ⅵ度 | Ⅶ度 | Ⅷ度 | Ⅸ度 |
|---|---|---|---|---|
| 现场实验 | 完好 | 基本完好 | 轻微—中等破坏 | 严重破坏，局部倒塌 |
| 数值模拟 | | 基本完好 | 轻微—中等破坏 | |
| 模型实验 | 完好 | 基本完好 | 轻微破坏 | 中等—严重破坏 |
| 抗震鉴定 | | 基本完好 | 轻微—中等破坏 | 中等—严重破坏 |
| 震害预测 | 完好 | 基本完好 | 轻微破坏 | 中等破坏 |

综合以上研究结果，可得如下结论。实验房屋满足Ⅷ度设防要求。在Ⅶ度地震作用下，房屋保持完好状态，仅个别墙体抹面可能出现细微裂缝。在Ⅷ度地震作用下，房屋地震反应进入非弹性阶段，横隔墙发生可见裂缝，但房屋整体仍保持承载能力，房屋仍可维持使用。在Ⅸ度地震作用下，房屋将发生较严重的破坏，但不会倒塌。

根据本项目研究结果尚可得以下推论，满足建筑抗震设计规范要求的多层砖混房屋，在施工质量良好和地基稳定的条件下，可达到“小震不坏、中震可修、大震不倒”的设防要求。

（局工程力学研究所　张敏政）

# 不同深度（温压）条件下变形产物中微观运动特性标志的初步研究

通过120余片天然样片和50余片实验样片的系统观测，发现不同环境介质条件下微观运动特性标志存在某些差异，且天然和实验样片大致可以对比。

实验样片显微观测研究表明，较高温压（深部）蠕滑与较低温压（浅部）蠕滑结构特征差异较大，前者显示强烈的韧性透入性变形组构，后者则多表现为碎砾空间排列，定向破劈理，裂而不移碾磨带和“蜈蚣形”破裂等脆性为主的变形组构；温压环境不同微观粘滑标志也有明显不同，较高温压条件下粘滑样片中显示变形局部化，见脆韧性转换变形，云母有自剪切面间挤出的现象，伴有放射状破裂，撞击楔入，云母脆性破裂现象等。较低温压条件下产生的粘滑样片中往往显示平直切砾微断裂，锯齿状张裂，碎砾随机排列等脆性为主的结构特征，说明不同温压（深度）条件下形成的运动特性标志各有不同。

郯庐断裂带，大青山山前断裂带和则木河断裂带各段变形产物形成深度有所差异，即使同一剖面，因采样部位不同，各样品形成深度也往往有所差异，甚至同一块薄片中亦能发现反映不同变形深度的特征结构，这就为深浅部运动特征标志的对比研究提供了可能。

(1) 郯庐断裂带山东—安徽段采集的几组样品在镜下显示的变形深度均有所不同，如招贤、晓店和大贡岭剖面样片中见到较多的韧性，脆－韧性转换的深部变形痕迹，尤其是晓店样片中发现先于韧性变形的脆性破裂，这是一种形成深变较大的粘、蠕滑交替变形标志。江庄、大尚庄和赤山等样片显微观测中发现的是以脆性为主的浅部变形组构，粘滑标志主要包括碎砾随机排列，切砾微断裂，撞击楔入和放射状破裂等；蠕滑标志主要表现为碎砾的定向排列，浇砾微断裂和碾磨挤压带等。

(2) 则木河断裂带，自北西向南东其变形深度亦有差异。一般的当新老地层呈断层接触，且变形带较宽时，则断层物质形成深度范围较大；而产生在新地层中断错物质，其形成部位往往较浅。因而，除四呷布史探槽剖面样片主要表现为浅部脆性变形遗迹外，大河坝、黑水河及金沙江北岸剖面样片则呈现脆性和脆韧性变性特征，因而滑移方式标志也有明显不同。在四呷布史样片中较为常见的是切砾微断裂、碎砾随机排列等浅部高速变形标志，而其余剖面样片中则呈现深浅部滑移方式标志共存的现象。

实验研究表明，对于同一介质和变形类型的样品，在一定的温压（深度）条件下，才有可能既发生粘滑，亦有可能发生蠕滑，这个界限若以深度来表述约在 5～20km 范围之间，若以温压环境计约处于 120MPa、110℃～550MPa、520℃之间。

（安徽省地震局　姚大全　汤有标）

## 氡、汞测量用于断裂活动性和分段的研究

断层气测量方法由于具有简便、快捷、经济、有效的优点，常被用于隐伏断裂的初步勘探。但是，由于断层气测量受到多种外界条件的影响，对它的适用性存在不同的看法。其分歧之一是断层气测量能否解决断层活动性和分段问题。一种意见认为二者之间存在明显的对应关系，即断层气浓度越高，表明断层的活动性越强；而另一种意见认为这种对应关系存在一定的偶然性。

本课题进行的初期阶段，通过查阅文献资料，注意到测试条件和测量数据的处理方法，对于结果的应用效果是至关重要的。由于覆盖层厚度、岩土性质、土壤含水量、气温气压以

及取样深度等对测量结果都有影响，测量过程中需保持测试条件大体一致。为避免气象条件变化的影响，每条测线均在一天内完成。气氡测量选取 60cm 的最佳取样深度。选定测线时，不仅覆盖层厚度要大体相近，还要保持断层所切过的松散沉积物厚度和岩性大体一致。当沿着较长断裂带进行氡、汞等断层气体测量时，由于各测点背景值可能有较大差异，为便于比较，本项研究引起了浓度比的概念。浓度比即指各测线气氡、气汞最高值与背景值之比，气氡以 $K$ 表示，气汞以 $R$ 表示。

海原活动断裂带东起宁夏硝口以南，西至甘肃兴泉堡，全长 237km，纵向上由 11 条倾向不同的次级左旋走滑断层组合而成。次级剪切断层的长度差别很大，短者仅 5～8km，长者可达 50～70km。次级断层之间的岩桥区为 8 个拉分盆地和 2 个推挤构造区。断裂带的东南端为尾端挤压构造区。地震地质研究结果，海原活动断裂带的 11 条次级剪切断层中，南、西华山北麓断层（$SF_4$）长度最大（73km），活动性亦最强，该断层自走滑断层形成以来的最大左旋走滑位移量达12～14.5km，晚更新世晚期形成的河流左旋变位幅度最大可达 500～600m。断层的东段东端活动性微弱。长度较大（40～50km）的次级剪切断层——黄家洼山南麓断层（$SF_5$）和硝口—蔡祥断层（$SF_1$），为活动性较强的断层。南、西华山北麓断层与黄家洼山南麓断层之间的干盐池拉分盆地内的张剪切断层——干盐池—唐家坡断层（$ESF_1$）和边界正断层（$NF_1$），具有较强的活动性。黄家洼山南麓断层（$SF_5$）与阴洼窑断层（$SF_6$）右阶排列所形成的边沟推挤构造区，逆断层亦具有较强的活动性。海原左旋走滑断裂带的东南端发育一个挤压构造区，其内的六盘山东麓逆断裂带的活动性微弱。

综上所述，海原活动断裂带边沟推挤构造区以东，包含了海原活动断裂带中活动性最强的次级剪切断层——南、西华山北麓断层（$SF_4$），1920 年海原8.5 级特大地震的震中即位于该断层的西段。此外，$SF_4$ 和 $SF_5$ 之间的干盐池拉分盆地，是海原活动断裂带 8 个拉分盆地中最大也是发育得最好的一个。边沟推挤构造区是断裂带中典型的推挤构造，边沟推挤构造区以东，就断层活动性而言，强、中、弱都有，就类型讲，有组成断裂带的次级剪切断层，尾端挤压区的逆断层，以及拉分盆地内的张剪切断层、边界正断层，及推挤构造区的逆断层。

依前述海原活动断裂带分段和活动性概况，在边沟推挤构造区以东布置了 13 条测线。即：边沟推挤构造区逆断层一条（$C_1$），黄家洼山南麓断层（$SF_5$）的中段一条（$C_2$），东段一条（$C_3$）；南、西华山北麓断层（$SF_4$）西段（正走滑段）一条（$C_6$），中段（逆走滑段）一条（$C_7$），东段两条，其中正走滑段一条（$C_8$），端部（第四纪以来活动不明显段）一条（$C_9$）；蔡祥—硝口断层（$SF_1$）中段一条（$C_{10}$），东南端一条（$C_{11}$）；海原断裂带端部挤压区两条（$C_{12}$、$C_{13}$），干盐池盆地内两条（$C_4$、$C_5$）。

本项研究中，使用 FD－301 7RaA 测氡仪进行气氡测量。测点间距一般为 20m，在出现异常地段加密至 10m 或更小距离，测线两端则间距加大到 30～50m。与气氡测量同时，野外用捕汞管配合气体采样器采集气汞样品，室内用 XG－4 型数字测汞仪测量其吸光度读数，再根据仪器的标定 $K$ 值换算成气汞浓度值。表 1 中给出了各测线气氡最高值（$I$）和背景值（$J$）及气氡浓度比（$K=I/J$），表 2 中给出了各测线气汞最高值（$P$）和背景值（$Q$）及气汞浓度比（$R=P/Q$）。为便于讨论，还给出了具不同活动强度断层的平均 $K$ 值和 $R$ 值。从表 1 和表 2 所列数据不难看出，海原活动断裂带中活动性最强的剪切断层——南、西华山北麓断层（$SF_4$），其 $K$ 值和 $R$ 值最高，分别为10.4 和 7.4，而相邻两侧活动性较强的黄家

**表1 海原活动断裂带及端部挤压区断层气氡测量成果表**

| 断层或岩桥区 | 测线及编号 | 所在断层部位 | 断层活动性 | Rn 最高值($I$) | Rn 背景值($J$) | 测线 $K(I/J)$ | 断层 $K$ 均值 |
|---|---|---|---|---|---|---|---|
| 南西华山北麓断层($SF_4$) | 邵家庄西($C_6$) | $SF_4$ 西段 | 强 | 5.0 | 0.41 | 12.2 | 10.4 |
| | 石卡关沟($C_7$) | $SF_4$ 中段 | 强 | 2.9 | 0.26 | 11.2 | |
| | 刺儿沟($C_8$) | $SF_4$ 东段 | 强 | 3.6 | 0.47 | 7.7 | |
| | 曹洼西($C_9$) | $SF_4$ 东端 | 弱 | 1.4 | 0.54 | 2.6 | 2.6 |
| 硝口－蔡祥断层($SF_1$) | 蔡祥堡北($C_{10}$) | $SF_1$ 中段 | 较强 | 8.6 | 1.4 | 6.1 | 6.5 |
| | 硝口($C_{11}$) | $SF_1$ 东南段 | 较强 | 3.6 | 0.53 | 6.8 | |
| 黄家洼山南麓断层($SF_5$) | 高湾子北($C_2$) | $SF_5$ 中段 | 较强 | 1.1 | 0.17 | 6.5 | 6.7 |
| | 干盐池盆地南缘($C_3$) | $SF_5$ 东段 | 较强 | 1.8 | 0.26 | 6.9 | |
| 端部挤压区断层 | 孙家庄西南($C_{12}$) | 六盘山东麓断裂北段 | 弱 | 1.43 | 0.36 | 4.0 | 3.8 |
| | 开城西($C_{13}$) | 六盘山东麓断裂北中段 | 弱 | 4.3 | 1.19 | 3.6 | |
| 干盐池盆地 | 唐家坡西 1km($C_5$) | 内部张剪断层 $ESF_1$ | 较强 | 3.9 | 0.65 | 6.0 | 7.1 |
| | 干盐池西北($C_4$) | 边界正断层 $NF_1$ | 较强 | 2.9 | 0.36 | 8.1 | |
| 边沟推挤区 | 边沟北($C_1$) | 边沟逆断层南段 | 较强 | 2.9 | 0.42 | 6.9 | 6.9 |

洼山南麓断层($SF_5$)的 $K$ 值和 $R$ 值分别为6.7和3.0，硝口－蔡祥断层（$SF_1$）的 $K$ 值和 $R$ 值分别为6.5和3.0。活动性微弱的南、西华山北麓断层（$SF_4$）的东段东端的 $K$ 值和 $R$ 值分别为2.6和2.5。活动性弱的六盘山东麓逆断层的 $K$ 值和 $R$ 值分别为3.8和2.1。干盐池拉分盆地的内的两条断层和边沟推挤构造区的逆断层均具有较强的活动性，前者的 $K$ 值和 $R$ 值分别为7.1和3.7，后者的 $K$ 值和 $R$ 值分别为6.9和2.1。这一测量结果表明海原活动断裂带中不同活动性的断层具有不同的气氡和气汞测值，气氡和气汞测值与断层活动性有着明显的对应关系。

根据以上测量结果可得出以下几点认识：

(1) 海原活动断裂带不同活动强度的次级剪切断层、岩桥区、端部挤压构造区及次级剪切断层的弱活动段的气氡、气汞测量结果，证明在测量条件大体一致的情况下，气氡和气汞测值高低与断层活动性有着明显的对应关系，即断层活动性愈强，气氡、气汞测值愈高，反之则低；

表 2　海原活动断裂带及端部挤压区断层气汞测量成果表

| 断层或岩桥区 | 测线及编号 | 所在断层部位 | 断层活动性 | Hg 最高值($P$) | Hg 背景值($Q$) | 测线 $R(P/Q)$ | 断层 $R$ 均值 |
|---|---|---|---|---|---|---|---|
| 南西华山北麓断层($SF_4$) | 邵家庄西($C_6$) | $SF_4$ 西段 | 强 | 0.351 | 0.054 | 6.5 | 7.4 |
| | 石卡关沟($C_7$) | $SF_4$ 中段 | 强 | 0.673 | 0.055 | 12.2 | |
| | 刺儿沟($C_8$) | $SF_4$ 东段 | 强 | 0.164 | 0.048 | 3.4 | |
| | 曹洼西($C_9$) | $SF_4$ 东段东端 | 弱 | 0.095 | 0.038 | 2.5 | 2.5 |
| 硝口—蔡祥断层($SF_1$) | 蔡祥堡北($C_{10}$) | $SF_1$ 中段 | 较强 | 0.149 | 0.047 | 3.2 | 3.0 |
| | 硝 口($C_{11}$) | $SF_1$ 东南段 | 较强 | 0.047 | 0.017 | 2.8 | |
| 黄家洼山南麓断层($SF_5$) | 高湾子北($C_2$) | $SF_5$ 中段 | 较强 | 0.26 | 0.12 | 2.2 | 3.0 |
| | 干盐池盆地南缘($C_3$) | $SF_5$ 东段 | 较强 | 0.22 | 0.06 | 3.7 | |
| 端部挤压区断层 | 孙家庄西南($C_{12}$) | 六盘山东麓断裂北段 | 弱 | 0.095 | 0.044 | 2.2 | 2.1 |
| | 开城西($C_{13}$) | 六盘山东麓断裂北中段 | 弱 | 0.041 | 0.022 | 1.9 | |
| 干盐池盆地 | 唐家坡西 1km($C_5$) | 内部张剪断层 $ESF_1$ | 较强 | 0.84 | 0.20 | 4.2 | 3.7 |
| | 干盐池西北($C_4$) | 边界正断层 $NF_1$ | 较强 | 0.22 | 0.07 | 3.1 | |
| 边沟推挤区 | 边沟北($C_1$) | 边沟逆断层南段 | 较强 | 0.21 | 0.09 | 2.3 | 2.3 |

(2) 海原活动断裂带的 11 条次级剪切断层，既是几何学分段，又是具有不同活动性的段。本项研究所得到的活动性与气氡、气汞测值的极好的对应关系，表明气氡、气汞测量对于研究断裂活动性和分段来说，确实是行之有效的手段；

(3) 当活动断裂带长度较长时，各不同强度活动段可能具有不同的氡、汞背景值。因此，使用最高值有时难以作出比较，而采用浓度比（即最高测值/背景值）可明显看出氡、汞测值与断层活动性之间的关系；

(4) 本项研究过程中，作者通过对前人研究成果的分析认为，以往在断层气测量能否用于断层活动性研究和分段研究的问题上，之所以存在一定的分歧意见，主要原因在于对测量条件的研究还不够透彻。本文作者认为，在将断层气测量作为断层活动性和分段研究手段应用时，必须以测量条件大体一致为前提。鉴于气氡、气汞测量的影响因素较多，建议在讨论断层气测量结果时，要对测量条件加以说明。

（宁夏回族自治区地震局　孟广魁　何开明　班铁　焦德成）

# 《中国档案分类法地震档案分类表》的编制与实施

## 一、编制目的、过程和适用范围

根据国家档案局的统一布置，国家地震局于 1988 年立项，组成了编辑组和顾问组，开始编制《中国档案分类法地震档案分类表》(简称《分类表》)。

《地震档案分类表》是《中国档案分类法》TC 类地震档案分类详表。其编制原则、方法、结构体系、标记符号与《中国档案分类法》一致。根据社会赋予地震行业的主要职能和现代地震科技工作体系的构成情况，为体现近年来地震事业的迅猛发展，并结合我国地震事业形成的档案实际，《地震档案分类表》对 1987 年版的《中国档案分类法》中 TC 地震类目的 0 至 4 部分做了类目调整和扩充，设置了“地震管理”、“地震监测与预测预报”、“地震工程”、“地震对策”四个基本类目。TC5 至 TC9 与《中国档案法》规定设置的类目一致，只是内容上加以扩充。地震系统的党务工作、政务工作等形成的档案，因《中国档案分类法》已设置有关的详细类目，本分类表不再设置。

《地震档案分类表》的编制，系在 1987 年国家地震局颁发试行的《国家地震局科技档案分类法》的基础上，严格依据《中国档案分类法》类目细分规则进行修改。在编制过程中进行了大量调研工作，吸收了地震系统各省、自治区、直辖市地震局及各有关研究单位的专家、学者和档案专业人员的建议和意见，同时参考了《中国档案分类法》(1987 年版)、《编制中国档案分类法专业表的若干技术规定》、《中国档案分类法的理论与使用》、《中国档案分类法简明讲义》、《中国档案分类法医药档案分类表》等文献，尽可能地反映出新中国成立以来的地震工作的历史、现状和发展趋势，力求符合地震档案管理的特点和实际。经过六年的努力，编辑组先后起草了《地震档案分类表》的初稿、征求意见稿共七稿。在广泛征询意见及部分单位试分的基础上，最后形成报批稿，报请中国档案分类法编辑委员会审定。1994 年 3 月 10 日国家档案局以档函字［1994］22 号文批准，将《地震档案分类表》作为地震行业表发布实施。国家地震局从 1995 年起在各单位组织逐步实施。

本表适用于我国地震行业各个历史时期地震档案的分类。主要用于地震档案的分类标引和检索，组织档案目录和建立地震档案目录和咨询中心。

## 二、编制原则

根据《中国档案分类法》总的编制原则，结合地震行业的实际，本表的主要编制原则是：

(1) 以马列主义、毛泽东思想为指导，对分类体系的确立、类目的设置及其序列，力求从实际出发，充分反映我国地震档案的特点，适应我国社会主义建设各项事业广泛利用地震档案的需要。

（2）本表体系是以国家地震系统、社会地震组织从事地震工作社会实践活动的职能分工为基础，并紧密结合地震档案所记述和反映的事物属性关系，采取从总到分，从一般到具体的逻辑体系。

（3）本表在总体上包容地震系统内所形成的地震档案。并以地震档案的实际内容为基础，保持主要类目的稳定性。既考虑到地震科技管理部门的需要，又考虑到地震事业单位和企业的实际情况，力求全面、系统、均衡、粗细适度。既适用于对现有档案分类的实际需要，又为今后档案类目的扩展留有余地。

（4）分类表类目的确立，概念清楚，词义准确、科学，标记符号简明、易懂、易于计算机输入、编排，号码具有一定的伸缩范围，便于掌握和使用。

## 三、体系结构

本表系《中国档案分类法》的组成部分，包括编制说明、主表、辅助表等部分。

1. 主表

主表是《中国档案分类法》“TC 地震”类目的细分和延伸，是《中国档案分类法》的地震档案分类详表。依据地震行业的主要职能及地震科技体系的构成和地震档案的实际，主表下设 9 个基本类目，即：

TC1　地震管理
TC2　地震监测与预测预报
TC3　地震工程
TC4　地震对策
TC5　地震科学研究
TC6　基本建设
TC7　设备仪器
TC8　标准、计量
TC9　环境保护及其他

主表中 9 个基本类目的前 4 个是反映地震行业的主要业务工作，是以国家地震局从事社会实践活动的职能分工为基础来确定的。国家地震局是国务院主管全国地震工作的职能部门。地震工作是以减轻地震灾害为目的的一项社会公益事业，必须贯彻“以预报为主”的地震工作方针，走综合防御的道路。主要工作内容包括地震科学技术管理、地震监测、地震的预测预报、减轻震害的地震工程，以及震前、震时、震后的各种地震对策等。后 5 个类目依《中国档案分类法》的统一规定设置。

上述 9 个基本类目的下属各级类目，视其隶属关系、重要程度一般细分到三至四级。细分的深度主要视地震事业发展情况和收纳档案量的多少而定。

2. 辅助表

供地震档案分类表主表使用的辅助表包括：

（1）综合复分表：集中了《中国档案分类法》主表和各行业表具有共性的类目，供各类目在必要时依此表复分。

（2）专类复分表：集中了主表中专类具有共性的类目，供本类必要时依此表复分。

(3) 世界各国和地区表，采用中华人民共和国国家标准 GB/T2659－1994 中的世界各国和地区名称三位阿拉伯数字代码索引表。

(4) 中国地区表，采用中华人民共和国国家标准 GB/T2260－1995《中华人民共和国行政区划代码》。

(5) 中国民族表，采用 GB3304－82《中国各民族名称的罗马字母拼写法和代码》的阿拉伯数字代码。

(6) 科技档案复分表，采用《中档法》修定版统一设置的复分表。

（中国档案分类法地震档案分类表编辑组　王秀文）

# 学 术 活 动

## 国家地震局第三届科学技术委员会第五次全体会议在北京召开

国家地震局第三届科学技术委员会第五次全体会议于1995年10月17日至10月20日在北京香山地震台召开。

会议的主要议程是：征求对中国防震减灾“九五”计划和2010年长期规划（草案）、国家地震局事业发展“九五”计划和2010年长期规划纲要（草案）、国家地震局基础研究与应用基础研究“九五”计划和2010年长期规划纲要（草案）的意见；评定国家地震局1995年科学技术进步奖项目。

国家地震局局长、局科技委副主任陈章立在会上作了重要讲话。讲话指出，在制定防震减灾“九五”计划和2010年长远规划时，要充分考虑国家的“九五”计划和2010年远景目标，使我们的地震科技进步和防震减灾工作更好地与社会、经济发展相协调，为经济建设和社会发展做出更大的贡献。他认为，应该坚定不移地走有中国特色的防震减灾道路，并要处理好以下三个方面的关系：一是发挥政府职能作用与推进科技进步与应用的关系；二是防震减灾几个工作环节之间的相互关系；三是理论研究与预报实践之间的关系。

讲话指出，要进一步建立多层次、多渠道的地震科技投入体系，即不仅需要中央财政的支持，也应争取地方政府和企业对防震减灾工作的经费投入。要坚持“有所为，有所不为，有所先为，有所后为”的方针，突出重点进行攻坚。要在“九五”期间进一步发挥专家在管理上的作用，要使局科技委成为国家地震局党组在科技问题上的顾问与参谋。要加强地震工作队伍的建设，要建立一支规模和结构合理、精干、高效的防震减灾工作队伍。要大力培养跨世纪的优秀人才。

局计划财务司副司长刘昌祥就编制中国防震减灾和国家地震局事业发展“九五”计划和2010年长期规划纲要（草案）的指导思想和过程作了简要说明，并希望各位委员集思广益，站在全局的高度上认真地讨论并提出建议，以便有关部门进一步修改和完善。

会议评定了1995年国家地震局科学技术进步奖项目51项，其中一等奖4项，二等将14项，三等奖33项，并从中推荐了申报1995年国家级科技进步奖项目。

受局委托评选了1995年度国家地震局享受政府特殊津贴专家。

（局科技委员会　吴荣辉）

## 中国地震学会第四届理事会第三次常务理事会会议纪要

中国地震学会第四届理事会第三次常务理事会会议，于1996年2月9日在国家地震局地球物理研究所召开。

会议就中国地震学会1996年学术活动计划交流了意见；推选出参加中国科协第5次全国代表大会的代表和中国科协第5届全国委员会委员候选人；会议对增设地震电磁学专业委员会及评选第5届青年科技奖等有关事宜进行了研究讨论。

会议形成了如下决议：

1. 会议讨论了1996年的学术活动计划，认为："中国地震学会第6次学术大会"宜于1996年10月前后召开。同时，中国地震学会应配合好国家地震局、第30届国际地质大会、亚洲地震委员会等一系列学术活动。在国际学术交流方面，要着手与日本地震学会联系，推动第2轮中、日地震学术研讨会于1997年在中国召开。

2. 会议一致同意推荐理事长陈运泰为中国科协第5次全国代表大会代表和中国科协第5届全国委员会委员候选人。会议还推举副秘书长郝记川同志为第二届中国科协先进工作者。

3. 会议审批了"关于申请成立中国地震学会地震电磁学专业委员会的申请报告"。会议认为成立该专业委员会是十分必要的，并确定该专业委员会的名称为"地震电磁学专业委员会"。为了有利于推动该专业委员会年轻化，会议责成秘书长邹其嘉同志、中国地震学会办公室进行协调，推进该专业委员会的筹建工作。

4. 关于"中组部、人事部、中国科协组织的第5届青年科技奖"的评审工作，会议认为这项工作对培养地震事业的接班人和扩大地震工作的影响都是十分有益的，应特别予以关注。会议决定由学会办公室会同国家地震局人事司进一步协调，在适当的时候用通讯的方式提交专家评审后予以推荐。

5. 会议认为有必要加强中国地震学会的宣传工作和地震科普工作。认为让社会客观公正地了解地震工作，让广大群众学习到更多的地震科学知识，对于我国的防震减灾工作和地震事业的发展都是很有必要的。今后要特别注意多利用报纸和广播等手段推进这方面的工作。

会议还听取了学会办公室有关学会工作情况和学会财务情况的汇报。会议对学会办公室一年来为促进学会的健康发展，在增强学会的凝聚力、团结广大学会会员为地震科研及防震减灾所做的工作表示赞赏。

## 中国地震学会地震学专业委员会四届一次会议纪要

中国地震学会地震学专业委员会1995年换届以后，于9月21～24日在成都市召开了四届一次会议暨地震学学术讨论会，会议由四川省地震局承办。由国家地震局科技监测司召集的 85－05－02 项目四个 2 级课题的验收会亦同时举行。

中国地震学会理事长陈运泰院士到会作了题为“发展中的数字地震学”的学术报告。他在系统介绍了世界和我国数字地震学的发展概况、现状和前景后，指出我国的数字地震学研究起步并不晚，当前我们在推广数字地震观测技术的同时必须大力加强研究工作；数字地震观测也就是宽频带、大动态的地震观测，如果我们充分利用了数字地震观测提供的比以往丰富得多的信息，地震学必将发展到一个新的水平。专业委员和与会代表还听取了“提高地震定位精度新方法的研究”（朱元清）、“地震震源破裂方式和力学参数的研究”（陈运泰）、“用数字地震数据测定地下介质性质的研究”（王培德）和“数字地震记录应用和处理方法研究”（郑治真）等反映我国地震学最新研究成果的专题学术报告。

会议进行了两方面内容为主的大会学术报告。一方面是地震学基础研究部分，例如，数字地震记录在地震快速响应和核爆侦察中的应用成果及发展前景，非线性、非稳态数字地震信号处理技术的进展和存在问题，四川和新疆天然地震 S 波分裂研究的新成果，用地震方法研究地震应力场不均匀性的新认识，当前地学 CT 研究中的主要问题等。另一方面是地震预测研究部分，例如，关于地震学前兆指标独立性的研究，灰色拓扑预测方法和多层递阶预报方法等新的统计预测模型的应用，用地震是单侧破裂多还是双侧破裂多预测唐山强余震的尝试，用“地震窗”预测地震研究的深化等。有些代表还报道了他们预测地震的实例及对未来地震形势的分析。与会者们强调地震预测研究仍然是今后一个长时期内我国地震学研究的主题之一。

学术交流以后，第四届地震学专业委员会主任陆远忠研究员主持了以“九五期间的地震学研究”为中心论题的专业委员会议，专业委员和列席代表就“九五”计划期间我国地震学研究应重点关注的问题提出了许多意见和建议。会议认为我国地震学研究当前面临的形势是，一方面由于信息技术和计算机技术的迅猛发展，我国地震学研究正处在由传统地震学向数字地震学迅速转折的时间，另一方面不断发生的强烈地震灾害要求我们坚持不懈地开展地震预测和减轻地震灾害的研究。前者是学科发展特点，后者是我们面临的任务，“九五”期间我们应“以任务带学科”，大力促进数字地震学的发展。值得注意的问题有发展地震快速应急分析系统、快速和精细地测定更多的地震参数和介质参数、大力从地震波中提取孕震信息、发展大容量数字地震信息的处理技术、地震 CT 技术等。“九五”期间我们也要重视非线性地震学等地震学新理论和新技术的研究。

# 中国地震学会地震地质专业委员会会议纪要

为了推动华南地区活动构造研究，以更好地使活动构造研究服务于沿海经济建设。地震地质专业委员会与广东省地震学会地震地质专业委员会，广东省江门市科协、江门市地学学会等联合，于 1995 年 12 月 4～7 日在广东江门市召开了华南地区城市和工程建设中的活动构造学术讨论会。

出席会议的有国家地震局防灾司直属研究所、省地震局及中国地质大学（武汉）、广州中山大学及江门市和附近地区的地办、城建等部门的代表 72 人出席会议，江门市政府及科协领导出席会议并讲了话，对会议予以极大的支持。

会议共收到论文33篇，有31位代表在会上作了学术交流和讨论。内容主要有：

(1) 华南地区地质构造及活动断裂研究；

(2) 城市及工程建设中的活动断裂研究；

(3) 典型活动断裂带研究介绍；

(4) 有关新年代学的应用研究。

此次会议暨第四届地质专业委员会成立会，也是本届专业委员会成立的第一次学术活动，专业委员会也请代表对未来几年的学术活动计划及“九五”地震地质规划提出建议并开展讨论。

# 中国地震学会第四届地震工程专业委员会年会会议纪要

中国地震学会第四届地震工程专业委员会年会于1995年9月22日在山东省长岛县召开，到会代表包括上届及本届委员会委员计27人。

会议首先由上届委员会委员张大名研究员代表第三届地震工程专业委员会作工作总结。在工作总结中，充分肯定了自1991年11月以来全体委员和会员共同努力，为我国地震工程研究作了有益的工作，先后组织了六次全国性的学术讨论会、编辑出版《地震工程与工程振动》等学术刊物、争取第十一届世界地震工程会议在中国召开等活动；提出建立刘恢先地震工程奖励基金，以促进我国地震工程事业的发展，鼓励年青一代地震工程科技工作者茁壮成长；报告了专业委员会的经费使用情况；对今后的专业委员会工作提出了积极的建议等等。与会代表一致同意这项工作总结，对第三届专业委员会的工作给予很高的评价，同时也认识到近十几年来地震工程学有了飞跃性的发展，我国老一辈科学家已经做出了突出的贡献。随着时代的发展，我国地震工程事业的发展已经历史地落在第二、三代科技工作者肩上，任重而道远。

根据中国地震学会第四届第一、二次常务理事会决定聘请冯启民研究员为第四届地震工程专业委员会主任委员，并经与有关单位协商确定了39位专家为本届专业委员会委员。

除20位委员因公因病请假之外，共有19名委员出席了本届年会。按学会章程规定，由冯启民主任提名陈厚群研究员、王亚勇研究员、欧进萍教授为本届专业委员会副主任，金星副研究员为秘书，到会委员一致通过了这一提名，拟按程序报请中国地震学会批准。

冯启民主任对本届专业委员会的工作提出如下建议：

(1) 继续推进建立“刘恢先地震工程奖励基金”的工作，积极争取多方面、多渠道的支持，包括上级领导部门、兄弟单位、海内外个人等的支持。

(2) 继续努力争办第2000年第十二届世界地震工程会议，向上级领导部门报告申请，从现在起就着手准备工作，以便在1996年6月23～28日在墨西哥第十一届世界地震工程会议上正式提出申办要求。为此，希望我国地震工程界的同行们充分运用自己的国际关系，向各国专家学者介绍我国的地震工程成就和进展，争取他们的支持。与会代表还提出 1996 年世界地质大会在中国召开期间开展争办宣传活动，以扩大影响。

（3）开始筹备 1998 年第五届全国地震工程会议，建议会议在北京召开，并委托中国建筑科学研究院工程抗震研究所筹办。有关这次会议的事宜将与中国建筑学会抗震防灾研究会进一步协调。

（4）在 1996 年，1997 年举办小型学术讨论会，对当前国家经济建设和社会进步中有关地震工程的重要课题进行交流研讨，以促进科技发展和成果的推广应用。

（5）在本届委员会任期内加强委员们之间的联系是十分必要的建议采取适当的方式进行，例如，发表通讯等，让全体委员了解委员会的工作以及委员们对学会工作的建议等等。

（6）进一步加强与国外的地震工程界的学术交流，改变只顾埋头在国内工作，不重视让国际了解我们的状况。对此，与会代表深有同感，强烈呼吁国内同行共同努力促进这种交流。

（7）关于筹措资金问题：为了开展学术交流、保证本届专业委员会的日常工作，除了现有的极为有限的经费支持之外，与会代表提出了具体的建议，例如，在专业委员会下设立科技咨询、服务实体，发挥人才优势，开展有偿服务，以收入来“养会”；要求各位委员为委员会做“贡献”，争取项目，在各自单位谅解的情况下，每年为专业委员会争取一个项目等等。为此，建议订一个章程或办法，既保证了委员会有一定的经费来源，又照顾到具体承担项目的个人的利益。

（8）与会代表强烈要求创办我国地震工程方面的英文刊物，本届委员会将全力推进这一目标的实现。

（9）专业委员会应该组织有关专家，对于国民经济建设的重要工程问题提出合理化建议。

本次年会开得紧凑活跃，到会代表均对本届专业委员会抱有很高期望，希望它能在世纪之交的最后四年内完成光荣的使命，为促进我国地震工程事业的发展作出应有的贡献。

## 中国地震学会地震观测技术专业委员会会议纪要

中国地震学会地震观测技术专业委员会 1995 年会议于 9 月 11～13 日在北京召开。本次会议是第三届地震观测技术委员会换届的工作会议暨学术研讨会。

会议首先由第三届委员会主任张奕麟作第三届专业委员会的工作总结报告，第三届专业委员会在第二届工作的基础上继续大力推进数字化地震与前兆观测技术的发展，作了很多细致和周密的工作，分别在泰安和宜昌召开了两次学术会议。泰安会议上大家认真分析了在发展我国数字地震技术工作方面存在的问题，并提出了深入开展数字地震与前兆观测和研究的一些具体建议。在宜昌会议上，就进一步发展数字地震观测技术作了广泛的研讨，交流了“八五”期间国家科技攻关课题“数字地震与前兆观测试验系统”的立项情况，并具体讨论了“云南数字地震台网设计方案”，宜昌会议经讨论同意原国家地震局地球物理研究所主办的刊物《地震地磁观测与研究》自 1994 年元月开始，改为由该所与地震观测技术委员会联合主办。第三届专业委员会还努力配合中国地震学会作好1994年度学术会议的工作。接着第四届专业委员会主任庄灿涛通报了第四届委员会的筹备过程，根据中国地震学会常务理事会的意见，第四届委员会的成员补充了不少年轻同志。使小于50岁的同志超过了1/3，充分考虑了不同专业，包括有测震与前兆、硬件与软件、技术与理论多方面的同志，也考虑了搞观测技术的管理人员参加。另外，委员会的成员还考虑到所代表单位和地区的分布。

经酝酿和提议，会议一致通过：张奕麟任专业委员会名誉主任，庄灿涛任主任，赵仲和、付子忠、朱元清和阴朝民任副主任。第四届专业委员会委员共25名。庄灿涛表示，第四届专业委员会将努力致力于推进我国地震观测技术发展的事业，包括国家和区域数字化地震台网的建设；数字前兆观测系统的研制；地震数据的管理和服务；地震和前兆新仪器的研制。同时，随着国家地震局职能的改变，为了推进防震减灾事业的发展，要努力作好防震减灾工作中的技术系统的研制。努力作好地震观测技术领域中的学术交流和推广普及工作。专业委员会还要作好全体委员的联络和服务工作，使专业委员会成为全体委员的一个活动场所。同时要继续发展各位委员的特长，把地震和前兆观测技术推向社会，作好咨询和技术推广，为国民经济服务。

李大辉重点介绍了“八五”课题“数字地震和前兆观测试验系统”研制测震台网设备的基本情况，经过近4年多的努力，该课题组已完成了区域数字地震台网、流动数字地震台网的全部仪器设备和宽频带数字地震台网的部分设备的研制。其中区域数字地震台网将架设在国家地震局地球物理研究所的北京台网；流动数字地震观测试研系统将于本年度架设在江苏省地震局。此外3个甚宽频带地震台将在白家疃、泰安和武汉架设。此课题的成果还将用在新建的西安数字地震台网中。

薛兵重点介绍了地震数据采集器的研制工作，它是数字地震观测系统的关键设备之一，课题组研制的EDSA－3型地震数据采集器是16位字长，3路输入的数据采集设备，其内采用多组FIR数字滤波器、程控放大器、GPS授时、零点补偿、标定信号补偿、双串行口通信和SRAM电池等多种技术，大大提高了整机的稳定性，增加了功能。在此采集器中还使用了最小相移性相移两种滤波器，前者使滤波器在记录地震移动时不会产生虚假震相，后者可以用于要求线性好的情况，会议代表对这两种不同的滤波器的实现和性能开展了热烈的讨论。

杨大克介绍了数字化地震观测试验系统数据处理系统的研制工作。该数据处理系统采用UNIX操作系统，分别在SUN工作站上开发了区域数字地震台网中心数据处理系统，在微机上开发了流动数字地震台网中心数据处理系统。该系统具有实时接收地震信号，实时检测地震事件，实时对地震事件进行自动处理和记录地震事件数据以及连续记录实时数据等多项功能。并具备友好的窗口界面，便于进行人机交互处理。这是我国第一个建立在UNIX操作系统上的地震数据处理系统。

黄锡定代表数字前兆观测的研制组，介绍了该系统的研制进展情况，到目前此研制组已经完成了包括两个型号前兆数据采集器在内的6种专用仪器的研制，完成了程控电话、短波和超短波通信支持的地震前兆遥测单位的研制；完成了多种前兆仪器与数据采集器的接口试验，项目组开发了地震前兆遥测台网控制软件，在台网中心成功地实现了地震前兆数据遥测和处理；大大提高了台站的工作效率，减轻了台站人员的工作量。研制组还完成了地震遥测专用网络协议和专用数据采集器的研制，使地震前兆专业数据采集系统在共用通信网支持下用较少的设备实现了地震前兆数据遥测。该项目将于1995年在河北首先完成安装调试工作。

陈会忠介绍了Internet网在地震数据信息传输中的初步应用。周公威介绍了CDSN的数字化改造工作。

关于“九五”期间观测技术发展的研讨，与会代表张奕麟、付子忠、蔡惟鑫、池顺良、陈培善等分别发言，提出了加强地震观测数据信息交流，提高数据保存和管理质量，加强地震前兆仪器研制力量以及如何开展第四届专业委员会工作等意见。

会议期间与会代表还为70高龄的中国地震学会名誉理事叶世元先生祝寿，表达了对老一辈地震科技工作者的敬意。

## 中国地震学会地壳形变测量专业委员会会议纪要

中国地震学会地壳形变测量专业委员会1995年学术年会暨换届会议于1995年9月10～16日在安徽省九华山地区召开。

**1. 学术交流**

本次会议交流的论文为30篇，其内容十分广泛，主要涉及到空间大地测量，特别是GPS，地震中近期预报方法及强震其他地点的追踪预测，震例研究，地壳形变资料的反演问题，新技术在地震前兆观测仪器研制中的应用，地壳形变观测中地下水影响定量计算方法的研究，天文时纬测量资料在地壳形变测量中的应用，海平面变化与地震前兆以及有关我国“九五”期间地壳形变台站及观测技术调整和改造，GPS观测和研究，固体潮观测资料用于地震预报的进展及进一步深化研究若干问题，GPS、GIS、RS结合及其应用，大地测量和地球物理相结合推进地城预报等方面的综合性评述文章，学术报告的基本特点是理论与观测资料的结合，有效地利用最新获得的观测资料，进行理论研究与解释工作，体现出我国地壳形变测量与研究工作的新进展，其中GPS、GIS、RS的结合与应用，高精度GPS测量得到的中国西南地区构造块体运动模型的研究，我国近几年来GPS观测工作的进展及青藏地区GPS观测成果的精度分析，海平面变化与地震前兆、天文时纬观测资料与重力测量所得铅垂线变化与南海涛动指数Soi之间的显著相关性的研究等均具有新意，引起与会代表的兴趣。

**2. 专业委员会换届**

根据中国地震学会办公室的安排，在学术年会期间专业委员会进行了换届，成立第三届中国地震学会地壳形变测量专业委员会。换届会议由陈鑫连主任委员主持，秘书徐菊生作了上届专业委员会工作总结报告。第三届专业委员会由41名委员组成，陈鑫连研究员任主任，张祖胜、李延兴、周硕愚、林继华、张义发、郗钦文等任副主任。常务副主任暂缺，徐菊生兼专业委员会秘书。本届委员会委员是经过各单位推荐，报主任委员审准并在换届会议上通过。新一届专业委员会委员比上届有了新的发展，女委员、青年委员占1/4，科技管理人员亦占有一定比例，因此，新一届专业委员会将更具有代表性和开创精神，体现出新老交替，科技人员和科技管理干部相结合，为专业委员会开展学术活动提供了有利的条件。

**3. 关于“九五”期间我国地壳形变测量事业的发展问题**

1996年开始我国经济发展将进入“九五”发展新阶段，与会代表对我国“九五”期间地壳形变测量事业的发展问题给予极大关注，对此进行了广泛的研究，亦提出了很多有益的建议。

## 中国地震学会深部探测专业委员会会议纪要

中国地震学会深部探测专业委员会学术讨论会于 1995 年 3 月 27 日～4 月 5 日在福建省厦门市召开。代表们交流了近几年来我国地壳深部探测研究工作的重要成果和进展，总结了与会人员所承担国家“八五”项目的执行情况。会议还讨论了未来“九五”期间地壳深部探测研究工作的发展方向、趋势以及如何使地壳深部探测研究工作与国家经济建设相结合，在“九五”期间得到进一步的发展等问题。

换届工作根据中国地震学会“关于中国地震学会各专业委员会换届的有关事项的通知”要求进行。新的委员会由 42 名委员组成，他们分别来自国家地震局、中科院、北京大学、复旦大学、石油天然气总公司和地矿系统等单位。

## 中国地震学会历史地震专业委员会会议暨学术讨论会纪要

第三届历史地震专业委员会会议暨学术讨论会于 1995 年 10 月 6～9 日在贵州省花溪召开。时振梁主任对这次会议的主要议程、讨论的问题等以书面形式提出了具体的意见和建议。这次会议主要议程是专业委员会换届、学术交流和“九五”期间工作安排意见等。

副主任齐书勤代表第二届历史地震专业委员会作总结报告，第二届历史地震专业委员会在 1991～1995 年的 4 年期间，先后单独举办两次学术交流会，借中国地震学会学术大会之机举行一次历史地震学术讨论会，共交流学术论文近 40 篇，部分文章在学术刊物上发表；在此期间曾召开 4 次主任会议，就历史地震专业委员会工作、历史地震科学研究的现状、存在问题和发展方向以及队伍建设等进行深入讨论，并将主任会议精神以纪要形式及时发给委员，以便各位委员了解专业委员会的近期工作动态和要求；在此期间，历史地震研究成果较多，完成和出版中国历史地震强震目录等数部专著，发表 20 余篇论文，进行中朝历史地震合作项目的研究，完成华北地区微震目录的整理入库等。

专业委员会在中国地震学会、地球物理所（挂靠单位）、国家地震局震害防御司的领导、指导、关心和支持下，顺利地完成换届工作。第二届专业委员会共 40 名委员，其中有 7 名委员于 1994 年底退休离任。第三届专业委员会新增加 16 名委员，即由 49 名委员组成。新增加的委员中副高级以上科研骨干 14 名，其中有正研究员 4 名，系统外的相关学科人员 1 名，地市级地办人员 1 名。16 名新委员中 40 岁左右的年轻人 7 名，占新委员总数的 44%。

国家地震局震害防御司司长、历史地震专业委员会委员李裕澈代表震害防御司讲了话。

他希望新的一届历史地震专业委员会团结全体委员和热心于历史地震研究的科研人员，充分发挥年轻委员的积极性，将历史地震研究朝更深更广的方面渗透，扩大眼界，扩展研究领域，提高历史地震研究的质量和水平，为工程地震、地震区划和危险性评估等及国家经济建设服务，在面向经济建设服务中求生存、求发展。

与会人员提出24篇报告和论文。在大会上进行学术交流有22篇，其中属历史地震考察研究的7篇，研究方法的有2篇，应用的5篇，理论研究和提出研究问题的5篇，其他5篇。这是近几年来进行学术交流人数和提交论文篇数最多的一次学术讨论会，说明经过调整、充实队伍，历史地震研究将更深入地开展。在学术和交流活动中，有一个很大特点，即突破以前历史地震研究局限于历史地震资料考证的纯参数研究的框框，注重于研究成果的实际应用，与工程区划应用结合更加密切，向其他领域扩充更广更宽了。

# 中国地震学会地震社会学专业委员会第一次会议纪要

中国地震学会地震社会学专业委员会第一次会议于1995年11月29日在北京举行，出席会议的有地震社会学专业委员会主任、副主任、秘书及顾问。会议由地震社会学专业委员会主任邹其嘉主持。他首先受中国地震学会的委托宣布地震社会学专业委员会成立，并就专业委员会的任务和筹备过程做了发言。他说：地震社会学专业委员会是根据地震科学和防震减灾事业的需要，由中国地震学会第四届常务理事会于1994年决定组建的；后经多方协商，于1995年10月确定了专业委员会领导成员及顾问人选，其中既包括国家地震局系统和地方地震队伍的专家、学者，也广泛吸收其他有关部门如国家经贸委、民政部、国务院法制局、中国人民保险公司、中国社会学学会的专家。这样一个跨部门、多学科的专家群体，将有利于推动专业委员会各项工作顺利进行。

中国地震学会理事长陈运泰代表中国地震学会到会做了重要指示。他指出，地震事业的宗旨是“趋利避害”，因而它不仅仅是单纯的自然科学问题，而是与社会密切相关，因而必须政府重视、社会参与才能奏效。为此，地震学会早在1979年成立之时就明确了地震社会学是个重要的研究方向。地震学会既是专家组成的学术团体，也是党和政府联系群众的纽带与桥梁。他表示希望，地震社会学专业委员会今后能做好自然科学与社会科学接口的工作，当好纽带与桥梁，在防震减灾事业中发挥出应有的作用，同时为推进国际间同行专家的交流与合作做出贡献。

国家地震局副局长何永年做了重要讲话。他说，国家地震局是主管防震减灾工作的职能机构，要切实减小灾害后果，就必须把科技的进步、政府的职能与社会的参与三者结合起来。地震社会学专业委员会虽侧重于学术研究，但应与社会实际紧密结合，为决策部门提供依据与参考，为实现我国防震减灾工作的十年目标贡献一份力量。

出席会议的专家们就成立地震社会学专业委员会的意义，专业委员会的宗旨、任务及今后工作等进行了热烈的讨论。大家一致认为，地震社会学专业委员会的成立十分必要、非常及时。防震减灾事业事关社会稳定和经济发展，需要自然科学与社会科学（如社会学、经济学、心理学、法学、人际关系学等）的融通，科学家、政府与社会公众共同参与；促进各有关学科的沟通与结合，推动学术研究与交流，为政府及有关灾害管理部门提供决策的依据，正是地震学专业委员会的使命。专家们表示，一定要发挥各自的学科或部门优势与特长，为办好专业委员会而努力。与会代表相信，地震社会学专业委员会的成立，必将为更广泛地团结专家、学者，促进学科发展，推动防震减灾事业进步，做出积极的贡献。

## 中国地震学会地震流体专业委员会成立暨首届学术交流会纪要

1995年9月22～26日，在贵州省贵阳市召开了中国地震学会地震流体专业委员会成立暨首届学术交流会。

丁国瑜院士代表中国地震学会宣布了地震流体专业委员会的委员组成名单。首届流体专业委员会共有50名委员，他们分别来自地震系统及外系统的24个单位。为做好委员的遴选及大会筹备工作，今年初成立了筹备小组，采用单位推荐、个人自愿、筹备组审定的方式来推选委员。因而充分体现了代表性、群众性、民主性。委员会的组成有以下特点：①委员学历层次高，50名委员中副研以上46人，其中研究员17人。委员中男38人，女12人，55岁以下委员31人；②科研力量强，50名委员均是本单位科研、预报、管理工作骨干，学有专长、成绩突出；③青年委员思想活跃，40岁以下委员9人，年龄最小的仅30岁。各单位在推荐委员时特别注重推荐优秀青年科技人员，各级领导和老、中专家对他们亦寄于极大的期望；④专业结构较全，委员们来自不同单位，所学专业及从事的工作涉及面广，对博采众长、集思广益、发展流体学科非常有利。流体专业委员会人员组成得到全体代表一致通过。

为了继续充分发挥本行业老科技人员对地震流体专业发展的参谋、咨询作用，本届地震流体专业委员会设立了特邀委员34名，主要是已离退休的研究员、高级工程师及部分担任领导工作的本行业专家。

地震流体专业委员会首届学术交流会议筹备小组1995年以来做了大量的准备工作：向有关单位广泛征文，从收到的130余篇论文摘要中筛选出122篇编印成《首届地震流体专业委员会学术交流大会论文摘要集》提供大会交流，还设计了地震流体专业委员会会徽（草图），寓意丰富，受到与会代表的好评和喜爱。本届会议人数多，为使更多的代表有发言机会、充分提高会议的效益，学术交流采用了“自由论坛”式的分组讨论方式，即4个专题（观测技术与管理、前兆与预报、理论与实验及开发与应用）讨论会场固定，而人员可以自由流动，使代表们有广泛听取他人观点、积极发表个人见解的机会，讨论会上气氛热烈，代表们踊跃发言，收到了很好的效果。与此同时，会议还专门组织了40岁以下青年代表座谈会，杨玉荣主任等负责人认真听取了20多位年轻代表的希望和要求，勉励青年科技人员在面临21世纪的过渡时期，抓紧时机、刻苦钻研、向老同志学习，成为地震流体学科跨世纪接班人，为发展地震科研事业、提高地震预报水平作出自己的奉献。

（以上10篇均为中国地震学会供稿）

# 第三届全国青年地震工作者优秀科技论文评选活动揭晓

国家地震局科学技术委员会、地震科学联合基金会和中国地震学会青年科技工作委员会，于1995年联合举办了第三届全国青年地震工作者优秀科技论文评选活动。

本次评选活动共收到110多篇科技论文。评选活动办公室先后聘请了近40名专家担任评委，经过专家们认真的评审，最终评出本届获奖优秀科技论文60篇，其中一等奖3篇，二等奖27篇，优秀奖30篇（获奖名单附后）。

评委们普遍认为本届论文质量比前两届有明显提高。作者当中既有刚走上工作岗位的博士生、硕士生和大、中专毕业生，也有长期耕耘在科研、台站和野外第一线的青年科技人员。他们大多具有扎实的基础理论，一定的实践经验，加之他们朝气蓬勃、学术思想活跃，尤其是经过“八五”攻关的锻炼和老一辈科学家的指导，他们已经独立地做出不少引人注目的成果，有的已经达到国内和国际先进水平。从他们身上，可以看到我国地震事业后继有人。

# 地壳形变学科1994年度观测资料评审会议在武昌召开

国家地震局地壳形变学科第三届（1994年度）观测资料全国单项评比和学科综合评比评审会议于1995年9月24～28日在武昌召开，在学科技术协调组统一领导下成立了评审工作委员会，周硕愚为主任委员，陈德福、耿士昌、邢灿飞为副主任委员。

评比工作分预评和审定两个阶段。预评工作根据8月16日震研发科［1995］042号通知要求，分两大组八个手段进行。预评工作首先计算1994年度的地球潮汐台网观测资料的内在精度，再根据计算结果、内查外调和各省局报来的评比材料，对参评的194个单位（或台站）推荐179个要求评委会确认为优秀成绩，其中69个单位（或台站）推荐竞争单项前三名，28个有2项以上观测手段台站竞争综合台的前三名。为了首次进行学科综合评比，与此同时，地震研究所陈德福、罗荣祥、李正媛还就定量化、微机化、可操作性对经验统分公式进行了改进和完善。

9月24日开始的评审会，首先听取了预评情况的汇报，通过了改进完善后的经验统分公式，然后由评委的专家和会议代表对预评的结果进行了全面的评审，共确认179个单位（或台站）186项（其中6个单位既有水平形变又有垂直形变）为单项优秀，前三名28个；综合（定点台网）优秀27个，前三名三个。具体结果如下：

一、单项评比

1．流动重力观测

第一名　　云南省地震局
第二名　　新疆维吾尔自治区地震局
第三名　　宁夏回族自治区地震局
优　秀　　15个（略）

2. 断层形变场地观测
第一名　　综合观测中心
第二名　　第二监测中心
第三名　　云南省地震局　　地壳应力研究所
优　秀　　23个（略）

3. 断层形变定点台站
第一名　　金州台（辽宁省地震局）
第二名　　南通台（江苏省地震局）
第三名　　大同台（山西省地震局）
优　秀　　19个（略）

4. 倾斜潮汐形变单项台
第一名　　西拨子台（分析预报中心）
第二名　　南山城台（辽宁抚顺地震办公室）
第三名　　延边台（吉林省地震局）　　永胜台（云南省地震局）
优　秀　　29个（略）

5. 倾斜潮汐形变综合台
第一名　　怀来台（河北省地震局）
第二名　　泰安台（山东省地震局）
第三名　　郯城台（山东省地震局）　　张家口台（河北省地震局）
优　秀　　18个（略）

6. 重力潮汐观测台站
第一名　　银川台（宁夏回族自治区地震局）
第二名　　乌鲁木齐台（新疆维吾尔自治区地震局）
第三名　　宝坻台（天津市地震局）
优　秀　　4个（略）

7. 洞体应变潮汐台站
第一名　　楚雄台（云南省地震局）
第二名　　怀来台（河北省地震局）
第三名　　攀枝花台（四川省地震局）
优　秀　　16个（略）

8. 钻孔应变（应力）台网
第一名　　泰安台（山东省地震局）
第二名　　昌平台（地壳应力研究所）
第三名　　徐州台（江苏省地震局）　　天水台（甘肃省地震局）
优　秀　　33个（略）

二、学科综合评比

第一名　怀来台（河北省地震局）

第二名　泰安台（山东省地震局）

第三名　攀枝花台（四川省地震局）

优　秀　24个（略）

这次评比与前二届评比有“一同”与“四不同”。一同是单项评比仍按八个手段；四不同是统评大会改为评审小会，优秀成绩排名次，目视水管倾斜仪不再参评，增加学科综合评比。

通过这次评比，既检阅了本学科的成绩，也暴露了一些有待改进的问题。从评比结果看，多数单位的观测资料的质量和内在精度与1993年持平或略有提高，一些老先进仍保持领先水平，如云南局、新疆局、综合观测中心、二测中心和金洲、南通、西拨子、怀来、银川、乌鲁木齐、楚雄、泰安、昌平、南山城（地方台）等单位和台站。永胜、郯城、张家口三台站后来居上，一跃进入了前三名。代表们对国家地震局的评比改革表示拥护和赞赏，它保留了单项评比，又增设了学科综合评比，有利于调动台站（或单位）全体人员的积极性，发挥集体主义精神，不仅要争单项冠军，而且还要夺团体冠军，符合国家地震局一再提倡学科综合、整体质量提高的大方向。地震研究所提供的经验统分公式，使评分工作定量化、微机化，为今后的综合评比铺平了道路，创造了经验。代表们认为经同行专家共同努力，在近期内建立起一套完整、严格、客观、科学和可操作的公正衡量学科观测资料质量的指标体系是完全可能的。

这次评比也暴露了一些令人担忧和有待改进的问题。如少数省局对其下属的观测资料检查验收时不按规定标准进行打分，与技术管理组抽查验收评比分值相差甚大；个别省局对形变学科所属手段尚未形成归类管理；少数台站因业务骨干流失或调动，新手上岗培训不够，出现违反规范的随意内插缺数，甚至涂改数据的现象；个别省局不按入网规定盲目更换仪器；个别省局对观测成果重视不够，如有的台在八年的全国评比中七年保持前二名，本来早就应该向国家地震局推荐申报科技进步二等奖，而至今未被推荐。

为了保证台网质量，使其观测资料完整、稳定、可靠，代表们建议，技术管理单位和省局均应加强观测资料的检查验收，严格按有关标准评分；为了实现归类管理，省局也要有相应的学科协调组织；重视和加强业务培训和职业道德的教育；对观测仪器的更换，要严格执行入网规定；对监测第一线的成果要同其他科技成果一样推荐上报。

（湖北省地震局　胡朝明）

## 《中国地震年鉴》第五次工作会议在杭州召开

1995年4月15～18日《中国地震年鉴》第五次工作会议在杭州召开，这也是地震年鉴工作划归局办公室负责后的第一次工作会议。各省、自治区、直辖市地震局和国家地震局直属单位、机关有关职能部门的47位代表出席了会议。局办公室主任、年鉴副主编蒋克训在会议开始和结束时讲话，他首先代表年鉴主编陈颙副局长向大家问好，希望大家增强年鉴意识，把年鉴工作当成一项重要工作认真做好，并提了几点要求：领导要重视；队伍要加强；人员素质要提高；严把质量关；做好发行工作。会议邀请北京大学信息管理系研究生周艳讲授年鉴基本知识，给代表很大启发与收获。编辑部主任王志东就《中国地震年鉴》内容规范化加以说明，对1994年组稿内容和要求以及发行工作谈了意见。会议分组进行热烈而认真地讨论，代表们对年鉴栏目逐条逐项进行讨论，提出很多宝贵意见，并对发行工作出主意、提建议，发表不少好的意见。

（局办公室　王志东）

# 国家地震局分析预报中心召开第二届青年科技委员会成立大会

1995年9月12日，国家地震局分析预报中心召开了第二届青年科技委员会成立大会。分析中心科技委部分委员、各处室负责人、青年科技委员会成员、国家地震局代表等40余人参加了会议。

会议由分析中心科技委员会主任张国民主持。他简略地回顾了第一届青年科技委员会开展活动的情况，充分肯定了他们在“九五”立项、青年人尽快成长和活跃中心的学术气氛等方面发挥的作用，并提出了新的希望。中心主任罗灼礼、国家地震局科技委员会副秘书长吴荣辉到会祝贺并讲了话。本届青年科技委员会主任陈国星做了发言。会上，彭克银和祁铁栓代表还分别做了“云南7.3级地震现场考察”和“中国科协青年年会”的学术报告。

分析中心青年科技委员会成立于1993年8月，是分析中心科技委员会下设的三个学术分会之一。青年科技委员会的宗旨是：团结广大青年地震科技工作者，积极开展地震科学研究与交流，继承和发展地震事业，促进地震科研的发展与繁荣。中心青年科技委员会由热心地震科技事业的具有一定学术水平和组织能力的青年科技人员或管理人员担任，每届任期二年。第二届青年科技委员会由20名委员组成，另设出国留学生若干名。

（局分析预报中心科技委员会）

# 为国民经济服务

## 地震系统工程勘察工作进展

全国第十三次勘察设计大会召开以后，建设部门下发了“关于勘察设计单位开展‘转机制、练内功、抓管理、上水平’活动的通知”，确定了今后勘察设计单位深化改革，提高管理水平及自身素质的目标和要求。根据上述要求，并考虑地震系统工程勘察单位实际状况，国家地震局积极推进这项工作，并取得了一定进展。

### 一、勘察工作的基本情况

地震系统工程勘察工作始自 1988 年。根据国家经济改革和建设事业发展的需要，在原地壳应力研究所、工程力学研究所、山东省地震局、云南省地震局、福建省地震局有关队伍的基础上，利用已有的钻探设备和岩土试验设备，调集工程技术人员，按照国发（1984）157 号关于勘察设计单位试行技术经济责任制的通知、（1987）178 号关于地矿部门开展勘察工作的通知要求，组建了独立经营、独立核算、实行技术经济责任制的五家乙级工程勘察单位。经过在激烈的市场竞争中拼搏、磨炼，五家单位都有了一定的发展和壮大，并在清理整顿中通过了建设部对工程勘察单位的重新审核，获得了乙级工程勘察资格证书。此外，上海地震局工程勘察公司和黑龙江省地震局工程勘察公司，也在地方建委申请获得乙级工程勘察资格证书。

自 1988 年以来，地震系统勘察工作有了较大发展，完成了一批重点工程建设项目的勘察工作。据不完全统计，已完成工程勘察项目近 700 项，完成产值 1176 万元，基本实现了自收自支，有一定利润上交，成为地震系统不吃事业费的部门之一。

为了提高勘察工作的技术水平，各勘察单位积极学习国内外新技术，计算机的使用水平有较大提高，目前已实现了计算机出图。另外，在勘察工作中开发使用 CT 技术、超声波技术也取得了重要进展，达到了国内先进水平。

1995 年 3 月，在建设部主管部门的支持下，国家地震局邀请几位国家勘察大师对系统内各单位申报的优秀勘察项目进行了严格评审。其中，山东地震地质勘察公司承担的龙口建设银行大厦工程被评为一等奖；地壳应力研究所地质工程勘察队承担的首都机场高速公路工程、福州地震地质工程勘察院承担的天马祥业工程地形测量、山东地震地质勘察公司承担的齐鲁石化橡胶厂生活区扩建工程被评为二等奖。可以说，经过短短几年的时间，我们的勘察工作已经达到一定水平，我们以自己的技术和服务质量，赢得了信誉，在激烈竞争的市场上占有了一席之地。

## 二、深化改革，开拓进取

1995年，国家地震局召开了第一次地震系统工勘单位表新暨工作会议。会议对推动地震系统工勘单位改革提出了明确要求和具体措施，并以震发防［1996］48号文件正式下发。其主要内容包括：

（1）各工勘单位于1996年4月底之前完成与主管单位的脱钩，成为单位所属的自收自支管理的事业单位，主管单位对工勘单位的事业费停拨。

（2）国家地震局对有独立工勘单位的上级主管单位，不另行核减人员编制及其经费。

（3）工勘单位脱钩时，主管单位应允许职工双向选择。

（4）工勘单位可根据需要自行设置内部机构，引进各类技术人员，主管单位不能随意向工勘单位安置富余人员。

（5）工勘单位所使用的资产设备，应进行评估后作为国有资产划拨给工勘单位，工勘单位拥有国有资产的使用权和处置权、负责国有资产的保值增值，并按规定向主管单位上交一定利润。

（6）工勘单位执行财政部和建设部制定的勘察设计行业财务管理办法，根据自己情况，参照同类单位制定工效挂钩政策，报主管单位备案。

（7）工勘单位要建立健全项目管理体系，加强项目成本核算，强化全面质量管理，提高人员素质，在激烈的市场竞争中站稳脚根。

（8）工勘单位要努力扩大生产能力，提高技术水平。到1997年人均产值达到3万元以上（含一定比例非工勘收入），纯收入中不低于40%用于扩大再生产，CAD制图率达到60%以上，并创出一项以上国家地震局优秀工程勘察项目。

另外，为了增加系统内交流，扩大对外横向联系，经中国地震学会理事会讨论通过、民政部批准，中国地震学会工程勘察专业委员会已经正式成立，它必将在学术交流、新技术、新方法推广、优秀勘察项目评选、技术培训等方面，发挥重要的作用。

目前，国家地震局在考虑集中一部分人员、设备，组建国家地震局工程勘察院，并争取申请甲级工程勘察资质，这样可以增强地震系统在工程勘察市场中的竞争力，同时可为具备一定实力的单位开展工程勘察工作创造条件。

今后，国家地震局将进一步贯彻落实国务院批复的建设部、国家计委、财政部、人事部、中央编委［关于工程勘察设计单位改为企业若干问题的意见］及［勘察设计单位改建企业实施办法］的精神，加快勘察改革步伐，在总结工作、交流经验的基础上，根据地震系统的特点、现状和改企要求，有计划、有步骤地改革勘察体制和运行机制，认真学习国内外的先进技术，努力提高技术水平，为提高工程项目的经济效益、社会效益、环境效益提供优质服务，使我们的工作增添新的活力，开拓新的局面，沿着改革的道路继续前进。

（局震害防御司　栾　毅）

## 福建省地震局工程勘察院工程开发工作

福建省地震局工程勘察院针对各类工程建设对工程地震技术的不同需求，探讨不同的工程处理方法，有的放矢地解决不同类型工程中的抗震设防问题，扩大了工程地震技术应用领域。在桥梁工程中，重点解决主桥墩的地震动参数问题；在火电厂项目中，侧重于提供发电厂房和烟囱部位的场地条件和设计地震动参数；在水厂建设工程中，注重于研究供水处理核心部位和取水口的地震安全问题。从深度上讲，根据工程建设发展过程中对工程地震技术提出新的要求，不断引进和研究新的工程地震技术，去解决实际工程遇到的问题。比如在桥梁工程中斜拉桥型的设计、火电厂项目中高烟囱的设计都需要长周期的地震动参数，因而引进了国内新近发展起来的长周期地震动参数计算方法，为特殊构筑物的抗震设计验算提供了相应的地震动参数。1995 年全院先后完成了福州乌龙江大桥、招商局中银漳州电厂、东山万吨级码头等重大工程项目的地震安全性评价项目，合同额达 196 万元。

1995 年勘察院先后引进电磁波 CT 检测和无损超声波检测等高新技术，直接应用于实际工程建设之中。福州茶会小区新型扩头桩桩基础鉴定、福州城门水厂取水口场地地层流离沉陷现象，就是采用了电磁波 CT 检测新技术，给出了地下清晰的三维彩色图片，为建设单位解决了实际工程建设中的难题，受到建设单位的好评。在福州二环路高架桥大口径桩基检测中，应用超声波无损检测新技术，确保了大口径桩基础的施工质量。勘察院厦门分院承担了冲孔灌注桩基础施工等工作，为拓宽工程服务领域做了有益的尝试。通过在市场经济条件下的实践探索，勘察院坚持工程地震主业，发展多种工程开发手段，现今已形成工程地震、工程地质、工程勘察、工程物探、工程测量等门类齐全的工程开发力量，从而更好地为国民经济建设提供服务。

（福建省地震局　蔡晋安）

## 广西壮族自治区地震局为国民经济建设服务

1995 年，自治区地震局完成了北海铁山港开发区地震小区划收尾工作；防城马格兰大厦波速测试、区检察院桩基检测、南宁造纸厂爆破及强夯振动测试；南宁经济技术开发区爆破振动测试；龙滩大桥混凝土质量检测等多项工程测试。还继续承担广西电力设计院委托的岩滩水库区的地震活动性监测任务。

（广西壮族自治区地震局　龙安明）

# 海南省地震局科技开发工作

1995年，海南省地震局科技开发工作以承担海南省重大工程项目的地震安全性评价为主要内容，同时承担了海口市地震小区划项目中的部分工作并开展了桩基动力无损检测。全年签订项目合同5个，已完成4项，另一项为跨年度项目，正在执行之中。

(1) 琼山市江东大桥地震安全性评价。

(2) 琼州海峡铁路轮渡场地地震安全性评价。该项目的完成，为勾通琼州海峡铁路联系提供了工程地震方面的科学依据，促进了琼州海峡铁路通道计划的进一步实施。

(3) 琼山市琼北港场地地震安全性评价。

(4) 海口市地震小区划，该项目为跨年度项目。由海口市地震局，哈尔滨工程力学研究所和海南省地震局三方共同承担。海南省地震局负责活动断裂调查及地震危险性分析方面的工作。

(5) 海南省农垦邮电综合楼桩基动力无损检测。

（海南省地震局　吴铁生）

# 起步中的四川省地震局遥测工程研究所

遥测工程研究所1995年积极承揽遥测工程，精心组织设计与施工。完成青海花土沟油田、四川冕宁大桥水库、河南小浪底水库三大遥测地震台网工程的合同任务和多项计划内外的科研与研制任务。

特别是花土沟油田遥测台网的建成，填补了我国地震监测在青、新、藏交界区的空白，其技术系统获得了国内好评。该所负责完成的“成都台网数字化的改造方案”获得了国家地震局和四川省政府的批准，为九五计划期间四川省台网的现代化改造奠定了基础。

1995年中，该所新签并完成合同额80余万元，完成跨年度延续合同120万元，人均完成合同额高达10万元；上缴利税近16万元，人均创利税8000元，超过了预期的经济目标。

（四川省地震局　杨晓源）

# 陕西地震科技开发工作进展

1995年陕西省地震局全年完成科技开发任务45项，合同额达100万元，社会、经济效益较往年有较大幅度增长。

（1）应用科技检测手段为高速公路建设服务，得到省高等级公路管理局的肯定。已与高等级公路管理局建立合作关系，联合开展高速公路无损检测研究课题正在酝酿之中。

①在西安—宝鸡高速公路的兴平至蔡家坡段，进行了台背钻孔压实度检测，效果明显。

②采用高密度电法进行公路垫层厚度测试，测试精度与垫层实际厚度十分接近。

（2）工程建设场地地震安全性评价工作已初步打开局面。完成了第四军医大学综合楼、西安天然气公司储备站、金城科技工业园、咸阳秦宝小区等工程建设场地地震安全性评价工作，在陕西经济建设中发挥了作用。

（3）结合陕西天然气工业发展，组织开展地下管道探测技术，已正式对外服务。

（4）利用土壤气体分析探测地裂缝的技术性服务，在工程地震科技开发项目中见成效。

（陕西省地震局　花曙光）

# 兰州地震研究所科技开发工作

国家地震局兰州地震研究所1995年科技开发收入达84万元，创纯收入16.9万元。

1995年科技开发的主要工作仍然是地震安全性评价工作。除1995年以前延续下来的一些项目陆续做资料整理、完成报告、提交送审验收及向委托单位提交最终成果等项工作以外，1995年新签的这方面项目合同很少，主要原因：一是西部地区新上大中型项目较少，且很多集中在已做过地震安全性评价工作的省内大中城市；二是一些企业在地震频度相对较小的时候对此项工作不重视，由于受西部地区整个经济环境相对紧张的影响，企业自有资金紧张，虽然经多次联系协商，终因经费不落实未达成协议。而且一些已做过地震安全性评价工作，并已将评价报告交付使用的企业，也因经费紧张迟迟未付应付的经费，已成为科技开发工作中的一大难题。

科研人员充分利用现有设备，积极开展对外服务工作，对仪器设备的维护和更新，创造了一定的条件，对开拓科技开发服务的新领域奠定了一定的基础。充分利用现有办公用房与社会一同办中等职业教育，既创造了一定的社会效益，又创造了一定的经济效益。教育培训方面的收入已成为科技开发收入中的一个重要部分，并且呈逐年稳定上升的趋势。

1995年新签各类合同14项，合同金额达30.4万元，服务对象涉及科研机构、企业和院校等方面，主要工作内容为地震安全性评价、加工测试、工程地质及教育培训等。

（兰州地震研究所　王子格）

# 宁夏回族自治区地震局科技开发工作

1995年宁夏地震局加强了对科技开发工作的领导，调整了科技开发工作的机构设置，完善了科技开发工作的各项规章制度，大力开拓科技开发市场，在激烈的市场竞争中使宁夏地震局的科技开发工作取得了较大的进展。

宁夏地震局承担科技开发工作的部门主要有“宁夏防震减灾工程技术开发中心”、“工程地震研究所”、“宁夏地震局机关服务中心”以及有开发能力的部分地震台站。对不同的开发部门，宁夏地震局采取了不同的管理模式，“宁夏防震减灾工程技术开发中心”施行自收自支、自负赢亏的企业管理模式，“工程地震研究所”施行差额补贴收入提成的管理模式，“机关服务中心”施行对内有偿服务，对外经营服务的管理模式。为了鼓励地震台站在做好日常地震测报工作的前提下搞好开发工作，施行了“收入归已，少量上交”的管理模式。

工程地震研究所在承担地震地质研究课题的同时，开展了桩基检测，工程抗震性能测试以及工程场地的地震安全性评定工作，从而拓宽了桩基检测市场，该所承担的陕北—银川输气管道工程地震安全性评价工作受到有关专家的好评，为该项工程的立项做出了积极的贡献。

机关服务中心在做好地震综合防震减灾各项服务工作的同时，积极开拓社会市场，转变服务观念，走社会化服务的路子，开展了房屋出租、车辆对外服务、对外供暖等服务工作，也取得了一定的经济效益和社会效益。

宁夏防震减灾工程技术开发中心是由原宁夏地震局劳动服务公司、富成公司和地震地质工程公司合并后新设的科技开发机构，具有独立的法人地位，该中心正在积极开拓市场，探索防震减灾工程技术开发的路子。以适应国民经济建设对防震减灾工程开发工作的需要。

（宁夏回族自治区地震局　梁金仓　文　卫）

# 面向经济建设和技术市场，做好科技开发工作

地壳应力研究所在市场竞争中制订了新的科技与技术开发管理办法，对内理顺关系，对外寻求信息，使得1995年度的执行合同额达172万元，获利31.5万元，另外还有昌海汽车零配件公司上交所获纯利23万元。

地壳应力研究所的技术市场涉及了西南、西北、华中等10多个省市；涉及了多种大型工程，如兆瓦级核电研究堆的地质环境、大型电站工程的安全监测、大型交通工程及煤矿竖井破坏等项目中的地应力场测定等。科技人员认真执行合同，战胜场地条件恶劣等困难，得到了业主的好评。

（地壳应力研究所办公室）

# 考　察

## 山西地震考察

**1．1815 年平陆 6 级地震考察**

1815 年 10 月 23 日（清嘉庆二十年九月二十一日）在汾渭断陷带的灵宝盆地发生 6 级地震，震中在平陆县，近中条山南麓断裂。山西省地震局苏宗正、程新原、张华在完成“中条山断裂晚第四纪活动特征与古地震研究”课题中，在震中区一带进行了考察。清光绪·平陆县志记载：平陆县西牛、下牛、王家沟、越冀、轮桥等村震灾最重。

西牛村村民仍祖辈口传。地震前，全村有 300 多户，震后仅剩约 20 人。该村东沟是地震时地裂形成的，经百余年的侵蚀现已扩宽。沟发育在中、上更新统黄土层中，现呈“V”型，沟两壁分布有大小不等的崩塌滑坡体，并经常有滑塌发生，当地群众称为塌坡崖。附近其他沟壁上部局部残留有地震塌窑的遗迹。如今，村中建房挖基、挖窑洞经常挖出尸骨，反映了地震造成该村严重的人员伤亡。

下牛村位于西牛村东，两村隔沟相望。震前户口数不明，传说地震后没剩几人；外村人传说，下牛村人在地震时都死光了。村里在耕地建房时常有大量砖瓦及灰化了的种子等被挖出，表明了地震时曾造成严重的破坏。考察中，在村北的沟边，见到了 1815 年地震塌毁的窑洞的残迹。据访问，以前在村里还能见到 1815 年地震塌剩的窑洞，现仅剩下一些残迹。

轮桥至王家沟一带，地震时死人最多。考察中发现了记有 1815 年地震的庙碑（嘉庆二十四年秋立）记载：“嘉庆乙亥年九月二十日夜半地震，压人无数，庙尽倾塌。噫嘻，因地气运之大变，而常年之巍峨否复睹矣。”

**2．中吉合作考察**

根据 1992 年签署的山西省地震局和吉尔吉斯斯坦共和国民族科学院地震研究所科技合作 5 年协议，山西省地震局苏宗正、袁正明、程新原于 1995 年 7 月赴吉进行了 1992 年苏撒孟尔7.3 级地震构造考察。考察中测量了7.3 级主震断层陡坎剖面和6.7 级主余震断层陡坎剖面，并开挖了探槽。对剖面、探槽的分析研究表明，地震断错为逆断型，与震中所处的北天山走向一致；主震形成最高达3.35 m 的陡坎，使地表的水平缩短量是 2m；主余震断层陡坎高0.75 m，水平错动幅度 1m。这一结果，填补了对苏撒孟尔地震构造研究的空白。

1995 年 9 月，吉方来山西临汾盆地进行 1303 年洪洞、1695 年临汾 8 级大震区地震构造考察，主要考察了最新确定的有关两次大震构造的剖面。在考察著名的洪洞万圣寺中生代推覆体时，新发现了 1695 年临汾 8 级大震的破坏遗迹。遗迹位于万圣寺推覆体剖面以南的河谷南岸二级阶地面上，是2座僧侣的砖砌墓塔，南边的一座建于明永乐二十二年五月八日(1424年6月4日)，塔尖被震歪，歪向南；北边的一座塔上无记年。两塔塔身上均有破坏形式一致的裂缝，显示塔身发生过反时针扭动。塔基处未见任何地基塌陷的遗迹与被挖掘过的遗迹，塔身无歪斜，也未见人为破坏迹象。1424年后本区除1695年临汾大震外，无强震发生；陕西1556年华县8级大震时，该地处于低烈度区；该地距临汾8级大震震中约30km，处于其Ⅷ度区内。因此，上述二座墓塔所遭受的破坏，系1695年临汾8级大震所致。

**3. 朔州$M_L$4.5地震考察**

1995年11月13日山西省朔州市发生$M_L$4.5地震（图）。微观震中39°12′N，112°44′E，震源深度12km。震后，山西省地震局程新原、兰青龙等同当地地震主管部门有关人员共赴震区进行考察。得到宏观震中为39°11′44″N，112°44′44″E，在朔州市朔城区南榆林乡东南的陈家窑村。

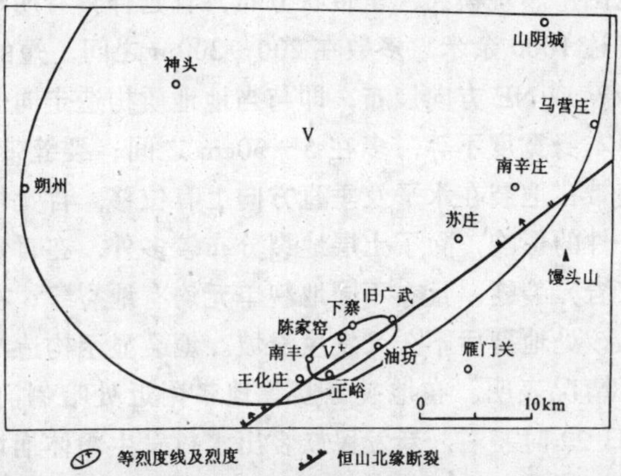


朔州地震等震线图

极震区呈烈度为V度强，北东走向的椭圆形，长轴8km，短轴3km，面积19km²，包括南榆林乡和山阴县张庄乡的陈家窑、下寨、南丰寨、正峪、油坊、旧广武、新广武7个自然村。极震区处于大同断陷盆地南部的马营庄坳陷，该坳陷新生代断陷3500m，第四纪断陷900m，是大同盆地断陷最深、面积最大的次级构造单元。受大同盆地规模最大的恒山北缘断裂控制。极震区走向与恒山北缘断裂走向一致。这一特征表明，恒山北缘断裂是朔州4.5级地震的发震断层。

V度区也呈椭圆形，走向北东，长轴56km，短轴40km，面积1700km²。包括朔州市的朔城区、平鲁区、山阴县和代县的部分地区。

地震的宏观现象和地震破坏主要有：震前听到地声，V度以上地区的房屋出现轻微裂缝。极震区人们听到来自地下的轰隆隆的地声，紧接着感到地面呈东西向强烈晃动，人站不稳、头晕；少数午睡的人被震醒。这个过程大约持续了5s。V度区大约70％的人感到地动。震中区个别民宅后墙开裂，抹灰墙墙面出现细微裂缝。在V度区内，部分旧土窑出现新裂缝，有个别窗玻璃被震裂。震前当地多日阴雨致不少房屋地基下沉，墙体开裂，地震又使这些窑体和房屋后墙裂缝加长、加宽。

这次地震与以往20多年来山西境内的中等地震的不同之处在于：本次地震的地震构造是盆地的主控边界断裂，而以往则不同。这是20多年山西断陷盆地带中等地震的一种新现象。

（山西省地震局　苏宗正）

# 贵州黔西地区地质灾害考察

**1．威宁自治县地质灾害**

1995年6月30日至10月3日，该县境内发生地裂缝、滑坡和崩塌等灾害，经调查有18处，其中地面地裂缝16处，滑坡和崩塌各1处。涉及县内4镇5乡20个村25个村民组。这些灾害的出现，有些人认为是地震临震前兆，引起部分人恐慌。地裂危及众多农户，其中26户房屋开裂成危房；哲觉镇长海子水库因坝底凝灰岩断裂，库容$40\times10^4m^3$库坝垮塌。地裂缝特征是：分布范围广、规模大，呈带状分布，且延伸具有明显方向性。单条地裂缝最长的为黑石头镇院子村达1000余米，多数在200～300m之间，短的只几米。断续延长几公里至几十公里，并沿NW或NE方向展布，即与当地地质构造走向一致；土层地裂缝深度一般为1.5～3.0 m；裂缝本身宽度不等，多在5～30cm之间；裂缝带宽度几米至100m左右，形成雁行状排列成地裂带；地裂在水平及垂直方向上有位移，哲觉村地裂一盘下沉达15cm；地裂不受岩性和地形条件的影响，除了土层地裂分布较多外，在哲觉镇和岔河乡所辖村寨发生基岩（石灰岩或凝灰岩）裂缝，且在不同地貌单元均有地裂缝；在岔河村地裂处附近，水井有增大变浑等现象，该处地裂后不久又发生滑坡。地裂显示构造地裂缝某些特征，可能是中短期地震前兆。实际情况表明，在地裂缝富集地带附近处哈喇河乡，于10月31日发生$M_L4.0$地震。6月30日22时左右，新发民族乡出水村发生山体崩塌，造成4人死亡。7月15日凌晨，金斗乡杏子村发生几十万立方米松散碎石和泥土滑坡，2min内将杏子村独田村民组6户村民26口人全部掩埋在滑体下面，造成26人死亡，毁房屋38间，压死耕牛4头，猪20头，财产损失20余万元。崩塌和滑坡与地震无直接关系。

**2．盘县特区和水城县地质灾害**

1995年9月15～18日，盘县白果镇、两河乡一带，由于山洪，引起山体滑坡，淹没164户569间民房，冲塌103户316间农宅，因灾死亡8人。9月16日凌晨2时许，水城花嘎民族乡欧场布依族山寨山洪、泥石流将7栋农房冲毁，12人丧生，15人受伤。近20余年来，盘县和水城两地山地灾害频繁，1968年8月7日，盘县石脑村官鸠坪曾发生$3000\times10^4m^3$滑坡，同年同月亦资村发生滑坡时，死亡40人。1979年6月，银山乡马戛村也发生1500万$m^3$滑坡，全村房屋被毁，死亡32人。1985年7月2日，水城大河边煤矿附近，也发生过大滑坡。这些地质灾害，虽然与地震无直接关系，但间接关系密切。

**3．晴隆县地质灾害**

1995年8月16～23日和9月中旬，该县鸡场镇紫塘村多处发生地裂缝和开裂现象，该村辖8个村民组，344户1488人。8月下旬，山体有滑移现象。9月10日，长1500m，宽900m山体又出现险情，山体开裂达4cm左右。处于开裂范围内农房有251户1306人。9月25日，黔西南自治州科委打来长途电话询问省地震办，晴隆地裂是否与地震有关。经调查，该处处在40°陡坡，在5条山水沟冲击下，加上灾害性降雨，便形成了重力地裂缝，即滑坡和山体边坡脊部等裂缝，与地震无直接关系，也不是地震前兆。晴隆也是山地灾害多发区，曾于 1985 年 7 月 2 日，该县中营镇和义勇发生滑坡，分别造成 47 人和 28 人死亡。

**4．黔西山地灾害浅析**

威宁、水城、盘县和晴隆地处黔西，与滇东川西南接壤。区内环境地质条件复杂，山地灾害处于全省之冠。灾害除与地质（岩体类型、岩体结构、地质构造等）地貌环境、水文气象环境、生态环境、灾害性降水和人为工程活动等影响因素外，还与该区地震活动有密切关联。滇东与川西处于中国南北强震带，该带发生强烈地震后，对黔西地区造成隐伏性地壳破坏效应。就黔西地区而言，地震活动也较频繁。威宁曾发生破坏性地震 6 次，最大地震是 1948 年6.0 级地震，其震中烈度达Ⅷ度强。近 30 年来，中等地震活动频繁，发生3.0～3.9 级地震达 110 余次，4.0～4.7 级地震 10 余次。水城及其邻县从 1955 年起发生破坏性地震 4 次，最大地震是 1985 年5.4 级地震。近 10 多年来，发生3.0～3.9 级地震 15 次，4.0～4.7 级地震 5 次。盘县虽然无破坏性地震记载，但近 10 年来，发生3.0～3.9 级地震 11 次，4.0～4.7 级地震 3 次。晴隆在历史上发生破坏性地震 8 次，最大地震是6.0 级，震中烈度达Ⅶ度，最近于 1970 年发生5.2 级地震。近几年来中等地震也不少。山区构造型地震灾害是“一灾诱发多灾”复合性灾害链。有的与地震同时发生，有的隐伏时间有长有短。在发生地震地方或强烈地震附近，首先是地壳遭到破坏，然后破坏面积逐步扩大。这种破坏表现反复出现。因地震多次发生，还造成多次叠加破坏效应。据有关资料研究结果表明，绝大部分地震都表现岩石大规模剪切破坏现象。由于剪应力作用，还产生许多地质上构造运动和崩塌、滑坡、泥石流等地质灾害。因此，对于黔西地区山地灾害规模、强度和频度，邻区强烈地震和黔西地区历史地震及现今地震活动是不可忽视的重要因素。往往形成地震（主导因素）—山洪（诱发因素）—地裂缝—滑坡（崩塌和泥石流）等因果自然灾害链或并发型自然灾害链或混合型自然灾害链。还与中国大兴安岭—太行山—雪峰山—苗岭（贵州境内）一线既作为西高、东低地理分界线，又是一条多发地质灾害带有密切关联。应正视震情和地质灾情，加强防御。

**5．黔西地区山地灾害综合防治**

六盘水市、威宁和晴隆等黔西地区内尚有为数较多滑坡地裂、山体边坡及脊部裂缝、河岸裂缝和库岸裂缝等，表明该地区处于蠕动或临滑状态，其上或前缘有工矿、村镇，或有公路、铁路通过，或有河流、水库，国家财产和人民生命安全受到威胁。为此，区内山地灾害应综合防治。除了社会性保护对策（宣传教育、环境保护、植树造林和合理开发利用资源等）、科学技术防治对策（规划、勘测、评价等）和工程处理措施（支挡、排水、减压等）外，还提出如下建议：黔西地区应强化防灾、治灾和减灾组织与经济保障体系，这是减灾必要保证；积极开展山地灾害监测预报工作，包括现象预报和位移预报，各乡镇应制定避险方案，避免盲目逃险造成人身伤亡；工程建设施工前或人口集中地区，对边坡稳定性进行论证，如有不稳定边坡，应及时处理。禁止在危险区内修建固定建筑物，避免造成新的经济损失；对于危险区内已有建筑物进行必要加固和设防；对于处在中短期极险区，要及时搬迁或避险。

（贵州省地震办公室　覃子建　罗远模　王继安）

# 1995年度陕西省滑坡灾害

1995年度陕西省境内大面积长期干旱，但局部暴雨仍很频繁，引发不少滑坡、崩塌灾害。据统计，全年本省共发生滑坡、崩塌47起，因灾死亡27人，直接经济损失260多万元。灾点主要发生在咸阳、汉中、安康、铜川、榆林等地区，死亡最重的是11月17日发生在府谷县境内的一次崩塌，仅$80m^3$黄土塌毁工棚五间，死15人，伤4人。

3月29日，镇坪县城区石砦路山体滑塌，由于27日已发现变形迹象，防滑工作部门及时动员、责令险区住户搬迁，虽然滑塌毁房16间，但无一人伤亡。同日耀县柳林乡东石坡村土崖崩塌，4人丧生。

7月6日，彬县百子沟煤矿区发生大型黄土滑坡，滑体约$180\times10^4m^3$，堵塞了百子沟河道，破坏了办公楼及职工食堂等设施。由于6月22日已发现滑动前兆迹象，及时进行了科学监测，省、市、县滑坡管理部门和市县政府、煤矿主管领导非常重视，及时制定了防抢撤应急预案，有组织地撤离了贵重资产等。由于科学的监测预报，滑坡发生时无一人伤亡，避免了300多万元的财产损失。

7月21日，汉中市武乡镇猫儿寺沟发生滑坡，将路旁一辆汽车推入沟底，直接损失近万元。

8月6日，长武县马寨乡柳树沟村发生大型山体滑坡，约$51\times10^4m^3$土石，毁坏了滑坡体上的人畜引水工程和高海明家，直接经济损失约5万余元。

8月13日，彬县侯家村爹沟发生大型山体滑坡，约$200\times10^4m^3$土体毁坏台地30余亩，压埋果树林木50余亩，压死1人，直接经济损失20多万元。

8月17日，合阳县甘井乡万年村七组发生陡崖崩塌，毁房窑7间（孔），直接经济损失2.5万元。

8月27日，镇巴县九阵乡中坝村王家庄发生滑坡，毁房4间，直接经济损失约3万余元。

8月28日，于长县冯家屯乡发生黄土崩塌，约$100m^3$土体毁砖窑3孔，压死2人。

9月7日，泾阳口镇六组发生高崖崩塌，约$500m^3$土体，毁坏房窑3间（孔），死伤各2人，直接经济损失约1.5万元。

9月9日，宁强县平溪河乡马家山发生滑坡，毁房1间，压死1人，畜1头，直接经济损失0.35万元；胡家坝乡滑坡压死耕牛一头，牛圈一间，经济损失0.25万元；同日，西乡县柳树乡柳树村也发生滑坡，毁房2间，1人丧生，直接经济损失1万余元。

11月17日，府谷县新民乡郭家石畔村的孤山乡办二矿发生土崖崩塌，约$80m^3$黄土从十余米高处塌下，毁坏简易工棚5间，致使15人丧生，4人经抢救后脱险。灾后巩德顺副省长、榆林行署、府谷县、省滑坡办、榆林地区防汛办有关领导均赴现场，查看灾情，指导善后工作。

（陕西省滑坡工作办公室　宋立胜）

# 新疆独山子泥火山喷发

新疆地震局王道等 4 人于 1995 年 8 月 4～8 日对独山子泥火山进行了详细的现场考察研究，摄制了录像片，采取了喷出物：土、水、气体样品，获得了十分宝贵的泥火山活动的资料。

独山子泥火山位于独山子矿区西南 1km 的黄土山，44.3°N，84.8°E，海拔高度为 950m，是一座老泥火山。

独山子泥火山的喷发口主要有 5 处，集中分布在黄土山山顶平台 $500m^2$ 的范围内。主喷发口直径为 10cm，7 月以来喷发出大量泥浆、岩石碎片、矿化水和天然气，到 8 月 4 日喷口附近堆积物已形成直径为 5～6m，高 2m 的圆锥形土丘。泥火山喷发时泥浆柱高达 20～50cm，伴随大量气体喷射发出噗哧噗哧的声音，在 100m 以外即可听见。其余 4 个喷发口直径为 3～10cm。孔内不时溢出稀泥浆水，泥浆的温度为 20℃。天然气溢出时发出咕嘟咕嘟的声音。孔深不见底，液面上漂浮着少量的油花。据水、气样品分析，水的矿化度为14.7g/L，气体成分主要为甲烷（77.6%）、氮气（11.9%）和二氧化碳（4.7%）等。8 月 14 日主喷发口已停止喷流。

泥火山活动是一种构造流体地质自然现象。它是在现代地球动力作用下，发生在特定的地质构造——水文地质条件下的一种类似岩浆火山的作用。

（新疆维吾尔自治区地震局　王　道　陈祥玉）

# 机构与人事教育

这一部分主要收载机构设置及领导名单，人事教育工作，本系统院士、有突出贡献中青年专家、享受政府特殊津贴人员和科技新星简介，评审研究员名单，以及表彰情况等。

# 机 构 设 置

## 防震减灾指挥机构

### 河北省防震减灾工作领导小组

组　长：杨　迁　（副省长）
副组长：唐明洪　（省军区副司令员）
　　　　张世泽　（省政府办公厅副主任）
　　　　艾润飙　（省地震局局长）
　　　　刘大水　（省计委副主任）
　　　　张博书　（省财政厅副厅长）
　　　　周　明　（省建委副主任）
　　　　刘建业　（省经贸委副主任）
　　　　李丙起　（省民政厅副厅长）
成　员：胡景然　（省卫生厅副厅长）
　　　　赵盛山　（省电力局副局长）
　　　　李小平　（省邮电管理局副局长）
　　　　孙宝珠　（省交通厅副厅长）
　　　　吴东善　（省化工厅副厅长）
　　　　韩乃义　（省水利厅副厅长）
　　　　苏同兴　（省公安厅副厅长）
　　　　程仲起　（省武警总队副总队长）
　　　　王　檀　（省冶金厅副厅长）
　　　　马占元　（省劳动厅副厅长）
　　　　阎　伶　（省人事厅副厅长）
　　　　马凤歧　（省贸易厅副厅长）
　　　　崔江水　（省外经贸厅副厅长）

曹树珍　（省教委副主任）
马岳洲　（省统计局副局长）
张建国　（省物产企业集团副总裁）
王福才　（省人防办副主任）
宁忠义　（省医药管理局副局长）
王敬铜　（人民银行河北分行副行长）
谷民杰　（人民保险公司河北分公司副总经理）
张宝林　（省粮食局副局长）
张汉兴　（省煤炭局副局长）
赵桂英　（省监察厅副厅长）
石玉林　（省政府法制局副局长）
陶胜利　（省外办副主任）
沈家源　（石铁分局副局长）
李　刚　（省委宣传部副厅级调研员）
杨国宝　（省地震局副局长）

河北省防震减灾工作领导小组下设两个办公室，防震减灾办公室设在省地震局，办公室主任由艾润飙同志兼任；抗震防灾办公室设在省建委，办公室主任由周明同志兼任。

## 山西省防震减灾协调领导组

组　长：刘泽民　（副省长）
副组长：杨增杰　（省政府副秘书长）
智玉莲　（省政府副秘书长）
孙国学　（省地震局局长）
薛俊华　（省委宣传部副部长）
支树平　（省委组织部部长）
孙有福　（省民政厅厅长）
成　员：孔繁珠　（省计委副主任）
郭保林　（省经贸委副主任）
周　民　（省科委副主任）
宋玉岫　（省教委党组书记）
吴耀南　（省武警总队副总队长）
苏凤恒　（省军区副参谋长）
原崇信　（省财政厅厅长）
杨继刚　（省交通厅副厅长）
续叶琴　（省广播电视厅副厅长）
朱耀文　（省卫生厅副厅长）
黄环英　（省公安厅巡视员〈正厅级〉）
张　钢　（省化工厅副厅长）

刘旋金　（省建设厅总工）
李建国　（省水利厅副厅长）
曹亚玲　（省贸易厅副厅长）
杨鸿瑞　（省粮食厅副厅长）
李金海　（省文化厅副厅长）
王士奇　（省冶金厅总工）
郭　运　（省司法厅副厅长）
李梦更　（省煤炭厅副厅长）
万振生　（省煤管局巡视员）
罗山荣　（省邮电局副局长）
齐书勤　（省地震局副局长）
刘润来　（省电管局副局长）
赵　勇　（省储备局纪检组长）
姚　玮　（省医药局副局长）
贾　霜　（太铁分局副局长）
田　凯　（省国防科工办副主任）
王庆柱　（省人防办副主任）
张　源　（省轻工总会副会长）
滑　仁　（省纺织总会副会长）
李潭生　（省物质产业集团公司纪检组长）
钮　贵　（省保险公司副经理）
姜正奎　（省石油总公司副总经理）
李瑞文　（中国通用航空公司副总经理）

各地市分管防震减灾工作的副市长、副专员。

省防震减灾协调领导组办公室设在省地震局，办公室主任由齐书勤兼任。

## 内蒙古自治区防震抗震减灾领导小组

组　长：周维德　（自治区副主席）
副组长：江　维　（自治区政府办公厅副主任）
田建英　（自治区地震局局长）
俞祺德　（自治区党委宣传部副部长）
武　功　（自治区计委副主任）
张绍武　（内蒙古军区副参谋长）
成　员：范游恺　（自治区财政厅厅长）
辛永福　（自治区建设厅厅长）
云　峰　（自治区经委副主任）
谢仲元　（自治区科委副主任）
包　力　（自治区公安厅副厅长）

陈绍业　（自治区广播电视厅副厅长）
李淑莲　（自治区民政厅副厅长）
冯喜泽　（自治区交通厅副厅长）
孙加林　（自治区地震局副局长）
郝永明　（自治区地震局副局长）
刘国仁　（自治区教育厅副厅长）
夏彭年　（自治区气象局副局长）
鲍晓英　（自治区邮电管理局副局长）
道尔吉　（自治区电业管理局副局长）
张天录　（自治区物资局副局长）
刘广理　（自治区卫生厅副厅长）
杜　光　（自治区党校常务副校长）
周世效　（呼和浩特铁路局副局长）
王明勤　（内蒙古日报社社长）
曹树增　（自治区保险公司副总经理）

领导小组办公室设在自治区地震局，办公室主任由郝永明同志兼任。

## 黑龙江省防震抗震领导小组

组　长：马淑洁　（副省长）
副组长：李　晨　（省政府副秘书长）
于殿臣　（省军区副司令员）
王建民　（二十三集团军副军长）
宋守业　（省地震局副局长）
委　员：周淑萍　（省建委主任）
马　琳　（省民政厅厅长）
冯兆英　（省水利厅厅长）
宋兆琴　（省卫生厅厅长）
谢振忠　（省粮食局局长）
陈永有　（省邮电管理局局长）
王长福　（省森林工业总局代局长）
张兴亚　（中国民用航空黑龙江省管理局局长）
杨凤祥　（省武警总队副总队长）
鲍正国　（中国人民保险公司黑龙江分公司副总经理）
宋洪福　（省计委专职委员）
温殿有　（省财政厅副厅长）
徐双奎　（省广播电视厅副厅长）
邵树德　（省交通厅副厅长）
张恩诚　（省科委副主任）

林　坤　（黑龙江物产（集团）总公司副总经理）
王仁臣　（哈尔滨铁路局副局长）
王德贵　（省商业厅副厅长）
龙占亨　（省地震局副局长）
韩玉林　（省公安厅三处处长）

## 浙江省防震减灾工作领导小组

组　长：鲁松庭
副组长：江茂葆　（省军区）
周　航　（省政府）
钱　祝　（省地震局）
沈涤深　（省计经委）
于　涟　（省科委）
李家鸿　（省建设厅）
王彩琴　（省财政厅）
成　员：方泉尧　（省民政厅）
黄子钧　（省公安厅）
喻华芝　（省卫生厅）
刘汉山　（省广电厅）
沈　利　（省武警总队）
褚加福　（省水利厅）
韦国忠　（省电力局）
王启明　（省邮电局）
陈修民　（省地震局）
景雄明　（省防空办）
单国强　（省保险公司）
省防震减灾工作领导小组下设办公室，办公室设在省地震局，陈修民兼任办公室主任。

## 安徽省防震减灾工作领导小组

组　长：张润霞　（省人民政府）
副组长：诸宗智　（省人民政府）
徐传荣　（省军区）
黄田庚　（省地震局）
周本立　（省计委）
余焰炉　（省财政厅）
杨永康　（省建设厅）
成　员：黄月华　（省经贸委）

王百江　（省科委）
王土清　（省外经贸委）
吴泰康　（省民政厅）
马　平　（省公安厅）
崔可英　（省卫生厅）
梁鸿家　（省交通厅）
王季平　（省广播电视厅）
朱高山　（省邮电管理局）
朱煌武　（省地震局）
吴宗仁　（省人防办公室）
肖文祖　（省武警总队）
刘政焕　（省保险公司）

领导小组办公室设在省地震局，朱煌武同志兼任办公室主任。

## 福建省抗震防灾委员会

主 任 委 员：黄小晶　（副省长）
副主任委员：沈继武　（省建委副主任）
袁定强　（省地震局副局长）
潘心城　（省财政厅厅长、现任副省长）
邱林华　（省民政厅副厅长）
董启清　（省军区副参谋长）
黄振军　（省建委主任）
吴　城　（省科委主任）
委　　　员：张瑞尧　（省计委副主任）
王师芾　（省经委副主任）
江　晞　（省公安厅副厅长）
张国桢　（省物资厅副厅长）
陆世法　（省卫生厅副厅长）
黄绍章　（省粮食厅副厅长）
唐汉清　（省交通厅副厅长）
林忠旺　（省石化厅副厅长）
陈文德　（省商业厅副厅长）
张贵生　（省水电厅副厅长）
方元泰　（省电力局副局长）
张茂东　（省邮电管理局副局长）
李魁明　（福州铁路分局副局长）
陈维铉　（省冶金总公司副总经理）
陈守云　（省保险公司总经理）

办公室主任：黄振军（兼）

## 山东省防震减灾工作领导小组

组　长：李春亭　（省长）

副组长：张瑞凤　（副省长）

　　　　吴爱英　（副省长）

　　　　何善福　（济南军区副参谋长）

　　　　秦江昌　（省军区副司令员）

成　员：林廷生　（省政府秘书长）

　　　　高挺先　（省委宣传部副部长）

　　　　曹道泉　（省政府办公厅副主任）

　　　　秦国柱　（省地震局局长）

　　　　倪永康　（省计委副主任）

　　　　王宝山　（省经委副主任）

　　　　刘统侠　（省农委副主任）

　　　　唐加农　（省科委副主任）

　　　　滕昭庆　（省教委副主任）

　　　　高家富　（省建委副主任）

　　　　吴　鹏　（省劳动厅副厅长）

　　　　刘彩文　（省人事厅副厅长）

　　　　张昭立　（省财政厅副厅长、地方税务局局长）

　　　　李吉忠　（省民政厅副厅长）

　　　　陈吉光　（省公安厅副厅长）

　　　　公茂泉　（省煤炭管理局副局长）

　　　　任秀桂　（省煤炭工业局副局长）

　　　　李焕良　（省武警总队副总队长）

　　　　刘恒山　（省商业集团总公司董事长）

　　　　王文芳　（省卫生厅副厅长）

　　　　龚学智　（省交通厅副厅长）

　　　　韩修民　（省水利厅副厅长）

　　　　陈抗甫　（省化工厅副厅长）

　　　　宋德福　（省广播电视厅副厅长）

　　　　胡立成　（省邮电管理局副局长）

　　　　赵杰运　（省电力工业局副局长）

　　　　柏怀仁　（省民航局副局长）

　　　　秦洪渭　（济南铁路局副局长）

　　　　常林春　（省地质矿产厅副厅长）

　　　　刘可先　（省气象局副局长）

刘明河　（省物资集团总公司副总经理）
乔秀岺　（省粮食局副局长）
张宝纲　（省冶金公司副总经理）
刘崇琨　（省供销社副主任）
王进诚　（省人民银行副行长）
夏树生　（省保险公司副总经理）
马中兴　（省科协副主席）

领导小组在发生破坏性地震时即是省抗震救灾指挥部，行使抗震救灾指挥职能。

省防震减灾工作领导小组办公室设在省地震局，秦国柱同志兼办公室主任。

## 河南省防震抗震指挥部

指 挥 长：张世英　（副省长）
副指挥长：纪英田　（省军区副司令员）
苗玉堂　（省计委副主任）
马平安　（省经贸委副主任）
许志荣　（省地震局局长）
成　　员：邬学德　（省建设厅副厅长）
江　峰　（省公安厅副厅长）
杨万书　（省财政厅副厅长）
马福魁　（省广播电视厅副厅长）
张圣诚　（省交通厅副厅长）
孔德义　（省邮电局副局长）
宋俊杰　（省物资集团公司副董事长）
徐　晖　（省卫生厅副厅长）
朱武宪　（郑州铁路局副局长）
陈先德　（黄河水利委员会副主任）
舒嘉明　（省水利厅副厅长）
邱佩华　（省民政厅副厅长）
黄兴维　（省科委副主任）
胡福森　（省保险公司副总经理）
蔡建基　（省人防办副主任）
张鸿雁　（省科协副主席）
高国安　（省煤炭厅副厅长）
王泽众　（省地矿厅副厅长）
王新超　（省电力局副局长）
刘振中　（郑州市副市长）
李继凯　（省地震局副局长）
张先康　（国家地震局物探大队大队长）

指挥部下设办公室，办公地点在省地震局。省地震局灾害防御处处长赵景珍任办公室主任。

## 湖北省防震减灾工作领导小组

组　长：韩南鹏　（副省长）
副组长：孙樵声　（省政府副秘书长）
　　　　赖锡安　（省地震局局长）
成　员：焦俊贤　（省计委副主任）
　　　　胡　凌　（省科委副主任）
　　　　杨　析　（省城乡建设厅副厅长）
　　　　陶德雄　（省财政厅副厅长）
　　　　徐少杰　（省民政厅副厅长）
　　　　程康彦　（省公安厅副厅长）
　　　　雷吉初　（省卫生厅副厅长）
　　　　陈永鹏　（省交通厅副厅级调研员）
　　　　曾凡荣　（省水利厅副厅长）
　　　　曹贤火　（省广播电视厅副厅长）
　　　　林汉城　（省邮电管理局副局长）
　　　　高锡铭　（省地震局副局长）
　　　　吴金印　（省军区副参谋长）
　　　　麻和平　（省武警总队副参谋长）

省防震减灾工作领导小组负责组织、领导、协调全省的防震减灾工作。领导小组下设办公室。办公室设在省地震局，负责全省防震减灾的日常工作。办公室主任由领导小组成员、省地震局副局长高锡铭兼任。

## 湖南省防震减灾工作领导小组

组　长：潘贵玉　（副省长）
副组长：翁　晖
　　　　肖大雍
　　　　高家余
　　　　郑治栋
成　员：杨武训
　　　　周昌贡
　　　　匡彦博
　　　　彭代福
　　　　陈吉祥
　　　　胡金亮

喻敬林
李国友
蒋浩然
李万清
周培谦
毛福春
彭再生
罗谅述
刘福生
宗名著
谢石洞
李运祓

领导小组下设办公室，由李运祓兼任主任。

## 广东省防震抗震救灾工作领导小组

组　长：欧广源　（副省长）
副组长：岑　华　（省军区）
成　员：邹启宇　（省委宣传部）
罗成法　（省计委）
钟展尧　（省经委）
张三戒　（省建委）
高溥铿　（省科委）
潘嘉念　（省农办）
张圣钦　（省公安厅）
林汉枢　（省财政厅）
许道生　（省民政厅）
李熹光　（省交通厅）
张衍浩　（省卫生厅）
张达辉　（省水利厅）
冯锡增　（省广播电视厅）
陈定中　（省国土厅）
何熙平　（省地震局）
黄连茂　（省邮电局）
刘仲云　（省电力局）
薛纪善　（省气象局）
刘华生　（省物资总公司）
刘国英　（省保险公司）

领导小组办公室

主　任：何熙平（兼）
副主任：林纪曾　（省地震局）

## 广西壮族自治区防震减灾工作领导小组

组　长：李振潜　（自治区副主席）
副组长：潘鸿权　（自治区人民政府副秘书长）
　　　　程贞生　（自治区党委宣传部副部长）
　　　　胡　军　（广西军区副司令）
　　　　李家发　（自治区地震办公室主任）
组　员：黄善保　（自治区计委副主任）
　　　　叶振铎　（自治区经委委员）
　　　　黄菊利　（自治区建委副主任）
　　　　朱　焱　（自治区科委副主席）
　　　　余　瑾　（自治区教委副主任）
　　　　叶满青　（自治区人民政府救灾办主任）
　　　　李崇玉　（自治区财政厅副厅长）
　　　　刘永芃　（自治区公安厅副厅长）
　　　　刘唐威　（自治区卫生厅副厅长）
　　　　曹德辕　（自治区民政厅副厅长）
　　　　张华富　（自治区广播电视厅副厅长）
　　　　黄怀文　（自治区交通厅副厅长）
　　　　文子忠　（自治区商业厅副厅长）
　　　　罗桂松　（自治区物资厅副厅长）
　　　　杨鸿臣　（自治区水电厅副厅长）
　　　　李锦文　（自治区电力局副局长）
　　　　欧长贤　（自治区邮电局副局长）
　　　　彭海安　（武警广西总队副总队长）
领导小组办公室设在自治区地震办，李家发兼任办公室主任。

## 四川省防震减灾领导小组

组　长：欧泽高　（副省长）
副组长：侯更新　（省政府副秘书长）
　　　　龚兆和　（省地震局局长）
成　员：扈远仁　（省委宣传部副部长）
　　　　李长明　（省计委副主任）
　　　　李德厚　（省经委副主任）
　　　　杨启后　（省建委副主任）

柳小衡　(省科委副主任)
周旺云　(省教委副主任)
李洪仁　(省民政厅厅长)
李德辉　(省公安厅副厅长)
许文炯　(省财政厅副厅长)
钟道友　(省卫生厅副厅长)
雷君爱　(省物资厅副厅长)
陈庆祁　(省交通厅副厅长)
谢成荣　(省水电厅副厅长)
李柏云　(省商业厅副厅长)
朱民全　(省广播电视厅副厅长)
韩渭宾　(省地震局副局长)
谢世勇　(省邮电管理局副局长)
陈　光　(省石油管理局副总调度长)
李益良　(省粮食局副局长)
徐宽宁　(省医药局局长)
晏玉清　(省电力工业局副局长)
傅玉豹　(成都铁路局副局长)
陈志华　(省政府救灾办主任)
司沛文　(省政府财办副主任)
廖辉儒　(省供销合作社副主任)
陈显宜　(省保险公司总经理助理)
张新华　(四川航空公司副总经理)
李江河　(成都军区作战部副部长)
陶德伦　(四川省军区副司令员)
张翼德　(成都空军司令部副参谋长)
李开元　(武警四川总队副总队长)

领导小组办公室
主　任：龚兆和　(四川省地震局局长、四川省防震减灾领导小组副组长)(兼)
副主任：刘成仁　(四川省地震局办公室主任)

## 云南省抗震防震指挥部

指 挥 长：杨健强　(省政府副省长)
副指挥长：韩　龙　(省政府副秘书长)
郭方明　(省建设厅厅长)
姜　葵　(省地震局局长)
刘江明　(省民政厅厅长)
晁维明　(省计委副主任)

孔祥锵　（第十四集团军参谋长）

成　员：刘昌友　（省军区副参谋长）

姚逸德　（空军昆明指挥所副参谋长）

郄国严　（武警云南省总队副总队长）

罗正云　（武警云南省边防总队副总队长）

李文祥　（省消防总队总队长）

高发元　（省委宣传部副部长）

潘英圣　（省经济贸易委员会主任）

梁文选　（省商业贸易厅厅长）

陈彭年　（昆明铁路分局局长）

刘美香　（省邮电管理局局长）

王志东　（省财政厅副厅长）

李凤棠　（省公安厅副厅长）

卫志祖　（省交通厅副厅长）

张　淼　（省水利水电厅副厅长）

舒自尧　（省卫生厅副厅长）

马有良　（省教委副主任）

沈国达　（省供销社副主任）

魏奉生　（民航云南管理局副局长）

李树吉　（省医药管理局副局长）

刘碧春　（省保险公司副总经理）

郭方明兼任省抗震防震指挥部办公室主任，胡平英（省建设厅抗震办主任）、杨有祥（省政府办公厅四处处长）、戴学明（省政府救灾办公室主任）、杨光渝（省地震局震害防御处副处长）任办公室副主任，办公地点在省建设厅。

## 陕西省防震减灾指挥机构

组　长：范肖梅　（副省长）

副组长：李　博　（省地震局局长）

陈嘉桢　（省政府副秘书长）

成　员：李树元　（省计委副主任）

唐俊昌　（省科委副主任）

张海南　（省经贸委副主任）

黄　钟　（省建设厅副厅长）

张社年　（省财政厅副厅长）

杨　科　（省军区副参谋长）

白广勤　（省武警部队副总队长）

柳启元　（省公安厅副厅长）

乌小健　（省交通厅副厅长）

彭　谦　（省水利水保厅副厅长）
郑应龙　（省民政厅副厅长）
曹　岗　（省商务厅副厅长）
耿庆义　（省卫生厅副厅长）
贺永德　（省石化局副局长）
王　晋　（省广播电视厅副厅长）
欧荣深　（省邮电管理局副局长）
罗恢明　（西北电管局副局长）
范改潮　（省保险公司副总经理）
唐世林　（西安铁路分局副分局长）
刘文义　（省委宣传部副部长）
原廷宏　（省地震局副局长）
焦安发　（西安市市长助理）
罗玉昭　（渭南市副市长）
李维亚　（咸阳市副市长）
陈宝根　（宝鸡市副市长）

联席会议办公室设在省地震局，主任由原廷宏同志兼任。

## 甘肃省防震减灾工作领导小组

组　长：杨怀孝　（常务副省长）
副组长：陈绮玲　（副省长）
成　员：赵胜勤　（省政府副秘书长）
罗鸿福　（省政府副秘书长）
汤　泉　（省地震局局长）
罗祖孝　（省委宣传部副部长）
苏志希　（省计委副主任）
屠锦敏　（省建委副主任）
兰思祖　（省经贸委副主任）
白继忠　（省教委副主任）
吴新科　（省科委副主任）
王陇德　（省卫生厅厅长）
胡国斌　（省交通厅厅长）
薛映承　（省水利厅厅长）
蒙炯明　（省民政厅副厅长）
吴锡达　（省财政厅副厅长）
石润蒲　（省公安厅副厅长）
李光尧　（省广播电视厅副厅长）
张明喜　（省电力局局长）

杜　颖　（省粮食局局长）
赵　良　（兰州铁路局副局长）
阎永年　（省物资局副局长）
朱祁胜　（省邮电局副局长）
朱正义　（省气象局副局长）
毛鸿远　（省保险公司副总经理）
王新权　（省石油公司总经理）
楼文伟　（兰州军区作战部副部长）
曾寿庆　（甘肃省军区副参谋长）
何　虎　（武警甘肃总队总队长）

领导小组办公室设在省地震局，办公室主任由汤泉同志兼任。

## 青海省防震减灾工作领导小组

组　长：白　玛　（副省长）
副组长：兰发良　（省政府副秘书长）
贾　军　（省政府副秘书长）
缪惟祥　（省地震局局长）
成　员：赵聘三　（省计划委员会副主任）
王玉植　（省财政厅副厅长）
王天才　（省委宣传部副部长）
惠文林　（省公安厅厅长）
于丽璇　（省卫生厅厅长）
卢银生　（省军区副参谋长）
梁业平　（省武警总队副总队长）
王孝榆　（省建设厅副厅长）
王小青　（省经贸委副主任）
马俊德　（省民政厅副厅长）
葛　凡　（省邮电管理局副局长）
张国昌　（省水利厅副厅长）
臧恩穆　（省交通厅副厅长）
马万里　（省电力局副局长）
郑好文　（省广播电视厅副厅长）
王　文　（西宁市副市长）

领导小组下设办公室，负责日常工作。办公室设在省地震局，缪惟祥同志兼任办公室主作，臧希明同志任办公室副主任。

## 宁夏回族自治区防震减灾领导小组

组　长：刘　仲　（自治区副主席）
副组长：王毓源　（宁夏军区副司令员）
　　　　杨明芝　（自治区地震局副局长）
　　　　黄超雄　（自治区建设厅厅长）
成　员：曾庆民　（自治区政府办公厅副主任）
　　　　海巨增　（自治区计委副主任）
　　　　马骏廷　（自治区财政厅厅长）
　　　　王文义　（自治区商务厅厅长）
　　　　庞明元　（自治区公安厅党组书记、副厅长）
　　　　冯永先　（武警宁夏总队副总队长）
　　　　郝锦义　（自治区交通厅副厅长）
　　　　马文礼　（自治区民政厅副厅长）
　　　　宋廷池　（自治区经济贸易委员会副主任）
　　　　阮廷甫　（自治区水利厅副厅长）
　　　　陈耀南　（自治区电力工业局副局长）
　　　　马玉章　（自治区卫生厅副厅长）
　　　　张传义　（自治区邮电管理局副局长）
　　　　张永孝　（自治区物资局副局长）
　　　　胡风忠　（自治区煤炭厅副厅长）
　　　　马瑞文　（自治区粮食局副局长）
　　　　来经国　（自治区广播电视厅副厅长）
　　　　惠秦川　（自治区科委副主任）
　　　　赵葆初　（自治区保险公司副总经理）
　　　　梅洪海　（银川铁路分局副局长）
　　　　蔡国英　（自治区教育委员会副主任）
　　　　田哲文　（自治区重工业厅副厅长）
　　　　程　玉　（自治区民航管理局副局长）
　　　　赵才尧　（自治区石化总公司副总经理）
　　　　万自成　（自治区地震局副局长）

领导小组办公室设在自治区地震局，万自成兼主任，张思源（自治区地震局震害防御处处长）任副主任。

## 新疆维吾尔自治区地震工作领导小组

组　长：米吉提·纳斯尔　（自治区副主席）
副组长：陈　忠　（新疆生产建设兵团副司令员）

张同进　（新疆军区副参谋长）
董兆何　（自治区党委副秘书长）
安吉志　（自治区人民政府副秘书长）
陈博文　（自治区计委副主任）
石鉴邦　（自治区地震局局长）
李振生　（自治区建设厅副厅长）

成　员：陈金池　（自治区公安厅厅长）
龚金牛　（自治区财政厅厅长）
赵蜀平　（自治区科委副主任）
朱令人　（自治区地震局副局长）
罗真权　（自治区经委副主任）
胡家燕　（自治区经贸委副主任）
庄文举　（自治区教委秘书长）
王淑元　（乌鲁木齐市副市长）
霍　毅　（新疆武警总队总队长）
阿不都热合曼·伊斯坎得尔　（自治区民政厅副厅长）
方开荣　（自治区保险公司副总经理）
杨安邦　（自治区广播电视厅副厅长）
唐其钊　（自治区水利厅总经济师）
徐克瑞　（自治区物资局副局长）
高鸿庆　（自治区邮电管理局副局长）
苏荣生　（自治区地矿局副局长）
杨建华　（自治区电力局副局长）
买买提依明·沙比尔　（自治区卫生厅副厅长）
庄才庆　（自治区交通厅副厅长）
阿不都热依木·阿不都克里木　（自治区科协副主席）
薄金亮　（乌鲁木齐铁路局副局长）
伊力·吾则孜　（自治区粮食局副局长）
苏树柯　（兵团基建局抗震办副主任）
朱醒民　（新疆石油管理局副总工程师）
陈邵群　（自治区人民政府办公厅科教处副处长）
乔占平　（自治区建设厅抗震处处长）
宋和平　（自治区地震局震害防御处副处长）

自治区地震工作领导小组办公室设在自治区地震局。

办公室主任：石鉴邦（兼）

副主任：乔占平　宋和平

〔注：北京市、江苏省指挥机构在调整中〕

（局办公室　王志东收集整理）

# 中央机构编制委员会关于印发《省、自治区、直辖市地震机构改革方案》的通知

（中编发［1995］1号）

各省、自治区、直辖市人民政府，国务院各部委、各直属机构：

《省、自治区、直辖市地震机构改革方案》经中央机构编制委员会办公室审核，并报国务院批准，现予印发。

附件：

## 省、自治区、直辖市地震机构改革方案

根据《中共中央关于印发〈关于党政机构改革的方案〉和〈关于党政机构改革方案的实施意见〉的通知》（中发［1993］7号）的规定和要求，结合当前地震工作的实际情况，制定本方案。

**一、改革的指导思想和重点**

省、自治区、直辖市地震机构的改革要适应建立社会主义市场经济体制的要求，贯彻“预防为主、综合防御”的方针，对防震减灾工作实行统一管理，充分发挥中央和地方两个积极性。按照政事分开和精简、统一、效能的原则，进一步转变职能、理顺与地方的关系、精简内设机构和人员、提高工作效率。

改革的重点是转变职能，理顺关系。要进一步加强行政管理职能和社会管理职能，加强地震监测预报、震灾预防、地震应急等各个环节以及震灾损失评估工作；逐步建立健全防震减灾法律保障和监督机制，加强信息、指挥系统的建设，提高应急反应能力，及时向省、自治区、直辖市政府提供震情和灾情信息，提出抢险救灾的对策和建议。弱化对下属事业单位的具体事务管理，进一步简政放权，将地震科技的计量、专利、信息、期刊、档案等工作转移给下属事业单位，增强其独立法人地位，深化各事业单位的改革，努力拓宽为经济建设和社会服务的领域。

省级地震局在国家地震局领导下，完成全国性和所辖区内的防震减灾工作任务；同时在省级政府直接领导下，行使其省级政府赋予的防震减灾工作的行政职能，为保障所辖区域的经济发展和社会稳定服务。

**二、主要职责**

1. 制订本地区防震减灾工作的方针、政策，组织起草有关的地方法律、法规，制定颁发有关的技术规范，并监督检查其执行情况。

2. 制订防震减灾事业中长期发展规划；编制防震减灾工作年度计划并组织实施；管理监督事业费和专项资金的使用。

3. 管理地震监测预报工作，并承担在破坏性地震发生后省级政府抗震救灾指挥机关办事机构的职责。负责提出地震趋势预报意见和所辖区域及全国地震重点监视防御区的建议，会同有关部门和协助政府拟定破坏性地震应急预案、综合防御措施，检查监督其落实。负责震情速报和地震灾情速报；管理地震灾害损失评估；参与制定地震灾区重建规划。

4. 管理地震烈度区划和震害预测工作；管理城镇、经济开发区以及重大工程建设场地的地震安全性评价工作；负责地震安全性评价工作资格审查认证和任务登记。会同有关部门管理火山地震、海洋地震及地震次生灾害和防灾工作。

5. 管理以地震动参数和烈度表述的抗震设防标准；审定省级以下重点项目建设场地的抗震设防标准；指导和监督重大工程及重要设施的抗震设防工作。

6. 推进地震科技现代化；组织管理地震科学技术研究与攻关、科技成果的推广应用；组织开展地震科技国际合作与交流；指导与防震减灾事业有关的学会、协会工作。

7. 会同有关部门开展防震减灾宣传教育工作，普及防震减灾知识，提高全社会的减灾意识。

8. 领导所属事业单位；指导地、市、县防震减灾工作。

9. 承担国家地震局和省级人民政府交办事项。

**三、机构设置**

目前，除北京和贵州外，在28个省（区、市）设置的省级地震机构保持现状，统一称××省（区、市）地震局，仍实行以国家地震局为主与省、自治区、直辖市政府双重领导的管理体制。省级地震局内设机构原则上设5～7个（不含按有关规定设置的党委、纪检监察、审计等机构），比原有机构精减10％。

甘肃省地震局与国家地震局兰州地震研究所、湖北省地震局与国家地震局地震研究所、浙江省地震局与国家地震局干部培训中心仍为一个机构两块牌子。

**四、人员编制（略）**

## 国家地震局省局1995年机构改革方案一览表

| 序号 | 单位 | 行政编制数（人） | 内设机构领导职数（人） | 内设机构名称 | 按有关规定设置的机构 |
|---|---|---|---|---|---|
| 1 | 河北省地震局 | 62（含局领导数，下同） | 21（含党组纪检组等，下同） | 办公室、人事教育处、计划财务处、科技监测处、震害防御处（地方地震工作处）、技术条件处、科技开发管理处 | 党组纪检组（监察处）、审计处、离退休干部处、机关党委 |
| 2 | 天津市地震局 | 47 | 17 | 办公室、人事教育处、计划财务处、科技监测处（外事办公室）、震害防御处（地方地震工作处）、科技开发处 | 党组纪检组（监察处、审计处）、离退休干部处、机关党委 |

续表

| 序号 | 单位 | 行政编制数（人） | 内设机构领导职数（人） | 内设机构名称 | 按有关规定设置的机构 |
| --- | --- | --- | --- | --- | --- |
| 3 | 内蒙古地震局 | 48 | 17 | 办公室、人事教育处、计划财务处、科技监测处、震害防御处（地方地震工作处）、科技开发处 | 党组纪检组（监察处、审计处）、机关党委、离退休干部处 |
| 4 | 山西省地震局 | 49 | 17 | 办公室、人事教育处、计划财务处、科技监测处（外事处）、震害防御处（抗震设防标准管理处、地方地震工作处）、科技开发管理处 | 党组纪检组（监察处、审计处）、离退休干部处、机关党委 |
| 5 | 辽宁省地震局 | 61 | 24 | 办公室（外事办公室）、人事教育处、计划财务处、科技监测处、震害防御处、群测群防处、科技开发管理处 | 党组纪检组（监察处）、审计处、离退休干部处、机关党委 |
| 6 | 吉林省地震局 | 47（含省地方编制12名） | 13 | 办公室、人事教育处、计划财务处、科技监测处、震害防御处（地方地震工作处） | 党组纪检组（监察处、审计处）、离退休干部处、机关党委 |
| 7 | 黑龙江省地震局 | 35 | 13 | 办公室、人事教育处、计划财务处、科技监测处、震害防御处（地方地震工作处） | 党组纪检组（监察处、审计处）、离退休干部处、机关党委 |
| 8 | 上海市地震局 | 40 | 15 | 办公室（外事处）、人事教育处、计划财务处、科技监测处、震害防御处（地方地震工作处）、科技开发管理处 | 党组纪检组（监察处、审计处）、机关党委、离退休干部处 |
| 9 | 江苏省地震局 | 56 | 20 | 办公室（外事办公室）、人事教育处、计划财务处、科技监测处、震害防御处（工程抗震管理处）、地方地震工作处、开发处 | 党组纪检组（监察处、审计处）、离退休干部处、机关党委 |

续表

| 序号 | 单　位 | 行政编制数(人) | 内设机构领导职数(人) | 内设机构名称 | 按有关规定设置的机构 |
|---|---|---|---|---|---|
| 10 | 浙江省地震局 | 35 | 12 | 办公室、人事处、计划财务处、科技监测处、震害防御处(地方地震工作处)、开发管理处(经济协作办公室) | 党组纪检组(监察处、审计处)、机关党总支 |
| 11 | 安徽省地震局 | 47 | 16 | 办公室、人事教育处、计划财务处、科技监测处、(外事办公室)、震害防御处、地方地震工作处 | 党组纪检组(监察处)、审计处、机关党委 |
| 12 | 江西省地震局 | 34 | 12 | 办公室(外事办公室)、人事教育处、计划财务处、科技监测处、震害防御处(地方地震工作处) | 党组纪检组(监察处、审计处)、机关党支部 |
| 13 | 福建省地震局 | 56 | 19 | 办公室(外事办公室、台湾事务办公室)、人事教育处、计划财务处、科技监测处、震害防御处(地方地震工作处)、抗震设防管理处、科技开发处 | 党组纪检组(监察处、审计处)、机关党委 |
| 14 | 山东省地震局 | 60 | 20 | 办公室、人事教育处、计划财务处、科技监测处(外事处)、震害防御处、地方地震工作处、科技开发管理处 | 党组纪检组(监察处)、审计处、离退休干部处、机关党委 |
| 15 | 广东省地震局 | 62 | 23 | 办公室(外事办公室)、人事教育处、计划财务处、科技监测处、震害防御处、抗震设防管理处、地方地震工作处 | 党组纪检组(监察处)、审计处、离退休干部处、机关党委 |
| 16 | 海南省地震局 | 34 | 10 | 办公室、人事教育处、计划财务处、科技监测处、震害防御处(市县地震工作处) | 党组纪检组(监察处、审计处)、机关党委 |
| 17 | 广西地震局 | 35 | 12 | 办公室、人事教育处、计划财务处、科技监测处、震害防御处(地方地震工作处) | 党组纪检组(监察处、审计处)、机关党委 |

续表

| 序号 | 单位 | 行政编制数（人） | 内设机构领导职数（人） | 内设机构名称 | 按有关规定设置的机构 |
|---|---|---|---|---|---|
| 18 | 湖北省地震局 | 62 | 21 | 办公室、人事教育处、计划财务处、监测预报处、震害防御处（地方地震工作处）、科学技术处、条件资产处、产业开发处 | 党组纪检组（监察处）、审计处、离退休干部处、机关党委 |
| 19 | 湖南省地震局 | 34 | 12 | 办公室、人事教育处（离退休办公室）、计划财务处、科技监测处、震害防御处（地方地震工作处） | 党组纪检组（监察处、审计处）、机关党委 |
| 20 | 河南省地震局 | 46 | 16 | 办公室、人事教育处、计划财务处、科技监测处、震害防御处（地方地震工作处）、开发管理处 | 党组纪检组（监察处、审计处）、机关党总支 |
| 21 | 四川省地震局 | 80 | 25 | 办公室、政策法规处、人事教育处（保卫处）、计划财务处（国有资产管理处）、科技监测处（外事处）、震害防御处（地方地震工作处）、开发管理处 | 党组纪检组（监察处）、审计处、离退休干部处、机关党委 |
| 22 | 云南省地震局 | 77 | 25 | 办公室（保卫处）、人事教育处、计划财务处、科技监测处、震害防御处、地方地震工作处、物资基建处 | 党组纪检组（监察处）、审计处、离退休干部处、机关党委 |
| 23 | 西藏地震局 | 20 | 8 | 办公室（人事教育处）、计划财务处、科技监测处（震害防御处） | 机关党总支（党组纪检组、监察处、审计处） |
| 24 | 陕西省地震局 | 50 | 17 | 办公室、人事教育处（离退休干部处）、计划财务处、科技监测处（外事办公室）、震害防御处（地方地震工作处）、科技开发处 | 党组纪检组（审计处、监察处）、机关党委 |
| 25 | 甘肃省地震局 | 77 | 25 | 办公室、人事教育处、计划财务处、监测预报处、震害防御处、地方地震工作处、技术条件处 | 党组纪检组（监察处）、审计处、离退休干部处、机关党委 |

续表

| 序号 | 单　位 | 行政编制数(人) | 内设机构领导职数(人) | 内设机构名称 | 按有关规定设置的机构 |
|---|---|---|---|---|---|
| 26 | 青海省地震局 | 36 | 12 | 办公室、人事教育处、计划财务处、科技监测处、震害防御处(地方地震工作处) | 党组纪检组(监察处、审计处)、机关党委 |
| 27 | 新疆地震局 | 60 | 19 | 办公室、人事教育处、计划财务处、科技监测处(外事办公室)、震害防御处(地方地震工作处)、科技开发处 | 党组纪检组(监察处)、审计处、离退休干部处、机关党委 |
| 28 | 宁夏地震局 | 37 | 13 | 办公室、人事教育处、计划财务处、科技监测处、震害防御处(地方地震工作处)、科技开发管理处 | 党组纪检组(监察处、审计处)、机关党总支 |

(局人事教育司　章思亚)

# 省、自治区、直辖市地震局内设机构职责

**一、办公室**

协助局领导处理日常工作，协调机关各部门政务工作；组织局务会、局长办公会等全局性会议，并会同有关部门组织全省性会议，负责局发重要文件起草和重要公文催查办；会同有关部门研究拟定本省防震减灾事业发展方针、政策和发展战略，组织起草全省防震减灾法律及配套行政法规并监督执行；负责秘书、文电、档案、信息、信访、保密、保卫和后勤行政管理工作。

**二、人事教育处**

负责局机关和下属事业单位的人事制度和机构改革，管理人员编制，拟定全省防震减灾事业人力资源合理配置规划。负责管理职工教育、培训工作；负责管理本局干部职工的录用、考核、调配、任免、奖惩及劳动工资、职工福利、社会保险工作；管理科技干部和专家工作；负责全局出国人员的政治审查工作。

**三、计划财务处**

组织编制本省防震减灾事业中长期发展规划和年度计划，并进行综合平衡与协调；负责管理监督事业费和专项资金的使用，负责对局机关和下属事业单位的计划、财务等工作进行管理与监督；负责财务大检查工作；负责地震事业的综合统计工作。

**四、科技监测处**

管理全局科技体制改革，组织制定地震科技发展中长期规划和年度实施计划；组织管理全省防震减灾科技攻关项目和地震监测预报科技攻关项目，负责科技成果管理和推广应用工

作；负责贯彻实施地震监测预报工作的各项法令、规范和条例，负责全省地震监测信息系统和地震预报管理；负责震情速报和灾情速报，负责大震现场及科学考察的组织协调工作。管理地震次生灾害、水库地震、海洋地震和其他人工诱发地震的监测及防灾工作。负责管理地震科技国际合作与交流工作；承担局科学技术委员会日常工作，指导省地震学会工作；负责地震行业标准化和无线电管理工作。

**五、震害防御处、地方地震工作处（合署办公）**

管理以地震动参数和烈度表述的抗震设防标准，管理全省地震烈度区划工作，组织省级重点项目建设地区的地震烈度复核工作，指导和监督生命线工程、重大工程、大型企业、重要城镇的抗震设防工作；管理重要城镇、经济开发区以及重大工程建设场地的地震安全性评价工作；管理震害预测和地震灾害损失评估工作，参与拟定全省地震应急反应预案，参与地震灾区恢复重建规划的制定。负责管理防震减灾宣传教育工作；指导地、市、县的防震减灾工作。

**六、技术条件处**

负责对全局的基本建设投资、技术装备、国有资产的管理与监督；负责全局基本建设规划和大型技术装备计划的编制与申报，负责专控商品的审批；负责物资、基建统计工作。

**七、科技开发管理处**

贯彻科学技术必须面向经济建设的方针，组织制定全局开发管理政策，管理全局科技开发工作和开发基金。

按有关规定设置的机构：

党组纪检组、监察处（合署办公）

负责局机关和下属单位党内纪律检查、行政监察和廉政、勤政工作，查处违法违纪案件。

审计处

负责对全局事业费、专项资金和预算外资金的使用情况、内控制度、经济效益，以及对国家和单位的资产管理情况、经济实体负债和损益情况等，进行内部审计或审计调查，并适时提出审计意见或处理建议。

离退休干部处

负责全局离退休工作的政策研究和组织实施；负责离退休人员的管理工作。

机关党委

负责局机关及下属事业单位的党群工作。

（局人事教育司）

## 国家地震局机关领导干部名单（变动情况）

人事教育司副司长：何振德　（1995. 9）

审计署驻国家地震局审计局局长：孙连柱　（1995. 2）

（局人事教育司　丁秀芳）

# 1995年度调整的地震系统11个单位党政领导班子成员名单

| 序号 | 工作单位 | 姓名 | 职务 | |
|---|---|---|---|---|
| 1 | 黑龙江省地震局 | 宋守业 | 局长 | 党组书记 |
| | | 张锡杰 | 副局长 | 党组成员 |
| | | 郭德明 | 副局长 | 党组成员 |
| 2 | 江苏省地震局 | 侯茂生 | 局长 | 党组书记 |
| | | 周太平 | 副局长 | 党组成员 |
| | | 杨　军 | 副局长 | |
| | | 张振亚 | 副局长 | 党组成员 |
| | | 褚志宏 | 纪检组长 | 党组成员 |
| 3 | 浙江省地震局 | 钱　祝 | 局长 | 党组书记 |
| | | 王佐臣 | 副局长 | 党组成员 |
| | | 陈修民 | 副局长 | 党组成员 |
| 4 | 安徽省地震局 | 黄田庚 | 局长 | 党组书记 |
| | | 王　炜 | 副局长 | 党组成员 |
| | | 王步才 | 副局长<br>纪检组长 | 党组成员 |
| | | 朱煌武 | 副局长 | 党组成员 |
| 5 | 江西省地震局 | 徐业春 | 局长 | 党组书记 |
| | | 张　金 | 副局长 | 党组成员 |
| | | 江国华 | 副局长 | 党组成员 |
| 6 | 宁夏回族自治区地震局 | 杨明芝 | 副局长<br>（主持工作） | 党组副书记 |
| | | 刘　琨 | 副局长 | 党组成员 |
| | | 万自成 | 副局长 | 党组成员 |
| | | 杨　静 | 纪检组长 | 党组成员 |

续表

| 序号 | 工作单位 | 姓名 | 职务 | |
|---|---|---|---|---|
| 7 | 工程力学研究所 | 谢礼立 | 所长 | 党委书记 |
| | | 冯启民 | 副所长 | |
| | | 齐霄斋 | 副所长 | |
| | | 周　折 | 党委副书记 | |
| | | 薄景山 | 副所长 | |
| | | 杨万兴 | 纪委书记 | |
| 8 | 地质研究所 | 曹树民 | 副所长<br>（主持工作） | 党委书记 |
| | | 刘启元 | 副所长 | 党委委员 |
| | | 戎绍昌 | 副所长 | 党委委员 |
| | | 张培震 | 副所长 | 党委委员 |
| 9 | 地壳应力研究所 | 杜振民 | 所长 | 党委书记 |
| | | 杨流平 | 副所长 | |
| | | 张卫东 | 副所长 | 纪委书记 |
| | | 唐荣余 | 副所长 | |
| 10 | 地震数据信息中心 | 席云藻 | 主任 | 党委委员 |
| | | 王洪珍 | 副主任 | 党委委员 |
| | | 王秀文 | 副主任 | 党委副书记 |
| | | 赵仲和 | 副主任 | 党委委员 |
| 11 | 第一地形变监测中心 | 李延兴 | 副主任<br>（主持工作） | 党委书记 |
| | | 耿　洪 | 副主任 | |
| | | 刘振国 | 纪委书记 | |
| | | 张能祥 | 党委副书记 | |

（局人事教育司　刘宗坚）

## 关于增补何永年同志为国家地震烈度评定委员会副主任、李裕澈同志担任国家地震烈度评定委员会办公室主任的通知

各有关单位：

根据工作需要，决定增补何永年同志（国家地震局副局长）为国家地震烈度评定委员会副主任。李裕澈同志（国家地震局震害防御司司长）担任国家地震烈度评定委员会办公室主任；王国治同志不再担任烈委会办公室主任。

特此通知

国家地震局

1995年1月27日

## 关于增补谭以安同志为国家地震烈度评定委员会委员的通知

各有关单位：

根据工作需要，决定增补谭以安（中国国际工程咨询公司、高级工程师、理学博士）同志为国家地震烈度评定委员会委员，臧军昌同志（中国国际工程咨询公司、高工）因身体原因不再担任国家地震烈度评定委员会委员。

特此通知。

国家地震局

1995年4月21日

## 中国地震学会第四届理事会各专业委员会成员名单

### 地震学专业委员会

主　任：陆远忠

副主任：郑斯华　吴宁远　许忠淮　李学良
秘　书：高阿甲
委　员：（按姓氏笔划排序）
王　炜　王桂岭　王培德　冯　锐　刘蒲雄　许忠淮　许绍燮　孙加林　严尊国
李幼铭　李学良　李钦祖　李清河　李　博　吴宁远　吴忠良　吴荣辉　陆远忠
陈天长　陈运泰　陈培善　林纪曾　林怀存　林命週　罗灼礼　金　严　郑治真
郑斯华　赵根模　赵新平　高阿甲　顾浩鼎　顾瑾平　晏凤桐　徐果明　黄忠贤
黄福明　程万正　臧绍先

## 地震地质专业委员会

主　任：邓起东
副主任：刘光勋　刘百篪　张培震
秘　书：丁梦麟
委　员：（按姓氏笔划排序）
丁国瑜　丁梦麟　马宗晋　于品清　邓起东　王存玉　王同和　冯先岳　冯希杰
卢华复　叶建青　刘光勋　刘百篪　刘国栋　刘锁旺　李裕澈　李方全　李起彤
李安然　李家灵　邢成起　江娃利　汪一鹏　汪雍熙　何正檀　吴建春　苏宗正
时振梁　杨　发　杨　斌　陈文寄　陈国星　环文林　周本刚　张培震　张俊昌
张四昌　赵国光　赵其强　赵景珍　姚大全　钟以章　钱　洪　高维明　闻学泽
郭德明　章振铨　黄培华　黄日恒　黄卿团　韩慕康　谢富仁　廖玉华

## 地震预报专业委员会

主　任：罗灼礼
副主任：张国民　李宣瑚　罗兰格　韩渭宾　冯德益
秘　书：吴雪芳　李志雄　张永仙
委　员：（按姓氏笔划排序）
丁鉴海　刁守中　王正尚　王琳瑛　王振亚　王海涛　牛志仁　尹祥础　冯德益
石特临　石绍先　刘德富　朱令人　李宣瑚　李海华　李志雄　吴富春　吴时平
吴雪芳　陈大元　陈立德　陈棋福　陈　虹　周硕愚　林命週　林颐耀　罗灼礼
罗兰格　张国民　张祖胜　张文孝　张闵厚　张晓东　张永仙　赵新平　顾瑾平
施行觉　孙加林　耿庆国　高　旭　徐京华　徐道一　郭大庆　郭跃宏　钱家栋
钱书清　强祖基　崔承禹　崔德海　韩渭宾　程万正　傅征祥　谢华章　蒋锦昌

## 地震工程专业委员会

主　任：冯启民
副主任：陈厚群　王亚勇　欧进萍
秘　书：金　星
委　员：（按姓氏笔划排序）
王亚勇　王松涛　王承春　冯启民　孙崇绍　叶　洪　卢寿德　刘　季　刘季康

杨翠如　李　杰　杜修力　张克绪　张裕明　张敏政　陈厚群　严新育　沈建文
周　晶　周克森　周根寿　周福霖　金　星　罗奇峰　欧进萍　赵凤新　赵振东
郭若眉　高孟潭　袁一凡　陶夏新　钱家茹　符圣聪　曹　宏　鲍　臻　窦南华
楼梦麟　薄景山　戴国莹

## 地震观测技术专业委员会

主　任：庄灿涛
副主任：赵仲和　傅子忠　朱元清　阴朝民
秘　书：雷　强
委　员：（按姓氏笔划排序）
王家行　宁立然　孙其政　庄灿涛　池顺良　朱　晤　朱元清　刘瑞丰　刘滨兴
阴朝民　李大辉　李友博　李瑞芬　陈书清　陈会忠　陈俊良　陈培善　苏恺之
杨大克　杨晓源　周公威　周　勋　林榕光　赵仲和　赵家骝　黄锡定　傅子忠
童汪练　雷　强　蔡亚先　薛　兵

## 地壳深部探测专业委员会

主　任：孙武城
副主任：刘国栋　刘昌铨　张先康　王椿镛　滕吉文
秘　书：宋建立
委　员：（按姓氏笔划排序）
丁志峰　王国治　王春镛　卢造勋　冯　锐　朱介寿　朱世龙　孙　洁　孙武城
刘太生　刘昌铨　刘国栋　刘福田　余钦凡　张先康　李文艺　李松林　李钦祖
李梦庚　李清河　李裕澈　宋文荣　宋松岩　宋建立　吴宁远　吴建春　陈步云
陈学波　邵学钟　林长佑　林思诚　赵文俊　赵国敏　胡鸿翔　徐中信　徐果明
徐常芳　汤永安　阚荣举　滕吉文　臧绍先　魏恒源

## 地壳形变测量专业委员会

主　任：陈鑫连
副主任：赖锡安　高锡铭　张祖胜　李延兴　张义发　林继华　郗钦文　周硕愚
秘　书：徐菊生
委　员：（按姓氏笔划排序）
丁　平　车兆宏　付希庆　朱运海　刘玉成　刘序俨　刘鼎文　李　辉　李正媛
李延兴　邢灿飞　江在森　杨　军　吐尼亚孜·沙吾提　陈建民　陈鑫连　何世海
吴　云　张义发　张大轩　张绍治　张祖胜　林继华　周硕愚　唐九安　郭唐永
陶本藻　郗钦文　高荣胜　高锡铭　徐心同　徐菊生　贾民育　黄立人　游丽蓝
蒋　骏　薄万举　赖锡安

## 构造物理专业委员会

主　任：马　瑾

副主任：马胜利　李世愚
秘　书：孙君秀
委　员：(按姓氏笔划排序)
马　瑾　马胜利　王绳祖　王维襄　毛桐恩　孙振鹏　宁杰远　许昭永　孙君秀
李江海　李世愚　伍向阳　张　流　张　超　林传勇　郑斯华　施行觉　洪汉净
荣代潞　钱祥麟　秦保燕　漆家福　谢新生

### 历史地震专业委员会

主　任：时振梁
副主任：齐书勤　吴　戈　卢振恒　韩新民　金学申
秘　书：曹学锋
委　员：(按姓氏笔划排序)
刁守中　邓瑞生　卢寿德　卢振恒　孙寿成　冯　浩　齐书勤　光春云　江在雄
李家发　李裕澈　刘叶根　刘昌森　刘锁旺　朱煌武　吴　戈　肖　海　时振梁
陈光桐　陈祥玉　杨　发　杨天锡　杨玉林　张四昌　张修桂　宋立胜　孟宪东
汪素云　安卫平　环文林　金计初　金学申　罗荣联　闻学泽　闻黎明　郭德明
耿庆国　高孟潭　姚梅尹　常向东　楚全芝　曹学锋　梁鸿光　黄胜睦　韩新民
喻虹桥　鄢家全　翟文杰　魏柏林

### 地震科技情报专业委员会

主　任：王洪珍
副主任：李　健　陈英方　张德诚
秘　书：陈尚平
委　员：(按姓氏笔划排序)
丁正中　王洪珍　王政祥　冯树文　李　健　李于民　李玉亭　李宜瑞　刘天铭
张洪由　张德诚　张德衡　陈宇卫　陈英方　陈尚平　宋计娥　罗　伟　赵和平
郭世凤　高　英　梁凯利　梁慧云　龚寿荣　崔秋文　董晓光　傅长庄　解政文
谭承业　潘元振　薛宏交

### 地震科学管理研究委员会

主　任：王国治
副主任：蒋克训　钱　祝　刘昌祥
秘　书：赵和平
委　员：(按姓氏笔划排序)
王秀文　王国治　王洪珍　龙安明　刘小伟　刘世发　刘昌祥　孙士宏　孙其政
孙国学　李裕澈　戎绍昌　杜运连　杜振民　吴荣辉　宋建立　陈英方　陈铁牛
何振德　苗良田　周清良　罗咏生　武冀新　金　星　金祖彬　赵广坤　赵和平
顾　平　高文学　徐心同　徐德诗　钱　祝　梁宪章　韩晓光　蒋克训　廖玉华

## 地震社会学专业委员会

主　任：邹其嘉

副主任：李　博　林纪曾　苗良田　陈非比　洪时中

秘　书：陆　鸣

委　员：（按姓氏笔划排序）

孔建国　毛国敏　王中山　王绍玉　白红光　叶民权　孙士宏　孙振凯　刘更才
陆　鸣　杨又明　杨光宇　朱建钢　李　博　李荣安　陈非比　陈忠清　陈建英
邹其嘉　吴　戈　巫孟还　宋和平　宋俊高　金祖彬　金学申　唐中新　林纪曾
苗良田　周晓虹　郜凤涛　赵文堃　贺玉方　洪时中　顾建华　莫纪宏　喻虹桥

## 地震流体专业委员会

主　任：杨玉荣

副主任：车用太　陈建民　朱志文　王长岭

秘　书：魏家珍　孙天林

委　员：（按姓氏笔划排序）

马　兰　万迪堃　万登堡　车用太　王　道　王云基　王吉易　王长岭　王安滨
王铁城　孔令昌　冯绚敏　刘小伟　刘永铭　刘快胜　刘耀炜　邢宏荫　孙天林
朱志文　汤懋苍　汪成民　李一兵　李正中　李彤起　李龙江　吴书贵　吴景云
何跟巧　陈华静　陈建民　杨玉荣　杨芳英　张文阁　张绍衡　张昭栋　张素欣
张朝方　张朝明　张德元　范树全　林元武　唐仲兴　徐玉华　鄂秀满　黄祖彭
董守玉　景呈国　傅子忠　蔡诗凰　魏家珍

## 工程勘察专业委员会

主　任：刘玉辰

副主任：火恩杰　杜振民　薄景山　刘元生　蔡晋安　顾梦林

秘　书：栾　毅

委　员：（按姓氏笔划排序）

于志国　火恩杰　毛玉平　刘元生　刘玉辰　刘昌森　刘连胜　关元益　杜振民
孙振国　李金泉　李　克　林继华　张宏卫　张建国　张清香　杨玉荣　郝记川
饶凯年　郭德明　顾梦林　栾　毅　陶夏新　蔡晋安　薄景山

## 青年科技工作委员会

主　任：吴荣辉

副主任：修济刚　高孟潭　金　星

秘　书：李志雄　张志波

委　员：（按姓氏笔划排序）

王子潮　王兰民　王庆良　王海涛　王国新　方韶东　尤惠川　孙文科　刘耀炜
曲传军　成小平　乔　森　朱元清　朱金芳　孙佩卿　孙柏涛　吴忠良　吴建春

吴荣辉　杨大克　杨心平　杨建思　陈宇卫　陈　虹　陈建民　陈棋福　何昌荣
李志雄　张志波　张建中　张禹慎　张晓东　张培震　张雁滨　欧阳飚　罗咏生
金　星　周克昌　周雪松　修济刚　徐锡伟　郭跃宏　郭唐永　聂永安　高孟潭
黄建发　黄金莉　蒋海昆　曾　健　谢富仁　薄万举

## 普及工作委员会

主　任：辛书庆
副主任：周　耕　阚志冲　张朝方
秘　书：周　耕
委　员：(按姓氏笔划排序)
丁仁杰　王中山　尹思习　尹大德　吕庆书　光春云　闫贤层　宋　权　宋和平
李建平　伊福兰　刘更才　辛书庆　陈四喜　陈如山　陈非比　陈士君　张思源
张朝方　杨以道　周　耕　郑　勋　郝记川　赵景珍　贺玉方　耿庆国　钱　京
钱宗和　柴保平　唐亚作　蒋玉山　谭先锋　廖岭堂　熊　斌　阚志冲

(中国地震学会)

# 人 事 教 育

## 1995年局系统人事教育工作

**1. 完善各级领导班子结构**

1995年国家地震局人事教育司制定和修订了《国家地震局关于领导班子思想作风建设的若干意见》、《国家地震局所属单位领导班子及成员考核暂行办法》、《国家地震局选拔任用领导干部及领导班子配备的暂行规定》、《国家地震局关于抓紧培养选拔优秀年轻干部的意见》等四个文件；对工力所等18个单位进行了换届考核工作；完成了分析预报中心等6个单位领导成员的调整工作；同时建立了领导班子及后备干部数据库。

**2. 推行公务员制度并加强对公务员队伍的管理**

(1) 向人事部上报了《省级地震局公务员实施方案》和《省级地震局非领导职务设置办法》的请示。《方案》批复后，绝大多数单位按照《实施细则》完成了过渡培训考核工作，并在“三定”的基础上，进行职能分解、职位分类、制定职位说明书、非领导设置、确定公务员级别等项工作。

(2) 局机关根据《国家公务员暂行条例》和《国家公务员考核暂行规定》的要求，认真组织了机关公务员年度考核工作。1994年度局机关参加考核的人员共148人，20人被评为优秀，其中司级干部4人，128人定为称职，考核结果及考核工作备案材料已获人事部批复。

(3) 依据国家公务员录用暂行规定，1995年国家地震局机关继续公开招考公务员，通过笔试、面试和考核，办公室、人教司、计财司、震防司、国际合作司共录用了7名公务员。

(4) 对1994年录用的5名公务员进行了初任培训。

(5) 组织机关全体公务员参加了国家公务员制度知识答题竞赛。

**3. 专业技术职务评聘工作**

组织了全局晋升高级职称外语水平考试，修订、下发了《国家地震局科研、工程系例中、高级专业技术职务任职资格评审条件》，在研究员评审中，制订了《定量考核办法》，使职称评审工作趋向科学合理、客观公正。经过1个正高级和24个副高级专业技术职务评审委员会和委托有关部委高级专业技术职务评审委员会评审，全局共有61人获得了正高级，356人获得了副高级专业技术职务任职资格。

作为国家人事部推行技术资格制试点单位之一，首次在兰州开展了地震工程专业高级技术资格评定工作，西北四省（区）（甘肃、陕西、青海和宁夏）的34人获得了首批高级工程师技术资格。

**4．推进地震科技跨世纪人才培养工作**

1995年组织召开了全局培养跨世纪科技人才工作会议，制订了《关于加强培养地震科技跨世纪学术和技术带头人工作的意见》和《关于培养地震科技跨世纪学术和技术带头人实施方案》两个文件，并提出了到本世纪末，培养出50名跨世纪科技“帅才”和数百名“将才”的具体目标。

**5．实施省局机构改革工作**

1995年初，国务院正式批准了省级地震局机构改革方案，按照机构改革要坚持政事分开、精简统一效能的原则，制定了省级地震局机构改革方案的实施细则，规范了省地震局机构设置标准。依据国务院赋于的主要职能，结合防震减灾工作实际，实事求是的调整了各省局所行使的政府职能，逐一审批了28个省级地震局机构改革方案。通过实施省局机构改革工作，加强了政府防震减灾工作，拓宽了防震减灾领域，增强了行使政府职能管理社会防震减灾工作的主动性，为实现十年减灾目标提供保障。

**6．博士生、硕士生及在职培训工作**

按照国家教委部署，对博士生导师遴选办法进行了改革，改变了过去博士生导师终身制为设岗聘任制。遴选范围也从博士招生单位扩大到硕士招生单位，实行联合培养新举措。全局共遴选出博士生导师41名，人数是往年的近两倍，新选拔27名，其中有10名是非博士招生单位，年龄结构和专业结构进一步趋向合理，平均年龄57岁，比遴选改革前下降7岁，最年轻的40岁。实行博士招生单位和硕士招生单位联合培养博士，可望为非博士招生单位培养高层次专门人才，逐步改变高层次人才分布不合理状况。加强在职研究生培养工作力度，除继续委托中国科技大学培养地球物理专业在职硕士生外，首次在北京大学试办以研究生毕业同等学力申请工程地震方向的硕士学位培养，以满足省局尤其是边远省局对这方面的人才需求。

在职培训初步实行合同制管理，发挥了有关职能司室办学积极性，全年列入国家地震局培训计划接受培训人数近800人，是“八五”期间培训人数最多的一年。

**7．人事教育工作会议**

国家地震局人事教育工作会议于1995年10月16～21日在云南下关召开。陈章立局长作了重要书面讲话，对如何加强人教部门的自身建设提出了很高的要求，高贵生司长总结了前几年人教工作所取得的成绩，存在的问题；全面深刻地阐述了今后乃至“九五”期间深化人教工作改革的总体思路，重点任务和主要措施。会议讨论、修改了关于加强领导班子建设等4个文件，辽宁等9个单位在会议上作了经验交流。

**8．其他方面工作**

（1）全系统共接收毕业生152人，京区43人，京外109人。

（2）聘干214人，录干100人，共计314人，完成了聘、录干工作。

（3）制定了《关于进一步做好高级专家离退休工作的意见》，全年共批准86名高级专家提高退休费比例5%或10%。

（4）为简化政审手续，先后下放了两批共28个正局级单位因公出国人员审批权。

（5）获得人事部非教育系统留学回国人员科技活动择优资助经费，A、B、D类共16万元。

(6) 人事部、财政部批准调整艰苦地震台站津贴标准，由原来津贴每人每天最高1.7元调整到5元，由最低每人每天0.30元调整到1.00元，同时明确了由地方人民政府和大型厂矿企业管理的地震台站也按此标准执行。

(7) 组织艰苦地震台站优秀人员赴泰国考察观测技术和部分艰苦台站职工国内异地休假。

(8) 工资管理开始使用微机，局机关进一步完善了工资数据库，初步实现了增资测算、正常晋级、自然滚动和工资分析处理的自动化。

(局人事教育司　傅　宏)

## 1995年局系统职工教育情况一览表

| 单位 | 实有人数 | 培训人数 | 学历教育 | | | | | 在职培训 | | | | | 培训率% | 备注 |
|---|---|---|---|---|---|---|---|---|---|---|---|---|---|---|
| | | | 本科以上 | 大专 | 中专 | 其中 毕业 | 其中 在学 | 基础理论 | 实用技术 | 三新知识 | 外语 | 党政管理 | | |
| 河北省地震局 | 532 | 88 | 2 | 4 | | 6 | | 2 | 60 | | 2 | 18 | 16.5 | |
| 天津市地震局 | 282 | 191 | 5 | 7 | 1 | 4 | 9 | | 66 | 111 | 1 | | 67.7 | |
| 内蒙古自治区地震局 | | | | | | | | | | | | | | 未上报 |
| 山西省地震局 | 341 | 74 | 1 | 12 | | 3 | 10 | 1 | 44 | | | 16 | 21.7 | |
| 吉林省地震局 | 160 | 24 | 1 | | | | 1 | | 8 | | | 15 | 15.0 | |
| 黑龙江省地震局 | 158 | 122 | | 6 | | | 6 | 44 | 4 | | | 68 | 77.2 | |
| 辽宁省地震局 | | | | | | | | | | | | | | 未上报 |
| 上海市地震局 | 185 | 54 | | | | | | | 51 | | | 3 | 29.2 | |
| 江苏省地震局 | 395 | 186 | | 15 | | 1 | 14 | 56 | 21 | | 13 | 81 | 47.1 | |
| 浙江省地震局 | 118 | 39 | | 7 | | | 7 | | 20 | | | 12 | 33.1 | |
| 安徽省地震局 | | | | | | | | | | | | | | 未上报 |
| 江西省地震局 | | | | | | | | | | | | | | 未上报 |
| 福建省地震局 | | | | | | | | | | | | | | 未上报 |
| 山东省地震局 | 446 | 197 | 10 | 23 | 1 | 5 | 29 | | 103 | | 2 | 58 | 44.2 | |
| 广东省地震局 | 574 | 219 | 2 | 2 | 1 | 2 | 3 | 2 | 166 | | | 46 | 38.2 | |
| 海南省地震局 | | | | | | | | | | | | | | 未上报 |
| 广西壮族自治区地震局 | 118 | 45 | | 3 | | 3 | | | 42 | | | | 38.1 | |
| 湖北省地震局 | 595 | 21 | 10 | 9 | | | 19 | | 1 | | 1 | | 3.5 | |

续表

| 单位 | 实有人数 | 培训人数 | 学历教育 | | | | | 在职培训 | | | | | 培训率% | 备注 |
|---|---|---|---|---|---|---|---|---|---|---|---|---|---|---|
| | | | 本科以上 | 大专 | 中专 | 其中 | | 基础理论 | 实用技术 | 三新知识 | 外语 | 党政管理 | | |
| | | | | | | 毕业 | 在学 | | | | | | | |
| 湖南省地震局 | 119 | 53 | | 7 | | 2 | 5 | 28 | 3 | | | 15 | 44.5 | |
| 河南省地震局 | 242 | 60 | 3 | 4 | | 5 | 2 | | 44 | | | 9 | 24.8 | |
| 四川省地震局 | 911 | 272 | 8 | 15 | | | 23 | 127 | | | 1 | 121 | 29.9 | |
| 云南省地震局 | | | | | | | | | | | | | | 未上报 |
| 西藏自治区地震局 | | | | | | | | | | | | | | 未上报 |
| 陕西省地震局 | 343 | 200 | 4 | 4 | | 3 | 5 | 11 | 159 | | 2 | 20 | 58.3 | |
| 甘肃省地震局 | | | | | | | | | | | | | | 未上报 |
| 青海省地震局 | | | | | | | | | | | | | | 未上报 |
| 新疆维吾尔自治区地震局 | 457 | 180 | 11 | 14 | 2 | 8 | 19 | | 75 | | 2 | 76 | 39.4 | |
| 宁夏回族自治区地震局 | 166 | 38 | 2 | 5 | | 3 | 4 | 13 | 9 | | | 9 | 22.9 | |
| 物理勘探中心 | | | | | | | | | | | | | | 未上报 |
| 第一形变监测中心 | 376 | 121 | | 8 | | 4 | 4 | | 113 | | | | 32.2 | |
| 第二形变监测中心 | 336 | 131 | | 7 | | 3 | 4 | 19 | 16 | | 43 | 46 | 39.0 | |
| 工程力学所 | | | | | | | | | | | | | | 未上报 |
| 地球物理所 | 515 | 78 | 17 | | | | 17 | 10 | 38 | | | 13 | 15.1 | |
| 地质研究所 | 524 | 89 | 11 | 3 | | 1 | 13 | 12 | 57 | | 6 | | 17.0 | |
| 地壳应力所 | | | | | | | | | | | | | | 未上报 |
| 分析预报中心 | 438 | 253 | 19 | 3 | | | 22 | 5 | 80 | | 5 | 141 | 57.8 | |
| 综合观测中心 | | | | | | | | | | | | | | 未上报 |
| 防灾技术高等专科学校 | | | | | | | | | | | | | | 未上报 |
| 地震出版社 | | | | | | | | | | | | | | 未上报 |
| 地震数据信息中心 | 63 | 51 | | | | | | | 50 | | 1 | | 81.0 | |
| 机关服务中心 | | | | | | | | | | | | | | 未上报 |
| 中国减灾报 | | | | | | | | | | | | | | 未上报 |
| 局机关 | 160 | 194 | 7 | 2 | | | 9 | 25 | | | | 160 | 121.3 | |
| 总计 | 8554 | 2980 | 113 | 160 | 5 | 53 | 225 | 355 | 1230 | 111 | 79 | 927 | 34.8 | |

（局人事教育司　卢　桢）

# 国家地震局地质研究所
# 1995年设立优秀研究生奖学金

为了提高研究生的培养质量，有利于青年人才脱颖而出，加速优秀人才的成长，经所学位委员会研究决定、所长批准，自1995年起，设立“国家地震局地质研究所优秀研究生奖学金”，并制订实施条例。该奖学金设立在地震系统还是第一次。

不少科学家积极支持这项改革，主动捐款和集资。已积极筹措了一定数量的资金，并认真评选出第一批优秀研究生奖学金获得者，召开了隆重的颁奖大会，向获奖者颁发了荣誉证书和奖金。孙雄获优秀博士研究生奖，奖励金额1500元；刘力强获优秀博士论文特别奖，奖励金额1500元；彭斯震获优秀博士论文奖，奖励1000元；尹金辉获优秀硕士论文奖，奖励800元。

（国家地震局地质所　陈树岩　孙为民　周玉亭）

# 人　物

## 国家地震局1995年获准享受政府特殊津贴人员情况简表

<table>
<tr><td>姓名</td><td>沈梦培</td><td>性别</td><td>男</td><td>年龄</td><td>59</td><td>职称</td><td>研究员</td><td rowspan="3">工作经历</td><td rowspan="3">主持研制系列电子地震仪，包括短、中长和长周期，广泛用于我国地震台站。曾主持设计水氡、地声和强震仪器。现主持电子反馈长周期地震计和数字强震仪。</td><td rowspan="3">主要贡献</td><td rowspan="3">提出用深负反馈稳定地震放大器，创立笔绘记录地震仪合理的配套模式；导出严格的特性表达式；建立完整的仪器理论体系设计指导生产性能优良的笔绘记录地震仪系列；使它们成为我国地震台站台网标准仪器，出口近百套到罗马尼亚等七国。</td></tr>
<tr><td colspan="2">工作单位</td><td colspan="3">分析预报中心</td><td colspan="2">从事专业</td><td>仪器研制</td></tr>
<tr><td colspan="4">毕业时间<br>学校<br>专业</td><td colspan="4">1958年<br>北京大学<br>物理</td></tr>
</table>

<table>
<tr><td>姓名</td><td>叶文蔚</td><td>性别</td><td>男</td><td>年龄</td><td>60</td><td>职称</td><td>研究员</td><td rowspan="3">工作经历</td><td rowspan="3">1978～1985年研制成功DZR－Ⅱ人卫激光测距仪，达国际水平，获国家科技进步二等奖，1988～1990年研制成功厘米级DIR－Ⅲ人卫激光测距仪，达国际先进水平，获国家地震局科技进步一等奖</td><td rowspan="3">主要贡献</td><td rowspan="3">提出并主持DZR－Ⅱ、DZR－Ⅲ及流动SLR仪的研制，具体负责制定总体方案。设计制作安装并调试全部电子系统；指导全组进行其他部件制作和调试；参加光机设计方案的讨论、加工、装调等。解决研制中的一些关键问题，并提出几条创造性意见。</td></tr>
<tr><td colspan="2">工作单位</td><td colspan="3">地震研究所</td><td colspan="2">从事专业</td><td>大地测量</td></tr>
<tr><td colspan="4">毕业时间<br>学校<br>专业</td><td colspan="4">1960年<br>武汉测绘学院<br>天文大地测量</td></tr>
</table>

续表

| | | | | | | | | | | | |
|---|---|---|---|---|---|---|---|---|---|---|---|
| 姓名 | 周公威 | 性别 | 男 | 年龄 | 53 | 职称 | 研究员 | 工作经历 | 主持中国数字地震台网建设、二期技术改造、技术牵头和管理；主持国防科工委核试验地震核查项目地震监测任务。 | 主要贡献 | 致力于中国数字地震台网建设及二期技术改造，建我国第一个数字地震数据库，为数字地震学研究，防震减灾事业作出贡献；主持核试验地震核查地震监测任务，为国防建设和核爆炸地震学研究作出成绩。是数字化地震观测技术之学科带头人。 |
| 工作单位 | 地球物理所 | | | 从事专业 | | | 地震学 | | | | |
| 毕业时间<br>学校<br>专业 | 1966年<br>天津大学<br>无线电工程 | | | | | | | | | | |

| | | | | | | | | | | | |
|---|---|---|---|---|---|---|---|---|---|---|---|
| 姓名 | 林传勇 | 性别 | 男 | 年龄 | 55 | 职称 | 研究员 | 工作经历 | 自1972年起，从事构造岩石学研究。曾参与珠峰科学考察以及三峡、二滩等10余项大型工程项目。主持和参与国家和地震基金项目13项，主持国际合作项目3项。 | 主要贡献 | 致力于变形岩石显微构造分析在地震和地质科学中的应用。在我国主要断裂带、大型工程、上地幔及金矿床等的研究，取得显著的成效。发表专著2本，译著2本，论文60余篇。同时，也为该学科在我国的普及、推广及深入发展作出了重要贡献。 |
| 工作单位 | 地质研究所 | | | 从事专业 | | | 岩石构造 | | | | |
| 毕业时间<br>学校<br>专业 | 1965年<br>北京大学<br>地球化学 | | | | | | | | | | |

续表

| 姓名 | 赵玉林 | 性别 | 男 | 年龄 | 59 | 职称 | 研究员 | 工作经历 | 1958年甘肃省煤炭局技术员，1961年中科院兰州地球所，1976年国家地震局，1980年调局地球所至今，1983年副研，1993年研究员，一直从事地电学及地震预报研究。 | 主要贡献 | 作为地震系统地电学科学术带头人，最先将电探法变种移植于我国地震预报领域，其预报方法和技术已推广使用，成为我国重要前兆手段之一。获奖鉴定评语“就其开创性，系统性，实用性而言其成果已达国际先进水平。培养研究生数名”。 |
|---|---|---|---|---|---|---|---|---|---|---|---|
| 工作单位 | 地球物理所 | | | 从事专业 | | | 地电学 | | | | |
| 毕业时间<br>学校<br>专业 | | | | 1958年<br>长春地质大学<br>地球物理勘探 | | | | | | | |

| 姓名 | 李树桢 | 性别 | 男 | 年龄 | 58 | 职称 | 研究员 | 工作经历 | 主要从事建筑工程、反应堆工程、卫星发射架、炼油塔、电站主厂房和锅炉构架等工程结构的抗震问题和地震损失估计研究；编制了大型弹塑性地震反应分析程序。 | 主要贡献 | 与人合作在国内最先研制出弹塑性地震反应分析程序，提出了抗震设计变形验算方法；编制了锅炉构架抗震设计标准；建立了震害评估与预测的科学方法并已在全国推广应用，主持完成大同－阳高等多次震害评估，取得了重大社会与经济效益。 |
|---|---|---|---|---|---|---|---|---|---|---|---|
| 工作单位 | 工程力学所 | | | 从事专业 | | | 地震工程 | | | | |
| 毕业时间<br>学校<br>专业 | | | | 1963年<br>清华大学<br>固体力学 | | | | | | | |

续表

| 姓名 | 刘序俨 | 性别 | 男 | 年龄 | 56 | 职称 | 研究员 | 工作经历 | 在测地所从事地倾斜与石英摆研制，在福建与江西局从事地形变分析，在武汉所从事应变固体潮与固体潮综合研究，在福建局从事形变与重力前兆及其综合机理研究。 | 主要贡献 | 推导出了应变固体潮理论值、大地系数及其引角改正数的计算公式，结束了依靠国际固体潮中心进行调和分析的局面，填补了国内空白，在固体潮理论及其综合以及形变重力联合处理方面提出了一些新观点新方法，现为地壳形变专业委员会委员。 |
|---|---|---|---|---|---|---|---|---|---|---|---|
| 工作单位 | 福建省地震局 | | | 从事专业 | | 地壳形变 | | | | | |
| 毕业时间<br>学校<br>专业 | | | | 1964年<br>武汉测绘科技大学<br>大地测量 | | | | | | | |

| 姓名 | 李清河 | 性别 | 男 | 年龄 | 48 | 职称 | 研究员 | 工作经历 | 六五承担国家地震局攻关项目，“七五”承担国家重点攻关课题两项，国家地震局重点项目二项，“八五”承担国家地震局重点课题二项，国家自然科学基金课题二项。 | 主要贡献 | 提出了人工地震 $Q$ 值二维反演，P、S波联合反演，S波分裂定量识别，双相介质动力学等理论方法，并在三峡工程、石油勘探、地震区深部结构中应用。承担国家部级课题多项。获部级成果三项，所级九项。发表论文38篇，培养研究生6名。 |
|---|---|---|---|---|---|---|---|---|---|---|---|
| 工作单位 | 兰州地震所 | | | 从事专业 | | 地球物理 | | | | | |
| 毕业时间<br>学校<br>专业 | | | | 1982年<br>兰州地震所<br>固体地球物理硕士 | | | | | | | |

| 姓名 | 杨懋源 | 性别 | 男 | 年龄 | 52 | 职称 | 研究员 | 工作经历 | 先后在中国科学院、国家地震局系统从事科研工作，参与了海城地震的成功预报和唐山地震的深入总结；1985年获副研究员职称，1993年获研究员职称。 | 主要贡献 | 长期从事新丰江水库诱发地震研究，解决了“水压出主震”之争论；参加龙陵、唐山等许多地震现场考察；曾组织全局数据库、CT、南极科考和地震台网建设及出版、新闻宣传等。发表科技论文30多篇，出版著作4部。获省部级科技进步二等奖4项。 |
|---|---|---|---|---|---|---|---|---|---|---|---|
| 工作单位 | 中国减灾报社 | | | | 从事专业 | | 地震 | | | | |
| 毕业时间<br>学校<br>专业 | | | | 1967年<br>北京大学<br>固体地球物理 | | | | | | | |

| 姓名 | 赵洪声 | 性别 | 男 | 年龄 | 54 | 职称 | 研究员 | 工作经历 | 曾在气象部门和云南大学从事气候分析和统计预报教学后调入云南省地震局，参与了1970年通海大地震至今一系列强震的分析预报工作，现尚负全省监测预报之责。 | 主要贡献 | 一直在地震预报、特别是地震与地球环境领域从事前沿研究，已出版专著两部、译著两部、论文79余篇；参与主持的云南分析预报工作和年度地震趋势研究报告连续六年获得全国评比前三名；承担过省部级课题近十项；实际预报效果显著。 |
|---|---|---|---|---|---|---|---|---|---|---|---|
| 工作单位 | 云南省地震局 | | | | 从事专业 | | 地震预报 | | | | |
| 毕业时间<br>学校<br>专业 | | | | 1964年<br>北京农业大学<br>气象 | | | | | | | |

续表

<table>
<tr><td>姓名</td><td>陈非比</td><td>性别</td><td>女</td><td>年龄</td><td>54</td><td>职称</td><td>编 审</td><td rowspan="3">工作经历</td><td rowspan="3">1965～1972年在云南省地震局从事地震科研。1972～1978年参与开创河北省局测震分析与预报工作，曾提出地震窗、单台波速比、测震综合预报等方法，1972年调地震出版社。</td><td rowspan="3">主要贡献</td><td rowspan="3">主持创办了《地震科学研究》，编辑了《当代中国地震事业》等重点图书；参与主持全社选题建设，审阅书稿数百部。合作或独立完成下述成果：撰写了我国第一部地震社会学专著《地震社会学初探》，主编了《地震社会学研究》等。</td></tr>
<tr><td colspan="2">工作单位</td><td colspan="3">地震出版社</td><td colspan="2">从事专业</td><td>出版编辑</td></tr>
<tr><td colspan="4">毕业时间<br>学校<br>专业</td><td colspan="4">1965年<br>中国科学技术大学<br>地球物理</td></tr>
</table>

<table>
<tr><td>姓名</td><td>王 锜</td><td>性别</td><td>男</td><td>年龄</td><td>55</td><td>职称</td><td>研究员</td><td rowspan="3">工作经历</td><td rowspan="3">曾任山东省地震局分析预报中心主任、科技处处长，从事地震监测预报工作27年。现任山东省工程地震研究室中心主任，做地震灾害、地震保险及工程地震研究。</td><td rowspan="3">主要贡献</td><td rowspan="3">发表论文17篇，主撰专著一部，合作专著一部。是省内地震保险及工程地震研究学科带头人，山东省地震台网调整优化设计组织实施带头人。获省局级以上奖励15项。</td></tr>
<tr><td colspan="2">工作单位</td><td colspan="3">山东省地震局</td><td colspan="2">从事专业</td><td>工程地震</td></tr>
<tr><td colspan="4">毕业时间<br>学校<br>专业</td><td colspan="4">1968年<br>山东大学<br>数学</td></tr>
</table>

续表

<table>
<tr><td>姓名</td><td>杨　发</td><td>性别</td><td>男</td><td>年龄</td><td>52</td><td>职称</td><td>研究员</td><td rowspan="3">工作经历</td><td rowspan="3">大学毕业后到新疆有色地质公司工作，从事地质普查、勘探工作；1972年开始从事地震地质工作；1987年聘任高级工程师。</td><td rowspan="3">主要贡献</td><td rowspan="3">《鄂尔多斯周缘活动断裂系研究》获1991年国家科技进步二等奖；在区内外刊物上发表论文、论著七篇。在地震中长期预报方面做了许多有益的工作，多次获区局科技进步奖。具有较扎实的地震地质、工程地震的基础理论知识。</td></tr>
<tr><td>工作单位</td><td colspan="3">内蒙古地震局</td><td colspan="2">从事专业</td><td colspan="2">工程地震</td></tr>
<tr><td colspan="4">毕业时间<br>学校<br>专业</td><td colspan="4">1965年<br>包头钢铁学院<br>地质勘探</td></tr>
</table>

<table>
<tr><td>姓名</td><td>胡　军</td><td>性别</td><td>男</td><td>年龄</td><td>56</td><td>职称</td><td>副研究员</td><td rowspan="3">工作经历</td><td rowspan="3">1964年毕业后分到新疆地质局5大队，1967年调西藏2大队从事找铬铁矿；1970年调新疆地震局至今，从事地震地质、工程地震工作。</td><td rowspan="3">主要贡献</td><td rowspan="3">考察研究新疆地震构造25年。70年代最先划分新疆构造体系，用重磁力资料首次合编塔里木及周围深部构造图；80年代主持中国岩石圈图集57、67两图的编校，用板块构造观点研究富蕴大震和阿尔金断裂带构造环境，首次发现后者的混杂堆积等。</td></tr>
<tr><td>工作单位</td><td colspan="3">新疆地震局</td><td colspan="2">从事专业</td><td colspan="2">地震地质</td></tr>
<tr><td colspan="4">毕业时间<br>学校<br>专业</td><td colspan="4">1964年<br>贵州工学院<br>矿产地质勘探</td></tr>
</table>

续表

<table>
<tr><td>姓名</td><td>陈绍绪</td><td>性别</td><td>男</td><td>年龄</td><td>54</td><td>职称</td><td>研究员</td><td rowspan="3">工作经历</td><td rowspan="3">1968 年参加地震工作，1972 年开始从事分析预报，1980 年评为工程师，1987 年晋升高级工程师，1993 年晋升研究员，1983～1993 年间任预报中心副主任、主任，1993 年改任技术顾问。</td><td rowspan="3">主要贡献</td><td rowspan="3">由本人主持完成的三级以上攻关课题及其他合同项目共 10 项，累计发表论文 47 篇，译文 6 篇，获国家地震局科技进步奖二等 1 项，专项奖二、三等各 1 项，科普作品三等奖 1 项；获河北省科技进步四等奖 1 项；获省局级科技进步奖十余项。</td></tr>
<tr><td>工作单位</td><td colspan="3">河北省地震局</td><td colspan="2">从事专业</td><td colspan="2">地震预报</td></tr>
<tr><td colspan="4">毕业时间<br>学校<br>专业</td><td colspan="4">1967 年<br>武汉测绘学院<br>大地测量</td></tr>
</table>

<table>
<tr><td>姓名</td><td>杨建思</td><td>性别</td><td>女</td><td>年龄</td><td>37</td><td>职称</td><td>副研究员</td><td rowspan="3">工作经历</td><td rowspan="3">1985 年来从事地震观测、地震预测研究和数字地震学等方面的工作；主持或参加了一系列国家地震局重点项目、基金和合同项目，1994 年起主持北京遥测地震台网工作。</td><td rowspan="3">主要贡献</td><td rowspan="3">作为骨干研制的分析识别地震学前兆的人机联合处理系统，地震学地震预报实用程序系统 EP-Seis 和中国地震分析预报软件系统 SSEPC 均鉴定为达到国际先进水平并用于整个地震系统，为全国地震软件咨询协调，编写《中国地震分析预报软件系统》</td></tr>
<tr><td>工作单位</td><td colspan="3">地球物理所</td><td colspan="2">从事专业</td><td colspan="2">测震学</td></tr>
<tr><td colspan="4">毕业时间<br>专业</td><td colspan="4">1994 年<br>地球物理研究所地震学博士</td></tr>
</table>

（局人事教育司　欧阳飚）

# 国家地震局1995年通过研究员任职资格人员名单

| 工作单位 | 姓　名 | 性别 | 出生年．月 | 学历（学位） | 毕业时间 | 毕业学校及专业 | 从事专业 |
|---|---|---|---|---|---|---|---|
| 地球所 | 吴忠良 | 男 | 1963．05 | 博士后 | 1991 | 北京大学构造地质与力学 | 地球物理 |
| | 周　勋 | 男 | 1943．07 | 本科 | 1967 | 天津大学无线电技术 | 观测技术 |
| | 李荫亭 | 男 | 1938．05 | 研究生 | 1967 | 中科院力学所化学流体力学 | 地球物理 |
| | 王培德 | 男 | 1944．08 | 博士 | 1987 | 局地球所地震学 | 地球物理 |
| | 耿乃光 | 男 | 1937．08 | 本科 | 1964 | 北京大学地球物理 | 地球物理 |
| | 陆其皓 | 男 | 1937．11 | 高中 | 1955 | 北京育才中学 | 观测技术 |
| 地质所 | 洪汉净 | 男 | 1947．06 | 博士 | 1986 | 局地质所地震地质 | 地震地质 |
| | 陈树岩 | 女 | 1943．03 | 本科 | 1966 | 吉林大学物理系磁学 | 地震地质 |
| | 刘启元 | 男 | 1945．10 | 硕士 | 1982 | 中国科大研究生院地球物理 | 地球物理 |
| | 杨主恩 | 男 | 1949．08 | 博士 | 1986 | 局地质所地震地质 | 地震地质 |
| | 向宏发 | 男 | 1942．12 | 本科 | 1967 | 北京地质学院地质 | 地震地质 |
| | 许厚德 | 男 | 1939．07 | 研究生 | 1967 | 中科院研究生院工程地质 | 观测技术 |
| 工力所 | 王云剑 | 男 | 1941．07 | 本科 | 1964 | 中国科大结构力学 | 地震工程 |
| | 刘永昌 | 男 | 1940．11 | 本科 | 1964 | 东北工学院无线电 | 地震工程 |
| | 袁晓铭 | 男 | 1963．03 | 博士 | 1994 | 工力所地震工程 | 地震工程 |
| | 张其浩 | 男 | 1936．03 | 本科 | 1959 | 复旦大学数学力学 | 地震工程 |
| | 金　星 | 男 | 1960．07 | 博士后 | 1992 | 工力所地震工程及防护工程 | 地震工程 |
| | 赵振东 | 男 | 1946．08 | 大学 | 1970 | 中国科大近代力学 | 地震工程 |
| | 孙平善 | 男 | 1940．02 | 大学 | 1966 | 同济大学工程水文地质 | 地震工程 |
| 分析中心 | 吴雪芳 | 女 | 1937．12 | 本科 | 1960 | 武汉测绘学院航测 | 分析预报 |
| | 马　丽 | 女 | 1943．02 | 本科 | 1967 | 北京地院地球物理勘探 | 分析预报 |
| | 杨玉荣 | 女 | 1943．06 | 本科 | 1967 | 北京地质学院水文工程地质 | 分析预报 |
| 武汉所 | 李志良 | 男 | 1936．02 | 本科 | 1958 | 武汉测绘学院航测 | 大地测量 |
| | 于品清 | 男 | 1935．11 | 本科 | 1962 | 中南矿冶学院区域地质找矿 | 地震地质 |
| | 蔡亚先 | 男 | 1946．09 | 本科 | 1970 | 北京大学地球物理 | 观测技术 |
| 地壳所 | 黄忠贤 | 男 | 1943．12 | 博士 | 1987 | 美国科罗拉多地球物理 | 地球物理 |
| | 游丽兰 | 女 | 1940．02 | 本科 | 1962 | 武汉测绘学院大地测量 | 大地测量 |
| | 谢富仁 | 男 | 1956．12 | 硕士 | 1985 | 北京大学地震地质 | 地震地质 |
| 兰州所 | 何跟巧 | 女 | 1940．12 | 本科 | 1964 | 兰州大学化学系 | 分析预报 |
| | 张文冕 | 男 | 1940．02 | 本科 | 1964 | 华东师大化学 | 分析预报 |

续表

| 工作单位 | 姓　名 | 性别 | 出生年．月 | 学历（学位） | 毕业时间 | 毕业学校及专业 | 从事专业 |
|---|---|---|---|---|---|---|---|
| 物探中心 | 宋松岩 | 男 | 1938．08 | 本科 | 1961 | 北京地质学院地球物理勘探 | 地球物理 |
| 一测中心 | 王若柏 | 男 | 1945．08 | 研究生 | 1981 | 局地质所地震地质 | 地震地质 |
| 观测中心 | 邓明德 | 男 | 1933．03 | 本科 | 1964 | 北京大学地球物理 | 分析预报 |
| 数据中心 | 陈会忠 | 男 | 1943．01 | 本科 | 1967 | 北京邮电学院有线通讯工程 | 观测技术 |
| 云南局 | 周炳荣 | 男 | 1939．02 | 本科 | 1966 | 南京工学院工业与民用建筑 | 地震工程 |
|  | 许昭永 | 男 | 1943．04 | 本科 | 1969 | 北京大学地球物理 | 地球物理 |
| 四川局 | 黄兴建 | 男 | 1938．05 | 本科 | 1960 | 成都工学院水电站建筑 | 地震工程 |
|  | 刘盛利 | 男 | 1940．07 | 本科 | 1962 | 成都地院水文及工程地质 | 地震工程 |
| 广东局 | 潘建雄 | 男 | 1936．08 | 本科 | 1961 | 中南矿冶学院地质测量找矿 | 地震地质 |
|  | 王业新 | 男 | 1935．10 | 本科 | 1960 | 北京地质学院地质测量 | 地震地质 |
| 江苏局 | 严新育 | 女 | 1942．05 | 本科 | 1964 | 南京工学院工程力学 | 地震工程 |
|  | 葛焕称 | 男 | 1938．10 | 本科 | 1962 | 北京大学固体地球物理 | 地球物理 |
|  | 谢瑞征 | 男 | 1936．01 | 研究生 | 1964 | 南京大学区域地震 | 地震地质 |
| 辽宁局 | 刘宝恒 | 男 | 1941．08 | 本科 | 1965 | 长春地质学院地质勘探 | 分析预报 |
|  | 万德惠 | 男 | 1936．03 | 本科 | 1961 | 长春地质学院电子仪器 | 观测技术 |
| 河北局 | 王永才 | 男 | 1938．11 | 本科 | 1965 | 中国科大地球化学 | 分析预报 |
|  | 蔡华昌 | 男 | 1939．10 | 本科 | 1964 | 北京大学构造地质 | 地震工程 |
| 福建局 | 王洪涛 | 男 | 1939．05 | 本科 | 1962 | 南京大学地球化学 | 地震地质 |
| 山东局 | 林榕光 | 男 | 1941．04 | 本科 | 1963 | 山东海洋学院海洋物理 | 观测技术 |
|  | 苏鸾声 | 男 | 1941．01 | 本科 | 1967 | 北京地质学院物探 | 分析预报 |
| 新疆局 | 敖雪明 | 女 | 1939．03 | 本科 | 1960 | 成都工学院陆地水文 | 分析预报 |
|  | 杨　章 | 男 | 1940．03 | 本科 | 1962 | 成都地院地质测量与找矿 | 地震地质 |
| 陕西局 | 杜兴信 | 男 | 1946．06 | 本科 | 1969 | 兰州大学地质物理 | 分析预报 |
| 河南局 | 冯先水 | 男 | 1937．10 | 本科 | 1964 | 西北工业大学自动控制 | 观测技术 |
| 天津局 | 高文海 | 男 | 1938．11 | 研究生 | 1966 | 中科院测地所航测 | 分析预报 |
| 海南局 | 刘赛君 | 女 | 1942．12 | 本科 | 1965 | 北京石油学院地球物理 | 分析预报 |
| 吉林局 | 张良怀 | 男 | 1936．12 | 本科 | 1960 | 长春地院地球物理勘探 | 地震地质 |
| 宁夏局 | 孟广魁 | 男 | 1938．05 | 本科 | 1964 | 北京大学构造地质 | 地震地质 |
| 防灾学校 | 王玉秀 | 男 | 1941．06 | 本科 | 1965 | 山东大学数学 | 观测技术 |

## 国家地震局1995年度通过译审任职资格人员名单

| 工作单位 | 姓　名 | 性别 | 出生年．月 | 学历 | 毕业时间 | 毕业学校及专业 | 从事专业 |
|---|---|---|---|---|---|---|---|
| 地质所 | 王东初 | 男 | 1938．02 | 本科 | 1962 | 长春地质学院地质矿产勘查 | 科技情报 |

## 国家地震局1995年度通过研究馆员任职资格人员名单

| 工作单位 | 姓　名 | 性别 | 出生年．月 | 学历 | 毕业时间 | 毕业学校及专业 | 从事专业 |
|---|---|---|---|---|---|---|---|
| 兰州所 | 高树心 | 男 | 1944．03 | 本科 | 1966 | 北京工业大学无线电电子学 | 信息技术 |

（局人事教育司　欧阳飚）

## 1995年受省政府表彰人员

张传中——1995年7月15日张传中勇救3名落水学生，湖北省政府于1996年3月14日以鄂政发［1996］24号作出了给该同志记一等功的决定
（湖北省地震局宜昌地震台工程师）

卢造勋——辽宁省优秀科技工作者
（辽宁省地震局副局长、研究员）

周硕愚——湖北省有突出贡献中青年专家
（地震研究所第一研究室主任、研究员）

蔡亚光——湖北省有突出贡献中青年专家
（地震研究所第一研究中心副主任、副研究员）

（辽宁省地震局　韩萍　　地震研究所　胡朝明）

# 关于表彰1995年度地震监测预报及地震现场工作先进单位、先进个人、优秀集体的通知

各省、自治区、直辖市地震局，局直属各单位：

根据1995年度各单位地震趋势研究报告专家评议意见，监测资料与分析预报工作等评比成绩，1995年中期预报地震实际检验结果，以及监测预报管理、地震现场考察、抗震救灾等工作的综合评价，经研究决定：

一、授予以下10个单位为1995年度地震监测预报工作先进单位：

（1）云南省地震局

（2）河北省地震局

（3）国家地震局分析预报中心

（4）甘肃省地震局

（5）新疆维吾尔自治区地震局

（6）山东省地震局

（7）国家地震局地球物理研究所

（8）天津市地震局

（9）江苏省地震局

（10）内蒙古自治区地震局

二、授予以下13个集体为1995年度监测预报及现场工作优秀集体：

（1）云南省地震局分析预报中心

（2）云南省地震局"7.12"7.3级地震前方指挥部

（3）云南省澜沧县地震办公室

（4）国家地震局分析预报中心一室

（5）河北省地震局通讯站

（6）新疆维吾尔自治区地震局监测预报中心预报室

（7）中国赴阿拉木图震情判断地震专家组

（8）新疆维吾尔自治区地震局乌鲁木齐地震台

（9）青海省地震局分析预报室

（10）甘肃省永登5.8级地震现场考察队

（11）山东省地震局苍山5.2级地震现场工作队

（12）国家地震局综合观测中心形变分队

（13）甘肃省地震局平凉地震台

三、授予以下9人为1995年度先进个人：

（1）云南省地震局：陈立德

（2）云南省地震局：付　虹

（3）云南省地震局：安晓文

（4）云南省临沧行署地震办公室：董致贵

（5）新疆维吾尔自治区地震局：徐生洲

（6）新疆维吾尔自治区地震局：白超英

（7）四川省地震局：赵建军

（8）甘肃省地震局：毛可

（9）青海省地震局：善者

四、经地震预报奖励委员会严格审定，国家地震局核准，对以下实现地震中短期和短临预报的单位和个人给予奖励和表扬：

1．中短期预报

B类：

（1）福建省地震局：对2月25日福建晋江东南5.3级地震预报正确（三等），奖励4000元。

（2）甘肃省地震局：对7月22日甘肃永登5.8级地震预报正确（三等），奖励4000元。

（3）云南省地震局：对4月26日沐川5.1级地震预报正确（三等），奖励4000元。

A类：

（1）新疆维吾尔自治区地震局：对5月15日巴楚5.3级地震预报正确（三等），奖励4000元。

（2）国家地震局分析预报中心：对1994年12月至1995年1月海峡5.5～5.2级地震预报正确（三等），奖励4000元。

（3）云南省玉溪地震办公室：对4月26日沐川5.1级地震预报正确（三等），奖励4000元。

表扬：

（1）国家地震局第二地形变测量中心：对新疆乌苏南和甘肃永登5.8级地震预报较好。

（2）国家地震局地壳应力研究所：对甘肃永登5.8级地震预报较好。

2．短临预报

单位级实现奖：

云南省地震局：对云南省孟连中缅边界5.5级地震实现三级预报正确，奖励6000元。

集体级实现奖：

（1）云南省澜沧县地震办公室：对云南孟连中缅边界7.3级地震实现三级预报正确，奖励4000元。

（2）新疆维吾尔自治区地震局应变学科组：对和硕5级地震预报实现三级预报正确，奖励4000元。

个人级实现奖：

王世芹、雷素华：对6月30日云南省孟连5.5级地震实现三级预报正确，奖励2000元。

表扬：

（1）黄相宁、葛丽明、李祥村、莫慧，对新疆乌苏南5.8级地震预报较好。

（2）苏鸾声、刁守中，对2月18日云南省澜沧5.1级地震预报较好。

（3）杜安娜，对11月滇西北强震预报较好。

（4）新疆维吾尔自治区地震局水磨沟地电台，对3月乌鲁木齐5级地震预报较好。

（5）陈荣华，对3月乌鲁木齐周围有5.5级地震预报较好。

特此通知

国家地震局

1995年12月28日

## 关于表彰地震系统审计监察工作先进集体和优秀审计、监察工作者的决定

各省、自治区、直辖市地震局（办），局直属各单位：

为了鼓励先进，树立榜样，进一步推进审计监察工作，近期对1993～1994年地震系统审计监察部门“讲奉献，做贡献，争先创优双文明”活动进行了认真考核，在各单位自评、推荐的基础上，经国家地震局考评领导小组评审，现决定对11个先进集体、11名优秀监察工作者、11名优秀审计工作者予以表彰奖励。

先进集体：

广东省地震局，甘肃省地震局，安徽省地震局，地壳应力研究所，四川省地震局，湖北省地震局，宁夏回族自治区地震局，山西省地震局，上海市地震局，地球物理勘探大队，陕西省地震局。

优秀监察工作者：

罗新荣，刘清晨，李志全，谢家兴，金世雄，杨静（女），陈明国，王新波，李永森，靳宝峰，李言海。

优秀审计工作者：

漆中华，梁中庠，陈学军（女），王占庭，李翠花（女），吴秀泉，李志宏（女），胡华（女），吕启惠，李汝兰（女），刘金勇。

特此决定。

国家地震局

1995年2月7日

## 关于颁发国家地震局优秀工程勘察项目奖的通知

各有关单位：

国家地震局优秀工程勘察项目评选工作，在建设部有关部门大力支持下，聘请了全国勘

察大师组成评选委员会对系统内申报的13个勘察项目进行了认真评审。根据评委会专家的评议结果，经局审批，四个项目分获一、二等奖。

| 获奖等级 | 项 目 名 称 | 承 担 单 位 |
|---|---|---|
| 一等奖 | 龙口市建设银行办公楼工程 | 山东地震地质工程勘察公司 |
| 二等奖 | 首都机场高速公路工程 | 地壳应力所地质工程勘察队 |
| | 齐鲁石化橡胶厂生活区扩建 | 山东地震地质工程勘察公司 |
| | 天马祥业1:1000工程地形测量 | 福州地震地质工程勘察院 |

另外，山东地震地质工程勘察院承担的济南市开发区热电厂工程勘察工作、云南地震地质勘察队承担的鑫森花园住宅工程项目也得到专家好评，在此提出表扬。各单位可根据情况给予获奖项目一定物质奖励。望各勘察单位继续努力，提高勘察服务质量，创出更多的优质工程。

国家地震局

1995年4月26日

# 工程力学研究所授予美国科学基金会刘师琦博士客座教授和科技委委员

经国家地震局批准，国家地震局工程力学研究所聘请刘师琦博士为该所客座教授和科学技术委员会委员，并于1995年9月20日美国科学基金会刘师琦博士顺访工力所时举行了授予仪式。谢礼立所长在授予仪式上称赞了刘师琦博士为中美双边地震工程的合作做了许多有益的工作，是工程力学所值得信赖的老朋友。刘师琦博士感谢国家地震局以及工程力学所给予他的荣誉，并表示要为扩大工程力学所和美国各研究机构在地震工程领域的进一步合作做出新的贡献。授予仪式结束后，刘博士作了题为《美国地震工程研究概况》的报告，从科研管理、经费投入、国民对科学的期望、结构控制系统的发展，智能材料研究的兴趣及展望等方面介绍了美国国家科学基金会在资助美国地震工程的研究项目方面所做出的卓有成效的工作。

（工程力学研究所　韩素英）

# 国际交往

这一部分收载本系统一年来双边、多边国际合作项目，出访和来访项目，以及国际学术交流会议活动情况。它是了解国外地震界的科研进展，交流各国间地震科技成果的窗口。

# 国家地震局1995年度对外科技合作与交流

## 一、概　　述

据统计，1995年度国家地震局共与世界上35个国家和地区（包括台湾省）开展了科技交流与合作活动，人员交往达170个团组共458人次，其中出国（境）执行公务活动104个团组289人次，接待来华执行项目活动66个团组共169人次，为历年来之最。1995年，在安排、执行这些项目过程中，在积极配合国家地震局重点工作和“八五”计划的同时，立足于充分学习和借鉴国外综合防震减灾方面的先进技术和经验，跟踪世界地震研究和国际减灾十年活动的趋势与动态，充分利用双、多边的交流与合作渠道，为我国综合防震减灾十年目标的实现起到了积极的推动作用。

## 二、双边地震科技交流与合作

**1. 中美地震科技合作**

为确定新的一轮中美合作研究项目，国家地震局派出了以何永年副局长为团长的国家地震局代表团一行5人访问美国，与美国基金会代表团和美国地质调查局代表签署中美地震科技合作议定书第四个五年合作协议。在这次会晤中，双方共同回顾总结了前5年中美在地震科技领域内开展合作所取得的成果，双方代表一致认为，在过去5年中，双方在地震科学基础研究、监测预测、地震工程及防震减灾方面共同开展的50余个合作项目都取得了较大进展并卓有成效，对中美双方本国的地震科技研究和综合防震减灾工作起到了很大的促进作用。为此双方一致同意，继续在地震监测、地震工程、深部探测、地震灾害评估、活断层研究方面，尤其在中美数字化地震台网技术改造方面继续开展合作。中美第四个五年计划合作协议的签署，保证了在未来5年中美合作项目的正常执行。1995年度，在中美双方的努力下，中美数字化地震台网二期技术改造基本上按计划执行，对西安、拉萨、乌鲁木齐、海拉尔台进行了改造。今后美方将对所有的CDSN台站安装新的电话线路，并通过电话拨号进行数据传输。为落实1994年度中美双方协调人工作会晤纪要，加强中美在地震工程和工程抗震方面的合作，美方派出两位专家来华进行调研，列出中美地震工程今后合作的重点领域。美国IRIS联合会派出专家就北京DMC访问美国IRIS地震数据库举行技术培训。地质研究所派研究人员赴美国USGS开展岩石力学实验工作，中美地磁合作项目也得到执行。

**2. 中法地震科技合作**

应法国国家宇宙科学研究院邀请，陈章立副局长率团一行4人访法，与法方就中法地震科技合作举行工作会晤。双方对1994年度已执行项目进行了总结和评估，并对1995年拟开展项目充分交换了意见。会谈结束后，双方在巴黎签署了中法地震科技合作会谈纪要。据此，双方开展了海原地质野外联合考察项目，地球透镜项目乌什GEOSCOPE台的维修及技术改造工作。为了利用中法合作渠道，培养年轻的科研人才，系统地学习法国研究人员在深断层及大地构造研究方面的思路、方法，选派兰州地震研究所1名年轻人员赴法学习工作，时间为期1年。

**3．中俄地震科技合作**

中俄地震科技合作由于对方资金较为短缺，双方则将重点放在双方兴趣较大的项目上，共开展了华北地震前兆物理机制的解释及中俄《地震预报》期刊的合编工作。为开展我国境内的火山监测和预测工作，邀请俄罗斯远东火山研究所所长费多托夫来华就火山监测及预报进行为期2周的讲学。这次讲学为今后做好我国境内的火山监测和预测工作将起到积极的作用。

**4．中以地震科技合作**

为充分交流中以双方在地震领域的科研成果，九月份中以双方在山西太原举行了首届中以地震学研讨会。双方科学家交流了在地震构造、地震灾害评估以及地震预警方面的研究成果，并就中以双方今后拟开展的9个项目进行了讨论。这次研讨会开得很成功，取得了出乎意料的成果，以方建议在适当的时候在以色列召开第二届中以地震学研讨会。

**5．中土地震科技合作**

中土合作继续保持良好的势头，9月份，应国家地震局邀请，土耳其灾害管理局副局长柯萨奇率土耳其代表团访问我局并签署了中土96/97年地震合作备忘录，参加了在天津举行的第二届中土地震学研讨会。在这次讨论会上，土方介绍了土耳其在灾害防御、埃尔津地震处理，政府在地震减灾中的作用以及相关的研究成果。中方介绍了大同－阳高地震的震害预测和评估，云南中缅边界7.3级地震预报以及在地震工程研究方面的成果。通过交流和讨论，双方认为今后重点的合作领域是地震预报试验场、地震灾害评估以及工程地震方面的研究。

**6．中国欧共体地震科技合作**

中欧合作研究“延怀盆地地震学研究”项目继1994年取得进展后，1995年3月份以来记录到几次4级的数字地震资料。中欧双方对此项目进展感到满意，并希望明年继续滚动8个项目，继续争取欧共体的资金支持。国家地震局将在今后适当时候组织有关部门对这个台网进行评估，争取纳入到首都圈的监测台网，为首都圈的地震监测服务。

**7．与其他国家开展的地震科技交流与合作**

1995年，国家地震局在与原有合作协议的国家之间开展优选合作研究项目的同时，在国家科委的支持下，积极推进与周边国家及拉美国家之间的合作联系，开拓新的合作渠道。先后派团考察访问了巴基斯坦，与巴方签署了中巴地震合作意向书。双方将在地震资料交换、地震台网改造与建设以及地震构造方面开展合作和研究。应墨西哥国家减灾委员会的邀请，派团访问该国防震减灾机构及科研单位，重点考察了防震减灾机制及在防震减灾体系建议方面所做的工作，经过协商，双方签署了中墨地震科技合作研究备忘录，为今后中墨双方的合作与交流打开了渠道，通过考察，也为我国的防震减灾工作借鉴了有益的经验。根据国家科委与韩国科技部达成的科技调查团互访计划，国家地震局于10月份接待了由韩国科技部、气象厅及研究所和大学组成地震调查团。该团系统地对我国地震预报、地震监测以及基础地震研究进行了调研，并表示出了浓厚的兴趣。对开展中韩地震科技合作，尤其是对南黄海地震活动性以及构造稳定性方面的研究热情很高。另外，应冰岛大学校长的邀请，葛治洲副局长率团访问了冰岛。对冰岛大学、气象局、国家能源局、火山研究所等单位进行了访问，考察了赫克拉、克拉夫火山及冰川、典型地质现象的转换断层以及地热设施等。代表团考察结束后认为，可以同冰方开展小规模的有实效的地震科技合作研究，在火山监测、地热开发领域选择一些项目同冰方进行合作。

## 三、多边地震科技交流与合作

在第21届国际大地测量和地球物理大会上，共选派了24名专家代表与会，其中选派了4名地方地办的同志参加大会。由于会前做了评选和充分的准备，许多专家表现出色，有4名专家被大会指定专题讨论会的召集人，在会后的选举中，谢礼立研究员当选为IASPEI执行委员会委员，陈颙研究员当选为地震预报委员会主席。IASPEI大会正式决定，于1996年8月在我国唐山举办IASPEI亚洲区域大会，这是该组织历史上第一次在我国举办这类会议。

为了推进亚洲及南太平洋地区的地震科技学术交流与合作，提高该地区地震科技水平和抗御地震灾害的能力，由我局发起并得到亚洲绝大多数国家积极支持的亚洲地震委员会经过一年的准备，于1995年4月在广州召开了亚洲地震委员会预备会议，会议一致通过了亚洲地震委员会章程，选举朱传镇教授为代理秘书长，印度古博塔教授当选为代理主席。

挂靠在国家地震局的IASPEI减灾十年秘书处向各国减灾专家传播IASPEI和国际减灾十年的最新动态。在IUGG大会期，在由协助减灾十年委员会主席博尔特教授组织的协会研讨会和委员会会议上，秘书处负责人向会议作了工作报告，并于年底前向联合国减灾十年秘书处提交了IASPEI减灾十年工作报告。秘书处工作得到了IASPEI秘书长英格戴尔博士来检查工作时给予的充分肯定。博尔特教授也多次在公开场合称赞秘书处工作，感谢国家地震局的大力支持。

## 四、海峡两岸地震科技交流

以中国地震学会和财团法人两岸发展研究基金会名义联合主办的“第二届两岸地震学术研讨会”于1995年2月在台北市举行。由方樟顺局长率领的来自地震、建设、教委、水利、石油和科学院等部门的一行23人大陆地震代表团赴台参加了这次会议。双方在地震预报和构造、工程地震和防震、抗震工程等方面进行交流和讨论，并就今后的合作提出了许多建议和设想。这次会议的成功召开，历经近2年的双方艰苦努力和充分准备，达到了预期的目的，实现了两岸地震同行的双向交流，为今后两岸地震界的进一步广泛交流与合作奠定了良好的基础。

## 五、借鉴国外经验，推进我国综合防震减灾十年目标的实现

先后数次组织跨部门的中国地震代表团，涉及10余个多震省、区、直辖市和有关部委等部门，出访了新西兰、美国、日本及土耳其等国，综合考察防震减灾立法、战略与规划，各级政府职能与协调以及现代通讯和快速反应技术与系统等，取得了较好的效果，赢得了有关省、市、区政府和部委的有关领导对防震减灾工作的理解和支持，通过访问和考察，并进

行对比，感到差距很大。根据我国地震趋势的发展，许多领导同志都有一种紧迫感，表示要加快防震减灾工作步伐。许多省、自治区以计委和地震局的名义下发文件，将防震减灾工作纳入到国民经济和社会发展的总体规划之中，并从经费上给予支持。

## 六、国外大震快速反应

根据国务院的规定和工作程序，国家地震局承担对国外破坏性大地震快速响应的任务，要求在3日之间向国务院及其他有关部门上报收集到的地震灾情，以便我国政府迅速准确地就是否进行慰问和援助等作出决定，争取良好的国际影响，为我国整体外交工作服务。1995年度，全球地震活动频繁，强震不断发生。例如日本阪神大地震、俄罗斯萨哈林岛大地震、智利安托法斯塔大地震、印尼辛莫特兰大地震、墨西哥曼萨尼约大地震等等。国家地震局都快速地通过各种渠道，特别是我驻外使领馆的大力支持，将各种破坏信息汇集上报国务院，并初步提出我国政府作出反应的建议，使我国政府立即作出发慰问电和经济援助等决定，取得了较好的效果。1995年初日本阪神大地震后，国家地震局会同有关部门联合组织专家组赴地震现场考察，获得了宝贵的第一手资料，并将考察结果专门向国务院写了报告。

（局国际合作司　陈洪飞）

# 1995年出访项目

1月8日～1月25日

地球物理研究所副教授王鸣、博士王培德赴英国爱丁堡执行中国—欧共体合作项目“延庆—怀来盆地地震学研究”。

1月8日～1月14日

地球物理研究所副研吴忠良、国家地震局科技监测司副处长阴朝民赴美国阿灵顿参加全球核查评价组工作会议。

1月27日～2月18日

国家地震局计划财务司助理统计师武守春随国家科委组团“科技统计和管理培训班”，赴澳大利亚悉尼进行培训。

1月29日～2月26日

工程力学研究所助研柳春光赴泰国曼谷参加由亚洲防灾中心举办的灾害预测及减轻学习班。

1月22日～2月5日

地球物理所副研吴忠良应邀赴葡萄牙参加由北大西洋公约组织（NATO）召开的“监测全面禁核试条约”学术研讨会。

1月22日～2月5日

地震数据信息中心研究员赵仲和应邀赴葡萄牙参加由北大西洋公约组织（NATO）召开的“监测全面禁核试条约”学术研讨会。

1月31日～3月31日

工程力学研究所副研金星赴日本京都大学防灾研究所执行中日合作研究关于减轻城市地震灾害项目。

1月29日～2月26日

局灾害防御司副处长陆鸣赴泰国参加地震和飓风防灾减灾培训班。

1月29日～2月27日

云南省地震局教授林蓉辉应邀赴泰国参加第三届地震与旋风减灾培训班担任“地震保险专题”授课工作。

2月18日～3月5日

局地震数据信息中心研究员赵仲和、局科技监测司处长陈建民、局地球物理所研究员许绍燮赴瑞士日内瓦参加裁谈会特设科学专家组第四十届会议。

2月14日～6月30日

局地质所博士曲国胜赴法国 PAUL SABATLER TOULOUSE 第三大学沉积与古生物地质实验室进行教学及比利牛斯山合作考察研究。

2月14日～3月17日

局分析预报中心副主任、研究员郑斯华赴日本东北大学理学部就内陆地壳地震的发生机理进行学术交流。

2月17日～2月28日

由局震害防御司司长李裕澈等11人组成的地震考察团赴日本关西地区考察1月17日在神户附近发生的7.2级地震现场，了解该震的孕育前兆现象、工程震害及政府震后救援行动等。

2月21日～3月3日

由国家地震局局长方樟顺率领的代表团一行23人赴台湾参加第二届两岸地震研讨会。

2月28日

工程力学研究所副研董刚赴日本建设省土木建筑研究所进行合作研究，为期一年。

3月4日～3月19日

地质研究所副研赵树清应加拿大地质调查所大西洋地球科学中心的邀请赴加参加航磁与构造综合图的编制工作。

3月6日～3月14日

陈章立副局长率局计划财务司副司长刘昌祥、国际合作司处长陈洪飞、副处长黄建发赴法国参加中法地震科技合作双方代表工作会晤。

3月6日～3月15日

局计划财务司司长王国治、处长宋永增、局分析预报中心高工罗江、物探大队工程师母红旺一行4人赴新加坡执行94NJXM－4707220HK国外进口合同设备验收工作。

3月29日～8月21日

地质研究所研究员罗焕炎赴美国参加第五届微灌溉国际会议。

3月15日～3月30日

地球物理研究所研究员王碧泉、助理研究员黄汉明应邀赴香港城市理工学院进行“香港糖尿病人的发质与血浆踪迹的研究”合作研究。

3月20日～4月1日

地球物理所工程师刘希玲、宋彦云赴蒙古对乌兰巴托地震台台站人员进行培训。

3月23日～4月3日

地球物理所副研赵凤新、地质研究所副研韩竹军应联合国区域发展中心邀请赴日本就大城市地震危险评估项目进行商讨和现场考察。

3月20日～4月1日

地质研究所刘若新研究员应邀赴台湾省参加“海峡两岸地质学术研讨会”。

3月30日～5月11日

地质研究所研究员位梦华赴美国、加拿大执行北极科学考察任务。

4月3日～4月10日

山东省地震局助研蒋海昆、山东省地震局研究员魏光兴赴德国参加第二届地球科学中的分形及动力系统国际会议。

4月5日～4月19日

国家地震局副局长何永年率团一行5人赴美国签署中美地震科技合作延长协议。代表团其他成员还有：局国际合作司司长顾平、计划财务司副司长修济刚、地质所副所长曹树民、江西省地震局局长徐业春。

4月21日～5月24日

地质研究所所长研究员马宗晋、副研高祥林赴美国孟菲斯大学进行工作访问。

4月21日～4月30日

地质研究所研究员张培震赴美国参加世界防灾保险会议并参观联邦保险公司总部。正在访美的局地质所所长、研究员马宗晋也同时参加会议及访问活动。

4月28日

地震研究所助研伍吉仓赴香港理工大学进行“城市测绘专家系统”合作研究，为期一年半。

4月21日～7月21日

工程力学所研究员罗学海、夏敬谦赴香港大学土木及结构工程系进行短期合作研究。

4月9日

分析预报中心助研赵燕来赴日本东京大学地震研究所进修，为期一年。

5月6日～5月19日

方樟顺局长率团一行10人应新西兰政府科技部的邀请赴新进行综合防震减灾考察。代表团其他成员有：河北省人民政府副省长王幼辉，四川省人民政府副省长欧泽高，陕西省人民政府副省长范肖梅，新疆维吾尔自治区人民政府副主席米吉提·那斯尔，上海市人民政府副秘书长陈正兴，国家地震局国际合作司司长顾平，震害防御司副司长辛书庆，工程力学所所长谢礼立及国际合作司项目官员徐志忠。

5月22日～5月30日

国家地震局震害防御司司长李裕澈应韩国海洋工学会的邀请赴韩国参加韩国海洋工学会1995春季大会并做报告。

5月24日～5月30日

国家地震局地质研究所研究员邓起东、工程师王树岚应香港中文大学邀请赴香港参加95香港地理信息系统国际讨论会。

5月13日～5月21日

地质研究所高工刘治赴美国参加苹果电脑世界发展商大会。

6月1日～8月2日

地质研究所副研马胜利赴美国执行中美地震科技合作项目。

6月16日～6月29日

国家地震局科技监测司司长孙其政、国际合作司副司长朱世龙、工程力学研究所副所长齐霄斋、局计财司处长张燕生、江西省人民政府副秘书长朱张才、山西省人民政府副秘书长智玉莲、四川省人民政府副秘书长侯更新、财政部文教司任万义、国家计委投资司主任科员李兆宇一行10人赴美国考察联邦紧急事务管理局的防震减灾工作。

6月21日～6月28日

辽宁省地震局局长岳明生等赴泰国考察数字化地震台网。

6月15日～6月23日

国家地震局人教司司长高贵生一行20人赴泰国进行台站观测技术考察。

6月18日～6月28日

地质研究所张培震研究员赴挪威进行防灾减灾技术考察。

6月25日～7月3日

地球物理所研究员许绍燮、局地震数据信息中心研究员赵仲和赴美国参加GSE技术研讨会和GSETT－3评估工作组第二次会议。

6月24日～6月28日

分析预报中心研究员高旭、丁鉴海赴越南进行技术考察。

6月17日～9月18日

工程力学研究所副研究员李大华赴香港理工大学进行“香港抗震设计”问题的合作研究。

6月20日

地球物理研究所副研究员吴忠良赴韩国汉阳大学进行数字地震学访问研究，为期半年。

6月29日

工程力学研究所助研傅铁铭赴美国俄亥俄州辛辛那提大学进行博士后研究，为期一年。

6月27日～7月1日

局震害防御司副处长孙福梁赴印度尼西亚参加在雅加达召开的“城市地震国际会议”。

7月2日～7月12日

工程力学研究所研究员谢君斐及夫人黄素云二人赴香港科技大学访问讲学。

6月28日～7月9日

由中国灾害协会名义组团，以上海市宝山区灾协会长孟忠伟为首的代表团一行7人赴比利时考察交流灾害与灾害保险等问题。

7月1日～7月16日

国家地震局陈颙副局长率团一行23人赴美国丹佛参加第二十一届国际大地测量和地球物理大会（IUGG)。

7月23日～8月1日

局地球物理研究所研究员胡聿贤应邀赴美国Menlo Park参加RMS公司第一次会议。

7月17日～7月22日

云南省地震局副教授毛玉本，局工程力学所助研章文波赴泰国参加结构工程研讨会。

8月1日～8月16日

分析预报中心研究员丁国瑜、高维明，地质研究所研究员卢演俦、副研聂高众一行4人赴德国参加国际第四纪联合会第14届学术大会。

8月2日～9月1日

分析预报中心研究员张肇诚、副研王贵宣、冯浩、实研秦新喜一行4人赴俄罗斯执行中俄地震科技合作项目。

8月2日～8月21日

地震数据信息中心副编审蒋伟明、副研李学良、编辑周静一行3人赴俄罗斯执行中俄地震科技合作项目《地震预报》期刊工作会晤。

8月6日～8月21日

地球物理研究所研究员许绍燮、局科技监测司副处长阴朝民赴瑞士日内瓦参加裁谈会特设科学专家组第41届会议。

8月2日～8月25日

葛治洲副局长率团一行6人赴冰岛考察火山监测预报及地热开发使用，并顺访德国。

8月21日～8月26日

局地质所研究员车用太赴香港大学开展“中国地下水位动态观测资料”合作研究。

8月28日～11月21日

工程力学研究所助研张令心赴马其顿参加地震工程培训班。

8月26日～11月22日

江苏省地震局工程师杨伟林赴马其顿参加地震工程培训班。

8月

地震研究所副研孙建中赴香港理工大学从事“利用现代大地测量方法和空间技术进行地震预报的研究问题”合作研究，为期10个月。

8月26日

工程力学所博士齐凯应邀赴香港科技大学进行结构控制方法的访问研究，为期5个月。

9月18日～10月5日

地壳应力所教授赵国光赴法国、意大利、瑞士执行中法合作东昆仑构造会议及地质考察。

9月7日～9月22日

分析预报中心副主任郑斯华，河南省地震局局长许志荣，地质所教授张裕明，局震害防御司处长卢寿德，国际合作司翻译王剑一行5人赴巴基斯坦访问。

9月16日～9月28日

地球物理所教授赵玉林、钱复业、郝锦绮一行3人赴意大利 Positaho 参加地震学和火山学中的磁、电和电磁方法国际讨论会。

9月9日

福建省地震局高工陈祥熊赴意大利 Trleste 第三世界科学院就“用于地震危险性评估的地壳结构和地震震源模拟”为题进行访问研究。

9月25日～10月17日

地质研究所研究员邓起东、张培震应邀赴意大利参加地震灾害评估中的活动断层研究国际会议。邓起东会后赴俄罗斯执行合作项目。

9月15日～1996年1月25日

分析预报中心研究员朱岳清、副研究员邢如英应邀赴德国国际地震预测中心进行访问研究，为期3个月。

9月6日～9月25日

工程力学研究所助研郭恩栋赴印度尼西亚参加由日本 JICA 和印尼政府举办的国际工程地震防灾培训班。

9月24日～9月29日

局工程力学所所长、研究员谢礼立赴韩国参加国际公共基础设施研究学术会议。

9月28日～10月5日

局地壳应力所副研究员杨智娴赴日本参加第二次东亚地质灾害编图工作研讨会。

10月3日～10月17日

局办公室副主任徐德诗、处长金祖彬、局地球所研究员邹其嘉、局国际合作司翻译徐志忠，国务院法制局刘春华，中国社科院法学所副研莫纪宏一行6人赴土耳其进行防震减灾立法考察。

10月2日～10月8日

局地震数据信息中心研究员赵仲和、高工田丰随中科院“世界数据中心中国中心代表团”赴荷兰参加世界数据中心会议。

10月6日～10月17日

局地质研究所博士彭斯震、工程师王树岚赴俄罗斯执行中俄地震科技合作项目。另一成员邓起东研究员已先期赴意大利开会，会后从意赴俄工作。

10月2日～10月10日

局地质研究所研究员刘若新赴韩国参加欧亚大陆边缘火山活动的构造意义中韩讨论会。

10月14日～10月22日

局地球物理研究所研究员高孟潭，地质所研究员叶洪，工力所研究员陶夏新三人赴法国参加第五届国际地震区划会议。

11月26日

局地质研究所助研毕亚新应邀赴英国利物浦大学就“中国地震层析成像技术”开展合作研究，为期2个月。

10月21日～10月30日

地球物理所研究员侯作中赴越南参加“1995年10月24日太阳日全食期间的天文学研讨会”。

10月24日～11月5日

地质研究所研究员朱海之应邀赴日本参加数学地质国际协会1995年年会。

10月28日～11月15日

华商国际旅行社总裁张立明及秘书张晓杰赴美国洽商合作与交流事务。

10月18日～11月24日

地震研究所副研蔡亚先赴日本东京大学 Akashi 公司执行地震计测试合作项目。

10月22日～11月18日

局计划财务司处长赵和平随“科技计划规划编制培训团”赴美国培训。

10月27日～11月4日

辽宁省地震局总工全鉴道、综合计划处副处长刘世发、国家地震局监察办公室专员杨文忠、天津市地震局副处长王树义一行4人赴朝鲜执行中朝地震科技合作计划访问交流项目。

11月2日～11月20日

分析预报中心助研刘杰赴意大利参加第三届非线性动力学和地震预报研讨班。

11月7日～1996年2月1日

地球物理研究所研究员刘克人赴意大利参加第三届非线性动力学和地震预报研讨班。

11月6日～11月17日

地球物理研究所研究员冯锐赴日本参加第三届地学层析成像国际会议和勘探地球物理进展国际会议。

11月7日～11月23日

地球物理研究所副研杨建思赴美国访问。

11月10日～11月30日

国家地震局办公室主任蒋克训，河北省地震局局长艾润飙、处长周清良，山西省地震局局长孙国学一行4人赴墨西哥执行中国—拉丁美洲1995～1996年度科技合作50号项目。

11月25日～12月16日

局科技监测司司长孙其政、局地球物理研究所研究员许绍燮赴瑞士日内瓦参加裁谈会地震专家组会议和禁试条约国际监测系统专家组会议。

12月11日～12月31日

天津市地震局研究员赵根模赴韩国地质资源研究所访问交流。

12月3日～12月17日

何永年副局长率团一行9人赴日本考察防震减灾中心。

12月9日～12月19日

局地质研究所研究员上官志冠赴印度参加第三届国际稀有气体地球化学学术会议。

12月1日～12月28日

局科技监测司副处长李志雄随国家科委组团赴美国进行科技成果转化及风险投资培训。

12月19日～12月27日

局地质所研究员邱纯一随农业部组团赴马来西亚进行贸易洽谈和考察。

12月6日

兰州地震研究所副教授吕太乙赴法国执行中法地震科技合作研究与进修任务，为期一年。

12月12日

地球物理所研究员王椿镛赴美国地质调查局作3个月的科学访问。

12月18日～1996年2月1日

地质研究所博士蒲兴华赴加拿大维多利亚大学进行短期访问。

12月18日～12月24日

由甘肃省灾害防御协会副会长田植甲和上海市宝山区灾协秘书长孙东亮等9人组成的中国灾协代表团赴泰国考察。

（局国际合作司　郑　沙）

# 1995年来访项目

1月16日～1月19日

美商联邦产物保险股份有限公司副总裁、中国地区总经理 Lan Lancaster 等一行7人访问我局及下属单位，就地震保险问题进行学术交流。

3月4日～3月8日

美国风险管理软件开发公司副总裁董伟民先生和 Haresh shah 教授一行二人应我局邀请来华访问，主要访问我局，并顺访国家气象局、中国人民保险公司和国家防汛抗旱总指挥部。外宾在风险管理研究、灾害评估研究方面有较深造诣，并研制了灾害评估的计算机软件，对我开展灾害损失评估很有参考价值。

3月14日～3月21日

葡萄牙里斯本大学地球物理中心主任、欧洲地震预测评估委员会主席 L. A. Mendes-Victor 教授应我局邀请来华进行学术交流，在华期间主要在地球所活动，还访问了我局、分析预报中心、数据信息中心，并就两国地震科技合作进行商谈。

3月21日～4月30日

德国大地测量研究所专家 Ludger Timmen、Manfred Schnull、Timur Imamoglu、Jan Gebel 一行4人应我局邀请来华执行中德重力测量合作项目，主要在武汉局地震研究所和云南省地震局工作。

3月13日～4月3日

德国汉堡大学 Sewergn J. Duda 教授应我局邀请来华访问，就宽频带地震记录分析研究中的进展和问题进行学术交流，主要在地球物理所活动，还访问上海市地震局、江苏省地震局、四川省地震局、兰州地震研究所及西藏自治区地震局。

4月1日～4月7日

德国大地测量研究所著名国际大地测量学家 Torge 教授应我局邀请来华访问，赴云南滇西进行重力合作测量工作，并与有关专家在大地重力测量等领域进行学术交流。

4月2日～4月19日

英国地质调查所的 David Lyall Petrie 先生和 Robert Mclaren Young 先生为执行中国—欧洲共同体地震科技合作计划“延庆—怀来盆地的地震学研究”项目来华工作。外宾在北京及河北怀来地区进行地震仪器的安装和调试工作，为此项合作的地震学研究提供可靠基础。

4月4日～4月9日

美国地震学联合会（IRIS）数据管理系统项目主任 Ahern Timothy 博士应我局邀请来华讲学。主要在地球物理所与我数字化台网 CDSN 的数据管理中心有关人员就如何对 IRIS/DMC 进行数据访问等问题进行深入的探讨，并讲解、演示运程数据登录等问题。这有助于我国台网数据管理中心的数据管理及数据使用率的增强。

4月4日～5月16日

日本东北大学地球物理研究所小山顺二博士应天津市地震局的邀请来华进行学术交流。外宾是从事震源物理、非线性科学的应用等数理地震学方面研究的专家，此次来华除在杭州参加“中日数理地震学研讨会”外，还赴北京、天津、陕西、上海等地访问。

4月20日～4月22日

日本科技厅防灾技术研究所总理府技官、特别研究官藤绳幸雄应局分析预报中心邀请来华进行学术交流，就日本兵库县南部地震的电磁波异常和电磁波研究在日本的进展等专题作学术报告。

4月23日～5月3日

美国斯坦福大学地球物理系教授 Paul Segall 及夫人 Joan Segall 应我局邀请来华讲学。外宾是研究岩石力学方面的专家，此次来华就这方面内容在我局及地质研究所讲学，并赴西安访问。

4月30日～5月24日

美国哥伦比亚大学拉蒙特地质研究所 Tanzhou Liu 博士应我局邀请来华访问。外宾主要在地质所就岩石漆显微层理测年等合作课题与我科学家展开讨论与研究，并赴陕西、新疆等地进行野外考察。

4月9日～4月22日

由亚洲地震委员会筹备委员会和我局共同发起的亚洲地震委员会预备会议于4月17日至19日在广州举行。会议讨论了亚洲地震委员会的章程草案，选举了亚洲地震委员会的临时领导机构，讨论并通过了将于1996年在中国召开的IASPEI区域会议的一号通知。IASPEI 秘书长 E. R. Engdahl 博士亲自帮助筹备会议、出席会议，并与我局领导就双方感兴趣的问题进行磋商，还进行访问和讲学活动。参加会议的代表名单如下：E. R. Engdahl (美国)；Nguyen Dinh Xuyen（越南）；Narong Piyabhon（泰国）；H. K. Gupta（印度）；Yuzo Ishikawa（日本）；M. R. Gheitanchi 伊朗)；Myung－Soon Jun（韩国）。

4月27日～5月7日

台湾地球科学研究所王锦华博士夫妇应天津市地震局邀请来大陆讲学，主要就“地震的碎形（分形）特征”等问题在天津市地震局和局地球物理研究所讲学，并赴杭州参加“中日数理地震学研讨会”和“讲习班”。

5月1日～5月10日

日本神户大学副教授大内澈应天津市地震局的邀请来华参加在杭州举办的中日数理地震学学术研讨会及由杭州干部培训中心组织的数理地震学新进展讲学班。

5月10日～5月24日

法国国家宇宙科学研究院 GEOSCOPE 技术负责人 Karczewski、Michel、Morand, Bernard Dole, Danielle Fouassier 一行4人来华执行中法合作 GEOSCOPE 项目，主要在地球物理所、新疆地震局和乌什地震台开展工作，并对乌什台进行维修并安装新的 GPS 时间服务系统。

5月15日～5月30日

美国地质调查局阿尔布开克地震实验室地震专家 Brian. J. Brizzell 为执行中美中国数字化地震台网2期技术改造项目来华工作，赴西安地震台安装 IRIS/GSN 设备。

6月1日～6月10日

美国地质调查局地震工程专家刘希平和 Mehmet Celebi 应我局邀请来华访问，就地震工程等问题在哈尔滨与我局工力所有关专家进行探讨。

6月4日～6月24日

法国国家宇宙科学研究院 P. Tapponnier, G. King 和 Van Der Woero 一行3人来华执行中法地震合作海原西活断层研究项目。外宾主要在甘肃省境内工作。

6月5日～6月12日

越南地球物理研究所副所长 Nguyen Thi Kim Thoa 教授应地球物理所邀请来华进行学术交流。外宾主要在地球所就地磁研究进行学术活动。

6月12日～6月16日

日本电力中央研究所专家 Sasaki Shunji 和 Kaieda Hideshi 应地壳应力所邀请来华执行中日“水压致裂裂缝的产生和发展”合作项目。此次外宾来华是为在北京房山开展野外考察做前期准备工作。

6月27日～7月30日

美国俄勒冈大学地球科学系 R. Weldon、刘伟、John Stimac、杨毅崇一行4人应四川省地震局的邀请来华执行中美地震科技合作“鲜水河断裂古地震研究”项目。

6月29日～7月9日

朝鲜地震局地震研究所室主任崔勇哲，综合预报室研究士卢勇弦、赵革新，翻译金英洽一行4人应我局邀请来华执行中朝地震科技合作协议项目，主要在辽宁省地震局商讨两国边境地区地震震情及资料交换问题。

6月20日

日本市民防护协会理事长乡田丰、顾问 Dr. Harald Kleinschmidt（德籍）、会员铃木美惠子、佐藤妙子一行4人应北京国际友好联络会的邀请来华访问，顺访我局，与我局局长方樟顺、副局长何永年等就地震灾害问题进行学术交流。

6月28日～7月12日

俄罗斯科学院大地物理联合研究所 Zakharova 和 Chrometskaya 博士应我局邀请来华执行中俄地震科技合作协议项目，主要在分析预报中心与有关专家讨论亚欧大陆5级以上地震目录的编制问题。

7月4日～7月9日

泰国国家地震委员会主席 Kajit Buajitti 等一行6人应我局邀请来华访问。除在北京访问我局外，还赴上海市地震局和局工程力学所进行访问。

7月22日～8月2日

国际岩石圈计划任务组Ⅱ－4副主席、美国加州大学洛杉矶分校 Fred Schwab 教授，该计划任务组学术秘书、美国加州大学 Joyce Somers 女士及该计划任务组教员、墨西哥地球科学研究组教育中心 Jose Guadulupe Acosta Charg 先生一行3人应福建省地震局的邀请，来华讲学。外宾主要在福建省地震局以“地震岩石圈与地震震源的三维模拟成图”为题进行讲学。

7月10日

日本东京电视台摄制组导演 Homma Shuji、摄影师 Murakami Seiji、录音师 Yamane Satoru 一行3人应广播电影电视部的邀请来京拍摄《阪神大震灾可预知》电视片，采访我局并拍摄。

7月25日～8月6日

美国地调局阿尔布开克实验室仪器专家 Brian Briizle 和 Neil Zeigelman 为执行中美数字地震台网二期改造计划来华工作，赴拉萨地震台进行二期改造工作。

8月1日～8月15日

日本东京大学地震研究所村田一郎教授应福建省地震局的邀请来华就 GPS 观测与资料处理等问题进行学术交流并顺访第一、二地形变监测中心、局地震研究所和上海市地震局。

8月1日～11月30日

德国汉堡大学 Stefan Fashoff 博士应我局邀请来华访问，主要在局地球物理所就数字化宽频带地震记录工作进行学术交流。

8月1日～8月9日（8月17日～8月24日）

美国哥伦比亚大学郭宗汾教授应我局地球所的邀请来华访问，主要在地球物理所工作，解决中美重力场合作课题的数据资料分析并讨论继续合作的问题。

8月13日～8月14日

国际岩石圈委员会古地震工作组主席、美国俄勒冈州立大学地球科学系 Robert S. Yeats 教授应地质研究所的邀请，利用赴蒙古国考察途中在京停留时，与我局有关专家讨论1996年在北京召开的第三十届国际地质大会期间举办古地震短训班等有关事宜。

8月17日～8月23日

日本京都大学防灾研究所教授亀田弘行、佐藤忠信，神户大学工学部教授高田至郎一行3人应我局和北京市市政管理委员会的邀请来华讲学。3位专家都对阪神大地震中的生命线设施的破坏及抗震设计等方面作了较为深入的考察与研究，主要与中国同行就生命线设施抗震设计和城市地震防灾问题进行讲学。

8月19日～9月1日

日本秋田大学教育学部野越三雄教授应兰州地震研究所的邀请来华讲学。主要在兰州所就“与地震有关的灾害链研究”问题进行学术交流，并顺访宝鸡市“全国发展与综合减灾示范区”办公室。

8月28日～9月6日

土耳其灾害事务管理局局长助理 Handi Kozaci 先生率团一行3人应我局邀请来华访问。代表团在北京与我局共同签署了中土两国1996～1997年度地震科技合作备忘录，并赴天津参加第二届中土地震学研讨会。

8月21日～8月29日

伊朗德黑兰阿扎德大学校长 Mohamad Reza Barghahi 等一行4人应兰州地震研究所的邀请来华进行学术交流。

9月3日～10月16日

新西兰惠灵顿维多利亚大学统计和运筹研究所 David Vere－Jones 教授应局分析预报中心的邀请来华讲学。外宾主要就“地震机制的分叉过程和非线性问题”及“震源地区分维估计”的有关问题和实例等专题在分析预报中心、天津市、四川省、广东省地震局及有关大专院校进行学术交流，并在中国科大研究生院讲授统计地震学课程。

9月4日～10月19日

日本电力中央研究所新孝一教授及佐佐木俊二、海江田秀志、芝良昭、田泽芳博、佐藤节雄等一行六人分二批来华，主要在北京房山与地壳应力所开展“水压致裂裂缝的产生和扩展”项目野外测试工作。

9月5日～9月30日

美国地调局阿尔布开克地震实验室仪器专家 Brian Brizzell 先生为执行中美数字化地震台网二期技术改造项目来华工作，主要在北京、乌鲁木齐台和海拉尔台进行二期仪器的安装、调试及数据传输试验。

9月5日～9月26日

俄罗斯科学院院士、大地物理联合研究所研究室主任 S. A. Fedotov 教授应我局邀请来华访问讲学，主要在杭州干部培训中心为“地震预报和火山活动”讲学研讨班讲学，还在北京和吉林访问。

9月6日～9月21日

德国 Mainz 大学 C. W. Passhier 教授应地质研究所的邀请来华工作，主要在北京市密云、怀柔地区就韧性剪切拆离构造及相关化石地震成因项目进行野外联合调查研究。

9 月 10 日～9 月 16 日

美国加州理工学院教授、国际著名地震工程专家和局工力所名誉教授 George W. Housher 博士应我局邀请来华执行中美《唐山大地震震害》英文版翻译出版合作项目计划，并在工力所就美国洛杉矶北岭地震和日本阪神地震的有关经验教训作专题报告。

9 月 10 日～9 月 24 日

美国风险管理咨询有限公司总裁 Haresh Chamdulal Shah、副总裁董伟民应我局邀请来华访问，除在北京活动外，还访问新疆地震局、兰州地震所及上海地震局。

9 月 15 日～9 月 23 日

以色列地质委员会主席 Shapira Avi 率以色列地震代表团一行 7 人应我局邀请来华参加在山西太原举行的中以地震学研讨会，并与我专家磋商开展地震科技合作与交流等事项。

9 月 13 日

德国马克斯·普朗克学会总部 Krull 博士和 A. Lange－Gao 博士应中科院和国家自然基金委的邀请来华访问，拜会我局。

10 月 9 日～10 月 28 日

美国加州地震安全委员会委员张周育应我局邀请来华讲学。外宾主要就“美国北加州和日本神户地震灾害与紧急处理”、“公路、桥梁与建筑结构损害及抗震加强与设计规范的改进”等专题在工力所讲学，并访问广东、上海、浙江、安徽地震局。

10 月 9 日～10 月 21 日

日本茨城大学教授宫下芳应第二地形变监测中心的邀请来华讲学，主要在第二、第一地形变监测中心就形变测量和 GPS 空间大地测量等问题进行学术交流。

10 月 18 日～10 月 27 日

俄罗斯地质委员会后贝加尔辐射和生态地质化学科研院实验室主任 Fleshler Vladimir 应我局邀请来华讲学，主要在局分析预报中心、地质所和山西省地震局就“运用化学方法发现地震危险区”等问题进行讲学。

10 月 21 日～11 月 5 日

法国宇宙科学研究院地球透镜计划项目主任 Jean－Paul Montagner 和 Genevieve Koult 应我局邀请来华执行合作项目。外宾除在局地球所工作外，还赴西安参观中美合作数字化地震台。

10 月 25 日～11 月 7 日

美国地质调查局 Dr. Malcolm Johnston 应我局邀请来华执行中美地震科技合作协议地磁预报地震等项目。外宾除在局地球所工作外，还赴云南省工作。

10 月 17 日

以色列能源和基础产业部部长 Dr. Gonen Segev 博士率以代表团一行 8 人来华访问期间，拜会我局领导。

10 月 17 日～10 月 31 日

日本东北大学教授长谷川昭、副教授堀内茂木和技官仁田交市先生一行 3 人应我局邀请来华访问。外宾主要在四川省地震局就地震波合作项目进行学术交流，还访问云南省地震局。

10月30日～11月11日

韩国地质矿产和材料研究所高级研究员金明纯率地震科技代表团一行6人应国家科委邀请来华访问。外宾主要就中国地震监测系统、中国地震预报研究、中国地震灾害减轻等问题进行工作访问，还同我局讨论中韩地震科技合作的有关问题。

10月16日～10月31日

联合国区域发展中心专家谷口仁士博士、长野有三博士和任伏虎博士一行3人为开展“大城市地震危险性评估和减灾对策”项目合作研究来华工作。

11月3日

英国“自然”杂志主编John M. 一行3人应中国科学院邀请来华访问，顺访我局。

11月6日～11月19日

英国地调局地震学部门负责人David Booth博士应我局邀请来华执行中国—欧共体地震科学合作研究项目“北京西北延庆—怀来盆地地震学研究”，主要在地球物理所工作，并在石油大学讲学。

11月10日

阿根廷圣胡安大学理学院院长J. A. Robles教授、圣胡安天文台台长、大地测量和天文学教授W. Manrigue、科技秘书J. A. Sisterna教授及C. I. Quiroga教授一行4人应北京天文台的邀请来华访问，顺访我局。

11月12日～11月25日

美国华盛顿长耐基研究所大地电磁部I. Selwyn Sacks教授应分析预报中心的邀请来华执行中美地震科技合作“井下体应变观测及其在地震预报中的应用”项目。主要在分析预报中心工作，还赴天津第一地形变监测中心和山西大同中心地震台访问。

11月21日～12月4日

日本富山大学地球科学系副教授竹内章应云南省地震局和地质所的邀请来华访问，参加在大理举行的全国第二次火山学术讨论会，并访问地质所。

11月5日～11月6日

美国EQE国际公司的Jim Goltz博士、M. K. Kavindra先生和卢实博士一行3人应邀访问地球物理所及工力所。

11月20日～12月10日

美国地质调查局阿尔布开克实验室地震专家Brian Brizzell为执行中美地震科技合作项目CDSN台站第二期技术改造来华工作。主要在上海佘山台和西安台进行工作。

11月27日～12月6日

俄罗斯科学院西伯利亚分院地壳研究所和T. G. Ryaschenko教授应兰州地震所的邀请来华讲学，就“中国西部黄土地震灾害预测及其对策研究”问题进行学术交流。

12月9日～12月22日

日本京都大学防灾研究所松波孝治根据中日强震观测合作计划来华工作，除在局工力所活动外，还赴唐山地区布设两个新的强震观测台。

12月13日

以秘鲁国家科学技术理事会主席佩德罗·比列纳·伊达尔戈先生为团长的秘鲁国家科技理

事会科技合作代表团一行 4 人，应国家科委的邀请访问我国，顺访我局。

（局国际合作司　郑　沙）

# 附　录

收载本系统一年的重大事件，有关情况的统计表，一定震级以上的中国和世界地震目录，以及出版的重要地震科技图书简介。

# 国家地震局系统有关情况统计

## 一、地震系统机构设置情况

| 机构分类 | | 机构数/个 |
|---|---|---|
| 独立机构 | | 49 |
| 其中 | 省（自治区、直辖市）地震局 | 28 |
| | 国家地震局直属事业单位 | 15 |
| | 国家地震局直属企业单位 | 3 |
| | 国家地震局派驻机构 | 3 |
| 国家地震局附属事业单位 | | 1 |

## 二、地震系统人员构成情况

| 人员情况/人 | | | 人员构成情况/人 | | | 专业技术人员情况/人 | | |
|---|---|---|---|---|---|---|---|---|
| 总计 | | 18801 | 期末固定职工总数 | | 14268 | 专业技术人员总数 | | 10370 |
| 其中 | 固定职工 | 13752 | 其中 | 管理干部 | 3694 | 其中 | 高级技术职务（称） | 2148 |
| | 合同制职工 | 516 | | 科技人员 | 7355 | | 中级技术职务（称） | 4476 |
| | 临时工 | 757 | | 教学人员 | 122 | | 初级技术职务（称） | 3036 |
| | 离休人员 | 707 | | 业务辅助人员 | 364 | | 未定技术职务（称） | 710 |
| | 退休人员 | 3069 | | 工人 | 2733 | 院士 | | 9 |
| 从事生产经营人员 | | 1764 | | | | 享受政府特殊津贴人员 | | 341 |

## 三、地震台（网）基本情况

| 地震观测台（站） | | 地震遥测台网 | |
|---|---|---|---|
| 人员总数 | 3262 | 人员总数 | 453 |
| 科技人员 | 2785 | 科技人员 | 441 |
| 地震台（站） | 401 | 地震遥测台网 | 28 |

续表

| 地震观测台（站） | | 地震遥测台网 | |
|---|---|---|---|
| 一类基本台 | 35 | 有线传输子台 | 99 |
| 综合台 | 156 | 无线传输子台 | 205 |
| 观测站 | 210 | | |
| 强震观测点 | 251 | | |
| 观测项目： | | | |
| 测震（台、套） | 559 | | |
| 地形变（项） | 198 | | |
| 地磁（台、套） | 269 | | |
| 水化及地下水动态（项） | 247 | | |
| 重力（台、套） | 18 | | |
| 地电（台、套） | 82 | | |
| 地应变（应力）（台、套） | 60 | | |

**四、地方地震工作基本情况**

| | | | |
|---|---|---|---|
| 1. 机构数 | | 4. 台站情况 | |
| 全国地（市、州）地震局（办） | 292 | 地方办台站 | 532 |
| 全国重点县地震办公室 | 777 | 观测人数 | 1688 |
| 2. 人员情况 | | 主要仪器（台） | 1059 |
| 核定编制人数 | 5503 | 企业办台站 | 250 |
| 期末实有人数 | 5790 | 观测人数 | 914 |
| 其中：行政人员 | 1875 | 主要仪器（台） | 521 |
| 业务技术人员 | 3552 | 5. 测报网点情况 | |
| 3. 地方地震事业经费 | | 骨干测报点（个） | 1861 |
| 投入经费（万元） | 5743 | 观测人数 | 3153 |
| 实际支出（万元） | 6033 | 一般测报点（个） | 7351 |
| | | 观测人数 | 10090 |

（局计划财务司　武守春）

# 1995 年世界地震目录($M_S \geqslant 7.0$)

| 月 | 日 | 时 | 分 | 秒 | 纬度 | 经度 | 深度/km | $M_S$ | 参考位置 |
|---|---|---|---|---|---|---|---|---|---|
| 01 | 07 | 06 | 37 | 34.3 | 40.2°N | 142.2°E | 027 | 7.0 | 日本本州近海 |
| 01 | 17 | 04 | 46 | 52.1 | 34.6°N | 135.0°E | 022 | 7.3 | 日本神户 |
| 01 | 19 | 23 | 05 | 03.4 | 05.1°N | 072.9°W | 017 | 7.1 | 哥伦比亚 |
| 02 | 06 | 06 | 51 | 03.9 | 37.9°S | 178.8°E | 021 | 7.4 | 新西兰北岛东北 |
| 03 | 20 | 07 | 53 | 14.9 | 04.2°S | 135.1°E | 033 | 7.0 | 印尼西伊里安地区 |
| 04 | 08 | 06 | 06 | 58.8 | 15.2°S | 173.5°W | 021 | 7.5 | 汤加群岛 |
| 04 | 21 | 08 | 30 | 10.8 | 11.9°N | 125.6°E | 017 | 7.1 | 菲律宾萨马群岛 |
| 04 | 21 | 08 | 34 | 46.0 | 12.1°N | 125.6°E | 021 | 7.4 | 菲律宾萨马群岛 |
| 04 | 21 | 13 | 17 | 01.3 | 12.0°N | 125.9°E | 027 | 7.1 | 菲律宾萨马群岛 |
| 05 | 05 | 11 | 53 | 45.0 | 12.6°N | 125.3°E | 016 | 7.0 | 菲律宾萨马群岛 |
| 05 | 17 | 04 | 12 | 44.2 | 23.0°S | 169.9°E | 020 | 7.4 | 洛亚尔提群岛 |
| 05 | 27 | 21 | 03 | 52.6 | 52.6°N | 142.8°E | 011 | 7.7 | 萨哈林岛 |
| 07 | 04 | 03 | 50 | 50.1 | 29.2°S | 177.6°W | 013 | 7.2 | 克马德克群岛 |
| 07 | 12 | 05 | 46 | 39.8 | 22.0°N | 099.2°E | 013 | 7.2 | 中缅边界地区 |
| 07 | 30 | 13 | 11 | 23.5 | 23.4°S | 070.3°W | 047 | 8.1 | 智利北部近海 |
| 08 | 16 | 18 | 27 | 26.4 | 05.8°S | 154.2°E | 016 | 7.8 | 所罗门群岛 |
| 08 | 17 | 07 | 10 | 28.9 | 05.8°S | 154.3°E | 074 | 7.0 | 所罗门群岛 |
| 09 | 14 | 22 | 04 | 31.5 | 16.8°N | 098.6°W | 021 | 7.7 | 墨西哥格雷罗近海 |
| 10 | 03 | 09 | 51 | 24.1 | 02.8°S | 077.9°W | 027 | 7.5 | 厄瓜多尔－秘鲁边界地区 |
| 10 | 07 | 02 | 09 | 45.9 | 02.1°S | 101.4°E | 033 | 7.4 | 印度尼西亚苏门答腊 |
| 10 | 09 | 23 | 35 | 54.6 | 19.2°N | 104.2°W | 033 | 7.9 | 墨西哥哈利斯科近海 |
| 10 | 18 | 18 | 37 | 26.3 | 27.9°N | 130.3°E | 027 | 7.4 | 琉球群岛 |
| 10 | 19 | 10 | 41 | 37.9 | 28.1°N | 130.3°E | 031 | 7.2 | 琉球群岛 |
| 11 | 01 | 08 | 35 | 32.3 | 29.0°S | 071.5°W | 020 | 7.1 | 智利中部近海 |
| 11 | 08 | 15 | 14 | 18.5 | 01.9°N | 095.1°E | 033 | 7.2 | 印尼苏门答腊西北远海 |
| 11 | 22 | 12 | 15 | 11.7 | 28.8°N | 034.8°E | 010 | 7.6 | 埃及 |
| 12 | 03 | 01 | 13 | 20.7 | 44.7°N | 149.2°E | 033 | 7.0 | 千岛群岛 |
| 12 | 04 | 02 | 01 | 08.5 | 44.6°N | 149.4°E | 033 | 7.6 | 千岛群岛 |
| 12 | 04 | 02 | 14 | 27.8 | 44.8°N | 150.9°E | 033 | 7.1 | 千岛群岛 |

# 1995年中国地震目录($M_S \geqslant 4.0$)

| 月 | 日 | 时 | 分 | 秒 | 纬度 | 经度 | 深度 | $M_S$ | 参考地点 |
|---|---|---|---|---|---|---|---|---|---|
| 01 | 03 | 08 | 46 | 37.9 | 29.3 | 105.5 | 032 | 4.4 | 四川荣昌 |
| 01 | 04 | 14 | 55 | 02.1 | 20.4 | 109.5 | 009 | 4.4 | 北部湾 |
| 01 | 10 | 15 | 55 | 20.4 | 23.6 | 121.7 | 033 | 5.2 | 台湾大港口 |
| 01 | 10 | 18 | 09 | 49.1 | 20.4 | 109.3 | 027 | 6.1 | 北部湾 |
| 01 | 11 | 05 | 41 | 07.4 | 20.4 | 109.3 | 005 | 4.3 | 北部湾 |
| 01 | 16 | 20 | 40 | 30.8 | 23.5 | 104.6 | 015 | 4.5 | 云南砚山 |
| 01 | 19 | 03 | 22 | 41.7 | 37.9 | 101.2 | 002 | 4.2 | 甘肃皇城 |
| 01 | 19 | 22 | 54 | 15.8 | 28.6 | 103.5 | 001 | 4.1 | 四川雷波 |
| 01 | 23 | 16 | 03 | 34.7 | 32.4 | 093.4 | 033 | 4.4 | 西藏巴青 |
| 01 | 27 | 08 | 52 | 08.9 | 36.9 | 099.2 | 008 | 4.1 | 青海天峻 |
| 01 | 27 | 14 | 15 | 26.3 | 21.6 | 120.1 | 033 | 4.3 | 南海 |
| 02 | 02 | 00 | 13 | 28.7 | 40.8 | 122.4 | 014 | 4.2 | 辽宁大石桥 |
| 02 | 02 | 18 | 40 | 28.3 | 30.0 | 087.8 | 010 | 4.4 | 西藏谢通门 |
| 02 | 09 | 04 | 47 | 58.6 | 32.8 | 102.0 | 017 | 4.0 | 四川阿坝 |
| 02 | 10 | 10 | 21 | 58.3 | 23.9 | 121.9 | 022 | 5.1 | 台湾花莲 |
| 02 | 12 | 18 | 56 | 58.8 | 33.3 | 093.4 | 027 | 5.2 | 青海依然错 |
| 02 | 14 | 04 | 03 | 04.0 | 24.2 | 122.6 | 027 | 4.5 | 台湾南澳 |
| 02 | 17 | 10 | 44 | 24.8 | 27.6 | 092.4 | 036 | 5.5 | 西藏错那 |
| 02 | 18 | 04 | 26 | 06.2 | 22.6 | 118.6 | 033 | 5.0 | 台湾海峡 |
| 02 | 18 | 08 | 14 | 42.9 | 23.0 | 099.8 | 029 | 4.9 | 云南澜沧 |
| 02 | 19 | 04 | 55 | 57.4 | 24.1 | 122.6 | 033 | 4.2 | 台湾花莲 |
| 02 | 20 | 10 | 32 | 38.2 | 25.2 | 123.6 | 033 | 4.4 | 台湾东北 |
| 02 | 20 | 10 | 44 | 25.5 | 24.1 | 121.9 | 033 | 4.0 | 台湾花莲 |
| 02 | 23 | 13 | 19 | 02.0 | 24.1 | 121.6 | 041 | 6.4 | 台湾花莲 |
| 02 | 23 | 14 | 27 | 04.5 | 24.1 | 121.5 | 005 | 4.8 | 台湾花莲 |
| 02 | 23 | 16 | 39 | 06.5 | 24.3 | 121.7 | 013 | 4.6 | 台湾南澳 |
| 02 | 25 | 11 | 15 | 08.1 | 24.4 | 118.7 | 010 | 5.2 | 福建金门 |

续表

| 月 | 日 | 时 | 分 | 秒 | 纬度 | 经度 | 深度 | $M_S$ | 参考地点 |
|---|---|---|---|---|---|---|---|---|---|
| 02 | 25 | 17 | 42 | 23.4 | 40.3 | 077.4 | 024 | 4.3 | 新疆伽师 |
| 02 | 26 | 16 | 08 | 22.2 | 23.1 | 121.2 | 032 | 4.8 | 台湾台东 |
| 03 | 05 | 14 | 59 | 57.4 | 24.7 | 100.1 | 005 | 4.1 | 云南凤庆 |
| 03 | 11 | 09 | 38 | 09.1 | 29.9 | 088.4 | 015 | 4.5 | 西藏谢通门 |
| 03 | 11 | 21 | 50 | 43.8 | 23.2 | 121.6 | 015 | 4.0 | 台湾台东 |
| 03 | 13 | 09 | 58 | 22.4 | 40.5 | 107.0 | 023 | 4.0 | 内蒙古磴口 |
| 03 | 15 | 10 | 31 | 32.7 | 15.3 | 118.6 | 025 | 5.2 | 南海 |
| 03 | 19 | 02 | 02 | 37.0 | 42.5 | 087.2 | 032 | 4.7 | 新疆和静 |
| 03 | 21 | 18 | 03 | 24.3 | 30.8 | 090.4 | 033 | 4.5 | 西藏班戈 |
| 03 | 23 | 14 | 14 | 44.4 | 20.3 | 109.4 | 032 | 5.0 | 北部湾 |
| 03 | 24 | 12 | 13 | 50.1 | 24.6 | 121.9 | 078 | 4.6 | 台湾宜兰 |
| 03 | 26 | 11 | 23 | 57.1 | 21.4 | 112.3 | 019 | 4.9 | 南海 |
| 03 | 27 | 02 | 22 | 36.2 | 27.7 | 092.6 | 026 | 4.2 | 西藏错那 |
| 03 | 29 | 23 | 52 | 35.0 | 41.9 | 079.2 | 021 | 4.0 | 新疆乌什 |
| 03 | 30 | 18 | 56 | 38.6 | 24.0 | 122.6 | 010 | 4.3 | 台湾花莲 |
| 04 | 01 | 19 | 48 | 27.4 | 25.2 | 123.6 | 167 | 5.1 | 台湾东北($M_B$) |
| 04 | 03 | 05 | 27 | 25.3 | 25.1 | 124.9 | 102 | 5.1 | 台湾东北($M_B$) |
| 04 | 03 | 17 | 36 | 58.3 | 25.2 | 123.0 | 033 | 4.7 | 台湾东北 |
| 04 | 03 | 19 | 54 | 43.1 | 24.0 | 122.4 | 033 | 5.9 | 台湾花莲 |
| 04 | 04 | 06 | 33 | 25.7 | 24.0 | 122.5 | 031 | 5.0 | 台湾花莲 |
| 04 | 05 | 13 | 04 | 59.4 | 26.0 | 102.7 | 023 | 4.0 | 云南禄劝 |
| 04 | 09 | 12 | 44 | 49.1 | 21.8 | 121.0 | 030 | 5.1 | 台湾恒春 |
| 04 | 15 | 03 | 53 | 37.1 | 29.6 | 115.6 | 018 | 4.2 | 江西瑞昌 |
| 04 | 15 | 09 | 26 | 00.9 | 40.8 | 122.4 | 010 | 4.2 | 辽宁大石桥 |
| 04 | 16 | 05 | 07 | 40.4 | 20.4 | 109.4 | 026 | 4.8 | 北部湾 |
| 04 | 16 | 21 | 54 | 29.9 | 38.7 | 098.1 | 031 | 4.0 | 青海托来南山 |
| 04 | 24 | 12 | 29 | 02.7 | 30.0 | 088.4 | 028 | 4.1 | 西藏谢通门 |
| 04 | 24 | 18 | 03 | 57.0 | 24.7 | 121.8 | 034 | 4.2 | 台湾宜兰 |
| 04 | 25 | 00 | 13 | 08.5 | 22.8 | 102.7 | 020 | 5.4 | 云南金平 |
| 04 | 25 | 16 | 28 | 58.5 | 22.7 | 120.7 | 009 | 4.7 | 台湾屏东 |
| 04 | 26 | 11 | 46 | 29.3 | 29.0 | 103.7 | 033 | 4.9 | 四川沐川 |

续表

| 月 | 日 | 时 | 分 | 秒 | 纬度 | 经度 | 深度 | $M_S$ | 参考地点 |
|---|---|---|---|---|---|---|---|---|---|
| 04 | 30 | 09 | 07 | 12.5 | 29.4 | 105.5 | 010 | 4.0 | 四川荣昌 |
| 05 | 01 | 22 | 50 | 48.2 | 24.0 | 121.6 | 033 | 4.6 | 台湾花莲 |
| 05 | 02 | 14 | 17 | 20.1 | 24.0 | 121.5 | 021 | 4.2 | 台湾花莲 |
| 05 | 02 | 19 | 48 | 08.7 | 43.8 | 084.7 | 042 | 5.7 | 新疆乌苏 |
| 05 | 03 | 06 | 48 | 20.8 | 24.1 | 122.0 | 033 | 4.6 | 台湾花莲 |
| 05 | 07 | 15 | 16 | 05.9 | 20.4 | 109.4 | 014 | 4.8 | 北部湾 |
| 05 | 09 | 02 | 37 | 27.6 | 33.5 | 103.4 | 018 | 5.1 | 四川若尔盖 |
| 05 | 09 | 09 | 03 | 51.1 | 22.9 | 121.5 | 018 | 4.5 | 台湾台东 |
| 05 | 09 | 17 | 36 | 36.6 | 23.7 | 121.7 | 026 | 4.0 | 台湾花莲 |
| 05 | 12 | 01 | 46 | 39.2 | 41.7 | 082.1 | 038 | 4.6 | 新疆拜城 |
| 05 | 12 | 11 | 43 | 46.0 | 23.7 | 100.4 | 032 | 4.4 | 云南临沧 |
| 05 | 12 | 17 | 36 | 15.0 | 32.0 | 101.7 | 001 | 4.2 | 四川马尔康 |
| 05 | 13 | 05 | 24 | 54.4 | 41.7 | 082.0 | 019 | 4.1 | 新疆拜城 |
| 05 | 15 | 06 | 33 | 45.4 | 40.2 | 077.7 | 022 | 4.8 | 新疆巴楚 |
| 05 | 16 | 16 | 21 | 49.2 | 23.9 | 123.4 | 024 | 4.7 | 台湾以东 |
| 05 | 22 | 14 | 49 | 23.2 | 23.3 | 123.4 | 031 | 4.3 | 台湾以东 |
| 05 | 28 | 02 | 11 | 09.4 | 23.0 | 121.5 | 010 | 5.8 | 台湾台东 |
| 05 | 28 | 02 | 34 | 30.5 | 23.0 | 121.3 | 027 | 4.8 | 台湾台东 |
| 05 | 28 | 18 | 16 | 34.5 | 23.0 | 121.2 | 085 | 4.2 | 台湾台东 |
| 05 | 28 | 20 | 55 | 36.3 | 23.0 | 121.2 | 051 | 4.1 | 台湾台东 |
| 05 | 29 | 05 | 46 | 50.7 | 47.8 | 085.5 | 025 | 4.9 | 新疆布尔津西 |
| 05 | 30 | 19 | 05 | 49.6 | 23.8 | 122.8 | 045 | 4.3 | 台湾花莲 |
| 05 | 31 | 22 | 09 | 27.7 | 24.4 | 122.0 | 030 | 4.6 | 台湾南澳 |
| 06 | 04 | 14 | 49 | 32.3 | 24.1 | 122.7 | 043 | 4.3 | 台湾花莲 |
| 06 | 05 | 08 | 16 | 59.9 | 18.7 | 108.6 | 005 | 4.6 | 海南东方 |
| 06 | 07 | 07 | 21 | 23.9 | 22.9 | 121.5 | 033 | 4.6 | 台湾台东 |
| 06 | 10 | 13 | 08 | 53.9 | 31.7 | 104.2 | 017 | 4.4 | 四川北川 |
| 06 | 10 | 22 | 31 | 27.6 | 22.7 | 121.2 | 011 | 4.4 | 台湾台东 |
| 06 | 12 | 11 | 37 | 30.1 | 31.9 | 104.1 | 012 | 4.1 | 四川北川 |
| 06 | 12 | 22 | 47 | 54.1 | 39.3 | 095.1 | 025 | 4.6 | 甘肃肃北 |
| 06 | 25 | 14 | 59 | 05.4 | 24.6 | 121.7 | 046 | 6.2 | 台湾宜兰 |

续表

| 月 | 日 | 时 | 分 | 秒 | 纬度 | 经度 | 深度 | $M_S$ | 参考地点 |
|---|---|---|---|---|---|---|---|---|---|
| 06 | 25 | 20 | 25 | 40.3 | 26.1 | 124.8 | 194 | 5.6 | 台湾东北($M_B$) |
| 06 | 28 | 22 | 14 | 53.3 | 22.1 | 121.6 | 033 | 4.5 | 台湾兰屿 |
| 06 | 29 | 05 | 46 | 51.4 | 31.3 | 087.0 | 007 | 4.5 | 西藏文部 |
| 06 | 30 | 07 | 03 | 46.2 | 21.9 | 098.9 | 033 | 5.5 | 云南孟连西南 |
| 07 | 03 | 08 | 59 | 47.9 | 27.4 | 092.4 | 033 | 4.1 | 西藏错那 |
| 07 | 05 | 00 | 40 | 36.3 | 30.3 | 094.9 | 045 | 4.2 | 西藏波密 |
| 07 | 06 | 01 | 33 | 52.0 | 24.9 | 122.0 | 030 | 4.9 | 台湾宜兰 |
| 07 | 07 | 11 | 04 | 43.8 | 23.7 | 121.2 | 007 | 5.0 | 台湾花莲 |
| 07 | 09 | 23 | 56 | 27.5 | 36.0 | 100.2 | 015 | 5.3 | 青海共和 |
| 07 | 10 | 04 | 31 | 31.1 | 22.0 | 099.2 | 012 | 6.4 | 中缅边界地区 |
| 07 | 10 | 05 | 29 | 14.7 | 21.9 | 099.1 | 010 | 5.1 | 中缅边界地区 |
| 07 | 11 | 06 | 43 | 19.5 | 21.9 | 099.1 | 039 | 4.7 | 中缅边界地区 |
| 07 | 12 | 05 | 46 | 39.8 | 22.0 | 099.2 | 013 | 7.2 | 中缅边界地区 |
| 07 | 12 | 06 | 37 | 08.5 | 21.7 | 099.2 | 014 | 5.2 | 中缅边界地区 |
| 07 | 12 | 07 | 16 | 16.8 | 21.5 | 098.5 | 010 | 4.5 | 中缅边界地区 |
| 07 | 12 | 08 | 03 | 02.1 | 21.2 | 098.8 | 010 | 4.3 | 中缅边界地区 |
| 07 | 12 | 09 | 51 | 59.1 | 21.7 | 098.9 | 027 | 4.0 | 中缅边界地区 |
| 07 | 12 | 14 | 02 | 56.1 | 21.9 | 099.1 | 010 | 4.3 | 中缅边界地区 |
| 07 | 12 | 17 | 44 | 53.1 | 21.8 | 099.2 | 010 | 4.7 | 中缅边界地区 |
| 07 | 14 | 15 | 29 | 36.9 | 21.8 | 099.1 | 010 | 4.3 | 中缅边界地区 |
| 07 | 15 | 00 | 52 | 46.7 | 24.4 | 121.9 | 011 | 5.7 | 台湾南澳 |
| 07 | 15 | 01 | 40 | 47.0 | 24.3 | 122.0 | 005 | 4.5 | 台湾南澳 |
| 07 | 16 | 17 | 27 | 12.5 | 30.5 | 094.9 | 032 | 4.2 | 西藏边坝 |
| 07 | 18 | 19 | 14 | 07.2 | 21.8 | 099.0 | 033 | 4.1 | 中缅边界地区 |
| 07 | 19 | 05 | 33 | 41.7 | 22.0 | 099.1 | 010 | 4.4 | 中缅边界地区 |
| 07 | 20 | 00 | 08 | 22.5 | 30.5 | 094.9 | 033 | 4.0 | 西藏边坝 |
| 07 | 22 | 06 | 44 | 04.4 | 36.4 | 103.2 | 008 | 5.8 | 甘肃永登 |
| 07 | 23 | 13 | 39 | 49.5 | 22.0 | 098.9 | 010 | 4.5 | 中缅边界地区 |
| 07 | 24 | 15 | 02 | 32.8 | 24.4 | 121.9 | 051 | 4.3 | 台湾南澳 |
| 07 | 24 | 18 | 02 | 45.7 | 38.0 | 124.0 | 012 | 4.1 | 黄海 |
| 07 | 25 | 23 | 41 | 28.3 | 23.2 | 105.9 | 018 | 4.6 | 广西那坡 |

续表

| 月 | 日 | 时 | 分 | 秒 | 纬度 | 经度 | 深度 | $M_S$ | 参考地点 |
|---|---|---|---|---|---|---|---|---|---|
| 07 | 28 | 15 | 57 | 27.3 | 30.7 | 086.4 | 070 | 4.0 | 西藏文部 |
| 07 | 30 | 02 | 12 | 05.8 | 27.3 | 101.1 | 023 | 4.1 | 云南宁蒗 |
| 07 | 30 | 21 | 03 | 56.7 | 32.2 | 101.3 | 020 | 4.5 | 四川壤塘 |
| 07 | 31 | 03 | 43 | 09.2 | 22.0 | 099.1 | 033 | 4.7 | 中缅边界地区 |
| 08 | 03 | 11 | 05 | 44.4 | 30.0 | 081.5 | 027 | 4.7 | 西藏普兰东南 |
| 08 | 07 | 11 | 27 | 16.6 | 21.9 | 099.2 | 033 | 4.3 | 中缅边界地区 |
| 08 | 07 | 12 | 32 | 49.6 | 21.7 | 098.6 | 005 | 4.1 | 中缅边界地区 |
| 08 | 10 | 18 | 19 | 41.2 | 22.0 | 099.1 | 039 | 4.4 | 中缅边界地区 |
| 08 | 15 | 22 | 53 | 58.5 | 24.1 | 122.4 | 033 | 4.5 | 台湾花莲 |
| 08 | 19 | 14 | 14 | 24.8 | 35.5 | 087.3 | 033 | 4.5 | 西藏可可西里山 |
| 08 | 24 | 04 | 36 | 21.0 | 24.3 | 123.1 | 033 | 4.0 | 台湾以东 |
| 08 | 28 | 19 | 46 | 05.6 | 38.2 | 089.0 | 033 | 4.3 | 新疆若羌 |
| 08 | 30 | 20 | 52 | 57.6 | 44.2 | 084.2 | 027 | 4.2 | 新疆乌苏 |
| 09 | 03 | 02 | 25 | 33.4 | 37.6 | 092.0 | 024 | 4.2 | 青海茫崖 |
| 09 | 19 | 09 | 26 | 22.1 | 33.4 | 093.7 | 033 | 5.3 | 青海唐古拉山 |
| 09 | 20 | 11 | 14 | 31.4 | 35.0 | 118.1 | 012 | 5.3 | 山东苍山 |
| 09 | 24 | 01 | 02 | 30.5 | 39.6 | 103.2 | 010 | 4.0 | 内蒙古阿拉善右旗 |
| 09 | 26 | 03 | 52 | 35.8 | 42.1 | 080.3 | 028 | 4.3 | 新疆汗腾格里峰 |
| 09 | 26 | 12 | 39 | 02.3 | 41.8 | 081.6 | 023 | 5.1 | 新疆拜城 |
| 09 | 28 | 16 | 32 | 33.4 | 44.6 | 080.0 | 027 | 4.3 | 新疆温泉西南 |
| 10 | 03 | 22 | 23 | 00.4 | 44.0 | 084.7 | 038 | 4.6 | 新疆乌苏 |
| 10 | 04 | 13 | 01 | 47.6 | 24.9 | 122.3 | 014 | 4.4 | 台湾宜兰 |
| 10 | 05 | 00 | 35 | 54.6 | 35.9 | 077.7 | 032 | 4.2 | 新疆喀喇昆仑山口 |
| 10 | 06 | 01 | 40 | 14.2 | 30.2 | 088.3 | 031 | 4.5 | 西藏谢通门 |
| 10 | 06 | 06 | 26 | 53.6 | 39.7 | 118.3 | 005 | 4.7 | 河北唐山 |
| 10 | 06 | 22 | 26 | 02.7 | 33.3 | 093.5 | 028 | 4.2 | 青海唐古拉山 |
| 10 | 07 | 19 | 08 | 44.5 | 23.6 | 122.1 | 038 | 4.4 | 台湾花莲 |
| 10 | 10 | 01 | 48 | 22.8 | 25.1 | 098.0 | 021 | 4.4 | 云南腾冲西 |
| 10 | 13 | 22 | 36 | 24.9 | 24.9 | 123.3 | 039 | 4.6 | 台湾宜兰东 |
| 10 | 14 | 11 | 01 | 37.0 | 24.7 | 122.8 | 013 | 4.9 | 台湾宜兰 |
| 10 | 20 | 15 | 49 | 31.7 | 42.5 | 131.9 | 525 | 5.6 | 吉林珲春东($M_B$) |

续表

| 月 | 日 | 时 | 分 | 秒 | 纬度 | 经度 | 深度 | $M_S$ | 参考地点 |
|---|---|---|---|---|---|---|---|---|---|
| 10 | 24 | 06 | 46 | 51.1 | 26.0 | 102.3 | 015 | 6.5 | 云南武定 |
| 10 | 24 | 08 | 09 | 55.7 | 25.8 | 102.3 | 015 | 4.5 | 云南武定 |
| 10 | 24 | 08 | 29 | 04.2 | 25.9 | 102.3 | 010 | 4.4 | 云南武定 |
| 10 | 24 | 09 | 00 | 45.6 | 25.8 | 102.3 | 013 | 4.6 | 云南武定 |
| 10 | 24 | 09 | 19 | 13.3 | 25.9 | 102.4 | 018 | 4.1 | 云南武定 |
| 10 | 24 | 09 | 39 | 34.7 | 25.9 | 102.3 | 014 | 4.0 | 云南武定 |
| 10 | 24 | 10 | 12 | 02.2 | 25.9 | 102.4 | 012 | 4.3 | 云南武定 |
| 10 | 24 | 10 | 29 | 50.8 | 26.0 | 102.4 | 025 | 4.1 | 云南武定 |
| 10 | 24 | 16 | 08 | 15.7 | 25.9 | 102.4 | 014 | 4.6 | 云南武定 |
| 10 | 24 | 18 | 45 | 06.7 | 25.9 | 102.3 | 015 | 4.2 | 云南武定 |
| 10 | 25 | 01 | 43 | 27.2 | 25.9 | 102.4 | 012 | 5.0 | 云南武定 |
| 10 | 25 | 06 | 32 | 55.8 | 25.9 | 102.2 | 014 | 4.8 | 云南武定 |
| 10 | 25 | 07 | 13 | 16.3 | 25.9 | 102.2 | 007 | 4.0 | 云南武定 |
| 10 | 25 | 10 | 42 | 57.8 | 25.8 | 102.5 | 016 | 4.4 | 云南武定 |
| 10 | 25 | 11 | 16 | 34.1 | 25.9 | 102.4 | 013 | 4.5 | 云南武定 |
| 10 | 25 | 12 | 21 | 53.2 | 25.8 | 102.8 | 014 | 4.4 | 云南武定 |
| 10 | 26 | 01 | 33 | 40.7 | 26.0 | 102.4 | 012 | 4.0 | 云南武定 |
| 10 | 26 | 21 | 19 | 37.4 | 25.8 | 102.2 | 011 | 4.0 | 云南武定 |
| 10 | 26 | 21 | 43 | 33.8 | 25.8 | 102.3 | 012 | 4.2 | 云南武定 |
| 10 | 27 | 10 | 05 | 38.0 | 25.9 | 102.3 | 020 | 4.1 | 云南武定 |
| 10 | 28 | 20 | 55 | 07.4 | 26.0 | 102.3 | 022 | 4.6 | 云南武定 |
| 10 | 29 | 04 | 36 | 04.9 | 25.9 | 102.3 | 018 | 4.2 | 云南武定 |
| 10 | 30 | 01 | 18 | 42.9 | 25.9 | 102.3 | 010 | 4.5 | 云南武定 |
| 11 | 01 | 06 | 27 | 02.4 | 23.3 | 120.6 | 008 | 4.6 | 台湾台南 |
| 11 | 01 | 16 | 10 | 08.4 | 25.9 | 102.4 | 013 | 4.9 | 云南武定 |
| 11 | 01 | 23 | 29 | 37.7 | 26.0 | 102.3 | 021 | 4.2 | 云南武定 |
| 11 | 06 | 01 | 14 | 53.0 | 32.9 | 092.2 | 026 | 5.1 | 青海唐古拉山 |
| 11 | 07 | 03 | 31 | 47.0 | 25.7 | 122.0 | 086 | 4.0 | 台湾基隆北 |
| 11 | 08 | 04 | 47 | 07.9 | 25.9 | 102.5 | 023 | 4.4 | 云南武定 |
| 11 | 10 | 04 | 55 | 17.7 | 22.2 | 102.8 | 029 | 4.9 | 云南江城 |
| 11 | 11 | 05 | 07 | 55.1 | 22.7 | 121.3 | 033 | 4.9 | 台湾台东 |

续表

| 月 | 日 | 时 | 分 | 秒 | 纬度 | 经度 | 深度 | $M_S$ | 参考地点 |
|---|---|---|---|---|---|---|---|---|---|
| 11 | 11 | 14 | 37 | 01.1 | 24.9 | 125.0 | 083 | 4.4 | 台湾东北 |
| 11 | 11 | 22 | 29 | 26.8 | 34.9 | 103.8 | 013 | 4.1 | 甘肃临潭 |
| 11 | 12 | 13 | 43 | 17.8 | 23.9 | 116.0 | 009 | 4.1 | 广东丰顺 |
| 11 | 13 | 14 | 33 | 19.6 | 39.4 | 113.2 | 033 | 4.0 | 山西应县 |
| 11 | 15 | 04 | 40 | 48.2 | 36.0 | 080.7 | 029 | 4.2 | 新疆于田 |
| 11 | 24 | 16 | 10 | 50.1 | 22.2 | 118.5 | 016 | 4.6 | 台湾海峡 |
| 11 | 26 | 04 | 49 | 15.3 | 30.8 | 086.8 | 024 | 4.6 | 西藏尼玛 |
| 11 | 26 | 12 | 37 | 42.4 | 31.1 | 086.6 | 027 | 4.6 | 西藏尼玛 |
| 11 | 27 | 18 | 08 | 54.8 | 25.9 | 102.3 | 008 | 4.0 | 云南武定 |
| 12 | 01 | 11 | 16 | 58.8 | 24.5 | 121.7 | 018 | 5.1 | 台湾南澳 |
| 12 | 08 | 21 | 14 | 37.2 | 24.3 | 122.2 | 015 | 4.1 | 台湾花莲 |
| 12 | 18 | 12 | 57 | 03.2 | 34.6 | 097.4 | 029 | 6.1 | 青海玛多 |
| 12 | 19 | 00 | 17 | 52.3 | 24.0 | 121.8 | 023 | 5.3 | 台湾花莲 |
| 12 | 20 | 18 | 07 | 58.4 | 34.6 | 097.5 | 031 | 5.5 | 青海玛多 |
| 12 | 21 | 07 | 56 | 38.0 | 24.4 | 121.5 | 034 | 4.4 | 台湾南澳 |
| 12 | 22 | 00 | 37 | 52.2 | 45.2 | 120.5 | 006 | 4.0 | 内蒙古扎鲁特旗 |
| 12 | 24 | 17 | 36 | 07.9 | 37.7 | 078.0 | 029 | 5.1 | 新疆叶城 |
| 12 | 24 | 17 | 38 | 53.6 | 37.7 | 078.0 | 028 | 4.1 | 新疆叶城 |
| 12 | 26 | 03 | 05 | 34.7 | 22.7 | 121.2 | 064 | 5.3 | 台湾台东 |
| 12 | 26 | 11 | 31 | 08.9 | 29.4 | 105.5 | 028 | 4.0 | 四川荣昌 |
| 12 | 27 | 12 | 15 | 01.6 | 29.8 | 087.9 | 047 | 4.4 | 西藏谢通门 |
| 12 | 28 | 08 | 31 | 48.5 | 42.4 | 083.9 | 028 | 4.4 | 新疆轮台 |
| 12 | 30 | 20 | 23 | 19.5 | 26.0 | 124.2 | 005 | 5.6 | 台湾东北 |

（局分析预报中心　冯　浩）

# 重要地震科技图书简介

## 活动断裂地震潜势的定量评估

闻学泽著

16 开　262 千字　164 页　平装　15.00 元

这是一本系统研究活动断裂地震危险评估理论、方法及应用的专著。全书共分九章，较深入系统地论述了多种地震原地复发理论模式，利用断层滑动速率、古地震和历史地震资料估计地震平均复发时间间隔及其不确定的方法与计算公式，地震复发间隔估值的贝叶斯修正方法，地震原地复发潜势的概率评估理论和适用的概率模型，特定断裂段未来最大突发位移量的不确定评估方法等。书中建立起多个有用的经验公式，并将有关概率模型的分布参数估计与相应的地震复发时间参数估计统一起来，举例说明有关参数的估计方法，同时还给出了在各种不同的资料状态下，使用不同的概率模型评估地震复发可能性的应用研究实例。

## 日本阪神大地震考察

中国赴日地震考察团

16 开　141 千字　128 页　平装　30.00 元

这次震惊世界的日本阪神大地震，引起世界许多国家的关注。中国赴日地震考察团在日工作 12 天，对地震监测预报、地震基本特征、地震地面运动、场地条件与地基破坏、房屋建筑破坏、生命线工程破坏，港口码头破坏、经济损失及人员伤亡、震前预防、震时应急、震后重建、防灾体系与防灾立法等诸多方面展开考察。通过灾害现场考察，访问各级政府有关人员，收集已有的录像、照片、图表、报告、文章、报纸等，通过各种渠道和途径取得了第一手资料。本书即为考察团的总结汇报，可供从事防震减灾工作的有关人员参考。

## 谈　天　说　地

《中原地震科普报》编辑部编

32 开　450 千字　524 页　平装　12.00 元

本书是一本综合性科普读物，它融知识性、趣味性于一体，图文并茂地介绍了有关自然界的一些知识，如地震、地质、地理、天文、气象、动植物、灾害等奇闻轶事。在文体上有叙事、有说明、有夹叙夹议，有小说诗歌，有人物介绍，有历史故事。文字深入浅出、通俗易懂，文章短小精悍、生动活泼，可读性极强，是广大读者普及科技知识的一本好读物。

## 地震科学联合基金会资助课题成果汇编（1985～1989）第三辑

地震科学联合基金会主编

16 开　600 千字　372 页　34.00 元

地震科学联合基金会资助课题成果汇编从 1992 年开始已出版了两辑。该成果汇编出版后，对有关科研人员详细了解地震科学基金立项课题已取得的研究成果，分析和开拓新的基金申请思路，起到重要的指导作用。

1994 年出版的第三辑共汇编 357 篇论文，分五个部分：地震预报各种前兆方法的物理机制研究；地震学理论和地震预报方法的研究；地球物理力学机制与实验研究；地震危险性分析和地震灾害预测研究；地壳结构、介质构造运动和环境的研究。本辑由于篇幅所限，将部分基金课题最终成果报告汇编成册。其他最终成果将逐年出版。

**新丰江地震强震记录常规处理报告**

国家地震局震害防御司编

16 开　429 千字　268 页　平装　25.00 元

新丰江水库位于广东省河源县境内，水库蓄水后，库坝区频繁发生地震。发震后，国家地震局工程力学研究所在大坝较高的两个坝段上和坝址的基岩露头上架设 3 个强震台，进行余震观测，取得了一批强震记录。本集收入了 1968 年 10 月至 1978 年 9 月间 17 次地震的 231 条强震记录的校正加速度记录图形、加速度反应谱图形和傅氏振幅谱图形。

**固体地球物理学评论（英文版）**

谢毓寿等主编

16 开　109 千字　68 页　平装

本书为地震科学联合基金会主办的《固体地球物理学论评》系列文集第三集。本文集每年出版一册，由主办者约请有造诣的科学家撰稿，介绍近年来国内外科学工作者在本学科各研究领域所取得的成果和最新进展，以及这些研究的学术意义和重要价值，同时也为广大基金申请者提供有益的选题指南。本集共收入地震学、大地构造、岩石圈结构、全球定位技术和固体潮等方面的综述性论文 9 篇。

**冀京津区自然灾害及其防治**

王景明主编

16 开　560 千字　344 页　平装　20.00 元

本书论述介绍了冀京津与渤海湾区的自然灾害和人为自然灾害的古今状况、未来趋势和防治对策。其内容涉及该区岩石圈和水圈灾害的多个方面，诸如地震灾害、地裂缝危害、岩溶地质灾害、矿井灾害、山地灾害、土地资源退化问题、旱涝洪灾、海洋灾害以及灾害的人为社会科学等问题。本书原始数据多、古今资料充实、内容丰富、涉及面广，是开展自然灾害科学综合研究和对灾害实施防、抗、救对策，以及对城乡防灾规划、勘察设计、环境保护工作不可多得的参考文献。

**地壳构造与地壳应力文集（七）**

国家地震局地壳应力研究所编

16 开　306 千字　196 页　平装　15.00 元

本书是国家地震局地壳应力研究所编辑的《地壳构造与地壳应力文集》的第七集。含论文 21 篇。主要内容有地壳构造运动、活动构造、地震活动性、地震危险性预测、地壳应力应变测量及实验研究等。本书可供地质、地震、地球物理、工程地质工作者和有关大专院校的师生参考。

**美日等九国综合防震减灾立法与规划**

卢振恒　顾　平等编译

16 开　310 千字　194 页　平装　15.00 元

本书汇编了美国、日本、土耳其、新西兰、泰国、意大利、墨西哥、秘鲁和希腊九国有关国家级防震减灾法律、条例规定和规划。这些法规集中反映了当代社会政府、科技人员和人民同自然灾害斗争所取得的进展和成果。不同国家有不同的国情、灾情，因自然灾害的方式有差异，防震减灾的立法和规划方面亦有不同。这里提供的不同情况国家制定的法规和具体内容，对我国目前加强减灾立法是有帮助的。本书可供国家各级政府和从事防震减灾的各方面人员参考。

**岩浆物理性质和流体动力学**

赵海玲编著

16 开　288 千字　180 页　平装　13.50 元

本书收集了当前国际上发表的岩浆物理性质及流体动力学方面最新成果和动向，同时侧重强调了岩浆的物理性质和流体动力学机制的地质结果，利用岩浆的物理性质和流体动力学机制的新理论和新方法探讨和解决火成岩中长期以来存在的一些疑难问题。全书共分两大部分，第一部分为岩浆的物理性质，主要探讨影响硅酸盐行为的最重要的物理参数；第二部分为岩浆流体动力学，主要探讨岩浆房中流体动力学机制及流体动力学的地质结果。

### 日汉物理探查大词典

丁志俊主编

32开　1128千字　1032页　精装　65.00元

本词典共收录物理探查及相关学科，如地质、工程、水文、环境、电子、仪器、计算机数据处理等方面的专业词汇约4万条，正文后还附有在本词典中出现的日文汉字读音索引及日英汉化学元素对照表、地质年代表、国际单位制等22个附录，可供广大地矿、冶金、石油、煤炭、地震、有色、铁道、建工、水电、交通等系统有关地学、物(化)探生产、科研、教学和翻译人员使用。

### 现代地壳运动研究(6)

国家地震局地质研究所

16开　496千字　310页　平装　20.00元

本书收编了34篇论文。从地下水位动态、地下水地球化学效应、水化固体潮、地球内部密度异常、地热、土壤气、砂土液化、卫星图像信息、天文动力作用等方面探讨了活动断裂的分段特征、活动规律、震源构造特点及与地震孕育过程发生的关系，反映了80年代地震预报、自然灾害评估方面的研究成果。

### 地球科学新学科新概念集成

孙成权　刘全根主编　李明　张志强副主编

16开　820千字　512页　平装　65.00元

80年代以来，随着计算机技术和空间技术的高速发展，地球科学在宏观和微观的研究上进入一个迅速发展和深入探索的时期。在此期间，地球科学各分支学科出现大量的新的学科生长点，提出许多新学科、新概念、新技术。本书汇编了近一二十年来地球科学的最新进展，代表了当代地球科学发展现状和动向，以及面临的诸多课题，从整体上反映地球科学综合研究方向的发展战略，以及我国地球科学发展的前沿课题，为从事地球科学管理和科学研究的人员提供了一部较全面、系统、内容丰富的基础资料。

中国地震灾害损失预测研究专辑(四)

### 地震灾害及损失预测方法

尹之潜著

32开　185千字　208页　平装　10.00元

本书系统叙述了预测地震灾害和损失的基础理论及实用方法；建立了确定各类房屋建筑震害矩阵的统一方法，并提出由于经济的发展，房屋建筑数量和质量变化对未来一个城市或地区震害矩阵的动态进行分析的方法；给出了各类房屋在不同烈度的地震时，单体和群体发生某种破坏程度的概率计算方法和现有各类建筑的震害矩阵，直接经济损失和间接损失的分析方法，人员伤亡和无家可归人员的估计方法，次生灾害的估计，减灾对策的经济效益分析方法；以及震害预测应包括的内容和工作步骤。这些方法在国内很多城市和地区已得到广泛应用。

### 遥感图像处理与应用

宁书年　吕松棠　杨小勤
王四龙　佘才英　张景发编著

16开　284千字　180页　平装　15.00元

本书是作者近年来从事遥感、数字图像处理方面科研与教学工作的成果总结。其内容包含四部分：①遥感图像的原理、信息特征及数据格式；②遥感图像处理系统的构成、发展趋势及几种典型的图像处理系统；③遥感图像处理方法及其计算机的实现；④地学遥感图像处理模式与应用。本书内容侧重于计算机实现方法与实际应用效果，具有内容新、实用性强的特点。

## 火山作用与人类环境

刘若新主编

16开　346千字　212页　平装　15.00元

本文集收入了全国首次火山学术讨论会上的全部论文。文集内容涉及我国火山学研究的重点（长白山、五大连池、腾冲等）和火山活动、火山喷发对全球环境变化的影响及其后果，还扼要介绍了国际火山学研究的概况，基本反映了我国火山学研究的现状及进展。本文集资料翔实、内容丰富、涉及面广，在研究工作方面取得重要学术进展，是我国从事地球构造演化、地质构造、地球环境、火山地质、火山灾害等学科的研究人员的重要参考资料。

## 地球与空间科学观测技术进展 ——庆贺秦馨菱院士八十寿辰

陈运泰主编

16开　1098千字　692页　精装　60.00元

秦馨菱院士是我国现代地球与空间科学观测技术的奠基人与开拓者之一。本书是由他的学生和同事最近完成的学术论文、科研成果和对一些相关领域和科学前沿问题的系统总结与综述编辑而成的文集，以志庆贺秦馨菱院士八十寿辰。本书主果内容涉及地震观测系统、地球物理实验、综合地球物理、勘探地球物理、空间科学和地震预报共计六类70篇。同时还收录了29篇 回顾性文章，以翔实的史料映射出老一代科学家的高尚品德和学者风范。

## 发展中的地震科学研究 纪念海城地震成功预报 二十周年学术讨论会论文集

辽宁省地震局编

16开　576千字　358页　平装　30.00元

本论文集辑入纪念海城7.3级地震成功预报二十周年学术讨论会上提交的论文48篇，主要包括地震前兆与地震预报、深部构造与地震地质、工程地震与地震灾害等方面的内容，基本反映了目前我国地震科学各领域研究的进展。本书可供从事地震预报、基础探测、地震理论研究、工程地震等领域的科技人员参考。

## 注水诱发地震研究

赵根模　张德元编著

32开　135千字　160页　平装　8.00元

鉴于注水与抽液诱发地震的研究，不论是对减轻地震灾害，还是对经济建设都有重要的意义，多年来石油部门和地震部门充分发挥各自的优势，取长补短，坚持开展了合作研究。这种合作不仅有利于油田的防震减灾和生产的发展，也加深了人们对地下流体与地震孕育发生过程关系的认识，对地震科学的发展起了积极的作用。本书是两部门合作研究的成果之一。它首先介绍一些注水与抽液诱发地震的实例，给读者以感性认识，在此基础上对机理作了初步的探讨，对怎样防灾减灾提出了积极的措施建议。此外，本书还简要介绍了人工控制地震的问题。

## 十年尺度中国地震灾害损失预测研究

陈颙　陈鑫连　傅征祥　主编

16开　180千字　112页　平装　12.00元

本书汇集了十年尺度地震灾害损失预测研究成果，包括应用非线性力学的概念研究十年尺度的中国地震危险性，建立2005年前中国不同地区建筑物等的动态易损性破坏矩阵的方法，预测2005年前中国地震灾害损失的概率性和确定性的方法和结果，以及应用计算机成图技术编制预测图的方法等。上述研究思路和方法可供从事地震及其灾害损失预测研究的专业人员参考。

中国地震灾害损失预测研究专辑（三）

## 地震灾害评估

李树桢编著

32 开　178 千字　214 页　平装　8.50 元

震害评估是震后抢险救灾、重建家园的重要依据。为提高评估工作水平，国家地震局震害防御司积极组织力量编写教材、培训科技干部，本书即是培训教材之一。本书主要内容分建筑物分类法，各类建筑物的震害特点；建筑物地震破坏等级划分标准；地震灾害评估方法及示例；震害评估软件 EDEP－93 的功能、操作方法及示例；震害评估现场工程程序及评估报告；震害调查方法及震害资料数据库等 6 部分，含有大量震害照片和实际统计资料。

## 中国历史强震目录
## （公元前 23 世纪—公元 1911 年）

国家地震局震害防御司　编

16 开　850 千字　538 页　平装　50.00 元

本目录根据近年历史地震研究成果编纂而成，共收入公元前 23 世纪至公元 1911 年间 $4^3/_4$ 级以上地震 1034 次。

本目录收入的历史强震较《中国地震目录》相应时段增加 415 次；在编辑方法上，也作了重要补充和改进，在震情记述中，增加了前震、余震及震前、震后相关现象和抗震救灾、地震对策等方面的有关资料；在震级估定方面，分别给出了大陆东部、西部及台湾地区的震级－烈度关系；在等震线图上，尽可能标出各资料点的烈度值和地表破坏现象及重大的次生灾害；对有争议的事件分别作了研究，并将有疑义的编入附录。

## 防震减灾论文集

全国中心城市《防震减灾论文集》编委会编

16 开　307 千字　192 页　平装　12.00 元

本书汇集了全国 16 个城市的地震工作部门和地震工作者 1983～1992 年期间所撰写的部分文章，内容丰富，观念新颖，对地震监测预报、工程地震、抗震救灾、防震减灾宣传教育等方面进行了深入的总结和研究，具有较强的科学性和实用性，有助于推动城市地震工作的改革和发展，对各地开展防震减灾工作也有一定的指导作用。

## 油田地震信息监测研究与应用

张德元　刘元生　李一兵主编

16 开　297 千字　188 页　平装　15.00 元

油田地震信息监测研究是介于石油工程和地震科学之间的边缘学科，本书反映了该学科的最新成果。

全书共分五部分，汇集了 20 多篇论文。第一部分，油井动态及地震前兆。介绍油气水动态在地震前后的异常变化、前兆特征及其干扰的排除；第二部分，油井动态异常机理及综合分析。论述了油井动态异常机理，并以此进行综合分析与预报；第三部分，注水诱发地震研究及油田震害。阐述诱发地震的特点、条件、灾害及控制措施；第四部分，油田应力场及水力压裂。分析油田开发引起的应力场变化及水压致裂的机理。最后为附录，汇集了 1987～1992 年部分石油深井震例资料。

## 地震地下水手册

国家地震局科技监测司

32 开　580 千字　688 页　平装　25.00 元

本书汇集了有关地下水的基础知识，详细介绍了利用地下水物理、化学动态进行地震监测、预报研究的科学思路、方法、理论及实践，反映了我国地震研究的最新成果。该书以我国地震工作者几十年工作实践经验和资料为主，择优选入了部分国外的先进理论和最新资料。本书资料翔实、数据准确、图文并茂，便于广大地震科技人员开展监测预报工作时，快捷准确地进行查阅与处理资料，提高工作效率，是一部全面、系统、简明实用的工具书。

### 典型人类工程活动与地质环境相互作用研究（二）

王思敬主编

16开　260千字　162页　平装　8.00元

本专辑是国家自然科学基金委员会资助的重点项目的部分研究成果。1993年选定了若干典型工程项目（包括矿山、水利建设、城市建设）进行实地调查分析，围绕人类工程活动与地质环境相互作用的主题，讨论了人类工程活动对地质环境的严重影响。这种影响表现为：改变了岩土水运移特征，造成岩土水平衡之破坏，产生地面变形（如地面沉降、塌陷、地裂等），斜坡物质运动（如滑坡、崩塌、泥石流等）。地质环境变化的逆反作用又导致工业、民用建筑、地下管线、地下洞室的破坏及排水困难和环境污染问题。同时也探讨了人－地关系协调发展的问题。

### 工程地质力学研究（一）

中国科学院地质研究所
工程地质力学开放研究实验室

16开　332千字　208页　平装　15.00元

本书为中国科学院地质研究所工程地质力学开放研究实验室年报系列研究著作之一，所刊登的学术论文系本室固定及客座研究人员1993年度所取得的部分研究成果。内容广泛，涉及地质环境灾害；各类地质工程的工程力学、数值计算、物理模拟研究；特殊岩土体的工程地质特性；废弃物处理技术；以及工程地质力学领域中新理论、新技术、新方法的研究等。

### 黑龙江省团结沟斑岩金矿地质

中国人民武装警察部队黄金指挥部编著

16开　237千字　156页　平装　15.00元

本书是一部全面系统介绍我国目前已知规模最大的金矿床之一——黑龙江省团结沟斑岩金矿的矿床地质研究专著。全书共分七章，包括矿床发现及地质工作沿革；成矿地质背景；矿床地质；矿床成因矿物学研究；微量元素地球化学特征；稳定同位素地球化学特征及矿床成因与成矿模式。本书由各专业有关专家撰写。内容丰富，资料齐全，研究方法先进，图文并茂，充分反映了现代矿床学的研究方法和成矿理论观点，是我国第一部关于斑岩型金矿床的学术专著。

### 活动断裂研究——理论与应用（4）

《活动断裂研究》编委会
国家地震局地质研究所

16开　328千字　212页　平装　15.00元

本书是《活动断裂研究》系列出版物的第四辑，主要反映近年来我国活动断裂大比例尺填图和综合研究所获取的最新成果，涉及到断裂细结构和变形机制、分段性、滑动速率、古地震、强震重复间隔、地震危险性评介等方面的内容，同时还有关于活动断裂研究最新方法及活动断裂研究最新成果的报道，反映了我国活动断裂理论研究和实际应用方面的最新进展。

### 东秦岭－大别造山带大型推覆构造的物理机制及动力学过程

王思敬　牛宏建等著

16开　237千字　148页　平装　12.00元

东秦岭－大别碰撞造山带的推覆构造格局表现为，地壳内沿多层拆离滑脱面，由北向南运动所形成的逆掩推覆系统。本书从地质构造、岩石学、地球物理、数理模拟、实验研究等方面进行多学科的系统综合研究。在造山带大地构造单元划分的基础上论述了东秦岭及大别造山带的构造类型和格局，讨论了运动学标志、构造形变和韧性剪切带的热动力学机制和推覆构造动力特征，探讨了其构造演化模式和过程，为地壳构造动力学研究提供了新的成果。

## 黄海及其周围地区历史地震

吴戈主编

16开　573千字　358页　平装　30.00元

本书是对中朝交界及其邻近地区历史地震资料进行整理和研究的最新成果。书中全面、系统地给出了公元2年至1949年间，以黄海为中心，由辽东半岛、山东半岛、朝鲜半岛围限地理区域内2200余次史载地震和仪器观测地震的资料，历史地震有感范围图53幅，并附有朝鲜半岛历史朝代世系简表及古今地名参照表。该书对于研究黄海及朝鲜半岛的历史地震活动具有重要的参考意义。

## 山东省地震目录（1981～1990）

山东省地震局编

16开　221千字　138页　平装　12.00元

本目录收集了1981～1990年山东及邻省台网测定的山东及其附近海域的地震，其内容包括：山东及其邻近地区（包括渤海、黄海海域）地震目录；菏泽、寿光、荣成、苍山四次小震群序列目录及附录。本目录可供从事地震学、地震地质学、地震分析预报及工程地震等方面的研究人员使用。

## 东亚北东向块断构造与现代地裂运动

高名修著

16开　32千字　200页　平装　23.00元

本书是综合国家地震局“中国东部东北-西南地震带”与国家科委“中国东部东北-西南地质灾害带地质背景”两项科研成果的专著。作者不拘泥于传统观念和流行模式，以大量野外地质考察和各种微观动态观测资料为基础，研究以中国东部为代表的东亚晚新生代北东向引张块断构造运动与变形，以及地震和非地震对孪生构造活动所揭示的现代地裂运动，并探讨了有关大陆动力学问题。

## 减灾与发展——河南省防灾减灾学术研讨会论文集

河南省灾害防御协会

16开　266千字　166页　平装　15.00元

本书是1994年3月召开的河南省灾害防御协会成立大会暨防灾减灾学术研讨会的论文汇编，书中围绕“减灾与发展”这一主题，汇集了农业、水利、植保、地质、地震、气象、城建、环保、消防、保险、救灾等不同学科论文30余篇，从理论和实践上进行了认真的探讨，体现了现代灾害科学研究的发展趋势，对促进防灾减灾、保障经济建设和社会稳定发展具有重要意义。此书可供企业事业单位各级政府和从事灾害研究的各界人士参考阅读。

## 数理地震学进展（英文版）

冯德益等著

16开　400千字　200页　平装

数理地震学是地震学的一个分支，随着数学、地球物理学以及计算机技术的发展，近年来有了很大进展。本书主要介绍应用数学手段及理论和实验分析方法解决地震问题的最新进展，其中包括统计地震学、模糊地震学、非线性地震科学等方面的最新成果。

## 山东青州地震研究与地震区划

王华林主编

16开　301千字　184页　平装　20.00元

本书是“山东青州市地震小区划”成果的全面总结，汇集了22篇论文，反映了青州市地震小区划工作中的新思路、新认识和新成果。主要内容有：区域地震地质和地震活动特征研究，青州市及邻区地震构造环境研究，潜在震源区重新判定，青州市城区及所辖乡（镇）地震危险性分析，青州市城区场地稳定性评价，工程建筑场地综合分区，地震动参数小区划和地面震害预测。

**《破坏性地震应急条例》讲话**

《〈破坏性地震应急条例〉讲话》编写组

32开　87千字　118页　平装　4.50元

《破坏性地震应急条例》（以下简称《应急条例》），是防震减灾法律体系中的一个重要的行政法规，它的发布施行对加强地震应急活动的法制化管理，减轻地震灾害损失有着十分重要的意义，为了适应广大读者理解学习以及宣传和贯彻实施的需要，我们结合参加《应急条例》起草工作的体会，编写了《应急条例》的宣传讲话和条文释义，对《应急条例》逐章、逐条进行了解释，供大家参考。为使用方便，特将宣传讲话、条文释义与《应急条例》全文及有关文件一起汇编成册。

**破坏性地震应急条例**

国家地震局

32开　15千字　16页　平装　1.50元

为了加强对破坏性地震应急活动的管理，减轻地震灾害损失，保障国家财产和公民人身、财产安全，维护社会秩序，制定本条例。内容：第一章，总则；第二章，应急机构；第三章，应急预案；第四章，临震应急；第五章，震后应急；第六章，奖励和处罚；第七章，附则。

地震监测技术系统系列教材

**地震地形变观测技术**

国家地震局科技监测司

16开　716千字　448页　平装　30.00元

本书汇集了当前用于地震地形变观测的各种技术，主要有空间大地测量（GPS）、区域地壳形变测量、断层形变观测及地球潮汐的观测。另外，还介绍了流动重力和定点重力观测。书中既有丰富的观测技术成果又有相应的理论介绍，是广大科研人员几十年经验的科学总结。对于指导科研及工程技术人员进行工程设计有一定的帮助与参考作用。

地震监测技术系统系列教材

**地震数据信息技术**

国家地震局科技监测司

16开　435千字　258　平装　15.00元

本书是国家地震局《地震监测技术系统系列教材》之一，它从一般数据信息处理技术入手，结合地震数据和信息系统的实际，综合介绍了数据、信息和信息系统方面的基础知识，详细介绍了数据采集和数据通信的各种方法，最后简明介绍了一些现代数据处理和信息处理的方法和技术。

地震监测技术系统系列教材

**地震地下流体观测技术**

国家地震局科技监测司

16开　444千字　278页　平装　20.00元

书中主要介绍地下水位、流量、地热（水温）与油井动态、水氡、离子、水汞、气体及有关辅助观测技术及其动态特征。全书共分十五章。第一至三章介绍有关地下流体的基本概念与观测台网；第四至十一章分别论述水位、地热、流量与油井动态、水氡、水质、水汞、气体及辅助观测等的观测原理与方法，包括动态观测技术的思路与要求，观测仪器及其使用，观测资料的整理与质量检查等；第十二章至十四章介绍有关地震预报方法；最后一章对地震地下流体观测技术的发展动向进行了阐述。

地震监测技术系统系列教材

**地震电磁观测技术**

国家地震局科技监测司

16开　544千字　342页　平装　20.00元

本书是国家地震局科技监测司组织多名

专家共同编写的地震观测岗位培训教材之一，是一本有关地球电磁学观测技术的教材。全书注重方法和技术的结合，基础知识和最新进展的结合；在介绍地球电磁学的物理基础，实验基础和技术基础之后，着重介绍观测方法，专用仪器设备原理，结构和使用。本书适合地电、地磁、地震电磁波观测台站人员使用，亦适合研究人员和相关专业师生参考。

地震监测技术系统系列教材

**地震观测技术**

国家地震局科技监测司

16开　838千字　522页　平装　40.00元

本书主要内容为三部分：第一部分共六章，包括第二章至第七章，分别从模拟信号与数字信号的拾取、传输和记录技术、结合基本台网、区域台网和台阵等不同类型的观测系统进行全面介绍；第二部分共四章，包括第八章至十一章，分别就地震记录图的震相识别、地震参数测定、地震目录产生、大震速报程式以及在地震预报中的应用加以系统介绍。第三部分共两章，分列本书的首尾，其中第一章简单介绍地震、地震波与地震观测的基础知识，第十二章详细介绍台站技术管理和技术条件保证。

**地震灾害的航空遥感信息快速评估与救灾决策**

主编：陈鑫连　副主编：魏成阶　谢广林

16开　198千字　123页　平装　15.00元

科学出版社

本书分析、预测了全国未来50年内地震灾害损失的概况，并从震害的航空遥感信息入手，论述了震害影像信息的快速获取、快速提取及其规程。地震区背景数据库的建立是震害损失评估的基础，因此书中剖析了数据库快速生成的技术系统。本书通过邢台、海城、唐山、澜沧、耿马等震例，利用航空遥感信息探讨了震害损失快速评估的方法，建立了不同自然条件、不同人文经济环境的快速评估模型。此外，通过大量震例的剖析，建立了大城市、中小城市和农村在特大、重大、中等三种震害情况下的救灾、减灾模型。

本书可供从事地震灾害、工程建设、航空遥感和计算机软件开发等科技人员参考，也可供救灾减灾和社会保险等部门的有关领导与行政人员阅读参考。

（地震研究所　胡朝明）

**岩石力学、地震工程、水库地震论文集**

作者：常宝琦

16开　20.00元

华南理工大学出版社

文集包括在岩石力学、地震工程、水库地震等三个学科分支的30篇论文。其中，岩石力学有黄土湿陷性成因和湿陷性预测的试验研究成果。另外还有非均质（压缩模量、强度参数随深度变化）土层单维固结理论和边坡稳定分析。最后两篇论文讨论了地质构造力学问题，所研制的计算程序既可研究地震学中的应力－孔隙压耦联问题，也可计算水质中的渗流问题和土力学中的固结问题。地震工程部分主要讨论土工构筑物的地震稳定性和震害预测。水库地震是大型水利工程伴生的地震现象，包括对其形成条件、成因机制的研究，更重要的是预测方法的研究，这部分论文主要研究水库地震预测包括诱发地震危险性（可能性）的预测、最大震级的预测。可能发震地点的估计以及其对坝址地震动参数影响的确定。

**四川地震预报研究进展**

主编：韩渭宾

16开　29万字　平装

四川科学技术出版社

本书是四川省地震局科技人员在“八

五”攻关中的科技成果和地震预报研究进展方面的一本论文集。全书介绍了四川及西南地区中期和短期预报时段地震学及各类前兆异常的标志体系和综合预报方法；讨论了震后趋势早期判断及跟踪预报方法；S波分裂在地震预报中的应用；探讨了强震复发的概率模型；对川藏地区2005年前强震危险性进行了研究和预测。

本书内容丰富。预报时间尺度从2005年前强震危险区预测、1～3年中期预报到6个月内的短临预报以及震后趋势早期判断；涉及学科、手段包括地震学、地下流体、地形变、地电和地磁等各种前兆手段以及地震地质等。这些研究成果以丰富的观测资料为基础，紧扣地震预报主题，提出的预报指标和预报方法大多有比较定量的识别异常的判据和明确的预报规则，并给出了全面资料，经过比较严格的统计检验或内符预报评分检验，可操作性强，便于推广使用。本书可供地震分析预报、地球物理、工程地震和震害预报等研究的科技人员参考。

（四川省地震局　江在雄）

## 银川平原地震区划研究

孟广魁　王增光等编

16开　190千字　127页　平装　8.00元

宁夏人民出版社

本书系宁夏回族自治区重点地区——银川平原新的地震区划编图工作成果，其研究区包括银川平原向四周延伸200km范围。全书共7章。首先在收集、整理、分析大量文献资料的基础上，绘制了编图所需的各种基础图件。然后进一步做了地震带地震活动趋势分析，潜在震源区划分，烈度衰减关系统计。最后通过地震危险性概率综合评定，得到了50年10%超越概率下的地震烈度区划图。

本书资料丰富，内容广泛，图文并茂，可供地震地质，地球物理，工程地震等科技人员参考，在地震监测预报，国土规划，工程抗震设防和加固，震害预测等方面，具有重要的参考价值。

（宁夏地震局　梁金仓）

# 国家地震局1995年大事纪

1月10日

我国北部湾发生6.2级地震，这是该地区继10天前（1994年12月31日）6.1级地震之后发生的又一次强震。由于强震连发、震感强烈、波及范围广，社会影响较大。

1月8～13日

1995年度全国地震趋势会商会在北京召开，会议研究、分析了未来1～3年全国地震大形势，确定了1995年度全国重点监视防御区和全国地震危险区。

1月14日

国家地震烈度评定委员会第二次工作会议和国家地震局震害损失评定委员会第二次工作会议在北京召开。

1月15～20日

国家地震局领导分别率队前往台站慰问工作在地震监测第一线的同志。

1月17日

日本神户发生7.4级地震，造成5000多人死亡和近千亿美元的经济损失。地震发生后，国家地震局迅速作出反应，及时了解灾情并派出科学考察队。该地震在日本这样一个十分重视抗震设防的国家造成如此巨大的损失是许多学者所未曾预料到的。此次地震又一次说明：减轻地震灾害必须走综合防御的道路。

2月7日

中央机构编制委员会印发中编发［1995］1号文。文中主要内容是：省、自治区、直辖市地震机构改革的指导思想和重点；省级地震机构的职责；机构设置；人员编制。强调“改革的重点是转变职能”，“要进一步加强行政管理职能和社会管理职能”。

2月11日

国务院第172号令发布《破坏性地震应急条例》，该条例自1995年4月1日起施行。

2月15～18日

1995年度全国地震工作计划会议在北京召开。

2月

国家地震局根据《工程建设场地地震安全性评价许可证管理办法（试行）》，审查、公布了工程建设场地地震安全性评价许可证等级及编号。

2月21日～3月3日

国家地震局方樟顺局长率地震代表团赴台湾参加海峡两岸第二届地震学术讨论会。

3月1日

国家地震局下发关于《省、自治区、直辖市地震机构改革方案》的实施意见。

3月6～14日

国家地震局陈章立副局长率地震代表团访问法国，并签署“中法地震科技合作会谈纪要”。

3月

国家地震局对局属第一地形变监测中心发生的严重伪造监测数据事件进行结案处理。

3月31日

国家地震局和国务院新闻办公室在北京联合举办了实施《破坏性地震应急条例》新闻发布会。

4月13日

国家地震局下发《省级防震减灾十年目标实施纲要编写指南》。

4月5～19日

国家地震局何永年副局长率地震代表团访问美国，与美国地质调查局、美国科学基金会共同签署《中华人民共和国国家地震局与美国科学基金会及美国内务部地质调查局关于地震科技合作议定书》的延长协议，同时双方就中美数字化台网二期改造签署了有关协议。

4月17～19日

亚洲地震委员会预备会议在广州举行，国家地震局地球物理研究所副所长、研究员朱传镇被推选为代理秘书长。

4月

国家地震局组织两次首都圈及渤海地区地震趋势会商会，落实第43届世乒赛期间震情监视与应急工作，为世乒赛的顺利进行做出了贡献。

5月6～19日

以国家地震局方樟顺局长为团长，陕西、新疆、四川、河北、上海等省、市主管防震减灾工作的领导为成员的中国防震减灾考察团访问新西兰。

5月27日

俄罗斯萨哈林岛（库叶岛）发生7.6级地震，造成2000多人死亡。国家地震局及时收集、上报有关灾情，我国政府及时采取了援助行动。

6月15～30日

中国防震减灾代表团访问美国联邦紧急事务管理局（简称“FAMA”），代表团成员分别来自国家地震局、国家计划委员会、财政部、四川省、山西省、江西省政府。

6月21日

国家地震局在北京召开有国务院30余个部委参加的“1995年度震情通报会”。

6月30日、7月10日、7月12日

中国与缅甸边界相继发生5.5级、6.2级、7.3级地震，由于云南省地震局在震前做了较好的短临预报，使灾区的人员伤亡和财产损失大大减少。7.3级地震发生后，中共中央、国务院向受灾地区发了慰问电。

7月1～15日

以陈颙副局长为团长的国家地震局代表团赴美国参加第21届IUGG大会，大会期间，代表们与各国学者进行了广泛的学术交流。

7月15～20日

国家地震局与国务院法制局在昌黎召开由各省、自治区、直辖市地震局、法制局领导参加的“防震减灾立法研讨会”。

7月

国家地震局完成28个省、自治区、直辖市地震局“三定”方案的审批工作。

国家地震局着手编写“中国防震减灾‘九五’计划”和“2010年长远规划纲要”。

7月28日

国家地震局与北京电视台合作拍摄的10集电视专题短片《地震与人类的生存》开始在北京电视台播出。

8月11～23日

以葛治洲副局长为团长的国家地震局代表团，前往冰岛访问，双方就中冰开展地震火山研究合作交换了意见，并进行广泛的学术交流。

8月28日

土耳其地震代表团访问国家地震局，双方签署中土1996～1997年度地震科技合作备忘录，并在天津召开了第二次中土地震学术研讨会。

8月29日

陈章立同志被任命为中国共产党国家科学技术委员会党组成员、国家地震局党组书记。

9月18日

国家地震局向中央机构编制委员会上报“关于我局贯彻执行‘三定’方案情况的汇报”。

9月20日

国家地震局“分析预报网络”开通，该网络在10月24日云南武定6.5级地震中发挥重要作用。

9月22日

国务院任命陈章立同志为国家地震局局长。

9月20～24日

国家地震局与中共中央宣传部在甘肃省张掖联合召开地震重点监视防御区强化宣传试点现场会议。

10月17日

以赛格夫部长为团长的以色列能源与基础产业部代表团顺访国家地震局。

10月24日

云南省武定县发生6.5级地震，该地震造成51人死亡，数百人受伤；震后，国家地震局派人参加赴地震灾区的中央工作组，并迅速派出地震现场工作组。

11月20日

“国家防震减灾中心技术系统”领导小组及其办公室成立，陈章立任领导小组组长。

12月6日

国家地震局与中央电视台合作摄制的5集《地震知识系列片》在中央电视台播出。

12月

国家地震局分别召开由国务院有关部委、地震专家、法律专家参加的三个立法座谈会，征求对《减轻地震灾害法》（送审稿）的修改意见。

（局办公室值班室）

# 《中国地震年鉴》特约撰稿人名单

| | | | |
|---|---|---|---|
| 贾笑蕾 | 北京市地震局 | 王建格 | 西藏自治区地震局 |
| 黄德才 | 天津市地震局 | 吕　莲 | 陕西省地震局 |
| 孟书和 | 河北省地震局 | 王菊珍 | 甘肃省地震局 |
| 韩成太 | 山西省地震局 | 梁全仓 | 宁夏回族自治区地震局 |
| 弓建平 | 内蒙古自治区地震局 | 曾包红 | 青海省地震局 |
| 韩　萍 | 辽宁省地震局 | 陈祥玉 | 新疆维吾尔自治区地震局 |
| 耿铁城 | 吉林省地震局 | 王广亚 | 国家地震局地球物理勘探中心 |
| 张凤鸣 | 黑龙江省地震局 | 满振阳 | 国家地震局第一地形变监测中心 |
| 金　胜 | 上海市地震局 | 于建民 | 国家地震局第二地形变监测中心 |
| 孙晓春 | 江苏省地震局 | 韩素英 | 国家地震局工程力学研究所 |
| 张耀明 | 浙江省地震局 | 陈英方 | 国家地震局地球物理研究所 |
| 曹定男 | 安徽省地震局 | 张崇立 | 国家地震局地质研究所 |
| 包建新 | 江西省地震局 | 苏恺之 | 国家地震局地壳应力研究所 |
| 朱金芳 | 福建省地震局 | 马文乔 | 国家地震局分析预报中心 |
| 张祥义 | 山东省地震局 | 陈春生 | 国家地震局防灾技术高等专科学校 |
| 李兴衡 | 河南省地震局 | 刘　玫 | 国家地震局综合观测中心 |
| 胡朝明 | 湖北省地震局 | 赵　勇 | 国家地震局地震数据信息中心 |
| 刘宝成 | 湖南省地震局 | 张慧平 | 地震出版社 |
| 钱顺琴 | 广东省地震局 | 艾玉奇 | 国家地震局机关服务中心 |
| 龙安明 | 广西壮族自治区地震局 | 傅　宏 | 国家地震局人事教育司 |
| 蔡堪瑞 | 海南省地震局 | 赵和平 | 国家地震局计划财务司 |
| 邓昌文 | 四川省地震局 | 李　健 | 国家地震局科技监测司 |
| 师万香 | 云南省地震局 | 张宏卫 | 国家地震局震害防御司 |
| 章子建 | 贵州省地震办公室 | 陈洪飞 | 国家地震局国际合作司 |